KB215391

만들어진 전통

The Invention of Tradition

The Invention of Tradition

만들어진 전통

The Invention of Tradition

에릭 홉스봄 외 지음 | 박지향, 장문석 옮김

Humanist

이 책은 역사학 전문 학술저널 「과거와 현재(*Past and Present*)」의 편집위원회가 주관한 학술회의가 그 출발점이었다. 몇 개 장은 그 학술회의에 제출된 논문들에 기초하고 있고, 나머지는 비슷한 연구를 하고 있던 역사학자들이 참여한 결과다. 해서 애초의 아이디어가 두 명의 편집자에게서 나왔다 하더라도, 이 책(1983년 초판 발행)은 공동의 결과물이다.

출간 이후 이 책은 역사학자들 사이에서 뿐만이 아니라, 사회인류학자들, 문화이론 연구자들과 기타 인문과학계 종사자들 사이에서도 상당한 영향력을 발휘해 왔다. 광고와 정치선전 분야로도 그 영향력이 퍼져 나갔으며, '전통의 창조(invention of tradition)'라는 문구는 문학에서도 광범위하게 사용되었다. 아마도 이 문구를 접하는 거의 모든 사람들이 자신의 연구 분야에서 그에 상응하는 예를 떠올릴 수 있었기 때문일 것이다.

이 책이 유럽만을 대상으로 한 것은 아니지만—버나드 S. 콘(Bernard S. Cohn)과 테렌스 레인저(Terence Ranger)가 쓴 장에서 보듯—, 동아시아 지역은 거의 배제되어 있는 것이 사실이라 이 점이 아주 아쉽다. 하지만 이 책을 계기로 삼아 한국의 독자들이 자기 지역에서 이러한 주제로 비슷한 연구를 진행할 수 있을 것이라고 생각한다. 유럽과 미국의 독자들이 그러했듯이, 한국의 독자들 역시 이 주제가 자신들이 당면한 여러 문제에 연계되어 있음을 깨닫게 되기를 바란다.

한국에서 『만들어진 전통』이 출간되는 것을 기쁘게 생각하며, 번역자에게도 감사를 표한다. 아무쪼록 이 책이 한국에서도 큰 성공을 거두기를 바란다.

2004년 5월 런던에서

에릭 홉스봄

I

영국 왕실이야말로 현존하는 군주정 가운데 가장 화려한 역사와 전통을 자랑한다고 단언할 수 있을 것이다. TV 방송들은 엘리자베스 2세가 고색창연한 마차를 타고 의회 개원을 위해 웨스트민스터로 향하는 모습을 중계하면서 한결같이 '천 년의 전통'을 되뇌인다. 이를 보는 국민들은 새삼 왕실과 국가에 대한 존경심을 확인하곤 한다. 그러나 이처럼 거창한 왕실의례의 대부분이 천 년의 전통이 아니라, 실은 19세기 후반에 '만들어진' 전통이라는 사실을 알게 된다면 사람들은 아마 허망해질 것이다. 스코틀랜드를 상징하는 각양각색의 격자무늬 천으로 만든 킬트가 태곳적부터 입던 옷이 아니라 18, 19세기에 '만들어진' 것이라는 사실도 우리를 경악케 한다. 아직도 족보를 따져 자신의 선조가 입었다고 생각되는 씨족무늬의 킬트를 비싼 값에 주문하는 스코틀랜드계 미국인들이 알면 기도 안 찰 노릇이다. 이처럼 통상 낡은 것처럼 보이고 실제로 낡은 것이라고 주장되는 이른바 전통들은, 그 기원을 따지고 보면 극히 최근의 것이며 종종 발명된 것들이다.

홉스봄 교수가 엮은 이 책은 이처럼 우리가 피상적으로 알고 있던 '오랜 전통'의 허상을 여실히 드러내준다. 홉스봄은 19세기 말에서 20세기 초에 새로운 국경일, 의례(rituals), 영웅이나 상징물들이 대량으로 만들어지는 등 '전통의 창조'가 유럽에서 집중적으로 일어났다는 사실에 주목한다. 문제는 그런 발명된 전통들이 역사와 동떨어져 있으며 정치적 의도에 의해 조작되고 통제된다는 사실이다. 영국의 왕실의례가 대표적인 예다. 이 책은 특히 이 시기 유럽에서 전통의 창조가 '현재'의 필요를 위해 과거의 이미지를 만들어낸 예들을 추적하며, 만들어진 전통이 어떻게 역사적 사실로 자리잡았는지, 그리고 그것이 어떻게 정치인들에 의해 국민국가의 권위와 특권을 부추기기 위해 사용되었는지를 보여준다. 나아가 이 책은 집단적 기념행위가 국민 정체성을 형성하기 위한 '전략'이었으며, 신화와 의례가 사람들로 하여금 만들어진 '공식 기억'을 믿도록 하는 데 의도적으로 사용되었다는 사실도 밝히고 있다.

Ⅱ

그렇다면 특히 19세기 말, 20세기 초라는 시기에 전통들이 만들어진 이유는 무엇인가? 홉스봄은 이 시기 유럽이 산업경제가 도래하고 도시화가 전개되며 국민국가가 대두하는 와중에서 급변하고 있었다고 진단한다. 사람들은 급변하는 사회에서 안정을 필요로 했고 그것이 전통이 창조되어야 할 이유였다는 것이다. 게다가 당시는 선거 민주주의가 확산되고 대중정치가 출현한 시기다. 이 때 국가는 어떻게 신민들이나 구성원들의 복종과 충성심을 확보하고 유지할 것인가, 혹은 그들의 눈에 어떻게 해야만 정당하게 비칠 것인가라는 유례 없는 문제에 직면했으며, 엘리트는 스스로를 대중과 연결시키기 위해 의례나 레토릭 그리고 상징물을 필요로 했는데, 그것이 전통의 창조로 이어졌다는 것이다.

홉스봄 교수는 신생국이건 역사가 오랜 국가건 모두 오래 된 과거를 요구하게 마련이라고 지적한다. 1870년대 이후 유럽 각국은 '전통의 발명'이라는 견지에서 의미심장한 몇 가지 발전을 보였다. 첫째는 초등교육의 발전으로 대부분의 선진 유럽 국가들이 초등교육 의무제를 도입하고 자국의 역사와 국민적 전통을 아동들에게 주입시켰다. 두 번째는 공식 의례의 발명인데, 프랑스에서 1880년 바스티유의 날이 국경일로 제정되고 〈라 마르세예즈〉가 국가(國歌)로 지정되었으며, 영국에서는 빅토리아 여왕의 즉위 50주년 기념행사(1887)와 60주년 기념행사(1897)가 대단히 성공적으로 치러졌다. 세 번째는 공공 기념물의 대량 생산으로, 수많은 기념물들이 이 때 건립되었다. 현재 유럽의 대도시들을 장식하고 있는 수많은 동상들과 건축물들이 그 결과다.

1870년과 1914년 사이에 태어난 '신생국들'인 독일, 이탈리아, 일본 등은 대체로 영국식 모델에 기초해서 국가의 수도를 정하고, 국기(國旗), 국가(國歌), 국경일을 제정했다. 이런 전통에서 영국은 가장 앞선 전범을 보였는데, 1740년에 만들어진 영국의 〈신이여 국왕을 보호하소서(God Save the King)〉가 세계 최초의 국가(國歌)이기 때문이다. 국기는 1789년의 프랑스 혁명 당시 나타난 삼색기가 선례가 되었다. 만들어진 전통에서 무엇보다도 핵심적 역할을 하는 것은 기념행위다. 기념행위는, 그것이 없다면 일정하지 않을 뿐만 아니라 일시적일 수밖에 없는 집단적 기억을 안정화시키려는 계산된 전략이다. 그것은 과거로 하여금 현재에 돛을 내리게 하고, 시간이 멈춰 있을 수 있다는 환상을 만들어낸다. 이 책은 집단적 기념행위에 의해 공유된 정체성이 탄생하는 과정, 그리고 '만들어진 전통'이 상이한 이해관계와 동기를 가진 개인과 집단들로 하여금 궁극적으로 동질성을 느끼도록 만드는 과정을 추적한다. 1870년 이후 거행된 기념행위는 한 가지 면에서 그 이전과 다른 양상을 보였다. 예를 들어, 이전까지는 엘리트 중심이던 왕실의례가 이번에는 대중을 겨냥해서 거행되었다는 사실에 그 새로움이 있었다. 대중 민주주의 시대에 군주는 모든 신민들의 집합체와 직접적으로 관계를 설정해야 했던 것이다. 문제는 19세기의 기념행사들이 대체로 민중을 '위한' 것이었지만 민중에 '의한' 것은 아니었다는 사실이다.

Ⅲ

집단적 정체성과 전통의 창조에 대한 관심은 1980년대 들어 포스트모더니즘과 '언어적 전환(linguistic turn)'이라는 새로운 사조에 의해서도 촉진되었다. 이 두 사조는 역사적 서술의 중립성에 대한 역사가들의 무비판적 믿음에 종지부를 찍었다. 포스트모더니즘 시각에서 볼 때 역사적 사료는 진리가 아니라 하나의 텍스트에 불과하며, 역사적 사실에 근거를 가지고 있다고 주장된 서술은 실은 권력의지에 의해 구성된 담론일 뿐이다. 게다가 마르크스주의가 주장한 바대로 확고한 경제적 토대와 그 위에 구성되는 상부구조에 대한 확신이 사라지면서 '사실(Facts)'의 존재에 대한 믿음이 흔들리게 되었다. 그 결과 랑케 이래 역사학을 지배해 온 실증주의가 도전받게 되었으며, 역사가들은 과거를 기억하는 것과 과거를 역사적으로 이해하는 것 사이의 관계를 다시 생각하게 되었다. 역사가가 내세우는 모토는 과거가 '실제로 어떠했는가'를 찾아내는 작업이 아니라, '왜 우리가 지금 하고 있는 것처럼 과거를 개념화하는가'에 집중되었으며, 과거의 사실을 밝히는 것이 아니라 '그것이 어떻게, 왜 기억되는가'를 밝히는 것으로 변한 것이다. 역사는 이제 일종의 '공적 기억' '학문적 권위의 세례를 받은 과거의 재현'이라고까지 말해진다.

전통의 창조가 특히 국민국가 형성기에 집중적으로 일어났다는 사실은 그것과 국가 및 민족을 둘러싼 거대 담론의 관계를 잘 드러낸다. 전통의 창조는 사람들 사이에 존재하는 경제적 · 사회적 · 정치적 차이점들을 극복하고 '상상된 공동체'를 만들어내는 공통분모를 형성해내는 데 기여한다. 여기서 왜 서로 다른, 때로는 반목하는 집단들이 자신들을 단일한 초월적인 민족적 소속감을 갖는 공동체로 믿게 되는가의 문제가 제기되고, 그 과정에서 '전통의 창조'와 '기억의 정치' 그리고 '정체성의 정치'가 하는 역할을 분석할 필요성이 대두하는 것이다. 이 책으로부터 영감을 얻은 많은 학자들이 현재 집단적 정체성, 특히 국민 정체성의 문제, 그리고 전통이 그것에 작동하는 역할을 연구하고 있다. 베네딕트 앤더슨이 '상상된 공동체'라는 개념을 유행시켰듯이, 이 책은 '전통의 창조'와 '만들어진 전통'이라는 말을 유행시켰다. 이 책이 출간된 이래 역사학뿐만 아니라 사회인류학이나 문학 등의 인접 학문 분야에서 전통의 창조를 추적하는 비슷한 연구들이 봇물 터지듯 나오고 있다.

Ⅳ

이 책을 번역함으로써 역자는 짐을 하나 벗은 느낌이다. 이 책은 역자로서는 첫 번째 번역서다. 그 동안 몇 권의 저작을 내면서도 번역은 생각도 못했었다. 홉스봄 교수로부터 개인적으로 큰 학은(學恩)을 입었음에도 불구하고 그의 많은 저작들을 번역하는 일에 소홀했던 까닭은 솔직히 번역작업을 어려워했기 때문이다. 차라리 내 글을 쓰면 썼지 번역은 못하겠다는 것이 평소 생각이었다. 그런데 이번에 이 책을 번역하기로 결심한 데에는 두 가지 이유가 있다. 첫째는 이 책이 너무도 유명하고 학문적으로 중요한 저서이기 때문에—출간된 이후 지난 20년 동안 '매년' 재인쇄되고 있는, 인문·사회과학 분야에서는 거의 유일한 저서다—국내 독자들에게 기필코 알려야겠다는 생각에서였다. 다른 하나는 국내에 나와 있는 기존 번역본이 너무 오역이 심해 그 번역본이 돌아다니는 것을 방치하는 일은 홉스봄 교수에게 입은 학은을 배신하는 것으로 생각되었기 때문이다.

번역작업에서 1~3장은 박지향이, 서장과 4~6장은 장문석이 맡았다. 서울대학교 대학원 서양사학과의 조준희 군이 특히 큰 도움을 주었다. 본문은 세세한 내용까지 그대로 살리려고 노력했지만 독자들의 이해를 돕기 위해 될 수 있는 한 역자 주(註)를 많이 달았다. 기존 번역본의 문제점을 인식하고 새로운 번역을 주도한 휴머니스트사와 특히 이재민 편집장의 노고에 감사한다. 눈을 우리 역사로 돌린다면우리에게도 '만들어진 전통'이 '역사적 사실'로 자리잡은 예가 부지기수로 찾아질 것이다. 이 책의 발간을 계기로 우리의 전통의 창조가 어떻게, 그리고 왜 이루어지는지에 대해 우리 학계도 관심 갖게 되기를 바란다.

2004년 6월 관악에서
박지향

차례

▪ 필자 약력

· **데이비드 캐너다인(David Cannadine)**

컬럼비아 대학 사학과 교수. 저서로, 『귀족과 지주 : 귀족제와 도시들(*Lords and Landlords : The Aristocracy and the Towns, 1774~1967*)』(1980), 『영국 귀족사회의 쇠퇴와 몰락(*The Decline and Fall of the British Aristocracy*)』(1990)이 있다.

· **버나드 S. 콘(Bernard S. Cohn)**

시카고 대학 인류학 교수. 역사와 인류학의 상호작용, 인도사회 연구에 관한 다수의 논문이 있다.

· **에릭 홉스봄(Eric Hobsbawm)**

런던 대학 버벡 칼리지 경제사회사학과 명예교수. 저널 「과거와 현재(*Past and Present*)」의 창립회원이다. 『1780년 이래 민족과 민족주의 : 강령, 신화, 실재(*Nations and Nationalism since 1780 : Programme, Myth, Reality*)』(1990) 외 다수의 저서가 있다.

· **프리스 모건(Prys Morgan)**

스완시(Swansea)에 있는 유니버시티 칼리지(University College) 사학과 교수. 웨일스어로 많은 저서를 썼으며, 웨일스 역사 관련 저서들의 작업에 참여했다.

· **테렌스 레인저(Terence Ranger)**

옥스퍼드 대학 인종관계 석좌교수이고, 성 안토니 대학의 펠로우(Fellow)다. 저서로 『아프리카 종교의 역사적 연구(*The Historical Study of African Religion*)』(1972), 『동부 아프리카의 춤과 사회(*Dance and Society in Eastern Africa*)』(1975)가 있다.

· **휴 트레버-로퍼(Hugh Trevor-Roper)**

1957년부터 옥스퍼드 대학의 역사학과 계관교수를 역임했다. 1980년에서 1987까지 케임브리지의 피터하우스 칼리지(Peterhouse) 학장을 지냈다.

서장

전통들을 발명해내기

에릭 홉스봄(Eric Hobsbawm)

00 전통들을 발명해내기

영국 군주정의 공적 기념행사들을 감싸고 있는 화려한 장관만큼 고대적이며 까마득한 과거에 잇닿아 있는 듯이 보이는 것도 없다. 그럼에도 본서의 한 장[3장]에서 확인되고 있듯이, 그런 장관은 그것의 근대적인 형식이라는 측면에서 19세기 후반 및 20세기의 산물에 불과하다. 통상 낡은 것처럼 보이고 실제로 낡은 것이라고 주장하는 이른바 '전통들(traditions)'은 실상 그 기원을 따져 보면 극히 최근의 것일 따름이며, 종종 발명된 것이다. 옛 영국 대학 칼리지들에 친숙한 사람이라면 그런 전통들이 지방 차원에서 제도화되었다는 사실을 떠올릴 수 있을 것이다. 비록 그것들 중 몇몇—매해 성탄 전야 케임브리지 킹스 칼리지의 부속 예배당에서 거행되는 '나인 레슨스 앤 캐럴스 축제(Festival of Nine Lessons and Carols)'■와 같은—은 라디오와 같은 근대적인 대중매체를 통해 일반화될 것이지만 말이다. 이런 관찰이야말로 본서의 토대가 되는 것으로서, 역사학 전문 학술저널 「과거와 현재(*Past and Present*)」가 주최한 학술회의의 출발점이었다.

'만들어진 전통'이라는 용어는 광범위하지만 그렇다고 부정확하지는 않은 의미로 사용된다. 이 용어에는 실제로 발명되고 구성되어 공식적으로 제도화된 '전통들'은 물론이요, 그 기원을 쉽게 거슬러 올라가기는 어렵지만 어쨌든 추정은 가능한 시기—대략 수년 사이—에 등장해 급속하게 확립된 '전통들'이 모두 포함된다. 가령, 영국 왕실의 크리스마스 방송(1932)이 첫 번째 종류에 속하는 전통이라면, 영국 축구연맹배 쟁탈 결승전(Cup Final)의 관행들은 두 번째에 속하는 사례다. 물론 이 모두가 영속적이지 않으리라는 것은 뻔한 사실이다. 그러나 여기서 우리가 일차적으로 관심을 두는 대목은, 그것들의 향후 생존 여부가 아니라 그것들이 어떻게 출현하고 확립되었는지에 관한 것이다.

'만들어진 전통'은 명시적이든 암묵적이든 통상 공인된 규칙에 의해 지배될 뿐만 아니라 특정한 의례나 상징적 성격을 갖는 일련의 관행들을 뜻하는 것으로 간주되는데, 그것들은 특정한 가치와 행위 규준을 반복적으로 주입함으로써 자동적으로 과거와의 연속성을 내포한다. 기실 그런 관행들은 가능하다면 언제나 역사적으로 기념하기에 알맞은 과거와의 연속성을 확립하려고 든다. 그런 사례는 영국

▪ 1918년 크리스마스 이브에 킹스 칼리지 학장 에릭 밀너-화이트(Eric Milner-White)에 의해 처음 개최되었다. 그러나 그 기원을 최대한으로 올려잡으면 킹스 칼리지가 세워진 1441년(헨리 6세 시절)까지도 거슬러 올라갈 수 있다. 주로 예수 탄생을 경배하는 설교와 성가 합창으로 구성된다. 1928년 B.B.C.에 의해 세계로 중계되면서 유명해졌다.

국회의사당을 개축하는 과정에서도 드러난다. 즉, 19세기에 이를 개축하면서 의도적으로 고딕 양식을 택했고, 2차 대전 이후 의회실도 예전과 똑같은 기본 설계 위에 개축하기로 결정한 것이다.

새로운 전통이 스며드는 역사적으로 기념할 만한 과거가 시간의 안개를 더듬어 올라갈 만큼 응당 장구한 것일 필요는 없다. 정의(定義)상 과거와 단절하는 혁명이나 '진보적 운동들'에도 어김없이, 가령 1789년과 같은 특정한 해에 끝나 버리기는 하지만, 제나름의 의미 있는 과거가 있게 마련이다. 그럼에도 이렇게 역사적으로 기념할 만한 과거에 준거하는 한, '만들어진' 전통의 특수성은 대체로 과거와의 연속성을 인위적으로 내세우려 든다는 데에 있다. 요컨대 전통은 새로운 상황에 대한 반응인데, 여기서 역설적이게도 예전 상황들에 준거하는 형식을 띠거나, 아니면 거의 강제적인 반복을 통해 제나름의 과거를 구성한다. 따라서 지난 두 세기를 연구하는 역사가들이 '전통의 발명'을 그렇게도 흥미로워하는 까닭 역시, 근대세계 안의 지속적인 변화 및 혁신과, 사회적 삶의 몇몇 부분만큼은 고정불변의 것으로 구조화하려는 시도 사이의 대립에 있는 것이다.

그런 의미에서 '전통'을 이른바 '전통적' 사회들을 지배하는 '관습(custom)'과 명백히 구별해야만 한다. 발명된 것까지를 포함하는 '전통들'의 목표와 특징은 공히 그 불변성에 있다.

전통들이 준거하는 과거는, 실재하는 것이든 발명된 것이든 늘 반복되어 고착된 (보통 공식화된) 관행들을 수반하게 마련이다. 반면, 전통적 사회에서 '관습'은 추진기 역할을 하는 모터와 속도 조절 역할을 하는 플라이휠이라는 이중적 기능을 갖는다. 무슨 말인가 하면, 관습은 비록 사람들의 눈에 기존의 선례(先例)와 양립가능할 뿐만 아니라 아예 동일시될 필요가 있다는 점에서 실질적으로 제한을 받기는 하지만, 어느 한도 내의 혁신과 변화까지 배제하는 것은 아니라는 말이다. 관습이 하는 일은 선례와 사회적 연속성 그리고 역사에 표출된 자연법에 비추어 바람직하다고 간주된 어떤 변화(혹은 혁신에 대한 저항)를 승인하는 것이다. 농민운동을 연구하는 사람이라면, 촌락이 '까마득한 과거의 관습이 정한 바에 따라' 공동지나 공동권을 요구하는 것이 종종 역사적인 사실에 기초한 게 아니라 단지 영주나 다른 촌락들에 맞선 특정 촌락의 지속적인 투쟁 속에 내재하는 세력 균형을 보여줄 뿐이라는 점을 알 것이다. 또한 영국의 노동운동을 연구하는 사람이라면, '직종의 관습' 내지 직장의 관습이 고대적인 전통을 대표하는 게 아니라 노동자들이 실제로 확립한 일체의 권리를 대표하는 것임을 알 것이다. 그리고 그런 권리가 제아무리 최근에 확립된 것이라 해도, 노동자들은 그것이 과거로부터 영속되어 내려 온 것이라고 가정함으로써 권리를 확대하거나 방어하려 든다는 사실을 알 것이다. 무릇 '관습'은, 사회적 삶이 제아무리 '전통적'이라고 해도 고정불변일 수는 없다는 단순한 이유 때문에라도, 도무지 고정불변의 것으로 남을 수 없다. 관습법이나 보통법에는 실질적인 유연성과 선례에 대한 형식적인 집착이 동시에 결부되어 있는 것이다. 우리가 사용하는 의미에서 '전통'과 '관습'의 차이도 바로 여기서 잘 드러난다. '관습'은 법관들이 하는 일이다. 그 반면에 '전통'(여기서는 만들어진 전통)은 법관들의 실질적인 행위를 감싸고 있는 것들, 이를 테면 머리장식이나 법복, 기타 공식적인 장식과 의례화된 관행들이다. '관습'이 쇠퇴하면 관습과 상습적으로 뒤얽혀 있는 '전통'도 불가피하게 변화하게 마련이다.

'관습'과 '전통'의 차이에 비해 중요성이 떨어지기는 하지만 구별해 두어야 할 두 번째 차이가 있다. 즉, 우리가 사용하는 의미의 '전통'과, 그 자체 어떤 중요한 의례나 상징적 기능도 없고 설령 있다 해도 부수적인 의미만 있을 뿐인 인습(convention)이나 관례(routine)의 차이가 바로 그것이다. 어떤 사회적 관행은, 반복적으로 수행될 필요가 있는 한, 그 편의성과 효율성 때문에라도 일련의 인습과 관례를 발전시키는 경향이 있다. 심지어는 신참자들에게 그런 관행을 부여하기 위해 인습과 관례를 사실상 혹은 법률상 공식화하기까지 한다.

이러한 원리는 오랫동안 친숙했던 관행만큼에나 전례 없는 관행(항공 조종사의 작업과 같은)에도 똑같이 적용된다. 산업혁명 이래 사회는 자연히 예전보다 훨씬 더 자주 새로운 인습망과 관례망을 발명하고 제도화하고 발전시켜야만 했다. 그런 인습과 관례의 망이 훌륭하게 작동해 습관이나 자동적인 일, 심지어 반사동작으로까지 변모하게 되면, 인습이나 관례는 일종의 고정불변의 것이 되어 부득이하게 다른 관행이 필요해질 때 뜻밖의 변칙적 불확실성에 대처할 능력을 저해할지도 모른다. 그런 점이 바로 일상화(routinization)나 관료화(bureaucratization)의 잘 알려진 맹점이다. 이는 '하던 대로 하는 게 제일'이라는 공식이 통용되는 하급 부서의 수준에서 특히 그러하다.

그런 인습망과 관례망은 '만들어진 전통들'이 아니다. 왜냐 하면 그 기능과 거기서 유래하는 정당화 양식이 이데올로기적이라기보다는 기술적인 성격을 띠기 때문이다(마르크스식 용어로 말하자면 '상부구조'보다는 '토대'에 속한다). 그것들은 특정한 실무작업이 용이하도록 고안되고 변화하는 실무적 필요를 충족시키게끔 수정되거나 폐기되는데, 그런 과정에서 어떤 관행도 시간이 흐르면 어쩔 수 없이 노정하게 되는 무기력과 거기에 더해 그런 관행에 집착하는 사람들이 드러내는 혁신에 대한 정서적 저항에 속수무책일 수밖에 없다.

공인된 게임의 '규칙'이나 그런 규칙 안에서 벌어지는 사회적 상호작용의 패턴 내지 기타 실용적인 이유로 확립된 규준에도 이와 똑같은 것이 적용된다. 그리고 그것들이 '전통'과 결부되어 존재하는 곳에서 그 차이를 분명하게 관찰할 수 있다. 가령, 말을 탈 때 딱딱한 모자를 쓰는 데에는 오토바이 운전자가 안전모를 쓰는 것이나 병사들이 철모를 쓰는 것과 마찬가지로 실용적인 이유가 있다. 반면에 여우 사냥용 분홍색 상의에 특정 유형의 딱딱한 모자를 갖추는 데에는 완전히 다른 종류의 이유가 있다. 그렇지 않다면, 여우 사냥꾼의 '전통적' 의복을 바꾸는 것은 쉬울 일일 테다. 마치 군대에서 다른 모양의 철모가 더 안전하다고 생각되면 언제든지 그것을 채택하듯이 말이다.

사실 '전통'과 실용적인 인습 및 관례는 길항관계에 있다고 말할 수 있겠다. 가령, 자유주의적 성향의 유태인들은 고대 헤브루 인들이 순전히 위생상의 이유로 돼지고지를 금했다고 주장함으로써 음식 금지 조항을 실용적인 견지에서 정당화하는데, 바로 여기서 '전통'은 예의 약점을 노출한다. 거꾸로 어떤 대상과 관행들은 실용적으로 활용하는 것에서 자유로워질 때에야 비로소 상징과 의례로 온전히 활용할 수 있게 된다. 정말이지 기병장교 제복의 박차(拍車)는 말이 없을 때에야 '전통'으로서 중요하게 되고, 민간 복장의 근위장교의 우산은 빳빳하게 접힌 채로 휴대되지(즉, 우산으로서 쓸모가 없지) 않는다면 의미를 잃게 되며, 법조인의 가발은 다른 사람들이 그런 식의 가발을 쓰지 않을 때에야 비로소 근대적인 의미를 얻게 되는 법이다.

전통을 발명해낸다는 것은, 한 마디로 무엇이냐 하면, 여기서 가정하듯이 과거에 준거함을 특징으로 하면서 다만 반복되는 것만으로도 공식화되고 의례화되는 과정이라고 해야 할 것이다. 사실을 말하자면, 역사가들은 그런 의례적·상징적 복합체들이 창출되는 실질적인 과정을 적절하게 연구해 오지 못했다. 그런 것들 중 많은 것이 여전히 그늘에 가려져 있다. 전통이 발명되는 과정은 아마도 '전통'이 한 명의 주창자에 의해 의도적으로 발명되고 구성되었던 곳, 예컨대 베이든-파월(Baden-Powell)이 만들어낸 보이스카우트의 경우에서 가장 분명하게 드러난다. 공식적으로 제도화되고 기획된 기념식들에서도 그런 과정을 쉽게 추적해 볼 수 있을 텐데, 왜냐 하면 나치의 상징주의 건축물과 뉘른베르크 당 집회의 경우에서처럼 대체로 그런 과정을 증언하는 자료가 많이 남아 있기 때문이다. 반면에, 사적 집단들 사이에서 혹은 다소 비공식적으로 진화된 곳(여기서 그런 과정은 관료적인 방식으로 기록되는 경향이 덜하다)에서 그런 과정을 추적하기란 여간 어려운 게 아니다. 여기서의 곤란은 자료상의 어려움일 뿐만 아니라 기술상의 어려움이기도 하다. 물론, 역사적으로 유명한 바르부르크(Aby Warburg, 1866~1929)■식의 학문 분과뿐만 아니라 문장학(紋章學) 및 전례학(典禮學)처럼 상징주의와 의례를 전문적으로 연구하는 극도로 비의적(秘儀的)인 분과에도

■ 독일 함부르크 태생의 예술사가. 보티첼리의 신화학으로 박사논문을 쓰고 예술, 신화, 상징 연구에서 독특한 경지를 개척했다.

자문을 구해 볼 수는 있지만 말이다. 불행히도 산업시대를 연구하는 역사가들 일반은 그런 것들에 친숙하지 않다.

모름지기 역사가들의 관심을 끄는 때와 장소치고 전통의 '발명'이 없었던 때와 장소는 없을 것이다. 그 중에서도 전통의 발명이 더 자주 일어나리라 예상할 수 있는 경우는, 사회가 급속히 변형됨으로써 '낡은' 전통이 기반하고 있던 사회적 패턴들이 약화되거나 파괴되어 그 결과 낡은 전통과 충돌하면서 새로운 전통이 만들어질 때나, 아니면 낡은 전통과 그것들을 제도적으로 매개하고 보급하는 수단이 더 이상 융통성 있게 적응할 수 없는 것으로 판명나거나 아예 사라져 버렸을 때다. 요컨대 수요나 공급의 측면에서 충분히 거대하고 급속한 변화들이 있을 때 말이다. 그런 변화들은 특히 지난 200년 사이에 중요했다. 따라서 주로 이 시기에 새로운 전통들이 집중적으로 공식화되었으리라고 짐작할 충분한 이유가 있는 것이다. 더구나 이는 그런 공식화가 19세기 풍의 자유주의뿐만 아니라 더 최근의 '근대화' 이론의 결론에 거슬러서, 이른바 '전통적' 사회들에만 국한되어 발생한 게 아니라 이러저러한 형태의 '근대적' 사회들에서도 발생했다는 점을 암시하고 있다. 일반적으로 이는 사실이다. 그런데 여기서 한 발 더 나아가 낡은 공동체와 권위의 구조 그리고 거기에 필수적으로 따르는 전통들을 새로운 상황에 적응시키지 못하게 되자 그것들이 급속히 소멸했다거나, 아니면 단순히 낡은 전통들을 활용하거나 적응시킬 수 없는 상태에서 '새로운' 전통들이 유래했다는 식으로 단순하게 가정하지 않도록 주의할 필요가 있다.

적응은 새로운 상황에 처해 낡은 것들을 활용함으로써, 새로운 목적을 위해 낡은 모델을 활용함으로써 가능한 법이다. 이미 확립된 기능과 과거에 준거하고 의례적 용례와 관행들을 보유하는 낡은 제도들은, 그런 방식으로 적응할 필요가 있을 테다. 가령, 새로운 정치적·이데올로기적 도전과 신도 구성상의 주요한 변화(평신도 및 사제 양자의 현저한 여성화와 같은)에 직면한 가톨릭 교회[1]나 징병제에 맞닥뜨린 직업 군대 혹은 오늘날 변화된 맥락에서 작동할 뿐만 아니라 종종 새로운 맥락에서 변화된 기능을 갖는 법정과 같은 낡은 제도들이 모두 그런 사례에 속한다. 또한 명목상 연속성을 유지하기는 하지만 실상은 매우 다른 어떤 것으로 변모한, 이를 테면 대학과 같은 제도들의 경우도 마찬가지다. 그리하여 반존(Bahnson)[2]은 독일 대학들에서 학생들이 대량으로 퇴거하는 전통적인 관행(갈등이나 시위의 이유로)이 1848년 이후 갑작스레 쇠퇴한 이유를 대학이 갖는 지적 성격의 변화, 학생 인구의 고령화, 시민/대학 관계자들(town/gown) 사이의 긴장과 학생 소요의 부담을 덜어낸 부르주아화, 자유로운 대학 간 이동의 새로운 제도화, 그로부터 유래한 학생 결사에서의 변화 등과 같은 요인들의 견지에서 분석했다.[3] 아무튼 이러저러한 경우에 발견되는 새로움이 정작 새로운 이유는 그것이 고풍스런 것으로 감쪽같이 치장될 수 있기 때문이다.

우리의 관점에서 더욱 흥미로운 것은, 상당히 새로운 목적을 겨냥한 새로운 유형의 만들어진 전통들을 구성하는 데 낡은 재료들을 이용하는 경우다. 어느 사회든지 그 과거에는 막대한 양의 그런 재료들이 집적되어 있고, 상징적 실천과 의사 소통의 정교한 언어도 언제든지 이용이 가능하다. 새로운 전통은 종종 낡은 것 위에 쉽게 접목되고, 공적 의례·상징주의·도덕적 권고—종교적이고 군주제적인 허례, 민속, 프리메이슨(그 자체 거대한 상징세력으로서 초기 형대의 만들어진 전통)—라는 잘 구비된 창고로부터 재료를 빌려옴으로써 고안될 수 있었을 것이다. 그리하여 루돌프 브라운(Rudolf Braun)[4]은 19세기 근대적 연방국가의 형성과 연관된 스위스 민족주의의 발전을 탁월하게 연구한 적이 있는데, 확실히 그는 그런 연구들에 유용한 학문 분과('민속학Volkskunde')에서, 그리고 나치의 폐해에 연루되어 근대화가 역류하지 않은 나라에서 학문적으로 훈련받았다는 이점을 지니고 있었다. 존재하는 관습적인 전통적 관행들—민요, 체전, 궁술—은 새로운 민족적 목표에 따라 수정되고 의례화되고 제도화되었다. 전통 민요는 여전히 찬송가에서 차용한 강력한 의례적 요소들을 간직하고는 있었지만, 그 내용이 애국적-진보적인 합창곡(《민족이여, 민족이여, 그 가슴 벅찬 이름이여》)으로 변이된 채, 종종 교사들이 작곡한 똑같은 악풍의 신곡들로 대체되었다(특히 학생용의 그런 곡들이 만들어진 과정은 연구해 볼 가치가 충분하다). 연방 가요제—음유시인 경연대회들(eisteddfodau)이 떠오르지 않는가?—의 약관에는 그 목적이 '민중 가창력의 계발 및 발전, 신·자유·국가에 대한 더욱 고양된 감정의 각성, 예술의 벗들과 조국의 단결과 우애'에 있다고 쓰여 있다(여기서 '계발'이라는 단어가 19세기식 진보의 고유한 특징을 보여준다).

그런 경우들을 둘러싸고 다음과 같은 강력한 의례 복합체가 구성되었다. 축제 천막·깃발 게양대·시상대·행렬·타종·그림·축포·축제를 기리는 정부대표단·만찬·축배·연설이 그런 것인데, 이를 위해 어김없이 낡은 재료들이 동원되었다.

기묘한 형태의 기념식과 전시, 과시의 반향이 이 새로운 축제적 건조물에도 명백히 나타난다. 그리고 기묘한 기념식에서 국가와 교회가 고차원적으로 융합되듯이, 종교적이고 애국적인 요소들의 혼합체가 이 새로운 형태의 합창·사격·체조행위로부터 출현한다.[5)]

그렇다면 그런 전통들이 어느 정도까지 낡은 재료들을 활용하고, 어느 정도까지 새로운 언어와 고안품들을 발명하거나 낡은 상징적 어휘의 한계를 확장했는지 궁금하지 않을 수 없다. 그러나, 여기서 이를 토론할 생각은 없다. 무수한 정치제도와 이데올로기적 운동 및 집단—아닌 게 아니라 민족주의에서—이 너무도 전례 없는 것들이라, 즉각 역사적으로 기념할 만한 연속성을 발명해야만 했다는 것은 명백하다. 그리고 이를 위해서 반(半)허구—보디셔(Boadicea), 베르생제토릭스(Vercingetorix), 아르미니우스(Arminius the Cheruscan)—나 위조—어시안(Ossian)■이나 체코의 중세 수고들—를 통해 실제적인 역사적 연속성을 뛰어넘는 것은 물론이요, 아예 고대적인 과거를 창조해 버렸던 것이다. 또한 완전히 새로운 상징과 고안물들이 민족운동과 민족국가의 일부가 되었다는 점 역시 분명하다. 이와 관련해 국가(國歌, 1740년의 영국인들이 그것의 선구자였던 것처럼 보인다), 국기(國旗, 대개 1790년에서 1794년 사이에 진화된 프

■ 보디셔는 동부 잉글랜드의 고대 켈트 족의 여왕으로, 브리튼에 대한 로마의 지배에 저항했으나 실패해 자살했다고 한다. 베르생제토릭스는 로마의 카이사르에 대항한 갈리아 족의 영웅이다. 아르미니우스는 체루커 부족의 지도자로, 기원후 9년 바루스가 이끄는 로마 군단을 토이토부르크에서 격파한 게르만 족의 영웅이다. 또한 어시안은 켈트 전설에 등장하는 전사이자 음유시인으로, 기원후 3세기의 인물이다. 요정과 사랑에 빠져 3년을 지낸 후 아일랜드로 돌아왔으나 사실은 300년이었다고 한다.

랑스의 혁명적 삼색기의 다양한 변종), 혹은 마리안느(Marianne)와 게르마니아(Germania)처럼 공식적이건, 아니면 존 불(John Bull)이나 깡마른 양키 엉클 샘(Yankee Uncle Sam)과 '독일인 미헬(German Michel)'■과 같이 만화에 자주 등장하는 전형적인 인물들처럼 비공식적이건 간에, '민족'을 의인화하는 다양한 상징이나 이미지들이 등장했다.

또한 우리는 진정한 고대성을 내포하는 전통적인 '상투어들(topoi)'에서조차 종종 드러나는 연속성의 단절을 무심히 지나쳐서는 안 된다. 만일 로이드(Lloyd)[6]의 생각을 따른다면, 영국의 성탄절 민속 캐럴들은 17세기에 이미 더 이상 만들어지지 않았고, 와츠-웨슬리(Watts-Wesley)■■의 캐럴 성가집으로 대체되었다고 할 수 있다. 비록 그 노래들이 원시 감리교(Primitive Methodism)와 같이 대체로 농촌지역에서 활동한 종교 속에서 통속화된 과정을 관찰할 수 있기는 하지만 말이다. 그러나 캐럴은 중간계급 수집가들이 '교회·길드·여성단체라는 새로운 환경 속에' 자리잡기 위해, 그럼으로써

■ 마리안느는 프랑스 공화국을 상징하는 자유의 여성상이고, 게르마니아는 독일 국가를 수호하는 여성 군신상이다. 존 불은 영국을 상징하는 인물상으로, 뚱뚱하고 무뚝뚝하며 종종 영국기인 유니언 잭으로 만든 의상을 걸치고 있다. 문학적·정치적 풍자화와 만화 등에 많이 등장했다. 엉클 샘은 미국 정부와 미국 그 자체를 상징하는 인물상으로, 'Uncle Sam'이라는 이름은 'United States'의 이니셜(U. S.)로 만들어졌다. 회색 염소수염을 기르고 성조기무늬의 중산모를 쓴 영감으로 묘사된다. 엉클 샘은 1차 대전 및 2차 대전시 미국 젊은이들의 입대를 권고하는 포스터에서 많이 사용되었다. 독일인 미헬은 야바위꾼들에게 쉽게 속아넘어가는 얼뜨기 독일인의 대명사다. '미헬'은 'Michon'이나 'Mike'나 'Mikel'과 더불어 원래는 당나귀를 뜻하는 이탈리아 어 'miccio'에서 유래한 것 같다.

■■ 아이작 와츠(Isaac Watts, 1674~1748)는 비국교도 설교가이자 성가 작사가이고, 존 웨슬리(John Wesley, 1703~1791)는 감리교의 창시자다. 두 사람이 함께 펴낸 성가집이 유명하다.

'예로부터 응당 그러했듯이 보답을 바라면서 현관 앞에서 노래하는 거리의 가수들이나 목쉰 소년들을 통해' 새로운 도시의 민중적 장치 속으로 파고들기 위해 의도적으로 부활시킨 최초의 민요였다. 이런 의미에서 〈만백성이여 기뻐하라(God rest ye merry, Gentlemen)〉는 낡은 것이 아니라 새로운 것이다. 그런 단절은 다분히 의도적으로 '전통주의적'이라고 자처하고, 농민들처럼 자타가 역사적 연속성과 전통의 보고(寶庫)로 공인하는 집단에 호소하는 운동들에서도 역시 확인된다.[7] 기실 '전통주의적'이건 아니건, 전통을 방어하거나 부활시키려는 운동이 띠는 외관 자체가 그런 단절을 가리키고 있다. 낭만파 이래 지식인들 사이에서 유행했던 그런 운동은 살아 있는 과거를 발전시키기는커녕 보존조차 하지 못한 채(생각할 수 있는 바로는 의고적인 삶의 고립된 구석자리에 인류의 자연적 성소聖所들을 마련하는 경우를 제외하고) '만들어진 전통'이 될 수밖에 없다. 다른 한편으로, 진정한 전통들이 보여준 내구성과 적응력을 '전통의 발명'과 혼동해서는 안 된다. 낡은 방식이 살아 있는 곳에서 구태여 전통을 부활시키거나 발명할 필요는 없기 때문이다.

그럼에도 전통이 발명되는 것은 종종 낡은 방식이 더 이상 유용하지 않거나 존속할 수 없기 때문이 아니라, 그런 낡은 방식을 의도적으로 활용 또는 적응시키지 않기 때문이라고 장담할 수 있다. 그리하여 사회적 변화에 대한 19세기 풍의 자유주의 이데올로기는 전통에 맞서 의도적으로 급진적인 혁신의 편에 섬으로써 이전 사회들에서 당연하다고 간주되던 사회적 권위의 유대를 제공하는 데 실패했고, 그래서 도리 없이 발명된 관행들로 채워질 수밖에 없는 공백을 만들어내고 말았다. 그 반면에 19세기 랭카셔의 보수적인 토리

공장주들의 사례는 산업도시라는 전례 없는 환경에서도 그런 낡은 유대들이 여전히 쓸모 있었다는 점을 보여준다.[8] 길게 볼 때, 전(前)산업적 방식들을 어지간히 혁명화된 사회에 적용할 수 없다는 점은 부정하기 어렵다. 그러나 짧게 보면, 전(前)산업적 방식들을 진보의 장애물이나 아예 진보의 끔찍한 적대물로 간주하는 사람들이 낡은 방식들을 거부함으로써 일으키는 문제들이, 마치 낡은 전(前)산업적 방식들에 내포된 기본적인 한계인 양 착각해서는 안 될 것이다.

사실이 그렇다고 해서 혁신자들이 자기가 발명한 전통을 일반화하지 못한 것은 아니다. 프리메이슨의 관행들이 그런 경우다.■ 그럼에도 자유주의자·사회주의자·공산주의자들과 같이 계몽사상의 진실을 열렬하게 신봉한 사람들은, 실제 암흑에 가려진 과거로부터 전수된 것까지는 아니더라도 그것을 떠올리게 하는 비합리주의·미신·관습적 관행들에 통상 적의를 표함으로써 낡은 것이든 새로운 것이든 일체의 전통에 무감각하게 되었다. 본서의 다른 곳〔6장〕에서 살피게 되겠지만, 사회주의자들은 자신들이 그것이 무엇인지 알지도 못하는 채로 노동절(May Day)을 받아들이고 있음을 깨닫게 되었다. 그 반면에 국가사회주의자〔나치당원〕들은 전례학적 정교함과 열정 그리고 의식적인 상징 조작을 통해 그런 기회들을 활용했다.[9] 영국의 자유주의 시절에도 그런 관행들은, 이데올로기도 경제적 효율성도 쟁점이 되지 못하는 한에서 하층 신분의 비합리주의에 대해

■ 프리메이슨(Freemason)은 18세기 초 영국에서 비롯된 비밀결사의 성격을 띤 우애단체다. 중세 석공(mason) 길드에서 유래했다고 한다. 대체로 합리주의와 자유주의, 종교적 관용을 주장했다. 그러나 입회식과 같은 의례의 측면에서 보자면 중세적이고 비의적인 성격이 강했다.

마지못해 양보하는 것으로서 겨우 용인되었을 따름이다.

공제회의 사회성 짙은 의례행위들에 대한 태도 역시 적대('기념제, 행렬, 악대, 예복을 위한 헌금'과 같은 '불필요한 지출'은 법적으로 금지되었다)와 관용이 뒤섞인 것이었는데, 그것도 "특히 시골 주민들과 관련해 이런 매력이 갖는 중요성을 부정할 수 없다"라는 근거로 연간 축제와 같은 행사들만 묵인되었을 뿐이다.[10] 그렇지만 엄격한 개인주의적 합리주의가, 경제적 계산으로서 나아가 사회적 이상으로서 여전히 지배적이었다. 본고의 마지막 장에서는 그것의 한계가 점점 더 분명해지던 시기에 무엇이 일어났는지에 대해 조사해 볼 작정이다.

이 권두언을 마치기 전에 산업혁명 이후에 만들어진 전통들과 관련해 몇 가지 일반적인 소견을 제시해 보고자 한다.

만들어진 전통들에는 서로 중첩되는 세 가지 유형이 있는 것 같다. 첫째, 특정한 집단들, 실재하는 것이든 인위적인 것이든 공동체들의 사회 통합이나 소속감을 구축하거나 상징화하는 것들이다. 둘째, 제도, 지위, 권위관계를 구축하거나 정당화하는 것들이다. 셋째, 그 주요 목표가 사회화나 혹은 신념, 가치체계, 행위규범을 주입하는 데 있는 것들이다. 여기서 둘째, 셋째 유형의 전통들은 확실히 고안된 것이다(영국령 인도에서 권위에의 복종을 상징하는 것들처럼). 그 반면에 가설이기는 하지만, 세 유형들 중 첫째 유형이 우세했고, 따라서 그 밖의 다른 기능들은 모두 특정한 '공동체' 그리고(혹은) 그 공동체를 대표하고 표현하며 상징하는 제도들—가령 '민족'처럼—과의 일체감에 내재해 있거나, 적어도 그런 일체감에서 흘러나온 것으로 간주할 수 있다.

여기서 하나의 난점은 그런 대규모 사회적 실체들이 실은 '공동사회(Gemeinschaften)'이기는커녕 공인된 관등체제도 아니었다는 점에서 비롯된다. 사회적 유동성과 엄연한 계급 갈등의 현실 그리고 우세한 이데올로기로 말미암아 공동체를 하나로 묶어주는 전통과 공식 위계(가령, 군대)들 내부의 현격한 불평등을 두루 적용하기가 어려웠다. 이런 사실은 셋째 유형의 전통에는 크게 영향을 주지 않았는데, 왜냐 하면 일반적인 사회화를 통해 민족의 구성원이자 왕정의 신민인 모든 시민에게 동일한 가치들이 주입되었고, 다양한 사회집단들(다른 학생들과 구별되는 사립학교 학생들과 같은) 사이에서 기능적으로 특정한 여러 사회화 방식들이 보통 서로 충돌하지 않았기 때문이다. 다른 한편, 만들어진 전통들은 실제로 지위를 계약의 세계로, 우월한 자와 열등한 자를 법적으로 동등한 자들의 세계로 밀어넣기도 했는데, 여기서 중요한 것은 그런 과정이 노골적으로 전개되지는 않았다는 점이다. 영국 대관식의 의례양식을 교체하는 경우에서도 확인되듯이, 만들어진 전통들은 사실상 불평등한 사회조직에 대한 공식적인 상징적 동의를 통해 은밀하게 도입될 수 있었다(본서 마지막 장을 참조하라).[11] 전통을 발명하는 과정에서는 열등자들 사이에 복종심을 주입하는 방법보다는 엘리트들의 집단적 우월감을 고취하는 방법—특히 이들이 혈통이나 업적을 통해 그런 우월감을 갖지 못한 사람들로부터 충원되어야만 했을 때—이 더 일반적으로 사용된 듯하다. 즉, 특정한 사람들이 다른 사람들보다 더 서로간에 동등하다고 느끼게끔 된 것이다. 이는 독일에서 특징적이었던 군국주의적/관료주의적 형태(서로 결투를 벌이곤 하던 대학생 단체들에서처럼)일 수도 있었고, 아니면 영국 사립학교들의 탈군사화된

'법 없이도 살 신사'의 모델일 수도 있었지만, 어쨌든 엘리트들을 전(前)부르주아적 지배집단이나 권위에 동화시킴으로써 가능했을 것이다. 그것도 아니라면 엘리트들의 '단체정신(esprit de corps)'과 자신감 그리고 리더십은 아마도 고위 관료집단의 통합력을 드러내는 더욱 비의적인 '전통들'(프랑스나 혹은 식민지의 백인들 사이에서처럼)을 통해 발전할 수도 있었을 것이다.

일단 '공동체주의적인(communitarian)' 만들어진 전통들이 기본 유형이었다는 점을 인정하고 나면, 그 성격에 대해서는 여전히 연구해야 할 부분이 많다. 만들어진 관행과 낡은 전통적 관행 사이에 어떤 차이가 있다면, 그 차이를 규명하는 데에는 인류학이 도움이 됨직하다. 여기서 단순화를 무릅쓰고 말하자면, 통상 특정 집단의 전통들의 경우에는 통과의례들이 두드러지는 반면에(입회·승진·은퇴·죽음), 포괄적인 유사 공동체들(민족·나라)을 위해 고안된 전통들의 경우에는 보통 그렇지 않다는 사실에 주목할 필요가 있겠다. 그렇게 된 이유는 아마도 이 유사 공동체들이 적어도 세상에 나온 이래 자기 자신의 영원불변성을 강조해 왔기 때문이 아닌가 싶다. 그럼에도 새로운 정치체제와 혁신적 운동들은 종교와 연관된 전통적 통과의례들(결혼식·장례식)에 해당하는 그들 자신만의 어떤 것을 발견해내려고 했을 것이다.

이제 낡은 관행과 만들어진 관행을 가르는 차이점 한 가지를 관찰할 필요가 있다. 전자는 특정하고도 강한 구속력을 갖는 사회적 관행들이었던 반면에, 후자는 그것들이 주입하는 집단적 가치와 권리와 의무, 즉 '애국주의' '충성' '사명' '정정당당함' '단결심' 등과 관련해 어지간히 불특정하고 모호한 경향이 있었다는 점이다. 가령,

영국 애국주의나 '미국주의'가 의례 관련 해설서들에 보통 명시는 되어 있을지라도 그 내용은 상당히 불분명한 게 사실이다. 그러나 그것을 상징하는 관행들은 사실상 강제적이었다. 영국에서 국가를 부를 때나 미국 학교들에서 국기를 게양할 때에는 꼭 일어서야 하는 것처럼 말이다. 여기서 결정적인 요소는, 클럽의 약관이나 목표에 있다기보다 오히려 클럽에의 소속감을 감정적으로나 상징적으로 충전하는 표시들에 있는 것처럼 보인다. 그런 표시들이 갖는 중요성은 정확히 그것들이 불확정적인 보편성을 띤다는 점에 있다.

> 국기(國旗)와 국가(國歌), 국가 문장은 독립 국가라면 어김없이 그 자신의 정체성과 주권을 선포하는 데 사용하는 세 가지 상징들이며, 그 자체 즉각적인 경외와 충성을 명령하는 것들이다. 그것들 속에는 한 민족의 완전한 배경과 사상과 문화가 녹아 있다.[12]

이런 의미에서 1880년에 한 관찰자가 주목했듯이, "군경(軍警)은 오늘날 우리를 위해 배지를 단다." 물론 그는 이 배지가 이제 막 시작된 대중운동의 시대에 개별 시민들의 부속품으로 부활하리라고는 예견하지 못했다.[13]

두 번째로 관찰할 필요가 있는 대목은, 수많은 발명에도 불구하고 새로운 전통들이 낡은 전통과 관습이 점진적으로 쇠퇴함으로써 생긴 수많은 공백 중 극히 미미한 부분만을 메운 것처럼 보인다는 점이다. 이는 대다수 인간행위를 위한 모델이나 선례를 세우는 데 과거를 참조하는 경우가 차츰 드물어지는 사회에서 충분히 예상할 수 있는 일이기도 하다. 대다수 사람들의 사적인 삶에서, 그리고 하위 문화에 속하는 소집단들의 폐쇄적인 삶에서, 19세기 및 20세기의 만들어진 전통들은 말하자면 낡은 전통들이 옛 농업사회에서 차지했던 것보다 훨씬 작은 공간만을 차지했고 또 차지하고 있다.[14] 이제 20세기 서구 남녀의 일상과 계절과 인생 주기를 구조화하는 과정에서 '과거에 했던 것'이 미치는 영향력은 그것이 과거 선조들에게 미쳤던 영향력과 비교해 보면 훨씬 미약한 편이며, 나아가 우리가 사용하는 의미의 '전통'에 의지하지도 않고 그것을 발전시키지도 않는 강제력, 그러니까 경제·기술·관료적 국가조직·정치적 결정 등과 같은 외적인 강제력보다도 훨씬 미약할 따름이다.

그럼에도 이런 일반적 결론은 시민의 공적 삶이라고 할 만한 영역(얼마간은 대중매체와 같은 사적인 형태들과는 구별되는, 학교와 같은 공적인 사회화 형태들까지 포함해)에는 적용할 수 없다. 공공 업무(군대, 법조계, 아마도 공무원사회) 종사자들과 관련된 신(新)전통주의적(neo-traditional) 관행들이나 아니면 시민의 국가 소속감에 관련된 관행들에서 전통의 발명이 실질적으로 약화되고 있다는 징후는 어디에도 없다. 기실 사람들이 시민권 자체를 의식하게 되는 경우는 대부분 상징 및 준의례적 관행들(이를 테면, 선거)과 만날 때인데, 그 대부분이 실은 국기·이미지·기념식·음악처럼 역사적으로 새롭고 대개는 발명된 것들이다. 산업혁명과 프랑스 혁명 이후에 만들어진 전통들이 만일—현재에 이르기까지 일어난 모든 사건들에서—어떤 영구한 간극을 메웠다고 한다면 그것은 바로 그런 영역들에서였던 것 같다.

그렇다면 마지막으로 왜 역사가들이 그런 현상에 관심을 기울이지 않았는지 질문해 볼 필요가 있겠다. 그러나 이런 문제 제기는 어떤 의미에서는 불필요하다. 왜냐 하면 본서의 내용과 본서에 인용된 참고자료들이 증언하듯이, 점점 더 많은 역사가들이 명백히 그런 주제에 관심을 기울여 가고 있는 실정이기 때문이다. 따라서 다른 방식으로 문제를 제기하는 편이 나을 것이다. 다시 말해서, 역사가들은 전통의 발명을 연구함으로써 어떤 이득을 챙길 수 있는가라고 말이다.

무엇보다 만들어진 전통들은 다른 방법으로는 마땅히 감지할 도리가 없는 문제들과 다른 방법으로는 확인하고 그 시기를 가늠하기 어려운 발전들을 가리키는 중요한 징후요, 따라서 지표라는 점을 말할 수 있겠다. 만들어진 전통들은 요컨대 증거인 것이다. 가령, 독일 민족주의가 고답적인 자유주의적 패턴에서 새로운 제국주의적-팽창주의적 패턴으로 변형된 과정을 알기 위해서는, 당국이나 단체 대변인의 공식 진술을 보는 것보다 외려 독일 체육운동 사이에서 고래의 흑-적-황금의 삼색기가 새로운 흑-백-적의 삼색기로 급속히 대체된 것(특히 1890년대경)을 보는 게 더 도움이 된다. 그런가 하면 영국 축구연맹배 쟁탈 결승전의 역사도 통상적인 자료들이 침묵하고 있는 도시 노동계급 문화의 발전에 대해 무언가를 말해준다. 이렇게 보면 만들어진 전통들에 대한 연구는 그보다 더 광범위한 전체 사회사(history of society)■ 연구와 뗄래야 뗄 수 없고, 따라서 더 광범위한 연구에 통합되지 않는다면 단순히 그런 관행들을 발견하는 것 이상으로 나아가기를 기대할 수 없을 것이다.

두 번째로, 만들어진 전통들은 인간이 과거와 맺는 관계에 대해, 그러므로 역사가의 주제와 기능이 무엇인지에 대해 적잖은 시사점을 던져준다. 왜냐 하면 일체의 만들어진 전통들에서 역사는 가능한 한 행위를 정당화하는 기제와 집단을 통합하는 접착제로 활용되기 때문이다. 전통은 1889년과 1896년에 남부 티롤에서 발터 폰 데어 포겔바이데(Walther von der Vogelweide, 1170~1230)와 단테(Dante Alighieri, 1265~1321)의 기념물들을 둘러싸고 벌어진 투쟁들에서 확인되듯이, 빈번하게 실질적인 투쟁의 상징이 된다.■■[15] 심지어 혁명운동조차 '민중의 과거'(색슨 족 대 노르만 족, 프랑크 족에 맞선 '우리의 선조들인 골 족', 스파르타쿠스)에, 혁명 전통(엥겔스는 『독일 농민전쟁』의 서두에서 "독일 민족 역시 그 자신만의 혁명 전통을 보유하고 있다"라고 천명했다)에, 그리고 제나름의 영웅과 순교자들에 준거함으로써 자신들의 혁신성을 방어했다.[16] 제임스 코놀리(James Connolly)의 『아일랜드 노동사』는 그런 주제 전체를 훌륭하게 섭렵하고 있는 책이다. 여기서 발명의 요소가 특히 명백한데, 이는 민족과 국가, 혹은 운동의 축적된 지식, 혹은 이데올로기의 일부가 된 역사라는 것이 민중운동 속에서 실제로 보존되어 왔던 게 아니라, 기실 기능적 전문가들에 의해 선택되고 쓰여지고 묘사되고 대중화되고 제도화되어 온 것이기 때문이다. 구술사가들은 나이 든

■ 홉스봄 특유의 개념. 그에 따르면 사회사(social history)는 부문사로 형애화될 수 없고, 또 그래서도 안 된다. 필요한 것은 '사회'의 한 영역, 그러니까 정치·경제·문화 등의 영역을 빼고 남은 '사회적' 영역만을 따로 떼어 연구하는 것이 아니라 전체로서 사회를 연구하는 것이다.

■■ 남부 티롤은 이탈리아계 주민들과 독일계 주민들이 함께 사는 알프스 지방으로, 오랫동안 양 주민들 사이의 분쟁으로 얼룩졌다. 당연하게도 이탈리아계 주민들은 르네상스 이탈리아의 위대한 문호인 단테를, 독일계 주민들은 중세 독일의 서정시인인 포겔바이데를 내세워 서로의 우월성을 재확인하고자 했다. 히틀러는 무솔리니와의 동맹을 염두에 두면서 이 지방에서 이탈리아계 주민이 수적으로 우세하므로 남부 티롤을 이탈리아 인들의 손에 넘기는 게 순리라고 주장하기도 했다.

사람들의 실제 기억에서 1926년의 총파업이 예상한 것보다 얼마나 더 평범하고 덜 극적인 역할을 수행했는지에 대해 빈번하게 관찰했다.[17] 또 프랑스 혁명에 대해서도 제3공화정기에 그리고 제3공화정에 의해 그런 이미지가 형성된 과정이 분석되기도 했다.[18] 그러나 역사가들이 의식적이든 무의식적이든 전문적인 연구의 세계뿐만 아니라 정치적 존재로서의 인간의 공적 영역에도 속하는 과거의 이미지들을 창출하고 해체하며 재구성하는 데 기여하는 한, 모든 역사가들은 그들의 목표야 어찌되었든 필연적으로 그런 과정에 연루되어 있다. 그들로서는 이왕이면 자기들의 활동에 이런 차원이 있다는 사실을 아는 편이 모르는 편보다는 나을 것이다.

이와 관련해 사건을 불문하고 근·현대사가들이 '만들어진 전통들'에 대해 갖는 한 가지 특정한 관심을 지적해 둘 필요가 있다. 그들은 비교적 최근의 역사적 혁신물인 '민족'과 그것에 부수된 현상들, 예컨대 민족주의·민족국가·민족적 상징들·민족사 등에 깊이 관련되어 있다. 역사적 새로움이 혁신을 내포한다는 점에서, 이 모든 것은 종종 의도적이고 항상 혁신적인 사회공학(social engineering)작업들에 의존한다. 이스라엘과 팔레스타인의 민족주의와 민족들은 유태인과 중동 이슬람 교도의 역사적 연속성이 무엇이건 상관 없이 새로운 것임에 틀림없다. 왜냐 하면, 그 지역에 존재하는 표준 유형의 영역국가라는 것 자체가 한 세기 전만 해도 생각할 수 없는 것이었으며, 1차 대전이 종결된 뒤에야 비로소 진지한 전망이 되었기 때문이다. 소수 엘리트보다는 좀더 많은 주민들이 학교에서 배우고 말하는 것은 물론이요 문자로도 쓰는 표준 국어 역시, 대개는 다양하지만 종종 짧은 역사를 갖는 구성물일 따름이다.

플랑드르 어를 연구한 어느 프랑스 역사가가 꽤 올바르게 관찰했듯이, 오늘날 벨기에에서 가르치는 플랑드르 어는 플랑드르 지역의 어머니와 할머니들이 아이들에게 말했던 그 언어가 아니다. 요컨대 그것은 문자 그대로 '모국어'가 아니라 단지 은유적으로만 '모국어'인 셈이다.

여기서 우리는 한 가지 미심쩍기는 하지만 충분히 이해할 수 있는 역설에 현혹되어서는 안 된다. 근대 민족과 그것에 수반되는 일체의 부속물들은 일반적으로 새로움의 정반대, 즉 아주 먼 고대성에 뿌리를 두고 있으며, 구성된 것의 정반대, 즉 너무도 자명해서 더 이상 정의할 필요도 없는 '자연적인' 인간 공동체라고 간주된다. 그러나 역사 내적이든 역사 외적이든, '프랑스'와 '프랑스 인'이라는 근대적 개념에 묻혀 있는 연속성이 무엇이든 간에—누구도 이 점을 부정하려 들지는 않을 것이다—바로 이 개념들 자체가 구성되거나 '발명된' 요소를 포함하지 않을 수 없다. 그리고 근대 '민족'을 주관적으로 구성하는 것 대부분이 그런 구성물들로 이루어져 있을 뿐만 아니라 일반적으로 최근에 만들어진 적합한 상징이나 혹은 알맞게 재단된 담론('민족사'와 같은)과 관련되어 있는 까닭에 민족적 현상은 '전통의 발명'에 대한 진지한 관심 없이는 결코 적절하게 조사될 수 없는 것이다.

결국, 전통의 발명에 대한 연구는 학제적이다. 그것은 역사가와 사회인류학자 그리고 기타 인문학 종사자들을 한데 묶어줄 뿐만 아니라, 그런 협력 없이는 적절하게 탐색될 수 없는 연구 영역이다. 본서는 주로 역사가의 연구 성과들을 묶어낸다. 다른 이들도 이런 작업이 나름대로 쓸모 있는 것임을 알아주기 바랄 뿐이다.

▪ 서장의 주석

(1) 예컨대 G. Tihon, 'Les religieuses en Belgique du XVIIIe au XXe siècle : Approche Statistique', *Belgisch Tijdschrift v. Nieuwste Geschiedenis/ Revue Belge d'Histoire Contemporaine*, vii(1976), pp. 1~54을 보라.

(2) Karsten Bahnson, *Akademische Auszüge aus deutschen Universitäts und Hochschulorten*(Saarbrücken, 1973).

(3) 그런 퇴거는 18세기에 17건, 1800~1848년에는 50건이 기록되어 있으나, 1848~1973년에는 단 6건만 있었다.

(4) Rudolf Braun, *Sozialer und kultureller Wandel in einem ländlichen Industriegebiet im 19. und 20. Jahrhundert*, ch. 6(Erlenbach-Zürich, 1965).

(5) Rudolf Braun, 같은 책, pp. 336~7.

(6) A. L. Lloyd, *Folk Song in England*(London, 1969 ed.), pp. 134~8.

(7) 이는 실제로 전통이 쇠퇴하고 있음을 에둘러 보여주려는 의도에서 나오는 전통의 재생과는 구별되어야 한다. "(1900년을 전후한 시기에) 농민들 사이에서 낡은 지역의상, 민속춤, 유사한 명절의례들이 재생한 것은 부르주아적인 것도 **아니요**, 전통주의적인 것도 **아니었다**. 표면상으로만 보면, 그것은 너무도 급속하게 사라져 가는 옛 문화에 대한 향수어린 희구로 보일지도 모르지만, 실제로 그것은 번영하는 농민들이 수평적으로는 도시민들, 수직적으로는 날품팔이농들(cottars)·기능공들(craftmen)·노동자들과 거리를 두는 계급 정체성의 표명이었다." Palle Ove Christiansen, 'Peasant Adaptation to Bourgeois Culture? Class Formation and Cultural Redefinition in the Danish Countryside', *Ethnologia Scandinavica*(1978), p. 128. 또한 G. Lewis, 'The Peasantry, Rural Change and Conservative Agrarianism : Lower Austria at the Turn of the Century', *Past and Present*, no. 81(1978), pp. 119~43을 보라.

(8) Patrick Joyce, 'The Factory Politics of Lancashire in the Later Nineteenth Century', *Historical Journal*, xviii(1965), pp. 525~53.

(9) Helmut Hartwig, 'Plaketten zum 1. Mai 1934~1939', *Aesthetik und Kommunikation*, vii,

no. 26 (1976), pp. 56~9.

(10) P. H. J. H. Gosden, *The Friendly Societies in England, 1815~ 1875*(Manchester, 1961), pp. 123, 119.

(11) J. E. C. Bodley, *The Coronation of Edward the VIIth : A Chapter of European and Imperial History* (London, 1903), pp. 201, 204.

(12) 인도 정부의 공식 해설서, R. Firth, *Symbols, Public and Private*(London, 1973), p. 341에서 인용.

(13) Frederick Marshall, *Curiosities of Ceremonials, Titles, Decorations and Forms of International Vanities* (London, 1880), p. 20.

(14) 산업화된 나라들의 청년 문화에서 그렇듯이, 장기지속적인 의례들과 획일성 및 통합성을 나타내는 징표들이 급속히 변화하는 유행들—복장·언어·사회적 관행 등—로 변형된다는 점은 두말할 필요가 없다.

(15) John W. Cole and Eric Wolf, *The Hidden Frontier : Ecology and Ethnicity in an Alpine Valley*(N.Y. and London, 1974), p. 55.

(16) 독일 노동자 도서관에서 이러저러한 군사사 주제들과 관련된 도서들이 누린 인기에 대해서는 H.-J. Steinberg, *Sozialismus und deutsche Sozialdemokratie. Zur Ideologie der Partei vor dem ersten Weltkrieg*(Hanover, 1967), pp. 131~3을 보라.

(17) 기층의 참여자들이 보통 그들 자신이 경험한 역사적 사건들을 상층 인사들이나 역사가들이 보는 것처럼 보지 않는 데에는 완전히 그럴 만한 이유가 있다. 혹자는 이를 두고 (스탕달의 『파르마의 수도원(*Chartreuse de Parme*)』에 나오는 영웅의 이름을 따서) '파브리스 신드롬(*Fabrice syndrome*)'이라고 부르기도 한다.

(18) E.g. Alice Gérard, *La Révolution Française : Mythes et Interprétations, 1789~ 1970*(Paris, 1970).

1장

전통의 발명:
스코틀랜드 고지대의 전통

휴 트레버-로퍼(Huge Trevor-Roper)

01 전통의 발명: 스코틀랜드 고지대의 전통

오늘날 스코틀랜드 인들은 자기들의 민족 정체성을 기리기 위해 모일 때마다 몇몇 특징적인 민족장식을 통해 그런 정체성을 공공연하게 드러낸다. 그들은 각자의 '씨족(clan)'을 표시하는 색깔과 무늬로 된 격자무늬 천으로 짠 킬트(kilt)■를 입는다. 그리고 음악에 심취할 때면, 그 악기는 어김없이 백파이프다. 스코틀랜드 인들은 이러한 장식이 까마득한 고대에서 유래한 것이라고 설명하지만, 실은 대체로 근대적인 것이다. 그것은 잉글랜드와의 통합 이후에, 때로는 그보다 한참 뒤에야 등장한 것으로, 어떤 의미에서 통합에 대한 항의를 나타낸다. 물론 통합 이전에도 희미한 형태로나마 존재하기는 했다. 그러나 대부분의 스코틀랜드 인들은 그런 희미한 형태를

■ 스코틀랜드 전통의상으로 남성들이 입는 스커트형 하의.

야만성의 표시로, 그러니까 문명화된 역사적 스코틀랜드에 위협적인 존재라기보다는 차라리 성가신 존재였다고 할 수 있는 불량하고 나태하며 약탈과 갈취를 일삼는 고지대인들(Highlanders)■의 상징으로 간주했다. 그러나 고지대에서도 민족장식은 그 희미한 형태조차도 상대적으로 새로운 것이었다. 그것은 고지대 사회만의 고유하고 특징적인 상징이 아니라는 얘기다. 사실은 독특한 고지대의 문화와 전통이라는 개념 일체가 소급해 적용한 발명품일 뿐이다.

17세기 말 이전 스코틀랜드 고지대인들은 다른 이들과 구별되는 독자적인 사람들이 아니었다. 그들은 단지 바다 건너 아일랜드의 범람물이었을 따름이다. 크고 작은 섬들로 이루어진 다도해의 거칠고 황량한 해안에서, 바다는 갈라놓기보다는 맺어주는 기능을 했다. 그래서 스코틀랜드 서부는, 5세기에 얼스터〔Ulster, 북 아일랜드의 지명〕의 스코트 족이 아가일〔Argyll, 스코틀랜드의 지명〕에 상륙한 이래 18세기 중반 자코바이트 반란■■으로 '개척(open up)'되기까지, 산악지대라는 자연환경으로 인해 동부와 단절되어 언제나 색슨 족의 저지대〔Lowland, 스코틀랜드의 남동부〕보다는 아일랜드와 연계되어 있었다. 인종적으로나 문화적으로나, 스코틀랜드 서부는 확실히 아일랜드의 식민지였던 것이다.

켈트 사회인 아일랜드와 스코틀랜드 서부 고지대는 심지어 정치적으로도 서로 결합되어 있었다. 달리아다(Dalriada)■■■의 스코트 족은 (5세기에 이주한 이래로) 한 세기 넘게 바다 건너 얼스터에 자신들의 거점을 유지했다. 9세기에서 11세기 사이에 영국에 침입한 데인 족(Danes)■■■■은 서부 제도(諸島), 아일랜드 연안, 맨 섬(the

Isle of Man)을 고르게 지배했다. 중세 후기에 이 도서 지역에서 맥도널드 씨족의 영주들(Macdonald Lords of the Isles)은 서부 스코틀랜드와 북부 아일랜드 곳곳에서 명목상의 군주인 스코틀랜드 왕과 잉글랜드 왕보다 더 피부에 와 닿는 실질적인 지배자들이었다. 맥도널드 씨족 치하의 서부 제도, 곧 헤브리디스(Hebrides)의 문화는 순수하게 아일랜드적이었다. 맥도널드 씨족의 세습 음유시인, 의사, 하프 연주자(헤브리디스의 악기는 파이프가 아니라 하프였다)들은 아일랜드 출신이었다.[1] 맥도널드 씨족의 영주권이 파괴된 이후에도 그들은 양국에서 여전히 영향력 있는 세력이었다. 17세기 중반 잉글랜드 인들이 얼스터에 식민지를 세우고 캠벨 씨족(Campbells)이 서부 고지대의 패권을 장악하고 나서야 양자간의 잠재적인 정치적 통일성이 깨졌다. 그러나 문화적 통일성만은, 비록 약화되었지만, 여전히 지속되었다. 18세기에 헤브리디스는 여전히 본질적으로 아일랜드의 범람물이었고, 그 곳에서 사용되는 게일 어는 18세기에는 일반적으로 아일랜드 어라고 묘사되었다.

문화적으로는 아일랜드에 종속되어 있고 정치적으로는 다소간 비효율적인 '이민족' 스코틀랜드 왕권의 통치 아래에 있으면서, 고지대와 스코틀랜드의 섬들은 문화적 침체를 경험했다.

그들의 문학은 그 자체로도 변변찮았지만 아무튼 아일랜드 문학

▪ 스코틀랜드 북부 및 북서부 고지대 지방 사람들.

▪▪ 제임스 2세가 명예혁명으로 쫓겨난 후 그를 추종하는 스코틀랜드 인들이 스튜어트 왕조의 복고를 위해 일으킨 반란으로, 1715년과 1745년 두 차례에 걸쳐 일어났다.

▪▪▪ 얼스터에서 아가일로 온 스코트 이민자들이 세운 왕국이다. 달리아다의 스코트 인들은 900년경에 주변의 토착민인 픽트 인들(picts)을 평정해 알바(Alba) 왕국을 이루게 된다.

▪▪▪▪ 스웨덴 남부 및 덴마크 지방의 부족.

을 조악하게 모방한 것이었다. 스코틀랜드 씨족장들의 음유시인들은 아일랜드 출신이거나 아일랜드에 가서 음악을 배우고 온 자들이었다. 실제로 18세기 초 한 아일랜드 인 저자는, 스코틀랜드의 음유시인들로 말하자면 아일랜드의 폐기물로서 정기적으로 아일랜드에서 쫓겨나 스코틀랜드라는 편리한 쓰레기장에 버려진 자들이라고 증언하고 있다.[2] 심지어 17세기와 18세기 잉글랜드의 억압적인 통치 아래에서도 켈트 아일랜드는 문화적으로 볼 때 하나의 역사적 민족으로 남아 있던 반면에, 켈트 스코틀랜드는 기껏해야 아일랜드의 볼품없는 여동생이었을 뿐이다. 켈트 스코틀랜드는 독자적인 전통을 지니지 못했고 지닐 수도 없었던 것이다.

독자적인 고지대 전통이 창출되고, 그러한 새로운 전통이 그 외형적인 표식들과 함께 스코틀랜드 민족(Scottish nation) 전체에 부과된 것은 18세기 말 19세기 초에 와서의 일이다. 그것은 세 단계로 진행되었다. 첫째, 아일랜드에 대한 문화적 반란이 있었다. 아일랜드 문화를 찬탈하고 초기 스코틀랜드의 역사를 다시 씀으로써 마침내 스코틀랜드—켈트 스코틀랜드—가 '모국'이고 아일랜드가 문화적 속국이라고 주장하기에 이르렀다. 둘째, 고대적이고 독창적이며 특징적인 것으로 제시된 새로운 고지대 전통들이 인위적으로 창출되는 과정이 있었다. 셋째, 이러한 새로운 전통들이 독자적인 역사를 따로 갖고 있던 저지대 스코틀랜드, 즉 픽트 족과 색슨 족과 노르만 족으로 이루어진 동부 스코틀랜드에 소개되고 재차 적응되는 과정이 있었다.

이 가운데 첫 단계는 18세기에 이루어졌다. 켈트 족의 아일랜드어를 사용하는 스코틀랜드 고지대인들이 단지 기원후 5세기에 아일랜드에서 온 침입자들이 아니라 고대로부터 스코틀랜드에 존재하면서 기실 로마군을 물리친 바 있는 칼레도니아 인들(Caledonians)이라는 주장은, 물론 과거에도 유용하게 쓰이던 오랜 전설이었다. 이러한 주장은 1729년에 스코틀랜드 최초의 가장 위대한 고대 연구자이며 자코바이트 '망명 귀족'이었던 사제 토머스 이니스(Thomas Innes)에 의해 논박되었다. 그러나 그 전설은 1738년 데이비드 맬컴(David Malcom)에 의해서[3] 그리고 좀더 효과적으로는 1760년에 동일한 성씨를 가진 두 명의 저자들에 의해서 되풀이되었다. 그들은 어시안(Ossian)■의 '번역자'인 제임스 맥퍼슨(James Macpherson)과 스카이 섬 슬레이트의 목사인 존 맥퍼슨(John Macpherson)이다. 이 두 맥퍼슨은 비록 친지간은 아니지만 면식이 있었고 서로 협력했다. 제임스 맥퍼슨은 1760년 '어시안'을 찾아 스카이 섬을 방문하던 중에 존 맥퍼슨 목사 집에 머문 적이 있었고, 목사의 아들이자 후에 인도 총독에 오른 존 맥퍼슨 경은 제임스의 절친한 친구이자 훗날의 공모자가 될 것이었다. 제임스와 존 맥퍼슨은 각기 독자적으로 대담한 위조를 감행함으로써 켈트 스코틀랜드를 위한 토속문학을 만들어냈고, 이를 뒷받침하기 위해 새로운 역사 또한 창조해냈다. 이 문학과 역사는, 실제 역사적 현실과 어느 정도 관련성이 있다고 해도, 어디까지나 아일랜드로부터 훔친 것이었을 뿐이다.

맥퍼슨들의 후안무치는 경외심을 불러일으킬 정도다. 제임스 맥퍼슨은 스코틀랜드에서 아일랜드 발라드를 수집해 '서사시'를 썼는

■ 켈트 전설에 등장하는 전사 겸 음유시인. 요정과 사랑에 빠져 3년을 지낸 후 아일랜드로 돌아왔으나 사실은 3년이 아니라 300년이었다고 한다.

데, 배경을 아일랜드에서 스코틀랜드로 바꾼 다음, 왜곡된 원래의 발라드들은 질이 떨어지는 근대적인 모조품일 뿐이며 아일랜드 문학은 단지 (자신이 발견한 스코틀랜드 문학의) 조야한 모방에 불과하다고 폄훼(貶毁)했다. 존 맥퍼슨은 『비평론(*Critical Dissertation*)』을 저술해 자신과 성씨가 같은 학자가 '발견'한 '켈트 족의 호메로스'에 필요한 (역사적) 맥락을 제공했다. 그는 스코틀랜드에서 아일랜드 어를 말하는 켈트 족이 실제로 역사에 등장했던 것보다 4세기 앞서 존재했던 것으로 설정하고서, 원래의 토속 아일랜드 문학은 중세 암흑기에 극악무도한 아일랜드 인들이 순진한 스코틀랜드 인들로부터 도용한 것이라고 설명했다. 그리고 화룡점정 격으로, 제임스 맥퍼슨 자신은 존 맥퍼슨의 논문을 이용해서 1771년 '별도의' 『대 브리튼 및 아일랜드 역사 서설(*Introduction to the History of Great Britain and Ireland*)』을 집필했다. 이 두 맥퍼슨의 성공은, 평소 신중하고 비판적인 에드워드 기번(Edward Gibbon, 1737~1794)■조차 초기 스코틀랜드의 역사에 대해서는 저 "두 명의 학식 높은 고지대 분들"인 제임스 맥퍼슨과 존 맥퍼슨 목사를 길잡이로 삼았다고 인정한 사실에서, 또한 그 결과로서 "스코틀랜드 역사 서술에서 일련의 오류들"이라고 지적된 전설을 영속화시켰다는 사실에서 잘 드러난다.[4)]

스코틀랜드 역사 서술에서 두 맥퍼슨들의 상호보완적인 왜곡된 조작을 청산하는 데에는—실제로 청산되었는지도 불분명하지만—온전히 한 세기가 걸렸다.[5)] 어쨌든 이 두 오만한 위조자들은 한 가

■ 영국의 역사가. 저 유명한 『로마제국 흥망사』의 저자.

지 점에서만은 불멸의 승리를 거두었다. 스코틀랜드 고지대인들을 널리 알리는 데 성공했던 것이다. 고지대인들은, 저지대 스코트 족에게는 극악무도한 미개인으로, 아일랜드 인들에게는 무지하고 비참한 혈족으로 한결같이 멸시당해 왔지만, 이제는 전 유럽에서 문화민족으로 칭송받게 되었다. 그들은 잉글랜드와 아일랜드가 원시적인 야만성에 빠져들었을 시기에, 호메로스에 비견될 만하거나(마담 드 스텔Madame de Staël의 평) 아예 능가해 버리는(월프 F. A. Wolf의 평) 매우 고상한 세련미와 감수성을 지닌 서사시인을 배출했던 것이다. 더구나 그들이 단순히 문학에서만 유럽의 이목을 끈 것도 아니었다. 아일랜드와의 유대가 끊어진 이후에, 스코틀랜드 고지대는—제아무리 기만적일지라도—별도의 고대 문화를 획득하게 되었고, 그와 같은 독립성을 독특한 전통을 통해 상징화할 수 있는 길이 열렸던 것이다. 그리고 의복의 특수성이 새로이 확립된 전통이 되었다.

1805년 월터 스콧 경(Sir Walter Scott)은 「에딘버러 리뷰(*Edinburgh Review*)」지에 맥퍼슨의 어시안에 대한 소론을 기고했다. 그 글에서 스콧 경은 과연 그답게 분별 있는 학식과 올바른 상식을 보여주었다. 그는 스코틀랜드 문학계 일반이, 그리고 특히 고지대인들이 계속해서 옹호하던 그 서사시의 진정성을 결정적으로 반박했다. 하지만 동일한 소론에서 그는 기원후 3세기경의 고대 칼레도니아 인들이 '격자무늬 짧은 치마(tartan philibeg)'를 입은 것만큼은 틀림없다고 언급했다. 그토록 합리적이고 비판적인 소론에서 그와 같이 확신에 찬 주장을 펼쳤다니, 놀라울 따름이다. 필자가 아는 한에서, 그 이전에는 그러한 주장이 없었다. 심지어 맥퍼슨조차 그렇게 암시한 적은 없었다. 맥퍼슨이 묘사한 어시안은 언제나 흐르듯이 드리워진 긴 옷을 입은 것으로 표현되었을 뿐만 아니라, 내친 김에 덧붙이자면 그가 사용한 악기도 백파이프가 아니라 하프였다. 맥퍼슨은 그 자신이 고지대인이었고 월터 스콧보다 한 세대 앞선 인물이었다. 이 사실은 이런 문제에서 매우 큰 차이를 야기했다.

'격자무늬 짧은 치마', 곧 오늘날의 킬트가 고지대의 복장이 된 것은 언제부터인가? 사실 관계로 말하자면 별로 의심의 여지가 없다. 특히 텔퍼 던바 씨(Mr J. Telfer Dunbar)의 저작이 출판된 이후에는 더욱 그렇다.[6] 격자무늬 천, 즉 기하학적인 무늬의 색채로 짠 천은 16세기에도 스코틀랜드에 알려져 있었지만(아마도 플랑드르 지방으로부터 유래해서 저지대를 거쳐 고지대에 이른 것으로 추정된다), 짧은 치마—그 이름과 직물—는 18세기 이전에는 알려지지 않았다. 짧은 치마는 전통적인 고지대 의복이기는커녕, 1707년 통합 이후에 한 잉글랜드 인이 발명한 것에 다름 아니다. 서로 구별되는 '부족별 격자무늬 천'마저도 훨씬 후대의 발명품이다. 그것들은 월터 스콧 경이 하노버 왕조의 왕을 기리기 위한 환영행사의 일부로 고안한 것이었다. 그리고 그것이 오늘날의 형태를 띠게 된 것은 또다른 두 명의 잉글랜드 인들 덕분이다.

스코틀랜드 고지대인들은 본래 단지 한 섬에서 다른 섬으로 건너온 아일랜드 인들에 불과하다. 그러므로 그들의 의복 역시 원래는 아일랜드 인들의 의복과 동일했을 것이라고 보는 게 자연스럽다. 우리가 발견한 바에 따르면 실제로도 그러했다. 고지대 의복의 특수성에 대한 기록은 16세기 들어서야 나타나지만, 당시의 모든 증언들은 본질적으로 일치하고 있다. 그런 증언들에 의하면, 고지대인의 평상

복은 긴 '아일랜드식' 속옷(게일 어로 *leine*), 느슨한 웃옷(tunic 혹은 *failuin*) 그리고 망토나 어깨걸이였다. 상류층은 아일랜드에서와 마찬가지로 속옷을 사프란(*leine-croich*)으로 염색했고, 망토나 어깨걸이는 여러 가지 색채와 무늬로 짠 것을 갖고 있었지만, 일반적으로 망토는 히스 황야에서의 보호용으로 황갈색 계통이나 갈색 빛깔로 만들어졌다. 게다가 고지대인들은 창이 납작한 단창화를 신었고(상류층은 창이 두꺼운 편상화를 신기도 했다), 일반적으로 청색인 납작하고 말랑한 모자를 썼다. 전투시에 지휘관들은 쇠사슬 갑옷을 입었던 반면에 하류층은 송진을 바르거나 칠하고 사슴가죽으로 덧씌운 누빈 아마직물 옷을 입었다. 이러한 일반적인 의복 외에도, 좀더 세련된 저지대 주민들과 접촉했던 부족장과 유력자들은 몸에 딱 붙는 홀태바지, 곧 반바지와 긴 양말이 결합된 바지를 입기도 했다. 고지대에서는 홀태바지를 보호하고 운반할 수행원들을 가진 사람만이 야외에서 그것을 입을 수 있었기 때문에 홀태바지는 사회적 구분의 표식이었다. 아마 어깨걸이와 홀태바지 모두 격자무늬 천으로 만들어졌을 것이다.[7)]

17세기—곧 고지대와 아일랜드 간의 유대가 끊어진 세기—를 거치면서 고지대 복장이 변했다. 그 변화는 17세기를 거치며 일정치 않게 일어났다. 첫째, 더 이상 긴 속옷을 착용하지 않았다. 도서지역에서는 17세기 초 저지대식 상의와 조끼와 반바지로 대체되었다.[8)] 그 반면에, 한 스코틀랜드 목사는 1715년 자신의 교구를 통과한 자코바이트 반란군의 야만적인 고지대인들이 '어깨걸이도 짧은 치마도 아닌' 겨우 집에서 만든 몸에 꼭 맞는, 무릎 아래까지 내려오는 단색의 외투를 혁대로 동여매고 있었다고 회상했다.[9)] 필자가 아는

1630년의 고지대 군대

한, 이것이 스코틀랜드에서 아일랜드식 속옷이 존속했음을 전하고 있는 마지막 기록이다.

고지대 군대들은 17세기 내내 영국 내전에 참가했는데, 그들을 묘사한 기록들을 보면 한결같다. 장교들은 홀태바지를 입은 반면에, 일반 병사들은 맨 다리와 허벅지를 드러내고 있었다. 장교와 병사들 모두 어깨걸이를 일종의 웃옷으로 걸쳤지만, 이는 몸 전체에 드리우는 것으로 허리 부근을 혁대로 묶어 혁대 아랫부분이 일종의 치마처럼 되는 것이었다. 그 같은 방식은 '브리컨(*breacan*)' 내지 '혁대로 맨 어깨걸이'로 알려졌다. 여기서 주목할 것은 당시까지도 오늘날과 같은 킬트에 대한 언급은 전혀 없었다는 점이다. 신사다운 홀태바지

아니면 '천한' 혁대로 맨 어깨걸이가 있었을 뿐이다.[10)]

'킬트'라는 명칭은 스코틀랜드가 잉글랜드에 합병되고 20년이 지나서야 등장한다. 웨이드(Wade) 장군 휘하 수석감찰관으로 스코틀랜드에 주둔하고 있던 영국군 장교 에드워드 버트(Edward Burt)는 당시 인버네스(Inverness)에서 그 지방의 기질과 풍속에 대해 일련의 편지를 썼다. 이 편지들에서 버트는 '퀠트(quelt)'에 대해 상세히 묘사하는데, 그에 따르면, 퀠트는 독특한 옷감이 아니라 단지 어깨걸이를 착용하는 특정한 방식이었다.

> 〔어깨걸이를〕 허리께에서 접어 포개고 매어, 〔어깨걸이의 아랫부분이〕 허벅지 중간까지 내려오는 짧은 페티코트같이 되게 하고, 나머지 부분은 어깨 위로 매어 고정한 것이다. 그래서 마치 비를 피해 자신의 가운을 머리 위로 뒤집어쓴 런던의 가난한 여인네의 모습과 비슷하다.

또한 버트는 이러한 페티코트가 일반적으로 "너무 짧아서 바람 부는 날이나 언덕에 오를 때, 몸을 구부릴 때에는 그 옷이 점잖치 못하다는 점이 금방 드러난다"라고 덧붙이고 있다. 이러한 묘사를 볼 때, 그가 설명하는 것은 오늘날의 킬트가 아니라 혁대로 맨 어깨걸이였음이 분명해진다. 버트가 고지대 의복에 대해 자세히 설명한 것은 당시에 이미 그것이 정치적 논란거리였기 때문이다. 1715년 자코바이트 반란 이후 영국 의회는, 헨리 8세가 아일랜드 의복을 금지했듯이, 고지대 의복을 법으로 금지하는 방안을 고려한 적이 있었다. 그와 같은 금지령은 고지대의 독특한 생활방식을 깨뜨리는 데 도움이 되고 또 고지대인들을 근대사회로 통합시킬 것으로 기대되었다. 그러나 법안은 결국 통과되지 못했다. 고지대 의복은 이동시 '돌과 늪을 넘고 산지에서 밤을 지새야 하는' 지방에서는 편리하고 필수적인 것으로 인정되었던 것이다. 또한 매우 저렴했기 때문에 가난한 사람들에게는 필수불가결한 옷이었다. 심지어 가장 변변치 못한 '저지대 양복' 한 벌도 살 여유가 없는 "평범한 고지대인도 달랑 몇 실링만 주고도 이 옷을 살 수 있었다"는 것이다.

고지대 의복이 1745년의 반란이 아니라 1715년의 반란 이후에 금지되었더라면, 오늘날 스코틀랜드의 고대 전통 중 하나로 간주되는 킬트는 아마 세상에 나오지도 못했을 것이라는 점은 아이러니다. 오늘날과 같은 킬트는 버트가 편지를 작성하고 몇 년이 지난 후에 등장했고, 그것도 그가 편지를 썼던 곳과 가까운 지방에서 그러했다. 1726년만 해도 전혀 알려져 있지 않다가 몇 년 후에 갑자기 등장했고, 1746년경이면 의회 법안에 명시적으로 지칭될 정도로 널리 보급되었다. 킬트의 발명자는 랭카셔 출신의 퀘이커 교도인 토머스 로린슨(Thomas Rawlinson)이었다.

로린슨 가문은 퍼너스(Furness)에서 오래 전부터 제철업자로 뿌리내린 퀘이커 교도 집안이었다. 18세기 말에 이르러 로린슨은 포드(Ford), 크로스필드(Crosfield), 백하우스(Backhouse) 등의 다른 저명한 퀘이커 교도 가문들과 함께 '용광로와 철공장의 광범위한 연결망'을 지배하고 있었다. 그러나 그들의 목탄 재고량이 감소하면서 연료용 목재가 필요해졌고, 다행히도 1715년 자코바이트 반란이 진압된 후 고지대가 개방됨으로써 남부의 산업계는 북부의 삼림지대를 이용할 수 있게 되었다. 그래서 1727년 토머스 로린슨은 인버네스 근방에 있는 글렌가리(Glengarry)의 맥도넬 씨족의 족장인 이안 맥도넬(Ian MacDonell)과 협정을 맺고 31년간 인버가리(Invergarry)의 삼림에 대한 임대권을 보유하게 되었다. 토머스 로린슨은 그 곳에 용광로를 세워서 랭카셔로부터 해상으로 운송해 온 철광석을 용해했다. 이 사업은 경제적으로 성공하지 못해 회사는 7년 만에 문을 닫았다. 하지만 그 7년 사이에 로린슨은 그 지역에 대해서 알게 되었고, 글렌가리의 맥도넬 씨족과 정기적인 관계를 맺었으며, 벌채 및 용광로 작업을 위해 당연하게도 '고지대인들을 떼거리로' 고용했다.[11]

로린슨은 글렌가리에 머무는 동안 고지대 의복에 관심을 갖게 되었으나, 그것의 불편함에 대해서도 알게 되었다. 혁대로 맨 어깨걸이는 고지대인들의 게으른 생활—산 속에서 잠을 자거나 히스 황야에 은폐하는 일—에 적합할 수 있었다. 또한 누구나 인정하듯이 하층민들은 바지나 반바지를 구입할 형편이 아니었기 때문에 저렴한 혁대로 맨 어깨걸이가 안성맞춤이었다. 그러나 나무를 벌채하거나 용광로를 다루는 사람에게는 이 어깨걸이를 착용하는 것이 '거추장스럽고 성가신 습관'이었다. 그러므로 '임기응변에 능한' 로린슨은 인버네스에 주둔중인 연대 근속 재봉사를 불러 그와 함께 '그 드레스[의 길이]를 줄여 자신의 노동자들에게 알맞고 편리한 옷으로' 만들고자 했다. 그 결과가 '펠리 벡(*felie beg*)', 곧 짧은 치마 내지 '짧은 킬트'였다. 이것은 어깨걸이로부터 치마 부분을 분리해 그것을 미리 주름이 꿰매어진 별개의 옷가지로 대체한 것이었다. 로린슨 자신부터 이 새로운 옷을 입었고, 그의 동업자인 글렌가리의 이안 맥도넬도 따라 입었다. 그러자 언제나 그렇듯이 모든 씨족민들이 족장에 복종해 따라 입었다. 전하는 말에 따르면, 이 새로운 옷은 "너무나 안성맞춤으로 편리해서 단시일 내에 고지대의 모든 지방과 북부 저지대의 여러 지방에서 흔하게 되었다."

이와 같은 킬트의 기원에 대한 최초의 기록은 1768년 로린슨과 개인적인 친분이 있던 고지대 신사의 글이었다. 그것은 1785년에 출판되었는데, 당시 이 글에 대해서 별다른 이의는 제기되지 않았다.[12] 이러한 설명은 당시 살아 있던 스코틀랜드의 풍습에 대한 최고 권위자 두 사람에 의해서도 확인되었고,[13] 그와는 별도로 글렌가리 가문 출신 인사의 증언도 이를 뒷받침한다.[14] 이후 40년간 이에 대해서는 어떠한 문제 제기도 없었다. 킬트의 기원에 대한 이러한 설명은 한 번도 논박된 적이 없었던 것이다. 이후로 축적된 모든 증거들도 이와 일치했다. 회화도 이를 증명하고 있는데, 최초로 혁대를 맨 어깨걸이가 아니라 오늘날과 같은 킬트를 입은 사람들이 로린슨의 친구인 씨족장 이안 맥도넬의 아들 글렌가리의 알렉산더 맥도넬의 초상화에 등장했던 것이다. 흥미로운 점은, 초상화에서 킬트를 입은 사람은 씨족장이 아니라 그의 하인이었다는 점이다. 이는 킬트가 '천한' 사람들의 옷이었음을 다시 한 번 드러내는 것이다.[15] 이러한 모든 증거들을 토대로 오늘날의 최고 권위자들은 위의 이야기를 사실로 받아들인다.[16] 그렇다면 킬트는 순전히 근대적인 복장이고, 그것을 최초로 고안하고 또 입은 사람은 잉글랜드 출신의 퀘이커 산업가였으며, 그가 이 옷을 고지대인들에게 만들어 준 것은 전통적인 생활방식을 고수하기 위해서가 아니라 변형, 그러니까 히스 황야로부터 공장으로의 변형을 용이하게 하기 위함이었다고 결론지을 수 있다.

그러나 이것이 킬트의 기원이라면, 또다른 의문을 제기하지 않을 수 없다. 이 퀘이커 교도가 입은 킬트의 격자무늬 천은 무엇이었는가? 그것은 랭카셔의 로린슨 가문을 위해 고안된 독특한 '세트(sett)' 내지 색채의 무늬였는가, 아니면 그가 맥도넬 씨족의 명예회원이 되어 그들의 무늬를 차용했던 것인가? 실제로 18세기에 그와 같은 '세트'가 존재했는가? 씨족에 따른 세트의 구분은 언제부터 시작되었는가?

처음 고지대 의복에 주목한 16세기의 저술가들은 씨족별 구분에 대해 전혀 아는 바가 없었음이 분명하다. 그들은 족장들의 어깨걸이가 채색된 반면에 추종자들의 것은 갈색이었다고 묘사하고 있는데, 이는 당시 색채의 구분이 씨족이 아닌 사회적 지위에 따른 것이었음을 보여준다. 씨족에 따른 구분을 뒷받침하기 위해 제시된 증거들 중에서 가장 이른 시기의 것은, 17세기 말에 서부지방을 방문한 마틴 마틴(Martin Martin)의 기록이다. 그러나 마틴은 단지 지방에 따른 무늬의 차이만을 언급했지 씨족에 따른 구분을 말한 것은 아니다. 사실 씨족에 따른 구분에 반하는 증거가 오히려 더 설득력이 있다. 18세기에 리처드 웨이트(Richard Waitt)가 그랜트 가문의 여러 구성원들을 정성들여 그린 일련의 초상화들을 보면, 그들은 각기 다른 격자무늬 천을 입고 있다. 아마데일의 맥도널드 가문(Macdonalds of Armadale)의 초상화에는 '최소한 6개의 서로 다른 격자무늬 천 세트'가 보이고, 1745년의 반란과 관련해 최근에 발견된 증거들에서는—그림이든 의복이든 글이든—씨족별 구분 내지 세트의 일관성이 전혀 보이지 않는다. 어느 고지대인이 어떤 씨족 출신인가를 구별할 수 있는 유일한 방법은 그의 격자무늬 천이 아니라 그가 전투모에 부착한 장식이었다. 격자무늬 천은 개인적인 취향 내지 필요의 문제였을 뿐이다.[17] 실제로 1745년 10월 '젊은 기사(Young Chevalier)'■가 자신의 군대를 이끌고 에딘버러에 주둔하고 있을 때, 「칼레도니아 머큐리(*Caledonian Mercury*)」 지에는 '다양한 종류의 격자무늬 천, 최신의 무늬'라는 광고가 게재되기도 했다. 스튜어트(D.W. Stewart)가 마지못해 인정하듯이,

> 이것은 무늬가 오래 전부터 내려 온 것이라고 주장하는 사람들의 앞길에 놓인 크나큰 장애물이다. 왜냐 하면 다양한 지위와 씨족 출신의 고지대인들이 도시를 가득 채웠던 시기에, 그들에게 오래 된 세트가 아닌 '다양한 종류의 최신 무늬'를 제공한다는 것은 아무래도 이상하기 때문이다.

오늘날 우리가 아는 것과 같은 킬트는 최근의 잉글랜드 발명품이었고, 1745년 대반란이 일어났을 당시에는 '씨족별' 격자무늬 천이란 것이 아예 존재하지도 않았다. 그러나 이 반란은 스코틀랜드의 사회경제사에서 하나의 이정표가 되었듯이, 의복에 있어서도 그러했다. 반란 진압 후, 영국 정부는 마침내 1715년에 (그리고 그 이전에도) 고려했던 조치를 실행에 옮김으로써 독자적인 고지대 생활방식을 끝장내기로 결정했던 것이다. 컬러든 무어의 승리(Culloden Moor)■■에 뒤이어 의회가 제정한 여러 법령들은, 고지대인들을 무장해제하고 고지대 족장들에게서 그들의 세습 관할권을 박탈했을 뿐만 아니라, 고지대 의복—어깨걸이, 짧은 치마, 홀태바지, 어깨끈, 격자무늬 천 혹은 부분적으로 채색된 어깨걸이 등—또한 스코틀랜

드 전역에서 금지했다. 위반시에는 보석도 불허하는 6개월 투옥형에, 재위반이 적발될 경우에는 7년간의 유배형에 처했다.[18] 이 가혹한 법령은 35년간 시행되었고 그러는 동안 고지대인들의 생활방식 전체가 급격히 무너졌다. 1773년 새뮤얼 존슨(Samuel Johnson)과 제임스 보스웰(James Boswell)■■■이 그 유명한 여정 가운데 그 곳에 들렀지만, 내심 기대했던 '특이한 차림과 오랜 생활체계를 간직한 사람들'을 보는 것은 이미 너무 늦어 버린 일이었다. 여행 내내 존슨은 격자무늬 천을 입은 사람들을 결코 본 적이 없다고 기록했다. 금지령이 (비록 그 자신은 반대한 바 있지만) 도처에서 강제되었던 것이다. 그는 심지어 백파이프가 "잊혀져 가고 있다"고 전했다. 1780년경이 되면 고지대 의복은 사라진 듯했고, 합리적인 사람이라면 그것이 다시 부활하리라고는 도저히 상상할 수 없었다.

그러나 역사는 합리적이지 않다. 다른 식으로 말하면, 오직 부분적으로만 합리적이다. 고지대 의복은 본래 그것에 익숙해져 있던 사람들 사이에서는 사라졌다. 한 세대 동안 바지를 입어 온 고지대의 소박한 농민들로서는 굳이 예전에 그토록 값싸고 유용했던 혁대 맨 어깨걸이나 격자무늬 천을 다시 입을 이유가 없었다. 심지어 '안성맞춤의 편리한' 새 킬트는 찾지도 않았다. 반면에, 이전에 그 '천한' 옷을 박대했던 중상류층은 이제 전통적으로 입었던 사람들이 마침

■ '젊은 왕위 요구자(Young Pretender)'로 불린 찰스 에드워드 스튜어트(Charles Edward Stuart). 곧 유쾌한 찰리 왕자(Bonnie Prince)인 제임스 에드워드(James Edward), 곧 '늙은 왕위 요구자(the Old Pretender)'의 아들로서 명예혁명으로 쫓겨난 제임스 2세의 손자다.

■■ 1745년 자코바이트 반란에서 고지대 출신 병사들이 무자비하게 참패당한 전투.

■■■ 존슨은 잉글랜드의 문인이자 사전 편찬자이고, 보스웰은 스코틀랜드 출신의 법률가다. 두 사람은 문인 클럽을 함께 운영했으며 보스웰이 쓴 존슨의 전기가 유명하다.

내 벗어던진 그 복장을 열광적으로 받아들이기 시작했다.[19] 고지대 의복이 금지되었던 시기에 일부 고지대 귀족들은 집안이라는 안전한 공간에서 그것을 입었고, 그 입은 모습을 즐겨 초상화로 남기곤 했다. 이제 금지령이 철회되자, 유행이 번져 나갔다. 잉글랜드화된 스코틀랜드 귀족, 오름세의 젠트리, 학식 있는 에딘버러의 법률가와 애버딘의 신중한 상인들, 즉 가난에 찌들지도 않고 돌과 늪을 넘어 다니거나 산에서 밤을 샐 일도 결코 없는 그 사람들이 공개적으로 고지대 의복을 입고 과시하기 시작했다. 그런데 그들이 과시한 것은 자기 계층의 전통적인 복장인 역사적인 홀태바지나 거추장스런 혁대 맨 어깨걸이가 아니라, 새로운 발명품인 짧은 치마 내지 짧은 킬트 중에서도 비싸고 장식이 많은 종류였다.

이러한 놀라운 변화는 두 가지 이유로 설명할 수 있다. 첫째는, 일반적이고 전 유럽적인 것으로 간단히 요약할 수 있다. 그것은 낭만주의 운동, 즉 멸종 위기에 처한 고귀한 미개인에게 문명이 바치는 예찬이었다. 1745년 이전까지 고지대인들은 약탈을 일삼는 야만인들로 멸시받았다. 1745년에 그들은 위험한 반란군으로 공포의 대상이었다. 그러나 1746년 이후 그들의 특징적인 사회가 무너지기 시작하자, 그들에게는 원시인으로서의 낭만성과 멸종 위기에 처한 생물로서의 매력이 결부되었다. 이러한 분위기 속에서 어시안은 쉽게 승리를 향유할 수 있었던 것이다. 두 번째 이유는 좀더 특수하고 좀더 면밀하게 살펴볼 가치가 충분하다. 그것은 바로 영국 정부에 의한 고지대 연대 창설이었다.

고지대 연대의 창설은 1745년 이전에 이미 시작되었다. 실제로 최초의 고지대 연대인 블랙워치(Black Watch)는 제43연대 및 제42

퐁트누아 전투의 고지대 영웅 '제임스 캠벨'

1745년 영국군 최초의 고지대 연대 창설을 축하하는 전단이다.

연대에 뒤이어 1745년 퐁트누아(Fontenoy) 전투에 참가했다. 그러나 1757년부터 1760년 사이에 노(老) 피트(elder Pitt, 1708~1778)■는 고지대인들의 호전적 기질을 자코바이트의 위험으로부터 제국의 전쟁에로 체계적으로 돌리고자 했다. 그가 후에 주장했듯이,

> 나는 능력이 어디에 있든지 그것을 찾고자 했다. 감히 자랑하건대, 나는 최초로 북쪽의 산악지대에서 그것을 찾으려 했고 또한 찾았다. 나는 그것을 불러서 제국에 봉사할 강건하고 대담한 일족을 소환했던 것이다.

이렇게 만들어진 고지대 연대들은 곧 인도와 아메리카에서 빛나는 전공을 세웠다. 그들은 새로운 복장 전통도 세웠다. 1747년의 '무장해제법'에서 그들만이 유일하게 고지대 복장에 대한 금지령에서 예외였다. 따라서 켈트 농민들이 색슨 족의 바지를 영구적으로 받아들이고 켈트 족의 호메로스조차 음유시인의 긴 옷을 입은 것으로 묘사되던 35년이라는 시간 동안, 고지대 연대들만이 유일하게 격자무늬 천 직물업계를 살리고 모든 의복 가운데 가장 뒤늦게 만들어진 혁신물인 랭카셔 킬트를 영속시켰던 것이다.

본래 고지대 연대들의 군복은 혁대를 맨 어깨걸이였다. 그러나 킬트는 발명되자마자 그 편의성으로 말미암아 선풍적인 인기를 끌었고, 결국 고지대 연대들도 킬트를 도입하게 되었다. 나아가 그들

■ 윌리엄 피트(William Pitt), 채덤 백작, 영국의 정치가. 휘그당 월폴의 대외정책을 신랄하게 비판했으며, 수상을 역임했다. 그의 차남 소 피트와 혼동해서는 안 된다.

이 킬트를 군복으로 입기 시작하면서, 아마도 씨족별로 구분되는 격자무늬라는 개념이 탄생했을 것이다. 전쟁의 필요에 따라 고지대 연대들의 수가 증가하면서 그들의 격자무늬 군복들도 구분되기 시작했던 것이다. 그리고 민간인들도 다시 격자무늬를 입기 시작하고 낭만주의 운동이 씨족 숭배를 부추김으로써, 동일한 구분의 원칙이 연대에서 씨족으로 쉽게 전이되었던 것이다. 그러나 이는 장차 일어날 일이다. 일단은 잉글랜드의 퀘이커 산업가가 고안한 킬트가 잉글랜드의 제국주의 정치가(노 피트) 덕분에 소멸될 위기로부터 구제되었다는 점을 지적하는 것으로 충분하다. 그 다음 단계는 스코틀랜드 씨족 계보의 발명이다. 그나마 이 단계는 스코틀랜드 인 자신들에 의해 시작되었다.

1778년 런던에 고지대 협회가 설립된 것이 그 중요한 첫 걸음이었다. 고지대 협회의 주된 역할은 고대 고지대의 미덕들을 장려하고 전통들을 보존하는 일이었다. 협회원들은 주로 고지대의 귀족과 장교들이었지만, 협회가 성공한 것은 특별히 사무총장인 존 맥켄지(John Mackenzie)의 열정에 기인한 바 컸다. 존 맥켄지는 법학원(The Temple) 출신의 변호사로서, 제임스 맥퍼슨의 '가장 가깝고도 믿음직스러운 친구'이자 공모자이며 행정관이자 유언 집행자였다. 제임스 맥퍼슨과 존 맥퍼슨 경 모두 협회의 창립회원들이었는데, 그들 협회의 주요 목적 가운데 하나가 고대 게일 문학의 보존이었다. 그리고 협회 전속 역사가인 존 싱클레어 경(Sir John Sinclair)이 보기에, 협회의 가장 위대한 업적은 1807년 어시안의 게일 어 '원본'을 출판한 것이었다. 이 '원본'은 맥켄지가 맥퍼슨으로부터 원고를 받아 거기에 그 진위를 증명하는 싱클레어의 논문을 덧붙인 것이다. 맥켄지가 이중의 역할을 수행했다는 점과 협회가 게일 문학(거의 대부분이 맥퍼슨의 저작이거나 그에게서 영감을 얻은)에 집착했다는 점에서, 이 모든 사업은 런던에서 이루어진 맥퍼슨 마피아의 작업 가운데 하나라고 볼 수 있다.

협회의 두 번째 목적, 그러나 첫 번째 못지않게 중요한 목적은 스코틀랜드에서 고지대 의복의 착용을 금지하는 법안을 폐지시키는 것이었다. 이러한 목적으로 모일 때면 협회원들은 (런던에서는 위법이 아니었기에),

> 켈트 조상의 의복으로 널리 추앙받는 복장을 하고, 최소한 때때로 억양이 강한 게일 어로 말하고, 고지대의 즐거운 음악을 듣고, 고대 시들을 낭독하고, 자기 지역의 독특한 관습들을 따랐다.

그러나 그 당시만 해도 고지대 의복에 킬트는 포함되지 않았다. 협회 규정에 의하면, 고지대 의복은 홀태바지와 혁대를 맨 어깨걸이('어깨걸이와 짧은 치마가 하나로 결합된')였다.[20] 결국 협회의 두 번째 목적은 1782년 그레엄 후작(Marquis of Graham)이 고지대 협회 위원회의 요청에 따라 하원에서 금지령의 폐지안을 성공적으로 통과시킴으로써 달성되었다. 금지령의 철회는 스코틀랜드 전역에서 크게 환영받았고, 게일 어 시인들은 켈트식의 혁대 맨 어깨걸이가 색슨식의 바지를 물리쳤음을 찬양했다. 이 때부터 새롭게 재정의된 고지대 의복의 승리가 시작되었다고 할 수 있다.

물론 이 승리가 순조롭게 이루어진 것은 아니었다. 적어도 한 명의 스코틀랜드 인은 처음부터 당시까지도 변방의 야만족으로 멸시

당해 온 켈트 고지대인들이 스코틀랜드 역사와 문화의 유일한 대표자임을 자처하는 전 과정에 대해 항의의 목청을 돋우었다. 그는 존 핀커튼(John Pinkerton)이라는 인물로서, 비록 의심할 여지없이 괴팍한 성격과 심한 편견을 가지고 있었지만, 토머스 이니스 이래로 가장 위대한 스코틀랜드의 고대 연구자였다. 핀커튼은 중세 암흑기 스코틀랜드의 진정한 역사라고 할 만한 어떤 것을 처음으로 확립한 학자였다. 그는 두 맥퍼슨의 역사적·문학적 위조에 굴하지 않는 그들의 천적(天敵)이었다. 또한 고지대 의복의 역사를 처음으로 기록한 학자였다. 다만 한 가지 치명적인 오류를 범했는데, 곧 픽트 족이 스코트 족과 인종적으로 전혀 다르고, (그가 존경하는) 픽트 족이 (그가 멸시하는) 켈트 족이 아니라 고트 족이라고 믿었던 것이다. 그러나 이러한 오류들 때문에 고대 칼레도니아 인들의 특색이 킬트 내지 혁대를 맨 어깨걸이가 아니라 바지를 입은 것에 있으며, 격자무늬 천은 근대 초기에 수입된 것이고 킬트는 더욱 최근의 수입품이라는 그의 결론들이 무효로 돌아가는 것은 아니다.

핀커튼의 주장에 귀 기울인 사람들 가운데에는 존 싱클레어 경도 있었다. 1794년 싱클레어는 프랑스의 침공에 대비해 지방군을 조직했는데, 면밀한 검토 후에 자신의 병사들에게 킬트가 아닌 (그는 이미 퀘이커 교도 로린슨에 대해서 알고 있었다) 격자무늬 홀태바지를 입히기로 했다. 이듬해에 그는 특별히 직접 도안한 격자무늬 홀태바지를 입고 궁정에 배석했다. 그러나 그러기에 앞서 핀커튼과 상의했다. 핀커튼은 싱클레어가 '짧은 치마 대신에 긴 바지'를 택했음을 기뻐하면서, 소위 고대 의복이라고 알려진 짧은 치마는 (그의 글에 따르면) "사실 상당히 최근의 것이기 때문에 설사 개조하더라도 그 고대성이 손상되는 것이 전혀 아니며, 외려 바지가 짧은 치마보다 훨씬 오래 된 것이다"라고 했다. 그는 어깨걸이와 격자무늬 천조차도 고대적인 것이 아니라고 덧붙였다.

'우리의 켈트 조상들'이 입었다고 여겨진 의상 전체의 고대성을 반박한 후, 핀커튼은 그것의 고유한 장점에 대해 설명했다. 짧은 치마는 "저속할 정도로 점잖지 못할 뿐만 아니라 먼지가 피부에 닿고 땀냄새를 풍기기 때문에 지저분하고," 가슴은 조끼와 어깨걸이로 두 번 덮는 반면에 정작 "다른 모든 민족들이 가리는 부분은 헐렁하게 덮는다"는 점에서 불합리하며, 또한 사내답지 못하고 거지 같은 데다가 "패션의 견지에서도 무미건조한 규칙성과 천한 빛깔은 조화되지 않아 격자무늬 천은 유행에 실패한" 추한 옷이라고 주장했다. 그러나 존 싱클레어 경의 전용 격자무늬 천은 단지 2개의 매우 부드러운 색감을 사용함으로써 "그와 같은 결점을 피할 수 있었"고, "대체로 매우 만족스러운 인상"을 주는 데 성공했다고 서둘러 덧붙였다.[21)]

'유명한 고대 연구자 핀커튼 씨'가 위와 같이 썼건만 아무런 소용이 없었다. 이미 고지대 연대들이 짧은 치마를 받아들였고, 연대 장교들은 이 짧은 킬트가 까마득한 과거로부터 내려 온 스코틀랜드의 민족의상이었다고 쉽사리 확신해 버렸던 것이다. 외소한 학계의 심약한 항의의 목소리는 견고한 군사조직 앞에서 헛될 수밖에 없었다. 그러니 그런 확신을 아무리 부인해 봐도 주목을 끌 리 없었다. 1804년 육군성(War Office)이—어쩌면 존 싱클레어 경의 영향으로—킬트를 홀태바지로 대체하려고 계획하면서 마땅히 현역 장교들의 의견을 물었다. 제79연대의 캐머론 대령(Colonel Cameron)은 분개했

1815년의 고지대 군대

다. 군 수뇌부는 정말로 '고지대인들의 활동에 너무나도 알맞은' 킬트 밑의 '순수하고 건강한 공기의 자유로운 흐름'을 막겠다고 제안한단 말인가? 이 용맹무쌍한 대령은, "국왕 폐하께서 우리만의 고유한 복장을 빼앗아 우리에게 광대 같은 격자무늬 긴 바지를 입게 만드는 고통스럽고 모욕적인 생각에 동의하지 않기를 진심으로 바란다"고 항의했다.[22] 이런 맹렬한 비난 앞에서 육군성은 입장을 철회하지 않을 수 없었고, 1815년 최후의 승리 후에 결국 킬트를 입은 고지대 연대들은 파리 사람들의 상상력을 사로잡고 호기심을 불러일으키기에 이르렀다. 그 후에 월터 스콧의 역사소설 『웨이벌리 연작들(*Waverley Novels*)』이 고지대 연대들과 더불어 전 유럽에 킬트와 격자무늬를 유행시켰다.

그러는 동안 또다른 군인이 킬트의 고대성이라는 신화를 밀어붙이고 있었다. 가스의 데이비드 스튜어트 대령(Colonel David Stewart of Garth)은 열여섯의 나이에 고지대 제42연대에 입대한 이래로 한평생을 군대에서, 그것도 대부분 해외에서 보냈다. 1815년 이후에는 연금을 받는 퇴역 장교로서 처음에는 고지대 연대 연구에, 다음으로는 고지대의 생활과 전통—아마도 스코틀랜드의 협곡들에서보다는 오히려 장교단에서 발견한—에 관한 연구에 헌신했다. 이러한 전통에는 이미 킬트와 씨족별 격자무늬가 포함되어 있었고, 스튜어트 대령도 의심없이 그것을 받아들였다. 그의 귀에도 킬트가 잉글랜드 인에 의해 발명되었다는 이야기가 들렸건만, 단 한 순간도 그것을 진지하게 생각해 보지 않았다. 그는 "짧은 치마는 전통이 거슬러 올라가는 만큼이나 오랜동안 우리 민족의상의 한 부분이었다는 모든 사람들의 보편적인 믿음"이 그러한 이야기가 틀린 것임을 보여준다고 말했다. 마찬가지의 확신을 갖고서 격자무늬 천이 언제나 '부족·씨족·가족별로 특유의 문양'으로 짜여졌다고 주장했다. 그러나 어떠한 증거도 제시하지 않았다. 그의 견해들은 1822년『스코틀랜드 고지대인들의 기질, 관습과 현상에 대한 개요(*Sketches of the Character, Manners and Present State of Highlanders of Scotland*)』라는 제목의 책으로 출판되었다고 한다.[23]

스튜어트가 단지 글을 통해서만 이 새로운 고지대 운동을 밀어붙인 것은 아니다. 그는 1820년 1월, 에딘버러에서 켈트 협회를 설립했다. 젊은 시민들로 구성된 이 협회의 첫 번째 목표는 '고지대에서 고대 고지대 의복의 일반적인 사용을 증진하는 것'이었고, 이를 위해 에딘버러에서 그들 스스로가 그것을 입었다. 협회의 회장은 저지대인인 월터 스콧 경이었다.

협회원들은 정기적으로 모여 '옛 풍습대로 킬트를 입고 모자를 쓰고 완전무장을 한 채'로 함께 저녁식사를 했다. 스콧은 이러한 회합에서 홀태바지를 입었지만, 그 자신도 "반바지의 속박에서 벗어난 게일 인들의 극성스런 열정에 매우 흡족했다"고 밝혔다. 어느 날 저녁식사 후에는 "그처럼 펄쩍이고 뛰고 소리 지르는 것을 본 적이 없다"고 적어 놓기도 했다.[24] 엄숙한 에딘버러에서조차 고지대인의 킬트 아래에 흐르는 순수하고 건강한 공기의 자유로움이 가져오는 효과가 이처럼 놀라웠던 것이다.

주로 월터 스콧 경과 스튜어트 대령의 활동 덕분에, 1822년경에 이르면 고지대 전통은 이미 승리하기 시작했다. 그리고 그 해 조지 4세의 에딘버러 공식 방문으로 뚜렷이 홍보되었다. 하노버 왕가의 국왕이 스코틀랜드의 수도를 방문한 것은 처음 있는 일이었기에 사람들은 행사가 성공할 수 있도록 공들여 준비했다. 주목할 것은, 이러한 준비를 지휘한 사람들이다. 모든 실질적인 준비를 위임받은 의례 책임자는 월터 스콧 경이었다. 스콧은 스튜어트 대령을 그의 보좌관, 곧 모든 의례 및 의상 문제의 '총책임자'로 임명했다. 그리고 그 두 사람이 국왕과 정부 각료들과 스코틀랜드 상징물을 호위하는 임무를 부여한 명예 근위대는, '짧은 치마에 대한 열정을 가진 사람들', 곧 '올바른 복장을 갖춰 입은' 켈트 협회의 회원들로 구성되었다. 그 결과는 스코틀랜드 역사와 현실의 기괴한 왜곡이었다. 스콧은 광신적인 켈트 협회 동료들에 묶이고 자기 자신의 낭만주의적인

월터 스콧(Walter Scott, 1771~1832)

스코틀랜드 저지대 에든버러 출신의 낭만주의 작가. 『웨이벌리(*Waverley*)』(1814), 『롭 로이(*Rob Roy*)』(1818), 『아이반호(*Ivanhoe*)』(1819) 등의 작품들을 남겼다.

켈트 환상에 휘둘려서 역사상의 스코틀랜드, 곧 자신의 저지대 스코틀랜드를 망각하기로 작정한 것 같았다. 그는 국왕의 방문이 '게일의 회합'이 되어야 한다고 선언했다. 그리하여 고지대 족장들에게 추종자라는 '꼬리'를 달고 국왕에게 신하로서의 예를 표하라고 강력히 요구했다. 심지어 한 족장에게 보낸 편지에는 "당신의 지위에 맞게 한 섬의 족장과 같이 보일 수 있도록 대여섯 혹은 십여 명의 씨족원들을 데리고 오라"고 하면서 "고지대인들이야말로 그가 가장 보고 싶어하는 사람들이다"라고 썼다.[25]

고지대인들은 충성스럽게 참석했다. 그러나 어떤 격자무늬 천을 입어야 하는가? 스튜어트가 널리 선전하고 있던 씨족별 격자무늬 천이라는 생각은 수완 좋은 제조업자들로부터 비롯된 것으로 보인다. 35년간 고지대 연대 외에는 달리 고객이 없었던 이들이 1782년 금지령이 폐지되면서 보다 넓은 시장의 가능성을 엿보았던 것이다. 이들 가운데 가장 큰 사업체인 배넉번의 윌리엄 윌슨 앤 선(William Wilson & Son of Bannockburn)의 방대한 기록은 역사가들에게 헤아릴 수 없이 귀중한 사료다. 이 윌슨 부자(Messrs Wilson and Son) 회사는 씨족별 격자무늬 천의 목록을 만들어 이로써 씨족 간 경쟁이 불붙어 그들에게 돌아올 이익을 내다보았고, 이 목적을 위해 런던의 고지대 협회와 동맹을 맺었다. 협회는 협회대로, 이들의 상업적인 계획 위에다가 역사적 권위라는 망토 혹은 어깨걸이를 씌워주었다. 1819년 국왕의 방문이 처음으로 제안되었을 때, 이 회사는 '주요 패턴 내역서'를 준비해 여러 격자무늬 천의 샘플을 런던으로 보냈고, 협회는 당연하게도 그것들이 각 씨족 특유의 문양이라고 '인증'해 주었던 것이다. 그렇지만 방문이 확정되고 나서는, 그같이 현학적으로 역사적 근거를 일일이 확인할 겨를이 없었다. 다량의 주문이 쏟아지면서 "격자무늬 천들은 직기를 빠져 나오는 순간 팔려 나갔다." 이러한 상황에서 회사의 우선적인 의무는, 고지대 족장들이 자신들이 필요로 하는 것을 살 수 있게끔 생산량을 유지하는 일이었다. 그리하여 어시안 발견자의 후계자인 클루니 맥퍼슨은 기존에 있던 격자무늬 천을 받게 되었다. 그에게 보내진 격자무늬 천에는 '맥퍼슨 씨족의 것(Macpherson)'이라는 꼬리표가 붙어 있었지만, 그 이전까지는 '키드(Kidd)'라는 꼬리표가 붙어 있었다. 그것은 키드 씨(Mr. Kidd)에게 그의 서인도 제도의 〔플랜테이션에서 일하는〕 노예들에게 입히기 위한 옷감으로 짐짝채로 판매되던 것이었고, 그 이전에는 단지 '155번'으로 통하던 것이었다. 어쨌든 이러한 사업수완 덕분에 족장들은 월터 경의 요청에 응할 수 있었고, 에딘버러의 시민들은 맥그리거의 이반 맥그리거 경(Sir Evan Macgregor of Macgregor)이 '자신의 씨족민들과 깃발 및 백파이프를 대동한 채 고유의 고지대 격자무늬 천을 입고 있는 모습'과 스코틀랜드에서 가장 오래 된 킬트의 계승자인—로린슨씨 다음으로—글렌가리의 맥도넬 대령의 모습을 감상할 수 있었다.

이렇게 스코틀랜드의 수도는 국왕을 맞이하기 위한 '격자무늬 천'으로 넘실거렸다. 국왕 자신도 동일한 복장을 함으로써 이 켈트식 가장행렬에서 자신의 역할에 충실했고, 방문행사의 절정에서 운집한 귀빈들에게 스코틀랜드의 실제 혹은 역사상의 엘리트가 아니라 '스코틀랜드의 족장들과 씨족들을 위한' 건배를 제안했다. 스콧의 헌신적인 사위이자 전기작가인 록하트(J. G. Lockhart)조차 이 집단적인 '환각'에는 경악할 따름이었다. 그에 따르면, 스코틀랜드 "최고의 영광이자 그 상징"이, "언제나 스코틀랜드 민족의 작은 부분에 불과했고 거의 언제나 하찮은 일부에 지나지 않았던" 켈트 부족들과 동일시되었다. 매콜리 경(Lord Macaulay)■은 그 자신이 본래 고지대 출신이었지만 좀더 기탄없이 말했다. 그는 1850년대에 쓴 자신의 글에서, 고지대 의복의 고대성에 대해서는 의심하지 않았지만, 이러한 '줄무늬 페티코트'를 스코틀랜드의 문명화된 종족들에게까지 소급 적용하는 것에 대해 분노할 만큼의 역사 의식은 지니고 있었다. 그는 장문을 통해 이 어이없는 최근의 패션이,

■ Thomas Babington Macaulay, 1800~1859. 영국의 역사가. 『영국사』, 『밀턴론』 등을 남겼다.

아마데일의 맥도널드 씨족
(Macdonalds of Armadale)

글렌가리의 맥도넬 씨족
(Macdonells of Glengarry)

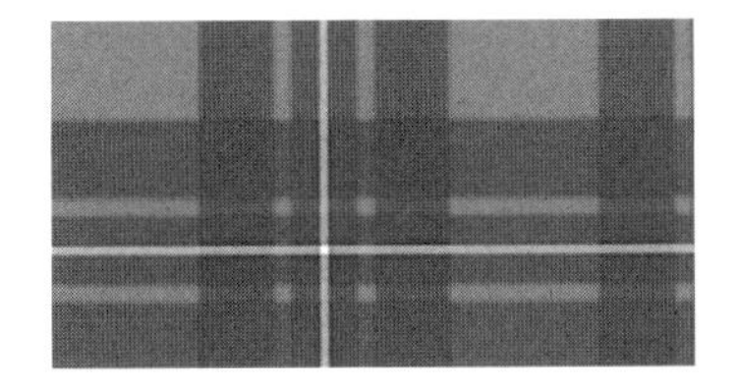

맥그리거의 맥그리거 씨족
(Macgregors of Macgregor)

맥퍼슨 씨족
(Macphersons)

씨족별 격자무늬 천

더 이상 지속되기 힘든 한계점에 도달했다. 최근에 홀리루드(Holyrood)에 궁정을 연 영국 국왕은 합병 이전 스코틀랜드에 편재했던 관습을 존중한다는 가시적인 표시로, 통합 이전에는 스코틀랜드 인 10명 가운데 9명이 도둑놈의 옷이라고 여겼던 그것으로 변장하면 될 것이라고 생각했다.[26)]

'더 이상 지속되기 힘든 …'이라니! 과연 매콜리는 경제적 이해관계를 통해 지속되는 '환각'의 힘을 과소평가했던 것이다. 스콧은 곧 균형감을 되찾을 수 있었고 실제로도 그러했지만, 1822년의 소극(笑劇)은 격자무늬 천 직물업계가 새롭게 발전할 수 있는 원동력이 되었을 뿐더러, 그 산업에 봉사할 새로운 환상마저 불러일으켰다. 이렇게 해서 고지대 신화 창출의 마지막 단계에 이르게 된다. 즉, 현실에서는 1745년 이후 파괴되어 버린 씨족체계가 유령처럼 의상의 형태로 재구성되고 확장되는 것이다. 이 시기의 주요 인물이 바로 켈트라는 이름의 회전목마 혹은 하늘을 나는 빗자루를 탄 사람들 가운데서도 가장 비밀스럽고 매혹적인 두 사람, 곧 알렌(Allen) 형제다.

알렌 형제는 폭넓은 인척관계를 가진 해군가문 출신이다. 그들의 조부인 존 카터 알렌(John Cater Allen)은 전위함대 사령관(Admiral of the White)이었다. 그의 아들이자 이들 형제의 아버지는 해군에서 잠시 복무한 적이 있었다. 형제의 어머니는 서리(Surrey)의 학식 있는 성직자의 딸이었다. 아버지는 그림자 같은 사람으로 그의 생애는 수수께끼 같다. 그는 주로 해외에서, 특히 이탈리아에서 살았던 것 같다. 그 아들들 곧 알렌 형제의 초기 생애에 대해서는 기록이 없다. 그들에 대해서 확언할 수 있는 것이라고는 단지 둘 다 여러 분야에 재능 있는 예술가들이었다는 점뿐이다. 그들은 스콧의 문체를 따라 낭만주의 시를 썼고, 여러 언어를 스스로 배워서 터득했으며, 뛰어난 제도사이자 목재 조각가이며 가구 제작자였다. 그들은 사람을 유인하는 매너와 굉장한 사교적 매력을 지니고 있었는데, 그렇기에 최상류사회에서 쉽게 어울릴 수 있었다. 그들은 무엇을 하든 완벽하고 멋들어지게 해냈다. 그들이 스코틀랜드에 처음 출현한 시기는 불분명하지만, 1822년 국왕 방문 당시에는 아버지와 함께 있었던 것이 분명하고, 이르면 1819년부터 있었을지도 모른다. 1819년에서 1822년은 국왕의 방문을 준비하던 시기다. 또한 배넉번의 윌슨 사가 고지대 씨족별 격자무늬 천을 계획하고, 런던의 고지대 협회가 틀림없이 그들과 공모해서 고지대 씨족별 격자무늬 천에 대한 사치스러울 정도로 삽화가 풍부한 책의 출간을 고려하고 있던 시기다.[27] 이 시기에 알렌 가문이 윌슨 사와 연락이 있었다고 생각할 만한 합당한 이유들이 있는 것이다.

이후 몇 년간 알렌 형제는 해외에 체류했지만 때때로 스코틀랜드의 대저택 혹은 상류사회 모임에 "고지대 의상이 갖출 수 있는 최대한의 화려함"(한 잉글랜드 관찰자의 표현에 따르면)—곧 온갖 종류의 옷자락과 조각, 가짜 훈장과 금속 장신구—으로 한껏 치장한 채로 나타나곤 했다.[28] 스코틀랜드를 방문한 한 러시아 귀족은 알타이어(Altyre)에 있는 고든 커밍(Gordon Cumming)의 저택에서 화려한 훈장과 기사 작위를 지닌 그들을 만났다. 이 시기에 그들은 자신들의 성씨를 스코틀랜드식으로 처음에는 알란(Allan), 다음에는 헤이 알란(Hay Allan)을 거쳐 헤이(Hay)로 바꿨다. 그들은 자신들이 헤이 가문 최후의 인물인 에롤 백작(earl of Errol)의 후손이라는 믿음을 조장했다. 에롤 백작은 독신이었기에 그들은 그가 비밀리에 결혼한 것이라고 그럴듯하게 둘러댔다. 이렇게 석연치 않은 구석이 많았건만 그들은 늘 그것을 공언하고 다님으로써 자신들의 주장을 굽히지 않았다. 월터 스콧 경은 둘 가운데 형이 스코틀랜드의 원수(元帥, high constable of Scotland)—이것은 에롤 가문의 세습 직위였다—배지를 달고 있는 것에 대해 "그가 왕관을 쓸 자격이 없는 만큼이나, 그 배지를 달 자격도 없다"라고 회상했다.[29] 하지만 배지를 단 사람 자신은, 왕관을 쓸 자격은 없을지 모르지만 그렇다고 배지를 달지 못할 정도는 아니지 않겠냐고 대답했을지 모를 일이다.

알렌 형제는 대부분의 시간을 멀리 북쪽에서 보냈는데, 이는 모레이 백작(earl of Moray)이 다나웨이(Darnaway) 숲에 드나드는 것을 허락해 주었기 때문이고, 그들은 뛰어난 사슴 수렵가가 되었다. 그들은 귀족 후원자들을 구하는 데 전혀 어려움을 겪지 않았다. 빈틈없는 저지대의 '하급 귀족'들도 그들에게 속았다. 토머스 딕 로더 경(Sir Thomas Dick Lauder)이 그러한 경우로, 그의 아내는 엘긴(Elgin)에 영지를 갖고 있었다. 1829년 알렌 형제는 그에게 자신들이 중요한 역사적 문헌을 갖고 있다고 했다. 그것은 (그들에 따르면) 한때 스코틀랜드 인들의 여왕 메리(Mary Queen of Scots)의 심복인 로스의 주교(bishop of Ross) 존 레슬리(John Leslie)가 소유했던 것으로, 다른 사람도 아닌 바로 '젊은 기사', 곧 찰스 에드워드 스튜어트가 자신들의 아버지에게 하사한 것이라고 했다. 그 문헌은 스코틀랜드 가문들의 씨족별 격자무늬를 묘사한 것으로, 거기에는 '스코틀랜드 복식(*Vestiarium Scoticum*)'이라는 제목이 붙어 있었고, 기사인 리처드 어콰트 경(Sir Richard Urquhart)이라는 사람이 쓴 것이라고 적혀 있었다. 레슬리 주교는 문헌에 1571년이라고 표기했지만, 문헌 자체는 물론 보다 오래 된 것일 수도 있었다. 알렌 형제는, 문헌의 원본은 런던에 있는 아버지가 가지고 있다고 설명하면서 딕 로더에게는 자신들이 입수했고 크로마티(Cromarty)의 어콰트(Urquhart) 가문에 전해진 것임이 분명한 '불완전한 복사본'을 보여주었다.

토머스 경은 이 발견에 매우 흥분했다. 문헌 자체가 중요한 것일 뿐만 아니라, 씨족별 고유의 격자무늬 천에 대한 아주 오래 된 근거를 제공했고 고지대인뿐 아니라 저지대인도 그러한 격자무늬를 입었음을 보여주었으니 말이다. 특히 이 마지막 사안은 격자무늬 옷을 입는 관행에 참여하고자 했던 저지대 가문들이 매우 흡족해할 만한 사실이었다.[30] 토머스 경은 그 문헌의 필사본을 만들었는데, 알렌 형제 가운데 동생이 기꺼이 그를 위해 삽화를 그렸다. 다음으로는 이러한 사안들의 권위자인 월터 스콧 경에게 "매일같이 제작되어 특정 이름을 부여받고 진짜인 양 사람들이 입고 다니는 어색하고 허구적인 최근의 수많은 격자무늬 천들"을 정정할 수 있도록 이 문헌이 출판되어야 한다는 내용의 편지를 썼다.

그러나 스콧은 이 시기면 이미 그런 주장에 속지 않을 만큼은 명석함을 회복하고 있었다. 그에게는 문헌의 역사와 내용 및 알렌 형제의 인물됨 모두가 의심스러운 것이었다. 그는 저지대인들이 씨족별 격자무늬 천을 입은 적이 결코 없다고 믿었고, 그래서 격자무늬 천 직조업자들의 사기성을 의심했다. 그는 최소한 원본이 대영 박물관의 전문가들에게 제출되어야 한다는 점을 강조했다. 토머스 경은 알렌 형제 가운데 형에게 그것을 제안했고 그는 기꺼이 동의했지만, 그와 같은 연구는 그가 자신의 아버지가 보낸 편지, 그러니까 'J. T. Stuart Hay'라고 서명된 편지를 제시하면서 벽에 부딪쳤다. 편지에서 아버지는 아들이 그 문헌을 언급한 것 자체를 엄히 질책했고, 그 문헌은—더 이상 돌이킬 수 없을 정도로 잃어 버린 세계를 회복하려는 노력이 헛되다는 것은 말할 것도 없거니와—'책의 빈 낱장에 적힌 몇몇 사적인 비망록들' 때문에라도 결코 사람들 눈 앞에 펼쳐놓을 수 없다고 했다. 또 "월터 스콧 경의 견해에 대해서 말하자면,"

"고대 연구자들이 그의 견해를 존중하는 것을 결코 본 적이 없는 만큼 무가치하기 짝이 없으며, 나로서는 무관심하다"라고 적고 있다.[31] 이로써 애봇스퍼드(Abbotsford)■의 권위자를 깎아내렸던 것이다.

스콧의 권위에 눌린 후, 알렌 형제들은 다시 북쪽에 은거하며 점차 자신들의 이미지와 식견과 문헌을 완전하게 가다듬었다. 그들의 새로운 후원자는 로바트 경(Lord Lovat)이었는데, 그는 프레이저(Fraser) 가문의 가톨릭 가장이었고 그의 조상은 1747년에 교수형당한 인물이었다. 두 형제는 따라서 새로운 종교로 귀의해 자신들이 가톨릭 교도라고 선언했고, 새롭고도 더욱 원대한 정체성을 채택했다. 그들은 '헤이'라는 성을 버리고 왕실 성인 '스튜어트'를 취했다. 형은 존 소비에스키 스튜어트(John Sobieski Stuart, 폴란드의 영웅이자 국왕으로서 '젊은 기사'의 외증조부)라고 자처했고, 동생은 '젊은 기사'와 같은 찰스 에드워드 스튜어트(Charles Edward Stuart)가 되었다. 그들은 로바트 경으로부터 인버네스의 뷸리(Beauly) 강 위 작은 섬에 있는 낭만적인 저택 아일린 아이가스(Eilean Aigas)를 선사받아, 그 곳에 소규모 궁정을 세웠다. 그들은 '왕자님들'로 불렸고 왕좌에 앉았으며, 엄격한 의례규범을 유지하고 방문자들에게 왕족 예우를 받으며 그들에게 스튜어트 왕가의 유품들을 보여주는가 하면, 잠금장치가 된 왕가의 궤에 신비한 문헌들이 들어 있음을 암시하곤 했다. 저택 입구에는 왕실 문장이 세워졌고, 에스커데일(Eskadale)에 있는 가톨릭 성당에 가기 위해 상류

■ 스코틀랜드 동남부 지역으로 월터 스콧 경이 살던 곳이다.

로 거슬러 올라갈 때면 배 위에 왕실 깃발을 달았다. 그리고 인장으로 옥쇄를 사용했다.

1842년 아일린 아이가스에 머물 때 형제는 마침내 저 유명한 문헌 『스코틀랜드 복식(*Vestiarium Scoticum*)』을 고급 장정본으로 50부로 한정해 간행했다. 최초로 일련의 채색된 격자무늬 천 삽화들이 지면에 인쇄되었을 뿐만 아니라, 기술적인 문제들을 극복한 개가였다. 이 삽화들은 '기계 인쇄'라는 새로운 방식으로 인쇄되었고, 50년 후 한 학자의 표현에 따르자면, "채색의 아름다움과 세부 묘사의 정확성이라는 측면에서 다른 어떤 색채 인쇄방식도 따라오지 못한다." 존 소비에스키 스튜어트는 편집자로서 정통한 주해와 문헌의 진위성에 대한 새로운 증거들을 제공했다. 그 증거들이란 문헌 안에 있는 주교 레슬리의 서명을 '희미하게 모사한 것'과 문헌의 수령증 '사본'이었다. 그는 문헌 자체도 최근에 익명의 아일랜드 수사가 스페인의 한 수도원에서 발견한 두 번째 문헌과 '주의 깊게 대조'되었지만, 불행히도 그 수도원은 곧 해체되었다고 했다. 그리고 로바트 경이 소유하고 있던 또다른 문헌도 인용했는데, 불행히도 미국에 가져갔다가 분실했으며 되찾기 위해 노력중이라고 했다.

스코틀랜드의 복장을 다룬 『스코틀랜드 복식』은 부수가 너무 한정되어 출판 당시 거의 주목을 끌지 못했다. 스콧은 이미 세상을 떴고, 딕 로더는 여전히 그들의 '신봉자'였지만 잠자코 있었다. 그가 인쇄된 세트들을 면밀히 검토했다면, 알렌 형제 가운데 동생이 자신의 필사본에 삽화를 넣어 준 이후로 상당히 수정이 가해졌음을 알아차리고 놀랐을 것이다. 그러나 『스코틀랜드 복식』은 보다 광범위한 원본을 위한 예비적인 보조문서(*piece justificative*)일 뿐이라는 사실이 곧 드러났다. 2년 후 형제는 다년간의 연구의 결과임이 분명한 더욱 고급스런 장정본을 출판했다. 이 경탄할 만한 대형 책자는 '유럽 가톨릭 예술의 복원자'인 바이에른 왕 루트비히 1세(Ludwig I)에게 헌정되었고, 거기에는 게일 어와 영어로 '고지대인들'에게 고(告)하는 거창한 서문도 포함되어 있었다. 표지에 따르면, 책은 에딘버러, 런던, 파리와 프라하에서 출간되었다. 제목은 『씨족들의 의복(*The Costume of Clans*)』이었다.

『씨족들의 의복』은 과연 놀라운 저작이다. 그 박식함만으로도 이 분야에 대한 이전의 모든 저작들이 하찮고 왜소해 보일 지경이다. 이 책은 스코틀랜드는 물론이요 전체 유럽의 기록 및 구술, 필사 및 인쇄된 온갖 신비한 자료들을 인용하고 있다. 또한 문학은 물론, 미술과 고고학도 끌어들이고 있다. 반 세기가 지난 후 신중하고 학구적인 어느 스코틀랜드 고대 연구자는 이 책에 대해서 "완전히 경이로울 정도의 능력과 노력의 산물"이라고 평했고,[32] 이 분야에 대한 오늘날의 최고 권위자는 "기념비적인 작품이다. … 고지대 의복에 관한 모든 역사 서술이 근거하는 반석들 중 하나다"라고 설명했다.[33] 책은 지적이고 비판적이다. 저자들은 킬트가 최근에 고안된 것임을 인정한다(사실 그들도 글렌가리의 맥도넬 저택에서 머물렀던 적이 있다). 그들이 적은 내용 중 어느 것 하나 쉽게 버릴 만한 게 없다. 그 반면에, 아무것도 무턱대고 받아들일 수 없다. 이 책은 전적으로 공상과 숨길 수 없는 위조로 가득 차 있다. 실재하지 않는 인물들이 권위자들로 제시되었다. 어시안의 시들이 사료로 이용되었고 그 실체를 확인할 길 없는 문헌들이 인용되고 있다.

이 가운데에는 이미 유명을 달리한 기사 왓슨(chevalier Watson)

이 더이(Douay)로부터 획득했으나 안타깝게도 지금은 사라진 '원래 어시안 시의 여러 복사본들과 여러 다른 다양한 게일 어 문헌들', 이제는 불행히도 해체되고 없는 그 스페인 수도원에서 다른 문헌들과 함께 발견된 14세기 라틴 어 문헌, 그리고 물론 '내부 근거'를 바탕으로 15세기의 것으로 확정된 『스코틀랜드 복식』 그 자체도 있다. 수작업으로 채색된 삽화들은 기념비적인 조각과 고대적인 초상화들을 대표했다. 고지대 복장을 한 '젊은 기사'의 초상화는 '저자들이 가지고 있다는 원본'을 복사한 것이다.

『씨족들의 의복』은 고대에 대한 박식함의 산물일 뿐만 아니라 자신만의 논제도 가지고 있었다. 그 논제란, 고유한 고지대 의복은 보편적인 중세식 의복의 화석화된 유품으로서, 그것이 유럽 전역에서는 16세기에 사라졌지만 세상에서 잊혀진 외딴 스코틀랜드 고지대에서만큼은 저급하게나마 분간할 수 있는 형태로 존속되었다는 것이다. 왜냐 하면, (저자들에 따르면) 중세시대에 켈트 스코틀랜드는—헤브리디스의 선진 장인들 덕에—대륙의 사치품들과 개명된 예절을 자양분 삼아 발전한 고지대 씨족장들의 호사한 궁정에서 확인되듯, 코즈모폴리턴한 가톨릭 유럽의 번영하는 일부, 즉 풍요롭고 세련된 사회였기 때문이라는 것이다.

불행히도, 이 부유한 문명은 지속되지 못했다. 중세 말에 이르면 헤브리디스의 직물업과 화려한 섬의 궁정들, 또 물 섬과 이즐레이 섬, 스카이 섬의 '고급스러운 지적 소양'이 쇠퇴했다. 그리하여 고지대는 세계로부터 단절되어 가난하고 폐쇄적으로 변했으며, 그들의 의복 또한 시시하고 초라하게 변했다. 오로지 두 형제의 위대한 발견인 『복식』만이 본래 격자무늬 천 세트의 화려함을 드러냄으로써 이제는 영원히 사라진 그 눈부신 문화를 들여다 볼 수 있는 좁은 창을 열었을 뿐이라는 얘기였다. 저자들은 가톨릭 켈트 문화에서 고지대 의복만을 따로 떼어내 부활시키려는 시도에 대해서는 관심이 없다고 했다. 그것은 의복을 단지 장식품으로 만드는 것이었기 때문이다. 그들에게 진정한 부활이란—마치 스튜어트 형제가 시를 짓고 사슴을 사냥하고 뷸리 강 위의 섬에서 자신들의 부족 궁정을 유지하면서 살듯이—마땅히 과거 전체를 되살리는 것이었다. 고딕 건축뿐만 아니라 아예 그 배후에 있는 상상의 문명 전체를 부활시키고자 했던 퓨진(Pugin, 1812~1852)■처럼, '소비에스키 스튜어트 형제'는(그들은 일반적으로 그렇게 불렸다) 단지 고지대 의복뿐만 아니라 상상의 고지대 문명 전체를 부활시키고자 했던 것이다. 그리고 '어시안' 만큼이나 대담한 소설과 터무니없는 역사적 왜곡을 통해 그렇게 하려고 했다.

불행히도 『씨족들의 의복』은 학계의 비판은 고사하고라도 한 점의 이목조차 끌지 못했다. 그런 일이 벌어지기도 전에, 저자들은 중대한 전술상의 실수를 범했다. 1846년 그들은 자신들이 명백히 왕가의 후예임을 주장할 수 있는 한계선에 최대한 근접했다. 그들은 이러한 작업의 일환으로, 낭만적이기는 하지만 누군지 뻔히 알 수 있는 필명들을 통해 역사적 진실임을 자임하는 일련의 단편들을 선보였다. 그 작품의 제목은 『한 세기 이야기들(*Tales of the Century*)』, 곧 1745년부터 1845년의 이야기였다. 이 이야기들의 요지는 스튜어트 왕가가 끊기지 않았다는 것이다. 피렌체에 있던 '젊은 기사'의 부인이 적출의 아들을 낳았는데, 이 아이는 하노버 왕가가 보낸 밀정들의 암살 시도를 피해 한 영국인 제독에게 맡겨졌고, 그 제독은 그를 마치 자기 자식처럼 키웠다는 것이다. 시간이 흘러 그 아들도 장성해 두 아들의 아버지가 되었고, 그 두 아들은 나폴레옹을 위해 드레스덴·라이프치히·워털루 전투에 참가해 용맹을 떨침으로써 나폴레옹으로부터 직접 훈장을 수여받았으며, 이후 자신들의 운명을 기다리며 조상의 땅에 은거하면서 고대의 사회·풍습·의복을 복원시키기 위해 노력하고 있다는 것이었다. 주석에는 여전히 증명되지 않은 스튜어트 왕가의 문서들과 확인할 길 없는 독일 및 폴란드의 문헌들, 그리고 '저자가 가진 문헌들'이 인용되면서 이 역사 서술의 근거로 제시되었다.

이 시점에서 숨죽이고 있던 적이 일격을 가했다. 즉, 익명의 저술가가 『복식』에 대한 때늦은 서평이라는 명목으로 「쿼터리 리뷰(*Quarterly Review*)」 지면에 두 형제가 왕가의 후예라는 주장이 허구임을 통렬하게 폭로하는 글을 실었던 것이다.[34] 알렌 형제 가운데 형은 반론을 시도했다. 이 반박문으로 말하자면 어조는 웅대했으나 내용은 부실했다.[35] 두 형제의 학문적 업적은 이제 치명적인 손상을 입었다. 아일린 아이가스의 궁정은 일순 무너졌고, 형제는 이후 20년간 주로 프라하와 프레스부르그(Pressburg)에 체류하면서 조국에서는 치명적으로 손상된 왕실 후예라는 허식을 그럭저럭 유지해 나갔다. 같은 해 빅토리아 여왕은 발모럴 성(Balmoral)■■을 구입했는데, 이로써 진짜 하노버 왕가의 궁정이 이제는 사라진 환상에 지나지 않는 스코틀랜드 고지대의 자코바이트 궁정을 대체하게 되었다.

■ 런던에서 활약한 프랑스 출신의 건축가이자 고고학자. 중세 건축에 대한 저작을 남겼다.
■■ 스코틀랜드 소재 영국 왕실 저택이다.

경제사를 보다 보면 종종 대담하고 상상력이 풍부하며 때로는 비현실적이기까지 한 선구자의 작업이 수포로 돌아간 후, 그보다 훨씬 더 범용한 기업가가 그 작업을 넘겨받아 성공으로 이끄는 경우가 있다. 소비에스키 스튜어트 형제는 1847년의 폭로로 입은 손상에서 결코 회복하지 못했다. 비록 형제의 인간적인 매력, 원만한 성격과 위엄 있고 거슬리지 않는 행실 덕분에 신봉자들이 아주 없어져 버린 것은 아니었지만, 그들에 대해 말할라치면 늘 「쿼터리 리뷰」에 게재된 치명적인 글이 인용되곤 했다. 그러나 그들의 저작은 버림받지 않았다. 비록 『복식』은 불신을 받고 『씨족들의 의복』은 무시당하곤 했지만, 런던 고지대 협회는 저자들의 불명예스러운 이름만 슬쩍 빼고서 그들이 고안한 화려한 씨족별 격자무늬 천을 채택했다. 그로써 스코틀랜드 격자무늬 천 산업이 지속적으로 번영할 발판이 마련되었다. 허황된 소비에스키 형제에 뒤이어 이 영원한 승리를 일군 문제의 범용한 기업가는 바로 제임스 로건(James Logan)이었다.

에버딘(Aberdeen) 태생의 제임스 로건은, 그 자신의 증언에 따르면, 젊은 시절에 고지대 경기에 참가하다가 그만 '끔찍한 상처'를 입었다고 한다. 망치 던지기 경기중에, 이 17파운드(7.7킬로그램)에 달하는 탄환이 뜻하지 않게 그의 머리에 떨어진 것이다. 그 결과, 그가 나중에 (몇몇 명시되지 않은 비행에 대한 처벌을 경감받으려고) 설명했듯이, "나의 두개골이 문자 그대로 박살나서" 4평방인치(10평방센티) 정도를 금속판으로 보강해야 했다는 것이다.[36] 이러한 사고에도 불구하고 로건은 고지대 전통에 대한 열렬한 지지자가 되었고, 1831년 스코틀랜드 방방곡곡을 도보로 여행한 후에, 국왕 윌리엄 4세에게 바치는 『스코틀랜드의 게일 인들(*The Scottish Gael*)』이라는 책을 출간했다. 이 책에서 그는 최근의 고지대 신화 모두를 복창했다. 즉, 어시안의 시는 진본이고 킬트는 오랜 전통이며, 격자무늬 천은 씨족별로 달랐다는 것이다. 그는 자신이 "삽화까지 곁들인, 격자무늬 천과 휘장만 특별히 다룬 저작"을 준비하고 있다고 공언했다. 이 시기에 이르면 로건은 런던에 자리 잡았고, 고지대 협회는 그의 책을 인정해 그를 협회장으로 선출하고 격자무늬 천에 대한 그의 근간의 출판을 후원하기 시작했다. 그의 저작은 결국 1843년—『복식』이 출판된 이듬해—에 선을 보였다. 바로 『스코틀랜드 고지대의 씨족들(*Clans of the Scottish Highlands*)』이라는 책으로, 거기에는 맥이안(R. R. MacIan)이 그린 72개의 격자무늬를 입은 씨족민 인물화를 비롯해 화려한 삽화들이 포함되어 있었다.

참으로 박식하고 따라서 사이비 귀족이라고 속단할 수만은 없는 소비에스키 스튜어트 형제와, 무비판적이고 서민적인 제임스 로건 사이에 모종의 직접적인 관계가 있었을 것 같지는 않다. 그러나 소비에스키 스튜어트 형제는 틀림없이 격자무늬 천 제조업자들과 연락을 주고받고 있었고, 또한 이르면 1819년부터 제조업자들과 씨족장들 모두에게 격자무늬 천에 대해 조언하고 있었다. 또한 가장 큰 제조업체인 윌슨 부자 회사가 제임스 로건과 연락을 취하는 가운데, 때로는 자신들의 보다 우월한 지식을 근거로 그의 저작이 내포한 오류들을 지적하며 그를 마치 자신들의 대리인처럼 취급했다. 윌슨 사는 명백히 자신들이 한층 믿을 만한 권위라고 간주한 어떤 것을 확보하고 있었던 것이다. 아마도 로건의 저작은, 직접적이든 간접적이든, 소비에스키 스튜어트 형제의 공상에 힘입은 바가 클 것이다. 결국, 소비에스키 스튜어트 형제의 『복식』이 먼저 출판되었다. 로건도 자신의 글에서 "존 소비에스키 스튜어트가 최근에 출간한 빛나는 저작"에 대해 감사를 표했다. 그의 저작은 스튜어트 형제의 저작에서 많은 것을 끌어다 썼지만, 세부적인 사실에서는 때때로 차이를 보였다는 점에서 별개의 책으로 출판될 만했다. 사실, 후대의 어느 학자가 썼듯이, 많은 경우 로건의 격자무늬는 『스코틀랜드 복식』에 있는 문양을 무단으로 복제한 것이었다.[37]

제임스 로건은 시운을 타기도 했다. 빅토리아 여왕이 고지대를 예찬함으로써 고지대의 경치와 들소, 에드윈 랜드시어 경(Sir Edwin Landseer)의 동물화 및 여왕의 사냥 시중꾼 존 브라운(John Brown)과 함께 부족별 격자무늬 천이 새롭게 각광을 받던 시점에, 부족별 격자무늬 천의 진정한 발명자이자 로건 자신의 경쟁자들인 소비에스키 스튜어트 형제가 왕가의 후예가 아닌 것으로 밝혀짐으로써 평판이 땅에 떨어졌던 것이다. 1850년에는 부족별 격자무늬에 대해 최소한 세 권의 책이 출판되었는데, 셋 모두 인정하지는 않았지만 분명히 『복식』에 근거한 것들이었다. 사실 『복식』을 출판했던 업자는 좀더 저렴한 판본으로 간행하려고 했으나 그렇게 하지 못했다. 세 권 가운데 훗날 이 분야에서 정평 있는 서적으로 알려지게 된 제임스 브라운 장군(General James Browne)의 『고지대와 고지대 씨족들의 역사(*History of the Highlands and the Highlands Clans*)』에는, 아무런 주석도 없는 채로 『복식』에서 따온 채색한 격자무늬 천의 석판 도판들이 포함되어 있었다.[38] 이후 19세기 내내 정기적으로 부족별 격자무늬 천에 대해 수많은 책들이 출판되었다. 이들 모두가 직접적이든 간접적이든 『복식』에 의존하고 있었다.

1868년 영국으로 돌아온 소비에스키 스튜어트 형제는 이러한 상황에 분루를 삼켰을 테다. 당시 그들은 지독히 가난했지만 여전히 스스로 선택한 역할을 계속하고 있었다. 그들은 런던에 살면서 의심스러운 훈장과 장식을 매달고 상류사회에 드나들었으며, 대영 박물관의 독서실에서도 널리 알려져 있었다. 그 곳에는 그들을 위한 전용 책상이 마련되었고, "그들의 펜, 편지봉투 여는 종이칼, 종이를 고정시키기 위한 무게추 등은 미세한 장식이 얹혀지고 도금이 되어 있었다."[39] 1872년 빅토리아 여왕에게 여왕과 같은 혈족이라고 생각되는 이 가련한 형제를 빈곤에서 구해 달라는 청원이 올라갔으나, 「쿼터리」 지에 실린 서평이 반론으로 제시되어 결국 기각되고 말았다.[40] 1877년 홀로 남은 동생은 익명으로 자신들의 작위를 부활시키려고 했으나, 이 시도 역시 「쿼터리」 지를 근거로 면박만 당했을 뿐이다.[41] 존 키츠(John Keats, 1795~1821)■와 마찬가지로, 그들은 그 잡지에 의해 매장당했다고 할 수 있고, 실제로 많은 사람들이 같은 저술가에 의해 매장당했다고 생각했다.[42] 그러나 그들을 따르는 신봉자들은 언제나 있었고, 친구들은 죽을 때까지 그들을 추앙했다. 그들 한 사람 한 사람이 유명을 달리했을 때 로바트 경은, 그들이 낭만적인 섬의 저택 아일린 아이가스에 머물던 당시 다니던 교회에서 그들을 장례 치룬 후 에스커데일에 묻힐 수 있도록 조치해 주었다. 그들의 재산이 처분되는 과정에서는 빅토리아 여왕도 구매 의사를 내비쳤지만, 그것들 가운데에서 스튜어트 왕가의 유품·회화·세밀화·작위증서 혹은 문헌들은 발견되지 않았다. 또한 아무도 『스

■ 영국의 시인. 『나이팅게일에게(*To a Nightingale*)』와 『히페리온의 몰락(*The Fall of Hyperion*)』 등의 시집을 남겼다.

코틀랜드 복식』의 원본을 본 적이 없고, 역시 거기에 적혀 있다는 레슬리 주교의 주해 내지 흥미로운 사적인 비망록들—원래 소유자였던 '젊은 기사'가, 스튜어트 형제보다도 훨씬 더 그 실체를 가늠할 수 없는 형제의 아버지이자 '젊은 기사' 자신의 아들인 'J. T. 스튜어트 헤이(J. T. Stuart Hay)', 곧 '알바니 백작 제임스 스튜어트'에게 유산으로 물려주었을 때 기록한 것으로 추정된—도 보지 못했다.[43]

본고는 제임스 맥퍼슨에 대한 논의에서 시작해 소비에스키 스튜어트 형제에 대한 논의로 끝난다. 고지대 전통을 만들어낸 이 둘 사이에는 많은 유사점이 있다. 그들 모두 과거 켈트 고지대의 황금기를 상상했다. 그들 모두 자신들이 문헌상의 증거를 가지고 있다고 주장했다. 그들 모두 자신들의 이론을 뒷받침하기 위해서 문학상의 유령을 창조했고, 문헌을 위조했으며, 역사를 날조했다. 그들 모두 자신들이 죽은 뒤에 번창할 산업에 뛰어들었다. 그들 모두 곧 거짓임이 폭로되었지만, 그 폭로를 무시하고 차분히 다른 일들을 추구했다. 맥퍼슨은 인도 식민 통치에 전념했고, 소비에스키 스튜어트 형제는 해외에서 가상의(unreal) 생활을 영위했다.

그러나 큰 차이도 있다. 맥퍼슨은 타고난 무뢰한으로, 문학이든 정치든 부와 권력을 추구했고 그 목적을 위해 무자비한 과단성을 보였으며 궁극적으로 성공을 거두었다. 소비에스키 스튜어트 형제는 온화하고 학자적인 인물들로서, 자신들의 꾸밈없는 듯한 천진함으로 사람들을 사로잡았다. 그들은 위조자라기보다는 몽상가였다. 그들은 자신들의 공상을 스스로 살아갔다는 점에서도 순수했다. 맥퍼슨과 달리 그들은 빈곤 속에서 죽었다. 그들이 일구어낸 부는 씨족별 격자무늬 천을 만드는 제조업자들에게 돌아갔고, 이제 텍사스에서 도쿄에 이르는 모든 곳에서 스코틀랜드 인들과 스코틀랜드 인으로 추정되는 자들이 부족적(tribal) 열정으로 씨족별 격자무늬 천을 입고 있는 것이다.

▪ 1장의 주석

(1) J. Bannerman, 'The Lordship of the Isles', in Jennifer Brown(ed.), *Scottish Society in the 15th Century*(1977)을 참조하라.

(2) *A Collection of Several Pieces by Mr John Toland*(1726), I, pp. 25~9.

(3) David Malcom, *Dissertations on the Celtic Languages*(1738).

(4) E. Gibbon, *Decline and Fall of the Roman Empire*, Everyman edn, ii, p. 496 ; M. V. Hay, *A Chain of Error in Scottish History*(1927).

(5) 그래서—이 분야에서 가장 조예가 깊은 학자인 Ludwig Stern이 그의 중요한 논문 'Die Ossianischen Heldenlieder'에서 쓰고 *Transactions of the Gaelic Society of Inverness*, xxi(1897~1898)에 번역되어 있듯이—『영국 인명사전』(이하 *D. N. B.*)에 실린 맥퍼슨에 대한 글은 '불완전한 지식에 근거한 옹호론자의 견해를 승인'하는 것이고, 이탈리아 알바노 지역의 켈트 어를 연구하는 학자들은 맥퍼슨의 '오류 투성이의 비(非)게일적 어시안' 곧 1807년에 출판된 게일 어로 된 가짜 어시안 시들로부터 일부 자료를 끌어들임으로서 자신들의 작업을 손상시켰다.

(6) J. Telfer Dunbar, *History of the Highland Dress*(1962).

(7) 이와 같은 증언은 John Major, *Historia Maioris Britanniae*(1521) ; James Leslie, *De Moribus et Gestis Scotorum*(1570) ; Lindsay of Pitscottie, *Chronicle*(1573) ; G. Buchanan, *Rerum Scoticarum Historia*(1583) ; Nicolay d'Arfeville, *La Navigation du Roy d'Escosse*(1583)에서 취한 것이다. 근거는 D. W. Stewart, *Old and Rare Scottish Tartans*(Edinburgh, 1893)의 서문에 제시되어 있다.

(8) M. Martin, *A Description of the Western Islands of Scotland*(1703).

(9) John Pinkerton, *Literary Correspondence*(1830), i, p. 230. 이 목사는 철학자 애덤 퍼거슨(Adam Ferguson)의 아버지였다.

(10) 이것은 Stewart, 위의 책, p. 21에 제시된 증거에도 나타난다. 또한 일크(Ilk)의 스킨(Skene) 문장을 들고 있는 사람들에게 가장 시각적으로 표현된다. 이 두 명의 고지대인들 가운데 한 명(검을 차고 있는 신사)은 홀태바지를 입고 있고, 다른 한 명은 '천한

풍속' 즉, 혁대를 맨 어깨걸이를 입고 있다(스튜어트가 킬트라고 제시한 것과 달리, Dunbar, 앞의 책, pp. 34~5 참조).

(11) 로린슨의 스코틀랜드 사업에 대해서는 Alfred Fell, *The Early Iron Industry of Furness and District*(Ulverston, 1908), pp. 346ff 및 Arthur Raistrick, *Quakers in Science and Industry*(1950), pp. 95~102를 참조하라.

(12) 이는 애버리첸의 이반 베일리(Ivan Baillie of Abereachen)의 증언으로, 1785년 3월 「에딘버러 매거진(*Edinburgh Magazine*)」(vol. I, p. 235)에 실려 있다.

(13) 존 싱클레어 경(Sir John Sinclair)과 존 핀커튼(John Pinkerton)이다. 본문 p. 69 참조.

(14) 소비에스키 스튜어츠(Sobieski Stuarts)다. 본문 p. 82 참조.

(15) 초상화는 Dunbar, 앞의 책, pp. 69~70 참조. 1747년경에 그려진 것으로 추정된다.

(16) Dunbar, 본문 앞의 인용문 중.

(17) 이 점에 대한 근거는 맥클린톡(H. F. McClintock)의 『구 고지대 의상과 격자무늬(*Old Highland Dress and Tartans*)』(2nd edn, Dundalk, 1940) 및 앞서 이야기한 던바(Dunbar)의 책에서 결정적으로 입증된다.

(18) 19 Geo. II c. 39; 20 Geo. II c. 51; 21 Geo. II c. 34.

(19) 그래서 존 헤이 알란(John Hay Allan, 본문 p. 79 참조)은 자신의 『카윌컨의 피로연(*Bridal of Caölchairn*)』, pp. 308~9에서 고지대 결혼식에서 유행에 뒤떨어진 격자무늬 천은 "거의 혹은 전혀 보이지 않았다"라고 언급하고 있다. 역설적이게도 이 책은 조지 4세의 방문으로 격자무늬가 에딘버러 상류층의 팔다리를 온통 감싸게 된 1822년에 출간되었다.

(20) Sir J. Sinclair, *An Account of the Highland Society in London*(1813).

(21) Pinkerton, *Literary Correspondence*, i, p. 404 ; Sir John Sinclair, *Correspondence*(1831), pp. 471~3.

(22) Dunbar, 앞의 책, pp. 161~2.

(23) *D. N. B.*, Stewart, David 1772~1829 항목을 보라.

(24) *Letters of Sir W. Scott*, ed. H. C. Grierson(1932~1937), vi, pp. 338~43. 452; J. G. Lockhart, *Life of Scott*(1850), pp. 443, 481~2.

(25) *Letters of Sir W. Scott*, vii, p. 213.

(26) Macaulay, *History of England*, ch. XIII.

(27) 이러한 제안의 일부는 MSS, Highland Society of London, National Library of Scotland, Deposit 268, Box 15을 보라. 날짜 미상이지만 비침무늬(watermark)는 1818년의 것이다.

(28) *Letters and Journals of Lady Eastlake*(1895), i, pp. 54~5.

(29) 여기서 알렌 형제가 에롤 백작 가(Earls of Errol)의 후예라는 주장을 맨 처음 편 사람이 형제 본인들이 아니었다는 점을 지적하는 게 공정할 것이다. 1800년 그들의 조부인 존 카터 알렌 제독이 소천했을 때, 그의 사망을 기록한 사람은 "그가 솔즈베리 후작 부인(Marchioness of Salisbury) 및 데본셔 후작(Marquis of Devonshire)〔recte Downshire〕과 인척관계에 있을 뿐만 아니라, 힐스버러 경(Lord Hillsborough)이 자기가 보기에 부계로 따질 때 고(故) 헤이 백작(Earl Hay)의 후손이기에 에롤의 작위도 그의 것이라고 밝혔다"라고 기록했다. *Gentleman's Magazine*(1800), p. 1021. 솔즈베리 후작 부인, 데본셔 경, 힐스버러 경 모두 힐(Hill) 가문의 일원이다.

(30) 그래서 1800년경 더글라스 후작(marquis of Douglas)은 런던의 고지대 협회에 자신의 가문이 '특정한 종류의 격자무늬 천'을 입은 적이 있었는지 알아봐 달라고 청했다. 그는 "격자무늬 천을 입은 지 너무나 오래 되었기에 알아보기 힘들겠지만, … 희망을 버리지는 않았다"고 고백했다.(MSS, Highland Society of London, Box 1, no. 10)

(31) 딕 로더와 월터 스콧 사이에 오간 편지들과, 딕 로더의 『복식』 필사본은 현재 윈저의 왕실 문서고에 있다. 1936년 딕 로더의 4대손으로 이 편지들의 소유자인 그레타 모리트 양(Miss Greta Morritt)이 메리 여왕에게 바쳤기 때문이다. 편지들은 부분적으로 *Journal of Sir Walter Scott*, ed. D. Douglas, 2nd edn(1891), pp. 710~3과 보다 온전하게는 Stewart, *Old and Rare Scottish Tartans*에 실려 있다. 이들과 91면 이하에 언급된 사료들은 여왕 폐하의 관대한 허가로 인용될 수 있었다.

(32) Stewart, *Old and Rare Scottish Tartans.*

(33) Dunbar, *History of the Highland Dress*, p. 111.

(34) 'The Heirs of the Stuarts', *Quarterly Review*, 1xxxii(1847). 이 글은 그 당시에, 왕왕 자신 있게 록하트(J. G. Lockhart), 크로커(J. W. Croker), 스탠홉 경(Lord Stanhope), 혹은 제임스 데니스턴(James Dennistoun)이나 기타 저자들의 것으로 돌려졌다. 그러나 이 글의 진짜 필자는 글래스고우 대학의 조지 스킨(George Skene) 교수로서, 그는 켈

트 연구자인 W. F 스킨(W. F. Skene)의 형이었다.

(35) 반론은 1848년 에딘버러의 블랙우드 앤 선즈(Blackwood & Sons) 출판사에 의해 출판되었다. 비평과 반론 모두 나중에 합본되어 로리머 앤 질리스(Lorimer & Gillies) 출판사에 의해 연대 미상으로 재출판되었다. 그것은 아마도 소비에스키 스튜어트 형제에 의해서 혹은 이들을 위해서 사재(私財)로 출판된 것으로 보인다.

(36) MSS. of Highland Society of London, Box 5, 로건이 협회 이사회에 행한 진술.

(37) Stewart, 앞의 책.

(38) Stewart, 앞의 책.

(39) *D. N. B.*, art cit.

(40) Windsor Castle MSS. P.P. 1/79

(41) *Notes and Queries*(July-Dec. 1877), pp. 92, 158, 214, 351, 397. 청원서들은, 'RIP' 및 'Requiescat in Pace'라고 적혀 있는 것으로 보아 분명 찰스 에드워드 스튜어트가 작성한 것이다.

(42) 몇몇 사람들은 키츠에 대해 악명 높은 공격을 감행한 록하트(J. G. Lockhart)가 소비에스키 스튜어트의 허구성을 폭로한 글의 저자라고 오해했다.

(43) 소비에스키 스튜어트 형제의 아버지인 퇴역 해군 대위 토머스 알렌(Thomas Allen)에 대해서는 아무것도 알려진 게 없다. 그의 후기 이름과 작위는 단지 그 아들들의 글과 위작들에만 나타나는 것으로, 그들로서는 가계상 필요한 장치들이었다. 아버지가 아들들의 거짓 신분에 일정한 역할을 했는지는 알 수 없다. 그는 분명 세상을 등지고 살았다. 그는 1839년 클러큰웰(Clerkenwell)에서 죽었는데(*D. N. B.*, 1852에 기록된 것과 달리), 그 이후로 그의 첫째 아들이 (그리고 형이 사망한 후에는 동생이) 알바니 백작을 자칭했다.

2장

소멸에서 시선으로: 낭만주의 시기 웨일스의 과거를 찾아서

프리스 모건(Prys Morgan)

02 소멸에서 시선으로 : 낭만주의 시기 웨일스의 과거를 찾아서

명랑한 웨일스와 그 소멸

18세기 및 19세기 초 웨일스(Wales)의 문화생활을 돌이켜보다 보면 하나의 모순에 봉착하게 된다. 한편으로는 고대적인 생활방식이 쇠퇴하거나 소멸하고, 다른 한편으로는 웨일스적인 것에 대한 전례 없는 관심이 분출되어 그것들을 보존하고 발전시키기 위한 고도로 의식적인 활동이 전개되는 것이다. 1815년 웨일스의 역사가인 피터 로버츠(Peter Roberts)는 구래의 생활방식을 개관하는 글에서 다음과 같이 논평하고 있다.[1)]

> 정치적이거나 비정치적인 여러 원인들로 말미암아 한 민족의 풍속과 관습이 풍상을 겪을 때, 이전 시대에 그러한 풍속과 관습이 어떤 모양이었는지를 탐구하는 일이 흥미롭게 된다.[2)]

웨일스의 거의 모든 현란한 관습들은 '이제 완전히 사라졌고' 일부 드루이드 교(druidic)■ 신조들도 포기된 지 이미 오래였다. 존 빙(John Byng)은 1784년에 이어 1793년에도 발라(Bala)를 방문했는데, "10년 사이에 사람들의 풍습이 바뀐 것 같다"고 불평했다. 웨일스 인 특유의 쾌활함은 사라지고 웨일스 인들도 잉글랜드 인들처럼 되고 있어 여행의 신기함이 없어졌다는 것이다.[3] 여기서 쇠퇴와 부활이 기묘하게 뒤섞이게 된다. 이는 쇠퇴를 애통해하는 이들이 바로 그것을 부활시키려고 하는 이들이기 때문이다. 젠킨스(R. T. Jenkins)는, 18세기는 딱히 감리교 부흥의 세기라기보다 교육·농업·산업·문화 등 다방면에서 부흥의 세기였고, 그 중에서도 웨일스 르네상스 내지 고대 연구의 부흥이 가장 거대한 부흥까지는 아니더라도 가장 독창적인 부흥이었다고 했다.[4] 이 시기 웨일스의 학자들과 애국자들은 웨일스 과거의 역사적·언어적·문학적 전통들을 재발견했고, 그런 전통들이 부적합한 경우에는 애당초 존재하지도 않는 과거를 창조해 냈다. 웨일스에서는 낭만주의적인 신화 만들기가 상당히 놀라울 정도로 진행되어 이후 역사에 지워지지 않는 흔적을 남겼다.

쇠퇴에 주목한 학자들이야말로 과거를 재창조한 이들이라는 사실은 쉽게 드러난다. 조지 4세가 왕세자일 때부터 전속 하프 연주자였던 에드워드 존스(Edward Jones, 1752~1824)는 웨일스 음악에 대한 자신의 책 『음유시 박물관(*The Bardic Museum*)』에서 다음과 같이 한탄했다.

■ 드루이드(druide)란 고대 갈리아 및 브리튼의 선주민이었던 켈트 족의 전통 신앙으로, 불가사의한 의식을 거행했다고 한다.

> 민족적 음유시인들과 웨일스 관습들이 갑작스레 쇠퇴한 것은 상당부분 광신적인 사칭자들이나 문맹한 하층민 설교자들 때문이다. 이들은 너무도 종종 온 나라를 집어삼키려고 애쓰면서, 서민들 대부분을 합법적인 교회로부터 잘못된 길로 인도하고, 가무(歌舞)를 비롯한 농촌 스포츠와 놀이처럼 서민들이 태곳적부터 즐겨온 순수한 흥취를 버리라고 서민들을 설득하고 다닌다. … 그 결과 이전에는 세상에서 가장 쾌활하고 행복한 나라 가운데 하나였던 웨일스가 이제 가장 무미건조한 나라가 되어 버렸다.[5)]

에드워드 존스는 1784년과 1820년 사이에 출판된 다양한 저서들을 통해, 침체일로를 걸으면서 아무런 자각 없이 명맥만 유지하던 웨일스 문화를 자기의식적으로 부흥하는 문화로 탈바꿈시킨 장본인 가운데 한 명이 되었다. 그 결과 웨일스 문화는 다분히 허구적이기는 하지만 결코 단조롭다고 할 수 없는 문화로 변모했다.

소수의 웨일스 학자들은 웨일스의 독특한 생활방식이 사라지고 있음을 예전부터 의식하고 있었다. 16세기에 가톨릭과 결합된 토착문화는, 새로운 웨일스적인 개신교 문화가 완전히 그 자리를 메우지 못한 채, 대체로 사라지게 되었다. 토착적인 법체계가 폐지되었고, 음유시인체제도 퇴화했다. 옛 언어도 행정에서 금지되었는데, 지배층은 여전히 웨일스 어를 사용하긴 했지만 그들의 행태는 잉글랜드화되거나 서유럽의 행동규범에 가까웠다. 이러한 쇠퇴는 17세기와 18세기 내내 지속되었지만, 18세기 이후에야 비로소 결정적인 쇠퇴의 국면에 접어들었다고 할 수 있다. 왜냐 하면 18세기 이전까지만 해도, 학자들이 구래의 문화 대부분이 서민들 사이에 남아 있다고 자위할 수 있는 여지가 있었기 때문이다. 결정적인 쇠퇴의 국면이 시작되었음을 알린 표시는 이러한 자신감의 상실이었다. 1688년, 웨일스의 연감 제작자이자 어휘 연구자인 토머스 존스(Thomas Jones)는 다음과 같이 말했다.

> 영토와 마찬가지로 언어에도 … 정해진 시간이 있다. 언어도 유아기 곧 만들어지고 시작되는 시기, 순수함과 완전함으로 성장하고 증가하는 시기, 확산되고 번성하는 시기, 견고해지는 시기, 또한 노년기 곧 쇠락하고 퇴화하는 시기가 있다.
>
> 그리하여 전능하신 분은 우리에게 브리튼 인들을 보내셨다. 수년 동안 그들은 우리의 힘을 능가하게 되었고, 우리의 언어를 타락시켰으며, 우리를 기록의 서(書)에서 거의 지워 버렸다.[6]

마지막 절이 가장 결정적이었다. 왜냐 하면 자신감이 상실되었다고 했을 때 진정 상실된 것은 역사 의식이었기 때문이다. 존 밴브러 경(Sir John Vanbrugh)은 그의 작품 『이솝(*Aesop*)』(1697년경)에서 이솝이 웨일스 인답게 퀘인트(Quaint)라는 이름을 가진 전령을 만나도록 설정한다. 이 전령은 자신의 어머니가 '웨일스 여성'이었다는 말로 자신의 직업을 설명한다.

> 이솝 : 웨일스 출신 여성이라니? 원컨대 그 곳은 어디인가?
>
> 퀘인트 : 그 곳은 말입죠, 세상의 뒷구석에 있습니다. 거기에서는 모든 사람이 신사이자 족보학자로 태어나죠.[7]

웨일스의 이미지는 셔츠 하나도 제대로 갖춰입지 못한 신사들이 트로이의 아에네아스(Aeneas)■까지 거슬러 올라가는 자신들의 가계도를 끝없이 되뇌는, 별나고 재미 있는 저 너머에 있는 땅이었다. 조상은 많았건만 정작 민족의 역사는 없는, 요지부동하는 후진성의 땅이었다.

이전 세기만 해도 이렇지는 않았다. 거두절미하고, 과거 웨일스 인들의 역사관은 3부, 곧 민족의 기원, 기독교로의 개종, 웨일스 군주들의 생애로 이루어졌다. 가장 오래 된 부분은 웨일스 인들이 브리튼 제도의 최초이자 가장 중요한 사람들(곧, 토머스 존스의 '브리튼 족')이라는 것이었다. 웨일스 인들은 자신들과 자신들의 초기 영웅들이 어떻게 누차에 걸쳐 침략자를 물리쳤다가는 패하고 재반격했는지에 대해 '브리튼 섬에 대한 삼제시(The Triads of the Isle of Britain)'라는 3개의 서로 연결된 문장으로 기억하고 있었다.[8] 두 번째 부분은 로마시대에 브리튼에 기독교가 유입되고 암브로시우스 아우렐리아누스(Ambrosius Aurelianus)와 아서 왕(Arthur)■■ 같은 웨일스의 영웅들이 이교도인 색슨 족에 대항해 기독교를 수호한 과정에 대한 것이었다. 각 지방의 교회와 성스러운 우물도 성 데이비드(St. David)■■■ 혹은 기타 켈트 족 성자들 같은 성인들을 통해 이러한 주제에 연결되었다. 세 번째 부분은 보다 일반적인 것으로서, 부

■ 트로이의 용사. 미의 여신 아프로디테의 아들로 이야기된다.

■■ 아우렐리아누스는 5세기에 침략자 앵글로-색슨에 저항한 용감한 브리튼 인들의 지도자다. 아서 왕은 6세기 켈트 족의 영웅으로, 먼머스의 제프리의 기록에도 나오지만, 15세기에 토머스 맬러리의 대작 『아서 왕의 죽음』을 통해 원탁의 기사들과 더불어 불후의 명성을 얻게 된다.

■■■ 5세기 인물. 웨일스의 수호성인. 그는 잉글랜드에 기독교가 전파되지 않았던 시기 웨일스에 엄격한 규칙을 가진 수도원을 12개나 설립했다. 그의 상징은 서양부추다.

족장의 후계자나 쿠네다(Cunedda) 같은 로마군의 포에데라티(foederati) 혹은 7세기에 브리튼의 대군(大君, overlord)을 칭한 마지막 웨일스 인 통치자 '축복받은 캐드월러더(Cadwaladr the Blessed)'에서부터 1282년 르웰린 2세(Llywelyn II)■의 죽음에까지 이르는, 토착 군주들에 대한 것이었다. 18세기 중반 빌스(Builth) 사람들은 르웰린이 근방에서 시해당했다는 이유만으로 부당하게 '빌스의 반역자들'이라고 불리게 되었다.

중세 후기에 이러한 역사관의 여러 부분들이 뒤범벅되어 변모했다. 12세기에 먼머스의 제프리(Geoffrey of Monmouth)는, 과거의 신화를 개작해 새로운 웨일스 전통을 발명했다. 그는 브리튼의 트로이 기원설을 강조해서, '브리튼(Britain)'이라는 이름은 '브루투스(Brutus)'에서, '웨일스(곧 Cymru)'는 '캠버〔Camber, 원래 만(灣)의 뜻〕'에서 유래한다고 했다. 또한 그는 아서 왕의 영웅적인 역할을 강조했다. 18세기 중반에도 웨일스의 역사가들은 제프리가 만든 이러한 웨일스 역사를 고수했고, 그가 서술한 역사의 근거가 되는 웨일스 원본을 찾아서 간행하는 일이 애국자들의 주요 목표 가운데 하나가 되기도 했다. 당시의 웨일스 학자들은 웨일스 전통의 다른 측면, 곧 웨일스의 과거를 미래에 투영하는 예언자적이고 메시아적인 측면도 인식하고 있었다. 예컨대 에반 에반스(Evan Evans)는 1764년에 쓴 웨일스의 음유시인 전통에 대한 논고에서 이에 대해 언급한다.[9] 초기 켈트 사회에서는 '점복사들(*vates*)' 내지 예지자들(seers)이 미래를 예견했고 후에 음유시인들이 그런 역할을 떠맡았으며, 1282년 독립을 상실한 후에는 이른바 '복점(*brud*)'문학 내지 예언서들이 매우 중요해졌다는 것이다.[10]

글래스턴베리 토(Glastonbury Tor)

잠든 용의 형상을 띠고 있는 이 곳은 아서 왕과 그의 기사들이 잠들어 있다고 전해지는 곳이다. 아서 왕을 처음으로 자세히 언급한 먼머스의 제프리는 1100년 웨일스에서 태어나 옥스퍼드 대학을 졸업한 성직자다. 『브리튼 왕들의 역사』를 포함한 몇 권의 흥미로운 저서를 남겼으나, 상당부분 신화에 지나지 않았다.

이렇듯 3부로 이루어진 토착적인 역사 전통은 16세기에 점차 변모했다. 예언적인 요소가 쇠퇴했던 것이다. 비록 헨리 튜더(Henry Tudor, 1457~1509)■■가 예언적인 전통을 이용해서 '제2의 오웨인(Owain)'■■■이라는 메시아적인 인물로 자처함으로써 웨일스 인들의 지지를 끌어내고자 했고, 그가 캐드월러더의 후손이라는 사실이

■ 포에데라티는 로마군의 야만족 부대장을 말하고, 캐드월러더는 먼머스의 제프리의 기록에 의하면 633년생으로 브리튼의 켈트 족 족장들에 대해 권위를 가졌던 마지막 군주다. 르웰린 2세는 토착 군주들의 충성을 얻어 서부 및 남부 웨일스를 장악한 인물로, 잉글랜드의 에드워드 1세에게 신서를 거부해 잉글랜드의 침공을 받고 전투에서 패했다(1277). 그 후 다시 반란을 일으켰다가 시해당했다.

■■ 잉글랜드 왕 헨리 7세. 랭카스터 가문의 수장으로서, 1485년 웨일스에 상륙해 리처드 3세를 제압하면서 장미전쟁을 종식시키고 튜더 왕조를 개창했다.

■■■ 웨일스의 전사-통치자이며 시인인 12세기의 인물.

브리튼 전역에 대한 통치권(overlordship) 요구를 정당화하는 데 이용되었다고 할지라도 말이다. 다른 이들에게 헨리는 그토록 고대했던 아서 왕의 귀환을 상징하는 것으로 보였다. 얼마 후에는 영국 국교회가 아리마테아의 요셉(Joseph of Arimathea)이 브리튼 교회를 세웠다는 웨일스의 신화들을 자기 것으로 삼으면서, 웨일스가 독립을 상실한 것은 잉글랜드 인 탓이 아니라 노르만 인과 교황 때문이라고 하여 쉽게 책임을 전가했다.[11] 웨일스 전통의 나머지 부분은 흡수되었다기보다는 근거 없는 신화로 불신당했다. 왜냐 하면 폴리도어 버질(Polydore Vergil, 1470~1555)■이 먼머스의 제프리가 쓴 역사의 대부분이 거짓임을 폭로했기 때문이다. 이러한 비판이나 차용 후에 남은 것들은 잉글랜드 학자들에 의해서 잉글랜드-브리튼의 초기 역사로 탈취당했다. 이는 그들이 잉글랜드와 브리튼의 고대를 동일시하고자 했기 때문이다.[12] 1690년대 에드워드 로이드(Edward Lhuyd)의 서신 교환을 근거로, 17세기 말까지만 해도 웨일스의 초창기 일부 전통들과 그 파편들이 서민들 사이에서 화롯가 이야기, 엠리스(암브로시우스), 멀린(Merlin), 아서 왕, 탈리예신(Taliesin)■■ 등의 이야기와 같은 형태로 기억되고 있었음을 알 수 있다.[13] 그것들은 긴밀하게 연결된 하나의 전체를 이룬 것은 아니었지만, 끊어진 목걸이에서 쏟아진 진주들과 같았다. 어떤 경우에는 웨일스 역사의 초기 부분들이 매슈 오웬(Matthew Owen)의 〈웨일스의 역사(Hanes y

■ 이탈리아의 성직자이자 인문주의자. 교황의 특사로 잉글랜드를 방문하고 돌아와 잉글랜드 역사를 저술했다.

■■ 멀린은 아서 왕 전설에 나오는 예언자. 탈리예신은 웨일스 신화에 나오는 예언의 능력을 가진 마법사이자 음유시인으로 6세기경 인물이라고 전해진다.

Cymru)〉와 같이 발라드의 형태로 기억되기도 했다. 웨일스 인들은 이 발라드에서 자신들이 고대 전투에서 패배했던 기억들을 무기력하게 읊조렸다.[14)]

웨일스 역사의 상실은 문화의 다른 측면들을 약화시키는 부대 효과를 낳았다. 현전하는 웨일스 전승과 학문에 대한 글들 대부분이 1550년에서 1700년경 사이에 쓰여진 것인데, 윌리엄스(G. J. Williams)는 그 이유가 필경사들과 고대 연구자들이 자신들에게 낯익었던 세계가 종말을 고하고 있다는 사실을 깨닫고, 세상이 더욱 더 황량해지고 있는 마당에 영웅적인 살려내기 운동이 필요함을 깨달았기 때문이라고 평가했다.[15)] 윌리엄스에 따르면, 웨일스 식자들 또한 전통 문화와 그 상징·언어·문법에 대해 점점 더 이해하지 못하게 되었고, 웨일스 문헌 소유자들조차 자신들은 비록 웨일스 어를 할 줄은 알지만 자신들이 지닌 것이 얼마나 귀중한지를 모른다는 점만을 빼고는 아는 게 전혀 없음을 고백했다고 한다. 그런가 하면 토머스 헌(Thomas Hearne)은 웨일스 인들에게 웨일스 어로 된 필사본 연대기들을 인쇄하자고 설득하는 게 거의 불가능하다는 것을 깨달았다. "그들은 득달같이 반대하고 나섰고, 그들 자신의 역사를 내팽개쳐 버렸다."[16)] 잉글랜드 서정시 같은 형태들이 (웨일스 특유의 '컹행드*cynghanedd*', 곧 자음의 두운법의 형태이긴 하지만) 시 분야에서 유행하게 되었고, 개신교 신학이 전통적인 운문에 남아 있던 전통적인 상징과 인유(引喩, allusion)를 대체했다. 18세기 초 뛰어난 웨일스 학자인 매친의 존 모건(John Morgan of Matchin)은 에드워드 로이드의 조수인 모지즈 윌리엄스(Moses Williams, 한동안 왕실 협회의 서기를 지냈다)에게 보내는 편지에, 사전 없이는 고전의 인유를 읽을 수 없듯이 지금 웨일스 구전에 대한 사전이 필요하고 그것이 없다면 웨일스의 역사와 문학은 열쇠 없는 자물통이 될 것이라고 쓰기도 했다.

1688년 토머스 존스는 전능한 존재가 "우리의 언어를 타락시켰고" 점차 많은 웨일스 인들이 웨일스 어를 '고어(*heniaith*, old language)'라고 일컬으며 노인병에 걸린 듯 취급하고 있다고 언급했다. 그만이 이렇게 말한 것도 아니었다. 시인이자 가축상이었던 에드워드 모러스(Edward Morus)는 성 애서프의 로이드 주교(Bishop Lloyd of St. Asaph, 그는 1688년의 7대 주교 가운데 한 사람이었다)가 웨일스 어를 배운 것을 높이 평가하면서, 웨일스 어가 "한 때는 정상에 이르기도 했으나 이제는 누더기가 되었고" 또한 "노년기에 접어든 연약한 공작새"와 같다고 했다.[17] 『웨일스 비사(*Wallography*)』(London, 1681)를 쓴 W. R. 같은 잉글랜드의 풍자작가들은 웨일스 어가 곧 사멸되기를 바랐다. 웨일스 어는 이제는 하층민들이나 쓰는 '태피덤(Taphydom)'■의 '횡설수설(gibberish)'이라는 것이었다. 래니던의 헨리 로우랜즈(Henry Rowlands of Llanidan)는 그가 쓴 앵글시(Anglesey)■■에 대한 역사서에서 불평하기를,

> 최근 들어 이웃의 영어가 우리 사이에서 품위 있는 언어로 유행하면서 우리 언어를 너무나 잠식해 버렸다. 그리하여 이전에는

■ 웨일스를 비하해서 부르는 이름.
■■ 웨일스 북서부에 있는 작은 섬.

우리 언어의 꽃과 장식이었던 많은 단어들이 이제 거추장스럽고 쓸모 없는 것인 양 되어 버렸다.[18)]

웨일스의 다른 측면들과 마찬가지로, 웨일스 어는 아무런 지위도 없는, 곧 "아무도 개의치 않는"(1688년 토머스 존스의 표현) 언어가 되었다. 1730년경 시인이자 소지주인 휴 휴스(Huw Hughes)는 대학자인 루이스 모리스(Lewis Morris)에게 전하는 편지에서 옛 언어의 옹호자들이 모두 잠들어 버렸다고 했다.[19)] 물론 웨일스 어는 영국 국교회 예전(禮典), 웨일스 어 성경, 프로테스탄트 변호문학 덕분에 소멸되지 않고 살아 남았다. 하지만 웨일스의 근대화 내지 개발을 위한 기제는 부재하다시피했고, 웨일스 어를 떠받치는 진정한 동력 역시 없었던 것 같다. 웨일스 어는 1659년 제임스 하우얼(James Howell)이 편찬한 사전의 표지문양에서처럼 사치스럽게 차려입은 궁정 여인인 영어와 불어에 비해 겁에 질린 야만적인 여전사로 묘사되었다.[20)]

엘리자베스 시대 웨일스 개신교 지도자들의 위대한 작품들에 비견할 만한 근대적인 웨일스 세속 문화, 예컨대 근대적인 세속문학은 나타나지 않았다. 웨일스 어로 된 글들은 여전히 과거지향적인 음유시인들(이들은 역사가, 필경사, 사서, 전령, 음악가 … 등등의 역할을 수행했다)의 글이 대다수였고, 그들의 문화가 점점 시대에 무의미한 것으로 비춰지면서 음유시인제도 자체가 점차 사라져 갔다. 음유시인제도는 〔주민의〕 반수가 웨일스 인 혹은 전부가 웨일스 인인 지역 모두에서 거의 동시에 쇠퇴했다. 글래모건(Glamorgan)에는 1660년 이후 전문 음유시인이 거의 존재하지 않았고, 몽고메리셔

(Montgomeryshire)에도 1640년 이후에는 거의 사라졌으며, 미어딘 파드(Myrddin Fardd)의 『린의 옛 시인들(*Cynfeirdd Lleyn*)』을 따를 것 같으면, 훨씬 외진 린 반도에서도 1640년 최후의 음유시인과 1800년경 전함 승무원이었던 아마추어 음유시인 사이에 긴 공백이 있었다.[21] 서부 웨일스 메리오네스(Merioneth)에서 옛 관습대로 남아 있던 최후의 가내 음유시인은 난나우(Nannau)에 살던 션 다피드 라스(Sion Dafydd Las, 1690)였다. 그러나 우리는 난나우의 젠트리와 이웃들이 19세기 말까지도 아마추어로서 (자기 자신과 출판을 위해) 여전히 웨일스 어로 시를 짓고 있었다는 사실을 기억해야 한다. 18세기 초에 더 이상 일거리를 찾을 수 없었고 환영받지도 못했던 음유시인들은 최근의 변화에 대해 쓰디쓴 불평을 늘어놓았고, 션 프리처드 프리스(Sion Prichard Prys) 같은 경우에는 그의 『신성한 기쁨(*Difyrrwch Crefyddol*)』에서 '대들보가 무너진 것'에 무기력한 분노를 터뜨렸다.[22] 웨일스의 명사 귀족들은 더 이상 토착 문화를 후원하지 않았고, 그리하여 "예술은 퇴화되고 언어가 노화되었다. 그리고 이 모든 것은 귀족들 자신의 허약함 때문이고, 그들은 자기 자신의 파멸로 이어질 잘못된 길을 헤매고 있었다."[23] 하급 젠트리나 서민들 속에서 배출된 아마추어들이 여전히 웨일스 어를 쓰고 있고, 웨일스 어 시가 여전히 책으로 출판되고 있다는 사실은 중요하지 않았다. 음유시인들은, 자기들이 명사 귀족에서 서민에 이르기까지 사회 전체를 위해 노래를 부르고 모든 사람이 쾌활하고 즐거운 삶에 참여했으며 생활방식 전체가 좀더 조화로웠던 그 멀지 않던 과거를 회고했다. 하급 젠트리 출신 성직자이자 신랄한 풍자작가인 엘리스 윈(Ellis Wynne)은, 음유시인에겐 전혀 애착이 없었지만 역시 사회

의 근대적인 요소들을 혐오했고 프리스처럼 사회가 텅 빈 것 같다고 느꼈다. 그는 "입을 떡 벌리고 서 있는 거대한 장원 저택"에 대해서, 그 주인들이 "고향에서 더 쉽게 찾을 수 있었을 것들을 찾아" 잉글랜드나 프랑스로 떠남으로써 저택을 올빼미와 까마귀와 까치에게 내줘 버렸다고 하면서 다음과 같이 묘사했다.

> 그처럼 버려진 장원 저택들이 무척 많았다. 자만심만 아니었어도 이것들은 옛날과 같이 귀인들이 머무는 곳이자 약자들의 안식처이며, 평온과 모든 선함의 배움터이자 주위에 있는 수천의 집들에게 축복이 될 수 있었건만.[24]

설사 고향에 머물렀다 하더라도 고위 명사들과 젠트리층이 그들 자신을 조화롭게 통일된 작은 지방 공동체의 일부로 여겼을 법하지는 않다. 이미 전통적인 웨일스식 대저택들은 종말을 고하고 있었고, 젠트리층은 더 이상 하인과 소작인, 친지, 음유시인들과 더불어 대저택에서 살지 않았다.[25] 그들은 사생활 속에 갇혀 살았고, 그들이 저택을 개조하는 과정에서 런던식 유행을 받아들임으로써 토속적이고 지역적인 양식들이 종말을 고했다. 1700년경이면 웨일스 인들은 아마도 잉글랜드에서 100년 내지 200년 전에 유행했던 생활양식들을 따라잡고 있었던 것으로 보인다.[26]

문화적 단절이 가장 분명하게 드러난 곳은 음악의 세계였다. 18세기 말 웨일스 민속음악 수집가인 랭가드번의 윌리엄 존스(William Jones of Llangadfan)는 그토록 짧은 시간 내에 수세기 동안 지속되어 오던 전통이 사라졌다는 사실에 놀라움을 금치 못했다. 1726년

루이스 모리스는 몇 개의 하프 줄과 함께 시 한 편을 일기 집필자인 앵글시에 있는 브린두의 향사(squire of Brynddu) 윌리엄 벌클리(William Bulkeley)에게 보냈는데, 그의 짧은 시는 다음과 같았다.

> 음악도 쾌활함도
> 웨일스에 없음에 슬피 우네
> 옛적에는 있었건만
> 집집마다 하프가 있었건만.[27)]

1729년 연감 제작자이자 문법학자인 존 로드릭(John Roderick)은 노년에 격분한 마음으로 루이스 모리스에게 보낸 편지에서, 옛 웨일스 음악과 여러 웨일스 문헌에 있는 옛 악기들을 조율하고 연주하기 위한 악보와 지침들을 이해할 만한 사람을 찾을 수 없다는 사실에 비애를 느낀다고 호소했다. 몇 년 후 모리스 형제와 동료들은 낯선 기보법(記譜法)으로 작성된 방대한 분량의 고대 웨일스 음악 전집을 발견했다. 그것은 1613년 제임스 1세의 궁정 하프 연주자인 로버트 압 휴(Robert ap Huw)가 쓴 것이었다. 이 사람은 모리스 형제와 앵글시 섬 내의 같은 지역 출신이었고 그들이 태어나기 한 세대 전인 1665년에 사망했다. 모리스 가족은 모두가 음악 애호가들로 하프 주위에 모여 가락을 읊었고, 크라우드(crowd, crwth)■를 연주할 줄 알았으며, 비발디(Antonio Vivaldi, 1678~1741)와 코렐리(Arcangelo Corelli, 1653~1713)■■의 음악을 즐겨 들었고, 스스로 웨일스 음악의 권위자들로 자처했다. 심지어 그들 농장의 하인들도 일종의 원시적인 목관악기를 연주하며 소 떼를 모았다. 그러나 모리스 형제 가운데 동생인 리처드의, 현악기 연주용 악보가 대부분인 노트를 면밀히 검토하면, 악보의 5분의 4는 영어로 된 표제를 달고 있음을 볼 수 있다.[28] 로버트 압 휴의 전집은 (중세 음악 선집이기도 한데) 모리스 형제에게 전혀 이해할 수 없는 것이었고, 이는 18세기의 어느 웨일스 음악가에게도 마찬가지였다. 대부분의 웨일스 지방에서 옛 음악은 관습적인 생활의 관례와 의례들에 맞닿아 있던 까닭에, 그런 생활이 사라지자 음악도 사라졌던 것이다. 17세기 후반에 에드워드 로이드와 편지를 주고받은 어느 지인은, 옥스퍼드의 애쉬몰린(Ashmolean)에 머물고 있던 로이드에게 발라 근방의 외딴 마을인 란드릴로(Llandrillo)에서의 옛 생활에 대해 다음과 같이 묘사했다.

> 크라우드를 연주하는 노인 다피드 로우랜드(Dafydd Rowland)는 매년 부활절 오후가 되면 교구 젊은이들과 함께 크레이그 디넌(Craig Dhinan) 정상에 올라 흰 소들에게 풀을 먹였다. 그리고 나서 '이첸 배녹(*Ychen Bannog*)'을 비롯한 여러 옛 가락들을 연주하곤 했는데, 그가 죽자 그 가락들도 사라졌다.[29]

만일 그 흰 소들이 글래모건 지역의 흰 소들과 같은 것들이었다면, 그 흰 소들은 화환으로 치장한 채 화려한 무희들에게 둘러싸여 있었을 것이고, 따라서 그 광경은 가히 키츠(Keats)의 〈그리스 항아

▪ 일종의 켈트식 현악기.
▪▪ 둘 다 이탈리아의 작곡가로, 비발디는 〈사계〉와 〈조화의 영감〉 등을 남겼으며, 코렐리는 합주 협주곡과 트리오 소나타 형식을 완성했다.

리에 부치는 노래(Grecian Urn)〉■에 실릴 만했을 것이다. 여기서 '이첸 배녹'이란 원시 유럽의 긴 뿔이 달린 소를 뜻했다. 크라우드를 연주하는 노인이 죽었을 때 끊긴 전통은 실로 오랜 세월 면면히 이어져 내려 온 전통이었던 것이다. 그 악기는 남부 웨일스에서 거의 알려지지 않았고, 데인스 배링턴(Daines Barrington)은 최후의 웨일스 크라우드 연주자들이 앵글시에 여전히 살아 있지만 후계자들은 없다고 고대 연구 협회(Society of Antiquaries)에 보고했다. 심지어 소박한 옛 웨일스식 하프도 17세기에는 좀더 큰 삼중 하프로 대체되었다. 1660년 이후 잉글랜드식의 서정음악과 발라드가 밀려들어오면서 수많은 잉글랜드 선율도 함께 유입되었던 것이다. 모리스 일파는 하프 음악에 맞춰 시를 읊는 전통이 1738년경이면 카나번셔(Caernarfonshire)와 메리오네스 같은 외딴 지역을 제외하고는 사라져 가고 있음을 알고 있었다.[30)]

1690년대에 에드워드 로이드와 그의 지인들은 이미 지루한 단조로움이 웨일스의 생활을 서서히 잠식해 들어가고 있음을 인식하고 있었다. 예컨대 그들은 존 또는 윌리엄과 같은 진부한 이름으로 인해 사라져 가고 있는 'Llywarch' 'Goleubryd' 'Tegwared' 'Tangwystl' 등의 얼마 남지 않은 토착적인 세례명에 애정어린 관심을 보였다. 16, 7세기에 상류층 사이에서는 접사 '압(ap, 누구의 아들이라는 의미)'으로 이어지는 일련의 아버지 이름들 대신에 고정된 성(姓)이 일반화되었고, 오로지 외딴 지역과 가난한 이들 사이에서

■ 키츠가 1819년에 발표한 시. "오 아티카의 모습이여! 우아한 자태여! … 싸늘한 목가여! 늙음이 이 세대를 황폐케 할 때 … 아름다움은 참이요, 참은 아름다움이라 …."

만 자신의 족보와 자기 공동체 내 다른 사람들과의 연관성을 강조하는 고대적 체계가 존속되었다. 도처에서 모든 행위들이 좀더 예의바르고 신사적인 것으로 바뀌고 있었고, 여기에는 웨일스보다는 잉글랜드나 프랑스의 규범을 취하는 경향이 있었다. 종종 자코바이트 지지자들이라는 혐의를 받았던 퇴역 해군장교 협회(Society of Sea Serjeants)는 서부 웨일스에 있는 젠트리층의 사교 모임으로, 여성도 참여시키는 한편 욕설과 비행을 금하는 규칙들을 가지고 있었다. 놀라울 정도로 많은 향사들이 고대 연구나 경건한 작품들을 웨일스 어로 번역하는 일에 관심을 갖고 있었고, 주요 젠트리 가운데 일부는 극도로 독실했는데, 가령 픽턴의 존 필립 경(Sir John Phillip of Picton)은 기독교 지식전파 협회(Society for Promoting Christian Knowledge)의 창립자 가운데 한 명이기도 했다. 앞서 말한, 하프도 있고 웨일스 시가를 수집하는 것도 좋아했던 브린두의 벌클리(Bulkeley of Brynddu) 같은 경우에도, 절제 있고 정연하며 경건해서 오늘날까지 회계장부가 남아 있는 무능한 술주정뱅이였던 17세기의 향사 드라우니의 벌클리(Bulkeley of Drowny)와는 완전히 대조되는 인물이었다.[31] 18세기의 역사적 부흥의 지도적인 인물 중 한 사람인 토머스 페넌트(Thomas Pennant)는, 그의 조상들이 술파티를 열었던 여름 별장에서 애프터눈 티(afternoon tea)를 마시곤 했다. 웨일스 사회에 대한 기록을 남긴 다른 이들과 마찬가지로, 그는 '싸돌아다니기' 곧 주기적으로 여러 술집을 돌아다니며 격렬하게 마시는 옛 습관이 사라지고 있다는 것에 주목했다. 그런 의미에서, 근대적인 유행에 전혀 물들지 않은 채 산악의 야성에 파묻혀 거의 중세적인 생활을 하면서 여전히 귀리로 만든 음식과 사냥한 염소를 먹고 집에서 황소 음낭을 이용해 담근 술을 마시며 웨일스의 군주들로 거슬러 올라가는 자신의 족보를 줄줄이 외우고 연습하는 산악의 향사, 메리오네스에 있는 캠 비천의 로이드(Lloyd of Cwm Bychan)에 대한 페넌트의 자필 기록은 별난 생존자에 대한 묘사였다.[32] 로이드의 친족인 캠 비천의 헨리 로이드(Henry Lloyd of Cwm Bychan)는, 당시 군사 전문가로서 유럽을 두루 돌아다니면서 훗날 나폴레옹에게 영향을 주게 될 전략에 관한 책들을 집필하고 있었다.

모리스 형제들인 루이스와 리처드 그리고 윌리엄은 모두 토머스 페넌트의 친구들로서, 그들이 주고받던 광범위한 서신 기록은 점차 절제 있고 진지해지던 세계의 모습을 잘 보여준다. 모리스 형제들은 청교도적이지 않았고 따라서 그들의 서신을 출간한 편집자들은 품위 유지를 위해 일부 내용을 삭제해야 했지만, 그들도 세월이 변하고 있음을 실감하고 있었다. 그들의 친구인 홀리헤드(Holyhead)의 교구 목사 토머스 엘리스(Thomas Ellis)는 앵글시에서 도덕 개혁운동을 전개해 옛 의례들을 바꾸고 섬에서 점술가들을 내쫓았으며, 밤을 지새는 모임들을 없애고 서민들의 막간극(interlude)■ 구경도 금지시켰다. 그가 별 어려움 없이 이러한 과업을 성취한 것을 보면, 옛 생활방식이 이미 죽어 가고 있었던 것으로 여겨진다. 브린두의 윌리엄 벌클리는 1741년 10월 31일자 일기에 "오늘밤 모닥불(Coelcerth)을 거의 보지 못했으니 예전의 미신적인 행사들이 사라져 가는 모양이다"라고 적고 있다. 이러한 변화는 오늘날 남아 있는

■ 짤막한 연극 소품. 본 공연 직전이나 공연 중간에 제공된 단극으로, 성서나 신화나 전설에서 소재를 취해 웃음이나 교훈을 주기 위한 것이었다. 영국식 막간극을 독립적인 연극의 형태로 처음 완성한 사람은 헤이우드(John Heywood, 1497?~1575)였다.

18세기 앵글시 출신의 농민 리스 콕스(Rhys Cox)[33]와 매슈 오웬(Matthew Owen)[34]의 자서전에서도 확인된다. 매슈는 무능한 술고래 천재 시인 고로니 오웬(Goronwy Owen)의 조카였다. 이 두 자서전은 앵글시 섬이 오늘날 축구팬들의 소동을 능가하는 끔찍한 축구경기들을 비롯해 폭력적인 종류의 스포츠에 집착했음을 보여주지만, 19세기 초에 이르면 절제 있고 진지하며 개혁된 섬이 되었음을 보여주기도 한다. 1810년 무렵의 카나번셔를 묘사한 에드먼드 하이드 홀(Edmund Hyde Hall)의 글에도 같은 모습이 있는데, 그에 의하면, 서민들이 변화된 것은 부분적으로는 광신도들 때문이고 부분적으로는 '시대의 탐욕스러운 정신'이 사람들에게 더 이상 여가시간을 허락하지 않았기 때문이다. 웨일스 인들의 명랑한 생활은 끝이 났고,

> 이러한 놀이와 오락은 이제 대부분 무덤 속에 묻혀 있다. 이는 부분적으로 사람들의 지식이 증진된 결과이기도 하지만, 감리교의 까다로운 정신이 보다 즉각적인 효과를 발휘한 결과임이 분명하다.[35]

감리교는 그 자체가(비록 스스로는 그것을 인정하지 않았지만) 1660년에서 1730년 사이에 비국교도들과 복음주의적인 국교도들이 웨일스 인들을 교화하고 복음화하기 위해 조직한 복잡한 운동의 결과였다. 이러한 사실에 대해서는 최근에 나온 젠킨스의 방대한 연구 결과로 의심의 여지가 없어졌다.[36] 감리교는 분명히 영혼을 구원하겠다는 자의식을 가진 개인들의 운동이었지만, 문맹을 타파하고 설

교하고 출판하며 옛 생활방식을 바꾸고자 하는 과거 도덕운동의 여러 관심사들을 물려받았다. 감리교 문화는 극도로 활기차고 정력적이었고, 일반인들의 생활 속에 이미 나타났던 공백을 메우는 데 도움이 되었다. 로스란의 로버트 존스(Robert Jones of Rhos-lan)는 북부 웨일스 감리교 선교단의 개척단계에 대한 널리 알려진 연대기에서 언제나 구래의 생활방식은 "무의미하고 공허하다"고 비판한다.[37] 그러나 감리교도들과 다른 비국교도들이 옛 문화를 파괴함으로써 사람들을 과거로부터 단절시키는 새로운 웨일스적인 생활방식을 고안해냈다고 했다. 웨일스의 연감들(매우 많은 종류가 있었는데)을 보면, 세기가 진행되면서 점차 성인 기념일, 수호성인들의 축제와 행사들이 감소했다는 걸 알 수 있다. 의례와 관습들은 점차 사라져서, 예컨대 오월제 무도회는 케이펠 헨더(Capel Hendre, 카마든셔)에서는 1725년에 사라졌고 애버데어(Aberdare, 글래모건)에서는 1798년까지 근근히 이어졌으며, 애버데어 북쪽의 늪지대인 펜더린(Penderyn)에서는 19세기 중반까지 간신히 명맥을 이어갔다.

19세기 초 웨일스에는 마법사, 점쟁이와 마녀술에 대한 웨일스인들의 집착을 비난하는 글이 상당수 있었는데, 잉글랜드에서는 그것들이 이미 예전에 사라진 바 있다.[38] 그렇기는 해도, 1767년경 폰티풀(Pontypool) 출신의 원로 비국교도 설교자인 '노(老) 선지자' 에드먼드 존스(Edmund Jones)는, 웨일스에서 마법에 대한 불신이 증가하고 그 속에서 사두개주의(Sadduceism)■가 슬며시 발흥하는 것을 공격하기도 했다.[39] 아무튼 장례행사는 기도회로 바뀌었고, 수호성인축제는 설교회로 변했으며, 카디건셔(Cardiganshire)의 두 마을 사이에서 벌어지곤 했던 유명한 축구시합인 '검은 공(*Y Bel*

Ddu)'은 시합중 사망자가 생기는 것에 대한 거부감이 팽배해지면서 영민한 한 사제에 의해 교리문답대회로 바뀌었다. 위대한 민속학자인 엘리어스 오웬(Elias Owen)은 클레이드(Clwyd) 골짜기의 옛 석조 십자가들에 대한 흥미진진한 책에서,[40] 빅토리아 시대의 교회 부흥으로 인해 어떻게 교회당의 내전과 동네 술집을 잇는 계단이 제거되고, 주일날 스포츠에서 승리한 사람들에게 교구 목사가 수여하는 에일 맥주를 보관하는 벽감(壁龕)이 제거되며, 교회 마당에서 무도장이 사라지고, 예전에는 춤과 스포츠 모임을 위해 존재하던 교회 마당에 거대한 대리석 무덤들이 들어섰는지를 보여준다. 위와 같은 사항들은 이처럼 그 생활이 완전히 바뀌어 버린 서민들이야말로 웨일스의 구전 · 음악 · 역사적 지식 · 시인과 언어의 마지막 저장소였다는 사실만 아니었어도, 충분히 민속학자들의 관심을 끌 만했을 것이다. 학자와 애국자들의 눈에는 민속생활의 변화가 근본적인 중요성을 가진 것으로 보였고, 그래서 이들은 웨일스가 존속하기 위해서는 무언가 새로운 인위적인 지지물들을 찾아야 한다고 생각했다.

감리교 지도자들이 교양 없는 사람들은 아니었다. 덴비의 토머스 존스(Thomas Jones of Denbigh)는 전통적인 웨일스 운율에 뛰어난 시인이었다. 그의 친구인 발라의 토머스 찰스(Thomas Charles of Bala)는 웨일스 문헌에 익숙했고 낭만적 신화학자인 '퍼그(Pughe)' 윌리엄 오웬과 친했으며 '매덕(Madoc)■■ 전설'에 관심이 있었다. 토머스 찰스는 옛 공동체 문화에 맹렬히 반대했다. 그리하여 1791년

■ 바리새파와 대립적 입장에 있던 유대교도의 일파. 사두개인들은 '부활은 없다'고 생각했다.

■■ 반(半)역사적인 웨일스의 왕자.

발라 출신의 친구에게 쓰기를,

> 아무 하프가 아니라 오로지 성 요한이 언급한 황금 하프들만이 수개월 동안 이 동네에서 연주되었다. 그 〔옛 하프를 연주하는〕 기예는 단지 위험에 처한 것이 아니라 완전히 파괴되어 사라져 버렸다.[41]

또한 같은 해에 다른 친구에게 쓰기를,

> 종교의 부흥은 여기 젊은이들 사이에서 그토록 풍미했던 춤을 위한 쾌활한 모임들, 하프 연주에 따라 노래하기, 기타 모든 종류의 사악한 소동을 끝장내 버렸다.[42]

최근에 열렸던 마을축제는 그가 기억하는 한 가장 기품 있고 절제된 축제였다. 16세기에 캠덴(Camden)은 덴비셔(Denbighshire)의 랜레스트(Llanrwst)가 하프 생산의 중심지라고 보고했다. 『웨일스 지리사전(*Topographical Dictionary of Wales*)』에는, "랜레스트는 예전에 하프 생산으로 유명했으나 현재는 양모 방적과 긴 양말 직조가 주요 산업이다"라고 쓰여 있다.[43]

피터 로버츠(Peter Roberts)나 윌리엄 하우얼즈(William Howells) 등 19세기 작가들은 거의 무너져 가는 웨일스의 생활방식에 대해서 묘사하고 있다.[44] 심지어 좀더 가까운 시기의 고안물인(아마도 17세기에 생긴 것으로 추정되는) 대중극과 막간극(interlude, *anterliwt*) 혹은 서정적 발라드 등도 급격히 죽어 가고 있었다. 재치 있지만 음탕한 대중극—홀리헤드의 토머스 엘리스가 '지저분한 막간극'이라고 명명했던—은 세기가 진행되면서 점차 도덕적이고 사회적인 비평식의 막간극으로 바뀌었다. 그 세기는 최고의 배우이자 극작가인 '산골짜기의 톰' 토머스 에드워즈(Thomas Edwards 'Twm o'r Nant', 1739~1810)■가 살아 있던 세기지만, 대중극은 1810년 그가 죽기 전에 이미 인기를 잃고 있었다. 1820년대에는 서정적 발라드조차, 그 주제가 설사 도덕적인 것일지라도, 부도덕한 쓰레기로 비난받았고 곧 사라졌다.[45)]

학자와 애국자들이 생각하는 새로운 진지한 생활방식이란, 웨일스 젠트리층이나 서민층에서 비롯된 것이 아닌, 이질적인 잉글랜드에서 수입된 것이었다. 랭가드번의 윌리엄 존스는 국교도 농촌 의사로서, 볼테르의 영향을 많이 받았으며 위대한 하프 연주자인 에드워드 존스의 왕당파적인 정치 강령과는 전혀 공통점이 없는 인물이었다. 윌리엄은 에드워드가 소멸이 임박한 시점에서 자기 민족의 음악과 민간 전승을 수집하고 있다고 확신했고, 에드워드 역시 윌리엄이 옛 민속춤을 수집하고 설명하는 것에 대해서 같은 생각을 갖고 있었다.[46)] 에드워드 존스 같은 인물은 하급 젠트리층과 자영농층에 속해 있었고 페넌트 같은 일부는 상층 젠트리에 속해 있었지만, 양자 모두 의식적으로 서민층과 일정한 거리를 두고 있었고, 웨일스의 과거를 추적하고 발견하고 보존하고 재창조해야 한다고 생각했다. 그것도 전혀 새로운 상황에서, 그러니까 출판된 서적, 절제된 도덕률, 향상된 교통과 통신 그리고 클럽과 협회가 구래의 포괄적인 공동체를

■ 웨일스의 배우이자 극작가. 막간극의 마지막 대가.

대체하리라는 열망을 참작하면서 말이다. 그러나 그토록 쇠퇴하고 케케묵은 사회를 더 이상 지지해서는 안 된다는 상식적이고 이성적인 목소리가 웨일스 인들에게 너무나 많이 들려 왔기에, 웨일스 인들의 지지를 얻기 위해 그들은 더욱 각별한 노력을 기울여야 했다. 이로부터 웨일스에서 의도적인 전통의 발명이 갖는 중요성을 알 수 있다.

음유시인 경연대회

음유시인 경연대회(eisteddfod)■는 어떤 면에서도 의도적인 발명품이었다고 할 수 없다. 음유시인 경연대회에 대한 최초의 기록은, 1176년 리스 경(Lord Rhys, 그는 남부 웨일스 최후의 군주들 가운데 한 사람이었다)이 카디건(Cardigan)에서 개최한 것이다. 그 단어 자체는 단순히 '회합'을 의미했고 일련의 음악 및 시 경연대회를 지칭하는 것으로, 1년 전에 공고를 내고 대회를 통해 심사와 포상을 했다. 음유시인 경연대회는 중세에도 음유시인들(이들은 시인단 내지 길드로 조직되었다)이 자기 집단 내에 위계를 세우고 평판 좋은 연주자들을 검토해 인가하며 나쁜 연주자들을 축출하기 위해 열기도 했다. 웨일스 법률가들이 웨일스의 토착 법규들을 고대의 (비록 실재하지는 않았지만) '선량왕 허웰(Hywel the Good)'■■로까지 거슬러 올라가는 것이라고 주장했듯이, 웨일스 음유시인들은 자신들의 대회를 1100년경 음유시인단을 탁월하게 운영했다고 평가받는 '그루피드 압 키난(키난의 아들 그루피드Gruffydd ap Cynan)'가 마련한 정관에 근거한 것이라고 주장했다. 1450년 카마든 음유시인 경연대회에서 시험이 더욱 꼼꼼하고 어렵게 되어, 예컨대 음유시인들은 모두 복잡하게 정해진 두운법에 따라 24개의 정밀한 운문 형태를 결합해서 시를 지어야 했다. 16세기에는 두 번의 중요한 음유시인 경연대회가 1523년과 1567년에 플린트셔(Flintshire)의 카이리스(Caerwys)에서 열렸는데, 이 대회들은 밤이 찾아오기 직전의 마지막 황혼과도 같은 것들이었다. 1590년, 음유시인 경연대회가 다시 계획되었을 때, 과거의 영광을 재현하려는 노력은 수포로 돌아갔다. 음유시인단은 이미 죽음의 문턱에 있었다. 여기에는 물론 여러 가지 이유가 있었겠지만, 근본적으로는 음유시인들이 이미 사라져 가고 있는 고대적인 생활방식 그 자체에 묶여 있었기 때문이다.[47]

이렇게 고대적인 생활방식이 쇠퇴하고 몰락하는 와중에도, 재생의 첫 징조들을 볼 수 있다. '음유시인 경연대회들(Eisteddfodau)'■■■이라고 불린 음유시인 모임들은 1700년에 부활했다. 그 배후의 추진자는 문법학자이자 연감 편집자인 존 로드릭이었고, 그가 연감에 대회를 공고했기에 그 대회들은 '연감 음유시인 경연대회'라고 불렸다. 1660년 이후 독서층이 엄청나게 증가했고, 고상한 도덕률이 아닌 뭔가 다른 문화를 바라면서 자신들의 토착 예술의 아름다움과 영광을 즐기기를 바라는, 소수의 배운 티를 내고 싶어하는 아마추어들도 여기저기서 늘어났다. 돌이켜 보면 사실 아무리 좋은 요양소라도 자기 집과 같을 수는 없는 법이기 때문이다. 최후의 전문 음유시인들은 사실상 1690년대 이후 활동을 중단했기 때문에, 새로운

■ 음악, 시 낭송, 연극, 세공예술 등의 경연이 벌어지는 웨일스의 연간축제 중 하나. 문자 그대로 앉을 좌석이 마련되어 있는 회합이라는 뜻이다.

■■ 웨일스 법을 성문화한 10세기의 왕.

■■■ 어미에 '-au'가 붙어 복수형이 되었다.

음유시인 경연대회에 참가한 시인들은 아마추어들이었다. 그러니 대회는 기껏해야 하급 기사들과 자영농들이 모여서 서로 시를 교환하거나, 담배 연기 자욱한 선술집에서 치즈와 에일 맥주를 먹고 마시며 일종의 '말싸움(*rhyfel tafod*)'처럼 서로 졸렬한 시들을 주고받는 것에 불과했을 것이다. 때로는 지방별로 팀이 조직되기도 했는데, 루이스 모리스는 앵글시와 카나번셔 시인들 간의 경쟁에서 두각을 나타냈다.

동시에 전통주의의 요소가 있었다. 시인들은 중세의 복잡한 규칙들을 고수하려 했고, 튜더시대의 음유시인 경연대회는 물론 심지어 '그루피드 압 키난'의 정관에 대해서도 알고 있었다. 그런 의미에서 1728년에 출간된 존 로드릭의 문법책은 단순한 문법책이 아니었다.[48] 그것은 선술집 음유시인들을 위한 것으로 상당한 정도의 음유시인 전승을 담고 있었는데, 소규모 음유시인 경연대회를 위해 선술집 음유시인들이 좀더 시를 잘 짓고 잘못된 두운법도 교정하며 의식적으로 1567년의 카이리스 음유시인 경연대회와 그루피드 압 키난을 참조하도록 도우려는 의도였다. 그런가 하면 에드워드 로이드와 면식이 있던 글래모건의 니스(Neath) 주변의 교구 주임사제 다피드 루이스(Dafydd Lewys)도 1710년에 중세 웨일스 운문의 경구들을 모은 선집을 출판했는데, 4펜스라는 가격에서 알 수 있듯이, 이것은 일반인들을 위한 것이었음이 분명하다. 다피드 루이스의 이웃이지만 비국교도였던 리스 모건은 연감이나 초기의 음유시인 경연대회들을 통해서 존 로드릭과 연락을 주고받게 되었고, 1728년에 로드릭은 이 리스 모건이 지은 송시를 1450년 음유시인들에게 정해진 24 운문시를 쓰는 방법을 보여주기 위한 하나의 견본으로 채택해서 출판했다. 모건은 새로운 시대의 인물로서 1770년대 글래모건 고지대의 초기 정치적 급진주의의 중추 세력이 될, 일단의 비국교도 문학가들 가운데 한 사람이었다.

이른바 연감 음유시인 경연대회는, 어느 정도는 성공을 거두면서 지속되었지만 1780년대 이전까지는 별반 대중적인 영향력을 발휘하지 못했다. 그러나 부활된 제도라는 성격에서 큰 변화를 겪게 되는데, 이는 18세기의 다른 새로운 세력인 '웨일스 협회'와 연계되었기 때문이다. 특별히 웨일스적인 것들에 몰두하는 협회들은 이전 세기에는 생각조차 할 수 없는 것이었지만, 18세기에 출현하기 시작해서 19세기와 20세기에 이르면 도처에서 만연하게 되었다. 이들 가운데 가장 먼저 세워진 협회들은 런던에 거주하는 웨일스 인들에 의해 창립되었다. 그들은 런던을 방문중인 웨일스 인들을 돕고, 성 데이비드 축제일(3월 1일)을 위한 기념식들을 조직하고, 어려움에 처한 웨일스 인들을 위해 자선 활동을 조직했다.

최초의 협회는 1715년에 창립된 고대 브리튼 인 협회(Society of Ancient Britons)였다. 이 협회는 1751년에 좀더 유명해진 고결한 원주민 명예 협회(Honourable Society of Cymmrodorion, 킴로도리언은 원주민을 뜻하는 말로 브리튼 제도의 본래 거주자들이 웨일스 인들이었음을 지칭하는 것이었다)를 낳았는데, 그 목적은 고대 브리튼 인 협회원들 간의 친목과 자선이었지만 역사 및 골동품들은 물론이요 현재의 문제들과 관련된 온갖 종류의 문학회에도 관심을 두었다. 원주민 협회는 너무나 많은 회원들—그것도 대부분 지체 높은 귀족들—을 끌어들였고, 일반인들은 보다 비공식적인 무언가를 원했기에 1770년에 과이네디지언(Gwyneddigion, 북부 웨일스 인들이라는 뜻)을 설립했다. 이는 친목을 주목적으로 하는 모임으로서 회원들은 시 및 문학 비평, 상당한 정도의 노래 부르기 및 하프 음악에 심취했다. 런던의 맥주집들에서 열리곤 했던 이러한 협회 및 클럽의 모임은 웨일스에 통신원들을 두고 있었고, 고향에 있는 웨일스 인들은 도회지에서 전개된 이러한 활동에 상당한 관심을 보였다.[49] 1780년대 말 북부 웨일스의 문인들은 런던 과이네디지언에 협회의 자금과 조직을 이용해 고향에서 음유시인 경연대회를 대규모로 개최할 수 있는지에 대해 문의했다.

코웬(Corwen)과 발라의 소비세 징세관인 토머스 존스와 같이 고향에 거주하면서 전문직에 종사하는 웨일스 인들이야말로 실제 조직 능력을 발휘한 이들이었다. 그리고 이들이 조직한 음유시인 경연대회들이 실제로 음유시인 경연대회의 형식을 정하고 전통을 만들어 나갔다. 충분한 사전 공고, 방문객들을 맞이할 숙박시설과 여관, 경연대회에 대한 인쇄된 전단, 수일에 걸친 대회 진행을 구경할 수 있는 많은 인파, 저녁 유흥으로서 '산골짜기의 톰'의 막간극, 웨일스 서적들을 판매하기 위해 사방에 설치된 서적 판매상들의 가판대, 우수한 시와 운문 및 음악에 수여할 상당한 상금, 훌륭하게 조각된 메달, 심사 결과와 상금 수여자들의 출판 등이 그것들을 통해 비로소 발전했던 것이다. 이것은 전문적인 조직화의 승리일 뿐 아니라, 극히 고대적인 제도를 근대적인 상황에 완벽하게 적응시킨 것이기도 했다. 분명히 아마추어 문인과 음악가들은 많은 관객이 모이기를 기대했다. 이제는 그러한 것을 조직할 수 있는 일군의 전문인들이 있었다. 그런가 하면 관광산업의 발전으로 북부 웨일스에 이르는 그런대로 참을 만한 도로가 여럿 개통되었고, 웨일스를 위한 무엇인가에 자신들의 돈을 사용하기를 바라는 일단의 부유한 런던의 웨일스 인들(이를 테면, 빅토리아 시대의 저명한 디자이너 오웬 존스의 아버지이자 런던의 무두장이인 '오웨인 미피어Owain Myfyr', 곧 오웬 존스)이 있었다.

1789년에 정해진 형식은 대규모 집회가 힘들어진 1798년까지 계속되었다. 나폴레옹 전쟁이 끝난 1815년 이후 위와 같은 형식이 재개되었고, 이후로는 거의 변한 바가 없다. 음악 경연대회는 연감 음유시인 경연대회와 비교했을 때 새로 첨가된 부분이었는데, 점차 이것들이 음유시인 경연대회에서 한결 중요한 위치를 차지하게 되었다. 1791년 성 에서프(St. Asaph)에서 열린 '피널(*penillion*)' 노래 경연대회■는 무려 13시간이나 지속되었지만 관객들은 지치지도 않았다. 뛰어난 메달들은 당시 신생 프랑스 공화국의 공식 수석 조각가인 뒤프레(Dupré)가 디자인한 것이었고, 과이네디지언들(이들은 정치적 급진주의에 어느 정도 관심이 있었다)은 웨일스 음유시인들로 하여금 정치적 자유에 대한 시를 짓게 하려고 노력했지만 별반 성공하지 못했다. 음유시인 경연대회와 혁명의 상관관계는 뒤프레 씨가 고작이었다. 상금은 때로 조지 3세의 건강 회복이나 1797년 프랑스의 웨일스 침공 격퇴(이 때 웨일스의 여론은 극히 반혁명적이 되었다)와 같은 우국충정 운문이나 산문에 수여되기도 했지만, 한결 흥미롭게는 '축복받은 캐드월러더'로부터 최후의 군주 르웰린에 이르는 웨일스 군주들이나 1282년 에드워드 1세의 웨일스 음유시인 학살 등

■ 'penillion'은 'penill'의 복수형. 전통적인 하프 가락에 맞춰 시를 노래하는 웨일스 특유의 예술 형식이다.

과 같은 역사적인 주제들에 수여되었고, 이는 사람들 사이에 (때로는 완전히 가짜인) 웨일스 전통들에 대한 관심을 불러일으키는 데 심대한 영향력을 발휘했다.

1815년 이후 새로운 음유시인 경연대회가 웨일스에 있는 캠브리아 협회들의 후원 아래 개최되었다. 이는 주도권이 예전 런던의 친목적인 사교 클럽에서 종종 젠트리와 성직자들이 만든 애국자 단체로 옮겨졌음을 보여준다. 또다른 대 전환점은 1819년 카마든에서 성 데이비드의 버지스 주교(Bishop Burgess)가 후원한 지방 음유시인 경연대회다. 이 때, 당시까지는 순전히 일련의 음악 및 문학 경연대회였던 음유시인 경연대회에 최초로 브리튼 섬의 '음유시인의 왕좌(Gorsedd)'■가 도입되었다.

'음유시인의 왕좌'는 당시 가장 경탄할 만한 웨일스 인들 가운데 한 사람인 에드워드 윌리엄스(Edward Williams, 1747~1826)의 발명품이었다. 에드워드는 글래모건 출신의 석공으로, 예명을 이올로 모건(Iolo Morganwg, 글래모건의 에드워드)이라 했다. 앞으로 이 장에서는 이 사람이 자주 언급될 텐데, 이는 그가 단지 뛰어난 문인이자 고대 연구자였기 때문이 아니라 낭만적인 신화학자로서 너무나 많은 18세기적인 꿈과 유행, 취미와 환상에 빠져들었기 때문이다. 이올로는 신화와 역사에 과도할 정도로 관심을 보였고, 드루이드 교에 대한 18세기의 관심을 넘어 아예 웨일스 음유시인들이 고대 드루이드들의 계승자들로서 그들의 의례와 의식, 종교(이 때의 종교는 이올로 자신의 유니테리언 교파와 18세기적인 자연 숭배의 혼합물이었다)와 신화를 이어받았다는 관념을 창조해냈다. 그는 1790년이나 1791년에 런던에서 신-드루이드 교를 발명한 것으로 추정된다. 이올로는 자신과 자신의 친구 에드워드 에반(Edward Evan, 유니테리언 교파 목사이자 하프 연주자이며, 시인이기도 했다)이 이러한 드루이드적이고 사도적인 계보 최후의 음유시인들이라는 확신 하에, 1792년 6월 21일 런던의 프림로즈 힐(Primrose Hill)에서 음유시인-드루이드 집회를 개최했다. 이러한 놀라울 정도로 자신감에 찬 속임수는 런던의 많은 웨일스 인들(예컨대 그의 친구이자 쿡 선장의 의사였던 데이비드 샘월David Samwell)은 물론이요, 내부의 숱한 웨일스 문인들의 상상력을 사로잡았다. 웨일스로 돌아간 이올로는 웨일스 전역에 '왕좌들(Gorseddau)'[*]이라고 불린 여러 음유시인 세포조직을 심고, 그들에게 일련의 의식과 전례와 의례를 배포했으며, 1826년 죽을 때까지 그들을 위한 드루이드 전승 전집을 만드는 데 혼신의 힘을 기울였다. 이올로에 대해 공정하게 말하자면, 그가 여기서 단지 '왕좌'의 겉멋만 생각했던 것은 아니다. 그는 그것을 음유시인단의 부흥이자, 웨일스의 민족적·문화적 제도이자, 웨일스의 언어·문학·역사에 대한 일종의 후원자 클럽으로 만들고자 했다.

1815년 이후 낭만적인 상상에 좀더 이끌리던 시대 분위기 속에서 이올로의 영리한 발명품들이 영향력을 발휘할 적기가 마련되었다. 이올로는 청중들(그의 친구이자 책에서 외설적인 부분을 삭제하는 이른바 '보우들러 작업bowdlerization'의 창시자인 토머스 보우들러 박사[**]를 포함한)이 자신의 진정성을 믿게 만드는 데 별 어려움을 겪지 않았다. 1819년 이후로 음유시인 경연대회들은 '왕좌' 음유시인

[*] 'Gorsedd'는 원래 선사시대에 제단으로 사용된 언덕을 말한다.

[**] 토머스 보우들러(Thomas Bowdler, 1754~1825)는 셰익스피어의 삭제본을 출판한 영국의 편집자다.

들에게 도움을 요청했고, '왕좌' 의례들이 음유시인 경연대회의 개회 선언 및 진행에 통합되었다. 앵글시와 포위스(Powys)를 비롯한 몇몇 지방의 음유시인 '왕좌들'은 지방 음유시인 경연대회와 연계되어 오늘날까지도 존속하고 있다. 19세기에 산업화된 글래모건에 위치한 폰티프리드(Pontypridd)의 것과 같은 다른 '왕좌들'은 음유시인 경연대회를 개최하지 않고서도 상당히 활발한 활동을 펼쳤다. 19세기 동안 웨일스에서는 대략 500여 회의, 중요한 의례에 따른 음유시인 경연대회가 개최되었다. 또한 전혀 통계에 잡히지 않은 채 교회당이나 직공회관에서 개최된 수천 회의 작은 음유시인 경연대회들도 있었을 것이다.

1819년 '왕좌'의 개입은 음유시인 경연대회가 좀더 신화와 전설에 집중하도록 만듦으로써 때로는 근대적 생활과 관련된 문학을 사실상 배제하기도 했다. 민족적 음유시인 경연대회들은 (19세기를 거치면서 점점 더 고도로 조직화되었는데) 한편으로는 웨일스 인들 사이에 실제이든 혹은 신화이든 역사에 대한 엄청난 관심을 불러일으켰고, 다른 한편으로는 '음유시인 왕좌'의 신화와 그 화려한 의례들과 웅대하고 불가해한 의식들 덕분에 대중적인 인기를 얻는 데 성공했다. 이올로는 처음부터 '왕좌'를 음유시인 경연대회와 통합함으로써 그것들을 임시적이기보다는 항구적인 것이자 좀더 거대한 민족적 제도의 일부로 변모시키려는 야심을 품고 있었다. 이올로는 물론 엉뚱한 몽상가이자 평생토록 아편 중독자였지만, 역사적인 신화들에 이끌려 오래 된 역사적 신화들로써 심대하고 광범위한 영향을 끼친 새로운 전통들을 창조해냈다.

요컨대 근대적인 음유시인 경연대회들은 최후의 전문적인 음유시인들이 종말을 고했을 때 탄생했고, 과거의 풍속과 관습들이 사라지고 (에드워드 존스의 표현을 빌리자면) 삶이 참을 수 없을 정도로 무미건조해졌을 때, 그토록 화려해졌던 것이다.

고대 드루이드와 근대 드루이드

영국과 프랑스에서 르네상스식〔인문주의〕 교육을 받은 학생들이 카이사르의 『갈리아 전기』 및 타키투스의 『아그리콜라 전』을 맛본 후에, 고대의 드루이드들이 재발견된 것은 어쩌면 당연했다. 로마제국의 침략자들에 맞섰던 브리튼과 갈리아 지방의 토착민들 뒤에는 드루이드들이 있었기 때문이다. 16세기 잉글랜드의 고대 연구자인 릴랜드(Leland)와 베일(Bale)은 웨일스 음유시인들이 드루이드의 계승자일 수도 있다고 제언했는데, 이는 부분적으로 음유시인들이 드루이드처럼 권위를 지닌 인사들일 뿐만 아니라 드루이드들과 마찬가지로 예언자적 기능을 수행했기 때문이라는 것이었다.[50] 밀턴(Milton)은 『리시다스(*Lycidas*)』에서 고대의 드루이드들을 웨일스 음유시인들과 동일시했고, 라이덴 대학의 역사학 교수인 복스혼(M. Z. Boxhorn)은 1654년 갈리아 족의 기원에 대한 책을 출판할 때 거기에 맬리드의 데이비스(Davies of Mallwyd)가 만든 웨일스 어 사전의 복사본뿐만 아니라 데이비스가 '고대 드루이드들의 지혜'라는 이름으로 라틴 어로 번역한 웨일스 속담 모음집도 포함시켰다.[51] 드루이드들은 스톤헨지(Stonehenge)와 같은 신비한 유적들을 세운 것으로 간주되었기에, 그들에 대한 재발견은 유적과 고고학 발전에 대한 새로운 관심을 불러일으켰다. 웨일스의 위대한 과학자이자 고대 연구자인 에드워드 로이드는, 때로는 드루이드들이 비의적이고 무지

스톤헨지(Stonehenge)

잉글랜드 월트셔 솔즈베리 평원에 있는 고대의 거석 기념물이다. 지름 114미터의 도랑과 82개의 입석이 뽑힌 자리, 기타 환상열석과 사각형의 광장 및 힐스톤이라 불리는 돌이 있다. 대략 기원전 2500~1400년 사이에 건조된 것으로 추정된다.

몽매했을 뿐만 아니라 인간을 제물로 바치는 관행을 갖고 있었다는 점 때문에 미덥지 않아 하면서도, 다른 때는 그들에게 매혹되어 스코틀랜드 고지대와 콘월 그리고 웨일스에서도 뱀 알모양의 돌부적('뱀의 보석 *glain y neidr*' 혹은 '마법의 돌 *maen magl*')이 발견된 사실에 기쁨을 감추지 못했다. 이는 그것들이 플리니우스(Pliny, Gaius Secundus Plinius, 23~79)■가 드루이드들이 만든 것으로 생각한 '뱀 알(*ova anguina*)'과 유사했기 때문이다.■■ 실제로 1698년 로이드는 그것들을 '드루이드 석'이라고 불렀다.[52)]

로이드가 활동하던 1700년 무렵, 학자들이 드루이드와 웨일스 인들을 좀더 긴밀하게 동일시하기 시작했다. 이러한 경향은 아일랜드의 별난 이신론자인 존 톨랜드(John Toland)의 저작이나, 로이드의 친구인 헨리 로우랜즈의 앵글시 역사에 대한 저서—그는 심지어 앵글시에 남아 있던 선사시대의 유적들이 드루이드 신전과 신성한 제단이라고까지 주장했다—에서부터 보인다. 18세기 초에 드루이드는 인간을 제물로 바치는 데 탐닉한 비의적이고 무지몽매한 집단에서 자기 민족의 신앙과 명예를 지키는 현자 내지 지식인들로 현저하게 변모한 것이다. 그리고 웨일스 인들은 자신들이 이렇게 잉글랜드의 드루이드 교와는 다른 드루이드와 특권적인 관계에 있다고 생각하기 시작했다. 사방에서 드루이드 교에 대한 관심이 일었다. 1727년 자신의 이웃인 윌리엄 갬볼드(William Gambold)가 웨일스 어 문법사전을 출판한 것을 축하하고자 할 때, 메레디스(Meredith) 씨는 갬볼드를 고대 드루이드의 계승자로 여기는 것이 적절하겠다고 느꼈다. 모리스 일파는 비록 모호하고 부정확한 측면이 있었지만 드루이드에 매료되었고, 루이스 모리스는 1751년 '킴로도리언'을 위한 깃발을 도안할 때 한 고대 드루이드가 문장(紋章)을 받들고 있는 것으로 그렸다. 모리스의 동료들 가운데 가장 정확하고 학식이 높았던 에반 에반스(Ieuan Fardd)도 종종 드루이드들을 언급하면서 그들을 웨일스의 음유시인들과 동일시했음이 분명하다. 그는 초기 웨일스 시가 이해하기 어려운 것은 아마도 그것이 '드루이드들의 비전(秘

■ 제정 로마의 정치가이자 학자. 『박물지(*Historia Naturalism*)』를 남겼다.
■■ 드루이드들은 뱀이 해마다 허물을 벗는 것에 착안, 뱀을 인간의 '회춘' 내지 '재생'의 상징으로 여겨 사슬에 뱀모양의 돌을 달고 다녔다. 웨일스의 뱀석은 반들거리는 둥근 조약돌모양인데, 여러 질병에 효험이 있는 신비의 돌로 여겨져 왔다.

傳, cabala)'으로 지어졌기 때문일 것이라고 했다. 또한 1772년에 쓴 장편시 〈조국을 위한 사랑노래(*The Love of Our Country*)〉에서는 드루이드들을 카라더그(Caradog)■와 선량왕 허웰 등 웨일스 민족의 보호자라는 긴 계보 가운데 으뜸으로 간주했다. 그는 심지어 16세기 르네상스의 학자들인 그루피드 로버트(Gruffydd Robert)와 션 다피드 리스(Sion Dafydd Rhys)(이들은 영국 국교회에 저항한 가톨릭 교도들로서 이탈리아에서 활동했다)가 드루이드의 후계자들이라고까지 생각했다.

> 배움을 얻은 이 소수이나 그대들의 조국 사랑은 실로 위대하다
> 음유시인들이 비로소 깨우친 바 세상에 드러낸 그대들이여
> 로버트와 학식 높은 리스여, 그대들은 규칙을 가르쳐 주었도다
> 드루이드 학교에서 처음 고안된 고대 운문의 규칙들을 …[53]

에반 에반스와 같이 조심스럽고 신중한 학자도(그는 맥퍼슨과 그의 어시안의 뻔뻔스러운 속임수와는 달리 웨일스 전통은 진정한 것임을 증명해야 한다는 의무감으로 연구했다) 드루이드 교에 환호했으니, 보다 덜 세심한 사람들이 드루이드 교를 유행처럼 따르고 무비판적으로 숭배한 것은 놀랄 일도 아니다. 종종 에드워드 윌리엄스, 즉 '이올로 모건'이 웨일스에서 드루이드 숭배를 창조했다고 간주되고 있으며 그가 음유시인 왕좌를 통해 드루이드에 대한 열광을 고조시킨 것은 부인할 수 없지만, 그가 실제로 한 일은 이미 이렇게 웨일스에서 널리 믿어지고 통상 받아들여진 숭배에 자신의 흔적을 덧칠한 것뿐이다.[54]

이올로 모건은 스튀클리(Stukeley, 1687~1765)■■와 초기 잉글랜드 고고학자들에게 깊은 관심을 갖고 있었고 거석 유적들을 사랑했다. 그는 런던을 방문하던 중 잉글랜드 인들이 결성한 '고대 드루이드 단'을 알게 되었고, 친구인 케어필리(Caerphilly)의 데이비드 윌리엄스(그의 저작 『테오필란트로피아(*Theophilanthropia*)』는 볼테르와 프리드리히 대왕에게도 깊은 인상을 남겼다)의 이신론적인 종교의 영향을 받았으며, 폴리네시아 원주민들의 평화로운 생활을 묘사한 데이비드 샘월(Dafydd Ddu Feddyg)의 그림에 크게 기뻐했다(샘월은 웨일스의 음유시인으로, 쿡 선장의 의사이자 그의 죽음을 지켜보았던 사람이다).[55] 이올로는 자신과 자신의 친구 에드워드 에반[56] 이 음유시인단 최후의 생존자들이며, 이제는 드루이드들로부터 사도적인 승계에 의해 물려받은 불가해한 비밀들을 대중에게 공개해야 할 시기가 도래했다고 믿었다. 이올로의 드루이드 구전 및 드루이드 발명품은 그 생전에 잡지와 문헌으로 유통되었고, 1826년 그가 죽은 후에는 아들 탈리예신 압 이올로(Taliesin ab Iolo, 그는 머시어 티필 Merthyr Tydfil이라는 산업도시의 점잖고 나무랄 데 없는 교장이었다)가 아버지의 저작들 중 일부를 출판했다.

예컨대 『음유시인들의 비밀(*Cyfrinach y Beirdd*)』과 놀라운 『음유시인들의 문자(*Coelbren y Beirdd*)』가 출판되었는데, 이올로는 이것들이 16세기 글래모건의 드루이드-음유시인들이 기록한 것이라고 주장했다. 음유시인들의 문자는 암석 혹은 목재에 새기기 좋은 오검

■ 8세기 인물로, 웨일스 왕으로 자처해 앵글로 색슨계 머시아 인들의 침입에 대항해 싸우다가 죽었다.

■■ 잉글랜드 고대 학자로 스톤헨지 유적과 드루이드를 연결시켰다.

문자(Ogam)■와 유사한데, 잉글랜드 정복자들이 웨일스 음유시인들에게 펜과 잉크를 금지해 서로간 연락을 위해 오검문자와 같은 기이한 문자들을 신비한 부절판(符節板)에 새겨야 했고, 그것들을 '목서(木書, peithynen)'라고 불리우는 주판과 같은 목재틀로 짰다는 것이다. 탈리에신 압 이올로 사후에는 이올로의 가장 열렬한 제자 가운데 하나이자 북부 웨일스 출신의 성직자인 존 윌리엄스('Ab Ithel')가 음유시인에 대한 이올로의 글들을 출판했다. 이올로의 드루이드 신학은 그 자신의 일신론과 강한 유사성을 띠고 있었고, 거기에 상당한 정도의 평화주의가 혼합되어 있었다. 이올로의 드루이드 의식들은 정교했지만 인간을 제물로 바치는 관행은 제거되었다. 그는 1797년 카디프(Cardiff) 근방 가스(Garth) 산 정상에 있는 자신의 '음유시인 왕좌'에 모인 사람들에게, 자신의 목표는 일반인들로 하여금 자신들의 언어를 유지하고(이올로 자신은 영어권에서 자랐지만, 개종자의 열정으로 웨일스 어를 전파시키고자 했다는 점은 지적해야 할 것이다) 노래를 통해 자신들의 역사를 알게 하며, 종파적인 논쟁이 없는 도덕적인 종교를 세우는 것이라고 설파했다. 그러나 글래모건의 자영농층은 이러한 드루이드 집회들이 브리튼 해협에 있는 프랑스 혁명군 함대의 주목을 끌까 두려워 그들을 탄압했다.

이올로의 적은 군인들만이 아니었다. 일단의 웨일스 학자들, 특히 웨일스의 과거를 학문적인 방식으로 재발견하고 있던 고대 연구자 및 역사가들은 이올로를 깊이 불신했고, 이올로가 자신의 조직에 받아들였던 몇몇 음유시인들 역시 그를 수상쩍다고 여겼다. 비숍튼의 에드워드 데이비스(Edward Davies of Bishopton)—친구들 사이에서는 '켈트 인 데이비스'로 통했다—는 이올로에 대해 비판적인 성직자였지만, 동시에 드루이드 교에 대한 깊은 믿음을 보여주는 일단의 저작들을 출판한 사람이기도 했다. 데이비스는 다만 이올로식의 드루이드 교와 의견이 일치하지 않았을 뿐이다. 이올로와 동시대인들 가운데에는 이올로의 발명품 내지 위작들을 논박할 수 있는 사람이 없었다. 더욱이 당시는 신화와 전설에 대한 민족적 환희가 너무나 컸기에, 이올로주의를 폭로하고자 했던 사람은 소수에 지나지 않았던 것으로 보인다. 유니테리언 파(Unitarian)■■는 드루이드 교가 종교로서는 매우 분별 있다고 생각했고, 따라서 비국교도들은 그것을 자신들에게 맞도록 변형을 가했으며, 국교회 사제들은 그것을 자신들의 목적에 맞게 번안했다.

18세기 중반에 모리스 일파는 서로 엎드려 절받기 식으로 장난기 어린 음유시인적 예명들을 만들었다. 예컨대 윌리엄 모리스는 자신의 훌륭한 친구인 토머스 페넌트를 위해서 조개껍질들을 수집했기 때문에, '조개껍질을 수집하는 윌리엄(Gwilym Gregynnwr)'이라고 불렸다. 반면에 이올로는 그러한 이름들을 대단히 심각하게 생각했고 따라서 그의 음유시인들도 마찬가지로 심각하게 이름을 만들어야 했다. 예컨대 '퍼그' 윌리엄 오웬은 자신을 카더 이드리스(Cader Idris)와 관련시키기 위해서 '이드리슨(Idrison)'이 되었다. 당시는 웨일스의 세례명이 가장 단조로워졌던 시기로, 존과 존스만도 수천 명이 있었기에 웨일스 문학가들 사이에는 '웨일스 황야의 독수리

■ 아일랜드의 옛 글자 형태.
■■ 기독교의 정통 교리인 삼위일체설에 반해 그리스도의 신성을 부정하고 오직 하나님의 신성만을 인정했다. 그 기원은 이탈리아의 세르베투스와 소치니지만 영국에서는 18세기 이후 비국교도들 사이에서 확산되었다.

(Eryron Gwyllt Walia)'와 같이 매혹적이고 환상적인 음유시인 예명들을 취하는 유행이 확산되었다.

이올로는 드루이드적인 석굴을 가진 18세기 정원들에 대해서 잘 알고 있었다(쳅스토우Chepstow 근방에 있는 피어스필드 파크Piercefield Park 혹은 스타우어헤드Stourhead에 있는 자신의 친구 리처드 콜트 호어Richard Colt Hoare의 정원). 이올로는 이러한 정원 도안을 특유의 열성과 결합시켜 '왕좌'와, 나중에는 음유시인 경연대회에서 야외 드루이드 의식들을 집례하기 위해 축소된 형태의 스톤헨지를 웨일스 전역에 짓도록 했다. 예를 들어, 카디프에 있는 국립 박물관 앞 '음유시인 왕좌' 정원에도 이러한 반듯한 석조물 하나가 서 있다. 여기서 강조하고자 하는 것은, 18세기 전반에는 장난이던 것이 낭만적인 공상을 통해 극히 진지한 것으로 변했다는 점이다. 욕심 많은 음유시인들과 신-드루이드들은 번제(燔祭) 제단들을 원했고, 그들은 환상열석(環狀列石)들이 제물을 바치는 데 사용되었다고 생각했다. 실제로 몇몇 사람들은 이것이야말로 고대인들이 언제나 죽은 자들의 몸을 화장(火葬)한 증거라고 생각했다. 이올로의 제자들 가운데 이러한 생각을 진지하게 받아들인 사람은 랜트리전트의 윌리엄 프라이스(William Price of Llantrisant, 1800~1893)였다. 그는 결혼을 거부한 의사이자 급진적인 자유사상가였고, 이올로의 건전한 여러 취미들을 공유했으며, 드루이드 교를 확신해 병들어 죽은 몸을 땅에 묻는 것은 죄악이라고 생각했기에 어린아이들의 유해를 화장했던 사람이다. 그의 이와 같은 행동은 가장 널리 알려진 법정 소송 가운데 하나를 통해 정당화되었고, 그 결과 근대적인 화장 관습이 시작되었다. 그러므로 드루이드 번제라는 신화는 근대적인 생활방식(보다 정확히 말하자면 죽음의 방식)에 영향을 미쳤다.

낭만주의의 시기에 웨일스 인들이 웨일스 어와 영어로 출판한 방대한 신(新)-드루이드 문학은 지금까지 제대로 연구된 적이 없는 것은 물론이요, 근대 초 마법이나 마녀술에 대한 믿음을 취급할 때와 똑같은 경멸로 역사가들에게 무시당해 왔다. 〔그러나〕 새뮤얼 러시 메이릭(Samuel Rush Meyrick)이나 리처드 콜트 호어 같은 18세기 말 19세기 초의 분별 있는 여러 고대 연구자들과 역사가들 그리고 다른 많은 사람들이 그것을 진지하게 받아들였다. 1818년경 조나단 윌리엄스(Jonathan Williams)는 래드노셔(Radnorshire)의 역사에 대해 매우 흥미로운 글을 남겼다. 이 글은 비록 현지인들이 웨일스 어를 버린 것에 대해 극히 비판적이기는 했지만 신중하고도 상세한 기록이었다. 5년 후 그는 『드루이드 백과(*Druopaedia*)』라는 드루이드의 교육에 관한 짧은 글을 출판했는데, 이 글에서는 고대 세계의 드루이드와 이올로가 꿈꿨던 드루이드를 거의 구별하기 힘들 지경이다.[57] 드루이드 교의 부활은 상당히 중요한 운동이었다. 전체적으로 볼 때 그것은 웨일스의 문화적 전통이 서유럽 어느 곳의 문화 전통보다도 오래 되었음을 보여주는 신화들과 관련되어 있었을 뿐 아니라, 학자, 시인 혹은 교사들을 그러한 문화의 중심으로 만들었기 때문이다. 이는 음유시인들을 그들이 웨일스적 삶에서 차지했던 본래의 위치로 어느 정도 돌려놔 주었던 셈이다.

켈트의 재발견

중세에 웨일스 인들은 자기들이 콘월 및 브리타니 사람들(Cornish and Bretons)과 친족관계라는 것을 희미하게나마 인식하고 있었고, 16세기에 뷰캐넌(Buchanan)과 같은 몇몇 학자들은 심지어 당대 웨일스 인들과 고대 갈리아 인들 사이에 친족관계가 있다고까지 생각했다. 17세기의 지배적인 생각은 웨일스 인들이 어떻게든 헤브루 인들과 관계 있다는 것이었고, 이것은 웨일스 인의 조상이 노아의 손자들 가운데 하나로까지 거슬러 올라간다는 신화와 부합했다.

그러나 1680년대와 1690년대에 들어서면 일부 학자들이 이 문제를 새롭게 조명하고 있었다. 옥스퍼드에서 에드워드 로이드(Edward Lhuyd)는 먼저 화석학자이자 지리학자로 명성을 얻은 후에 자신의 토착 웨일스 어로 관심을 돌려서 그것을 (이제는 죽음의 문턱에 서 있던) 콘월 어 및 브리타니 어, 또한 좀더 독창적으로 아일랜드 및 스코틀랜드의 게일 어와 꼼꼼하고 합리적으로 비교하기 시작했다. 로이드는 프랑스에서 단연 연대기학자로 알려진 브리타니의 폴-이브 페즈롱(Paul-Yves Pezron) 신부와 연락하고자 했는데, 이는 페즈롱이 웨일스 인들과 브리타니 인들의 기원이 동일하다는 내용의 책을 집필하고 있는 것으로 알려졌기 때문이다. 로이드는 직접 브리타니를 방문했으나 페즈롱을 만나지는 못했고, 페즈롱의 책은 1703년에 출간되었다.[58] 로이드는 그 책이 곧 웨일스 어로 번역되기를 희망했다. 그 책이 젠트리층으로 하여금 자신들의 언어와 고대사에 좀더 관심을 갖게 만들 것이라고 기대했기 때문이다. 결국 그 책은 1706년 웨일스의 아류 역사가인 데이브 존스에 의해서 영어로 번역되었다. 페즈롱은 웨일스 인들과 브리타니 인들을 비교하면서, 여러 고전 자료들을 근거로 그들이 고대 작가들이 언급한 켈테(Celtae) 혹은 켈투와(Keltoi), 곧 고대 시기에 갈리아에서 갈라티아(소아시아)까지 그 지배력이 미쳤고 그리스 인들과 로마 인들을 괴롭혔던 그 야만족에서 유래한다고 생각했다. 페즈롱은 더 나아가 초창기 시조격의 영웅들에서부터 족장시대에 이르기까지 켈트 인들의 궤적을 추적했다. 페즈롱의 접근방식은 별로 과학적이지 못했지만, 그의 책은 사람들의 상상력을 사로잡는 흥미진진한 이야기였기에 켈트에 대한 유행을 불러일으켰고 때로는 열풍으로까지 발전하기도 했다. 페즈롱의 영역본은 19세기 초에도 여전히 인쇄되고 있었다. 래니던의 헨리 로우랜즈가 예리하게 지적한 바에 의하면, 에드워드 로이드가 웨일스 어가 켈틱(Celtick)이라는 가설상의 모어(母語)로부터 유래한다고 조심스럽게 제언한 것에 비해 페즈롱은 그와 같은 사실을 굳게 확신했다.[59)]

에드워드 로이드가 웨일스 어와 관련된다고 생각한 언어들을 조심스럽고 실증적으로 검토한 책(대작 『브리타니아의 고고학(*Archaeologia Britannia*)』)은 1707년에 출판되었다. 그것은 예비적인 연구였으나, 일반인들이 이해하기에는 너무나 어려운 추론방식, 곧 사람들에게 수천 년이 소요되는 점진적인 변화들을 믿으라고 하면서 상세한 비교에 입각한 추론방식을 이용했다. 로이드의 요점을 즉시 파악한 위대한 학자는 라이프니츠(Leibniz, 1646~1716)■였다. 라이프니츠는 로이드의 저작을 접하기 전에 이미 웨일스 어에 관심을 갖고 있었고, 어원학 연구를 통해 영국의 어떤 연구보다 훨씬 심도 있는, 독일의 켈트학 연구를 위한 기초를 놓았다. 이러한 연구 성과들은 결국 웨일스에서 상당한 반향을 불러일으켰다. 웨일스 인들

■ 독일의 철학자. 『단자론(*Monadologia*)』으로 유명하다.

은 로이드의 비교언어학적 접근방식이 불가해하다고 느꼈을지 모르지만, 최소한 자신들이 브리튼 족에서 유래했고 브리튼 족은 켈트 족에서 유래했으며 고대 켈트 인들은 영광스러운 역사를 지녔다는 한 가지 단순한 결론만큼은 이해할 수 있었다. 웨일스 어밖에 모르는 웨일스 독자들은, 1716년 웨일스 초기의 역사를 다룬 『태고시대의 거울(*Drych y Prif Oesoedd*)』이라는 테오필러스 에반스(Theophilus Evans)의 책을 통해 로이드의 견해를 넌지시나마 알 수 있었다. 에반스는 애국적인 청년 성직자답게 그가 가진 정보를 국교회의 목표에 종속시키려고 했지만, 좀더 통찰력이 있는 웨일스 인들은 이내 200년 만에 처음으로 자신들에게 잉글랜드와는 별개의, 독립적인 자기 역사가 주어진 것임을 깨달았다. 로이드 자신도 학문적 연구방법상의 조심스런 합리주의와 신중함에도 불구하고 누구 못지않게 열렬한 웨일스 애국자였고, 비록 로이드가 보여준 의심할 바 없는 천재성에는 미치지 못했지만 18세기 초의 웨일스 학자들도 그의 불꽃으로부터 불똥을 옮겨 받았던 것으로 보인다. 로이드의 동료인 윌리엄 갬볼드나 모세 윌리엄스가 그러했고, 모리스 일파 역시 그러했다. 루이스 모리스는 에드워드 로이드의 논점을 좀더 확대하기 위해 브리튼 제도와 유럽 대륙에 있는 옛 켈트 지명들을 목록화한 책 『켈트의 유적지(*Celtic Remains*)』를 만드는 데 평생을 주력했다. 토머스 페넌트를 비롯한 18세기 후반의 위대한 역사가들 대다수는 지지학(地誌學)에 관한 로이드의 글을 읽거나 모방했다. 위대한 잉글랜드 학자 토머스 퍼시(Thomas Percy)는, 덴마크의 왕실 사료 편찬관인 말레트(chevalier Mallet)로 하여금 (당시에는 일반적이었던) 하나의 믿음, 곧 고대 튜튼 족이 고대 켈트 족과 동일하다는 믿음을 버리게 하려고 근거 자료로서 그에게 에드워드 로이드의 책 한 부를 보내기도 했다. 말레트는 그 책을 결코 이해할 수 없었기에, 1803년 스위스의 역사에 대한 책을 출간할 때에도 예의 그 오류들을 그대로 반복했다.[60]

사실 켈트 족이 명시적으로 브리튼 제도와 연계된 적은 결코 없었다. 하지만 그래도 상관 없었다. 켈트 족은 유럽 전역을 가로지른 위대한 정복민족이었기 때문이다. 켈트 신화는 프랑스 인들이 자신들의 초기 역사와 고고학에 관심을 갖게 되는 데 심대한 영향을 끼쳤다. 켈트 족은 그 시대의 환상을 반영했고, 민족의 현재 상황에 대해 칭송할 만한 것을 전혀 갖지 못한, 가련할 정도로 작은 이 피억압 민족 웨일스 인들에게 상상할 수 없을 정도로 웅대한 과거를 위안물로 안겨주었다. 18세기의 고대 연구 부흥은 로이드의 연구방법 자체보다는 고대 켈트 족에 대한 그의 열정에서 더욱 많은 것을 취했다. 과연 19세기 초 장인이나 성직자, 교사나 재봉사들이 지은 음유시인 경연대회의 에세이들은 명백히 잘못된 정보에 기반한 어떤 열정, 그러니까 프랑스 교과서들에 '우리들의 조상 골 족'이라는 표현을 삽입하게 하고 웨일스 인들에게는 자기들의 선조가 다름 아닌 켈트 족이라고 믿게 만드는 열정을 들끓게 한 것으로 보인다. 켈트의 재발견에는 언어학적인 논의들이 중심을 이루었고, 켈트 숭배는 언어에 중대한 영향을 미쳤다. 이제 언어에 대해 살펴볼 차례다.

'태피덤의 횡설수설'에서 '천상의 언어'로

17세기에 대개는 웨일스 어에 대해 기록하는 유일한 사람이었던 잉글랜드의 유머작가나 풍자가들에게 웨일스 어는 기괴하고 추악한 목 쉰 소리나는 언어였고, 여전히 방언으로 사방에서 쓰이기는 했지만 아무런 지위도 없이 곧 사라질 듯한 언어였다. 앞서 살펴보았듯이, 웨일스 학자와 애국자들은 '고어(古語)'가 되고 있는 웨일스 어에 대한 관심이 부족한 당시 상황을 개탄했다. 18세기의 학자들은 영어에 적대감을 보일 수는 있어도, 서로간에 편지를 주고받을 때에는 영어를 사용하는 경향을 보였다. 이는 그들이 고상하고 지적인 교육은 모두 영어로 받았기 때문이다. 모리스 형제들조차도 그 방대한 서신 왕래에서, 다른 모든 목적의 편지에서는 가장 생생한 웨일스 어를 사용했지만, 학문적이거나 지적인 문제들을 논할 때면 영어를 사용하는 경향이 있었다.

웨일스 어 자체가 당시 웨일스 문화의 모순을 반영했다. 웨일스 어는 비록 아무런 지위도 없었지만(국교회 성찬식 때 외에는), 1660년에서 1730년 사이에는 웨일스 어로 출판된 책의 수가 엄청나게 증가해서 웨일스 어 서적 인쇄업자들이 웨일스 근방으로 옮겨 왔고, 1718년경이면 웨일스 어 책들이 웨일스 내에서도 출판되고 있었다.[61] 이러한 경향은 18세기 내내 지속되었고, 웨일스 어 책들이 다루는 주제의 범위 또한 엄청나게 확장되었다. 루이스 모리스는 심지어 정교하게 광내는 법과 '금박 장식법(*verre eglomisé*)'■ 그리고 다른 정교한 기예와 기술들을 장인들에게 웨일스 어로 설명하는 책을 출판하기도 했다. 17세기 말에는 어쨌든 남부 웨일스에 있는 총명한 웨일스 어 사용자조차도 (지칠 줄 모르는 청교도 서적의 번역자이자 인쇄업자인 메드림Meidrim과 스완시의 스티븐 휴즈Stephen Hughes

■ 유리 뒷면에 금박을 입혀 장식하는 세공기술.

of Swansea의 웨일스 어가 보여주듯이) 웨일스 어의 문법과 양식을 이해하기가 힘들었다. 1727년 메레디스 씨는 윌리엄 갬볼드에게, 문법책을 읽기 전에 자신은 "시골 현악기 연주자들이 연주하듯이" 단지 반복적인 사용을 통해서 웨일스 어 문법을 익혔다고 말했다. 그러나 18세기의 두 번째 4반세기경이면 웨일스 어로 된 막대한 양의 도덕적·종교적 소책자 출판물들이 존재했을 뿐만 아니라, 적은 수의 문학서와 소량의 역사서(이 책들은 엄청나게 인기가 있었다) 및 문법책과 사전들이 출판되었다. 1714년 이후 국교회에서 웨일스 어의 역할은 줄어든 것으로 보이지만, 웨일스 어로 된 비국교도 및 감리교 서적이 범람해 이를 충분히 상쇄하고도 남을 정도였다. 18세기 후반이면 문법책과 사전의 수가 증가했고, 그 책들은 좀더 강한 자신감과 긍지를 드러냈으며, 이전 시기의 징징거리는 패배주의는 줄어들었다.

1773년 블레노(Blaenau)의 향사 라이스 존스(Rice Jones)는 화려한 판본으로 중세 웨일스 시가를 수록한 『웨일스 음유시인들의 위업(*Gorchestion Beirdd Cymru*)』을 출간했다. 향사답게 그의 시들은 재치와 상냥함으로 가득 차 있고, 그의 웨일스 어는 일종의 과시와 기백을 담고 있다. 그의 서문은 웨일스 어가 수많은 실망과 상실과 패배의 시간을 보낸 후 마침내 희망의 시대에 들어섰다는 낙관주의로 가득 차 있다. 그는 웨일스 어에 관한 한, "파르나소스 산은 흔들리지 않으며" 또한 "헬리콘 산도 소진되지 않는다"라고 생각하기를 즐겼고, 다음과 같이 서문을 마치고 있다.(이하 번역)

이제 젠트리층과 서민들이 브리튼의 언어와 옛 음유시인들의 작품에 대해 지닌 큰 사랑이 목격되고 있다. 그러므로 우리는 뮤즈의 신이(소망하기로는 이른 시일 내에) 뛰어난 음유시인들의 무덤에서 진정 화려하게 솟아나오는 것을 보게 되리라.[62)]

향사 존스는 분명 '태피덤의 횡설수설'에 대해 말하지 않았다. 그를 이끈 추동력은 자신의 토착 언어가 유럽에서 아니 어쩌면 세상에서 가장 오래 된 언어이고, 영어와 같은 잡종 언어가 아니며, 어휘가 무궁무진하고 일체의 경쟁자를 물리치며 지켜낼 수 있는 언어라는 믿음이었다.

웨일스 어에 대한 태도가 점진적으로 변화되었음을 보여주는 한 가지 표식은 사전의 크기가 점점 커졌다는 것이다. 몇 가지 예를 들자면, 1688년 토머스 존스의 사전은 산뜻하고 간결했는데, 1753년 코이처치의 토머스 리처드(Thomas Richard of Coychurch)의 사전은 상당히 묵직하고, (1770년부터 1795년에 걸쳐 각 부별로 출판된) 랜더프의 존 월터스(John Walters of Llandough)의 사전은 크고 무겁다. 그리고 (1795년에서 1803년에 걸쳐 출판된) '퍼그' 윌리엄 오웬의 경이로운 사전은 거대함 그 자체다. 동시에 학자들은 웨일스 어를 민족적 자산, 심지어 민족적 기념물로까지 바라보게 되었다. 웨일스 어를 다룬 책의 저자들은 웨일스 어가 매우 이른 시기의 역사와 직접적으로 관련되어 있고 어떻게든 더럽혀지지 않은 채로 순수함을 지녀왔다는 생각에 크게 감명받았다. 토머스 리처드는 자신의 사전을 지식의 '보고(*Thesaurus*)'라고 명명하면서 서문에서 다음과 같이 우쭐대고 있다.

그럼에도 우리의 이름은 하늘 아래 완전히 지워지지 않았다. 지금까지 우리는 우리 조상들의 진정한 이름을 향유했을 뿐만 아니라, 수천 년 전 고대 브리튼 족은 물론 갈리아 족도 사용했던 그 태고의 언어를 (현저한 변화 혹은 다른 언어와 뒤섞이는 일 없이) 대체로 온전하고 오염되지 않은 채로 보존해 왔다.[63]

글래모건의 또다른 사제 존 월터스는 토머스 리처드의 이웃이었는데, 1770년에 자신의 대사전을 출판하기 시작했을 뿐만 아니라, 같은 해 카우브리지(Cowbridge)에서 『웨일스 어에 관한 논문(*A Dissertation on the Welsh Language*)』이라는 웨일스 어 학자들의 강령과도 같은 글을 발표했다. 여기서 월터스는 리처드와 마찬가지로 신화와 전설에 대한 믿음을 보여주고, 가련한 웨일스 어의 빈곤을 외려 미덕으로 포장한다. 웨일스 어가 감상적인 짧은 소설이나 외설스러운 촌극에 이용되지 않은 것은 순수하고 오염되지 않은 웨일스 어의 우수성을 드러내는 것이고, 웨일스 어의 거친 발음은 영어의 바보 선웃음 같은 혀꼬부라진 발음과 달리 남성적이고 가식이 없다는 것이었다.

웨일스 어는 이보다 더 황당하고 환상적인 신화화 과정을 경험하기도 했다. 왕실 관원인 루이스, 홀리해드의 관세원인 윌리엄스와 런던 해군성 직원이었던 리처드 등 모리스 일파는 자신들의 친구이기도 한 변호사 로우랜드 존스를 부러워했는데, 이는 존스가 린의 브룸 홀(Broom Hall of Lleyn)의 상속녀와 결혼한 결과 자신의 펜 끝에서 나오는 것은 무엇이든 출판할 재력을 갖추게 되었기 때문이다. 존스의 『언어와 민족의 기원(*Origins of Language and Nations*)』은

1764년에 출판되었는데, 몇 년 후 『고머의 원(*The Circles of Gomer*)』—고머는 킴루(Cymru), 즉 웨일스의 건국시조로 알려진 사람이다—과 『열 편의 삼제시(*The Ten Triads*)』가 연이어 나왔다. 이러한 책들은 페르종과 켈트 광들을 넘어 웨일스 어가 모든 언어의 뿌리라고 주장하기 위해 웨일스 어를 무차별적이고도 비과학적으로 분석했다. 〔물론〕 어떤 의미에서 언어를 분석하는 방법을 이해하는 것은 매우 중요하다. 이러한 방식으로 존 월터스(그의 이웃인 젊은 이올로 모건의 도움을 받았다) 같은 인물들은 새로운 사물이나 행동을 위해 웨일스 어를 발명해 웨일스 어의 어휘를 확장할 수 있었고, 그리하여 사전이라는 의미로 '*geiriadur*'라는 단어를, 서명하다라는 의미로 '*tanysgrifio*'라는 단어를 만들어냈다. 이 두 단어는 현재에도 널리 사용되고 있다. 〔그러나〕 로우랜드 존스는 똑같은 방식을 무턱대고 앞뒤 가리지 않고 사용했고, 이런 인물은 그 말고도 몇 명이 더 있었다. 그 중 한 사람이 에로 서적 작가인 존 클리랜드(John Cleland)다. 그는 패니 힐(Fanny Hill)의 모험 같은 것을 다루다가 좀더 애매하고 난해한 켈트 어 사전 편집학으로 전향해서는 웨일스 어의 요소들을 여러 다른 언어들과 연관시킨 소책자 몇 편을 썼다. 클리랜드는 잉글랜드 인으로서 비(非)켈트권에 속했지만, 가장 위대하고도 영향력 있는 언어신화학자인 '퍼그' 윌리엄 오웬의 경우는 그렇지가 않았다.

'퍼그'는 1759년 윌리엄 오웬이라는 이름으로 북부 웨일스에서 태어났으나, 1776년 이래 런던에서 학교장으로 시무했고, 1806년 지방의 저택을 상속받아 웨일스로 돌아온 후에는 1835년 작고할 때까지 그 곳에서 기거했다. 그는 자신의 저택에서 기거할 때 '퍼그'라는 예명을 취했으나 그의 아들이자 웨일스 어 문헌의 편집자인 애뉴린 오웬(Aneurin Owen)은 자신의 옛 이름을 그대로 유지했다. '퍼그'는 런던의 웨일스 인들 사이에서 중심적인 인물이었고, 윌리엄 블레이크(William Blake, 1757~1827)와 로버트 사우디(Robert Southey, 1774~1843)■ 같은 여러 잉글랜드 문인들과도 친구였다. 그는 다재다능하고 박식하며 근면한 인물로서, 매우 인정 많고 남에게 쉽게 속아넘어갔다. 또한 종교적 견해가 별나고 괴이해 결국 1802년에는 예언자 조우애너 사우스코트(Joanna Southcott, 1750~1814)■■가 개창한 이단 종교의 장로가 되었다.

'퍼그'는 런던 웨일스 어 문헌의 출판을 배후에서 조직한 귀재이기도 하지만, 1789년 14세기의 시인 다피드 압 과일림(Dafydd ap Gwilym)의 시들을 묶은 수려한 판본을 출간할 때에는 이올로 모건에게 속아 이올로의 짜깁기 위작들을 마치 실재 다피드의 작품인 양 출판하기도 했다. 1792년 노(老) 리워치(Llywarch the old, 534~634)■■■와 관련된 초기 웨일스 어 시들의 판본을 출판할 때에도 역

■ 윌리엄 블레이크는 영국의 시인이자 화가로 놀라운 상상력과 통찰력, 자유로운 비판정신으로 천재적인 작품들을 남겼으나 당대에는 별로 인정받지 못했다. 『순수의 노래(*Songs of Innocence*)』, 『경험의 노래(*Songs of Experience*)』, 『알비온의 딸들의 비전(*Vision of daughters of Albion*)』, 『밀턴(*Milton*)』, 『예루살렘(*Jerusalem*)』 등의 시집과 욥기 및 단테 등을 소재로 한 여러 점의 판화를 남겼다. 로버트 사우디는 영국의 계관시인이자 전기작가로, 『잔다르크』, 『살라바(*Thalaba*)』, 『키하마의 저주(*The Curse of Kihama*)』, 『매덕(*Madoc*)』 등의 시집과 『넬슨 평전(*The Life of Nelson*)』, 『웨슬리 평전(*The Life of Wesley*)』 등의 전기를 남겼다.

■■ 잉글랜드의 종교적 계시자. 문맹이었던 그녀는 처음에는 하녀일을 하다가 1792년부터 예언 능력과 계시를 받았다고 주장하면서 신도들을 규합했다.

■■■ 그는 원래 사우스 렝기드(South Rhenged)의 마지막 왕이었다. 색슨 침입자들에 의해 축출된 후, 포위스(Powys)로 쫓겨나 거기서 7세기 초 영국의 가장 저명한 시인이 되었다.

시 이올로에게 속아 이올로의 음유시인에 대한 공상들을 수록된 시들에 대한 긴 서문에 넣어 함께 출판했다. 1800년에는 이올로와 합작으로 『미비어 웨일스 고고학(*Myvyrian Archaeology of Wales*)』■이라는 온갖 종류의 웨일스 중세문학을 모은 방대한 판본을 내놓았는데, 이 책의 후반부에도 역시 이올로의 위작들이 다수 포함되어 있었다. '퍼그'는 웨일스적인 것에 대한 불꽃 같은 열정 때문에 로우랜드 존스와 같은 신화학자들의 유혹을 뿌리칠 수 없었다. 그는 웨일스 어를 분석하면 인류 원시언어의 비밀이 드러날 것이라고 확신했다. 더구나 웨일스 어를 해부 내지 분해하면, 웨일스 어를 합리적인 방식으로 재구성할 수 있고 웨일스 어의 범위와 쓰임새도 무한정 확장할 수 있다고 생각했다. '퍼그'는 요제프 2세 같은 계몽 전제군주의 극단적인 합리주의적 열성으로 (불규칙성과 통어론적 기이함으로 가득 차 복잡하고 모난) 웨일스 어를 비판했다. 그는 자신의 대사전과 대문법책 및 여러 문학적 글들에서 웨일스 어를 극단으로까지 분해한 후 완전히 질서정연하게 재조립했다.

그는 이러한 방식으로 어떤 언어에서 나타나는 것이든 모든 가능한 뉘앙스들마다 그에 상당하는 웨일스 어 단어들을 하나씩 확립했다. 곧 '약간의 의심'이라는 뜻으로 '*gogoelgrevyddusedd*'를, '전반적으로 풍부한'이라는 의미로 '*cyngrabad*'를, '둥글게 공 모양의'라는 말로 '*cynghron*'을 발명했던 것이다. 그래서 1795년에서 1803년 사이에 출판된 사전은 전반적으로 풍부하고 매우 두꺼운 사전으로서 최

■ 여기서 '미비어Myvyr'란, 책의 편집자 중 한 명인 오웬 존스(Owen Jones)가 태어난 계곡의 이름이다.

소한 10만 단어를 수록하고 있었는데, 이는 당시 존슨 박사의 영어 사전보다 4만 단어가 더 많은 것이었다. 그는 근대 웨일스 어를 마치 불변하는 조상들의 언어와도 같은 것으로 재창조하고자 했고, 신고전주의적 양식의 대영묘(大靈廟, mausoleum)처럼 견고하고 웅장한 언어를 만들어냈다. '퍼그'의 친구들 가운데에는 감리교 지도자인 토머스 찰스(Thomas Charles)도 있었는데, 1808년 찰스는 웨일스 전역에 있는 감리교 주일학교들에 '퍼그'의 웨일스 어 문법책을 수업교재 가운데 하나로 배포했다. 그러나 주목할 만한 것은 발라에서 출판된 판본이 일상적인 웨일스 어 철자법(orthography)으로 작성된 반면에, 런던에서 출판된 판본은 '퍼그' 자신의 철자법으로 출판되었다는 사실이다. '퍼그'는 (18세기의 다른 여러 언어광들과 마찬가지로) 웨일스 어를 더욱 논리적으로 만들기 위해서 철자법을 손질해 모든 음가 각각에 하나의 글자만 있도록 만들었던 것이다. 이 시기에 이르면 이올로 모건은 '퍼그'와 불화를 일으키기 시작했는데, 이올로 자신이 어이없는 『음유시인의 문자』를 회람시키고 있었음에도 불구하고 '퍼그'의 생각들을 그저 그의 '흔들 목마(진짜 말이 아닌)'에 불과하다고 비판하는 뻔뻔스러움을 보였다. 어쨌든 '퍼그'의 새로운 문법책은 대부분의 19세기 웨일스 어 작가들에게 상당한 (또한 통탄할 만한) 영향을 미쳤다. 그리고 그가 유럽 소수 언어들의 철자법을 함부로 다룬 여러 사람들 가운데 하나였다는 사실도 기억해야 할 것이다. 앞서 합리성과 지적 정직성의 모범으로 제시한 위대한 에드워드 로이드조차 지나치게 웨일스 어의 철자법을 훼손해서 『브리태니커 고고학(*Archaeologia Britannica*)』에 실린 그의 웨일스 어 서문은 거의 읽기조차 힘들 지경이었다. 다행히도 국교회 사제들이 1588년판 성경의 웨일스 어에서 벗어나기를 맹렬히 거부했기에, '퍼그'식의 철자법은 문법과 문체에만 국한되었다.

'퍼그'는 물론 다른 면에서 웨일스 인들 사이에 웨일스 어에 대한 엄청난 관심을 불러일으켰다. 웨일스 인들은, 웨일스 어는 순수하며 선조들의 전통이고 '무한히 풍부하다'는 '퍼그'의 개념에 이끌렸다. '퍼그'는 웨일스 어가 선조들로부터 전해받은 '천상의 언어'임을 보여주었고, 이러한 상투적인 수사는 오늘날에도 여전히 귓전에 들리고 있다. '퍼그'와 같은 신화학자들이 없었다면, 아무런 지위도 없는 웨일스의 횡설수설에 대해 고민하려고 한 사람은 거의 없었을 것이다. 어떤 면에서 '퍼그' 등은 빅토리아 시대 교회 복원자들에 비견될 만하다. 즉, 그렇게도 숱하게 흉물스런 교회들을 짓기는 했어도, 아무튼 그들이 아니었다면 옛 건물들은 무너져 먼지가 되어 버리고 말았을 것이라는 점에서 말이다.

'노래의 땅'

18세기 초 웨일스 학자들은 위대한 로버트 압 휴가 그리 멀지 않은 과거인 1665년에 사망했음에도 불구하고 자신들이 그의 음악 사본을 이해할 수 없다는 사실에 무척 당황해했다.[64] 18세기 중반 웨일스 운문 선집들이 선을 보였을 때, 편집자들은 시 위에 보통 서민들이 부르는 가락을 인쇄했다. 웨일스 애국자들은, 너무나 많은 가락들이 잉글랜드에서 온 것이고 잉글랜드 인들이 웨일스 인들의 독창성의 결핍을 비웃는 것에 당혹스러워했다. 몇몇 경우 그 가락들은 웨일스 인들에 의해 원곡을 알 수 없을 정도로 바뀌기도 했는데, 웨일스화된 제목들 역시 마찬가지였다. 몇몇 학자들은 잉글랜드 가락의 제목들이 번역되어야 한다고 제안했지만, 시인이자 지주이고 목사였던 윌리엄 윈(William Wynne)은 그런 일을 실로 부정직한 일로 간주했다. 위대한 감리교 지도자이자 근대 웨일스 찬송가의 창조자인 팬티슬린의 윌리엄 윌리엄스(William Williams of Pantycelyn)는 1762년 자신의 찬송가집으로 사실상 제2의 감리교 부흥을 가져왔음에도 불구하고, 잉글랜드로부터 새로운 선율을 구하지 않는 한 더 이상 찬송가를 만들 수 없다고 불만을 토로했다. 그의 가락들은 당시 인기 있는 곡들을 변형한 것이었기에 그 중 하나는 전형적으로 '사랑스러운 페기—교화되다'라고 명명되기도 했다.

1세기 후에는 처지가 완전히 뒤바뀌어, 웨일스는 무엇보다도 수세기 동안 하프와 사람들의 목청에서 음악이 흘러나온 '노래의 땅'으로 간주되었다. 거기에는 가곡집들, 합창단과 웨일스 하프 합주단들, 음악상과 메달 및 민족음악의 증진을 위한 협회들의 조직망이 있었다.[65] 이래즈머스 손더스(Erasmus Saunders)는 1721년 성 데이비즈 교구에 대한 관찰기에서 웨일스 인들이 천성적으로 시에 중독되어 있다고 기록했다. 하지만 1세기 후 이올로 모건은 웨일스 인들이 시뿐만 아니라 음악에도 중독되어 있다고 기록했는데, 이는 당시 널리 받아들여진 견해를 피력한 것일 뿐이다.

18세기 초의 학자들은 외딴 지역의 서민들이 하프 음악에 맞추어 부르는 소박한 스탠자(聯, stanza)에 감탄했다. 종종 이러한 스탠자들(웨일스 어로 '하프 피닐*penillion telyn*')은 16세기 혹은 17세기에서 기원한 간결한 에피그램(epigram)■이었다. 몇몇 농민들은 이러한

■ 경구적인 짧은 풍자시.

운문을 수백 개씩 알고 있었고 잘 알려진 하프 멜로디라면 무엇에라도 적용시킬 수 있었다. 모리스 형제들은 스탠자들이 속담과 같은 것이고 어쩌면 드루이드 구전의 단편들을 담고 있을지도 모른다고 생각했다. 이와 같이 하프 연주에 맞춰 즉흥적으로 노래하는 사람들이 잇따라 나와 다양한 스탠자를 부르는 것이 웨일스 특유의 전통으로 간주되었다. 하지만, 18세기에 웨일스 음악의 부흥을 가져온 것은 가곡보다는 하프 연주였다.

1726년경에는 『실내악(*Aria di Camera*)』이라는 모음집이 출간되었는데, 비록 일부이기는 하지만 여기에는 웨일스 곡조들이 담겨 있었고, 이것이 웨일스 곡조로는 최초로 출판된 것들이었다. 획기적인 모음집은 1742년에 출간된 '눈먼 존 패리(Blind John Parry)'의 『고대 브리튼 음악(*Ancient British Music*)』이었다. 패리는 웨일스 공 프레드릭(Frederick Prince of Wales)의 궁정 하프 연주자로서, 헨델의 친구이자 그 자신이 헨델적인 하프 음악의 작곡자이기도 했다. 토머스 그래이(Thomas Gray)는 주로 그에게서 영감을 받아 1757년 『음유시인(*The Bard*)』이라는 시집을 완성할 수 있었고 그 해에 케임브리지 사람들을 대상으로 공연을 하면서 그 곡조들이 천 년 이상된 것이고 "당신들의 숨을 멎게 할 만한 이름들"을 갖고 있다고 말했다.[66] 눈먼 패리는, 웨일스의 음악적 전통은 음유시인들의 음악대회를 거쳐 드루이드들에게까지 거슬러 올라간다고 보았다. 그러나 출판된 선율들은 대체로 얼마 되지 않은 것으로 보인다. 모리스 일파는 패리 및 패리의 곡을 받아 적은 에반 윌리엄(Evan William)과 친했고, 에반은 1745년 *penillion*(하프 스탠자) 창가에 대한 방대한 원고를 (출판하려고) 작성했다. 이 원고를 조사한 오시안 엘리스

(Osian Ellis) 교수는, 에반 윌리엄이 설명하는 음악이 당시로서는 다분히 상투적인 오페라 형식으로서, 가수는 자신이 원하는 아무 스탠자를 (더 이상 부를 말이 생각나지 않을 때까지) 부르고 여기에 상당히 장식적인 하프 반주가 곁들여지는 것이라고 보았다. 엘리스 교수는 웨일스 특유의 하프 스탠자 창법이라고 간주될 만하거나 혹은 1830년대 이래로 오늘날까지 웨일스 음악가들이 '현으로 노래하기(*canu gyda' r tannau*)'라고 여기는 것에 해당할 만한 것이 무엇인지는 전혀 언급하지 않는다.

오늘날 웨일스 인들이 감격해 마지않는 고유 음악은 극도로 특이하다. 하프는 선율을 반복해서 연주하고, 가수는 마치 악기의 반주자인 양 맞지 않는 후렴(false-burden) 혹은 자신이 직접 지은 가락(descant)으로 멜로디를 넣으며, 운문들은 가능한 한 중세기법에서 기원한 고도로 복잡한 두운법으로 이루어진 것들이다. 패리와 윌리엄이 음악에서 가장 웨일스적인 것을 묘사하고자 했던 것이라면, 그들은 분명히 오늘날 스탠자 창가라고 불리우는 것을 설명했을 것이다. 더욱 어리둥절하게 만드는 것은, 궁정 하프 연주자이자 1784년에서 1820년 사이의 작품들을 통해서 웨일스 토착음악과 관습을 널리 선전했던 에드워드 존스(Edward Jones, 1752~1824)의 견해다. 에드워드는 18세기에도 토착 관습들이 잘 지켜졌고 오늘날에도 하프 스탠자를 공연하는 수많은 독창자와 연주단이 있는 메리오네스 지역 출신이다. 그는 간결한 스탠자들에 대해 많은 문학적 관심을 기울이며, 농민들이 하프 연주자 주위로 모여 하프 연주에 맞춰 각자 자신의 운문을 부르는 광경을 모호하게 설명한다. 토머스 페넌트도 자신의 『여행기(*Tours*)』에서, 웨일스 농민들이 방대한 스탠자 레퍼터리를 갖고서 언덕 위에서 하프 연주자 주위로 모여들어 산들이 음악으로 진동할 때까지 누가 가장 많은 수의 스탠자를 부를 수 있는지 서로 경쟁하는 유사한 광경을 묘사하고 있다. 에드워드 존스는 이러한 예술을 음악으로서 굉장히 특이한 것처럼은 결코 묘사하지 않았다. 언급할 필요가 있는 것은 단지 즉흥적인 스탠자였던 것이다.

오시안 엘리스 교수는 이처럼 오늘날 알려진 바와 같은 형태의 예술에 대한 확실한 18세기의 기록이 결여되어 있다는 사실로부터, 그러한 예술이 당시에는 가장 초보적인 형태를 제외하고는 아마도 존재하지 않았을 것이라고 결론짓는다. 그는 오늘날과 같은 형태의 예술이 19세기 중반에는 존재한 것으로 보아 19세기 초 웨일스 음악가들에 의해서 어떠한 방식으로든 발전된 것으로 보이고, 아마도 복스홀 가든(Vauxhall Garden)의 음악감독이자 작곡가이며 음악회 및 음유시인 경연대회들에서 웨일스 음악가들을 조직하는 데 뛰어났던 '선율의 음유시인' 존 패리(John Parry 'Bardd Alaw', 1775~1851)가 만든 것으로 보인다고 결론짓는다. 〔그러나〕 에딘버러의 음악 출판인인 조지 톰슨(George Thomson)은, 하이든이 편곡할 정통 웨일스 음악을 수집하기 위해 1809년 직전 자신이 직접 웨일스를 방문했을 때(그 곡들은 1809년에 출판되었다)에도 토머스 페넌트의 『여행기』를 읽고 기대했던 즉흥곡들은 찾지 못했다고 했다.

1791년의 음유시인 경연대회는 매우 성공적인 스탠자 대회를 열었기에, 초기의 음유시인 경연대회 조직자들도 그러한 예술 형태에 대해서 알고 있었다고 볼 수 있다. 그러나 그 대회의 음악적 성격이 어떠했는가 하는 점은 불확실하다. 확실한 것은 1860년 '선율' 오웨인(Owain Alaw)이 『주옥 같은 웨일스의 선율(*Gems of Welsh Melody*)』을 출판했을 때 그러한 예술이 (비록 20세기에 행해지는 방식보다는 훨씬 단순한 형태였지만) 완전히 자리잡았다는 점이다. '선율' 오웨인은 맞지 않는 후렴의 표본들을 존 존스(John Jones)—그냥 '탤헌(Talhaearn)'■이라고도 불린 그는, 잉글랜드와 프랑스에 있는 거대한 로스차일드 성채(Rothschild châteaux)를 건축한 팩스턴(Paxton)의 조수였다—의 노래들과 맨체스터 출신의 구두 수선공인 이드리스 비천(Idris Vychan)—그는 19세기의 대 음유시인 경연대회들에서 가장 오래, 가장 많은 운문을 부른 뛰어난 가수였다—으로부터 수집했다. 이 시기에 이르면 그 예술은 태곳적부터 내려온 가장 숭엄한 것임에 틀림없다고 여겨졌다.

에드워드 존스가 많은 영향을 미칠 책들을 출판할 즈음이면, 삼중 하프가 웨일스의 가장 빼어난 민족악기로 간주되었고, 크라우드와 같은 다른 과거의 웨일스 악기들은 사라졌다. 애국적인 성직자이자 학자였던 토머스 프라이스(Carnhuanawc)는 자신이 18세기 말 브레콘셔(Breconshire)에서 일현 하프를 연주하는 법을 배웠다고 주장했다. 그런가 하면 이올로 모건은 삼중 하프가 앤 여왕의 궁정 하프 연주자였던 엘리스 사이언(Elis Sion Siamas)에 의해서 처음 만들어졌다고 주장했다. 그러나 1800년에 이르면, 애국자들은 삼중 하프(이것은 세 줄의 현으로 구성되어 가운뎃줄로 반음半音을 연주했기 때문에 붙여진 이름이었다)가 태곳적의 민족악기였고 민족의 명예를 지키기 위해 파리의 세바스티앵 에라르(Sebastien Erard)가 새

■ 웨일스 덴비셔의 교구명.

로 발명한 발로 밟는 하프(Pedal harp)는 거부해야 한다고 확신했다. 사실 삼중 하프는 17세기 잉글랜드에서 유행한 것으로, 이탈리아 바로크 하프의 변형이었다. 1690년대 혹은 1700년대쯤 북부 웨일스에서 엄청나게 대중화된 것으로 보이며, 이후 점차적으로 남부 웨일스에 도입되었다. 남부 웨일스에서 삼중 하프의 대중화는 오로지 토머스 블레이니(Thomas Blayney)의 뛰어난 연주와 글랜브란(Glanbrân, 카마든)의 괴팍한 향사 새크빌 과인(Sackvill Gwynne)의 확산 노력 덕분이었다.

19세기 초에 삼중 하프는 레이디 래노버(Lady Llanover) 같은 젠트리들의 자금과 후원으로 보호되었는데, 레이디 래노버는 하프 협회를 창립하고 하프 연주상을 주는 것은 물론, 삼중 하프를 심지어 선물로 나눠주기까지 했다. 만약 레이디 래노버가 삼중 하프를 이탈리아 바로크 악기로 생각했다면 결코 그렇게 하지 않았을 것이다. 이러한 확산 노력에도 불구하고 삼중 하프는 점점 더 집시들의 악기가 되어 갔는데, 많은 수의 뛰어난 연주자들이 로망 어를 쓰는 가문 혹은 아브람 우드(Abram Wood) 부족의 자손들이었다.

1780년경에는 또다른 중요한 변화가 일어났다. 이제 웨일스 인들은 자신들이 때로는 무진장 풍부한 토착 선율—그것도 종종 가장 오랜 과거로부터 내려오는—을 보유하고 있다고 생각했다. 영어로 된 노래 제목들은 변명도 없이 차용되거나 번역되었다. 예를 들어, 17세기의 '시빌(Cebell)'은 고대의 마녀를 지칭한다고 간주된 '옛날 옛적 시빌(Yr Hen Sibyl)'이 되었고, '몽크 장군의 행진곡(General Monck's March)'은 중세 초기 수도사의 탈출기를 의미하는 '몽크 행진곡(Ymdaith y Mwngc)'이 되었으며, 마틴 파커가 1643년에 지은 발라드 '국왕 폐하께서 다시 일어설 때에(When the King enjoys his own again)'는 중세 웨일스 군주의 궁정을 다루는 '국왕의 기쁨(Difyrrwch y Brenin)'이 되었다. 상당히 최근에 지어진, 작곡가 더피(D'Urfey)의 '환희(delight)'는 더비(Dovey) 계곡의 남자들을 지칭하는 '더비의 기쁨(Difyrrwch Gwyr Dyfi)'이 되었다. 진정한 웨일스 어 제목을 가진 가락들은 상대적으로 먼 과거의 역사적 사건들에서 유래한다고 간주되었다. 퍼셀식 선율임이 분명한 〈러들랜의 늪(Morfa Rhuddlan)〉은 750년 러들랜에서 오파 왕(King Offa)■에게 패한 웨일스 인들의 비가(悲歌)라고 전해졌다. 낭만적인 여행가들과 영어 출판업자들이 웨일스 인들에게 이러한 발명을 부추기기도 했다. 조지 톰슨과 하이든은, 거의 최초로 옛 웨일스 선율에 영어 가사를 넣었고 히먼스 부인(Mrs Hemans)과 월터 스콧 경 등의 도움으로 종종 역사적인 주제들을 다루기도 했다. 낭만적인 앵글로-웨일스 시인은 1800년 이후 문학계에서 먼저 나타난 특징인데, '스노우든의 음유시인(Bard of Snowdon)' 리처드 로이드가 초기 인물 가운데 하나였다. 그는 가곡집들이 훌륭한 활동 영역임을 깨달았다. 웨일스 어 시인들 역시 잉글랜드 인들의 발명에 대응하기 위해 웨일스 어로 된 역사적 발라드들을 만들어야 했다. 이렇게 웨일스 선율에 맞는 역사적 웨일스 발라드를 가장 많이 남긴 작가가 '세이리옥' 존 휴즈(John Hughes, 'Ceiriog', 1832~1887)■■였다. 노래들은 영어로 불리건 웨일스 어로 불리건 엄청난 인기를 얻었고, 전체적으로

■ 잉글랜드 머시아 왕국의 왕이다.

■■ '세이리옥'은 휴즈가 태어난 데비셔의 지명에서 유래한다.

역사적인 신화화가 웨일스 대중에게 전달되는 데 있어 가장 중요한 수단 중 하나였다. 그러나 웨일스 대중들이 그러한 노래들을 언제나 진지하게 받아들인 것은 아니었다. 19세기 초 카디프에 있는 극장에서는 '이 밤을 따라(Ar Hyd y Nos)'—언제나 인기 있었던 '이 밤을 새우며(All through the night)'—를 '오! 코를 처박아라!(Ah! Hide your nose!)'라고 익살스럽게 바꾸기도 했다.[67]

'눈먼 패리'와 에드워드 존스 같은 이들이 활약한 결과 일어난 변화는 웨일스 인들이 자신감을 얻었다는 것이다. 18세기에 정말로 재능 있는 음악가들이 웨일스에서 출현했다. 그들은 음악회와 소극(revues)과 음유시인 경연대회들을 위한 다수의 토착 선율은 물론이요, 당시 억수같이 쏟아져 나온 찬송가집을 위한 훌륭한 찬송가 곡조들 또한 만들어냈다. 이 모든 것이 웨일스가 19세기 중반 합창의 땅이 되기 이전에 이루어졌다. 웨일스 토착음악의 태고성이라는 신화는 상당부분 이러한 음악 활동의 분출 및 그것에 결부된 민족적 자부심과 관련되어 있었다.

1848년 음유시인이자 언론인이었던 '글랜 알런' 토머스 존스(Thomas Jones, 'Glan Alun')는 잡지 「에세이스트(*Y Traethodydd*)」에서, 웨일스가 아무리 음악적인 나라라 하더라도 프랑스나 프로이센 국가(國歌)처럼 민족을 하나로 묶을 수 있는 감동적인 노래, 곧 국가(國歌)는 없다고 불평했다.[68] 이것은 상당히 일반적인 욕구였기에 얼마 지나지 않아 충족되었다. 1856년 글래모건 내 폰티프리드(Pontypridd)에서 에반과 제임스 제임스(Evan and James James) 부자가 〈우리 선조들의 땅(Hen Wlad Fy Nhadau)〉이라는 곡을 작사·작곡했다. 이 노래는 심히 애국적이었고, 1858년 랭골렌

(Llangollen)의 대 민족 음유시인 경연대회에서 애국적 노래들 가운데 하나로 포함되면서 그 때쯤 이미 대중화되었으며, 1860년 이후로는 국가로 널리 받아들여졌다. 1863년 웨일스 공 에드워드〔훗날의 에드워드 7세〕의 결혼식 때 위풍당당한 〈주여, 웨일스 공을 축복하소서(Tywysog Gwlad y Bryniau)〉가 나타나 대중화되기는 했지만, 결코 한 번도 〈우리 선조들의 땅〉의 인기에는 필적하지 못했다.[69] 가장 주목할 만한 것은 일체의 공적 행사에서 〈우리 선조들의 땅〉을 제창하는 관습이 굉장한 속도로 정착되었다는 점이다.

데임 웨일스

18세기 말에 웨일스로 몰려온 수많은 여행자들은—때로는 존 '워릭' 스미스(John 'Warwick' Smith) 혹은 이벳슨(J. C. Ibbetson)과 같이 자신들이 총애하는 화가를 달고 왔다—웨일스 농민들의 옷이 자신들의 것보다 60여 년 뒤쳐져 있고 여러 독특한 천과 무늬와 재료를 사용한다고 기록했다. 그들이 스코틀랜드 고지대의 킬트와 같은 민족의상에 대해서 언급한 적은 전혀 없다.[70] 여행자들이 으레 그렇듯이 그들은 빈곤 속에서 화려함을 찾으려 했고, 여성들이 거대한 파란색 혹은 붉은색 트위드 망토를 입고 남성적인 검정 모자를 썼다고 기록했다. 길쭉한 모자와 거대한 망토는 마녀의 이미지와도 닮아 있는데, 이는 1620년대 마녀사냥이 횡행하던 시기에 잉글랜드 농촌 여성 의복의 특징이 그러했다는 단순한 이유 때문이었다. 1620년대에 잉글랜드 남부에서 유행했던 것이 1790년대 혹은 그 이후까지도 웨일스 산악지대의 가난한 이들 사이에 여전히 남아 있었던 것이다. 이러한 보존은 전혀 의식적인 것이 아니었고, 어떤 의미에서도 그것을 민족의상이라고 할 수 없었지만, 1830년대에 이르면 의도적으로 여성들을 위한 민족의상으로 둔갑했다. 이는 여러 사람들이 노력한 결과였는데, 그 총수는 벤자민 홀(Benjamin Hall)의 부인인 어거스타 워딩턴(Augusta Waddington, 1802~1896)[71]이었다. 벤자민 홀은 먼머스 주의 대지주이자 대산업가이며 파머스턴(Palmerston) 내각에서 웨스트민스터 궁전의 건축 책임을 맡은 장관—그의 이름을 따서 웨스트민스터 궁전은 이후 빅 벤(Big Ben)이라고 불리웠다—이었다. 벤자민은 작위를 수여받았고 그의 부인은 일반적으로 레이디 래노버로 알려졌다. 그녀는 19세기 초·중반에 웨일스 부흥의 그림과도 같은 낭만적인 측면의 지도자 가운데 한 명이자 수많은 웨일스 운동의 후원자였다. 그녀는 웨일스 여성들의 의복을 연구하고 사생(寫生)했고, 1834년 카디프 왕실 음유시인 경연대회에서 웨일스 어를 사용하고 웨일스 옷을 입는 것이 바람직하다라는 내용의 에세이로 상을 받기도 했다. 그녀의 본래 의도는 웨일스 여성들이 현지 제품을 쓰도록 하는 것, 즉 면 혹은 캘리코로 바꾸지 않고 트위드를 계속 사용하도록 하는 것이었다. 나중에 그녀는 친구들과 함께 토착 트위드 디자인과 문양 소장품에 상을 수여하기도 했다.

1834년 그녀는 무엇이 민족의상인지 분명히 알지는 못했지만, 화가와 여행자들이 눈여겨 볼 만한 독특하고 그림 같은 의상이 있어야겠다고 확신했다. 단기간 내에 그녀는 친구들과 함께 다양한 웨일스 농민 의복들 속에서 동질화된 민족의상을 만들어냈다. 여기서 가장 독특한 특징은 우아한 페티코트와 웃옷(petticoat and bedgown, *pais a betgwn*) 위에 걸친 거대한 붉은색 망토, 마더 구스(Mother

Goose) 형의 매우 길쭉한 비버 모피모자였다. 이 옷은 성 데이비드 축제일과 같은 '민족 절기'에는 물론이고 토착음악 공연에서 특히 여성 가수 및 하프 연주자들이, 또는 레이디 래노버가 주최한 화려한 음유시인 경연대회의 개막 및 폐막 행렬에서 입어야 했다. 레이디 래노버는 래노버 궁정에 있는 남자 하인들을 위한 옷도 발명했는데, 특히 하프 연주자는 반은 음유시인 같고 반은 스코틀랜드 고지대인 같은 기묘한 의상을 하고 있었다. 그러나 래노버 경은 치장한 의상을 입는 데 관심이 없었기에, 웨일스의 남성들은 그런 옷을 입지 않아도 되었다. 1862년 레이디 래노버는 민족의상을 입고 있는 자신을 그린 초상화를 자신이 설립을 도운 사립학교에 기증했다. 이 학교는 그녀가 랜도베리 칼리지(Llandovery College)에 다니는 웨일스 상류층 사이에 웨일스 어 사용을 장려하기 위해 설립한 것이었다. 그 초상화에서 레이디 래노버는 길쭉한 모자의 창에 보석으로 꾸민 서양부추(leek)를 달고 손에는 겨우살이(mistletoe) 가지를 쥐고 있는데, 이는 자신이 드루이드들과 연계되어 있음을 보여주기 위한 것이었다(그녀는 '먼머스셔의 벌Gwenynen Gwent'이라는 이름을 가진 음유시인이기도 했다). 이 의상은 곧 받아들여져서, 예컨대 신문의 만화에 웨일스에 대한 풍자화로 등장했고 빅토리아 시대의 엽서들에 재현되었다. 또한 매년 그녀의 의상을 입은 웨일스 여성모양의 도자기 인형들이 수천 개 이상 판매되었다. 오늘날에도 3월 1일에는 웨일스 전역에서 아이들이 그 옷을 입는다. 그것은 선량하고 가족적인 모든 것을 상징한다. 예컨대 그 옷은 '데임 웨일스(Dame Wales)' 표 밀가루 봉지와 기타 여러 웨일스 제품에 등장한다. 그 반면에, 지역적 특색을 담은 옛 토착 의복들은 (실제로 몇몇 지역에서는 길쭉한 비버 모피모자와 거대한 망토가 있기도 했다) 웨일스가 세계에서 가장 산업화된 지역 가운데 하나로 부상하면서 사라졌다.

웨일스의 새로운 영웅들

이 시기의 가장 흥미로운 특성 가운데 하나가 민족 영웅의 출현이다. 그 가운데서도 가장 특징적 인물이 오웨인 글렌다우어(Owain Glyndŵr, 곧 셰익스피어의 글렌다우어)로서, 그는 헨리 4세에 맞서 일어나 1400년부터 1415년 홀연히 사라질 때까지 웨일스를 지배했다.[72] 글렌다우어는 문학에서 일반적으로 찬탈자 혹은 빗나간 반란자로 등장했다. 비록 1618년 벤 존슨(Ben Johnson)이 자신의 웨일스 친구들을 인용하면서 웨일스에서 글렌다우어는 반란자가 아니라 위대한 영웅으로 간주되고 있다고 말하긴 했지만, 이를 확증하는 증거는 거의 없는 것 같다. 18세기 초 모리스 일파는 그를 단 한 번, 그것도 반란자로 언급한 것으로 보아 그에 대해 거의 아는 바가 없었던 것으로 보인다. 그러던 글렌다우어가 1770년대에 갑자기 민족 영웅으로 등장한다. 즉, 1772년 에반 에반스의 〈조국을 위한 사랑노래〉에서 웨일스의 수호자 행렬 가운데 하나로 등장하는가 하면, 1775년 보머리스의 존 토머스(John Thomas of Beaumaris)의 작품으로 여겨지는 『앵글시 섬의 역사(*History of the Island of Anglesey*)』에서 좀더 주목받고 있다. 이 작품은 글렌다우어의 생애를 다룬 17세기 중반의 문헌을 근거로 한 것으로 보인다. 글렌다우어는 1778년 토머스 페넌트의 『여행기』에서 가장 호의적으로 다루어졌다.

길버트 화이트(Gilbert White)는 셀번(Selborne)의 자연사에 관한 유명한 서한들을 토머스 페넌트와 데인스 배링튼(Daines

Barrington)에게 보냈는데, 이 두 사람은 모두 1770년대 웨일스의 역사적 부흥의 지도자들이었다. 플린트셔(Flintshire)의 다우닝(Downing) 출신인 페넌트는 국교회에 귀의한 귀족으로서 웨일스적인 것에 대한 열정적인 애정을 지니고 있었다. 그는 카나번 성이야말로 "우리의 예속 상태를 보여주는 가장 거대한 상징"이라고 설명했고, 극히 예리한 감각으로 글렌다우어의 몰락과 죽음의 비극이 잉글랜드의 제2의 웨일스 정복을 야기했다고 하여 글렌다우어에 대해 매우 호의적으로 그리고 있다. 이는 페넌트가 자신의 여행 동료 카에리스의 존 로이드(John Lloyd of Caerwys)의 견해를 반영한 것일 가능성이 농후하다. 존 로이드는 글렌다우어의 고향에서 매우 가까운 보디드리스(Bodidris)의 향사의 아들이었다. 아마도 페넌트가 글렌다우어를 민족 영웅으로 만들기 시작했고, 이어서 그에 대한 서적이 조금씩 출판되다가 점점 많아지더니 범람하기에 이르렀을 것이다. 글렌다우어는 처음에는 비극적인 인물로, 다음에는 웨일스에 민족 교회와 대학 같은 민족제도들이 필요함을 예견한 인물로, 나중에는 근대 민족주의의 선구자로 묘사되었다.[73]

1770년 데인스 배링튼은 17세기 초 존 윈 경(Sir John Wynne)이 그웨더(Gwedir) 가문의 역사에 대해 기록한 문헌을 출판했다. 이 문헌은 그 몇 년 전 카트(Carte)가 자신의 잉글랜드 역사책을 낼 때 이미 이용한 바 있는데, 그는 그 문헌 가운데 1282년 에드워드 1세가 웨일스 음유시인들을 학살한 이야기를 인용했다. 토머스 그래이는 카트로부터 이 이야기를 차용하고 '눈먼 패리'의 공연에서 영감을 받아 1757년 유명한 시 〈음유시인(*The Bard*)〉을 완성했다.[74] 그래이는 이 이야기를 문자 그대로 믿지는 않았다.—여전히 웨일스

시인들이 존재한다는 사실은 1282년의 음유시인들에게 후계자가 있음을 증명하지 않는가? 어쨌든 카트의 이야기는 런던에서 모든 옛 웨일스 서적들이 불태워졌고 음유시인들이 유형을 당했다는 웨일스 전설에 어느 정도 근거한 것이었다. 1757년 이후에는 웨일스인 자신들이 그래이의 설명을 믿기 시작했고, 1760년대에는 에반 에반스와 같이 엄밀한 학자도 그래이를 상당히 인용했다. 그런가 하면 모리스 일파는 그 이전까지만 해도 웨일스 음유시인을 기본적으로 예능인으로 간주한 바 있었다. 모리스 일파에게 시란 즐거운 사회적 여가였기 때문이다. 이러한 생각은 그들과, 시를 장엄문학 내지 서사문학으로 간주한 고로니 오웬과의 사이를 틀어지도록 만들었다. 에반 에반스는 음유시인을 자신이 처한 환경에 적대적으로 맞서지 않을 수 없게 된 영웅적 피조물로 본 세대에 속했다. 그는 진정한 전사였던 과거의 웨일스 시인들을 깊이 흠모했다. 이올로 모건은 음유시인이라는 군상을 우상화하는 작업을 최대한으로 전개시켰는데, 이는 부분적으로 고로니 오웬과 에반 에반스의 영향 때문이기도 했고, 부분적으로 그 자신이 끔찍한 박해 컴플렉스를 겪고 있어 시인들 혹은 학자들을 경멸하거나 천시한 자들에게 반격을 가하고자 했기 때문이다. 음유시인은 이올로에게 있어 비록 어떤 시대에는 드루이드였고 다른 시대에는 역사가 혹은 학자였지만, 이올로는 음유시인을 웨일스 역사에서 중심적인 인물군상으로 만들었고, 그의 상상력은 박해받는 음유시인을 이야기할 때 가장 격렬한 불꽃을 뿜어냈다.

1770년대와 1780년대에 이르면 그래이의 〈음유시인〉은 유명세를 얻어, 이미 그 때부터 회화의 주제로 널리 이용되기 시작했다. 이러한 회화 가운데 가장 초기 작품은 폴 샌드비(Paul Sandby)의 것이고, 필립 드 루더부르(Philip de Loutherbourg), 푸젤리(Fuseli)와 존 마틴(John Martin)의 것들도 있었다. 가장 훌륭한 것 중 하나는 리처드 윌슨(Richard Wilson)의 제자인 펜세릭의 토머스 존스(Thomas Jones of Pencerrig)의 작품이었다.[75] 이 작품은 1774년에 전시되었는데, 최후의 음유시인이 하프를 든 채 자신의 사원으로 육박하는 침략군을 피하고 있는 모습이 그려져 있다. 여기서 사원은 일종의 소형 스톤헨지와 같고, 해는 서쪽 곧 스노도니아 기슭 너머로 지고 있으며, 거센 바람이 동쪽 곧 잉글랜드로부터 불어오고 있다. 시인과 국가권력이 맞서는 이 극적인 장면은 여러 번 반복되었다. 이것은 곧 음유시인 경연대회들에 출품된 시와 에세이의 주제가 되었고, 여러 영어 및 웨일스 어 책에서 반복되었다. 야노스 아라니〔Janos Árány, 1817~1882, 헝가리의 시인〕가 지은 유명한 마자르인의 시 〈웨일스의 음유시인들(*The Welsh Bards*)〉에도 수록되었는데, 여기서 에드워드 1세는 발칸 반도를 침략하는 포악한 합스부르크 황제와 동격이다. 두말 할 필요도 없이, 이 이야기 전체는 전설이거나 신화에 불과하다. 기껏해야 중세 잉글랜드 왕들이 예언을 통해 불화를 일으키는 웨일스 음유시인들을 때때로 제약하거나 통제했다는 사실을 심히 과장한 것에 지나지 않는다.

새로운 영웅 가운데 가장 놀라운 인물은 매덕(Madoc)이었다. 그는 주군 오웨인 과이니드(Owain Gwynedd)의 아들로, 고향인 북부 웨일스의 반목에 낙담해 1170년경 자신의 배 '그웨난 곤(*Gwennan Gorn*)' 호를 타고 미지의 서쪽 바다로 떠나 미국을 발견했다는 것이다. 그는 웨일스로 돌아와서 동료들을 모아 그들과 함께 다시 항해에 나선 후 다시는 돌아오지 않았다고 한다. 그의 자손들은 인디언들과 결혼해 여전히 미 대륙의 서부 광야에 살고 있는 것으로 여겨졌다.[76] 이 전설은 18세기에 기원한 것은 아니지만, 튜더 왕조가 북아메리카에 대한 스페인의 지배권을 공격할 때 처음 이용되었다. 웨일스에서는 200여 년간 알려져 있기는 했지만 휴면 상태로 있다가, 1770년대 미국 독립혁명으로 미국에 대한 웨일스 인들의 관심이 고조되었을 때 다시 생명력을 얻었다. 독립혁명 그 자체에 대한 관심만이 아니라, 신생 공화국 미국으로 이민 가 그 곳에 웨일스 어가 통하는 식민지를 세우자는 강력한 운동이 일어나기도 했다. 매덕 신화는 런던의 목사이자 역사가이며 윌리엄스 도서관의 사서인 존 윌리엄스 박사(Dr. John Williams)가 1790년대에 그에 대한 이야기를 출판한 이후 대중의 상상력을 사로잡았다. 런던의 웨일스 인들은 모두 열광했다. 이올로 모건이 (그는 당시에 런던에 있었다) 매덕의 후손들이 살아 있고 웨일스 어를 사용하며 미국 중서부 어딘가에 있다는 것을 증명하려고 온갖 문서를 위조했기에, 윌리엄스 박사는 두 번째 책을 내야만 했다. '퍼그' 윌리엄 오웬은 탐험대를 조직하기 위해서 '매덕 찾기(Madogeion)' 협회를 설립했고, 이올로는 자신이 탐험대장이 되겠다고 했다. 그는 원 포어의 존 에반스(John Evans of Waun Fawr, 1770~1799)라는 진지한 젊은이가 〔실제로〕 탐험에 나설 준비가 되었다며 나서자 무안해졌다. 이올로는 온갖 핑계를 대고 본국에 남았지만, 존 에반스는 미국을 향해 떠나 끝내 서부 황야에 이르렀다. 그는 스페인 왕에게 고용된 탐험가가 되었다. 여러 차례의 아슬아슬한 모험 끝에 만다 인디언들(Mandan Indians, 그는 만다 인디언들이 매덕의 후예들일지도 모른다고 생각했다)의 땅에 도달했지만, 이내 그들이 웨일스 어를 쓰지 않는다는 것을 알게 되었다. 그는 다른 모험들을 겪은 후에 1799년 뉴올리언스에 있는 스페인 총독의 궁전에서 사망했다. 만다 인디언들에 이른 그의 탐험경로는 이후 루이스와 클라크 탐험대(Louis Meriwether & Clarck William)의 기초가 되었다.

웨일스 어를 사용하는 인디언들이 발견되지 않았다는 사실이 이올로 모건과 런던에 있는 그의 웨일스 친구들의 믿음을 깨뜨리지는 못했다. 이올로는 로버트 사우디를 설득해서 〈매덕〉이라는 긴 장편시를 쓰게 했다. 매덕 찾기 운동으로 상당수의 웨일스 인들이 미국으로 이주했는데, 그 가운데 가장 위대한 지도자는 급진적인 웨일스 언론인이었던 모건 존 리스(Morgan John Rhys)로, 그는 그 전까지 파리에서 프랑스 혁명가들을 개종시키기 위해 개신교 성경을 판매하려고 노력했던 인물이다. 과인 A. 윌리엄스(Gwyn A. Williams)는 모건 존 리스 및 '매덕 찾기 운동'의 저작들을 연구하고서, 매덕 열풍이 당대 웨일스 사회 대부분이 경험한 근대화의 위기의 한 증상이고, 잃어 버린 웨일스 인디언들을 되찾겠다는 꿈은 드루이드 교를 부활시키거나 선조들의 언어를 재생시키겠다는 욕망과 공통점이 많다는 점을 강조했다.[77] 그것은 보다 순수하고 자유로운 사회에 대한 꿈이었고, 동시대 잉글랜드 직공들 사이에 퍼져 있던 '자유롭게 태어난 색슨 족'과 '노르만의 멍에'라는 신화와도 어느 정도 공통점이 있는 것이었다.

이올로 모건은 여러 유명하지 않은 인물들을 민족 영웅으로 변모시킨 책임도 있다. 본고에서는 하나의 사례만으로도 충분할 것이다. 1780년대 이올로는 카디프와 뉴포트 사이의 늪지대에서 농장을 경영하다가 에반 에반스와 만나게 되었다. 당시 에반 에반스는 바살레그(Bassaleg)의 초라한 술고래 목사보였는데, 그들은 함께 14세기 '자비로운 이보르(Ifor Hael, Ivor the Generous)'의 대저택 유적을 방문했다. 모호하고 불확실한 전래에 따르면, 이보르는 14세기의 위대한 시인인 다피드 압 과일림(Dafydd ap Gwilym)의 후원자였다고 한다. 에반스는 상아로 덮인 유적에 관한 훌륭하고 낭만적인 시를 지었고, 이올로는 자신의 중요한 위조작업 가운데 첫 번째로 다피드 압 과일림의 연애시를 모작하기 시작했다. 여기에는 글래모건과 이보르에 대한 미묘하고 사소한 언급들이 포함되어 있다.

이올로는 후속 작품들에서 이보르를 웨일스 문학의 위대한 후원자로 만드는 데 많은 노력을 기울였다.[78] 이보르는 웨일스에서 인기 있는 이름이 되었고, 관대함을 일컫는 일상적인 말이 되었다. 직공들의 자선단체들 가운데 가장 웨일스적인 단체도 그의 이름을 따서 이보르 단이 되었고, 단원들이 주로 모이던 여관들도 이보르 장(莊)이라고 불렸으며 오늘날에도 여전히 여러 개가 남아 있다.

1820년대와 1830년대에 이르면, 이러한 신화 제작자들이 이올로 말고도 다수 나타났다. 웨일스 어 사용자들을 위해서 그런 식으로 대중적인 역사서들을 쓴 인물 가운데 하나는 카나번의 인쇄업자인 '세프닌' 윌리엄 오웬(William Owen, 'Sefnyn')이었는데, 그는 가톨릭에 호의적이어서 '교황(Pab)'이라고 알려져 있기도 했다. 그는 글렌다우어, 에드워드 1세와 웨일스 음유시인들, '장검(長劍)의 배신(The Treason of Long Knives)'■ 및 웨일스 역사상의 여러 다른 극적인 사건들에 대해서 집필했다. 영어권에서 다소 유사한 인물은 배우이자 언론인인 르웰린 프리처드(T. J. Llewelyn Pritchard)로서, 그는 더 이상 웨일스 어를 사용하지 못하는 젠트리와 중간계층에게 '웨일스다움(Welshness)'에 대한 환상을 심어주고 관광시장을 조성하는 데 관심을 가졌다.[79] 그가 시작은 아니지만, 그는 1828년 팀 션 카티(Twm Sion Catti)라는 인물을 소재로 소설을 써 또다른 희한한 웨일스 영웅들 낳는 데 주도적인 역할을 했다. 실제 팀 션을 처음 주목한 사람은 16세기 말 카디건셔(Cardiganshire) 내 트레가론(Tregaron) 근방에 있는 파운틴 게이트(Fountain Gate) 출신의 존경받는 향사이자 족보학자인 토머스 존스다. 그러나 세월이 지나면서 팀 션을 각지의 여러 다른 변변찮은 도적 및 노상강도들과 뒤섞은 다양한 지역 민담들이 등장했다. 프리처드는 이 유명하지 않은 인물을 장난과 농담의 대명사 틸 오일렌슈피겔(Till Eulenspiegel)▪▪이자, 로빈 후드처럼 부자들을 털어 가난한 이들을 돕는 의협(義俠)으로 탈바꿈시켰다. 프리처드의 작품은 인기를 얻어 웨일스 어로 번역되었고 곧 꽤 많은 수의 웨일스 인들이 그 이야기들을 사실로 믿기 시작했다. 20세기에 이르러 (영웅이자 반反영웅으로서 그의 인기는 전혀 수그러들 기미가 없어 보인다) 그는 진정 민중의 전설 속에서 등장한 인물인 것처럼 보인다. 이는 어떻게 화롯불 주변에 모여 이야기를 듣던 전통이 약화되어 소멸하고, 그 반면에 소설 속 주인공

▪ 5세기 브리튼 족의 지배자인 '켄트의 왕' 보티건(Votigern)은 북방 야만족에 맞서기 위해 색슨 인(Saxons)들을 중용했다. 특히 보티건은 주트 족(Jutes)의 헹기스트(Hengist)의 딸과 결혼하면서 그에게 막대한 실권을 넘겼다. 465년 어느 날 밤, 보티건이 브리튼 족과 색슨 족의 평화를 위해 주최한 회의에서 헹기스트의 부하들은 옷 속에 장검을 숨겨 회의에 참석한 300명의 브리튼 족 원로들을 학살하는 배신을 자행했다. 보티건은 간신히 목숨만 건진 채 웨일스로 도망갔다. 본문 p. 184를 참조하라.

▪▪ 독일의 전설상 인물로, 상인·성직자·귀족 등을 놀려먹은 교활한 농부다.

들이 어떻게 그 자리를 대신하게 되었는지를 보여주는 좋은 사례다.

장소에 깃든 영혼들—풍경과 신화

사실 프리처드의 작업은 웨일스 인들에게 자신들의 풍경을 소중히 여겨야 한다는 것을 일깨워주려는 좀더 광범위한 운동의 일부였다. 그는 이러한 점을 서민 대중에게 분명히 하기 위해 각 나무와 돌에 역사적이고 인간적인 감흥을 부여하고자 했다.[80] 프리처드의 시들 가운데 하나인 〈바다 아래의 땅(*The Land Beneath the Sea*)〉은 카디건 베이(Cardigan Bay, Cantre'r Gwaelod) 아래 잠겨 있다는 '저지대 헌드레드(Lowland Hundred)'에 관한 것이었다. 이 '100개의 바닥(Cantre'r Gwaelod)'은 일종의 웨일스적인 라이어네스(Lyonesse)■로서, 흥청망청 술에 취해 무절제하게 사는 세이티닌(Seithennyn) 왕의 봉신들의 태만으로 인해 중세 암흑기 초기에 바다 밑으로 가라앉았다고 전해지는 땅이다. 실제로 고대로부터 내려오던 전설들은 저지대 헌드레드의 이야기를 시인이자 예언자였던 탈리예신의 전설과 연결시켰다. 프리처드와 같은 작가들이 이 민속 전설을 웨일스 전역에 알려지도록 만들었고, 여기서 〈아버더비의 종(The Bells of Aberdovey)〉이라는 노래가—비록 실제로는 최근에 디브딘(Dibdin)이 지은 노래였지만—아버더비 해안에 잠들어 있는 첨탑종의 물에 잠긴 교회당(*Cathédrale Engloutie*) 음악임을 증거하는 것으로 채택되었다. 이는 무절제한 음주 내지 무책임한 군주에 대한

■ 아더왕 전설에 나오는 땅. 잉글랜드 서남부 콘월 부근에 위치하는데 바다 밑으로 함몰된 것으로 간주된다.

경고문으로 변모할 수 있는 매우 유용한 이야기였다. 토머스 러브 피콕(Thomas Love Peacock)은 윌리엄 매덕스(William Maddox)가 자신의 고향 포트매독(Portmadoc) 근처 바다에서 대규모 간척사업을 진행하려 노력하고 있음을 알고 있었다. 피콕은 그의 소설 『헤드롱 홀(*Headlong Hall*)』에서 웨일스 향사들과 그들의 잉글랜드 방문객들이 웨일스의 풍경을 낭만적으로 묘사하는 것과 그들의 〔풍경〕 '개선' 계획들을 풍자했고, 후대 소설인 『엘핀의 불행(*The Misfortunes of Elphin*)』에서 탈리예신과 저지대 헌드레드 파괴에 관한 전설을 맹렬하게 풍자했다. 풍경에 관한 몇몇 전설은 관광객들을 위해 뻔뻔스럽게 발명된 것이다, 가장 극명한 사례가 카나번셔 내 베드겔러트(Beddgelert)에 있는 겔러트(Gelert)의 무덤이다.

이 곳은 18세기 말에 관광객들이 가장 많이 방문한 장소 가운데 하나였는데, 1784년과 1794년 사이 어느 때인가 베드겔러트의 로열 고트 호텔(Royal Goat Hotel)의 지배인인 한 남부 왈리아 인(Walian)이, 읍의 명칭이 르웰린 대군주가 자신이 부당하게 죽인 사냥개 겔러트를 기리기 위해 세운 돌무덤(실은 이 호텔 사업가가 몰래 세운 것이었다)에서 유래했다는 전설을 발명했다. 전설에 따르면, 군주는 사냥에 나서면서 자신이 아끼는 사냥개 겔러트에게 갓난아기인 아들을 맡기고 갔는데, 돌아와 보니 겔러트는 피로 뒤범벅되어 있었고 아기는 보이지 않았다. 개가 아기를 죽였다고 생각한 군주는 사냥개를 죽였고, 이내 어두운 구석에 숨겨져 있던 아기를 발견하고서 겔러트가 왕자의 요람을 습격한 늑대를 물리친 것이었음을 깨달았다. 그는 뉘우침의 표식으로 돌무덤을 쌓았다.[81] 애완동물을 사랑하는 관광객들은 감동받았고, 다름 아닌 스펜서(Hon. W. Spencer)

가 이 사건에 대한 유명한 시를 지었으며, 존 하이든이 그 시를 스노드니아 풍 시가(Eryri Wen)의 선율에 맞게 개작해서 붙였다. 이는 몇 년 내에 웨일스 어로 번역되어 스노드니아에 사는, 웨일스 어만을 사용하는 거주민들에게 되돌아왔다. 물론 이 이야기는 허튼 소리이고, 보다 정확히 말하자면 세계 어디에나 있는 민담을 교묘하게 차용한 것일 뿐이다. 그럼에도 이것은 수천 곳에서 일어난 복합적인 신화 만들기의 좋은 사례였고, 이러한 신화 만들기는 아주 서서히 웨일스 인들이 자기 삶을 꾸려 나가야 했던 척박한 풍경을 외려 감사히 여기게 되는 데 도움이 되었다.

18세기 말경이면 여행객들은 웨일스가 실로 아름다운 풍경을 가진 나라라고 생각하게 되었다. 19세기 중반경이면 웨일스 인들 스스로도 웨일스의 풍경이 발산하는 매력에 찬사를 보내게 되었다. 웨일스 국가(國歌)의 두 번째 절은 다음과 같다(우리가 번역을 붙인다).

> 태고의 험준한 웨일스여, 음유시인들의 낙원이로다
> 내 눈에 들어오는 절벽과 계곡마다 아름답고
> 애국심으로 넘치며 소리마다 마법과 같도다
> 내 귀에 들리는 강물과 시냇물의 저 소리마다.

이러한 감정은 18세기에는 생각할 수도 없는 것이었다. 이 시기에는 풍경에 대한 묘사가 사실상 없다시피하고, 1750년경 다피드 토머스(Dafydd Thomas)가 웨일스의 각 지방에 대해서 묘사한 시와 같이 그나마 남아 있는 것들도 사람들의 활동과 생산과 기술에 대해서 언급하지 땅의 아름다움에 대해서는 전혀 자랑하지 않는다.[82] 모리스 형제 주변의 애국자들은 산들이 무섭고 황량하고 적대적이라고 생각했고, 〔대부분의 웨일스 인들은 험준한〕 산들을 무엇보다 웨일스 인들이 과거에 저지른 죄악에 대해 전능하신 하나님이 내린 형벌이라고 간주했다. 토착 웨일스 인들은 야생의 풍경을 흠모하러 온 잉글랜드 여행객 무리들에게서 교훈을 얻는 데 매우 느렸다. 윌리엄 빙글리 목사는, 웨일스 인들이 자신에게 잉글랜드에는 암석이나 폭포가 없냐고 반문했다고 기록하고 있다. 1727년에 나온 윌리엄 갬볼드의 문법책은 19세기 초에 여러 차례 재판이 나왔고 1833년판은 '웨일스의 낭만적인 구릉지대'를 방문하는 여행객들의 필요에 부응해 '이 동네에는 폭포수가 없나요?'와 '수도원을 꼭 보고 싶어요. 경마차를 타고 가려고 해요'와 같은 유용한 구절들을 추가했다. 가게에서 판매되던 웨일스 풍경 판화들이 여행객들의 욕망을 더욱 자극했다. 존 빙(John Byng)은 크로겐(Crogen)에 있을 당시, 구매자들이 풍경 판화의 실제 장소를 찾아갈 수 있도록 판화 판매상들이 약도도 함께 팔아야 한다고 호소했다. 그러나 웨일스 풍경에 대한 유행은 어느 여행자로부터 시작된 것이 아니라 웨일스 인 리처드 윌슨(Richard Wilson)으로부터 비롯된 것이다.

리처드 윌슨(1714~1782)은 토머스 페넌트의 친척이었는데, 주로 이탈리아와 잉글랜드에서 작품 활동을 했지만, 1750년대와 1760년대에 웨일스의 풍경을 독보적인 방식으로 발견한 것으로 보인다. 그 이전까지 웨일스 풍경에 관한 기록은 순전히 지형에 관한 것이었다.[83] 웨일스 풍경에 압도된 윌슨(그는 머친레스Machynlleth 근방 피네고즈Penegoes 출신이었다)은 당시의 유행에는 맞지 않는 두 가지 양식을 채택했다. 첫째는 자연이 인간을 압도하는 것과 같은 자

웨일스의 산악

연 풍광(open air) 양식이고, 둘째는 웨일스의 구릉과 성채 유적들을 숭고하고 웅대한 무엇인가로 변모시키는 좀더 낭만주의적인 양식이었다. 그는 상류층 사람들에게 자신의 풍경화를 거의 팔지 못했고, 1782년 몰드(Mold) 근방에서 거의 실패자 같은 삶을 마감했다. 그러나 얼마 후 그의 풍경들은 수천 부씩 복제되고 모사되었다. 1803년 코넬리어스 발리(Cornelius Varley)가 카더 이드리스(Cader Idris)를 방문하고는 '연못 분지(Llyn y Cau)'를 '윌슨의 연못'이라고 기록했을 만큼, 그 곳을 그린 윌슨의 풍경화는 유명해졌던 것이다. 물론 야생의 산악지대 풍광을 감상하는 방향으로 상상력이 전환된 것은 유럽 전역에서 일어난 현상이지만, 특히 웨일스 혹은 스위스와 같이 산악지대에 자리 잡은 소국(小國) 사람들에게 영향을 미쳤다. 웨일스 인들은 매우 서서히 자신들의 구릉을, 잉글랜드의 푸른 구릉지대로부터 자신들을 쫓아내신 전능하신 하나님의 천벌이 아니라 민족의 보루이자 요새로 간주하기 시작했다. '산악의 땅(*Gwlad y Bryniau*)'은 저지대 웨일스 주민들에게조차 〔웨일스를 일컫는〕 상투적인 표현이 되었다. 그리하여 이러한 이미지는 심지어 텔퍼드(Telford) 등의 도로 개량으로 스노든 지역의 가장 험준한 지역까지도 도로가 개통되고, 윌리엄 워즈워드와 같은 여행객들이 스노드니아의 정상을 별 어려움 없이 오를 수 있으며, 현지 주민들이 늪지대와 구릉을 떠나 골짜기와 산업지대로 몰려드는 현실 속에서도 뿌리를 내리게 되었다. 웨일스 인들은 산악의 공기처럼 자유롭고 강건하며 다부진 산악인이라는 자신들의 이미지를, 산업화가 진행될수록 더욱 사랑하게 되었다.

문화의 전령

이 시기에 다채로운 전례와 관습을 지닌 명랑한 웨일스는 쇠락하거나 소멸했다. 그러나 삶을 다채롭게 할 뿐만 아니라 서로 떨어져 있는 계곡과 종파의 사람들로 하여금 자신들이 한 민족의 일원임을 깨닫도록 도와주는 일련의 정교한 애국적인 표식들이 등장했다. 이는 런던, 미국 혹은 대영제국의 식민지 등 고향을 떠나 있는 웨일스 인들 사이에서 가장 빈번하게 나타났지만, 언제나 그랬던 것은 아니다. 이러한 민족체의 표식들은 1714년 이후 런던의 웨일스 인들이 주최한 정교한 성 데이비드 축제일 행사들에서 처음으로 등장했다.[84] 웨일스 인들은 모자에 서양부추를 꽂은 채 런던을 가로질러 어느 한 교회로 모여들었다. 거기서 웨일스 어로 하는 설교를 들은 후, 함께 성대한 저녁식사(수백 명의 손님을 맞이하는)를 하고, 웨일스와 국왕 폐하를 위해 수많은 건배를 하며 웨일스 자선단체들에 기부한 후 사적인 여흥을 위해 흩어졌다.

사실 18세기에 가장 일반적인 웨일스의 상징은 서양부추가 아니라 웨일스 공의 타조 깃털이었다. 타조 깃털은 본래 ('제가 섬기겠나이다*Ich Dien*'라는 표어와 함께) 에이노 지방 백작에게 속한 것이었지만, 〔영국의〕 흑태자(Black Prince, 1330~1376)■의 어머니가 에이노의 필리파 여왕(Queen Philippa of Hainault)이었기에 그가 그것을 다시 취했다. 그것은 빌린 깃털의 전형적인 사례였다. 런던의 웨일스 인들은, 아일랜드 인이나 스코틀랜드 인들과 달리 자신들은 하노버 왕조의 국왕들에게 충성스럽다는 것을 보여주기 위해 고대 브리튼 족 의식에서처럼 타조 깃털을 과시했던 것이다. 1751년 킴로도리언은 그 깃털과 함께 '제가 섬기겠나이다*Ich Dien*'라는 표어를 자신들의 문장(紋章)으로 채택했고, 그것들이 18세기 동안 웨일스를 대표하는 가장 일반적인 기호이자 표시가 되었다. 그것들은 오늘날에도 매우 일반적인 상징으로 사용되고 있는데, 예컨대 웨일스 럭비 연맹의 휘장이다.[85]

그 반면에 현재 잘 알려진 붉은 용은 18세기에는 거의 사용되지 않았다. 붉은 용은 중세 때 웨일스의 상징으로 간주되었고, 1485년과 1603년 사이에 튜더 왕조에 의해 그들 문장의 일부로 사용되었

■ 에드워드 3세의 왕자 에드워드. 백년전쟁 당시 무용을 떨쳤다.

다. 튜더 왕조는 아마도 이것을 취함으로써 자신들이 '축복받은 캐드월러더'로부터 유래했고, 따라서 브리튼 전역을 지배할 권리가 있음을 나타내려고 했던 것으로 보인다. 붉은 용은 사실 웨일스 민족의 상징이라기보다는 웨일스 의회의 통치를 상징하는 것으로 간주되었던 것이다. 그렇지만 1807년 웨일스 왕실 휘장으로 다시 등장했고, 19세기 초에는 음유시인 경연대회 혹은 웨일스 클럽과 협회들의 깃발과 휘장에 점차 많이 사용되었다. 그것은 20세기가 되어서야 웨일스의 세간에서 3개의 깃털, 그러니까 비굴한 표어를 가졌다 하여 급진주의자들과 자유주의자들과 사회주의자들에게 너무 몸을 낮추는 것이라고 간주된 3개의 깃털을 대체했다.

서양부추는 수세기 동안 웨일스 인 자신들에 의해 휘장으로 사용되었고, 그 중 녹색과 흰색은 웨일스 군주들과 결부되어 14세기에는 원시적인 군복에도 이용되었다. 셰익스피어의 희극에서도 헨리 5세(먼머스의 해리)와 프루엘렌(Fluellen)은 웨일스를 기리기 위해 성 데이비드 축제일에 서양부추를 달고 있다. 서양부추는 18세기까지도 런던의 조정(朝廷)을 포함해 잉글랜드에서도 사용되었는데, 이렇게 된 것은 영국 국교회가 자신을 초기 브리튼 교회에 대한 기억에 접붙이려고 했기 때문이었을 가능성이 있다. 웨일스 밖의 웨일스 인들은 좀더 의도적으로 서양부추를 착용했다. 비록 만들어진 전통이라고 할 수는 없지만, 그것은 19세기 초 음유시인 경연대회를 열기 위한 건물이나 토착음악을 위한 음악당을 수놓은 정교하고 상징적인 장식물들 가운데 일상적인 한 부분이 되었다. 나팔수선화가 서양부추를 대신해서 민족 상징이 된 것은 얼마 되지 않은 1907년에 와서의 일이고, 이는 '구근(球根)'을 이르는 웨일스 어를 오해한 데 비롯된 것이었다. 로이드 조지는 나팔수선화의 좀더 여성적인 섬세함에 끌려서, 1911년 카나번에서 거행된 대규모의 서임식과 당시 정부문서 등에서 서양부추 대신 나팔수선화를 사용했다.

18세기에 웨일스를 나타내기 위해 가장 자주 사용된 상징 가운데 하나는 드루이드였다. 특히 두건과 망토를 입고 낫과 황금 겨우살이 가지를 든 드루이드 대사제가 널리 이용되었다. 드루이드 대사제는 1751년 성 데이비드와 함께 킴로도리언 문장을 받치는 사람 중 하나로 등장했고, 이후 협회와 클럽과 여관의 표시로 점점 더 빈번하게 사용되었다. 그는 웨일스에 관한 책들의 표제에 등장하기도 했고, 환상열석(이것은 드루이드들의 제단이라고 상상되었다)이 책의 삽화나 여백장식으로 덧붙여지기도 했다. 『캠브리아 대명부(*Cambrian Register*)』(웨일스 역사 및 문학을 다루는 훌륭한 정기 간행물이었다)는 1795년에 표지장식으로 환상열석을 선택했고, '퍼그' 윌리엄 오웬 역시 자신의 책 여러 권에서 그것을 사용했다. 얼마 후 드루이드는 직공 공제조합 지부들의 상징이 되었는데, 웨일스의 민족 문장에서 이 이교도 사제가 내쫓긴 것은 비국교가 승승장구하게 되면서부터였다. 그렇지만 드루이드는 오크 잎 장식이나 겨우살이 가지와 함께 음유시인 화관과 권좌와 메달의 장식요소로 오랫동안 남아 있었다.

하프, 정확히 말하면 삼중 하프는 웨일스의 상징으로 빈번히 사용되었다. 삼중 하프 그 자체는 때때로 아랫부분에 서양부추가 둘러쳐지고 윗부분에는 호화로운 깃털이 꽂히는 등 민족 상징들로 치장되기도 했다. 웨일스에서 하프는 종종 '웨일스는 하프의 땅이다' '영혼의 언어는 하프의 현에서 나온다'라는 그럴듯한 표어와 함께 깃발과 책과 두루마리와 메달에 사용되었다. 지금도 스노도니아 지역에서 가장 인상적인 광경이라고 할 수 있는 웨일스의 야생 염소 역시 몇몇 사람들에 의해 웨일스의 상징으로 채택되었다. 페넌트는 그의 혼파이프와 함께 염소 떼를 『여행기』의 권두 삽화로 사용했고, 레이디 래노버는 자신의 문장 가운데 하나로 야생 염소를 선택했으며, 몇몇 웨일스 연대들은 염소를 연대의 마스코트로 삼기도 했다. 자연히 염소는 풍자문이나 만화에서 웨일스를 풍자하는 유용한 상징이 되기도 했다.

이 시기에, 지역적이든 전국적이든, 음유시인 경연대회는 그런 민족적 표식들을 풍성하게 진열하는 행사가 되었고, 앞서 언급한 민족 상징들은 모두 '음유시인 왕좌'의 특별 표장에 혼합되어 있었다. 수천 개의 음유시인 화관과 권좌가 제작되었고, 이러한 물품들을 위한 장식법 또한 요구되었다. 이올로 모건(그는 유능한 석공 직인이자 아마추어 예술가였다)은 수많은 상징을 제작했는데, 그 가운데 가장 유명한 것이 3개의 막대로 이루어진 '신비의 부호(*nod cyfrin*)'다. 막대는 각각 과거 · 현재 · 미래를 대표하며 드루이드 교에서 통용되는 하나님의 이름을 표기한 것이다. 이것은 오늘날에도 전국 음유시인 경연대회를 나타내는 인상적인 표식으로 사용되고 있다. 음유시인 경연대회의 관례와 의례들은 19세기 말에 와서야 절정에 달했고, 이때 허버트 폰 허코머 경(Sir Hubert von Herkomer)과 고스컴 존 경(Sir Goscombe John)은 '음유시인 왕좌'를 위해 앞서 언급한 모든 상징들로 가득 찬 정교한 의상과 기장들을 고안해냈다.

새로운 기념식과 상징 그리고 표식 모두 웨일스 인들이 자신들의 조국을 '볼 수 있게' 하는 데 기여했다. 따라서 아직 정치적 국가를 이루지 못했던 이 민족 공동체에게 예외적인 중요성을 갖고 있었다. 이것들은 옛 사회에서 행해졌으나 이제는 사라져 버린 관습과 관례들, 곧 수호성인축제와 유쾌한 야간 모임과 명절 잔치의 대용물이었던 것이다.

전환점 – '청서(靑書)의 배신'

1847년 웨일스의 교육 실태를 조사한 왕실 조사위원회는 청서〔靑書, Blue Books, 의회 조사보고서〕를 통해 그 결과를 정부에 보고했다. 조사는 여러 이유, 즉 서민들 사이에서 반(反)국교도 혹은 비(非)국교도의 증가, 웨일스에서의 교육 기회 부족, 1831년 머서 봉기(Merthyr Rising)■에 이르는 지난 수십 년간의 사회적 소요의 증가, 1839년의 차티스트 운동(Chartist risings)■■과 1839년에서 1843년 사이의 레베카 폭동(Rebecca Riots)■■■ 등에 대한 염려 때문에 이루어진 것이다. 모두 잉글랜드 인이었던 조사위원들은 교육 문제뿐 아니라 웨일스에 있는 다른 많은 문제들에 대해서도 보고했는데, 웨일스 인들(특히 여성들)의 후진성과 부도덕성을 반국교도 분위기와 웨일스 어 탓으로 돌렸다. 그 결과 웨일스에서는 '청서의 배신(*Brad y Llyfrau Gleision*)'이라고 불리는 격렬한 항의의 폭풍우가 일었다. 이는 대부분의 웨일스 인들이 그 조사보고서를 대표성이 없는 소수의 웨일스 인들이 잉글랜드 조사위원들에게 제시한, 편견으로 가득 찬 근거에 기초해 자기 민족에게 터무니없는 모독을 가한 것이라고 생각했기 때문이다. '청서의 배신'이라는 말은 낭만적인 신화학자들 사이에 단골 주제였던 '장검의 배신'이라는 말을 빗대어 만든 것이다.

5세기 말 웨일스 인들(혹은 브리튼 족)의 지도자는 보티건(Vortigern)이었다. 그는 헹기스트(Hengist)와 호르서(Horsa) 형제가 이끄는 색슨 족에게, 브리튼 섬으로 와서 적을 물리치게 도와 달라고 요청했다. 이 이야기에 따르면 색슨 족은 보티건을 연회에 초청했는데, 거기서 보티건은 헹기스트의 딸인 로웬나(Alys Rhonwen)와 사랑에 빠져 그녀에게 청혼했다. 얼마 후 색슨 족은 또 다른 연회에서 탁자 주위로 둘러앉아 술에 만취되어 있던 웨일스 족장들을 특별한 신호에 맞춰 덮쳐 장검으로 모두 살해하고는, 보티건에게 잉글랜드 지역의 대부분을 색슨 족에게 넘기도록 강요했다는 것이다. 과거 수세기 동안 웨일스 인들은 이 웨일스 판 성 바톨로뮤 축제일 전야의 대학살****을 전설로 알고 있었다. 17세기에 발라드 작가 매슈 오웬은, 죄에 대한 형벌로 겸손하고 순종하는 마음으로 이 전설을 받아들여야 한다고 했다. 18세기 신화학자들은 이 전설의 극적인 중요성을 간파했고, 1770년대에 헨리 푸셀리(Henry Fuseli)와 앤젤리카 카우프만(Angelica Kauffman) 같은 낭만주의 화가들이 그 전설을 소재로 그림을 그렸다. 그러나 1847년 이후 그것은 웨일스 인들에게 행동을 촉구하는 일종의 정치적 선전으로 변모했다.[86)]

청서에 대한 논란으로 인해 취해진 행동은 역설이고 모순이었다. 한편으로 그 사건은 웨일스 인들을 예전보다 더욱 민족적으로 단결

* 산업화가 야기한 불안 때문에 일어난 웨일스의 심각한 봉기.
** 1848년까지 계속된 영국 노동 대중의 참정권 투쟁.
*** 남부 웨일스에서 일어난 소동. 여자 옷을 입은 남자들이 통행료 징수소를 습격했다.
**** 1572년 8월, 프랑스 가톨릭 교도들이 1만에 가까운 신교도들을 학살한 사건.

하게 하고 잉글랜드에 대한 혐오로 더욱 몸서리치게 만들었지만, 다른 한편으로는 웨일스 인들을 좀더 잉글랜드 인들처럼, 그러니까 좀더 실용적이고 완고하며 사무적인 사람들로 만듦으로써 조사위원들의 비판에 대응하게 했다. 그 논란은 또한 웨일스 사회에 새로운 연합과 분열을 가져왔다. 지금까지 우리가 주로 그 신화학적인 부분에 대해 토론해 오고 있는 18세기의 역사적 부흥은, 기실 종교적 논쟁과 정치적 개혁 그리고 산업혁명이 몰고 온 엄청난 힘들로부터는 얼마간 거리를 유지해 왔다. 위대한 고대 연구자들과 학자들은 일반적으로 감리교의 엄청난 힘에 대해 적대적이었는데, 이는 감리교가 이전의 명랑한 생활방식을 파괴했을 뿐만 아니라 그로 인한 공백까지도 매우 효과적으로 메웠기 때문이다. 예컨대 1799년 이올로 모건은 자신의 후원자인 오웨인 미피어에게 보내는 편지에서, 발라의 감리교 협회가 과이네디지언을 비롯한 런던의 웨일스 애국자들을 페인주의자들(Painites)■이라고 비난하고 있고, 자신의 적들 가운데 하나이자 자신이 언제나 '진 가게 존스(Ginshop Jones)'라고 부르던 사람이 그 주모자라고 했다. '진 가게 존스'는 조지 3세의 근위기병대 대원이었는데, 제대 후 여관을 경영하면서 감리교 장로가 되었다. 이올로는 "북부 웨일스는 이제 남부 웨일스만큼이나 감리교 일색이 되었고, 남부 웨일스는 지옥과 다름없다"라고 불평을 토해냈다.[87)]

침례교 목사이자 학교 설립자인 '네피드' 윌리엄 로버츠(William Roberts, 'Nefydd')는 1852년에 『암흑기의 종교(*Crefydd yr Oesoedd Tywyll*)』라는 수필집을 냈는데, 여기서 웨일스의 반(半)이교도적인 민속 문화를 좀더 고상한 당대의 웨일스 문화, 즉 음유시인 경연대회·문학 협회·토론 클럽과 정기 간행물 같은 문화와 대조하면서, 주네브식의 엄격한 정신적 풍토로 말미암아 얼마 전까지만 해도 감리교도들이 이렇게 만발하는 문화를 즐기리라고는 꿈도 꿀 수 없었다고 지적했다.■■ 1840년대에 이미 감리교 내의 고루한 보수파는 급속히 사라져 가고 있었다. 젊은층은 웨일스 문화가 얼마나 변모했는지를 목격할 수 있었고, 청서 논란으로 다른 반국교도들 및 웨일스 애국자들과 같은 편이 되었다. 이는 조사위원들이 이들을 모두 한통속으로 간주해 감리교도와 반국교도 그리고 웨일스 어를 싸잡아 비난했기 때문이다.

웨일스 애국자 및 반국교도들과 감리교도들 간의 간극이 좁혀진 것은, 불행히도 애국자들과 국교도들 간의 간극이 벌어지는 것을 의미했다. 국교도들은 18세기 이래 문화적 부흥을 다양한 방식으로 주도한 적이 있고, 1815년과 1847년 사이에 웨일스 문화를 가장 빛나게 진흥시킨 자들이기도 했다. 웨일스 어로 '고전문학의 사제들(*Yr Hen Bersoniaid Llengar*)'이라고 알려진 운동이 1815년 이후 웨일스적인 것들에 대해 새로운 관심의 물결을 어지간히 불러일으켰지만, 그것은 사실 여러 남녀 평신도들도 휩쓸려 들어간 운동이었다.[88] 그들은 정치적으로 다소 반동적이었고, 상대적으로 덜 소란스럽고 평화로웠던 18세기의 웨일스를 그리워했다. 그들은 명랑한 웨일스의 남은 부분을 보존하고자 했고, 문학과 역사를 주도함으로써 반국교도

■ 토머스 페인의 추종자들. 페인(1737~1809)은 미국 독립혁명과 프랑스 혁명에서 활약한 영국의 급진주의자로 유명한 『상식론(*Common Sense*)』과 『인간의 권리(*Rights of Men*)』를 남겼다.

■■ 여기서 주네브(Geneva)는 칼뱅의 금욕적 신정정치가 구현되었던 본고장이다.

나 감리교가 웨일스적인 생활을 더 이상 잠식해 들어가는 것을 막고자 했다. 이 집단에는 역사가 앙가라드 루이드(Angharad Llwyd, 페넌트의 동료 존 로이드의 딸)와 레이디 래노버, 그녀 자신이 『젊은 음유시인을 위한 입문서(*The Mabinogion*)』(1849)라고 명명한 유명한 웨일스 중세 이야기 모음집의 편집자인 레이디 샬럿 게스트(Lady Charlotte Guest), 옥스퍼드 크라이스트 처치(Christ Church)의 성가 선창자 '발라' 존 존스(John Jones, 'Tegid'), 애버퍼겜(Aberpergwm) 출신의 민속음악 수집가 마리아 제인 윌리엄스(Maria Jane Williams), 성직자이자 역사가이며 켈트주의자인 '카누아녹' 토머스 프라이스(Thomas Price, 'Carnhuanawc'), 성직자이자 음유시인 경연대회 조직자이며 민속음악 수집가인 '이보르 세리' 존 젠킨스(John Jenkins, 'Ifor Ceri'), 성직자이자 이올로 모건의 드루이드 관련 소고들을 거리낌없이 출판했고 캠브리아 고고학 협회 설립자 가운데 한 명이기도 한 '압 이델' 존 윌리엄스(John Williams, 'Ab Ithel') 등이 있었다.

과연 이 일군의 출중한 동인집단은 웨일스 어 문헌 협회, 캠브리아 고고학 협회, 랜도버리의 사립학교, 램피터(Lampeter)의 성 데이비드 대학 등을 통해 웨일스적인 생활에 영향력을 행사하고자 애썼다. 그러나 정작 그들이 서민들에게 다가간 것은 음유시인 경연대회를 통해서였다. 스완시의 급진적인 정기 간행물 「혜성(*Seren Gomer*)」은 1819년에 카마든 음유시인 경연대회에 대해 호의적으로 평가했지만, 1832년경에 이르러 그 편집자인 데이비드 에반스(David Evans)는 보머리스 음유시인 경연대회를 매우 석연찮아 했다. 그 행사가 웨일스 인들의 관심을 정치 개혁에서 다른 데로 돌린다는 것이 그 근거였다. 앙가라드 루이드는 앵글시의 역사에 대한 자신의 저서—음유시인 경연대회에서 수상하기도 했다—에다가 애국적 성직자들 가운데 한 명인 '알런' 존 블랙웰(John Blackwell, 'Alun')의 시를 부록으로 실었는데, 이 시에서 존은 웨일스의 농민은 교양 있고 글을 읽을 줄 알며, 부도덕함으로 더럽혀지지 않은 책들을 보고, 정치 혹은 정부의 문제에 대해 신경쓰지 않는다고 말했다.[89)]

그러나 음유시인 경연대회들의 낭만적인 세계에서조차 상황은 변하고 있었다. 1831년 아서 제임스 존스(Arthur James Johnes, 그는 후에 법관이 되었다)는 '웨일스에서 반국교도 운동의 원인'이라는 에세이로 수상했는데, 이미 이 작품은 오늘날이라면 사회학 논문이라고 불러도 괜찮을 만한 성과였다. 몇 년 지나지 않아 음유시인 경연대회를 웨일스판 영국 과학 진흥 협회로 변모시키려는 시도들이 있게 되었다. 먼 옛날의 신화적인 과거에 대해 관심을 가진 애국적 성직자들이 1840년대 말까지도 여전히 음유시인 경연대회를 주도했지만 청서를 둘러싼 논란으로 궁지에 몰렸고, 점차 반국교도와 감리교도들이 자신들의 관심 분야를 제기하면서 애국적 성직자들보다 우위에 서게 되었다. 반국교도와 감리교도들은 자기들이 웨일스 민족을 대표한다고 주장하면서 국교도들에게 이방인 침입자라는 낙인을 찍었다. 1866년 급진적인 웨일스 인들의 위대한 지도자 헨리 리처드는 『웨일스에 대한 서한과 에세이(*Letters and Essays on Wales*)』를 출판하면서, 웨일스 인이 되는 것은 사실상 비국교도가 되는 것이라며 국교도들을 한쪽으로 쓸어 버렸다. 이렇게 비국교도들이 웨일스 문화를 접수하면서 새로운 이미지가 창출되었다. 민족의 먼 과거에 대한 관심이 약화되는 대신 구약성서의 과거와 17,8세기의 반국교적인 운동의 초기 역사에 대한 관심이 일어났고, 새로운 청교도적인 주일을 '웨일스의 주일'이라고 강조하면서 새로운 '웨일스적인 생활방식', 곧 교회, 음악학교(발라드가 아니라 찬송가를 위한), 금주회합, 찬송가 부르기 회합(Cymanfa Ganu), 분기별 모임과 협회, 상호부조 협회 등으로 이루어진 생활방식이 대두했다. 이는 20세기에 전형적으로 '웨일스적'이라고 알려지게 될 것들이었다. 그러니 역사가 존 로이드 경이 빅토리아 시대의 웨일스는 앤 여왕이 보디셔(Boudicaa, Boadicea) 여왕과 다른 만큼이나 앤 여왕 시대의 웨일스와 달랐다고 언급한 것도 그리 놀랄 만한 일이 아니다. '검은 에반' 존 토머스(John Thomas, 'Ieuan Ddu')는 과거 노래들에 대한 감각을 상실한 것에 관한 글을 썼는데, 이를 보면 당시 외딴 카디건셔에 있는 젊은이들조차 결혼식 연회에서 다른 노래를 알지 못해 찬송가를 부를 수밖에 없었다.[90]

1840년대와 1850년대 들어 학자들과 애국자들이 거리를 두고 있던 정치와 산업주의의 강력한 힘이 낭만적인 신화학자들이라는 특권적 집단을 압박해 오기 시작했다. 그렇다고 18세기의 애국자들이 정치나 산업주의에 대해 무지했다는 말은 아니다. 예컨대 모리스 일파는 산업과 정치에 손대보기도 했는데, 이는 루이스 모리스가 카디건셔의 왕실 광산을 둘러싼 논란의 장본인이었고 리처드 모리스가 해군성 직원이었다는 점에서 불가피한 일이었다. 또한 토머스 페넌트는 플리트셔의 그린필드(Greenfield) 계곡 출신이었는데, 그 곳은 일찍이 산업이 들어섰던 곳으로서 그 자신도 지도적인 향사의 자격으로 1780년대의 정부 개혁에 관여한 적이 있었다. 이울로 모건이나 모건 존 리스와 같은 애국자들과 그들의 동료들도, 정치 문제에 대해 웨일스 어로 쓰여진 문헌이 상당수 존재했던 1780년대와 1790년대에 급진 정치에 참여한 적이 있었다.[91] 오웨인 미피어는 과이네디지언 협회가 교회와 국가의 개혁에 대해 급진적인 논의를 펴는 협회가 되어야 한다고 생각했고, 이는 런던에 있는 몇몇 웨일스 인들의 협회에서도 마찬가지였다. 이올로와 모건 존 리스 같은 인물은 글래모건 산악지대의 반국교도 장인층 사이에 존재하던 정치 토론의 전통에 속해 있었지만 그런 이들은 극소수였고, 웨일스는 수년간 지속된 나폴레옹 전쟁기의 탄압으로 말미암아 개혁운동은 둔화된 반면에 반혁명적 감정이 강화되었다.

1866년 헨리 리처드는 자신의 글에서 유년 시절의 문화를 되새기면서 아버지가 읽었던 다수의 웨일스 어 정기 간행물들을 떠올렸는데, 그 대부분이 시와 종교에 대한 것이었고 맨 끝에 붙은 작은 부록 이외에는 정치나 상업에 대한 언급이 일절 없었다고 썼다.[92] 레이디 래노버와 성직자-애국자들이라면 그런 생각을 기꺼이 인정했을 것이다. 왜냐 하면, 그들의 열광적인 문화 부흥이야말로 힘겨운 빈곤과 끓어오르는 불만이라는 시대적 상황에 정면으로 맞서 발생한 것이었기 때문이다. 앙가라드 루이드는 윌리엄 오웬(Sefnyn)의 서적들을 잔뜩 사서는 그것들을 파기해 버렸다. 이는 윌리엄이 가톨릭 해방령을 지지했기 때문이다. 레이디 래노버는 뛰어난 삼중 하프 연주자인 르웰린 윌리엄스(1822~1872)와 전혀 관계하지 않았는데, 이는 르웰린의 아버지가 1839년 차티스트 운동의 지도자였기 때문이다. 청서를 둘러싼 논란은 그로 말미암아 감리교도들이 웨일스의 정치와 문화에 관여하지 않을 수 없게 된 것과 마찬가지로, 자신들의 동포가 사업과 정치에 관여하기를 바라는 웨일스 인들의 입지를 강화시켰다.

굳이 청서 논란이 아니더라도, 웨일스 사회의 전반적인 상황은 사람들이 자신들이 직면한 문제를 다루는 과정에서 더욱더 능동적인 역할을 하게끔 그렇게 몰아가고 있었다. 에드윈 채드윅(Edwin Chadwick, 1800~1890)■은 1839년에서 1843년 사이에 있었던 레베카 폭동과 관련된 특이한 전례와 의례들이 '야단법석(*Ceffyl Pren*)'의 관습에서 유래한 것임을 보여주었다.[93] 그런 관습에 따라 오랫동안 전통사회에서는 성적으로 나쁜 행실을 벌하기 위해 남자들이 야간에 여자옷을 입은 채 인형을 불태우고 모의재판을 하며 행진하곤 했다. 그러나 이 관습은 1839년 당면한 사회적·정치적 목적을 위해 변형되었다. 1848년에 민족 국가(國歌)의 필요성을 호소한 '글랜 알런' 토머스 존스는, 또한 같은 호 「에세이스트」에서 당시 웨일스 인들이 무미건조하고 사실에 입각한 합리적인 잉글랜드식 실용성에 관심을 보이는 것에 개탄했다. 전환점에 도달한 것이다. 웨일스 문화에서 오랫동안 지배적이었던 전통의 발명은 1848년 이래 이렇게 쇠락하기 시작했다.

이제 시인과 신화학자와 몽상가들은, 시와 역사가 주류이던 인류 진화의 낮은 단계에서 실용적인 것들이 지배하는 좀더 높은 단계로 웨일스가 진보해야 한다고 믿는 사람들이 때때로 일반론의 차원에서 가하는 혹독한 비판에 노출되었다고 느꼈다. 존 윌리엄스(Ab Ithel)는 1858년 랭골렌 음유시인 경연대회를 1820년대와 1830년대

■ 잉글랜드의 공화주의자이자 개혁가다.

를 풍미한 애국적 성직자들의 위대한 시절을 재현하는 계기로 만들려고 했다. 그 자신은 '매덕 이야기'의 진실을 다룬 에세이를 통해 역사 부문에서 수상하기를 바랐다. 그리고 상을 받았다. 그러나 진정한 승리자는 이미 웨일스 문학의 역사에 대한 책을 출판한 바 있는 토머스 스티번스(Thomas Stephans)였다고 하겠는데, 여기서 스티번스는 매덕이 근거 없는 신화임을 가차없이 폭로했던 것이다. 이러한 변화는 랭골렌 대회의 의사 진행을 봐도 분명하게 목격할 수 있다. 예컨대 암레치의 윌리엄 루스(William Roos of Amlwch)는 그림 두 점을 출품해 회화 부문의 상 하나를 거머쥐었는데, 그림 중 하나는 오웨인 글렌다우어의 죽음에 대한 것이었지만, 다른 하나는 최근 알마(Alma)에서 죽은 윈 선장(Captain Wynn)에 관한 것이었다. 몇 년 사이에 웨일스 인들이 정기 간행물들을 통해 독일 언어학의 장대한 발전, 즉 웨일스 어를 과학적인 방식으로 그 실제 언어적 문맥 속에 위치시킨 보프(Bopp)와 조이스(Zeuss)의 저작들을 접하게 되면서, 18세기의 비합리적인 역사적 신화 만들기는 점점 더 신뢰받기 어려운 상황에 놓이게 되었다.[94] 예전에 에드워드 로이드와 라이프니츠의 연구가 낳은 달걀이 마침내 웨일스로 돌아와 부화했던 것이다. 앞선 세대들에게 즐거움과 영감의 원천이 되었던 머나먼 세기의 웨일스 역사와 문학의 요정들과 환영들이 이제 평범한 일상의 조명을 쐬자마자 일소되고 만 것이다.

이러한 일들이 벌어지면서 성직자 압 이델(Ab Ithel)과 글라시니스(Glasynys) 혹은 레이디 래노버 같은 구세계의 생존자들은 불만에 가득 찬 고립이나 침묵의 저편으로 물러나고 있었다. 바로 그 때 급진적이고 비국교도적인 웨일스라는 새로운 세계가 그 자신을 신화로 만들기 시작했고, 최근의 역사에는 안개와 연무가 내려앉기 시작했으며, 민중들은 새로운 전설, 그러니까 자기 자신들에 대한 것은 물론이요 초기 감리교도 박해에 관한 것이나 딕 펜더린(Dic Penderyn, 1808~1831)■과 1831년의 머서 봉기 혹은 억압적인 지주들과 산업 자본가들에 대항한 투쟁과 관련된 숱한 새로운 전설들로 위안을 받았다.

결론—잘 잡히지 않는 사냥감

이와 같은 특별한 운동의 결과로 무엇이 성취되었는가? 지금까지 우리가 묘사해 왔던 웨일스는 정치적 국가가 아니었다. 그러나 웨일스 민중이 점차 그와 같은 국가를 갈망하게 되면서, 사람들은 문화적인 문제들과 과거의 회복 그리고 과거가 부재하는 곳에서 과거를 발명하는 일에 정도 이상으로 정력을 쏟아부을 수밖에 없었다. 상당한 정도의 발명이 필요할 만큼 과거의 생활방식은 쇠락하고 소멸했으며, 과거는 너무도 종종 찢겨져 나가 뼈대만 앙상하게 남아 있었던 것이다. 낭만적인 신화학자들은 몇 가지 방식을 통해 웨일스적인 것이 황홀하고 매혹적일 정도로 진기해 보이도록 만드는 일에서 적잖이 성공을 거두었다. 고대적인 것들이 권위를 갖고 있는 한 이는 좋은 일이었지만, 진보의 시대가 도래하자 곧장 나쁜 것이 되어 버렸다. 그렇다면 '웨일스다움'이 보존되고 미래로 전수된 것도 지금까지 우리가 묘사해 왔던 애국자들의 결정적인 노력이 있었기에 가

■ 본명은 리처드 루이스(Richard Lewis)다. 머서 봉기의 지도자로서 체포되어 처형되었다. 그는 과연 산업시대 웨일스의 새로운 영웅이었다.

능했던 일이라고 할 수 있다. 그러나 대다수 사람들은 이 '웨일스다움'을 거부하기도 했다. 왜냐 하면, 그것은 순전히 진기함과 신빙성 없는 신화에 근거하고 있었기 때문이다. 빅토리아 여왕 재위기에 '웨일스다움'은 매우 격렬하고 열정적일 수 있었지만, 그럴 수 있었던 것은 그것이 상대해야 할 적이 너무도 많았던 까닭이다. 1860년대와 1870년대에 '웨일스다움'을 지켜내기 위해서는 급진주의와 비국교주의라는 새로운 세계에 미묘하게 적응하지 않을 수 없었던 것이다.

웨일스에서 역사적 부흥과 전통의 발명은, 비록 다른 유럽의 소국(小國)들에서 일어나고 있던 것들과 닮은 점이 많기는 하지만, 잉글랜드의 그 무엇도 비교될 수 없을 만큼 광범위한 영향력을 행사했다. 18세기 웨일스에는 온전하게 남아 있는 상서로운 역사적 전통이란 게 없었다. 즉, 가까운 과거에 영광스럽거나 영웅적인 기억이란 건 없었다는 말이다. 이로부터 드루이드와 켈트 같은, 기억에도 아득한 먼 과거를 재발견하는 것이 웨일스 인들에게 어마어마한 영향력을 행사하게 되었다. 웨일스에는 신화나 발명품들을 비판적으로 견제하고 균형잡아 줄 만한 학자나 학문적 제도가 없었다. 독자와 저자가 어깨를 맞대고 과거를 체계적으로 탐구할 수도 없었다. 예컨대 필사본들은 대부분 개인 서재에 묶여 있었고, 출판된 문헌들도 극소수에 불과했다. 그러니 이올로 모건과 같은 위조의 천재가 웨일스와 잉글랜드 독자들을 속이는 것은 쉬운 일이었다. 학문적 제도와 비판의 부재가 스코틀랜드에서 맥퍼슨(Macpherson)이 자신의 어시안 시들을 방어하고, 프랑스에서 에르사르 드 라 비유마케 남작(Baron Hersart de la Villemaqué)이 「바르자 브레즈(*Barzaz Breiz*)」

지면에 가짜 고대 브리타니 시를 게재하며, 체코에서 바츨라프 항카(Vaclav Hanka)가 가짜 중세 체코문헌인 『크랄로드보르스키 루코피스(*Kralodvorsky Rukopis*)』를 출판하는 일이 가능하도록 만들었던 것이다. 항카는 어시안이 체코 어로 번역된 지 2년 만에 이 문헌을 조작했는데, 반 세기 정도가 지나서야 토머스 마사리크(Thomas Masaryk)에 의해 위작임이 들통났다. 그 반면에 잉글랜드 인들은 토머스 채터튼(Thomas Chatterton)▪의 위작을 오래지 않아 간파했다.

웨일스에서 문화적 부활 및 신화 만들기 운동은 웨일스적인 생활의 위기, 그러니까 민족의 생명력 자체가 소진되어 가고 있다고 느껴지던 상황에서 싹튼 것이다. 웨일스의 과거는 폐막되고 종료되었으며, 웨일스 인들은 '기록의 서에서 지워졌으니' 분수에 만족하고 살아야 한다는 것이 상식적이고 이성적인 판단이었다. 그러니 웨일스 동포들이 자기들 유산을 가치 있는 것으로 인정하고 그것을 자신들의 것으로 여기도록 만들려면 소수 애국자들의 초인적인 노력이 필요했다. 그들 애국자들은 사람들을 가르치고 위로하며 즐기도록 해 주고 교육할 수 있는 새로운 '웨일스다움'을 창조하는 것, 그러기 위해 과거를 파헤치고 그것을 상상력으로 가공하는 일만이 이를 위한 유일한 방법이라고 느꼈다. 웨일스 인들은 이렇게 창조된 신화적이고 낭만적인 웨일스를 통해 자기들 바로 이전의 과거를 상실하는 대신, 예술과 문학에서 그것의 변형된 모습을 획득할 수 있었다. 말하자면, 그들은 꿩도 먹고 알도 먹으려 했던 것이다. 여기서 우리가 묘사했던 예술적 가공물은 웨일스가 그렇게 어려운 역사적 전환기

▪ 15세기 수도승으로 토머스 로울리의 시를 위작했다.

에 직면했을 때 상처를 어루만져주는 중요한 치유의 기능을 수행했다. 웨일스적인 생활은 계속해서 변화하고 있었고, 그렇게 변화를 겪는 가운데 우리가 묘사했던 과정이 되풀이되었다. 낭만주의자들이 낙마하자마자 새로운 신화 제작자들과 전통의 창조자들, 즉 급진적이고 비국교도적인 웨일스 인들이 그 자리를 채웠다. 사냥꾼은 바뀌었지만, 사냥은 계속되었던 것이다.[95)]

▪ 2장의 주석

(1) 본 장에서 묘사되는 사람들 대부분은 *The Dictionary of Welsh Biography down to 1940*(London, 1959)에 기재되어 있지만, 피터 로버츠는 위 사전의 웨일스 어 부록(London, 1970)에 수록되어 있다.

(2) Peter Roberts, *Cambrian Popular Antiquities*(London, 1815), introd.

(3) C. Bruyn Andrews(ed.), *The Torrington Diaries*(London, 1936), iii, pp. 254~5

(4) R. T. Jenkins, *Hanes Cymru yn y Ddeunawfed Ganrif*(History of Wales in the Eighteenth Century) (Cardiff, 1928), pp. 2, 104~34. Cf. E. D. Evans, *A History of Wales 1660~1815*(Cardiff, 1976), pp. 231~50.

(5) Edward Jones, *The Bardic Museum*(London, 1802), introd., p. xvi.

(6) Thomas Jones, *The British Language in its Lustre*(London, 1688), preface.

(7) B. Dobrée and G. Webb(eds.), *The Works of Sir John Vanbrugh*(London, 1927), ii, p. 33.

(8) Rachel Bromwich, *Trioedd Ynys Prydein, the Triads of the Isle of Britain*(Cardiff, 1961), and *Trioedd Ynys Prydein in Welsh Literature and Scholarship*(Cardiff, 1969).

(9) Evan Evans, *Some Specimens of Early Welsh Poetry*(London, 1764), especially his 'Dissertatio de bardis'.

(10) M. M. Griffiths, *Early Vaticination in Welsh with English Parallels*(Cardiff, 1937) ; Glanmor Williams, 'Prophecy, Poetry and Politics in Medieval and Tudor Wales', in H. Hearder and H. R. Loyn(eds.), *British Government and Administration*(Cardiff, 1974), pp. 104~16.

(11) Sydney Anglo, 'The British History in early Tudor propaganda', *Bulletin of the John Rylands Library*, xliv(1961), pp. 17~48. Glanmor Williams, 'Some Protestant Views of Early British Church History', *History*, xxxviii(1953), 이 부분은 그의 *Welsh Reformation Essays*(Cardiff, 1967), pp. 207~19에 다시 게재되었다.

(12) T. D. Kendrick, *British Antiquity*(London, 1950), pp. 34~134.

(13) F. V. Emery, 'A New Account of Snowdonia 1693 Written for Edward Lhuyd', *National Library of Wales Journal*, xviii(1974), pp. 405~17.

(14) Dafydd Jones, *Blodeugerdd Cymry*(Shrewsbury, 1759), p. 150 ; T. H. Parry-Williams(ed.), *Llawysgrif Richard Morris o Gerddi*(Cardiff, 1931), p. 125.

(15) 웨일스 학문의 역사에 관해서는 G. J. Williams(ed. A. Lewis), *Agweddau ar Hanes Dysg Gymraeg*(Aspects of the History of Welsh Scholarship) (Cardiff, 1969), *passim*, 특히 본 주에서는 pp. 83~4.

(16) J. Davies, *Bywyd a Gwaith Moses Williams*(Life and Work of Moses Williams) (Cardiff, 1937), pp. 24~5에서 재인용.

(17) O. M. Edwards(ed), *Gwaith Edward Morus*(Llanuwchllyn, 1904), pp. 21~4.

(18) Henry Rowlands, *Mona Antiqua Restaurata*(Dublin, 1723), p. 38.

(19) Hugh Owen(ed.), *Additional Letters of Morrises of Anglesey*, 2 vols.(London, 1947~1949), i, p. 13.

(20) James Howell, *Lexicon Tetraglotton*(London, 1659)에는 웨일스 어 속담에 관한 부분이 있다.

(21) G. J. Williams, *Traddodiad Llenyddol Morgannwg*(Literary Tradition of Glamorgan) (Cardiff, 1948) ; Enid Pierce Roberts, *Braslun o Hanes Liên Powys*(Sketch of Powys Literary History) (Denbigh, 1965) ; and Myrddin Fardd, *Cynfeirdd Lleyn*(Early Poets of Lleyn) (Pwllheli, 1905)

(22) Gwyn Thomas, 'A Study of the Change in Tradition in Welsh Poetry in North Wales in the Seventeenth Century'(Oxford D.Phil. thesis. 1966).

(23) Sion Prichard Prys, *Difyrrwch Crefyddol*(Religious Entertainment) (Shrewsbury, 1721), preface.

(24) Ellis Wynne, *Gweledigaetheu y Bardd Cwsc*(Visions of the Sleeping Bard) (London, 1703), p. 13. Cf. Gwyn Thomas, *Y Baradd Cwsg a'i Gefndir*(The Sleeping Bard and its Background) (Cardiff, 1971).

(25) Peter Smith, *Houses of Welsh Countryside*(London, 1975).

(26) Mark Girouard, *Life in the English Country House*(London, 1978), pp. 10, 138.

(27) Hugh Owen(ed.), *Life and Works of Lewis Morris*(Anglesey Antiquarian Society and Field

Club, 1951), p. 162.

(28) Parry-Williams, 앞의 책.

(29) Edward Lhuyd(ed. R. H. Morris), *Parochialia*(Archaeologia Cambrensis, ii, 1909~1911), p. 59.

(30) 모리스 형제와 그 일파에 대해서는 J. H. Davies(ed.), *The Morris Letters*, 2 vols.(Aberystwyth, 1906~1907), *The Letters of Goronwy Owen*(Aberystwyth, 1924)과 Owen, *Additional Letters* 참조.

(31) Hugh Owen(ed.) *The Diary of William Bulkeley of Brynddu*(Anglesey Antiquarian Society and Field Club Publications, 1931) pp. 22~102.

(32) Thomas Pennant, *Tours in Wales, Journey to Snowdon*(London, 1781), ii, pp. 114~16. 헨리 로이드에 대해서는 *D. N. B., s.n.* 참조.

(33) *Lleuad yr Oes*(Swansea, 1827), pp. 316~18, 374~6에 출판.

(34) *Cymru*(Caernarfon, 1908), xxxiv, pp. 253~7에 출판.

(35) Edmund Hyde Hall(ed. E. G. Jones), *A Description of Caernarvonshire in 1809~1811*(Caernarfon, 1952), pp. 313~14.

(36) Geraint H. Jenkins, *Literature, Religion and Society in Wales 1660~1730*(Cardiff, 1978).

(37) Robert Jones(ed. G. Ashton), *Drych yr Amseroedd*(Mirror of the Times) (Cardiff, 1958), p. 46. 초판은 1820년.

(38) Geraint H. Jenkins, 'Polpular Beliefs in Wales from the Restoration to Methodism', *Bulletin of the Board of Celtic Studies*, xxvii(1977), pp. 440~62.

(39) Edmund Jones, *A Relation of Apparitions of Spirits … in Wales*(London, 1767). Cf. Edgar Phillips, *Edmund Jones, the Old Prophet*(London, 1959).

(40) Elias Owen, *Old Stone Crosses of the Vale of Clwyd*(London, 1886). 오웬은 성직자이자 빅토리아 시대 웨일스의 대표적인 민속학자였다.

(41) W. Hughes, *Life and Letters of Thomas Charles of Bala*(Rhyl, 1881), p. 182.

(42) D. E. Jenkins, *Life of Thomas Charles of Bala*, 3 vols.(Denbigh, 1908), ii. pp. 88~91.

(43) Samuel Lewis, *Topographical Dictionary of Wales*(London, 1833), *s.n.* 'Llanrwst'.

(44) William Howells, *Cambrian Superstitions*(Tipton, 1831).

(45) Thomas Parry, *Baledi'r Ddeunawfed Ganrif*(Ballads of Eighteenth Century) (Cardiff,

1935), pp. 148~9. A. Watkin-Jones, 'Popular Literature of Wales in the Eighteenth Century', *Bulletin of the Board of Celtic Studies*, iii(1926), pp. 178~95 및 'The Interludes of Wales in the Eighteenth Century', 같은 책, iv(1928), pp. 103~11.

(46) Tecwyn Ellis, *Edward Jones, Bardd y Brenin 1752~1824*(Cardiff, 1957)이 에드워드 존스에 대한 권위 있는 전기다.

(47) Gwyn Thomas, *Eisteddfodau Caerwys*(Cardiff, 1967)은 영어와 웨일스 어로 쓰여졌는데, 1450년부터 1700년대까지 있었던 음유시인 경연대회에 대한 개관이다. Helen Ramage, 'Eisteddfodau'r Ddeunawfed Ganrif'(Eighteenth-Century 음유시인 경연대회들) in Idris Foster(ed.), *Twf yr Eisteddfod*(Eisteddfod Court, 1968), pp. 9~29. H. Teifi Edwards, *Yr Eisteddfod*(Eisteddfod Court, 1976)은 웨일스 어로 된 전반적인 개론서다.

(48) Sion Rhydderch(John Roderick), *Grammadeg Cymraeg*(Welsh Grammar) (Shrewsbury, 1728).

(49) R. T. Jenkins and Helen Ramage, *A History of the Honourable Society of Cymmrodorion 1751~1951*(London, 1951).

(50) T. D. Kendrick, *The Druids*(London, 1927); Stuart Piggott, *The Druids*(Harmondsworth, 1974), pp. 112~57; Aneurin Lloyd Owen, *The Famous Druids*(Oxford, 1962).

(51) Prys Morgan, 'Boxhorn, Leibniz and the Celts', *Studia Celtica*, viii/ix(1973~1974), pp. 270~8.

(52) R. T. Gunther(ed.), *The Life and Letters of Edward Lhwyd*(Oxford, 1945), p. 376, 원문 그대로.

(53) D. Silvan Evans(ed.), *Gwaith y Parchedig Evan Evans*(Caernarfon, 1876), pp. 129ff에는 에반 에반스의 소책자가 '상세하게' 실려 있다. 에반스와 토머스의 장기간에 걸친 서신 교환에 대해서는 A. Lewis(ed.), *The Correspondence of Thomas Percy and Evan Evans*(Louisiana, 1957)를 참조하라.

(54) Elijah Waring, *Recollections and Anecdotes of Edward Williams*(London, 1850). G. J. Williams, *Iolo Morganwg : y Gyfrol Gyntaf*(Cardiff, 1956)는 웨일스 어로 쓰여진 대작이지만 불완전한 전기다. 이올로에 대해 영어로 된 짧은 연구로는 Prys Morgan, *Iolo Morganwg*(Cardiff, 1975)을 참조하라.

(55) E. G. Bowen, *David Samwell, Dafydd Ddu Feddyg 1751~1798*(Cardiff, 1974)는 웨일스

어와 영어로 된 연구서다.

(56) R. T. Jenkins, Bardd a'i Gefndir (A Bard and his Background)(Cardiff, 1949)는 애버데어의 에드워드 에반에 대한 웨일스 어 연구서다.

(57) 랜트리전트의 프라이스 박사에 대해서는 Roy Denning, 'Druidism at Pontypridd', in Stuart Williams(ed.), *Glamorgan Historian*(Barry, 1963), i. pp. 136~45을 참조하라. Johnathan William의 *Druopaedia*는 1823년 Leominster에서 출판되었다. Welsh Druidism에 대해서는 D. Moore, 'Cambrian Antiquity' in G. C. Boon & J. M. Lewis(eds.), *Welsh Antiquity*(Cardiff, 1976), pp. 193~222를 참조하라.

(58) Prys Morgan, 'The Abbé Pezron and the Celts', *Transactions of the Honourable Society of Cymmrodorion*(1965), pp. 286~95.

(59) Victor Tourneur, *Equisse d une Histoire des Etudes Celtiques*(Liège, 1905), pp. 171~206 ; A. Rivoallan, *Présende des Celtes*(Paris, 1957), pp. 178~211; Stuart Piggott, *Celts, Saxons and the Early Antiquaries*(Edinburgh, 1967).

(60) Lewis, *Correspondence of Thomas Percy and Evan Evans*, p. 106n.

(61) W. Rowlands(ed. D. S. Evans), *Cambrian Bibliography/Llyfryddiaeth y Cymry*(Llanidloes, 1869) ; Jenkins, *Literature, Religion and Society in Wales*.

(62) Rice Jones, *Gorchestion Beirdd Cymru*(Shrewsbury, 1773), 서문, 존스 자신의 시는 1818년에 라이스 존스 오웬(Rice Jones Owen)이 출판했다.

(63) Thomas Richards, *Antiquae Linguae Britannicae Thesaurus*(Bristol, 1753), preface. Cf. T. J. Morgan, 'Geiriadurwyr y Ddeunawfed Ganrif'(Lexicographers of the Eighteenth Century), in *Llên Cymru*, xi(1966), pp. 3~18.

(64) University of Wales Press(Cardiff, 1936)가 전송사진 형태로 출판한 Brit. Mus. Add. MS. 14905.

(65) 하프에 관해서는 Robert Griffith, *Llyfr Cerdd Dannau*(Book on Harpistry) (Caernarfon, 1913)을, 당시의 종교음악에 대해서는 R. D. Griffith, *Hanes Canu Cynlleidfaol Cymru*(History of Congregational Singing in Wales) (Cardiff, 1948)을, 개별적인 민속노래에 대해서는 *Journal of the Welsh Folk Song Society*를, 논란이 있는 비판들에 대해서는 Osian Ellis, 'Welsh Music : History and Fancy', *Transactions of the Honourable Society of Cymmrodorion 1972~ 1973*(1974), pp. 73~94를 근거로 했다.

(66) Arthur Johnston, *Thomas Gray and the Bard*(Cardiff, 1966) ; F. I. McCarthy, 'The Bard of Thomas Gray and its Importance and Use by Painters', *National Library of Wales Journal*, xiv(1965), pp. 105~13.

(67) Cecil Price, *The English Theatre in Wales*(Cardiff, 1948), p. 114. 이는 도처에서 나타났는데, 대체로 18세기 후반 잉글랜드 문화가 웨일스 전역에 확산된 것과 관련이 있다.

(68) *Traethodydd*, iv(1848), pp. 378~92. 이것은 루이스 에드워드가 편집장으로 있던 웨일스의 권위 있는 지적 평론지였다.

(69) Percy Scholes, 'Hen Wlad Fy Nhadau', *National Library of Wales Journal*, iii(1943), pp. 1~10.

(70) F. Payne, *Welsh Peasant Costume*(Cardiff, 1964) ; M. Ellis, *Welsh Costumes and Customs*(Aberystwyth, 1951) ; K. Etheridge, *Welsh Costume*(Llandybie, 1958 및 이후 재판본)

(71) 레이디 래노버는 *Dictionary of Welsh Biography, s.n.* 'Benjamin Hall' 항목에 수록되어 있다. 레이디 래노버 및 래노버 경에 대한 여러 전기적 사실에 대해서는 Maxwell Fraser가 *National Library of Wales Journals*, xii~xiv (1962~1966)에 실은 논문들을 참조하라.

(72) J. E. Lloyd, *Owen Glyndŵr*(Oxford, 1931) ; D. Rhys Phillips, *A Select Bibliography of Owen Glyndŵr*(Swansea, 1915).

(73) Silvan Evans, *Gwaith y Parchedig Evan Evans*, p. 142 ; Davies, *Morris Letters*, i, p. 432 ; Thomas Pennant, *Tours*, i(1778), pp. 302~69.

(74) P. Toynbee and L. Whibley, *Correspondence of Thomas Gray*(Oxford, 1935), ii, pp. 501~2. 당시 웨일스 및 잉글랜드 문인들 사이의 교류에 대해서는 Saunders Lewis, *A School of Welsh Augustans*(London, 1924) ; W. J. Hughes, *Wales and the Welsh in English Literature from Shakespeare to Scott*(London 및 Wrexham, 1924) ; E. D. Snyder, *The Celtic Revival in English Literature 1760~1800*(Harvard, 1923) 참조.

(75) McCarthy, 'The Bard of Thomas Gray' ; Thomas Jones의 작품 전시회 도록 *Thomas Jones*(London, 1970)에 있는 Ralph Edwards의 서문.

(76) David Williams, *John Evans and the Legend of Madoc*(Cardiff, 1963).

(77) Gwyn A. Williams, 'John Evans's Mission to the Madogwys, 1792~1799', *Bulletin of the Board of Celtic Studies*, xxvii(1978), pp. 569~601. 모건 존 리스와 이민에 대해서는

Gwyn A. Williams, 'Morgan John Rhees and his Beula', *Welsh History Review*, iii(1967), 99. 441~72. 또한 과인 A. 윌리엄스의 최근 저작 두 권, 즉 *Madoc : The Making of a Myth*(London, 1979)와 *In Search of Beulah Land*(London, 1980)를 참조하라.

(78) 위조에 대해서는 David Greene, *Makers and Forgers*(Cardiff, 1975) ; and Morgan, *Iolo Morganwg*, pp. 75~91를 참조하라.

(79) T. J. Llewelyn Pritchard, *Welsh Minstrelsy*(London and Aberystwyth, 1825)와 *The Adventures and Vagaries of Twm Sion Catty*(Aberystwyth, 1828).

(80) F. J. North, *Sunken Cities*(Cardiff, 1957), 특별히 pp. 146~7을 참조하라.

(81) D. E. Jenkins, *Bedd Gelert, its Facts, Fairies and Folklore*(Portmadoc, 1899), pp. 56~73.

(82) 다피드 토머스의 시는 1816년 S. 윌리엄스에 의해 애버스튀스에서 출판되었지만, 필자는 1893년에서 1894년 사이 *Trysorfa'r Plant*(Childrens's Treasury)에 실린 판본을 근거로 삼았다.

(83) Iolo A. Williams, 'Notes on Paul Sandby and his Predecessors in Wales', *Transactions of the Honourable Society of Cymmrodorion*(1961) pp. 16~33 ; A. D. Fraser Jenkins, 'The Romantic Traveller in Wales', *Amgueddfa*, vi(1970), pp. 29~37 ; D. Moore, 'The Discovery of the Welsh Landscape', in D. Moore(ed.), *Wales in the Eighteenth Century*(Swansea, 1976), pp. 127~51. Wilson에 대한 가장 권위 있는 저작은 W. G. Constable, *Richard Wilson*(London, 1953)이다.

(84) 1728년에 개최된 고대 브리튼 족 협회의 대연회에 대한 Richard Morris의 묘사는 Davies, *Morris Letters*, i, p. 3에 수록되어 있다.

(85) 이 주제에 대한 유일한 저서는 Francis Jones, *The Princes and Principality of Wales*(Cardiff, 1969)다. 특히 pp. 86~7 및 158~204를 참조하라. Edwards, *Yr Eisteddfod*에는 메달과 파빌리온 장식을 그린 삽화가 실려 있다.

(86) 비국교주의에 대해서는 David Williams, *A History of Modern Wales*(London, 1950), pp. 246~68를, 민족 의식의 성장, 특히 1840년대의 그것에 관해서는 pp. 269~85를 참조하라.

(87) G. J. Williams, 'Llythyrau Llenorion'(Letters of Authors), *Y Llenor*, vi(1927), p. 39.

(88) Bedwyr Lewis Jones, *Yr Hen Bersoniaid Llengar*(Old Literary Parsons)(Denbigh, 1963) ; R. T. Jenkins, *Hanes Cymru yn y Bedwaredd Ganrif ar Bymtheg*(History of Wales in the

Nineteenth Century) i. *1789~1843*(Cardiff, 1933)는 성직자인 애국자들에 대해 도처에서 언급하고 있다. 1830년대에서 1860년대까지 켈트 연구의 전반적인 현황에 대해서는 Rachel Bromwich, *Matthew Arnold and Celtic Literature : A Retrospect 1865~1965*(Oxford, 1965)를 참조하라.

(89) Angharad Llwyd, *A History of the Island of Anglesey*(Ruthin, 1832), 부록 p. 39. Mary Ellis, 'Angharad Llwyd', *Flintshire Historical Society Publications*, xxvi(1976), pp. 52~95 및 xvii(1978), pp. 43~87를 참조하라.

(90) John Thomas 'Ieuan Ddu', *The Cambrian Minstrel*(Merthyr, 1845), p. 29n. 축구경기에서 찬송가를 부르는 전통은 마찬가지 이유로 19세기 말에 나타난 현상이다.

(91) David Davies, *The Influence of the French Revolution on Welsh Life and Literature*(Carmarthen, 1926) ; J. J. Evans, *Dylanwad y Chwyldro Efrengig ar Lenyddiaeth Cymru*(Influence of the French Revolution on Welsh Literature)(Liverpool, 1928) 및 *Morgan John Rhys a'i Amserau*(M. J. Rhys and his Times)(Cardiff, 1935).

(92) Henry Richard, *Letters and Essays on Wales*, 2nd edn(London, 1884), p. 93.

(93) David Williams, *The Rebecca Riots*(Cardiff, 1955), pp. 53~6, 104, 128, 185, 191, 241, 290. 1790년대부터 1835년까지의 소요에 대해서는 D. J. V. Jones, *Before Rebecca*(London, 1973)를 참조하라.

(94) Bromwich, *Matthew Arnold and Celtic Literature*. 1839년 보프의 위작과 1853년 조이스의 위작에 대해서는 Francis Shaw, 'The Background to the Grammatica Celtica', *Celtica*, iii(1953), pp. 1~17를 참조하라.

(95) 본 장에서 다룬 주제를 좀더 광범위하게 다룬 것으로는 Prys Morgan, *The Eighteenth-Century Renaissance*(Llandybie, 1981)를 참조하라.

3장

의례의 역사적 맥락과 그 의미:
영국 군주정과 '전통의 발명' 1820~1977

데이비드 캐너다인(David Cannadine)

03 의례의 역사적 맥락과 그 의미 : 영국 군주정과 '전통의 발명' 1820~1977 [1]

1820년 영국 통치기구의 부패와 권력을 급진적으로 비판한 책 『흑서(*The Black book*)』에는 왕실의례에 대해 다음과 같이 언급되어 있다.

> 화려한 행사와 전시, 왕관과 왕실 문장의 행렬, 황금 열쇠와 단장(短杖), 백색 봉(棒)과 흑색 홀(笏)의 행진, 흰 담비 모피와 얇은 면사, 의식용 지팡이와 가발의 행진은, 통치의 진정한 목적이 인민에게 최소의 비용으로 최대의 행복을 부여하는 것임을 배운 계몽된 자들에게는 우스꽝스러운 광경일 뿐이다.[2]

그로부터 40년이 지난 뒤, 로버트 세실 경[Lord Robert Cecil, 훗날의 솔즈베리 후작 3세]은 빅토리아 여왕의 의회 개원식을 보고 위와 별반 다를 바 없는 평가를 남겼다.

> 몇몇 민족들은 기념식을 만드는 데 재능이 있다. 설사 수단이 부족하고 화려함이 모자라더라도 그들이 참여하는 행사는 진실하면서 인상적이다. 모든 사람이 각자 적절한 자리를 자연스럽게 찾아가고, 별다른 노력 없이도 자신들이 재현하는 소극의 분위기에 젖어들며, 본능적으로 어색하거나 산만한 듯한 모습을 숨긴다.

그러나 이어서 설명하기를,

> 이러한 소질은 일반적으로 남부적 풍토의 민족들이나 튜튼 족이 아닌 민족들에게서만 보이는 것이다. 잉글랜드의 경우는 정반대다. 우리는 대부분의 민족보다 화려하게 치장할 수 있지만, 어떤 불길한 기운이 우리의 가장 엄숙한 기념식들에도 엄습해 그것들을 우스꽝스럽게 만드는 특성이 있다. … 무엇인가 고장나거나, 누군가가 자기 역할에서 도망치려 하거나, 어떤 돌출 행동이 끼여들어 기념식 전체를 망친다.[3)]

전체적으로 보자면, 이러한 인용문들은 19세기의 초기 75년간에 영국 왕실의 의식에 대한 당대인들의 태도를 예증하는 것이다. 첫 번째 인용문에는, 사람들이 좀더 많은 교육을 받게 되면 왕실의례는 그저 원시적인 마술이나 공허한 허구에 불과한 것으로 드러날 것이라는 주장이 담겨 있다. 두 번째는 확실한 내부 정보를 기초로, 왕실을 중심으로 하는 행사들이 그 웅대함보다는 그 어리석음으로 인해 더욱 눈길을 끈다고 완곡하게 표현하고 있다.

오늘날의 영국에서 상황은 정반대다. 교황의 경우가 예외일 수는 있겠지만, 국가 원수로서 엘리자베스 2세 만큼 무수한 대중적인 의례로 둘러싸여 있는 경우도 없다. 『흑서』의 저자들이 바랐듯이, 대중은 실로 더 많은 교육을 받았을지 모르지만, 그 결과로 왕실의 세속적인 마술에 대한 취미를 상실한 것은 아니다. 그 반대로 이안 길모어(Ian Gilmor)가 지적했듯이, "근대사회는 여전히 신화와 의례를 필요로 한다. 국왕과 그 가족은 그것을 제공한다."[4] 그리고 위에 언급된 이전 시기와는 대조적으로, 관객들은 이제 더할 나위 없이 멋들어지게 거행되는 기념식을 보며 마치 언제나 그러했을 것이라고 가정하게 된다. '천 년 전통의 장관과 웅대함' '수백 년 동안 지속되어 온 장관' '수세기 동안의 선례로부터 비롯된 정밀함' '잉글랜드 인들은 특히 기념식에 뛰어나다', 이는 오늘날의 장대한 왕실 기념식들을 묘사하는 아나운서와 기자들의 표현이다.[5] 『흑서』와 세실 경의 증언이 비록 당시에는 정확했는지 몰라도, 오늘날에는 전혀 유효하지 않다는 얘기다. 본 장의 목적은 위와 같은 인용문들을 부적절한 것으로 만들고 그 예언들을 빗나가도록 만든 잉글랜드 왕실 기념식의 역사적 맥락과 그 성격의 순차적인 변화를 추적하고 설명하는 데 있다.

I

군주정은 영국의 정치적·사회적·문화적 생활에서 계속해서 중심적인 지위를 유지해 왔다. 그럼에도 역사가들은 지난 200년간 군주정의 대중적 이미지가 보여준 변화하는 성격에 거의 주목하지 않았다. 반면 튜더 및 스튜어트 왕조시대 궁정의 '권력의 무대(theatre of power)'—즉 정교한 기념식을 통해 왕실 및 공화정의 위신이 강화된 방식—에 관해서는, 영국은 물론이요 전체 유럽을 대상으로 폭넓은 연구를 진행해 왔다.[6] 19세기 말과 20세기 초에는 독일 제2제국과 프랑스 제3공화정에서 '만들어진' 의례와 전통의 새로운 발흥이 수많은 연구의 주제가 되었는데, 이는 동시대 영국의 기념식에 관해 여러 시사점들을 제공해 준다.[7] 최근에는 전간기 유럽 신생 파시스트 및 공산주의 정권의 정교한 의례들이 광범위한 학문적 관심을 받기 시작했다.[8] 이에 비해 17세기 말 이래 영국의 왕실의례는 거의 전적으로 무시되었다. 비록 국왕이나 여왕을 다룬 전기들에 상당수의 결혼식, 대관식 및 장례식에 대한 적절한 증언이 담겨 있기는 하지만, 그런 기념식들을 장기적인 안목에서 비교하면서 전후 관계를 충분히 고려해 체계적으로 분석하려는 시도는 없었다.

따라서 영국 군주정의 의례적인 측면에 대한 선구적인 연구는, 증거의 수집과 해석이라는 차원 모두에서, 거의 전적으로 사회학자들에 의해 수행되어왔다고 할 수 있다. 1937년에 여론 조사(Mass Observation)가 있은 이래, 조지 6세의 대관식에서부터 엘리자베스 여왕의 즉위 25주년 기념식에 이르기까지 왕실 기념행사들에 대한 대중적인 반응을 평가하는 조사가 계속적으로 진행되어 왔다.[9] 몇몇 사회학자들은 뒤르켕적인 기능주의적 틀 안에서 그 '의미'를 분석하고자 시도하면서, 그러한 의례들이 갖는 통합적인 힘과 뿌리 깊고도 널리 퍼져 있는 대중적인 가치를 구현하고 반영하며 지지하고 강화하는 방식을 강조했다.[10] 또다른 사회학적 전통은 동일한 의례들을 대중적 합의의 표현이 아니라 '편견의 동원'을 구현하는 것—

지배 엘리트가 행사를 선전으로 이용해 자신의 이데올로기적인 지배를 공고히 하는 사례—으로 간주했다.[11] 어떤 경우건, 사회학자들에게 산업사회에서 기념식이 갖는 '의미'는 본질적으로 의례 자체가 놓인 맥락을 무시하는, 이른바 탈(脫)콘텍스트화된 분석으로부터 추론된 것으로서, 마르크스주의 이론이나 기능주의 이론이라는 상대적으로 박약한 역사적 준거틀 안에서 평가된 것이다.

본 장에서는 그와 같은 왕실 기념식의 '의미'를 다른 방법론을 원용해서, 그러니까 좀더 자세히 말하자면 기념식을 더욱 포괄적으로 그 역사적인 콘텍스트 안에 위치시키는 방식을 원용해서 재발견하고자 한다. 기념행사들 역시 예술작품이나 정치이론서들과 마찬가지로 단순히 '내적 구조의 측면에서만, 즉 **모든 주체, 모든 객체, 모든 콘텍스트로부터 독립적으로**' 해석될 수 없다는 것이 이와 같은 접근방식이 깔고 있는 기본적인 생각이다. 텍스트로 다루어질 수 있는 모든 문화적 형태들처럼, 혹은 문화적 형태로 다루어질 수 있는 모든 텍스트들처럼, '얇은' 묘사보다는 '두터운' 묘사가 요구된다는 말이다.[12] 위대한 정치이론서들만큼이나 기념행사들의 경우에도 "콘텍스트를 연구하는 것은 … 단순히 추가적인 정보를 얻기 위함이 아니다. 그것은 텍스트의 의미에 대해 … 단지 텍스트 자체를 읽는 것으로 도달할 수 있기를 바라는 것보다 … 더욱 원대한 통찰력을 얻을 수 있는 방식을 … 우리가 갖추고자 함이다."[13] 그러므로 근대시기 왕실의례의 '의미'를 재발견하기 위해서는 의례를 그것이 실제로 거행된 특정한 사회적·정치적·경제적 환경에 연계시킬 필요가 있다. 정치이론과 마찬가지로 기념식의 경우에도 특정한 행사나 텍스트를 적절한 콘텍스트에 위치시키는 행위 자체는, 단지 역사적 배경

을 제공하는 것에 그치는 게 아니라 실제로 해석 과정을 개시하는 것이다.[14)]

분명히 대관식과 같이 반복적인 의례라는 텍스트는 시간이 지나도 변하지 않는다 해도, 그것의 '의미'는 콘텍스트의 성격에 따라 심오하게 변할 수 있다. 본질적으로 정적인 시대에 불변하는 의례는 안정성과 합의를 진정으로 반영하거나 강화하는 것일 수 있다. 그러나 변화, 갈등 혹은 위기의 시기에 그러한 의례는 연속성과 공동체감과 안정성의 인상을 주기 위해 의도적으로 변하지 않게 된 것일 수 있다. 특정 상황 하에서, 대관식은 그 참가자들과 당대인들에게 민족의 위대함을 상징적으로 재확인하는 것으로 간주될 수 있다. 그러나 다른 콘텍스트에서는 동일한 의식도 과거의 영광에 대한 집단적인 열망이라는 특징을 취할 수 있다. 마찬가지로 왕실 장례식은 민족을 강성하게 만든 군주를 기리고 그에 감사하는 예배가 될 수 있다. 혹은 동일한 형식과 텍스트를 갖고서도, 군주 그 자신뿐만 아니라 국가가 강대국의 지위를 잃은 것을 애도하는 장송곡으로 해석할 수도 있다. 지난 1세기 동안 자유의 여신상이 갖는 '의미'가 '상황이라는 역사적 조직'이 변화한 결과로 심오하게 바뀌었듯이, 의례 행사라는 텍스트들에 대해서도 마찬가지 주장을 펼 수 있다.[15)]

그러나 자유의 여신상과 같은 예술작품은 그 본성상 정적이다. 즉, 시간이 지남에 따라 그 '의미'가 변하는 것이니만큼, 어디까지나 그것은 콘텍스트가 변화한 결과일 수밖에 없다. 그러나 의례와 기념식의 경우에는 거행한다는 사실 자체가 탄력적이고 역동적이다. 반복적인 의례의 기본 텍스트는 본질적으로 변하지 않은 채 유지될지라도—예컨대 잉글랜드 대관식에서의 수여·도유·승인과 같이—의례가 행해지는 명확한 방식은 다를 수 있고, 그 방식 자체도 '의미'의 변화에 더욱 폭넓은 차원을 부여하는 데 기여한다. 의례는 매끄럽게 혹은 서투르게 거행될 수 있다. 주의 깊게 예행 연습을 할 수도 있고 사전 준비가 거의 없어 실수를 연발할 수도 있다. 참석자들은 지루해할 수도 있고 아예 무관심하거나 아니면 관심을 갖고 지켜볼 수도 있다. 심지어 자기들이 참여하고 있는 장관의 역사적 중요성을 열정적으로 확신할 수도 있다. 그러므로 의례의 거행이 갖는 성격과 그것이 위치한 콘텍스트 모두에 따라, 표면상으로는 동일한 의식도 그 '의미'가 근본적으로 바뀔 수 있다. 거행의 성격과 콘텍스트의 '두터운' 묘사 모두를 무시한 채 텍스트에만 국한된 분석이, 근대 영국에서 왕실의례와 기념식이 갖는 '의미'에 대해 역사적으로 설득력 있는 설명을 제시해 주리라고는 기대할 수 없다.[16]

이러한 견지에서 볼 때, 의례와 그 거행 및 콘텍스트에 대해서 최소한 열 가지 측면이 검토되어야 한다. 첫째는 군주의 정치적 권력이다. 권력이 강했는가 약했는가, 혹은 증대되고 있었는가 축소되고 있었는가? 둘째는 군주 개인의 성품과 명성이다. 그는 사랑받았는가 미움받았는가, 존경받았는가 모욕받았는가? 셋째는 군주가 통치하던 나라의 사회경제적 구조의 성격이다. 지역적이고 농촌적이며 산업화되기 이전이었는가, 혹은 도시적이고 산업화되었고 계급 중심적이었는가? 넷째는 미디어의 종류와 범위 및 태도다. 왕실행사들이 얼마나 생생하게 묘사되었고 왕실에 대해서 어떤 이미지를 전달했는가? 다섯째는 기술과 유행의 지배적인 현황이다. 군주가 구시대적인 운송수단과 의상을 이용함으로써 자신의 신비함과 마법을 향상시킬 수 있었는가? 여섯째는 군주가 통치하는 민족의 자기 이미지다. 국제 위계 속에서 자신의 위치에 대해 자신감이 있었는가, 혹은 외국 도전자들로부터 위협받고 근심하고 있었는가? 공식적 제국을 반대했는가 혹은 의도적으로 제국주의적이었는가? 일곱째는 왕실의 기념식 대부분이 거행되는 수도(首都)의 상태다. 지저분하고 별 볼일 없었는가, 혹은 의례와 행사에 어울리는 배경으로서 화려한 건물과 개선식용 도로를 구비했는가? 여덟째는 기념식과 음악, 조직을 책임진 자들의 태도다. 그들은 기념식에 대해 무관심하고 조직에 서툴렀는가, 혹은 행사를 성공리에 끝낼 열성과 능력이 있었는가? 아홉째는 실제 거행되는 의식의 성격이다. 초라하고 누추했는가, 화려하고 장대했는가? 마지막으로, 상업적 이용의 문제다. 어느 정도까지 도기, 메달 및 기타 용품 제조업자들이 기념품 판매를 통해 돈을 벌 수 있다고 느꼈는가?

이와 같은 방식으로 영국 군주정의 의례와 기념식을 콘텍스트화해 평가한다면, 지금까지 사회학자들이 수행한 것보다 역사적으로 더 설득력 있는 방식으로 그 '의미'를 재발견할 수 있게 된다. 사회학자들은 1800년대 이후 잉글랜드를 '근대적'이고 '산업화'된 '현대(contemporary)' 사회로 가정한다.[17] 그러나 종종 그렇듯이, 역사가가 관심을 기울이는 것은 통합적인 측면이기보다는 그 변화와 불연속성이다. 예컨대 여러 사회학자들이 그렇듯이, 빅토리아 중기 왕실에 대한 월터 배저트(Walter Bagehot)의 설명이 당시에 유효했던 것처럼 그 이후로도 유효했다고 생각하는 것은, 그가 『영국 헌법(*The English Constitution*)』과 「이코노미스트(*The Economist*)」 지에 기고문을 실었던 당시의 매우 특수한 배경에 대한 심대한 무지를 드러내는 것일 뿐만 아니라, 그 때 이후로 왕실의례의 콘텍스트와 의례

의 거행 모두가 변화하고 발전한 정확한 방식에 대한 심각한 무지 또한 드러내는 것이다.[18)]

이러한 '두터운' 묘사를 염두에 두면, 영국 왕실 기념식에 대한 이미지에는 네 단계의 뚜렷한 발전 과정이 보인다. 첫째 시기는 1820년대부터 1870년대 이전까지로, 서툴게 진행된 의례가 압도적으로 지역적이고 농촌적이며 전(前)산업화된 사회에서 거행되던 시기다. 둘째 시기는, 빅토리아가 인도의 여제로 등극한 1877년부터 1차 대전의 발발까지로, 유럽 전역과 마찬가지로 영국도 '만들어진 전통'의 전성기였다. 이 시기 과거의 의례들은 이전에는 부족했던 전문성과 호소력을 지니고 연출되었고, 새로운 의례들은 이러한 발전을 강조하도록 의도적으로 발명되었다. 그 후 1918년부터 1953년 엘리자베스 여왕의 대관식에 이르는 기간은, 영국인들 스스로가 자신들은 언제나 의례를 잘 거행했다고 믿게 된 시기다. 이것은 대체로 왕실의례라는 분야에 있어서 영국의 경쟁국이던 독일, 오스트리아, 러시아가 모두 군주정이라는 외피를 벗어던져 영국만이 홀로 남았던 까닭이다. 마지막으로 1953년 이래 영국이 강대국의 지위를 상실하고 여기에 텔레비전의 엄청난 위력이 결합되는 시기다. 이 시기에 왕실의례가 갖는 '의미'는, 비록 새로운 시대의 윤곽은 아직 희미하게만 인식되었지만, 다시 한 번 심대한 변화를 겪은 것으로 보인다. 이하에서는 위와 같은 연속적인 단계들을 차례로 살펴보겠다.

Ⅱ

1820년대부터 1870년대까지의 시기는 영국 군주정이 현실적이고 효과적인 정치권력을 행사했다는 측면에서 단연 중요한 시기였다.

또한 이 시기에는 17세기의 경험이 잉글랜드 인들의 집단기억 속에 여전히 강하게 남아 있는 상황에서 17세기 말에 기꺼이 폐지되었던 '권력의 무대'가 다시 작동함으로써, 왕실의 영향력이 더욱 확대되는 것에 대한 적대감이 남아 있었다. 예컨대, 1807년 조지 3세는 가톨릭 해방령에 적대적인 내각의 힘을 증대시키기 위해 1년도 채 안 된 의회를 해산했다. 4년 후 웨일스 공이 섭정을 맡게 되자, 사람들은 그가 원하기만 한다면 토리 정부를 제거하고 그 자리에 휘그를 앉힐 수도 있다고 생각했다.[19] 그는 이후 정치세계에서 내내 중요하지만 분노를 자아내는 인물로서, 계속해서 캐닝(Canning), 리버풀(Liverpool), 웰링턴(Wellington) 수상 모두를 괴롭혔다. 그리고 그의 후계자인 윌리엄 4세는 한층 더 정력적이어서, 개쉬(Gash) 교수에 따르면,

> 윌리엄 4세는 7년이라는 짧은 재위기간 동안에 내각을 세 번이나 불신임했고, 정치적 목적을 위해 회기중인 의회를 두 번이나 해산시켰으며, 대신들에게 정적(政敵)들과 연립내각을 구성할 것을 공식적으로 세 번이나 제안했다. 세상에 잘 알려진 바대로, 한 번은 상원에서의 결정적인 표결에 영향력을 미치기 위해 기념행사에서 자신의 정치 고문들과는 별개로 자신의 이름을 사용하는 것을 허용하기도 했다.[20]

빅토리아 여왕 역시 재위 초기에 꼭 조용했던 것만은 아니다. 빅토리아 여왕은 1839년 필(Peel)이 마음에 들어하는 침실 시종부인들(Ladies of the Bedchamber)을 받아들이기를 거부함으로써, 맬번

(Melbourne) 정부의 수명을 인위적으로 연장시켰다. 1851년 그녀는 사실상 파머스턴(Palmerston, 3rd Viscount, 1784~1865)■을 외무성에서 해고하기도 했고, 남편 앨버트 공이 사망한 후로는 "여러 정부들에 대해 날카롭고 완강하며 독단적인 조언자이자 비판자였다." 1879년까지만 해도 하원은 더닝(Dunning)이 제기한 유명한 문제, 즉 "왕권의 영향력은 증대해 왔고 증대하고 있으나, 이제는 축소되어야만 한다"는 문제에 대해 또다시 논의했다.[21)]

왕실의 권력이 지속됨으로 말미암아 장엄한 왕실의례를 참아내기가 힘들어진 게 사실이라 해도, 그런 의례가 아예 불가능하게 된 것은 왕실이 다시금 인기를 잃어 버린 탓이었다. 왜냐 하면 19세기의 첫 75년간 왕가의 여러 후손들은 자신들의 저하된 공적 인품과 평판으로 말미암아 거의 예외 없이 냉담하거나 적대적인 시선을 받게 되었기 때문이다. 조지 3세의 자녀들의 생활과 연애와 도덕은, 논쟁의 여지가 있겠지만, 자신들을 잉글랜드 역사상 가장 사랑받지 못한 왕가 세대로 만들 지경이었다. 특히 조지 4세의 사치와 여색으로 왕실의 평판은 땅에 떨어졌고, 1821년 그와 캐롤라인 왕비의 결혼생활이 세상을 떠들썩하게 만든 정치 쟁점이자 추문이 되었을 때에는 그 밑바닥까지 추락했다. 조지 4세가 서거했을 때, 「더 타임스(*The Times*)」 지는 혹독한 사설에서 "고인이 된 국왕처럼 동포들로부터 애도받지 못한 사람은 없었을 것이다"라고 지적했다. "그를 위해 눈물을 흘린 자가 있던가? 미어지는 슬픔으로 가슴이 한 번이라

■ 토리당 하원의원으로 정치 경력을 시작해 휘그당으로 옮겼다. 외무장관, 내무장관, 수상직을 고루 역임했다.

도 울린 자가 있던가?"[22] 마찬가지로, 윌리엄 4세가 잠시나마 누렸던 인기도 휘그 개혁정부에 대한 적대감의 결과로 사라져 버렸고, 「스펙테이터(*The Spectator*)」 지는 국왕의 "박약한 의지, 옹졸한 지성, 무지와 편견"을 비난했다.[23] 빅토리아 여왕 역시 초기에는 별다를 바가 없었다. 빅토리아 여왕은 첫 수상을 편파적으로 선호했기에 '맬번 부인'과 '휘그의 여왕'이라는 별명을 얻었을 정도였고, 남편 앨버트 공의 강한 독일적 성향은 사람들의 눈살을 찌푸리게 했다. 그는 "유년시절부터 괴테의 허구적인 노예근성으로 더렵혀진 궁정의 공기를 마시고 자란 대공"이라는 비난을 받았다.[24] 새로운 왕세자도 모던트 추문(Mordaunt Scandal)과 에일스퍼드 사건(Aylesford Case)■에 속속 연루되어, 배저트로부터 '백수'라는 참담한 비판까지 받은 상황이었다. 그러니 단정치 못하고 인기 없는 왕권에 새로운 명성을 더해주기를 기대하기는 애당초 힘들었다.

요컨대 군주정은 나중에 그러했던 것처럼 정치를 초월해 불편부당했던 것도 아니요, 사회를 초월해 위엄을 자랑했던 것도 아니다. 그것은 정치와 사회 모두에 적극적으로 간여하고 있었다. 그리고 정치와 사회 모두 본질적으로 런던을 기반으로 하는 메트로폴리스적인 활동이었기에, 왕실의례가 가질 수 있는 호소력은 한층 제한되었다. 왜냐 하면 윌크스(John Wilkes, 1725~1797) 시대와 체임벌린(Joseph Chamberlain, 1836~1914)■■ 시대 사이에 지방적 잉글랜드가 대두하면서 런던의 전국적 영향력이 상대적으로 제약받았기 때문이다. 이 때는 지역 단위의 충성과 경쟁이 강하게 남아 있었고, 지역 공동체가 여전히 응집력 있고 현실적인 단위였다.[25] 게다가 경제가 불균등하게 발전하고 증기력도 더디게 채택되면서, 비록 영국이 '세계의 작업장'이었는지는 몰라도, 대부분의 작업장들은 여전히 규모도 작고 고용인원 수도 적었다. 엥겔스가 살았던 맨체스터, 즉 거대한 공장과 격리된 교외 주택지를 가진 맨체스터는 당시 통례라기보다는 예외였다. 1851년에도 농업 부문의 고용인구가 가장 많았다. '교구 사제관과 얌전한 주택과 농가가 있는 풍경이 잉글랜드'에서 여전히 우세했던 것이다. "19세기 중반 도시화에 관한 한, 크든 작든 간에 지방 소도시들이 표준이었다."[26] 이처럼 지방적이고 지역적이며 직접 얼굴을 맞대고 있는 세계에서는, 국민의 아버지이자 모든 충성심의 구심점으로서 올림포스 산처럼 우뚝하고 초연하며 사심 없는 국왕의 모습을 기념식을 통해 부각시켜 드러낼 여지가 뚜렷이 제한되어 있었다.

언론의 사정과 태도는 그와 같은 발전에 더욱 큰 장애물이 되었다. 비록 대도시 신문뿐만 아니라 지방 신문들도 거창한 왕실 기념식들에 대해 충분히 다루긴 했지만, 언론은 전체적으로 왕실에 적대적이었다. 19세기의 초기 몇십 년간 길레이(Gillray), 로우랜슨(Rowlandson) 및 크룩솅크스(Cruickshanks)와 같은 풍자만화가들을 주축으로 한 런던 언론들의 공격으로 말미암아, 왕실은 "의심할 여지없이 풍자만화가들의 가장 일상적인 주제이자 대상"으로 전락

■ 모던트 추문은 1870년 빅토리아 여왕의 장남인 웨일스 공과 레이디 모던트 사이의 불륜 사건이고, 에일스퍼드 사건은 1876년 레이디 에일스퍼드를 둘러싼 윈스턴 처칠의 큰아버지 블랜드퍼드 경(Lord Blandford)과 웨일스 공의 삼각관계에 윈스턴 처칠의 부친 랜돌프 경(Lord Randolph)까지 연루된 연애추문이다.

■■ 윌크스는 영국의 정치가로서 하원의원을 역임했다. 그를 지지한 민중운동이 영국 급진주의 운동에 큰 영향을 끼쳤다. 체임벌린은 영국 자유당 급진파의 지도자로, 1886년 자유당을 탈당해 자유통일당을 결성했다.

했다.[27] 1850년대부터 1870년대까지 빅토리아 여왕은 신문 사설에서 끊임없는 비판의 대상이었다. 윌리엄 4세와 빅토리아 여왕의 대관식 행사를 위해 호화롭게 장정된 「더 타임스」 지와 「옵저버(*The Observer*)」 지의 별쇄호보다는, 선정적인 추문과 살인 사건들이 발행부수를 늘리는 데 더 효험이 있었다.[28] 감정의 분출만큼이나 사치스런 과시에도 반대했던 자유주의적이고 지적이며 합리적이고 중간계급적인 지방 언론들 역시, 일반적으로 왕실에 대한 호의라는 면에 있어서는 대도시 언론들의 태도와 별반 다를 것이 없었다.[29] 게다가 영상물이 부족한 형편이었으므로 가장 거창한 왕실 기념식조차, 최고로 교양 있고 부유한 자들을 제외한다면, 대부분의 사람들에게 여전히 베일에 가려져 있었다. 당시에는 삽화가 실린 신문으로는 저렴한 것이 없었는데, 가령 1842년부터 발간된 「일러스트레이티드 런던 뉴스(*Illustrated London News*)」 지는 한 부에 1실링으로 "교구 사제 정도의 수입이 있는" 대중만이 볼 수 있는 것이었다.[30] 이러한 상황에서 거창한 왕실 기념식들은 널리 공유되는 집단적인 행사였기는커녕 다수의 계몽보다는 소수의 이익을 위한 저 멀리 동떨어져 범접하기 어려운 집단 관례에 불과했다고 말할 수 있다.[31]

당시의 교통기술 수준 역시 군주정이 사회를 초월하게 하기보다는 군주정을 사회 안에 봉쇄하는 데 기여했다. 왜냐 하면 잉글랜드 왕실이 전국을 여행하는 방식에 특별히 고풍스럽고 낭만적이거나 화려한 면이란 건 없었기 때문이다. 톰슨(Thompson) 교수가 상기하듯이, 빅토리아 시대 잉글랜드는 여전히 마차가 이끄는 사회로, 1870년경이면 12만 대의 개인 소유 대형마차와 25만 대의 소형 2륜마차가 있었다.[32] 실제로 당시 왕가 일원들이 사용한 마차는 곧 널리 사용되곤 했다. 예컨대 페이튼(Phaeton) 개방형 4륜마차는 조지 4세가, 웨거넷(Wagonette) 4륜 경마차는 여왕의 부군(夫君)이, 빅토리아(Victoria) 개폐식 4륜마차는 왕세자가 각기 도입한 것이다.[33] 이와 같은 왕실의 후원에 자극받아, 빅토리아 중기에 이르면 마차의 종류가 엄청나게 늘었다. 일찍이 1837년 애덤스(W. B. Adams)가 지적했듯이, "형태와 구조의 종류가 너무나 많아져 경험이 많은 관찰자조차도 그 모두에 대해 정통하기가 힘들었다."[34] 그 결과, 왕실의 마차도 좀더 신분이 낮은 이들의 마차보다 특별히 더 장엄할 것이 없었다. 가령, 윌리엄 4세의 대관식에서 가장 눈에 띄는 마차는 주영 오스트리아 대사인 에스테르하치 공(Prince Esterhazy)의 마차였다. 7년 후 빅토리아 여왕의 대관식에서는 여왕 자신의 마차보다 주영 프랑스 대사인 술트 원수(Marshal Soult)의 마차가 가장 화려하다고 여겨졌다.[35]

영국이 사소한 문제에서 성공적인 외국의 경쟁자들에 별다른 관심을 두지 않은 것은, 중요한 업무들과 관련된 국제 경쟁에서 영국이 우위에 서 있다는 것을 추호도 의심하지 않았기 때문이다. 나폴레옹의 패배 이후 유럽 대륙에서 영국에 필적할 만한 적수는 더 이상 없었고, 북아메리카에서도 미국은 내전으로 신음하면서 강대국으로 도약하기는커녕 유아기에서 소멸기로 이행하기로 작정한 듯이 보였다. '돈 파시피코(Don Pacifico)'■에 대한 파머스턴 백작의 연설, 즉 영국 신민을 보호하기 위해서라면 세계 어디에라도 영국군을

■ 지브롤터 출신의 상인. 아테네에서 일어난 소동으로 재산을 잃자 런던에 호소했다. 파머스턴 수상은 1850년 함대를 파견해 그리스 정부를 굴복시켰다.

파견할 수 있다는 연설은 이와 같은 자신감을 완벽하게 구현하는 것이었고, 영국 특유의 사회적이고 헌정적인 안정성을 칭송함과 더불어 세계 경찰로서의 배타적인 역할을 요란하고 선정적으로 선포하는 것이었다.[36] 빅토리아 초기 및 중기, 영국인들은 자신들이야말로 진보의 지도자이자 문명의 선구자라고 생각했고, 자신들의 입헌정부가 갖는 특성, 공식적 제국에 대한 초연함, 전시와 낭비와 기념식과 허식에 대한 혐오감을 자랑스레 여겼다.[37] 그들은 권력에 대한 확신과 성공에 대한 확고한 자신감으로 충천되어 구태여 과시할 필요를 느끼지 못했다. 소국 벨기에가 메트로폴리스의 법정을 꾸미는 데 대영제국보다 더 많은 돈을 쏟아부을는지는 몰라도, 권력의 현실과 검약의 종교를 체득한 영국인들은 그렇게 유치한 방식으로 남보다 한 발 앞서려는 것을 경멸하거나 아예 무시했던 것이다.[38]

이러한 태도는 어째서 런던이 장엄한 왕실 기념식의 거행 장소로 적합하지 않았으며, 어째서 잉글랜드 인들이 그 사실을 도리어 긍정적인 미덕으로 삼았는지를 어지간히 설명해 준다. '지옥 같은 대도시'를 가장 열렬하게 옹호하는 사람들조차도 런던이 랑팡(Pierre Charles L'Enfant)이 설계한 워싱턴의 면밀한 구획, 로마의 고색창연한 유적들, 오스만(George Eugene Haussman)이 재구성한 웅장한 파리, 프란츠 요제프가 세운 빈의 장대한 재건축 계획 혹은 19세기 전반에 건설된 5개의 화려한 광장을 가진 상트 페쩨르부르크와 비견될 수 없다는 점을 인정했다.[39] 이처럼 거대한 수도들에 건설된 장대한 건물과 화려한 도로들은 국가의 권력과 군주의 영향력을 기리는 기념물들이었다. 그 반면에 런던의 광장과 교외 주택지, 철도역과 호텔들은 사적 개인들의 권력과 부를 기리는 것이었다. 도날드

오스만의 파리

루이 나폴레옹 보나파르트가 권력을 잡은 19세기 중반, 파리는 엄청난 산업인구의 유입 등으로 주택 · 수도 · 위생 · 교통 문제가 심각한 지경에 이르렀다. 유배중에 살던 런던의 큰 공원들과 넓은 거리들에 감명받았던 그는 런던을 능가하는 새로운 파리를 마음속에 그렸고, 이는 알자스 출신의 남작 조르주 외젠 오스만(George Eugene Haussman)에 의해 실현되었다. 오스만은 작은 거리들이 복잡하게 얽힌 더럽고 낡은 구역을 제거하고 넓고 깨끗한 거리들로 대체함으로써 통제와 순찰이 용이한 거대 도시를 계획했다. 개선문에서 방사상으로 뻗는 12개의 도로들이 그의 야심을 단적으로 표현한다.

올슨(Donald Olsen)이 주장했듯이, 빅토리아 중기의 런던은 절대주의에 대한 반대를 드러내는 것이었고, 자유민의 활력과 가치를 자랑스럽게 반영하는 것이었다.[40] 파리나 상트 페쩨르부르크의 웅대함은 전제주의를 확인해 줄 뿐이었다. 그렇지 않고서야 어떻게 그와 같은 거대한 계획을 가능하게 만들 정도로 충분한 권력이 행사되고 자금이 동원될 수 있었겠는가? 그 반면 런던은 다소 남루할지는 몰라도 최소한 그 도시민들을 예속하는 것은 아니었다. 어느 당대인이 설명하듯이, "공적인 건물은 얼마 없고, 그나마도 대부분 초라하다.… 그러나 이것은 무엇을 의미하는가? 당신은 자신이 자유민들의 메트로폴리스에 있음을 강렬히 느끼지 않는가?"[41]

자유와 경제성에 대한 이러한 애정과 허식에 대한 증오는, 장엄한 왕실 기념식에 대한 죽음의 키스나 다름없었다. 게다가 왕실 기념식에 사용될 음악을 준비하면서 보여준 서툰 솜씨는 기념식 광경을 더욱 우중충하게 만들었다. 19세기의 첫 75년간은 잉글랜드의 음악사에서 가장 황량한 시기였다. 어떤 잉글랜드 작곡가의 주요 작품도 남아 있지 않고, 상대적으로 하찮고 덧없는 기념식용 음악은 더더욱 남아 있지 않다.[42] 국가(國歌)는 나중에 그러하듯이 흠모받는 애국적 찬가가 결코 아니었고, 빅토리아 여왕의 대관식에서조차 불려지지 않았다. 새로운 합창곡들은 상대적으로 적었고, 조지 4세의 재위기에[43] 국왕을 비판하고 그 대신 왕비를 칭송하는 여러 종류의 곡들이 만연했다. 일련의 왕실 수석음악가들 또한 특별한 개성이 없는 인물들로, 그들의 직무는 단지 왕실 오케스트라를 지휘하는 것에 국한되었다.[44] 조지 4세의 장례식에서부터 빅토리아 여왕의 대관식에 이르는 모든 주요 왕실 기념식의 음악적 준비를 책임진 왕실 교회의 오르간 연주자 조지 스마트 경(Sir George Smart)은 유례를 찾아보기 힘들 정도로 직무에 부적당한 인물이었다. 예컨대 그는 빅토리아 여왕의 대관식에서 오르간을 연주하는 동시에 오케스트라를 지휘하겠다고 나섰는데, 이에 대해 「음악세계(*The Musical World*)」지는 그가 그 일들을 각각 따로 따로 한다고 해도 어느 것 하나 제대로 해내지 못할 것이라며 냉소를 보낼 정도였다.[45] 위로부터의 영감과 지도력의 부재는 잉글랜드 성당 성가대의 참담한 상황에서도 드러났는데, 특히 웨스트민스터 사원과 성 폴 성당이 그러했다. 도무지 예행 연습이란 게 없었고 소매가 긴 성직복도 입지 않았으며, 성가대는 줄서서 들어서지 않았고 무단 결근·무질서·무례한 행동이 넘쳐났으며, 예배는 길고 기획도 엉망이었다. 웨스트민스터 사원의 하위직 참사회원들과 평신도 사무관 대부분이 늙고 무능력했고, 정말로 능력 있는 소수는 주로 런던의 다른 교회 성가대 소속이었기에 참석한다는 보장이 없었다.[46]

이는 부분적으로 성직자들이 도무지 의례에 관심이 없었기 때문에 초래된 결과이기도 했다. 그들은 그것에 무관심하거나 아예 적대적이었다. 일찍이 1763년에 한 권위자는 "교회의 고위 성직자들은 자신들이 예배를 거행하는 일에 '관심을 가져야 한다'고 생각하지 않는다"고 했다.[47] 19세기의 첫 75년간에는 빈약한 수단과 고상한 취미의 부재가 서로 상승 작용을 일으켜 교회의 의례 및 그에 대한 교회의 관심이 밑바닥을 헤매게 되었다.[48] 웨스트민스터 사원에 있는 크리스토퍼 렌 경(Sir Christopher Wren, 1632~1723)■이 만든 비할 데 없이 훌륭한 제단상은 조지 4세의 대관식 시기에 제거되었고 대신 그 자리에는 품위 없는 가짜 고딕 구조물이 들어섰다. 그 이후로 성가대석도 서로 너무 가깝게 배치된 데다가 사이사이에 회중석까지 포함하도록 개조되면서, 제아무리 능력 있는 성가대라 하더라도 들어줄 만한 합창을 부르는 것이 애당초 불가능한 일이 되었다. 1831년부터 1882년까지 오르간 연주자였던 제임스 털(James Turle)은 성가대의 규율을 확립하는 데 실패했고, 그가 연주한 오르간은 너무 낡아서 듣기에도 거북했다. 1847년에서 1848년 사이에는 딘 버클랜드(Dean Buckland)가 성가대를 재조직해서 회중석 대부분을 성직자를 볼 수도 없고 그의 이야기를 들을 수도 없는 수랑(袖廊)에 위치시켰다. 그 후 마침내 회중석은 신랑(身廊)으로 복원되었고, 회중은 '기둥에 붙여진 대형 포스터'를 보면서 찬송가를 불러야 했다. 이러니 젭(Jebb)이 "성스러운 업무를 수행하면서 확인된 냉담함, 박약함, 불손함"에 대해 혹평한 것도 타당하다. 스탠리(Stanley)가 주임사제로 있을 때(1870~1891)조차 웨스트민스터의 행정에서 "재정에 대한 무지와 사업 능력의 부재"가 두드러졌다.[49] 성직자들은 정기적인 예배를 효율적으로 수행하고 관리하는 것조차 버거워했으니, 웨스트민스터에서 이루어지는 장대한 왕실 기념식을 효과적으로 계획하고 실행하는 것은 아예 그들의 능력을 벗어난 일이었다고 하겠다.

Ⅲ

이러한 배경에서 19세기의 첫 75년간에 왕실의 의례와 기념식이

▪ 잉글랜드의 건축가. 런던 대화재(1666) 이후 런던 재건 기획안을 제안하고 성 폴 대성당 등을 설계했다.

실제 거행된 과정과 그것이 누린 인기를 이해해야 한다. 분명히 이 첫 시기에 기념식은 왕권을 정쟁을 초월하는 위치로 고양시키기 위해, 그러니까 국왕이 훗날 그렇게 되듯이 장식적이고 통합적인 무능이라는 '올림포스 산'이나 혹은 한때 도달했던 현란한 권력의 정상으로 고양시키기 위해 존재한 것이 아니었다. 이 시기 왕실 기념식은 군주가 지속적인 정치적 영향력을 행사함으로써 외려 위험한 것으로 여겨지게 되었고, 국민의 실질적인 권력으로 말미암아 불필요한 것이 되어 버렸다. 더구나 지방 언론에 의해 사회의 지역적 분화가 강화됨으로써 아예 불가능해졌다. 그런 지방 분권적 성격은 런던이 충분히 웅장하지 못했기 때문에 가능한 것이기도 했다. 왜냐 하면, 대다수 주민들에게는 지역적인 충성이 전국적 충성에 우선했기 때문이다. 드물게나마 기념식이 전 국민의 관심을 끈 것도 군주정과 관련해서가 아니라 넬슨이나 웰링턴과 같은 영웅들과 관련해서였다. 이들의 장례식은 그 호화로움이나 대중적 인기 모두에서 조지 3세, 조지 4세, 윌리엄 4세 및 앨버트 공의 장례식을 훨씬 능가했다.[50)]

정치적으로 정력적이었으나 개인으로서는 인기가 없었고 평범한 교통수단을 이용해 런던의 변변치 않은 거리를 덜컹거리며 지나가는 군주는, 민족의 수반이라기보다 사회의 수반이었을 뿐이다. 그리하여 그와 결부된 왕실의례들은 대중을 기쁘게 하는 잔치라기보다 귀족과 교회와 왕가가 집단적으로 자신들의 연대감(혹은 적대감)을 은밀히 재확인하는 일종의 분파적 의례에 불과했다. 인류학자의 언어로 표현하자면, 이 초기 시대에 위와 같은 런던 중심의 행사들은, 튜더 왕조나 스튜어트 왕조, 또 19세기 말에 이르러 다시 일어났을 때처럼, 일관된 기념식용 언어로 서로 연결된 것이 아니었다. 주최자, 참여자, 관객 할것없이 모두가 기념식들을 과거로부터 축적된, 상호관련된 기념체계로 바라보려는 의식적인 시도를 거의 하지 않았다. 말하자면 기념식용 언어도, 구경거리가 될 만한 문장도, 의례적 관용구도 없었던 것이다. 전체는 각 부분의 총합보다 크지 않았다.

이러한 상황 아래 이 첫 번째 시기 동안 영국 의례가 드러낸 어색함도 쉽게 설명이 된다. 실제로 미래의 솔즈베리 후작 3세만이 홀로 영국 의례가 별로 인상적이지 않다고 여긴 것은 아니다. 1852년 「일러스트레이티드 런던 뉴스」는 웰링턴의 국장(國葬) 당시 다음과 같이 보도했다.

> 잉글랜드 인들은 전시와 축제 혹은 그것을 제대로 수행하는 방법을 이해하지 못하는 사람들이라고 한다. 그들은 조잡한 축제에도 몰리고 열광한다고 한다. 그들은 프랑스 인이나 대륙의 다른 국민들과 달리 기념식에 대한 진정한 안목이 없다고 한다. 〔허나〕 여기에, 틀림없이 무언가 변화의 조짐이 보이고 있다.[51)]

6년 후 왕실의 결혼식 때 같은 신문은 이렇게 덧붙였다. "이 나라에서는 공적인 행사가 거의 없고, 이것들이 드물고 초라한 만큼이나 그 구성요소들도 예외 없이 동일하다."[52)] 실제로, 1883년에조차 윌리엄 존스는 여전히 "현 시대가 정교한 기념식을 영속시키는 데 적당하지 않다는 점을 인정해야 한다"고 했다.[53)]

그의 논평은 옳았다. 왜냐 하면 19세기의 첫 75년간 있었던 주요 왕실행사의 대부분은 광대극과 실패작 사이를 오락가락했기 때문이다. 1817년 섭정 왕세자의 딸인 샬럿 공주의 장례식 때에는 장례식 지휘자가 술에 취해 있었다. 10년 후 요크 공작이 서거했을 때에는 윈저에 있는 예배당이 너무나 축축해서 대부분의 조문객들이 감기에 걸렸고, 캐닝(George Canning, 1770~1827)■은 류머티즘에 걸렸으며, 런던 주교는 심지어 사망했다.[54] 조지 4세의 대관식은 약간의 인기를 회복하려는 절박하면서도 그다지 성공적이지는 않은 시도를 통해 가능한 한 장엄하도록 계획되었으나, 너무나 과장이 심해 장엄함이 도리어 웃음거리가 되었을 뿐이다. 웨스트민스터에서는 저명하지만 서로 반목하는 귀빈들 사이에 평화를 유지하기 위해 전문 권투선수들을 기용해야 했고, 조지 4세 자신도 비록 화려하게 차려입었지만 "감명을 주기에는 너무나 커 보여서, 실로 사람이라기보다는 코끼리 같았다." 또한 캐럴라인 왕비가 사원으로 진입하려던 가련하고도 성공적이지 못한 시도는 대관식 전체를 망쳐놓았다. 조지 3세의 대관식에서 국왕이 행사에 대해 매우 타당한 비판을 하자 의전 보좌관은 다음과 같이 대답했었다. "폐하, 몇 가지 부분에서 소홀함이 있었던 것은 사실입니다만, 다음 대관식은 가능한 한 정확하게 거행되도록 조치했습니다." 그러나 예기치 못한 상황들로 말미암아 그의 예언은 실현되지 못했던 것이다.[55]

왕실의 장엄함을 내외에 뽐내려던 조지 4세의 시도는 실패로 끝나 이후 반 세기 동안 되풀이되는 일이 없었다. 윈저 궁에서 거행된 조지 4세의 장례식에서 윌리엄 4세는 쉬지 않고 떠들다가 장례식이 끝

■ 영국의 외무장관.

나기도 전에 자리를 떴다. 「더 타임스」 지는 조문객들에 대한 설명에서 "이토록 잡다하고 무례하고 통제되지 않은 일단의 사람들을 본 적이 없다"고 지적했다.[56] 윌리엄 4세 본인에 관한 한, 그는 의례와 허식을 혐오해 대관식 자체를 건너뛰려고 했다. 결국 그의 허용으로 대관식이 진행되기는 했지만, 지나치게 축소되어 "반 쪽짜리 대관식"이라고 조소받았다. 그의 장례식도 마찬가지로 초라했다. 그레빌(Greville)은 그것을 "한심할 정도의 웃음거리"라고 묘사했다. 그 의식은 장황하고 지루했으며, 조문객들은 관(棺) 가까이에 있을 때조차 어슬렁거리며 웃고 잡담하고 킬킬거렸다.[57] 빅토리아 여왕의 대관식이라고 해서 더 인상적이었던 것도 아니다. 대관식은 전혀 예행연습을 거치지 않았고, 성직자들은 예배 순서를 잊어 버렸으며, 성가대는 비참할 정도로 수가 모자랐고, 캔터베리 대주교는 여왕의 손가락에 너무 헐렁한 반지를 끼웠다. 그리고 여왕의 드레스 자락을 들고 있던 사람들 가운데 둘은 대관식 내내 떠들었다.[58] 앨버트 공의 장례식은 윈저 궁에서 행해진 사적 행사였고, 왕세자의 결혼식도 마찬가지였다. 알렉산드라 왕세자비를 맞이한 런던에서 논평자들은 "조악한 장식, 선두 기병대의 부재, 왕실 마차의 어이없는 초라함"을 지적했다. 「펀치(*Punch*)」 지는 결혼식을 윈저—"위생시설도 갖추지 않은 고성(古城)만 눈에 띄는 별 볼일 없는 버크셔의 한 마을"—에서 올려야 한다고 주장했다. 결혼식 역시 그 계획과 조직이 비참할 정도로 부족했다. 파머스턴은 윈저에서 특별 열차의 3등석을 타고 귀경했고, 디즈레일리(Benjamin Disraeli, 1804~1881)■는 아내의 무릎에 앉아서 돌아와야 했다.[59]

그러나 기념식을 통해 드러난 왕실의 위엄이 정작 밑바닥까지 추락한 것은 앨버트 공의 죽음에 뒤이은 20년간, 그러니까 남편을 잃은 여왕이 사교생활을 등지려고 하고 왕세자 자신이 대중적인 추문에 휩싸이는 등 "헤아릴 수 없이 많은 비난의 토양이 제공"되었을 때다.[60] 1861년과 1886년 사이에 여왕—당시 여왕은 대중적인 언론에서 '브라운 부인'으로 지칭되었다—이 의회를 개회한 것은 단 여섯 번에 지나지 않았다. 「더 타임스」 지조차 여왕이 계속해서 윈저, 발모럴과 오스본에 나타나지 않은 것에 대해 '유감'을 표했다.[61] 1864년에는 버킹엄 궁전 철장에 광고 형식으로 공고문이 하나 나붙었다. "본 입지 좋은 건물은 건물주의 사업이 쇠한 관계로 대여 혹은 판매합니다."[62] 1871년과 1874년 사이에 84개의 공화주의 클럽들이 설립되었고, 딜크(Charles Wentworth Dilke, 1843~1911)■■와 체임벌린 같은 급진주의자들은 왕실 예산을 조사하라고 목청을 높였다. 월터 배저트의 경우, 웅대하고 화려한 왕실을 선호했는데, 현실에서 그렇지 못하다는 점을 계속해서 강조했다. 그는 "눈에 보이지 않는다는 것은 잊혀진다는 것이고 … 상징이 되기 위해서는, 특히 효과적인 상징이 되기 위해서는 생생하고 자주 눈에 띄어야 한다"고 지적했다. 혹은 그가 좀더 귀에 거슬리게 지적했듯이, "여왕 폐하께서는 밝히기 어렵지 않은 이유들로 말미암아 공적 생활로부터 오랫동안 물러나 있었던 관계로, 덕망 없던 선임 군주들이 자신들의 방탕함과 경박함으로 왕실에 대한 신망을 실추시킨 만큼이나

■ 영국 토리당의 지도자로, 재무장관과 수상을 역임했다. '토리 민주주의'를 역설했으며, 빅토리아 여왕에게 인도 황제의 관을 바쳤다. 글래드스턴과 더불어 빅토리아 조 영국의 번영을 이끈 장본인이다.

■■ 영국의 자유당 급진파 정치가로, 왕정에 비판적인 공화주의 성향을 보였다.

Where is Britannia?

1861년 남편 앨버트 공이 사망한 후 빅토리아 여왕의 긴 은둔생활과 상복을 풍자한 만화로, 1867년 「토마호크(*The Tomahawk*)」 지에 실린 것이다.

왕실의 인기를 추락시켰다."[63]

그러나 빅토리아 여왕은 요지부동이었다. 예컨대 1863년 그녀는 의회 개회를 거부했는데, 그 이유로 "자신의 건강을 크게 상하지 않고서 국가 기념식들에서 공식적으로 성장을 하고 나와야 하는 고위직의 역할을 수행할 수 없음"을 강조했다.[64] 왜냐 하면, 그녀가 훗날 설명했듯이, 남편이 곁에 있을 때조차 "모든 공적 행사에서 늘 신경을 곤두세웠던" 그녀로서는 이제 앨버트 공의 뒷받침도 없는 상황에서 그와 같이 대중 앞에 나서기가 참기 어려운 지경이었기 때문이다.[65] 그러나 첫 수상 재임기 동안에 글래드스턴(William Ewart Gladstone, 1809~1898)■은, 그와 같은 사태를 마냥 지켜볼 수만은 없었다. 그는 "무례를 무릅쓰고 단도직입적으로 말하건대, 여왕 폐하께서는 눈에 보이지 않고 왕세자는 존경받지 못하고 있습니다"라고 지적했다. 글래드스턴은 "국가의 사회적 안녕과 왕권의 안정"을 위한 "군주정의 사회적이고 가시적인 역할"이 갖는 "심대한 중요성"에 대해 1870년과 1872년 사이 여러 차례 여왕에게 정력적으로, 그러나 요령부득의 방식으로 상기시켰다.[66] 하지만 그가 아무리 정력적으로 여왕에게 공적 행사에 좀더 자주 모습을 드러내라고 청하고 왕세자를 아일랜드 부왕으로 옹립하는 등 '왕위의 일대 위기'에 대한 해결책을 구하려고 해도, 빅토리아 여왕은 꿈쩍도 하지 않았다. 디즈레일리가 하원에서 설명했듯이, 빅토리아 여왕은 자신의 직무를 수행할 "육체적·도덕적 능력을 상실했다."[67]

■ 영국 자유당의 지도자이자 수상. 선거법 개혁, 국민 교육법, 아일랜드 토지 개혁 등 일련의 자유주의적 개혁을 단행했다.

당시 의례가 서투르게 관리되어 그다지 강한 호소력을 발산하지 못했다는 인상은, 이 첫 시기 동안에 기념식들을 상업적으로 이용하는 일이 제한적인 규모로만 가능했다는 사실에서도 잘 확인된다. 가령, 기념 도기류는 1780년대부터 이미 등장하기 시작했지만, 군주보다는 당대의 다른 인물들이 더 빈번히 묘사되었다. 프리드리히 대왕이 조지 2세보다 훨씬 인기가 있었고, 넬슨과 웰링턴이 조지 3세보다 더 자주 기념되었다. 조지 4세가 재위하는 동안에는 국왕 자신보다 캐럴라인 왕비를 지지해서 만들어진 도자기가 더 많았다. 윌리엄 4세와 빅토리아의 대관식은 거의 주목받지 못했고, 1861년과 1886년 사이에는 왕실 결혼식이 여러 번 거행되었음에도 불구하고 사실상 어떤 기념 도기도 제작되지 않았다. 개인들이 만들어낸 메달 역시 비슷한 현상을 보였다. 캐럴라인 왕비를 지지하는 메달들이 남편의 대관식을 기린 메달보다 많았고, 윌리엄 4세와 빅토리아 여왕의 대관식을 기리는 경우는 거의 눈에 띄지 않을 지경이었다.[68] 이 초기 기간 동안 왕실은 너무나 덕망이 없었고 왕실 기념식이 발산한 호소력 또한 너무도 제한적이었기에 대규모의 상업적 활용 가치가 없었던 것이다.

Ⅳ

그러나 영국 왕실의 공적인 이미지는 1870년대 말과 1914년 사이에 근본적인 변화를 겪었다. 서투르고 개인적이며 호소력 또한 제한적이었던 왕실 기념식이, 화려하고 공적이며 대중적인 행사로 변모했다. 이것은 어느 정도까지는 군주들이 현실 정치에서 점차 물러났기에 촉진된 것이었다. 빅토리아는 비록 재위 초기에는 완고하고 삐

딱했지만 재위 말년에는 실제로 매우 적은 권력만을 행사했을 뿐이다. 선거구의 규모가 커지고 그 중요성이 더해가는 데다가 정당 의식까지 발전하게 되면서, 수상이 천거하는 시종부인을 거부함으로써 이른바 '침소 위기(Bedchamber Crisis)'를 촉진한 것과 같은 왕실 특권의 요구는 눈에 띄게 약화되었다. 예컨대 1880년의 선거 결과가 나오자, 여왕은 글래드스턴의 내각을 막을 수 없었던 만큼이나 디즈레일리의 내각을 지켜줄 수 없었다.[69] 에드워드 7세는 노년에 경험도 없이 왕위에 올랐기에, 대외정책과 훈장 및 표창의 수여에 대해 이따금씩 간여한 것 외에는 정치생활에서 단지 미미한 역할만 수행했을 뿐이다.[70] 이렇게 군주정의 실질적인 권력이 약화되면서, 군주정이 장엄한 기념식의 중심이 될 수 있는 여지는 오히려 더욱 증대했다. 독일, 오스트리아, 러시아와 같은 다른 나라들에서는 의례의 강화가 과거와 마찬가지로 왕실의 영향력을 배가하기 위해 이용되었다. 그러나 영국에서는 동일한 의례들이 점증하는 왕실의 취약성으로 말미암아 가능했다. 다른 나라들과 달리, 잉글랜드의 그것은 권력의 무대가 다시 펼쳐졌음을 알리기보다는 무능의 행렬이 시작되었음을 알리는 신호탄이었던 것이다.

그와 동시에 군주에 대한 대중적인 숭배가 고양되었다. 강화된 왕실 기념식에는 예전이라면 불가능했을 방식으로 사람들의 마음을 사로잡는 면이 생겨났다. 이는 명백히 권력과 인기를 맞바꾼 결과였다. 빅토리아의 장수와 정직함과 의무감은 물론이요, 범접할 수 없는 유럽의 대모이자 제국의 모상(母像)이라는 지위가 그녀에 대한 예전의 적대적 태도를 능가하고 압도하게 되었다. 빅토리아가 서거했을 때, 그녀는 더 이상 '휘그의 여왕'이나 '겔프 부인(Mrs

Guelph)'■이 아니라 "영원히 흠모할 만한 이름을 남긴 가장 훌륭한 군주"가 되었다.[71] 이 시대는 에드워드 7세에게도 야박하지 않았다. 그의 사치스러운 생활, 빈번하고 화려한 여행, 상당히 성공적인 〔요트〕 경주 경력, 왕세자비의 비할 데 없는 아름다움과 매력, 이 모든 것들이 짧은 재위기간 동안에 그의 것이었다. 배저트가 '백수'라고 비꼬았던 인물이 노년의 치세에 장엄하고 존엄하며 가부장적인 인물임은 물론이요, 제국의 아버지이자 유럽의 백부가 되었다. 그가 서거했을 때 한 아마추어 시인이 노래했듯이,

> 잉글랜드가 겪어보지 못했던 크나큰 슬픔이 내렸네
> 죽음이 우리들의 친애하는 아버지를 앗아갔을 때에.[72]

이와 같이 군주의 지위가 변화된 것, 다시 말해 빅토리아와 에드워드가 정치를 초월하는 민족 전체의 가부장적인 인물이 된 것은, 19세기 마지막 4반세기에 일어났던 사회경제적 변화가 그런 변화를 더욱더 긴급히 요구했기 때문이다. 지방적인 정체성과 충성이 현저하게 약화되면서 런던은 다시 한 번 전국적인 우위를 점했다.[73] 19세기 초가 아니라 19세기 말이 되어서야 영국은 압도적으로 도시적이고 산업적이며 대중적인 사회로 진입했고, 사상 최초로 계급적 충성과 계급 투쟁이 명실상부하게 전국적인 틀 속에 자리잡게 되었다. 신조합주의(New Unionism), 태프 베일 소송(Taff Vale Case)과 오즈번 판결(Osborne Judgment)■■을 둘러싼 논란, 그리고 1차 대전 직전 몇 년간의 전례 없는 산업 소요의 증가 등 모든 것이 예전보다 가혹해진 사회경제적 상황을 나타내고 있었다.[74] 게다가 에드워드

7세의 대관식 때 강조되었듯이, "빅토리아 여왕이 왕위에 있을 당시 삶의 물질적인 측면들 대부분이 지녔던 고풍스러운 면모들"과 이후 60년간 일어난 극적이고 혼란스러운 발전상들, 곧 선거권의 확대, 철도·증기선·전신·전기·전차 등이 현저하게 대조되었다.[75)]이러한 변화·위기·혼란의 시대에 '구시대적인 것의 보존', 곧 권력은 없지만 존경받는 군주를 영속성과 민족 공동체의 통합적인 상징으로서 의도적으로 의식을 통해 드러내는 것은 가능한 동시에 필요한 일이었다. 1860년대에 월터 배저트는 "우리가 민주적이 될수록 우리는 더욱 국가와 전시를 좋아하게 될 터, 과연 그것들은 여태껏 하층민들을 기쁘게 하지 않았던가"라고 예언했다. 그의 예언은 적중했다.[76)]

민족의 수장으로서 군주라는 새로운 이미지를 촉진하는 데 있어 특히 중요했던 것은 1880년대 이래 미디어의 발전이었다. 황색 언론의 출현과 함께 뉴스는 더욱 전국적이고 선정적으로 변했다. 이 당시 기존의 합리적이고 지적이며 중간계급적이던 지방의 자유주의 언론들은 점차 대규모의 전국 일간지—런던에 기반하고, 점차 보수적이고 요란하고 저속해지는 가운데 노동계급의 관심을 끌려는—들로 대체되었다.[77)] 1896년 함스워스(Harmsworth)는 「데일리 메일

■ '겔프'는 원래 교황당을 뜻하지만, 여기서는 그냥 '당파' 혹은 '당파적 인물'을 뜻한다.
■■ 신조합주의란 19세기 말 영국에서 출현한 비숙련공 중심의 새로운 조합들을 일컫는다. 같은 세기 중반의 숙련공 중심의 직능조합과 비교할 수 있다. 태프 베일 소송은 1900년에서 1901년 영국의 태프 베일 철도회사가 산업 분규에서 노조원들이 끼친 손해에 대해 소송을 제기해 승소한 사건이다. 그러나 판결에 반대하는 운동이 일어나 외려 노동당이 약진하는 계기가 되었다. 오즈번 판결은 1909년 노조가 정치 정당에 자금을 제공하는 것을 금지한 판결이다. 이 판결은 노동당의 경제적 곤란을 가중시켰다.

(*Daily Mail*)」을 창간했는데, 이 신문은 1부당 0.5페니에 판매되면서 4년 만에 1일 발행 부수가 70만에 이르렀다. 곧 이어서 「미러(*The Mirror*)」, 「스케치(*Sketch*)」 및 「데일리 익스프레스(*Daily Express*)」가 등장했다. 그와 동시에 이전 시기의 신랄한 풍자만화와 사설들이 거의 완전히 자취를 감추었다. 에드워드 7세의 정부(情婦)들과의 은밀한 관계는 신중하게 무시되었고, 파트리지(Partridge)나 카루서 굴드(Carruther Gould)와 같은 풍자만화가들은 절제 있고 공손한 방식으로 군주들의 생애 및 죽음과 관련된 큰 행사들을 묘사했다. 오직 해외 언론에서만 여전히 영국 왕실에 대한 비판을 찾아볼 수 있었다. 그러나 잉글랜드 신문들에서는 군주정이 이미 사실상 신성불가침이 되었다.[78] 세 번째의 중요한 변화는 사진 촬영 및 인쇄에서 새로운 기법이 개발된 것과 관련이 있다. 이러한 발전 덕분에 삽화가 실리는 신문이 더 이상 중간계급을 주소비자층으로 하는 고가의 주간지들로만 국한되지 않았다. 그 결과 19세기 말경이면 주요 왕실 기념식들은 전례 없을 정도로 즉각적이고 생생하게 전달되었고, 감상적이고 감동적이며 기막히게 묘사됨으로써 이전보다도 더욱 광범위한 각계각층의 대중에게 호소할 수 있었다.[79]

언론이 군주정을 성스러운 올림포스 산으로 그 품격을 고양시킨 주요 동인이었다면, 교통기술에서의 변화 역시 그와 동일한 효과를 낳았다. 국왕의 마차들은 교통기술의 발달로 한층 더 고풍스럽고 화려해졌다. 그런가 하면 1870년대에 들어서면서 마차산업의 놀라운 성장률이 크게 꺾였고,[80] 1888년 던롭(Dunlop)이 공기 타이어를 발명하면서 1890년대에 자전거 열풍이 일어났다. 1899년경이면 잉글랜드 도시들에 1,000마일 이상의 전차로가 놓였고, 1914년경에는 그 수가 3배로 증가했다.[81] 마차는 누구보다도 도시 주민들에게(이제는 이들이 인구의 대다수였는데) 더 이상 생활방식의 일부가 아니었다. 예컨대 1903년 런던에는 3,623대의 마차버스와 13대의 모터버스가 있었다. 1913년경이면, 마차버스는 142대만 남은 것에 비해 모터버스는 3,522대로 증가 일로에 있었다. 마찬가지로 핸섬형 2륜마차(hansom cabs)■에서 택시로의 전환도 뚜렷했다. 1908년에 자동차와 상용차가 1만 500대가 생산되었는데, 1913년에 이르면 3만 4,000대가 생산되었다.[82] 이러한 상황에서 과거에는 평범했던 왕실 마차들이 이전에는 지닐 수 없었던 낭만적인 광채를 얻게 되었다. 물리너(Mulliner) 회사와 같은 마차 제조업체들은 전통적인 마차에 대한 수요가 감소하면서 자동차 생산으로 업종을 전환해야 했지만, 에드워드 7세는 도리어 새로운 랜도형 4륜마차(landau)■■를 주문해서 대관식을 마친 후 웨스트민스터 사원에서 궁전까지 이 마차를 타고 돌아왔다. 그 마차 자체가 "지금까지 제작된 마차 가운데 구조·비례·장식의 측면에서 가장 왕다운 마차"라고 평가받았는데, 이로써 군주정은 새로운 세계의 균형을 바로잡기 위해 옛 세계를 불러들일 수 있는 새롭고 독특한 능력을 갖고 있다는 것을 확실하게 증명했다.[83]

국제적으로도 마찬가지 경향들이 뚜렷이 보였다. 국내에서 등장한 대중사회라는 새로운 현상은 해외에서 공식적 제국이라는 새로운 사태에 반영되었다. 이번에도 역시 가장 오래 된 민족제도인 군

■ 마부석이 뒤에 높다랗게 있는, 말 한 필이 끄는 2륜마차다.
■■ 2인승 4륜마차로서, 그 이름은 독일 지명 '란다우'에서 유래했다.

주정과 관련됨으로써 〔공식적 제국이라는〕 현상의 기이함은 은폐되고 받아들일 수 있는 것이 되었다. 19세기의 첫 75년간에는 어떤 왕실 기념식도 진실로 제국적 행사였다고 이야기될 수 없었다. 그러나 1877년 디즈레일리가 빅토리아 여왕을 인도의 여제(女帝)로 등극시켰을 때부터 1897년 조지프 체임벌린이 빅토리아 여왕의 즉위 60주년 기념식에서 식민지 수상들과 군대를 사열시켰을 때까지, 모든 주요 왕실행사들은 또한 **제국적** 행사였다.[84] 보들리(Bodley)가 지적했듯, 빅토리아 재위 마지막 10년간 그녀의 왕권은, "영국인들에게 지구 전역으로 진출할 것을 격려하는, 영국 인종의 상징"이 되었다.[85] 왕세자 에드워드가 캐나다와 인도를 방문한 후, 1900년대에는 요크 공작이 그의 발자취를 좇아 전세계를 도는 제국 시찰에 나섰고 캐나다와 인도를 추가로 방문했다.[86] 의미심장하게도 요크 공작의 아버지 즉 에드워드 7세는 인도의 황제이자 '대양 너머의 영국 지배령'의 통치자로 등극한 최초의 영국 군주였다. 심지어 에드워드가 대관식을 앞두고 병고로 쓰러진 것조차 제국을 드높이는 데 유리하게 작용했다. 유럽에서 온 사절들은 떠난 반면에 제국 식민지의 사절들은 남아서, 대관식이 마침내 거행되자 그것은 '대영제국을 위한 가족 축제'가 되었다. '전례 없는 상황'에서도 '까마득한 과거의 전통'이 거행되었다. 혹은 다른 논평자가 보다 유려하게 묘사했듯이,

> 이 위대한 기념식은 … 이전에 웨스트민스터에서 거행된 행사들이 결코 따라올 수 없는 그 자신만의 특질을 갖고 있었다. … 우리나라 역사상 최초로, 제국의 아들과 딸들이 세계 각지에서

모여들어 자신의 역할을 다하면서, 제국이라는 관념이 전면으로 부각되었다. 중세의 의고적인 전통들이 오늘날 강대한 제국의 웅장함을 포괄할 수 있도록 그 규모 면에서 확장되었다.[87]

'이러한 측면에서', 후에 시드니 리 경(Sir Sydney Lee)이 지적했듯이, "1897년 빅토리아 여왕 즉위 60주년 기념식이라는 선례가 한층 발전되었다."[88]

부분적으로는 공식적 제국의 소유라는 새로운 의식을 반영하는 가운데, 이러한 왕실 기념식들이 민족적 자신감의 표현이었는지 아니면 자신감에 대한 의구심의 표현이었는지는 불분명하다. 일반적으로 빅토리아 여왕의 즉위 50주년 및 60주년 기념식들과 에드워드 7세의 대관식은 제국, 자신감 및 웅대함의 절정기를 나타내는 것으로 간주된다.[89] 그러나 다른 한편에서 그 기념식들은 키플링(Kipling)의 '퇴장(Recessional)'■의 분위기에 따라 매우 다른 시각에서 조명되기도 한다. 즉, 실질적인 힘이 이미 쇠락하고 있을 때의 화려함과 웅장함, 호언장담과 허장성세라는 시각 말이다.[90] 이 시기에 영국이 새로운 경쟁국이자 세계의 강대국들로부터 경제적·식민지적·정치적 도전을 받고 있었음은 틀림없다. 이탈리아와 독일의 통일, 남북전쟁의 충격에서 벗어난 미국, 아프리카 쟁탈전, 대륙 국가들의 관세정책, 영국이 '찬란한 고립'을 포기하고 유럽에서 동맹국과 지원국을 찾아 나서기로 한 결정, 보어전쟁(Boer War, 1899~

■ 이 표현은 원래 키플링이 1897년에 지은 시의 제목이다. '빅토리아 여왕에 바치는 송시'라고도 한다.

1902) 그리고 파쇼다와 아가디르와 모로코의 위기■ 등 이 모든 것들이 두려움과 긴장과 경쟁의 세계를 보여주었는데, 이는 파머스턴 당시의 온화한 시절에는 존재하지 않던 세계였다. 그러나 솔즈베리의 시대에 이르면, 이전에 외무장관들이 누렸던 외교적 운신의 자유는 사라져 버렸다.

이러한 국제 경쟁의 격화는 대규모 수도 재건 과정에도 반영되었다. 이는 강대국들이 가장 눈에 띄는 과시적인 방식으로 자부심을 높이려고 했기 때문이다. 로마에서는 새로운 민족에 어울리는 수도를 만들기 위해 파리를 모델로 한 대로(大路)들을 포함한 1883년의 대계획이 수립되었다. 1911년에 완공된 거대한 비토리오 에마누엘레 기념물(Victor Emmanuel monument)■■은 그들 민족의 위엄과 자부심을 더욱 분명히 드러낸 것이었다.[91] 빈의 경우 링슈트라세(Ringstrasse)■■■를 면한 일군의 웅장한 건물들—이들은 대부분 1870년대와 1880년대에 건설되었다—은 명백하게 '제국의 위대함'을 나타내려는 의도로 건설되었다.[92] 베를린에서 독일의 통일은

■ 보어전쟁은 영국과 남아프리카의 트란스발 공화국 간의 전쟁을 말한다. 파쇼다 사건은 영국이 아프리카 종단정책을, 프랑스가 아프리카 횡단정책을 전개하는 과정에서 1898년 양군이 수단의 파쇼다에서 충돌한 사건이다. 모로코 사건은 프랑스의 영향력 아래에 있던 모로코에 대해 독일이 간섭하려 들면서 양국 간에 조성된 일련의 위기들을 뜻한다. 1905년에서 1906년 사이에 독일 황제 빌헬름 2세가 모로코 탕헤르 항을 방문하면서 야기된 위기 국면이 1차 모로코 사건 내지 탕헤르 사건이고, 1911년에 독일 함대가 모로코 아가디르 항에서 프랑스 군을 위협한 것이 2차 모로코 사건 내지 아가디르 사건이다.

■■ 통일 이탈리아 왕국의 초대 국왕인 비토리오 에마누엘레 2세를 기념하기 위해 1885년에서 1911년 사이에 로마에 건설한 대형 기념물이다.

■■■ 19세기 후반 황제 프란츠 요제프에 의해 건설된 빈 구심지를 감싸는 넓은 가도. '환상도로(環象道路)'라고도 불린다. 주위에 국회의사당, 시청, 대학이 있다.

'웅장하고 광대한 거리, 나무로 가꾼 광장들, 기념비와 장식물들'을 통해서 시각적으로 표현되었다. 그러한 건물로는 승리의 기둥, 제국의회, 개선로, 대성당 등이 있었으며, 이들은 모두 열광적 애국주의의 과시, 즉 "민족의 영광을 기리는 침묵의 초병들"로서 구상되었다.[93] 파리에서는 1889년 만국 박람회를 위해 건설된 에펠탑이 "세상을 놀라게 할" 목적으로, "이전 세대들이 정복자들을 기리기 위해 세운 탑만큼이나 놀라운 승리의 탑"으로 우뚝 서도록 설계되었다.[94] 워싱턴에서 랑팡이 수립한 대계획의 원안을 완성하고 확장할 것을 건의한 공원위원회 역시 부분적으로 유사한 목적에 의해 자극받았다. 옴스테드(Olmstead)가 설명했듯이, 그 목적은 "위대하고 대단히 활동적인 민족의 정부가 위치한 곳임을 드러낼 수 있도록 웅대함, 강대함과 당당한 장엄함"을 드높이는 것이었다. 워싱턴 기념관, 백악관 별관, 유니언 정거장, 링컨 기념관 및 국회의사당을 둘러싸는 거대한 정부 건물들에 대한 계획은 모두 이 시기에 비롯된 것이다. 그리고 위원회가 설명했듯이, 이러한 기관들이 완성된다면 "그 결과로 나타나는 건축적 구성은 근대세계에 존재하는 그 어떤 유사한 일군의 입법부 건물들도 감히 비견될 수 없는 규모와 위엄을 갖출 것이다."[95]

이와 같은 극도의 국제 경쟁 속에서, 런던 주민들도 더 이상은 이전 세대처럼 자부심에 차 잘난 체하며 자신들의 초라한 수도를 찬양하기가 힘들었다. 실제로, 일찍이 1868년에 「빌더(*The Builder*)」지는 "수도의 풍모가 국가 위신의 한 요소이고, 따라서 국가의 힘과 영향력의 한 요소"인 만큼, 런던의 구조를 "세계에서 가장 부유한 국가의 수도에 걸맞게" 만드는 것이 절실하다고 주장했다.[96] 그러나 19세기의 마지막 1, 20년간에 이르러서야, 즉 국가의 위신이 위협받는 것으로 간주되고 나서야, 찰스 디킨스(Charles Dickens, 1812~1870)■가 묘사했던 지저분하고 먼지로 뒤덮인 런던이 제국의 수도로 탈바꿈했다. 1888년 런던 시의회의 설립으로 마침내 런던은 국왕의 전제(專制)에도 국가 권력에도 속하지 않는 단일 행정기구를 갖추었고, 이는 1908년 시작된 거대한 시의회당 건설로 가시화되었다.97) 화이트홀에 있는 국방성, 의회 광장 모퉁이에 있는 정부기관들, 감리교 중앙 예배당 및 웨스트민스터 사원 모두가 웅대함과 장엄함의 느낌을 더했다.98) 위풍당당한 기념 동상들도 다른 주요 도시들에서와 마찬가지로 우후죽순처럼 들어섰다.99) 그러나 가장 의미 있고 일관성을 지닌 재건축은 몰(the Mall)■■의 확장과 해군성 아치(Admiralty Arch)의 건설 그리고 버킹엄 궁전의 전면을 재단장하고 그 앞에 빅토리아 여왕 기념물을 세운 것이었다. 런던에서 유일하게 승리를 기리고 기념식을 거행하는 듯한 방식으로 구성된 이러한 거대하고 기념비적이며 제국적인 건물들의 '앙상블'은, 1906년과 1913년 에서 경(Lord Esher)이 이끄는 빅토리아 여왕 기념위원회의 후원 아래 완성되었다.100) 워싱턴, 로마, 파리 등과 마찬가지로 런던에서도 국제 경쟁이라는 요소가 강하게 배어났다. 밸포어(Balfour, 1848~1930)■■■가 위원회를 설립할 때 설명했듯이, 위원

■ 영국의 사실주의 작가. 『올리버 트위스트』, 『데이비드 코퍼필드』, 『두 도시 이야기』 등 주옥 같은 소설들을 다수 남겼다.

■■ 런던 성 제임스 공원에 있는 수목으로 우거진 산책로. 버킹엄 궁전과 트라팔가 광장을 잇는 약 1킬로미터의 대로다.

■■■ 영국의 외무장관. 1917년 11월 2일 유태인이 팔레스타인에서 민족적 고향을 수립하는 것을 지지한다는, 이른바 '밸포어 선언'으로 유명하다.

해군성 아치(Admiralty Arch)

1910년 빅토리아 여왕을 기리기 위해 세운 장대한 개선문으로, 런던의 대로 몰의 입구에 있다. 당시 영국 해군의 사무실들이 이 해군성 아치에 운집해 있었다.

회의 목적은 "다른 민족들이 이미 그 사례들을 보여준 것과 같은 종류의, 우리가 얼마든지 따라할 수 있고 쉽게 능가할 수 있는" 거대하고 장엄하며 기념비적인 건물들의 '앙상블'을 세우는 것이었다.[101)]

그러한 발전들로 말미암아 다른 곳들처럼 런던에도 기념식을 위한 무대가 마련되었다. 이제 기념식은 그 자체 한층 격화된 국제 경쟁의 일부가 되어 버렸다. 왜냐 하면 독일이나 이탈리아의 신생 왕조들이 좀더 유서 깊은 유럽의 왕조들과 어깨를 겨루려고 했기 때문이다. 이는 단지 궁정의례나 왕실 요트, 왕실 열차에서뿐만이 아니었다. 의도적으로 마련된 장엄한 공적 왕실행사에서도 마찬가지였다.[102] 따라서 오스트리아에서는 합스부르크 왕가 600주년과 헝가리 왕국 1000년, 프란츠 요제프의 즉위 50주년 및 60주년 기념식과 탄신 80주년을 위한 기념식이 전례 없이 화려하고 웅대하게 거행되었다.[103] 이탈리아는 1878년 비토리오 에마누엘레 2세를 위한 호화로운 장례식과, 이탈리아 통일 50주년이기도 한 1911년에 비토리오 에마누엘레 기념물을 공개하는 것으로 대응했다.[104] 러시아에서는 1894년 알렉산드르 3세를 위한 장례식이 전례 없이 화려하고 웅장하게 거행되었고, 1913년 로마노프 왕조 300주년 기념식은 상상 가능한 범위에서 가장 거대한 규모로 구상되었다. 독일에서 카이저 빌헬름 1세와 그 손자 빌헬름 2세의 즉위 25주년 기념식 역시 비슷하게 장엄했다.[105] 공화국들도 이러한 대열에 합류했다. 프랑스에는 1880년에 바스티유 기념일이 제정되어 이후 매년 기념되었다. 1885년 빅토르 위고(Victor Hugo, 1802~1885)의 장례식과 4년 후의 혁명 100주년 기념식 역시 장대하게 거행된 장관들이었다.[106] 마찬가지로, 미국에서는 독립혁명 100주년과 콜럼버스의 미 대륙 발견 400주년이 호화롭게 거행되었다. 그와 동시에 체스터 아서(Chester Arthur, 1829~1886)■ 대통령이 백악관과 관련된 의례 및 기념식들을 개선하기 시작했고, 좀더 의미심장하게는 "여러 행사와 관치 기념식들을 치를 수 있는 행사장"이라는 조항이 1900년 워싱턴 정비를 위한 길버트 계획안에 포함되었다.[107]

■ 미국의 제21대 대통령. 재임 1881~1885.

여기에서도 역시 경쟁의 요소가 두드러졌다. 모스크바와 상트 페쩨르부르크 주재 「더 타임스」 지의 영국인 기자는, 알렉산드르 3세의 장례식을 취재하면서 "역사상 이보다 더 화려한 야외 행진은 거의, 아니 결코 없었을 것이며, 오로지 웨스트민스터로 향한 빅토리아 여왕의 즉위 50주년 기념 행렬만이 그것을 능가하지는 않을지라도 그것에 비견될 만하다"라고 보도했다.[108] 마찬가지로, 1909년 에드워드 7세가 독일을 방문했을 때, 황제는 장엄한 기념식을 통해 영국 왕을 압도하기로 작정했다. 비록 매끄럽지 않은 부분들도 있었지만 그는 성공했다. 황실 관리자가 자신의 일기에 다음과 같이 털어놓았다.

> 황제 폐하께서는 에드워드 왕의 방문에 무척 기뻐하면서 '잉글랜드 인들은 이러한 점에서는 결코 우리의 경지에 이르지 못한다'고 말했는데, 이는 행렬, 왕실 궁전들, 연회, 무도회 등의 화려함을 두고 하시는 말씀이었다.[109]

심지어 미국인들도, 제아무리 미국사회의 평등주의를 자랑스러워했다 하더라도, 그와 같은 경쟁에 면역되어 있지는 않았다. 20세기로 넘어오는 전환기에 백악관을 확장하려는 시도들이 있었을 때, 주요 관심사는 백악관의 비좁은 공간이 접견에 부적당하고, 그 결과 "접견시 필요한 질서와 위엄이 상실되었다"는 것이었다.[110]

이와 같은 경쟁적인 상황 속에서, 의례와 기념식에 대한 관심이 고조됨과 동시에 다행스럽게도—혹은 대체로 우연히도—잉글랜드의 음악 역시 부흥기를 맞이했다. 잉글랜드 음악의 부흥은 패리 경

(Sir Charles Hurbert Parry, 1848~1918)에 의해 시작되었고, 스탠퍼드(Charles Villiers Stanford, 1852~1924)의 기업가적인 열정에 의해 고양되었으며, 퍼셀(Henry Purcell, 1659?~1695) 이후 처음으로 국제적인 명성을 얻은 잉글랜드 작곡가 엘가(Edward Elgar, 1857~1934)■에 이르러 절정에 달했다.[111] 음악 부흥의 한 측면은 음악사와 애국적 찬가에 대한 관심이 증대했다는 것인데, 이는 다른 어떤 시기보다도 특히 1890년에서 1910년 사이 20여 년간에 국가(國歌)에 관한 역사서들은 물론이요, 국가(國歌) 합창곡들이 다수 존재했다는 사실에서 잘 드러난다.[112] 더욱 중요한 것은, 이와 같은 부흥을 통해서 주요 왕실행사들이 잉글랜드에 음악이 결핍되어 있음을 드러내는 부끄러운 징표가 아니라 외려 영국인들의 재능을 드러내는 축제가 될 수 있었다는 점이다. 따라서 에드워드 7세와 조지 5세의 대관식에서 스탠퍼드, 패리, 엘가, 저먼(Edward German, 1862~1936) 및 설리번 경(Sir Arthur Seymour Sullivan, 1842~1900)■■이 특별히 작곡한 음악들이 연주되었다.[113] 그와 동시에 성가대와 오케스트라의 수준도 향상되어서 그 음악들은 정말이지 제대로 연주될 수 있었다. 1872년부터 1888년까지 성 폴 성당의 오르간 연주자였던 존 스테이너 경(Sir John Stainer, 1840~1901)■■■과 1882년부터 1918년까지 웨스트민스터 사원의 오르간 연주자였던 프레드릭 브리지 경(Sir Frederick Bridge, 1844~1924)이 이러한 발전의 주역들이었다. 성가대는 이들의 확고하고 효율적인 지도 아래 전문적인 연습과 훈련을 받았고, 위엄 있게 행진하고 처신했으며, 긴 의복을 입었다.[114] 그 결과, 20세기 초 대관식에서의 공연 수준은 그 이전과 비교할 수 없을 정도로 향상되었다. 마지막으로, 1893

년부터 1924년까지 왕실 수석음악가였던 월터 패럿 경(Sir Walter Parratt, 1841~1924)■■■■의 활동으로 전반적인 조직 자체도 향상되었다. 그가 재임하던 동안에 왕실 수석음악가의 직위는 더 이상 한직이 아니라 주요 왕실 음악을 정하는 최고 책임자로 발돋움했다.[115] 이러한 발전의 결과로, 브리지와 패럿은 에드워드 7세와 조지 5세의 대관식 음악을 준비하면서 성공리에 협력할 수 있었다.

의례와 의식을 대하는 기존 교회의 태도 역시 같은 기간 동안 현저하게 변화했다. 1865년에 일찍이 새뮤얼 윌버포스(Samuel Wilberforce, 1805~1873)■■■■■는, 무의식적으로 배저트의 말을 반복하면서, "영국인들의 마음속에는 한층 고차원적인 의례를 향한 움직임이 있다는 것을 믿는다"라고 했고, 이후 수십 년 사이에 그의 예언들이 실현되었다. 주교들은 자주색 법의를 입은 채 주교용 지팡이를 들고 다니기 시작했고,[116] 점차 성당과 시내 교회당에서 예복, 성직복, 향과 제단 촛불 등을 흔히 볼 수 있게 되었다. 1887년과 다시 1897년에 빅토리아 여왕 즉위 50주년 및 60주년 기념 예배들을 관장하는 성직자들은 고위 성직용 망토와 채색된 긴 법의를 입었는

■ 패리 경은 영국의 작곡가이자 옥스퍼드 대학의 교수로, 그의 〈예루살렘〉은 제2의 국가라는 칭송까지 받았다. 스탠퍼드는 영국의 작곡가이자, 왕립 음악원 및 케임브리지 대학의 교수다. 아일랜드 출신답게 아일랜드 민요의 요소를 많이 반영했다. 퍼셀은 영국 바로크 음악의 주역이다. 엘가는 오라토리오 〈제론티어스의 꿈〉과 교향시 〈팔스타프〉 등을 남겼다. 특히 〈위풍당당 행진곡〉으로 친숙하다.

■■ 저먼은 잉글랜드 오페레타 분야에서 설리번의 계승자이고, 설리번 경은 오르간 연주자이자 잉글랜드 오페레타의 거장이다.

■■■ 원문에는 '조지'로 표기되어 있으나, '존'의 오기인 듯하다.

■■■■ 영국의 오르간 연주자이자 작곡가, 허버트 패리를 이어 옥스퍼드 대학 교수를 역임했다.

■■■■■ 정치가 윌리엄 윌버포스의 아들, 잉글랜드의 성직자, 옥스퍼드 및 윈체스터 주교였다.

데, 이는 새로우면서도 현란한 혁신물이었다. 그 동기는 왕실의례의 세속적인 측면에서와 마찬가지로, 부분적으로 노동계급에게 파고들려는 것이었다. 캔터베리 대주교인 벤슨(E. W. Benson)은 즉위 50주년 기념식 후에 "얼마 지나지 않아 모든 사람들이 사회주의 운동이 견제를 당해 왔다고 느끼게 될 것이다"[117]라고 지적했다. 의미심장하게도, 빅토리아 말기 및 에드워드 치세기 고위 사제들의 전기 및 회상록들에는 주요 왕실 기념식들을 정성스럽게 준비했다는 기록이 많다. 특히 랜달 데이비슨(Randall Davidson)은 왕실의례에 대한 최고의 종교 권위자가 되어서, 윈저 주임사제로서 빅토리아 여왕 즉위 50주년 기념식에, 윈체스터 주교로서 즉위 60주년 기념식과 에드워드 7세의 대관식에, 캔터베리 대주교로서 조지 5세의 대관식에 참여했다.[118] 그와 동시에 웨스트민스터 사원이 장엄한 의식에 부합하는 좀더 화려하고 위엄 있는 공간으로 변모했다. 1884년과 1894년에 오르간이 다시 설치되었고, 성가대석이 다시 조성되어 전기등 아래 빛났으며, 1897년 성가대원들은 붉은색 법의를 입었고, 1899년 로즈베리 경(Lord Rosebery)은 성당의 중앙 제단에 새로운 십자가를 헌상했다.[119] 따라서 에드워드 7세의 대관식 때에 이르면, 의례에 대한 교회의 태도가 빅토리아 시대 초기에 비해 눈에 띄게 달라졌다. 예컨대 웨스트민스터 사원의 성구(聖具) 보관인이었던 조슬린 퍼킨스(Jocelyn Perkins)—웨스트민스터에서 일어난 여러 개선들이 그의 덕분이기도 했다—는 다음과 같이 설명했다.

> 그러한 기막힌 혼란을 조금이라도 암시하는 그 어떤 것도 생각할 수 없었다. … 1838년에는 이의 없이 받아들여졌던 일들이

> 1902년에는 혹독한 비난을 면할 수 없었다. … 에드워드 7세의 엄숙한 장례식에서 예배와 의식이 아주 높은 수준을 갖추어야 한다는 것에 대해 모두가 전적으로 동의했다.[120)]

퍼킨스와 같이 교회의 장엄함에 대해 매우 호감을 가진 인물들에게 결과는 대성공이었다.

> 제단은 끝에서 끝까지 성기(聖器), 성호(聖壺), 성배(聖杯)의 진열로 빛났다. … 이 광경은 손수 만든 꽃병과 초라한 꽃장식을 이용하던 19세기의 아마추어 의례 담당자들에게 정말이지 필요한 교훈을 가르쳐주었다.[121)]

V

이와 같이 상당히 변화된 국내외적 맥락 속에서 두 번째 시기에 확인되는 좀더 정교하고 호소력 있는 왕실의례를 살펴보아야 한다. 1870년대 이래, 다른 서구 나라들과 마찬가지로 잉글랜드에서도 국가 원수의 지위가 기념식을 통해서 향상되었다. 화려한 마차를 타고 개선로를 통과하는 존경받는 군주는, 더 이상 그의 전임자들처럼 단순히 사회의 수반이 아니라, 이제는 국민의 수반으로 간주되었다.[122)] 유럽의 다른 곳에서와 마찬가지로 영국에서도, 산업 및 사회관계에서의 전례 없는 발전과 황색 언론의 엄청난 증가로 인해, 새로운 방식인 모든 화려한 의례를 통해 국왕을 모두가 복종할 수 있는 합의와 역사적 연속성의 상징으로 만드는 것이 필요해졌을 뿐만 아니라 가능해졌다.[123)] 게다가 국제관계가 점차 경색되어 감에 따라, 기념식 경합으로 표현되고 승화된 민족적 경쟁으로서의 '전통의 발명'이 더 한층 자극받았다. 영국의 경험은 오로지 한 가지 중요한 측면에서만 다른 서구 나라들의 경험과 달랐다. 러시아, 독일, 이탈리아, 미국 및 오스트리아 등지에서는 이러한 기념식들이 여전히 실질적인 권력을 행사하고 있는 국가 원수를 중심으로 만발했다. 그 반면에 영국에서는 비록 권력의 그림자가 기념식을 통해 군주에 부여되는 것 같았지만, 권력의 실체는 점차 다른 곳으로 이동하고 있었다.

돌이켜 보면, 이와 같은 배경과 상황의 변화는 의례의 거행과 그 '의미'에서의 변화를 설명하는 데 도움이 되는 것으로 보인다. 그러나 당시에는 어쩌면 그것은 이러한 설명이 함의하는 바와 같이 의도적이지 않았을지도 모른다. 왜냐 하면 이와 같은 일관된 상징과 의미의 규칙 및 언어는 오직 기념식들이 하나하나 차례로 이어지면서 서서히 출현했기 때문이다. 1887년 드디어 50년간 왕위에 있던 '윈저의 미망인'〔빅토리아 여왕〕이, 매우 망설이기는 했으나, 런던에서 행해지는 장엄한 국가행사에 참석하기로 결정했다. 그것은 실로 모험이었다. 여왕에 대한 평판이 좋지 않아 그녀가 런던에서 어떤 반응을 얻을지 전혀 예상할 수 없었으니 말이다. 그리고 빅토리아 여왕이 왕관과 왕복을 쓰고 입기를 단호히 거부한 것도 그러한 예상을 뒷받침하는 것으로 보였다. 심지어 여왕을 가장 잘 설득하는 알렉산드라 왕세자비조차도 여왕의 마음을 바꾸지 못했다.[124] 그럼에도 즉위 50주년 기념식은 기념 행렬과 웨스트민스터에서의 감사 예배와 더불어 대성공을 거두었다. "이 세대는 결코 본 적이 없는 행렬이었다. … 이 세대 최고의 국가의식이었다."[125] 10년 후에 한층 더 자신

있게 준비된 즉위 60주년 기념식은 더욱더 빛이 났다. 여왕 자신이 기쁘고 놀라워 다음과 같이 평가했다.

> 짐은, 그 누구도 짐이 6마일의 거리를 통과하면서 받았던 것과 같은 열렬한 갈채를 받아본 적이 없었을 것이라고 생각한다. … 군중의 수는 형언할 수 없을 정도였고, 그들의 열정 또한 실로 경탄할 만하고 심히 감동적이었다.[126)]

이후로 빅토리아의 장례식, 에드워드 7세의 대관식과 장례식, 조지 5세의 대관식과 공식 접견식, 카나번 성에서의 왕세자의 웨일스공 서임식이 이어졌다. 실로 이 시기에 이르면, 1887년 이전에는 선례와 기념식에 대해서 한심할 정도로 무지했던 국가 및 왕실 관리청이 이제는 전문가가 되어 있었다. 빅토리아의 장례식 때 말들이 갑자기 뛰기 시작하는 것과 같은 오점들은 여전히 있었지만, 그러한 실수는 드물었고, 오히려 실수들 자체가 즉각 '전통'으로 편입되었다.[127)] 세밀한 준비와 대중적 열기, 광범위한 보도와 전례 없는 호화로움이 성공적으로 결합되었다. 의미심장하게도, 19세기 초 넬슨과 웰링턴의 장례식이 군주들의 장례식보다 웅대하고 대중적이었다면, 이제 빅토리아 여왕과 에드워드 7세의 장례식은 글래드스턴 수상의 국장을 월등히 능가했다.[128)]

이러한 행사들의 성공 여부는 개선된 진행에 달려 있었다. 그런 만큼, 그 속에서 특히 세 사람이 중요한 역할을 수행했다. 첫 번째 인물은 에셔 자작 레지널드 브레트(Reginald Brett)로서, 세기 전환기에 영국 상류층 내의 '막후 인물(*éminence grise*)'이자 빅토리아 여

빅토리아 여왕의 장례식

1901년, 빅토리아 여왕의 운구를 실은 마차가 런던의 패딩튼 역 앞을 지나고 있다.

왕과 에드워드 7세 및 조지 5세의 친구였으며, 1895년부터 1902년까지 윈저 성의 시종부관장(deputy constable)이자 부감독관(lieutenant governor)이었다. 그는 왕실 궁전의 재단장과 빅토리아 사후 왕실 기록의 정리를 맡았을 뿐만 아니라, 빅토리아의 즉위 60주년 기념식부터 에드워드 7세의 장례식에 이르는 모든 주요 왕실 행사에서 전반적인 기획을 담당했다.[129] 이론상 행사들에 대한 책임은 세습적으로 문장관(紋章官)이자 근위 기병대장이며 관리총감이자 시종장인 노포크 공작에게 있었다. 그러나 에셔 자작의 매력과 재치와 역사 의식과 조직력과 기념식에 대한 애정은, 그가 사실상 일을 도맡아서 하게끔 만들었다. 실제로 해야 할 일도 많았다. 주요 왕실행사를 거행한 지가 너무나 오래 되어서 아무도 어떻게 해야 할 지를 몰랐기 때문이다. 에셔는 한 번은 분개하면서 "역사적 선례에 대한 무지는 그것을 마땅히 알아야 할 이들 사이에서도 경이로울 지경이다"라고 언급하기도 했다. 그와 같은 장애물에도 불구하고 꼼꼼한 예행 연습과 세심히 연구된 행사들은 대성공을 거두었고, 에셔 자작에게는 왕실 가족과 정치인들로부터 '수십 통의 축하 편지'가 쇄도했다. 그렇지만 일생 동안 글래드스턴에게 반감을 가지고 있던 빅토리아는 에셔가 꼼꼼하고 재치 있게 준비해 웨스트민스터에서 거행한 글래드스턴의 국장이 '빗나간 열정'에 불과하다고 입맛을 다시기도 했다.[130]

왕실의례에 대한 에드워드 7세의 관심은 에셔의 관심에 필적했다. 비록 어머니는 공적 의례에 마지못해 참석했고 화려한 의복을 차려입고 공식석상에 나오는 것을 혐오했지만, 에드워드는 "군주의 의복을 입고 자기 자신을 신민들에게 드러내기"를 갈망했다.[131] 그는 어머니의 슬픔에 잠긴 듯한 우울함에 대해 늘 비판적이었고, 조카인 독일 황제가 화려함이라는 면에서 자신을 압도한 것에 대해서도 몹시 불쾌해했다. 그래서 왕으로서 그가 군주의 위엄을 높이고자 하는 데에는 이중의 동기가 있었다. 그리고 에셔의 도움으로 멋지게 성공했다. 실제로 에셔 자신은 주군의 "행사를 시각화하는 신비한 힘" "신속함, 상상력과 **발명**", 곧 "이러한 기본적인 재능들이 없었다면 **즉흥성**도 소용없다"라고 말했다.[132] 새로운 기념식들이 지닌 경쟁적인 요소를 한층 명확하게 인지한 또다른 궁정 관리인은 그런 생각에 동감을 표하면서 다음과 같이 평가했다. "우리의 국왕 폐하께서는 빌헬름 2세보다 뛰어나시다. 폐하께서는 더욱 점잖고 위엄이 있으시다. 빌헬름 2세는 점잖지 못하고 초조해하며 볼품없다."[133]

에드워드 7세가 왕위에 오르자마자 가장 먼저 한 일 가운데 하나가, 의회의 개회를 정식 기념행사로 만들어서 국왕이 호화로운 마차를 타고 런던의 거리를 가로질러 왕권을 나타내는 모든 의복과 장식을 갖춘 채 왕좌에 앉아서 직접 연설문을 읽도록 한 것이다. 과연 이런 일은 에드워드다운 일이면서도 빅토리아는 40년간 하지 않던 일이다.[134] 그리고 역설적이게도 동분서주하던 에셔가 다시 한 번 관장한 에드워드의 장례식은 '에드워드 자신이 참가한 최고로 장엄한 국가행사'였다. 특별히 중요했던 것은 에드워드 7세의 시신을 웨스트민스터 사원에 안치한 것이었다. 이는 '극도로 인기 있는 것으로 입증된 혁신'이었다. 25만 명이 줄지어 관을 조문했는데, 역사상 그토록 많은 보통 사람들이 개인적이고도 직접적으로 영국의 군주에게 존경을 표한 예는 없었다. 이 새로운 선례는, 해군 수병들이 이끄는 포차 위에 관을 안치하고 런던 거리를 길게 행진한 후 윈저에서 좀더 사적인 하관식을 거행하는 관행과 결부되어 조지 5세와 조지 6세의 장례식 모두에서 모방되었다.[135]

에셔가 전문성과 조직력을 제공했고 에드워드 자신이 열정과 후원을 불어넣었다면, 기념식 음악을 그저 사소하고 단명한 곡조에서 그 자체로 훌륭한 예술작품으로 승화시킨 사람은 엘가였다. 그가 1897년에 작곡한 〈제국 행진곡(Imperial March)〉은 빅토리아 여왕 즉위 60주년 기념식 때 엄청나게 유행했고, 그것으로 엘가는 비공식적인 계관음악가 자리에 성공적으로 오르게 되었다. 5년 후에는 에드워드 7세의 즉위를 기리기 위해 〈대관식 송가(Coronation Ode)〉를 작곡했는데, 여기에는 국왕의 요청에 따라서 〈위풍당당 행진곡 1번(Pomp and Circumstance number one)〉의 충만하고 울림 있는 곡조를 합창으로 편곡한 부분이 포함되었다. 이 곡조는 전세계적으로 〈희망과 영광의 땅(Land of Hope and Glory)〉으로 알려졌다. 그 후 조지 5세의 즉위식 때는 〈대관식 행진(Coronation March)〉을 작곡했고 인도 델리에서의 알현식을 위해 〈인도의 왕관(Crown of India)〉이라는 가면극을 완성했다. 이와 같은 작품들은 엘가 자신의 화려함·장엄함·정확함·웅장함에 대한 진정한 사랑을 반영하는 것으로서, 주요 왕실 기념식에 이상적이면서도 당당하고 음악적인 배경을 제공했다.[136] 그와 동시에 그 작품들을 에드워드 시대의 과장과 자만, 잘난체와 자기 과신의 구현으로만 봐서는 안 된다.[137] 그의 위대한 멜로디들은 보기보다 종종 구슬프고 울적하며 무엇인가를 그리워하는 듯하고 묵상에 잠긴 듯도 하며 자신을 성찰하는 듯도 하다. 엘가의 교향곡 1번의 주요 테마조차도, 마지막 악장의 끝으로 향할수록 영광스럽게 드높여지고 승리에 취한 듯하지만, 전 작품에 흐르는 의심과 어둠, 망설임과 절망의 힘이 결코 완전히 사라지지는 않는다.[138] 그의 음악에 깔려 있는 진정한 감미로움이 그의 곡에 끼워진 과대포장되고 귀에 거슬리는 가사들 때문에 종종 잊혀진다 할지라도, 그의 행진곡과 곡조들은 모든 주요 왕실행사의 불가결한 반주로 자리잡았고, 그 후로도 계속 그러했다.

영국 군주정에 대한 공적인 이미지는, 이 세 사람 개개인의 뚜렷한 공헌에 힘입어 1차 대전을 앞둔 몇 년 사이에 구래의 기념식들이 변화된 국내외적 상황에 성공적으로 적응하고 새로운 기념식들이 발명되고 첨가됨으로써 근본적으로 변모했다. 이러한 변화는 왕실행사들이 전례 없을 정도로 상업적으로 이용된 방식에서도 잘 드러난다. 비록 정확한 수치는 없지만, 이 시기 이래로 왕실을 기념하는 도기류가 엄청나게 등장한 것이 분명하며, 제조업자들은 이전에는 존재하지 않았던 대중시장을 상대로 왕실을 기념하는 일에 호소함으로써 돈을 벌어들였다.[139] 마찬가지로 라운트리(Rowntree), 캐드베리(Cadbury), 옥소(Oxo)와 같은 소비지향적인 신생 기업들이 자기들의 광고 활동을 촉진하기 위해 왕실행사를 이용했고, 지역 관청들은 기념컵이나 머그잔을 나눠주기 시작했다. 빅토리아 여왕 즉위 60주년 기념식 때에는 판매용으로 제작된 사적인 기념메달이 예전 네 차례의 행사 동안 제작된 것을 다 합친 것보다도 많았고, 에드워드 7세의 대관식은 또 한 번 메달 제작자들의 천국이 되었다. 게다가 1887년에는 왼쪽 가슴에 달 수 있는 캠페인 메달 형식의 기념메달들이 처음으로 발행되었는데, 이는 이 시기에 잇따른 일체의 대관식과 즉위 기념식에서 모방된 새로운 고안물이었다.[140] 그리하여 음악이나 화려함에서와 마찬가지로, 머그와 메달에서도 19세기의 마지막 4반세기와 20세기의 첫 10년간은 '만들어진 전통들'의 황금기였다. 이 시기 군주정은 반 세기 이전만 해도 불가능했던 방식으로 산업화된 사회의 대중에 대한 호소력을 넓혔던 것이다.

의례를 한층 더 강조하는 현상은 왕실에만 국한된 것이 아니었다. 여러 다른 활동 영역에서도 흠모할 만하지만 사라져 가고 있던 기념식들이 부활했고, 새로운 제도들은 의고적인, 그러나 발명된 구경거리라는 고풍스런 매력으로 치장되었다. 가령 '시장님의 행차(Lord Mayor's Show)'가 장엄한 행사로 부활했고, 지방 도시들의 새로운 바로크 양식의 시청과 시민적 존엄이라는 개념은 시민적 의례가 만개했음을 보여주는 진전된 증거였다. 그와 마찬가지로, 의도적으로 연출된 고풍스런 건축양식들, 귀족적인 총장들, 고대적인 가운과 호사스런 학위 수여식들로 무장한 새로운 세대의 붉은 벽돌 대학들도 위와 유사한 경향에 속해 있었다.[141] 해외 영토에서는 더프린 경(Lord Dufferin)이 캐나다 오타와(Ottawa)에 도입한 장엄한 '총독-부왕체제'■가 하나의 선례로서, 훗날 오스트레일리아와 뉴질랜드 및 남아프리카에서 모방되었다.[142] 1877년, 1902년 및 1911년에 있었던 델리의 공식 알현식은 영국 통치의 공적 위신이 절정—비록 총독 개인의 사적 권력은 아니었지만—에 달했음을 보여주었다. 그와 동시에, 훈장체계가 크게 확장되어서 인도 훈장, 빅토리아 여

■ 1872년부터 1878년까지 캐나다의 총독이었던 더프린 경은 거기서 캐나다 최고 법원, 왕립 군사학교, 학술원 메달, 사격대회, 컬링대회, '리도 홀(Rideau Hall)' 같은 건축물, '더프린 테라스(Dufferin Terrace)' 같은 세인트 로렌스 강을 굽어보는 산책로 등 온갖 행사와 제도와 기념물들을 만들었다. 특히 '리도 홀'에 입장할 때는 언제나 '적절하게 의복을 갖출 것'이 요구되기도 했다. 요컨대 더프린 경은 캐나다의 총독-부왕을 영국 국왕의 아류로, 캐나다 식민지를 영국 군주정의 축소판으로 만들려고 했다.

시장님의 행차(Lord Mayor's Show)

1215년, 존 왕은 런던 시민들이 자신에게 보내 준 지지에 대한 보답으로, 시민들에게 시민들 스스로가 자신들의 대표자를 뽑을 수 있는 '자유(liberty)'를 인정했다. 이로써, 런던 시장은 최초의 선출직 관리가 되었다. 이 때 신임 런던 시장은 반드시 왕권에 충성을 맹세하는 특별한 의례를 가져야 했는데, 그 때마다 항상 템즈 강을 배를 타고 가로질러 왕실 법원으로 향했다. 이 행사는 흑사병이 횡행할 때나 2차 대전 당시 폭격이 한창일 때에도 중단되지 않았다. 20세기에 그것은 텔레비전으로 생중계된 최초의 행사이기도 했다. 1747년경 조반니 안토니오 카나텔로가 그린 그림이다.

왕 훈장, 명예 훈장 및 공덕 훈장이 신설되었고, 가터 기사장(Knight of the Garter) 및 바스 기사장(Knight of the Bath)을 위한 장엄한 수여식이 부활되었다.[143] 요컨대 의례를 통해 일신된 영국 군주정의 공적 면모는 이 시기에 새롭게 등장하거나 부활된 기념식들이 널리 증식되었음을 보여주는 한 가지 사례에 지나지 않는데, 이는 국가 원수의 수준에서뿐만 아니라 그보다 더 광범위하게 확산된 예법의 수준에서도 영국과 유럽 및 미국의 공적 생활을 특징지었다.

VI

1914년에서 1953년 사이, 곧 세 번째 시기에 역사적 맥락은 또 한 번 심오하게 변화했다. 영국 왕실의 의례는 더 이상 광범위한 경쟁적 발명의 한 측면이 아니라, 전례 없는 변화의 시대를 맞아 연속성의 독특한 표현이 되었다. 일단 빅토리아 시기 후반 및 에드워드 시기의 장엄한 의례와 정치적으로 중립적인 왕실이라는 공식이 더욱 더 엄격히 헌정적인 방식으로 반복되었다. 에드워드 7세가 행사했던 제한된 권력이 그 후계 3대의 재위기간 동안에 더욱 잠식당했기 때문이다. 예컨대 조지 5세는 1923년 보수당 수상을 선택하고 1931년 거국 내각을 구성하는 등, 자신이 즉위시에 물려받은 헌정적 위기에서 일정한 역할을 수행하지 않을 수 없었는데, 비록 내심으로는 보수당을 선호했지만 공적이고 헌정적인 직무를 수행하는 과정에서는 나무랄 데 없는 공정성과 중립성을 유지했다.[144] 그는 정치에서 명목상의 수장이었다. 이는 그가 기념식에서 명목상의 수장의 지위를 반영했다는 점에서, 그리고 마치 1913년 어느 급진주의자의 예언, 그러니까 "영국에서 국왕은 국민이 바라는 바를 행한다. 국왕은 사회주의적 왕이 될 것이다"[145]라는 예언을 실현시킨 듯했다는 점에서 그러했다. 에드워드 8세의 왕위 포기는 국왕을 옹립하고 하야시키는 것이 의회라는 점을 분명히 했고, 이어 즉위한 조지 6세는 보수당을 선호한다는 측면에서뿐만 아니라 공적으로 중립성을 지켰다는 면에서도 과연 아버지 조지 5세의 아들다운 면모를 보여주었다. 조언하고 경고하고 또 격려하는 국왕의 권리조차도 상대적으로 약화되었다. 1940년에 조지 6세는 핼리팩스(Edward Halifax, 1881~1959)■를 수상으로 선호했고, 1945년에는 처칠(Winston Churchill, 1874~1965)■■이 물러나는 것에 대해 안타까워했다. 그러나 두 경우 모두에서 사태의 전개에 영향력을 미칠 어떠한 힘도 없었다.[146] 입헌 군주정으로의 발전이 완성된 것이다.

이처럼 무력함에서 초연함으로 존엄함으로 장엄함으로 이어지는 연결선은 끊어짐이 없었고, 이는 군주 개개인이 얻은 높은 평판으로 한층 강화되었다. 특히 조지 5세는, 사적으로는 할머니 빅토리아의 청렴함과 공적으로는 아버지 에드워드 7세의 장엄함을 결합시킴으로써, 이후 오랫동안 재위한 그의 두 후계자들에게 본보기가 되었다.[147] 조지 5세는, 한편으로는 아버지처럼 공적인 의례와 기념식에 꾸준히 관심을 갖고 있었고 올바른 복장을 갖추고 장식을 다는 방법과 같은 문제에 집착했다. 그러나 사생활에서는 농촌 젠트리의 수수함과 중간계급의 고상함을 결합시켰다.[148] 아마도 우연적이기는 하지만, 조지 5세는 매우 성공적인 방식으로 장엄하면서 동시에 가정적인, 곧 제국 전체의 아버지와 같은 인물임과 동시에 개인으로서 모두가 동일시할 수 있는 한 가정의 가장이 되고자 했다(의미심장하게도, 에드워드 8세는 조지 5세라는 모델이 지녔던 두 요소 모두를 유린했다. 그는 의례에 전혀 관심이 없었고, 파란만장하고 무분별한 사생활을 영위했다).[149] 그 반면에, 조지 6세는 아버지의 방식으로 복귀하고 있음을 강조하기 위해 일부러 아버지의 이름을 취했다. 실제로

■ 보수당 하원의원, 인도 총독, 보수당 상원 지도자, 주미 대사 등을 역임한 보수적 정치가다.
■■ 보수당 하원의원으로 정치 경력을 시작했고, 한동안 자유당에 몸담기도 했지만 다시 보수당에 복귀, 1940년 수상으로 취임해 노동당과 전시 연립내각을 이끌었다.

즉위 당시에 볼드윈은 "그가 민중의 사랑을 받는 것은 무엇보다 그가 형제들 가운데 그 누구보다 아버지의 성품과 마음을 빼닮았기 때문이다"라고 지적했다.[150] 다시 한 번 국왕은 꼼꼼하게 공적 의례상의 직무들을 수행하면서, 동시에 자기 형의 사생활과는 정반대의 가정생활을 영위했던 것이다.[151] 그의 강점은 아버지와 같은 '용기, 인내, 온유, 헌신'이었다. 그는 자신의 말 더듬는 버릇을 고쳤고, 2차 대전 와중에는 런던을 떠나기를 단호히 거부했다.[152] 그의 아버지가 '사랑받는 조지 왕'이었다면, 그는 '믿음직한 조지 왕'이었다.

이러한 상황에서, 특히 장엄한 기념식이 거행되는 경우에 군주정은 합의와 안정과 공동체를 구현한 것으로 보였다. 실제로 주요 왕실의례, 1,2차 대전 전사자 추모일, 계속 확대되는 크리스마스 열풍(특히 추모일과 크리스마스 행사에서 왕실은 중요한 역할을 했다)은 왕실은 물론이요, 개개인의 가정과 민족 전체가 하나가 되는 3대 합의의 대축전들이었다. 1914년에서 1953년 사이에, 영국은 그 규모에서 이전 시대의 변화를 훨씬 압도하는 내적 변화를 경험했다. 1910년에서 1928년 사이에, 영국은 유럽에서 선거권이 가장 제한된 나라들 가운데 하나에서 완전한 성인 보통선거를 실현한 나라로 변모함으로써, 〔당시에 일각에서는〕 "전쟁으로 지친, 배고픈 프롤레타리아가 선거에서 막강한 영향력을 지니게 되었다"는 두려움이 횡행할 정도였다.[153] 자유당은 노동당에게 국가의 제2당이라는 자리를 내주게 되었고, 특히 2차 대전 이후에는 대 귀족가문들이 소멸하면서 왕실이 점차 런던 사회에서 고립되어 갔다. 1926년의 총파업과 뒤이은 대공황은 전례 없는 규모의 적대감과 고통을 야기했고, 두 차례에 걸친 세계대전도 마찬가지였다. 이에 따라 정치적으로 중립적이고 개인적으로 존경할 만한 군주가 '어수선한 시대에 안정의 구심점'으로 그것도 매우 성공적으로 출현했고, 그 가운데에서도 가장 효과적인 측면은 바로 왕실의 절제되고 고풍스런 기념비적 장엄함이었다.[154]

부분적으로 이는 미디어의 계속적인 호의로 더욱 수월하게 이루어질 수 있었다. 미디어는 대규모 국가 기념식들을 외경에 차고 위엄에 눌린 듯한 태도로 계속해서 보도했다. 말이 나왔으니 말이지, 정치적 중립성과 개인적 성실성을 결합한 군주정이라는 제도를 그것 아닌 다른 방식으로 다루는 게 가당키나 하겠는가. 로우랜슨이나 길레이 같은 방식으로 비판하고 풍자할 만한 것이 도무지 없었다. 파트리지(Partridge)부터 셰퍼드(Shepherd)와 일링(Illing)에 이르기까지, 왕실에 대한 만화는 왕가 일원의 성공적인 제국 시찰을 축하하거나 윈저 가문을 칭송하거나 군주의 서거를 애도하는 인물화로 제한되었다. 이런 맥락에서 의미심장하게도, 1936년 로우(Low)가 에드워드 8세의 왕위 포기에 대해 비판적인 만화를 게재하려 했을 때 런던의 어떤 신문사도 그것을 허용하지 않았다.[155] 왕위 포기 당시 언론사 사주들 간의 신사협정이 웅변적으로 보여주듯이, 편집자들과 기자들 또한 만화가들처럼 계속해서 존경을 표했다. 신문 사진들 역시 뉴스 영화들처럼 신중하게 편집되었다. 조지 6세의 대관식 이후 문장관과 캔터베리 대주교는 "광범위한 대중이 보기에 부적절하다고 여길 만한 것은 무엇이든지" 편집할 수 있는 권한을 부여받았다. 1948년 해롤드 니콜슨(Harold Nicolson)이 조지 5세의 공적 생활에 대해 집필해 달라는 요청을 받았을 때에는 "왕실을 불명예스럽게 할 만한 일과 사건들은 생략할 것을" 명시적으로 요구

받았다.[156]

그러나 이 시기에 가장 중요한 발전은 B.B.C. 방송의 도래였다. B.B.C.는 조지 5세가 성공적으로 만들어낸 군주의 이중적인 이미지를 전달하는 데 매우 중요한 역할을 했다. 1932년에 시작되어 즉시 '전통'으로 채택된 크리스마스 방송이, 가정의 안락함 속에 있는 신민들에게 말을 건네는 것으로 인민의 아버지와 같은 존재로서의 군주상을 더해갔다.[157] 조지 5세의 방송이 너무나 성공적이었기에 그의 차남 조지 6세는 말 더듬는 장애를 가지고 있음에도 불구하고, '전통'을 지속시켜야만 했다. 동시에 B.B.C.의 초대 사장이었던 존 리스 경(Sir John Reith)-그 자신도 행사와 군주정에 대한 낭만적인 애호가였다-은 방송이라는 새로운 수단이 이전에는 불가능했던, 기념식에 참여하는 듯한 느낌을 전달할 수 있는 능력을 갖고 있다는 사실을 간파했다.[158] 그래서 1923년 요크 공작의 결혼식 때부터 일체의 대규모 국가행사를 라디오로 생중계하기 시작했다. 또한 종과 말과 마차와 환호성 소리를 들려줄 수 있는 특수 마이크가 설치되면서, '청취가능한 행사'가 B.B.C. 방송 프로그램의 주요 특종이 되었다. 국가행사들은 이러한 기술적 발전을 통해 진정한 의미에서 모든 사람들이 참여하는 전국적이고 가족적인 사건으로 성공리에 정착되었다. 그리고 여론 조사가 하나의 지침이 될 수 있다면-사실이 그러했다-, 주요 왕실행사가 전파로 송출될 때마다 청취자 수의 기록이 경신되었다.[159]

미디어의 새로움과 기념식의 고풍스러움이 결합됨으로써, 변화의 시대에 왕실의례는 대중에게 위안을 주는 인기 있는 제도가 되었다. 군주의 이미지가 전달되는 방식은 예전에도 이미 신기하고 장엄

조지 5세의 크리스마스 방송

1932년 12월, 조지 5세의 크리스마스 메시지가 라디오 전파를 타고 사람들에게 전해졌다. 조지 5세는 여기에 보내진 열광에 고무되었고, 왕의 크리스마스 방송은 이후 관례화되었다. 사진은 1934년 라디오를 통해 크리스마스 메세지를 전하고 있는 조지 5세의 모습이다.

하기는 했지만, 이 시기에 이르러 전적으로 동화(童話)가 되었다. 예컨대 조지 6세의 대관식의 경우, 귀족들조차 대부분 자동차를 타고 왔다. 색채와 낭만이라면 조금도 놓치는 법이 없는 눈을 가진 헨리 채논(Henry Channon)은, 이 때 마차는 단 3대밖에 보지 못했다고 했다.[160] 실로 이 시기에 이르면, 19세기의 말이 이끄는 사회는 오래 전에 잊혀져서, 행진 후 말똥을 치우는 도로 청소부들이 그 날의 가장 요란한 갈채를 받을 지경이었다.[161] 비행기와 탱크와 핵폭탄의 세계에서, 말과 마차와 검과 깃털장식 모자의 고풍스런 장엄함은 한층 위세를 더하는 것이었다. 1948년 마차 관련 서적이 논평했듯이, 대가문들조차 더 이상 호화로운 마차를 사용하지 않았다. 그러한 마차들은 이제 '조각이 새겨진 황금빛 왕실 마차나 런던 시장의 마차와 같이 순전히 의식용으로서, 걷는 속도로 움직이는 것들'과 '거의 사용되지 않는 하원의장의 마차'로 국한되었다. 실제로 엘리자베스 2세의 대관식 때에 이르면, 왕가조차도 모든 왕족과 국가원수 귀빈들을 수용할 수 있는 마차가 부족해서 한 영화사로부터 7대를 추가로 임대해야만 했다.[162)]

이러한 마차들을 추가로 획득하는 데 필요한 고도의 조직력은 에셔가 시작한 행정적 전문성의 전통이 완전히 유지되었다는 증거다. 세습 문장관이던 제16대 노포크 공작은, 조지 6세의 대관식 당시에는 비록 스물아홉 살에 불과했지만, 곧 에셔에 버금가는 엄정함, 흥행 수완 및 연출 능력을 인정받기에 이르렀다. 1969년 그가 마지막으로 감독한 행사였던 왕세자의 웨일스 공 서임식까지, 실로 그의 왕실의례 경험은 40여 년에 달했다. 1937년의 대관식에서는 동료에게 실제 대관이 예정보다 이르거나 늦는다면 1분당 1파운드씩 낼 용의가 있다고 했는데, 그는 단 5파운드를 잃었을 뿐이다.[163)] 이 의식에서 노포크는 캔터베리 대주교 랭(Cosmo Gordon Lang)의 도움을 받았다. 헨슬리 헨슨(Hensley Henson)은 캔터베리 대주교를 "타고난 배우"라고 묘사했고, 주교의 전기작가에 따르면 그는 "일체의 드라마와 장관이 필요한 행사의 가장 미세한 부분에도 주의를 기울였으며, 그러한 행사들은 그에게는 강렬한 종교적 감명 그 자체였다." 노포크처럼 대주교는 '무대의 언어'로 사고(思考)했고, 이들 교회 및 국가 대표들은 3개의 위원회를 주도하는 한편, 대관식 준비를 위한 8번의 예행 연습을 관장했다.[164)] 게다가 이 시기에 이르면 웨스트민스터 사원도 주임사제 라일(Ryle)과 성구 보관인 조슬린 퍼킨스의 노력에 힘입어 기념식에 더욱 적합한 장소가 되었다. 성가대의 실력은 향상되고 성가대석은 도금되었으며, 사원탑에는 종이 복원되었고, 깃발과 망토를 입고 행진하는 것도 부활되었다. 실로 라일이 주임사제로 임직하는 동안(1914~1925), 무명 용사의 매장을 포함해 최소한 86번의 특별 예배가 거행되었다. '웨스트민스터 사원의 예배가 더욱 장엄하고 화려해진 것'은 주요 왕실 기념식들을 거행하는 추가적인 부담을 전례 없이 수월하고 능숙하게 그리고 전문적으로 처리할 수 있게 되었음을 의미했다.[165)]

그와 마찬가지로, 음악에 관한 한, 이전 시기의 혁신이 강화되고 한층 더 확대되었다. 1924년 패럿이 사망하자, 엘가가 왕실 수석음악가에 임명되어 1세기가 넘는 세월 만에 처음으로 저명한 작곡가가 그 자리에 오른 것이 되었고, 그럼으로써 왕실의례에서 그의 음악이 차지하는 중요성을 분명히 인정해 준 것이 되었다.[166)] 그 이후로 계속해서 재능 있는 작곡가들이 그 자리를 이었고, 그들이 왕실기념식을 위한 음악적 준비를 지휘했다. 엘가가 임명된 시기에 이르면, 그의 창조적 열정은 소진되어서 그 손끝에서 더 이상 위대한 작품이나 대중적인 음악이 나오지는 않았다. 그러나 다른 작곡가들이 그를 계승해 최근에 확립된 전통을 지속시켰고 각 주요 왕실행사는 당대 영국 음악의 축제가 되었다.[167)] 박스(Bax, Sir Arnold), 블리스(Bliss, Sir Arthur), 홀스트(Holst, Gustav Theordore), 월튼(Walton, Sir William) 및 본 윌리엄스(Vaughan Williams, Ralph) 모두 조지 6세와 엘리자베스 2세의 대관식에서 연주할 음악을 작곡했다. 실제로 월튼의 2개의 대관식 행진곡인 〈제국의 왕관(Crown Imperial)〉(1937)과 〈왕의 구슬과 홀(Orb and Sceptre)〉(1953)은,

풍부한 선율과 화려한 합주뿐만 아니라 정기적으로 연주되는 정평 있는 연주회장 음악이 되었다는 점에서 엘가의 행진곡들에 버금갔다.[168)]

국내적 맥락에서 왕실의례의 이와 같은 발전상은 국제 영역에서의 좀더 큰 변화를 수반했다. 이전 시기 영국 의례는, 아무리 빅토리아 중기 내지 초기 때보다 향상되었다고 할지라도, 다른 민족들에서 거행된 장엄한 행사들에 비하면 단지 한 조각에 지나지 않는 것이었다. 그러나 이 세 번째 시기의 영국 의례는 경쟁적 발명의 한 사례가 아니라 명실공히 독보적인 것이 되었다. 이는 다분히 어부지리였다. 즉, 조지 5세의 재위기에 대부분의 주요 왕조들이 공화주의 정권으로 대체되었던 것이다. 1910년에는 독일 황제와 5명의 국왕, 8명의 왕세자가 각국의 대표로 에드워드 7세의 장례식에 참석했다. 그러나 다음 4반세기 동안 "6명의 황제, 8명의 국왕 및 18개의 작은 왕조들이 이 세상에서 사라져 버렸다. 이는 역사상 가장 극적인 정치적 지각 변동 가운데 하나였다."[169)] 2차 대전 후에도 다시금 이탈리아와 유고슬라비아 왕조가 사라졌고, 일본 천황의 위엄도 손상되었다. 이렇게 극적으로 변화된 국제적 맥락 속에서, 영국 왕실의 의례는 예전이라면 불가능했을 방식으로 장구하고 지속적인 전통의 독특한 구현체로 제시될 수 있었다.

예컨대 1937년 한 해설자는 다가오는 대관식에 대해서 "잉글랜드의 대관식은 다른 의식들과는 격이 다르다. 세계 어느 곳에서도 이토록 엄숙하고 외경을 불러일으키는 구경거리를 찾아보기 힘들다"고 말했다.[170)] 이 시기에 이르면, 그와 같은 표현이 결코 과장이 아니었다. 그러나 25년 전만 해도 금방 반박될 수 있는 것이었다. 모스크바, 베를린, 빈, 로마에서도 유사한 기념식이 있었기 때문이다. 과연 생존했다는 사실 하나만으로도, 경쟁의 시기에 만들어져 얼마 전까지만 해도 새로웠던 것이 이 변화의 시기에 들어서서 실로 유서 깊은 것으로 탈바꿈한 것이다. 퍼시 슈람(Percy Schramm)은 그의 『대관식의 역사(*History of Coronation*)』에서 동일한 요점을 좀더 풍부한 수사를 사용해 다음과 같이 설명했다.

> 웨스트민스터〔영국 왕의 대관식 거행 장소〕에서 모든 것은 옛것 그대로인 반면에, 아헨〔Aachen, 독일 황제의 대관식 거행 장소〕과 랭스〔Rheims, 프랑스 왕의 대관식 거행 장소〕는 황량하다. '로마인의 황제〔Imperator Romanorum, 샤를마뉴의 칭호〕'는 더 이상 존재하지 않는다. 합스부르크 왕조와 호엔촐러른 왕조조차도 황제 칭호를 내려놔야 했고, 옛 제국의 보고(寶庫)에 있던 왕관과 홀과 왕복은 이제 박물관의 전시품이 되었다. 프랑스에는 이러한 과거에 대한 기억조차 남아 있지 않다. … 주위를 가만히 둘러보면, 사방에 과거의 장엄한 전통들이 쓰레기더미 위에 던져져 있음을 보게 될 것이다. 중세로부터 이어져 온 전통을 완전히 전복시키거나 전적으로 재구성하지 않으면서 지속적으로 적응시킨 나라는 거의 없다. 실로 우리 시대의 증상 가운데 하나는, 국가들이 새롭게 획득한 권력에 취해 전혀 새로운 형태의 위엄을 창출하고 과거는 의식적으로 던져 버린다는 것이다. 이러한 건설과 파괴의 현장에서, 과거의 표상이자 오늘의 상징으로 남아 있는 것은 로마의 성 베드로 대성당과 웨스트민스터에 있는 에드워드 왕의 성단(聖壇)밖에 없다.[171]

적응과 재건을 대립시키는 것은 단지 형이상학적인 수사가 아니었다. 정체(政體)에서 일어난 일은 수도에서도 마찬가지로 일어났다. 런던의 재건축은 1차 대전 이전에 대개 완성되었지만, 다른 신생국들, 혹은 새롭게 부상한 강대국들의 수도는 민족의 위대함을 더욱 잘 표현해낼 방편으로 계속해서 재건축되고 있었다. 예컨대 무솔리니는 로마가 "세계의 모든 이들이 경탄할 만큼, 아우구스투스의 제국 당시처럼 거대하고 질서정연하며 강력하기를" 바랐다. 1931년 대계획의 첫 목적은 빛나는 기념비적 수도를 창출하는 것이었는데, 여기에는 베네치아 광장(Piazza Venezia)과 콜로세움으로 연결되는 제국 가도(Via dell'Imperio)와 같이 거대하고 기념비적인 접근로들을 조성하는 것이 포함되어 있었다.[172] 독일에서도 역시 방대하고 기념비적이며 다분히 과대망상적인 제3제국의 건물들, 그러니까 히틀러와 알베르트 슈피어(Albert Speer, 1905~1981)■가 합작한 그 결과물들이 이탈리아와 유사한 광경을 구현하고 있었다. 독일 예술관, 베를린 총통 관저, 뉘른베르크의 건물과 열병장, 그리고 뉘른베르크는 말할 것도 없고 베를린에서도 계획되었으나 결국 실현되지는 못한 여러 개선로와 개선문을 포함한 실로 모든 것들이, 문명이란 그것이 남긴 위대한 건물들로 평가받는다는 히틀러의 변함 없는 신념을 반영했다.[173] 그러한 혁신적인 신고전주의(neo-classicism)는 파시스트 정권들에만 국한된 것이 아니었다. 모스크바에서 기념식의 중심지로서 붉은 광장을 조성한 것 역시 유사한 표현의 일부로

■ 독일의 건축가이자 나치 지도자. 제3제국의 공식 건축가로서 뉘른베르크 스타디움 같은 웅대하면서 절충적인 양식의 건축물들을 설계했다. 그와 동시에 군수장관으로서 독일의 전시 생산을 지휘하기도 했다.

베를린 총통 관저(Reich Chancellory)

알베르트 슈피어가 1939년 9월 폴란드 침공 직전에 총통이 입주할 수 있도록 노동력과 물자를 끌어모아 급하게 지은 것이다. 슈피어는 19세기 프로이센의 건축가 카를 프리드리히 쉰켈의 설계에 기초한 이 신고전주의적 궁전을 통해 히틀러 치하 새로운 독일의 정신과 본질을 표현하고자 했다. 한때는 도시의 한 구역 전체를 차지했던 이 건물은 그러나 연합군의 베를린 함락 직후 해체되어 현재는 히틀러가 자신의 종말을 지켜보았을 지하 벙커만 남아 있다.

간주될 수 있을 터이며, 방대한 신고전주의 양식의 소비에트 전당(Palace of the Soviets)■ 건설 계획도 비록 실현되지는 못했지만 그와 마찬가지였다.[174] 워싱턴에서도 링컨 기념관이 완공되고 제퍼슨 기념비와 알링턴 다리의 건설에 더해 헌법로(Constitution Avenue)에 일군의 행정 관청들이 들어섰다. 대서양 저편에도 동일한 영향력이 작용했던 것이다.[175]

그러나 런던은 정체에서의 변화와 마찬가지로 건물에서도 다시 한 번 예외였다. 다른 나라의 지배 엘리트가 그 행사를 거행하는 무대를 완성하거나 재건한 반면에, 런던에서는 버킹엄 궁전에서 해군성 아치에 이르는 건물들의 '앙상블'이 준공된 이후로 그 무대가 거의 변하지 않은 채 유지되었다. 전간기에는 오직 카운티 홀(County Hall)만이 주요 관공 건물에 추가되었는데, 그조차도 1914년 이전에 착공된 것이었다. 심지어 세계대전 전몰자 기념비(the Cenotaph)도, 그 상징적인 의미에도 불구하고 런던의 건축상의 유산에 더해진, 상대적으로 미미한 부가물이었을 뿐이다. 다른 수도들에서 건설사업이 급증했음을 염두에 두면, 영국에서 1910년에는 새로웠던 건물들이 20년도 지나지 않아 유서 깊은 건물이 되었다는 것도 이해할 만한 일이다. 세 번째 시기에 들어와 런던 주민들은 첫 번째 시기처럼 잘난 체하듯 혼란을 받아들이거나 두 번째 시기처럼 뒤늦게 쫓아가고 경쟁하는 대신에, 자기들이 사는 도시가 건축학적으로 가장 안정된 수도라고 보게 되었고, 이 물리적 안정성은 정치적 안정성을 적절히 반영하는 것으로 간주되었다. 1897년과 1914년 사이에 일어난 변화를 조사한 해롤드 클룬(Harold Clunn)이 지적했듯이,

> 런던 중심가 전역에서 진행된 엄청난 개선을 고려할 때 … 오

▪ 1931년 스탈린은 모스크바의 대성당을 허물고 그 부지에 소비에트 체제를 기념하는 건물을 짓기로 했다. 1934년의 설계안에 따르면, 이 전당은 미국의 엠파이어 스테이트 빌딩보다도 높은 389미터 높이에다 그 꼭대기에는 거대한 레닌 동상까지 얹은 전례 없이 웅장한 건축물이 될 것이었다. 그러나 이 계획은 전쟁 등으로 실현되지 못했다. 그 대신 흐루시초프 시대에 들어 그 부지에 당시 세계에서 가장 큰 수영장이 조성되었고, 다시 1997년에는 모스크바 시장이 수영장 대신 원래의 대성당을 건설하기로 결정했다.

늘날의 런던은 웅장함이라는 측면에서 파리를 압도하는 것으로 보인다. 여러 도시의 강점에 관한 견해에는 편차가 많지만, 런던은 이론의 여지없이 세계에서 가장 세련된 도시라고 주장할 수 있다.[176)]

정체의 변화에서와 마찬가지로 건물에서도, 생존했다는 사실 하나만으로도, 경쟁의 시기에 만들어져 얼마 전까지만 해도 새로웠던 것이 이 변화의 시기에 들어서 유서 깊은 것으로 탈바꿈한 것이다.

이러한 대조는 기념식 자체에도 정확히 반영되었다. 러시아와 마찬가지로 이탈리아에도 새로운 정치적 질서가 도래하면서 요란하고 격정적이고 기술적으로 정교한 의례 형태가 도입되었는데, 이는 잉글랜드의 지배적 의례 형태와는 정반대였다. 특히 독일에서는 탱크, 비행기, 탐조등을 의례에 사용하는 것이 기술을 신뢰하고 시대착오적인 것을 배격하는 경향을 암시했는데, 이것 역시 호화로운 마차와 의례용 검과는 대치되는 것이었다. 독일인들은 런던 주민들처럼 거리 양쪽에 늘어서서 질서를 지키며 환호하는 대신, 매년 25만에 이르는 사람들이 뉘른베르크 집회에 참여했다. 여기서 독일인들은 '광란의 황홀경' 속에서 히틀러의 '노골적으로 격정적인' 웅변에 귀를 기울였다. 종교의례에 가까운 연설자와 청취자 간의 재창(再唱)과 대독(代讀), 말이 총통(Führer)의 몸에서 뿜어져 나오는 듯한 방식, 연설 후 몰려오는 마치 성교 후 기진맥진한 듯한 상태, 이 모든 것이 조지 5세와 그 왕비의 '확고부동한 위엄'과는 확실한 대조를 이루었다.[177)]

과연 잇따른 연구를 통해 파시스트 의례(와 건물)가 과거를 돌아

보고 기원에 집착한 것이었음이 드러났을지라도, 당대 잉글랜드 인들이 주목한 것은 그 불쾌할 정도로 히스테릭한 생경함이었고, 이는 영국 군주정의 한결 분명한 전통주의와 비교되었다. 브로니슬로 말리노프스키(Bronislaw Malinowski)가 조지 6세의 대관식 당시에 설명했듯이, 독재자들은

> 온갖 종류의 어울리지 않는 잡동사니들을 갖고서 자신들만의 상징주의와 의례, 자신들만의 신화, 자신들만의 순전히 종교적이고 심지어 마술적인 신조들을 급조해낸다. 독재자들 가운데 어떤 사람은 아리안 지고신(至高神)의 화신이 되는가 하면, 다른 사람은 고대 로마 황제들의 월계관을 자신의 머리 위에 얹는다. … 전통적 군주정의 유서 깊고 역사적인 제도들을 무색하게 만드는 갈채 속에서 허식과 의례, 전설과 마술적인 의식들이 독재자 주위에서 상연된다.[178]

물론 영국 군주정의 전통은 의례와 관련된 한에서 단지 상대적인 의미에서만 '유서 깊고' '역사적인' 것이다. 즉, 그것은 오직 나중에 발명된 경쟁적 의례들과 비교해서만 '유서 깊고' '역사적인' 것이라고 그럴듯하게 묘사될 수 있었다는 얘기다. 그러나 영국인들은 전간기에 바로 이와 같은 입장을 취했다. 가령, 1936년 「뉴 스테이츠먼(*New Statesman*)」 지는 '국왕의 크리스마스 방송이 보여주는 친밀하고 푸근한 상식'과, '연설을 마치면서 청중들에게 다함께 총통에게 나치식 크리스마스 인사—하일 히틀러!—를 드리자고 요청하는' 나치 정권의 관리를 비교했다. 그런가 하면 같은 해 킹슬리 마틴

(Kingsley Martin)은, 그의 좀더 명쾌한 구절을 인용하자면, "독일을 보면서 우리가 알게 된 것은, 우리가 군주정의 장식들을 시궁창에 던져 버린다면 … 어떤 부랑아가 그것을 주어 담으리라는 것이다."[179]라고 했다.

이러한 다채롭고도 혼란스러운 민족적·국제적 상황 속에서 제국과 제국에 결부된 왕권의 기념식이 갖는 호소력은 증대하기만 했다. 이는 부분적으로 국내 문제로부터 관심을 돌리는 것을 표현하기도 했고, 부분적으로 거대한 권력정치라는 새로운 경쟁에서 영국/대영제국이 최선두에 있다는 자기위안적인 믿음을 표현한 것이기도 했다. 아일랜드 조약, 이집트의 독립, 인도에서의 영국 통치의 종식, 아일랜드와 버마의 분리독립 등은 대영제국이 이미 쇠락하고 있음을 암시했을지도 모른다. 그러나 왕세자와 요크 공작의 놀라울 정도로 성공적인 제국 자치령 및 인도 시찰은 왕권과 제국 간의 밀착을 더욱 공고히 만들어, 각 왕실의례는 계속해서 국내적인 행사이자 제국적인 행사가 되었다.[180] 예컨대 조지 6세의 대관식이 갖는 '의미'에 대해서 말리노프스키 교수는 다음과 같은 해석을 제시했다.

> 무엇보다도 대관식은 영국의 위대함과 강대함과 부유함을 대규모의 기념식을 통해 드러낸 것이었다. 또한 제국의 통일, 그 유대의 힘이 공적으로 재현되는 기회였다. … 심리적인 측면에서 나는 틀림없이 대관식이 대영제국의 안전과 안정 그리고 그 영속성에 대한 감정을 크게 고양시켰다고 생각한다.[181]

조지 6세는 자신의 대관식 방송에서 이를 좀더 간결하게 표현했다. "짐은 오늘 아침에 진실로 온 제국이 웨스트민스터 사원의 경내에 모여 있는 듯이 느꼈다."[182] 영국인들은 조지 6세의 딸〔현 엘리자베스 2세〕의 대관식 역시 똑같이 폭넓고 풍부한 견지에서 바라보았다. 필립 지글러(Philip Ziegler)는 이렇게 설명했다.

> 제국은 이미 무너지고 있었지만, 영연방은 여전히 강력한 실체인 것 같았다. 영연방은 동일한 군주 아래 하나로 묶여 그 힘과 응집력이 증가할 것으로 여겨졌다. 강대국이라는 옷을 여전히 용감하게 붙잡고 있는 영국은 세계 속에서 자신의 정당한 위치를 되찾을 것 같았다.[183]

정말이지 다음과 같은 엘리자베스 여왕의 말은 위와 같은 맥락 안에 위치시켜야 한다.

"짐은 짐의 대관식이 사라져 버린 강대함과 찬란함의 상징이 아니라, 미래에 대한 우리의 희망의 선언이라고 확신한다."[184]

Ⅶ

이러한 상황에서 왕실의례가 갖는 '의미'는 더욱 발전되고 확대되었다. 확실히 이전 시기에 심대한 변화를 겪었던 정치권력과 군주의 개인적인 매력, 미디어의 태도, 런던의 상태 및 기술 수준 등은 이 시기에도 변하지 않은 채 유지되었다. 이전처럼 국왕은 인민의 아버지였고 제국의 가부장이었으며, 왕실 기념식은 에셔의 시대만큼이나 화려하고 성공적이었다. 그러나 역설적이게도 바로 그와 같은 실질적인 **연속성**의 요소들이 '의미'의 **변화**를 은폐함과 동시에 설명한다. 내부 소요와 국제 혁명의 시기에 연속성이라는 것 자체가 영국에서 이전 시기 왕실의례들이 뚜렷이 결여했던 독특함과 전통 그리고 연속성이라는 특질을 왕실의례에 부여했기 때문이다. 요컨대 왕실의례의 '의미'가 양식과 상황의 연속성에도 '불구하고' 변했다기보다는 외려 그런 연속성 '때문에' 변했다고 하겠다.

게다가 연속성과 안정성의 느낌은 새로운 기념식들이 발명되는 가운데 혁신을 통해 한층 강화되었다. 그와 같은 일련의 혁신들 가운데 하나는 왕비를 중심으로 한 것이었다. 1870년대부터 1910년대까지는 군주의 배우자가 서거한 적이 없었다. 앨버트는 빅토리아 여왕보다 먼저 세상을 떴고[1861], 알렉산드라 왕비는 에드워드보다 오래 살았다. 그러나 이 세 번째 시기에 들어 왕비나 태후의 역할이 중요해졌고, 이것이 왕실의례에 반영되었다. 1925년 서거시 알렉산드라 왕비의 장례식은 앨버트 공의 장례식보다는 먼저 타계한 남편 조지 5세의 장례식을 선례로 삼아 치러졌다.[185] 다시 한 번 관이 일반에 공개되었고(이번에는 웨스트민스터 사원에 안치되었다), 이어서 런던의 거리를 통과하는 행진이 있었으며, 그 후 윈저에서 가족들만 참여하는 하관식이 있었다. 1953년 메리 태후의 서거시에는 장례식이 군주들의 그것에 더 한층 가까워졌다. 그녀는 실제로 국회의사당에 안치되어 그 관이 일반에 공개되었던 것이다. 메리 태후가 왕가의 결속력을 최대한 과시하기 위해 자신의 아들 조지 6세의 대관식에 참석한 것도 그와 마찬가지로 새로웠는데, 이는 1953년 엘리자베스 2세의 어머니인 엘리자베스 태후 역시 따랐던 또다른 새로운 선례였다.[186]

두 번에 걸친 왕비의 공개 장례식만이 이 시기에 발명된 새로운 왕실행사는 아니었다. 두 번째 시기에는 빅토리아 여왕과 에드워드 7세의 나이가 나이인지라, 왕실 자녀가 결혼하는 일이 드물었다. 그나마도 1885년 비어트리스 공주와 바텐베르크의 루이스 공(Prince Louis of Battenberg)의 결혼식이 마지막이었다. 그러나 1910년에서 1953년 사이는 상대적으로 젊은 두 왕들의 재위기였고, 따라서 젊은 가족으로부터 나이 많은 가족으로의 단계적 통과의례에서 유래하는 기념식이 거행될 가능성이 높아졌다. 1922년에는 메리 공주가 라셀즈 자작(Viscount Lascelles)과 결혼했는데, 조지 5세는 이 기회를 이용해 왕실 결혼식을 윈저의 왕실 예배당이라는 사적 공간에서 런던의 거리로 옮겨 놓았다. 결혼식은 모든 요소를 갖춘 행진 후에 웨스트민스터 사원에서 거행되었다.[187] 요크 공작이 설명했듯이, 그 결과 굉장한 대중적 성공을 거두었다. "더 이상 메리 공주의 결혼식이 아니라, (신문의 제목을 인용하자면) '웨스트민스터 사원의 결혼식'이나 '왕실 결혼식', 그런가 하면 '전국적 결혼식'이나 심지어 '국민의 결혼식'이었다."[188] 뒤이어 1923년에는 요크 공작의 결혼식이 거행되었는데, 이는 500년 만에 처음으로 왕가의 왕자가 웨스트민스터 사원에서 결혼식을 올린 것이었다. 1934년 켄트 공작 또한 그 곳에서 결혼식을 올렸고, 1947년에 엘리자베스 공주도 그러했다. 그러나 의미심장하게도 1953년 글로스터 공작(the duke of Gloucester)의 결혼식은, 버킹엄 궁전의 왕실 예배당에서 거행되었다. 이는 그 때가 엘리자베스 여왕의 즉위년인 관계로 너무 많은 왕실 기념식들이 거행되어 그 희소가치가 줄어들지도 모른다는 우려 때문이었다.[189]

그러나 조지 5세의 즉위 25주년 기념식은 왕실 자녀들의 웨스트민스터 결혼식과 태후의 호화로운 장례식이 보여준 새로움을 압도해 버렸다. 왜냐 하면 즉위 25주년 기념식이라는 정확한 선례가 없었기 때문이다. 빅토리아 여왕의 즉위 25주년은 앨버트 공의 죽음과 그에 따른 여왕의 칩거와 정확하게 일치했었다. 다시 한 번 이 혁신은 대성공을 거두어 광범위한 열정과 지지를 불러일으켰다. 솔즈베리 경은 이 행사가 "국왕 폐하의 권위 아래 있는 국가와 제국에 깊이 뿌리내린 안정성과 일체감에 대한 놀라운 증언"을 대표한다고 생각했다.[190] 즉위 25주년 기념일 예배를 '감동의 도가니'라고 묘사했던 램지 맥도널드(Ramsay MacDonald, 1866~1937)■는 자치령 수상들을 접견하는 자리에서 더욱 큰 감동을 받았다. "여기서 제국은 하나의 대가족이었고, 가족의 재회였으며, 국왕은 가부장이었다. 우리 모두는 성찬식과 매우 비슷한 무언가에 참여하고 있다는 느낌을 받고 돌아갔다."[191] 이보다 더욱 명시적으로 세속 종교로서의 군주제의 관념을 표현한 것도 없을 것이다. 그러나 즉위 25주년 기념식이 불러일으킨 대중적인 감정에 대한 가장 상세하고, 또한 외견상이나마 현실적인 평가는 해롤드 니콜슨(Harold Nicolson)의 전기에 요약되어 있다.

> 우선, 자부심이 있었다. 그 자부심이란 다른 왕조들은 몰락한 반면에 우리의 왕실은 위엄을 잃지 않은 채 1000년 넘게 지속되고 있다는 것이다. 〔다음으로〕 외경심이 있었다. 그것은 우리가

■ 스코틀랜드 출신의 영국 정치가. 노동당 당수로서 수상을 역임했다.

애국주의의 상징이자 일치의 구심점이고 급속히 소멸하는 세상에서 연속성의 표징을 가졌다는, 국왕에 대한 외경심이었다. 〔또한〕 만족감이 있었다. 그것은 국왕이 모든 계급적 적대감, 정치적 야망, 분파적 이해를 넘어서는 위치에 있다는 만족감이었다. 〔그리고〕 위안이 있었다. 국왕이 강인하고 자비로운 가장으로서 영국인 최상의 규범을 구현하고 있다는 위안이었다. 〔마지막으로〕 감사가 있었다. 그 자신의 성실성으로 전세계의 존경을 얻은 분에 대한 감사였다. 조지 왕은 영국인들이 자기 고유의 것이라고 간주하는 가정적이며 공적인 미덕을 대표하고 드높인 분이다. 영국인들은 그에게서 개개인 자신의 마음속에 품은 이상, 곧 믿음·의무·정직·용기·상식·관용·품위 그리고 진실을 보았고 반영했으며 확대했다.[192)]

이렇게 표현된 정서를 편견이 성공적으로 동원된 증거로 봐야할지, 아니면 집단적 의견이 진정으로 발현된 것으로 봐야할지, 그것도 아니라면 실제로 이 두 가지가 어느 정도 조합된 것으로 봐야할지, 그 여부는 의심할 여지없이 논쟁거리로 남을 것이다. 그러나 그러한 감정들이 존재했다는 점만큼은 이론의 여지가 없다.

이 시기의 나머지 행사들은 이미 선행하는 발전의 국면에서 확립된 것들이었다. 조지 5세의 장례식은 전쟁기를 극복하고 평화기를 견뎌낸 국왕에 대한 감사의 행위였다.[193)] 조지 6세의 대관식은 그 형인 에드워드 8세의 왕위 포기라는 단절이 있은 후 군주제가 극히 화려하고 제국적인 방식으로 안정성을 재확인한 것이었다. 다시금 그의 장례식은, 국왕이 되기를 바라지는 않았으나 단호한 의무감으로 전쟁과 말더듬을 극복해서 승리를 이룬 인물에 대한 민족적인 감사의 표현이었다. 여론 조사는 광범위한 슬픔과 충격과 연민을 기록하고 있는데, 특히 국회의사당에 안치되어 일반에게 공개된 관을 묘사하는 리처드 딤블비(Richard Dimbleby)의 유명한 라디오 해설은 정말이지 청취자 대다수의 감정을 그대로 구현한 것으로 보인다.

> 샌드링엄(Sandringham)의 오크나무 관이 깃발의 강렬한 황금빛 접이장식 아래 숨겨져 있습니다. 어른거리는 촛불이 제국 왕관의 보석들을 부드럽게 어루만지고 있군요. 헨리 왕이 아쟁쿠르 전투에서 썼던 루비까지 포함해서 말입니다. 촛불은 짙은 보라색 벨벳대와 깃발 위에 유일하게 놓여 있는 차분한 백색 화환을 어루만지고 있습니다. 이러한 단순함이 이토록 감동적일 수 있다니, 놀랍기만 합니다. 흐르는 냇물처럼 지나치며 관을 바라본 뒤 다시금 차갑고 어두운 밤거리로 나서서 잠시 생각에 잠기는 이들의 눈물은 실로 진실할 것입니다. … 이보다 더 보호받고, 더 안전하게 잠들어 있는 왕이 있었던가요. 황금빛 촛불이 그의 안식처를 훈훈하게 데우고, 헌신적인 백성들의 숨죽인 발소리가 그의 곁을 지키고 있습니다. … 이름 모를 이가 자신의 사랑하는 아버지에 대해 읊조린 한 문장이 떠오르는데, 그것이야말로 정말이지 오늘 밤 신실한 조지 왕을 일컫는 것이라고 하겠습니다. "그의 죽음의 석양이 온 세계의 하늘을 물들였다."[194]

이 자부심과 충성심과 공경이 가득한 대중적인 방송과 조지 4세의 서거 당시 「더 타임스」 지의 비난조 사설의 차이는, 왕실의례와 왕실행사에 대한 대중의 태도가 얼마나 바뀌었는지를 잘 보여준다.

이들 가운데서도 1953년 엘리자베스 2세의 대관식은, 성공적으로 왕실과 제국을 하나로 합치고 변화의 시대에 안정을 강조하며 강대국으로서 영국의 연속성을 기념한 최후의 주요 기념식이었다. 이 대관식은 여전히 제국적인 행사임을 자처해서, 여왕의 의복에는 자치령의 문장들이 새겨져 있었고, 영연방의 연대들과 식민지 군대들이 열을 맞추어 행진했으며, 자치령과 인도의 수상들이 웨스트민스터 사원에 자리 잡았고, 여러 이국적인 식민지 보호령의 국가 원수들이 한데 모여 있었기 때문이다.[195] 그 순간 전쟁과 경제적 어려움이라는 위협과 도전은 극복된 것처럼 보였다. 제국은 대체로 온전했고, 영연방 내 인도의 독립과 공화국 지위의 문제는 성공적으로 해결되었으며, 처칠이 다시 수상직에 올랐고, 영국은 다시 한 번 강대국으로서의 지위를 역설했으며, 새로운 엘리자베스 시대가 곧 열리게 되어 있었다. 이 모든 것은 단지 언외(言外)에 함축된 것일 뿐만 아니라 대관식 당시에 의식적으로 명시된 것이기도 하다. 「데일리 익스프레스」 지에 따르면,

> 제2의 엘리자베스 시대가 영국이 이전에 경험하지 못했던 영적 부흥 속에서 시작되고 있다. 역사상 어느 때에도 영국은, 영국을 포함해 오늘날 영연방이 확보하고 있는 이러한 도덕적 신망을 누린 적이 없었다.

이 과도하게 낙관적인 문맥에서, 캔터베리 대주교가 대관일에 영국은 천국에 가까웠노라고 느꼈다거나, 엘리자베스 자신이 미래에

엘리자베스 2세와 에딘버러 공작

1953년, 대관식을 치룬 직후 엘리자베스 2세와 에딘버러 공작이 군중을 향해 손을 흔들고 있다.

대한 믿음을 힘차게 선언한 것은 특별히 놀랄 만한 일이 아니다.[196)]

이러한 일련의 기념식들이 뿜어낸 매력은 상업적인 기회를 제대로 포착하고 그것들을 기리는 기념물들을 대량으로 제조한 것에서 잘 가늠할 수 있다. 다시 한 번, 즉위 기념식과 대관식에서 기념 도기가 만연했다. 실제로 1937년의 대관식 때에는 국내 도기 제조업자들이 이익을 얻으려고 혈안이 되어 있었기 때문에, 모든 외국산 수입 기념품에 대해 100퍼센트 수입 관세가 부과되었다. 1953년 '버밍검 회사'는 그 지역 어린이들에게 성경과 리처드 딤블비가 쓴 『우리의 여왕 엘리자베스』, 숟가락과 포크, 2개의 기념 머그잔, 초콜릿 한 조각, 샤프 연필, 주머니칼 내지 여왕의 초상화가 그려진 접시

가운데 하나를 선택할 수 있는 기회를 제공했다.[197] 다시 한 번 캠페인 배지 형식의 기념메달들이 수여되었고, 수집가용 메달들도 개인적으로 제작되었다.[198] 그러나 예전보다는 그 수가 적었는데, 이는 두 가지 새로운 방식의 기념물들이 등장했기 때문이다. 하나는 제국 전역에서 행해진 나무심기로, 이는 조지 6세와 엘리자베스 2세의 대관식에서 특별히 주목할 만한 가치가 있는 혁신이라고 할 수 있다.[199] 또 하나는 조지 5세의 즉위 25주년 기념식 때부터 유래한 것으로, 특별히 디자인된 기념우표를 발행하는 것이었다. 이전에는 왕실 기념우표의 발행이 제국에만 제한되었고, 잉글랜드에서는 오로지 웸블리(Wembley)의 제국 박람회와 같은 세속적인 축제에서만 이루어졌다. 그러나 1935년 이후로 왕실의 모든 즉위 기념식, 대관식, 주요 결혼식 및 결혼 기념식(그러나 의미심장하게도 탄생일 혹은 장례식은 포함되지 않았다)의 경우에는 특별 우표가 발행되었다.[200] 이것은 또다른 혁신이었다. 그러나 다분히 '전통적인' 틀 안에서 이루어진 것이었다.

Ⅷ

곧이 곧대로 보자면, 1953년 대관식 이후의 시기는 세밀하거나 만족스러운 역사적 분석을 하기에 너무나 가까운 시기다. 왕실의례가 갖는 '의미'가 새로운 국면, 그러니까 이전 시기 수많은 전제들이 더 이상 유효하지 않은 새로운 국면에 접어들었다는 것이 분명해 보이면서, 그것을 어떻게 온전히 묘사할 수 있을지는 아직까지 그리 분명해 보이지 않는다. 그러나 논의를 완결짓기 위해, 여기서 이용한 분석과 맥을 같이하는 몇 가지 사항들만 제시해 보겠다.

먼저, 군주들의 정치권력에 관해서라면 제한되어 있거나 최소한 너무나 조심스럽게 행사되어서 사실상 문제가 되지 않을 듯싶다. 최근의 여론 조사에 의하면, 응답자의 86퍼센트가 여왕은 "법률에 서명하고 정부가 지시하는 대로 따르는 명목상의 수장"이라고 생각하고 있다.[201] 그와 동시에 여왕은 그녀의 조부모 시절부터 영국 왕의 특징이 된 '최고의 분별과 성실'의 전통들을 이어갔고, 사적인 청렴함과 공적인 장엄함이라는 조지 왕의 모범에 충실했다. 무엇보다 런던의 많은 부분이 재건되고 인간이 달에 착륙하며 콩코드 비행기로 뉴욕이 통근거리 내로 가까워진 시기에, 고풍스런 의식이 뿜어내는 낭만적인 매혹은 더욱더 큰 호소력을 갖게 되었다. 찰스 피트리 경(Sir Charles Petrie)이 말하듯, "근대세계는 너무도 기계화되어서 사람들은 그 단조로움에서 벗어날 수 있는 기회라면 모두 잡으려고 한다." 그리고 군주정은 그 "행사와 기념식을 통해" 수백만의 사람들에게 "황홀감과 신비와 흥분을 불러일으키기 때문에" 단조로움을 타파하는 데 매우 적합한 수단이다.[202] 예컨대 여왕이 즉위 감사 예배 때 성 폴 대성당에 리무진을 타고 나타났다면, 행사의 찬란함이 상당부분 상실되었을 것이다.

좀더 중요한 것은 왕실의식이 이전 시대와 매우 유사한 방식으로 국내에서 사회적 변화를 해독하거나 정당화했다는 점이다. 세월이 흐를수록 더욱 분명해지듯이, 2차 대전의 영향력은 사회적으로나 경제적으로나 1차 대전의 그것보다 훨씬 강력했다. 정부의 일부로서 귀족은 사실상 사라졌다. 기독교 윤리에 대한 공적인 순응성 역시 감퇴했다. 인종, 유색인, 폭력, 범죄, 마약 중독 등의 문제가 만연해졌다. 사형, 낙태, 혼전관계 및 동성애 등의 사안에 대한 견해와 법률도 현저하게 바뀌었다. 부와 소득은 과감할 정도는 아니더라도 이전 세기에 비하면 좀더 확실하게 재분배되었다. 그리하여 '평등주의적이고 성개방적이며 다인종적인 사회'에서, 군주정은 해롤드 니콜슨이 조지 5세의 즉위 50주년 기념식을 설명하면서 확인한 바 있는 공적이고 기념비적인 역할, 즉 "안정과 안전과 연속성을 보증하고 전통적 가치를 보존하는" 역할에 계속해서 충실했다.[203] 그런가 하면 최근의 여론 조사가 한층 완벽하게 드러냈듯이,

> 군주정의 존재 자체가 안전과 안정 그리고 지속적인 민족적 위신을 의미한다. 그것은 종교적 승인과 도덕적 리더십을 약속한다. 그것은 '당파를 초월하는' 집단적 정체성의 초점이다. 그것은 기념행사들이 주는 즐거움과 흥분 그리고 만족감을 의미한다. 그리고 아마도 점점 더 민족적 위신의 중요한 상징이 되고 있다.[204]

마지막 말이 암시하듯, 왕실의례의 역할은 국제적인 맥락 속에서, 그러니까 영국의 세계적 지위가 상당히 하락하면서 새로운 의미를 획득했다. 대관식 당시의 낙관적인 희망들, 곧 새로운 엘리자베스 시대가 도래했다는 기대는 헛된 것임이 드러났다. 실제로 당시 의식에 참가했던 통찰력 있는 관찰자들이 보기에 〔구약성서에서 하나님의 손이 나타나 바빌론의 벨사살 왕의 죽음을 벽에 기록했듯이〕 이미 벽에 글씨가 쓰여져 있었다. 행사의 들뜬 분위기에 휩싸이지 않은 한 미국인 해설자는, "이 행사는" 부분적으로 "다소 흔들리는 제국에 대한 심리적인 격려 차원에서 영국인들에 의해 거행된" 것이라는 의견을 제시했다.[205] 상징적으로 볼 때, 엘리자베스 여왕의 칭

호는 3명의 선왕들의 칭호에 비해 제국적 위용이 덜했다. 그녀는 더 이상 인도의 황제도, 혹은 '바다 너머에 있는 영국 영토들'의 지배자도 아니었다. 그녀는 단지 '영연방의 수장'이었을 뿐이다.[206] 그 때 이후로 식민 제국의 해체, 스머츠(Jan Christian Smuts, 1870~1950) 및 멘지스(Sir Robert Gordon Menzies, 1894~1978)■ 같은 마지막 제국적 정치인 세대의 퇴장, 수에즈 운하 사건, 비아프라[나이지리아 동부] 및 북아일랜드 문제, 반복적인 경제 위기, 영국의 유럽 공동체 가입 등의 일련의 사건들이 이어지면서 그러한 무력함으로의 추락이 가속화되었다. 시기적으로 볼 때 엘리자베스 여왕의 대관식과 즉위 25주년 기념식 사이 정확히 중간점에 있었던 1965년 윈스턴 처칠 경의 국장은, 기실 이 위대한 인물의 마지막 의례였을 뿐만 아니라, 당시 영국인들 스스로가 열강으로서의 영국에 바치는 장송곡임을 인정하는 행사였다.[207]

그리하여 "영국의 힘이 쇠락하면서 … 우리만의 독특한 것이자 다른 나라는 쫓아올 수 없는 것으로서 왕실에 대한 자부심이 높아갔다."[208] 예전의 국제적 변화의 시기에 왕실의례가 공식적 제국이라는 새로운 현상을 정당화하고 국제적 혼란의 시기에 안정성의 인상을 주는 데 중요했듯이, 전후세계에서 왕실의례는 세계적 열강의 지위를 상실한 것을 위무하는 진정제로 기능했다. 나무랄 데 없이 계획되어 실수 없이 거행되는, 한때 위대했던 과거로부터 이어지는 역사성(비록 사실이 아니더라도)을 강조하는 해설이 덧붙여진 거창한 왕실행사를 볼라치면, 그와 같은 위대함이 완전히 사라지지는 않았

■ 스머츠는 남아프리카 공화국의 수상, 멘지스는 오스트레일리아의 수상이었다.

다고 믿을 수도 있었다. 리처드 딤블비(Richard Dimbleby)가 대관식 당시에 우쭐대며 논평했듯이, 미국인들은 "그토록 활력에 넘치는 사람들"인지는 몰라도, 너무나 "전통을 결여하고 있어 이〔대관식〕처럼 뜻깊고 고결한 것을 세상에 내놓기 위해서는 수천 년을 기다려야 할 판이다."[209] 1953년 이후 쇠락의 증거가 한층 분명해지면서 이와 같은 태도가 더욱 확산되었다. D. C. 쿠퍼의 말을 빌리면, "황금마차에서 장갑 낀 손이 나와 사람들을 향해 답례하는 광경을 보면서 사람들은 민족이 처한 실제 상황이야 어찌되었건 민족과 더불어 모든 것이 잘 돼 나가리라 확신해 마지않는다." 요컨대 '민족적 위신이 추락함에 따라 왕실을 고양시키려는 경향,' 특히 그 유례를 찾아보기 힘들 정도로 왕실의례의 장엄함과 독특함을 강조하려는 경향이 전후 영국에서 유별나게 두드러졌다.[210]

이러한 기능은 텔레비전의 영향으로 더욱 용이해졌다. 텔레비전은 라디오나 뉴스 영화가 할 수 없었던 생생하고 즉각적인 방식으로 사람들이 왕실행사들에 접근하는 것을 가능하게 했다. 여기서 엘리자베스의 대관식은 다른 것들과 마찬가지로 구시대와 새로운 발전 국면을 잇는 가교였다. 리처드 딤블비의 중계 논평이 대관식을 1977년의 세계보다는 1935년이나 1897년에 더 가깝게 자리매김했다면, 그것이 텔레비전 중계였다는 사실, 그리고 많은 사람들이 라디오로 **청취**하기보다는 텔레비전으로 **시청**했다는 사실은 국가의 주요 행사들을 보도하는 새로운 방식이 완성되었음을 분명히 했다.[211] 대체로 텔레비전 덕분에 엘리자베스는 진실로 "전례가 규정하듯이 '국민들이 보는 앞에서' 대관식을 거행한 최초의 영국 군주였다." 이로부터 행사 전체를 '국민적인 교감행위'로 간주한 실즈(Shils)와 영

(Young)의 논평이 나왔다.[212] 처음으로 전 국민이 기념식이 일어난 바로 그 순간에 그것을 지켜봄으로써 거기에 능동적으로 참여하고 있다는 전례 없는 감각을 얻게 되었던 것이다.

그러나 신문이나 라디오와 마찬가지로 텔레비전이라는 수단 또한 메시지를 포함하고 있었다. 그리고, 의미심장하게도, 텔레비전은 정치가들을 볼품없게 만들어서 의회나 정부 관청에서의 고압적인 방식은 더 이상 쓸모 없는 것으로 되어 버리고 말았지만, 군주정에 대해서만큼은 B.B.C.가 설립되던 당시 라디오에서 솔선수범해서 보여준 바와 같은 경외심을 유지했다. 한편으로 〈왕의 가족〉과 같은 프로그램들이 본질적으로는 중간계급이나 마찬가지인 여왕과 그 가족이라는 이미지를 영속시켰다.[213] 다른 한편으로, 거창한 국가 기념식 방송이 초창기 B.B.C 라디오가 그토록 부각시키려고 했던 장엄하고 동화같이 화려한 영상을 강화했다. 이러한 점에서 특히 중요한 것이 리처드 딤블비의 논평이다. 그는 엘리자베스 여왕의 대관식에서부터 1965년 자신이 생을 마감할 때까지 있었던 주요 왕실행사들을 모두 보도했다. 왕실에 대한 깊은 헌신과 역사와 전통에 대한 낭만적인 느낌으로 충만한 그의 유려하고 감동적인 중계방송은, 가장 풍성하고 감칠맛나는 용어들로 왕실의례를 대중에게 전달했다. 딤블비는 기념식 해설에서 그 자신만의 방식으로 역사에 대한 감각을 녹여냈고, 그럼으로써 근심과 혼란에 찌든 시대에 왕실의례를 자유의 축제이자 연속성에 대한 칭송으로 느끼게끔 하는 데 결정적인 역할을 수행했다. 그의 전기작가가 지적하듯이, 1950년대와 1960년대 초에 리처드 딤블비는 자신의 해설을 통해 "왕실이 영국인들의 가슴속에 자리잡는 데 그 누구보다도 크게 기여했다."[214]

초기의 염려에도 불구하고 대관식 생방송은 이처럼 너무도 성공적이었기에, 이후 모든 왕실 기념식들은 기본적으로 텔레비전 대작이 되었다. 실제로 텔레비전이라는 요소는 너무나 비중이 커져서 심지어 의례 자체의 성격에도 영향을 주었다. 예컨대 카나번에서 행해진 왕세자의 웨일스 공 서임식의 경우, 연단(演壇)의 덮개가 텔레비전 카메라 촬영을 위해서 의도적으로 투명하게 제작되었다.[215] 기념식 자체도, 빅토리아나 에드워드 7세 때의 기념식들보다는 조지 5세 및 6세 때의 그것들과 더 공통점이 많았다. 연로한 군주들의 즉위 기념식과 장례식과 대관식보다는 상대적으로 젊은 왕실 성원들의 통과의례가 주종을 이루었다. 마가렛 공주의 결혼식(1960)을 비롯해서 켄트 공작(1961), 알렉산드라 공주(1963), 앤 공주(1973)의 결혼식이 있었고, 여왕의 즉위 25주년 기념식(1977)뿐만 아니라 1958년 이후 의회 개회식이 모두 텔레비전 의례로 시범을 보였다.

1977년의 즉위 25주년 기념식이 갖는 의미는 이처럼 '전통적'이지만 확실히 변화된 맥락 속에서만 확실하게 가늠해 볼 수 있다. 이 행사는 공적 반응이라는 수준에서 조지 5세의 즉위 25주년 기념식과, 그보다는 좀더 오래 된 빅토리아 여왕의 기념식까지 거슬러 올라가는 전통의 일부로 간주될 수 있다. 즉, 공중이 향유한, 잘 기획된 인기 있는 행사였다는 말이다. 그럼에도 다른 수준에서 그것은 타의 추종을 불허하는 위엄의 과시와 위세라는 측면에서 영국의 쇠락하는 자존심을 위한 완벽한 강장제로 간주되었다.

> 우리는 역사의 귀중한 한 부분을 공유하고 있다. … 어떤 이들은 영국이 여러 가지 면에서 패배했다고 할지도 모르지만, 우리

는 기념식에 관한 한 세계를 멀찌감치 따돌릴 수 있다. 어제의 행사는 훌륭한 본보기였다. … 그것은 이 세상에는 때로 구식으로 행해져야 할 것도 있다는 점을 입증했다.[216)]

그러나 동시에 전문가들은 의례의 규모가 축소되었다는 점으로 미루어 볼 때 이 행사가 확실히 새로운 탈제국시대라는 맥락에 놓여 있음을 인식했다.

오로지 소수의 왕실 성원들만 성 폴 대성당에 이르는 여왕 폐하의 노정(路程)에 동행할 것이다. 아무래도 많지 않은 영국군 부대를 보충하기 위해서 해외에서 온 병력 역시 한 줌밖에 되지 않을 것이다. 외국의 실력자들 어느 누구도 … 그 행렬에 이국적인 매력을 빌려주지 못할 것이다.

그렇다면 다른 측면에서 즉위 기념식은 민족적·제국적 쇠퇴의 표현이었고, 위엄의 과시와 위세를 통해 그와 같은 쇠퇴가 실제로는 일어나지 않았다는, 설사 일어났다 하더라도 정말로 중요한 것은 아니라고 사람들을 설득하려는 시도였다고 하겠다.

Ⅸ

여기서 대충 밑그림을 그려본 왕실의례의 진화에 대한 설명은, 본고의 첫머리에서 인용된 바 있는 19세기 및 20세기의 당사자들에게 확실히 놀라움으로 다가갈 것이다. 이전에는 서투르게 거행되던 기념식들이 이제는 너무도 잘 연출되어서 영국인들은 예전부터도 항상 그래왔다는 듯이(실제로 그렇지 않았다는 역사적 증거가 압도적으로 많음에도 불구하고) 스스로가 의례에 정통하다고 믿게 되었다. 그리고 아무리 문맹률이 감소하고 교육이 증진되었어도, 영국 공중이 왕실행사에 대해 보이는 호감도는 떨어지기는커녕 올라가기만 했다.

구래의 기념식들이 시대에 걸맞게 적응했고 새로운 의례들이 발명되었으며, 이처럼 적응과 발명이 결합됨으로써 역설적이게도 국내적 변화의 시기에는 안정성의 인상이, 국제적 긴장과 몰락의 시기에는 연속성과 안락함이라는 효과가 주어졌다. 영국 군주정이 현상유지를 정당화한다고 느낄 수도 있겠으나, 지난 200여 년간 현실 자체가 심오한 변화를 겪었고 군주정의 공적인 기념식상의 이미지 역시 그와 더불어 변했다는 사실은 여전히 남는다.

만일 상황이 더 변해 다음 번 대관식이 상원이나 영연방 혹은 국교회 없이 거행될지라도, 안정과 전통과 연속성이라는 안온한 영상을 창출하는 데서 기념식이 수행하는 역할은 한층 강화될 것이라는 것도 그럴듯해 보인다. 그렇게 의례와 사회, 텍스트와 콘텍스트 사이의 역동적인 대화는 계속될 것이다.

그와 동시에 지금까지 제시한 진화와 발전과 변화의 영상은 일체의 거창한 왕실행사 때마다 '천 년의 전통'을 입에 올리는 해설자들과 언론인들에게 놀라움으로 다가갈 수도 있다. 물론 군주정과 그것의 몇몇 의식은 진정 고대적인 것임에 틀림없다. 또한 유럽의 많은 부분에서와 마찬가지로 잉글랜드에서도 16세기와 17세기처럼 사치스럽고 호화로운 왕실 기념식으로 넘쳐났던 시기가 있었다. 그러나 홉스봄 교수가 주장했듯이, 19세기 후반의 만들어진 전통들이 이전 시기(16, 7세기)에서 유래하는 것들이라고 하면서 제시되는 연속성이란 대체로 환상에 불과하다.[217] 왜냐 하면 그런 전통들이 발명될 때 이용된 질료들이 경우에 따라 진정 유서 깊은 것일 수도 있지만, 만들어진 전통들이 갖는 '의미'는 어디까지나 사회적·정치적·경제적·문화적 시대 상황에 특정한 방식으로 결부되어 있었기 때문이다.

일반적으로 유럽에서와 마찬가지로 영국에서도 왕실 기념식이 만개한 두 번의 거대한 국면들이 있었던 것으로 보인다. 첫 번째 시기는 전(前)산업사회의 절대주의에 기반을 둔 16세기와 17세기였다. 나폴레옹의 충격 이래 19세기 초에 이르면, 이와 같은 발전 국면은 과거지사가 되었고, 만들어진 기념식상의 화려함이라는 두 번째 시기가 1870년대나 1880년대에 시작되어 1914년까지 지속되었다. 오스트리아, 러시아, 독일에서 그런 두 번째 국면은 다시 한 번 왕실 권력에 기반을 두었다. 비록 그 권력이 몰락하고 있었다 할지라도 말이다. 그러나 잉글랜드에서 그것은 취약한 왕실에 기반해 있었고, 프랑스와 미국에서는 필경 영국에서보다 훨씬 덜 성공적인 방식으로 공화국에 대한 충성에 기반해 있었다. 게다가 의례가 만발한 이 두 번째 시기의 발전은 이전에 기념식이 발명되던 시기와는 심오하게 구분되는 사회경제적 구조를 갖춘 사회들 속에서 이루어졌고, 그 결과 그와 같이 새로운 '전통들'을 증진시키고 발명했던 이들의 동기와, 당대인들이 그것들을 해석하고 이해했던 방식 모두 심오하게 변화했다.

그렇다면 이 두 번째의 국제적·경쟁적·기념식상의 발명의 시기야말로 잉글랜드의 방송 중계자들이 1000년 전으로 거슬러 올라간다고 가정하는, 그 장엄하고 빛나는 의례들의 직접적인 기원이라고 할 수 있다. 그러나 동시에 이러한 '전통들'이 오늘날까지 생존하는 데에서 가장 중요했던 요소는, 1차 대전을 전후로 하는 시기에 왕실 의례에서 보존된 독특한 연속성에 있다. 오스트리아, 독일, 러시아에서 1870년대부터 1차 대전 사이에 군주정의 이미지를 강화하기 위해 발명된 의례들은 1917년에서 1919년 사이에 바로 그 군주정들이 몰락하면서 사라졌다. 그리하여 전간기에 군주정을 대체한 새로운 지배 엘리트들은 처음부터 다시 시작해야 했다. 그와는 대조적으로 영국에서 '만들어진 전통들'은 군주정과 더불어 살아 남았다. 그리하여 전간기에 영국 군주정의 기념식상의 이미지에서 일대 혁신이 이루어지긴 했지만, 그것은 어디까지나 1차 대전 이전 시기에 진화된 공식 '안'에서 이루어진 것이지, 그 '밖'에서 이루어진 것은 아니었다.

어쩔 수 없이 본고는 그처럼 광범위하고 복합적인 주제를 제한적으로 설명한 것에 불과하며, 이 정도 분량의 장에서도 마땅히 다루어야 할 모든 주제들과 관련 문제들을 살피지 못했다. 여기서 시도해 본 것도 왕실의례의 변화하는 성격과 그 거행, 그리고 그것이 놓여 있던 맥락을 설명한 것이 전부다. 그것도 유사한 기념식들이 어째서 다른 시기에 다른 사람들에게 다른 것들을 의미했는지에 대해 약간의 설명을 제공하려는 바람에서 시도한 것이다. 물론 진화의 국면을 확인하는 것(의심할 여지없이 너무 조야하게)은 변화의 동학들을 설명하는 것보다는 쉽다. 그러나 적어도 이러한 역사적 접근방식은, 의례를 모든 주체, 모든 객체, 모든 콘텍스트로부터 독립적으로 바라보는 인류학자들의 접근방식이나 콘텍스트를 정적이고 불변하는 것으로 보는 사회학자들의 접근방식보다는, 증거가 갖는 의미를 더 잘 드러내는 것으로 보인다. 그리고 이와 같은 '두터운' 묘사에서 의식이라는 텍스트가 때때로 상황이라는 콘텍스트 속에 함몰되어 사라져 버렸다면, 이는 〔역사적 접근방식이 잘못되었음이 아니라〕 오로지 묘사가 얼마나 더 '두터울' 필요가 있는지를 입증하는 것일 따름이다. 왜냐 하면 진실로 문화적 형식들을 텍스트, 즉 사회적 질료들로 만들어진 상상력의 산물이라고 간주한다면, 우리는 텍스트 자체에 대한 복잡하고 탈(脫)콘텍스트화된 분석보다는 외려 그와 같은 사회적 질료들과 텍스트를 만든 사람들－의식적이든 무의식적이든－에 대한 연구 조사에 관심을 집중할 필요가 있기 때문이다.[218) 필자는 본고에서 지난 200년간의 영국 왕실의 기념식들을 사례로 이용함으로써 그런 방향으로 한 걸음 내디뎌보려고 했다.

〈표 1〉 대관식 비용

대관식	비용(£)
조지 4세, 1821	238,238
윌리엄 4세, 1831	42,298
빅토리아, 1838	69,421
에드워드 7세, 1902	193,000
조지 5세, 1911	185,000
조지 6세, 1937	454,000
엘리자베스 2세, 1953	912,000

출처 : H. Jennings and C. Madge, *May the Twelfth*(London, 1937), pp. 4~5 ; C. Frost, *Coronation, June 2 1953* (London, 1978), p. 24.
주: 엘리자베스 2세의 대관식의 경우, 1952~3년에 대한 의회의 추산치는 £1,560,000였지만, £648,000이 좌석 판매를 통해서 벌충되었다.

〈표 2〉 왕실행사시 제작된 기념메달의 가짓수

재위	행사	연도	수
조지 4세	대관식	1821	40
윌리엄 4세	대관식	1831	15
빅토리아	대관식	1838	30
	즉위 50주년	1887	113
	즉위 60주년	1897	80
에드워드 7세	대관식	1902	100
조지 5세	대관식	1911	42
	즉위 25주년	1935	12
에드워드 8세	대관식	1937	36

출처 : J. A. Mackay, *Commemorative Medals*(London, 1970), pp. 75~8, revising M. H. Grant, 'British Medals since 1760', *British Numismatic Journal*, xxii(1936~1937), pp. 269~93, xxiii(1938~1941), pp. 119~52, 321~62, 449~80.

〈표 3〉 국가(國歌)가 합창된 경우의 수

연대	수	연대	수
1801-10	2	1871-80	4
1811-20	2	1881-90	3
1821-30	3	1891-1900	7
1831-40	6	1901-10	14
1841-50	3	1911-20	3
1851-60	4	1921-30	1
1861-70	1	1931-37	3

출처 : P. A. Scholes, *'God Save the Queen' ! : The History and Romance of the World's First National Anthem*(London, 1954), pp. 274~9.

〈표 4〉 런던과 워싱턴에 세워진 기념상(像)

연대	런던	워싱턴	연대	런던	워싱턴
1801-10	3	0	1871-80	13	7
1811-20	1	0	1881-90	14	8
1821-30	2	0	1891-1900	11	6
1831-40	5	0	1901-10	18	14
1841-50	8	0	1911-20	13	7
1851-60	7	2	1921-30	7	8
1861-70	10	1			

출처 : Lord Edward Gleichen, *London's Open Air Statuary* (London, 1973 edn), *passim* ; J. M. Goode, *The Outdoor Sculpture of Washington, D.C. : A Comprehensive Historical Guide* (Washington, 1974), *passim*.

주 : 본 통계는 입상이든 기마상이든 기념상에 제한된 것으로, 부조(浮彫), 알레고리적인 조각, 분수대, 동물상, 추상적인 기념물 및 묘지의 상은 제외한 것이다. 그러나 이러한 것들이 포함된다 하더라도, 여전히 동일한 경향성이 드러날 것이다.

〈표 5〉 왕실 기념우표의 발행

재위	행사	연도	발행 우표	판매
조지 5세	즉위 25주년	1935	$\frac{1}{2}$d., 1d, 1$\frac{1}{2}$d., 2$\frac{1}{2}$d.	1,008,000,000
조지 6세	대관식	1937	$\frac{1}{2}$d.	388,731,000
	은혼식	1948	2$\frac{1}{2}$d., £l.	147,919,628
엘리자베스 2세	대관식	1953	2$\frac{1}{2}$d., 4d., 1s.3d., 1s.6d.	448,849,000
	왕세자의 웨일스 공 서임식	1969	5d., 9d., 1s.	125,825,604
	은혼식	1972	3p, 20p	66,389,100
	즉위 25주년	1977	8$\frac{1}{2}$p, 9p, 10p, 11p, 13p	159,000,000

출처 : A. G. Rigo de Righi, *The Stamp of Royalty : British Commemorative Issues for Royal Occasions, 1935~1972*(London, 1973), pp. 14, 19, 26, 33, 41, 48 ; S. Gibbons, *Great Britain : Specialised Stamp Catalogue,* ii, *King Edward VII to George V,* 3rd edn(London, 1974), pp. 172, 207, 211 ; 동일 저자, *Great Britain : Specialised Stamp Catalogue,* iii, *Queen Elizabeth II : Pre-Decimal Issues*(London, 1976), pp. 148~9, 254~6 ; H. D. S. Haverbeck, *The Commemorative Stamps of the British Commonwealth* (London, 1955), pp. 91, 92, 94.
주 : Haverbeck은 1937년 대관식의 경우 450,000,000을 제시했으나, 필자는 Gibbons의 좀더 낮은 수치를 채택했다.

▪ 3장의 주석

(1) 본고의 초안은 케임브리지 대학의 '사회사 세미나' 및 프린스턴 대학의 '교수-학생 합동 세미나'에서 발표한 것이다. 필자는 참석자들의 논평과 비판에 감사드리는 바이며, 특히 두 가지 문제에 대한 밴필드 박사(Dr S. D. Banfield)와 뱁스 씨(Mr C. J. Babbs)의 도움과 근대 초 유럽의 의례 및 의식에 대한 훼일리 씨(Mr J. Whaley)의 탁견과 조언에 감사드린다. 이 주제에 대한 예비적인 견해들은 필자의 졸고(拙稿) 'The Not-So-Ancient Traditions of Monarchy', *New Society*(2 June 1977), pp. 438~40에 실렸으며, 본고는 1979년에 완성된 최종본이다.

(2) D. Sutherland, *The Landowners*(London, 1968), p. 158에서 재인용.

(3) *The Saturday Review*, 9 Feb. 1861, pp. 140~1. 기사는 익명으로 게재되었다.

(4) Gilmour, *The Body Politic*(London, 1969), p. 313.

(5) J. Dimbleby, *Richard Dimbleby*(London, 1977), p. 329 ; Sir J. Wheeler-Bennett, *King George VI : His Life and Reign*(London,1965), p. 310 ; H. Vickers, 'Twenty Five Years a Queen', in H. Montgomery-Massingberd(ed.), *Burke's Guide to the British Monarchy*(London, 1977), p. 42 ; *Illustrated London News*, 6 Feb. 1965.

(6) R. E. Giesey, *The Royal Funeral Ceremony in Renaissance France*(Geneva, 1960) ; R. Strong, *Splendour at Court : Renaissance Spectacle and Illusion*(London, 1973) ; S. Anglo, *Spectacle, Pageantry and Early Tudor Policy*(Oxford, 1969) ; D. M. Bergeron, *English Civic Pageantry, 1558~1642*(London, 1971) ; F. A. Yates, *The Valois Tapestries*(London, 1959) ; E. Muir, 'Images of Power : Art and Pageantry in Renaissance Venice', *Am. Hist. Rev.*, 1xxxix(1979), pp. 16~52 ; G. Reedy, 'Mystical Politics : The Imagery of Charles II's Coronation', in P. J. Korshin(ed.), *Studies in Culture and Revolution : Aspects of English Intellectual History, 1640~1800*(London, 1972), pp. 21~42 ; C. Geertz, 'Centers, Kings and Charisma : Reflections on the Symbolics of Power', in J. Ben-David and T. N. Clark(eds.), *Culture and its Creators : Essays in Honor of E. Shils*(Chicago and London, 1977), 특히 pp. 153~7.

(7) G. L. Mosse, 'Caesarism, Circuses and Monuments', *Journal of Contemporary History*, vi(1971), pp. 167~82 ; C. Rearick, 'Festivals and Politics : the Michelet Centennial of 1898', in W. Laqueur and G. L. Mosse(eds.), *Historians in Politics*(London, 1974), pp. 59~78 ; C. Rearick, 'Festivals in Modern France : The Experience of the Third Republic', *Journal of Contemporary History*, xii(1977), pp. 435~60 ; R. Samson, 'La Fête de Jeanne d'Arc en 1894 : Controverse et Célébration', *Revue d'Histoire Moderne et Contemporaire*, xx(1973), pp. 444~63 ; M. Agulhon, 'Esquisse pour une Archéologie de la République : l'Allegorie Civique Féminine', *Annales : Economies, Sociétés, Civilisations*, xxviii(1973), pp. 5~34 ; E. J. Hobsbawm, 'Inventing Traditions in Nineteenth-Century Europe'(Past and Present Conference Paper, 1977), pp. 1~25. 필자가 홉스봄 교수에게서 영향받은 바는 본 장 전반에 걸쳐서 드러날 것이다.

(8) G. L. Mosse, 'Mass Politics and the Political Liturgy of Nationalism', in E. Kamenka(ed.), *Nationalism : The Nature and Evolution and Ideal*(London, 1976), pp. 39~54 ; H. T. Barden, *The Nuremberg Party Rallies, 1929~1939*(London, 1967).

(9) H. Jennings and C. Madge, *May the Twelfth*(London, 1937) : L. Harris, *Long to Reign Over Us?* (London, 1966) ; J. G. Blumler, J. R. Brown, A. J. Ewbank and T. J. Nossiter, 'Attitudes to the Monarchy : Their Structure and Development during a Ceremonial Occasion', *Political Studies*, xix (1971), pp. 149~71 ; R. Rose and D. Kavanagh, 'The Monarchy in Contemporary British Culture', *Comparative Politics*, viii(1976), pp. 548~76. 그와 같은 자료를 근거로 한 가장 최근의 분석으로는 P. Ziegler, *Crown and People*(London, 1978).

(10) E. Durkheim, *The Elementary Forms of the Religious Life*(J. W. Swain 역, London, 1915), pp. 220, 225, 358, 375, 379 ; E. Shils and M. Young, 'The Meaning of the Coronation', *Sociological Review*, new ser., i(1953), pp. 63~81 ; Blumler 외, 'Attitudes to the Monarchy', pp. 170~1.

(11) S. Lukes, 'Political Ritual and Social Integration', in S. Lukes, *Essays in Social Theory*(London, 1977), pp. 62~73 ; N. Birnbaum, 'Monarchies and Sociologists : A Reply to Professor Shils and Mr Young', *Sociological Review*, new ser., iii(1955), pp. 5~23 ; R. Bocock, *Rituals in Industrial Society*(London, 1974), pp. 102~4.

(12) C. Geertz, *The Interpretation of Cultures*(London, 1975), pp. 7, 14, 449.

(13) Q. Skinner, *The Foundations of Modern Political Thought*, 2 vols.(Cambridge, 1978), i, pp. xii-xiv.

(14) D. M. Schneider, 'Notes Towards a Theory of Culture', in K. H. Basso and H. A. Selby(eds.), *Meaning in Anthropology*(Albuquerque, New Mexico, 1976), pp. 214~15 : "모든 의미는 어느 정도 텍스트에 의해 규정되거나 텍스트에 의해 결정된다."

(15) M. Trachtenberg, *The Statue of Liberty*(Harmondsworth, 1977), pp. 15~19, 186~96. 빅토리아 폭포에 있는 잠베지 강을 가로지는 유명한 철교의 '의미'에 대한 유사한 분석으로는 J. Morris, *Farewell the Trumpets : An Imperial Retreat*(London, 1978), pp. 347~8 를 보라.

(16) 역사가로서 필자가 보기에는 이 점이 바로 인류학의 텍스트 중심 접근방식이 지닌 주요한 문제점이며, 그 단적인 예가 E. Leach, *Culture and Communication : The Logic by which Symbols are Connected : an Introduction to the Use of Structuralist Analysis in Social Anthropology*(London, 1976), pp. 84~93로서, 여기서 저자는 아론이 제사장에 수임되는 성서 이야기를 분석한다. 이러한 장르의 보다 좋은 예로는, 동일 저자의 미출판 강의원고 'Once a Knight is Quite Enough'로서, 여기서 저자는 기사 서품식을 1940년대 보르네오에서의 돼지 희생제와 비교하는데, 역사가의 입장에서 봤을 때 이러한 비교는 현재라는 콘텍스트에서 서품식이 갖는 '의미'에 대해 중요한 것은 거의 이야기하지 않는다는 한계를 노정한다.

(17) E. g. Lukes, 'Political Ritual and Social Integration', pp. 62, 64.

(18) Shils and Young, 'The Meaning of the Coronation', p. 64 ; Bocock, *Ritual in Industrial Society*, p. 103 ; Rose and Kavanagh, 'The Monarchy in Contemporary British Culture', pp. 553, 557. 군주정의 권력과 과시에 대해 배저트가 보여준, 복합적이고 때때로 모순적인 영상에서 가장 중요한 점은 그것이 '따라그린 것(*de*scriptive)'이라기보다는 '미리 그려놓은 것(*pre*scriptive)'이었다는 점이다. 이러한 견해의 연장선상에 있는 가장 완전한 분석은 N. St John-Stevas (ed.), *The Collected Works of Walter Bagehot*, 12 vols., 미완(London, 1965~1978), v, pp. 81~3. 또한 R. H. S. Crossman, introduction to W. Bagehot, *The English Constitution*(London, 1963) p. 36이다.

(19) C. Hibbert, *George IV*(Harmondsworth, 1976), pp. 379~83, 675~86, 694.

(20) N. Gash, *Reaction and Reconstruction in English Politics, 1832~1852*(Oxford, 1965), p. 5.

(21) D. Beales, *From Castlereagh to Gladstone, 1815~1885*(London, 1971), pp. iii, 163, 166 ; J. Ridley, *Palmerston*(London, 1972), pp. 529~40 ; K. Martin, *The Crown and the Establishment*(London, 1962), p. 52.

(22) Hibbert, *George IV*, pp. 782~3.

(23) Martin, 앞의 책. p. 27.

(24) R. Fulford, *The Prince Consort*(London, 1966), pp. 156~9.

(25) A. Briggs, *Victorian Cities*(Harmondsworth, 1968), pp. 312, 357~9 ; H. Pelling, *History of British Trade Unionism*(Harmondsworth, 1963), PP. 14~15.

(26) W. L. Burn. *The Age of Equipoise : A Study of the Mid-Victoria Generation* (London, 1968), p. 7 ; Briggs, 앞의 책, p. 32 ; W. A. Armstrong, *Stability and Change in an English County Town : A Social Study of York, 1801~1851*(Cambridge, 1974), pp. 10~11 ; P. Mathias, *The First Industrial Nation : An Economic History of Britain, 1700~1914*(London, 1969), pp. 259~73 ; C. Chamberlain, 'The Growth of Support for the Labour Party in Britain', *British Journal of Sociology*, xxiv(1973), pp. 482~4 ; A. E. Musson, *British Trade Unions, 1800~1875*(London, 1972), pp. 16~21 ; A. Reid, 'Politics and Economics in the Formation of the British Working Class : A Response to H. F. Moorhouse', *Social History*, iii(1978), p. 359.

(27) M. Wynn Jones, *A Cartoon History of the Monarchy*(London,1978), pp. 40~5, 68~77 ; M. Walker, *Daily Sketches : A Cartoon History of British Twentieth-Century Politics*(London, 1978), p. 23.

(28) R. D. Altick, *The English Common Reader*(Chicago, 1957), pp. 343~4.

(29) A. J. Lee, *The Origins of the Popular Press, 1855~1914*(London, 1976), pp. 38, 45, 74, 120~1.

(30) C. Fox, 'The Development of Social Reportage in English Periodical Illustration during the 1840s and Early 1850s', *Past and Present*, no. 74(1977), pp. 92~3, 100~2, 111 ; J. D. Symon, *The Press and its Story*(London, 1914), p. 213.

(31) 또한 주목할 만한 것은 이 기간에 주요 왕실행사들을 기념하는 책들이 거의 없었고, 그나마 출판된 경우에도 Sir George Naylor, *The Coronation of His Most Sacred Majesty*

King George IV, 2 vols(London, 1839)처럼 너무나 사치스럽게 제작되어서 아주 제한된 독자들에게만 판매되었다는 점이다.

(32) F. M. L. Thompson, *Victorian England : The Horse-Drawn Society*(London, 1970), p. 16.

(33) Sir W. Gilbey, *Modern Carriages*(London, 1905), pp. 46~53, 63~4 ; G. A. Thrupp, *The History of Coaches*(London, 1877), pp. 87~90.

(34) W. B. Adams, *English Pleasure Carriages*(London, 1837), p. 220.

(35) Thrupp, 앞의 책, pp. 89~90 ; p. Ziegler, *King William IV*(London, 1971), p. 193.

(36) Burn, *Age of Equipoise*, p. 103 ; Ridley, *Palmerston*, pp. 523~4 ; A. Briggs, *Victorian People* (Harmondsworth, 1965), pp. 10~11, 24, 51.

(37) R. Robinson and J. Gallagher, *Africa and the Victortians : The Official Mind of Imperialism* (London, 1961), pp. 1~4.

(38) Sir J. Summerson, *Victorian Architecture in England : Four Studies in Evaluation*(New York, 1971), p. 115 : "19세기 중반의 잉글랜드 정부들은 거의 믿을 수 없을 정도로 인색했다. 그들의 인색함은 이따금씩 건축가들과 건축에 대한 끔찍한 경멸을 숨기지 않는 민족 철학의 일부였다." 폴러트(Poelaert)의 브뤼셀즈 로 코트(Brussels Law Courts)의 건설비는 £ 1,760,000였고, 스트리트(Street)가 런던을 위해 설계한 법원들의 비용은 단지£ 1,500,000였다.

(39) E. J. Hobsbawm, *The Age of Capital, 1848~ 1875*(1977), pp. 326, 328, 329, 334, 337 ; E. N. Bacon, *Design of Cities*, rev. edn(London, 1978), pp. 196~9, 220~3 ; J. W. Reps, *Monumental Washington : The Planning and Development of the Capital Center*(Princeton, N. J., 1967), pp. 5, 20, 21 ; A. Sutcliffe, *The Autumn of Central Paris : The Defeat of Town Planning, 1850~ 1970*(London, 1970), ch.2 ; D. H. Pinkney, *Napoleon III and the Rebuilding of Paris*(Princeton, 1958), *passim*, P. Abercrombie, 'Vienna', *Town Planning Review*, i (1910~1911), pp. 221, 226~7 ; 0. R. Marek, *The Eagles Die*(London, 1975), pp. 171~2 ; I. A. Egorov, *The Architectural Planning of St. Petersburg*(Athens, Ohio, 1969), pp. 104~5, 182, 192 ; J. H. Bater, *St Petersburg : Industrialisation and Change* (London, 1976), pp. 17~40.

(40) D. Olsen, *The Growth of Victorian London* (London,1976), pp. 51~3, 61, 329. 공간체계의 가치구조에 대한 일반적인 논평을 위해서는 D. Harvey, *Social Justice and the*

City(London, 1973), pp. 31~2를 참조하라.

(41) D. O1sen, 앞의 책, pp. 55~6에서 재인용.

(42) M. Kennedy, *The Works of Ralph Vaughan Williams*(London, 1964), p. 1.

(43) P. A. Scholes, '*God Save the Queen' : The History and Romance of the World's First National Anthem*(London, 1954), pp. 147~8, 165, 203~4, 209. 또한 부록 〈표3〉을 참조하라.

(44) 그들은 Sir William Parsons(1786~1817), William Shield(1817~1829), Christian Kramer(1829~1834), François Cramer(1834~1838), George Anderson(1848~1870), Sir William Cusins(1870~1893)이다. E. Blom(ed.), *Grove's Dictionary of Music and Musicians*, 5th edn, 10 vols. (London 1954), v, p. 627을 참조하라.

(45) Anon., 'Music at the Last Coronation', *Musical Times*, xliii(1902), pp. 18~20

(46) B. Rainbow, *The Choral Revival in the Anglican Church(1839~ 1872)* (London, 1970), ch.13 ; Sir F. Bridge, *A Westminster Pilgrim*(London, 1919), pp. 72~5, 196~201. 당대의 평가로는 J. Pearce, *Apology for Cathedral Service*(London, 1839) ; J. Jebb, *The Choral Service of the Church*(London, 1843) ; S. S. Wesley, *A Few Words on Cathedral Music*(London, 1849).

(47) J. Pearce, 앞의 책, pp. 18~19에서 재인용.

(48) W. O. Chadwick, *The Victorian Church*, 2nd edn(London, 1972), pt 2, pp. 366~74.

(49) J. Perkins, *Westminster Abbey : Its Worship and Ornaments*, 3 vols.(London, 1938~1952), i, pp. 89~94, 106~9, 144, 153~63 ; ii, p. 16 ; iii, pp. 141, 149, 152, 155, 160, 163~4 ; R. E. Prothero, *The Life and Correspondence of Arthur Penrhyn Stanley, D. D., late Dean of Westminster*, 2 vols.(London, 1893), ii, pp. 282~3.

(50) R. Davey, *A History of Mourning*(London, n.d.), pp. 75~7, 81~3 ; J. S. Curl, *The Victorian Celebration of Death*(Newton Abbot, 1972), pp. 4~5 ; C. Oman, *Nelson*(London, 1947), pp. 563~6 ; E. Longford, *Wellington*, 2 vols.(St Albans, 1971~5), ii, pp. 489~95.

(51) *Illustrated London News*, 25 Sept. 1852.

(52) 같은 신문, 30 Jan. 1858.

(53) W. Jones, *Crowns and Coronation*(London, 1883), p. viii.

(54) C. Hibbert, *The Court at Windsor : A Domestic History*(London, 1964), pp. 171~2.

(55) J. Perkins, *The Coronation Book*(London, 1902), pp. 97, 115, 175, 258 ; Hibber, *George IV*, pp. 597~604. 중요한 것은 조지 4세의 공적 양식의 많은 부분이 이후에 나타나는 발전들을 예견하고 있다는 점이다. 예컨대 런던(Regent Street)에서의 행진, 왕실 방문(스코틀랜드와 아일랜드), 비용이 많이 든 대관식(부록 〈표1〉 참조) 등이 바로 그런 것들이다. 그러나 이 모든 것들에도 불구하고 필자가 주장하려는 요점은, (후대에 나타난) 상황적 맥락에 적절하게 연결되지 않는다면 아무런 소용이 없었다는 것이다.

(56) Hibbert, *George IV*, pp. 777~9.

(57) Ziegler, *William IV*, pp. 152~3, 291.

(58) E. Longford, *Victoria, R. I.*(London, 1966), pp. 99~104.

(59) 같은 책, p. 395 ; G. Battiscombe, *Queen Alexandra*(London, 1972), pp. 45~6.

(60) Ziegler, *Crown and People*, p. 21.

(61) *The Times*, 9 Nov. 1871

(62) Longford, *Victoria, R. I.*, p. 401.

(63) W. Bagehot, 'The Monarchy and the People', *The Economist*, 22 July 1871 : 동일 저자 'The Income of the Prince of Wales', *The Economist*, 10 October 1874. 두 기사 모두 St. John-Stevas, *The Collected Works of Walter Bagehot*, pp. 419, 431에 수록되어 있다.

(64) G. E. Buckle(ed.), *The Letters of Queen Victoria,* 2nd ser., *1862~1885*, 3 vols(London, 1926~1928), i, p. 133.

(65) 같은 책, i, p. 244.

(66) P. Guedalla, *The Queen and Mr Gladstone, 1845~1879*, 2 vols.(London, 1933~1934), ii, p. 357.

(67) P. Magnus, *Gladstone : A Biography*(London, 1963), pp. 207~17.

(68) J. and J. May, *Commemorative Pottery, 1780~1900*(London, 1972), pp. 22, 40~5, 51, 58~9, 73 ; D. Rogers, *Coronation Souvenirs and Commemoratives*(London, 1975), pp. 25~30. 31~3, 36 ; J. Edmundson, *Collecting Modern Commemorative Medals*(London, 1972), pp. 39~42. 또한 뒤의 〈표2〉를 참조하라.

(69) Longford, *Victoria. R. I.*, pp. 537~8.

(70) P. Magnus, *King Edward Vll*(Harmondsworth, 1967), pp. 342, 348, 373~7.

(71) R. Davey, *The Pageant of London*, 2 vols.(London, 1906), ii, p. 623. 한 달 내에 3,000편

의 애가(哀歌)가 영국과 식민지들에서 만들어졌으며, 이후 J. A. Hammerton, *The Passing of Victoria*(London, 1902)에 수록되었다. 하인즈(Hynes)가 지적했듯이 "이것들에 대해 가장 놀라운 것은 서거한 여왕 폐하를 빈번히 성모 마리아로 칭한다는 점이다." S. Hynes, *The Edwardian Turn of Mind*(Princeton, N. J., 1968), p. 15를 참조하라.

(72) Magnus, *Edward VII*, p. 526 ; Martin, *Crown and the Establishment*, p. 68 ; Ziegler, *Crown and People*, p. 28.

(73) Briggs, *Victorian Cities*, pp. 312~13, 327, 330. 356~9.

(74) Chamberlain, 'The Growth of Support for the Labour Party', pp. 481, 485 ; Pelling, *History of British Trade Unions*, p. 89 ; Musson, *British Trade Unionism*, p. 65 ; J. Lovell, *British Trade Unions, 1875~1933*(London, 1977), pp. 9, 21~3, 30~3, 41~6.

(75) J. E. C. Bodley, *The Coronation of King Edward the Seventh : A Chapter in European and Imperial History*(London, 1903), pp. 203~6.

(76) W. Bagehot, 'The Cost of Public Dignity', *The Economist*, 20 July 1867 ; St. John-Stevas, *The Collected Works of Wafter Bagehet*, v. p. 413에 수록되어 있다.

(77) Briggs, *Victorian Cities*, pp. 356~8.

(78) Walker, *Daily Sketches*, pp. 7~8, 13 ; Wynn Jones, *Cartoon History of the Monarchy*, pp. 130, 138~9 ; Lee, *The Origins of the Popular Press*, pp. 120~30, 190~6 ; Symon, *The Press and its Story*, pp. 229~32 ; H. Herd, *The March of Journalism*(London, 1952), pp. 233~40.

(79) Symon, 앞의 책, pp. 235~9. 주목할 만한 것은 이 시기에 주요 왕실행사들을 설명하고 묘사하며 기념하는 대중적인 작품들이 대량으로 확산되었다는 점이다. 예컨대 에드워드 7세와 조지 5세의 대관식의 경우 J. H. Pemberton, *The Coronation Service according to the Use of the Church of England*(London, 1902, 1911) ; O. Macleane, *The Great Solemnity of the Coronation of the King and Queen of England*(London, 1902, 1911) ; W. H. Stackpole, *The Coronation Regalia*(London, 1911) ; E. Metallinos, *Imperial and Royal Coronations*(London, 1902) ; L. G. Wickham Legg, *English Coronation Records*(London, 1901) ; H. F. Burke, *The Historical Records of the Coronation*(London, 1904) ; Bodley, *Coronation of Edward the Seventh* ; Perkins, *The Coronation Book*을 보라.

왕을 칭송하는 대중적인 왕의 전기들이 급증한 것도 이 시기부터다.

(80) Thompson, *Victorian England*, pp. 16~18.

(81) P. S. Bagwell, *The Transport Revolution from 1770*(London, 1974), pp. 150, 155.

(82) F. M. L. Thompson, 'Nineteenth-Century Horse Sense', *Economic History Review*, 2nd ser., xxix(1976), p. 61 ; S. B. Saul, 'The Motor Industry in Britain to 1914', *Business History*, v(1962), pp. 24~5.

(83) Gilbey, *Modern Carriages*, pp. 36~8; M. Watney, *The Elegant Carriage*(London, 1961), p. 81.

(84) J. L. Calvin & Julian Amery, *The Life of Joseph Chamberlain*, 6 vols.(London, 1932~1969), iii, pp. 185~95.

(85) Bodley, *Coronation of Edward the Seventh*, p. 19.

(86) Magnus, *Edward VII*, pp. 52~8, 131~2, 235~41; H. Nicolson, *King George the Fifth : His Life and Reign*(London, 1967), pp. 106~10, 128~33, 228~37.

(87) J. Perkins, *The Coronation Book*(London, 1911), p. 329 ; Ziegler, *Crown and People*, pp. 56, 66 ; P E. Schramm, *A History of the English Coronation*(Oxford, 1937), p. 104.

(88) Sir S. Lee, *King Edward the Seventh : A Biography*, 2 vols.(London, 1925~1927), ii p. 100. 또한 주목할 만한 것은 이 시기에 국가가 점차 제국적 국가로 간주되었다는 점이다. 1892년 S. G. R. Coles는 '신이시여 우리의 여제를 구하소서(God Save our Empress Queen)'라는 구절로 시작하는 시를 지었고, 5년 후에 H. A. Salmone는 『제국의 태양(*The Imperial Sun*)』, 곧 '국가의 세 번째 절을 여왕의 제국 내에 있는 주요 언어 50개로 번역한 책'을 출판했다. Scholes, *'God Save the Queen'*, p. 141 참조

(89) 이러한 관점을 취하는 최근의 연구서로는 J. Morris, *Pax Britannica : The Climax of an Empire*(London, 1968) ; C. Chapman and P. Raben, *Debrett's Queen Victoria's Jubilees, 1887 and 1897*(London, 1977)을 보라.

(90) Hynes, *Edwardian Turn of Mind*, pp. 19~20.

(91) S. Kostof, 'The Drafting of a Master Plan for *Roma Capitale* : An Exordium', *Journal of the Society of Architectural Historians*, xxxv(1976), p. 8; A. Robertson, *Victor Emmanuel III : King of Italy*(London, 1925), pp. 104~6 ; R. C. Fried, *Planning the Eternal City : Roman Politics and Planning Since World War II*(London, 1973), pp. 19~29 ; C. Meeks, *Italian*

Architecture, 1750~1914(New Haven, 1966), pp. 189ff. 특정 건축물에 관해서는 E. Schroeter, 'Rome's First National State Architecture : *The Palazzo della Finanze*', in H. A. Millon and L. Nochlin(eds.), *Art and Architecture in the Service of Politics*(Cambridge, Mass., 1978), pp. 128~49.

(92) Marek, *The Eagles Die*, pp. 173~7.

(93) P. Abercrombie, 'Berlin : Its Growth and Present Day Function-II-The Nineteenth Century', *Town Planning Review*, iv(1914), pp. 308, 311 ; D. J. Hill, *Impressions of the Kaiser* (London, 1919), pp. 59~62 ; Prince von Bülow, *Memoirs, 1897~1903*(London, 1931), p. 543.

(94) Trachtenberg, *The Statue of Liberty*, p. 129

(95) C. M. Green, *Washington*, 2 vols(Princeton, N. J., 1962~1963), ii, ch. 7 ; Reps, *Monumental Washington*, pp. 91, 115 ; L. Craig 외, *The Federal Presence: Architecture, Politics and Symbols in U. S. Government Building*(Cambridge. Mass., n. d.), 특히 pp. 244~65. 공공 건물들이 '국가에 대한 정당한 자부심'을 불러일으켜야 하고, '나라의 문명, 문화, 이상의 상징'이 되어야 한다는 미국 건축가 캐스 길버트(Cass Gilbert)의 견해와 비교하라.

(96) O1sen, *Growth of Victorian London*, p. 53에서 재인용

(97) Briggs, *Victorian Cities*, pp. 325, 332~3.

(98) A. Service, *Edwardian Architecture : A Handbook to Building Design in Britain, 1890~1914* (London, 1977), ch. 10 ; M. H. Port, 'Imperial Victorian', *Geographical Magazine*, xlix(1977), pp. 553~62.

(99) 〈표4〉 참조. 또한 Trachtenberg, *The Statue of Liberty*, p. 100 : "19세기 중반에서 후반으로 가면서, 이미 유럽의 도심 광장들과 현란한 풍경들을 거의 질식시켰던 평범한 규모의 기념물들로 이루어진 조밀한 숲이 그 절정에 달하면서 거대한 건물을 지으려는 기세가 점차 거세졌다."를 참조하라.

(100) G. Stamp, *London, 1900* (London, 1978), p. 305.

(101) E. and M. Darby, 'The Nation's Monument to Queen Victoria', *Country Life*, clxiv(1978), p. 1647.

(102) 19세기 말 유럽의 궁정의례에 대해서는 Baron von Margutti, *The Emperor Francis Joseph*

and His Times(London, 1921), pp. 165~85 ; Princess Fugger, *The Glory of the Habsburgs*(London, 1932), pp. 100~40 ; A. Topham, *Memories of the Kaiser's Court*(London, 1914), pp. 85~6, 123, 104~202 ; Hill, *Impressions of the Kaiser*, ch. 3 ; Count R. Zedlitz-Trützschler, *Twelve Years at the Imperial German Court*(London, 1924), pp. 46~60, 70~1, 95, 117, 165 ; M. Buchanan, *Recollections of lmperial Russian Court*(London, 1913), p. 143을 보라.

(103) K. Tschuppik, *The Reign of the Emperor Francis Joseph, 1848~1916*(London, 1930), pp. 272, 354, 400.

(104) G. S. Godkin, *Life of Victor Emmanuel II, First King of Italy*, 2 vols.(London, 1879), ii, pp. 233~44 ; Robertson, *Victor Emmanuel III*, pp. 103~6.

(105) C. Lowe, *Alexander III of Russia*(London, 1895), pp. 65~76, 289~303 ; R. K. Massie, *Nicholas and Alexandra*(London, 1968), pp. 42~5, 224~7 ; B. Tuchman, *The Proud Tower : A Portrait of the World before the War, 1890~1914*(New York, 1978), p. 403.

(106) Mosse, 'Caesarism, Circuses and Monuments', p. 172 ; Rearick, 'Festivals in Modern France', pp. 447~8.

(107) Reps, *Monumental Washington*, pp. 72~3, 85 ; S. M. Alsop, *Lady Sackville : A Biography* (London, 1978), pp. 27~30. 이 시기에 강력한 군주와 대통령들을 더욱 장엄하게 (따라서 더욱 공적으로) 치장함으로써 파생한 결과 중 하나는, 그들을 겨냥한 암살 건수가 증가한 것이다. 1881년 미국의 가필드 대통령, 1881년 러시아의 알렉산드르 3세, 1894년 프랑스의 까르노 대통령, 1897년 스페인의 까노바스 수상, 1898년 오스트리아의 엘리자베트 황후, 1900년 이탈리아의 움베르토 국왕, 1901년 미국의 맥킨리 대통령, 1911년 러시아의 스톨리핀 수상, 1912년 스페인의 수상 까나레야스, 1914년 오스트리아의 프란츠 페르디난트 대공 등에 대한 암살 시도가 있었다. 그 반면에, 잉글랜드에서 빅토리아 여왕에 대한 암살 시도는 모두 1840년에서 1882년 사이에 있었다. 권력이 수반되지 않은 위엄의 과시가 절대주의와 결합된 과시보다는 안전했던 것이다. Tuchmann, *The Proud Tower*, pp. 72, 76 ; Longford, *Victoria, R. I.*, pp. 188~9, 211~12, 490, 560~1을 참조하라.

(108) Lowe, *Alexander III*(London, 1895), pp. 66~7.

(109) Zedlitz-Trützschler, *Twelve Years at the Imperial German Court*(London, 1924), p. 257.

(110) Reps, *Monumental Washington*, p. 131.

(111) F. Howes, *The English Musical Renaissance*(London, 1966), chaps. 7~9; Kennedy, *Ralph Vaughan Williams*, ch. 1.

(112) 역사적인 설명을 위해서는 *Musical Times*, xix(1878), pp. 129~30, 196~7, 260~2, 315~18, 379~81, 438~9; F. K. Harford, *God Save the Queen*(London, 1882); A. C. Bunten, *'God Save the King' : Facsimiles of the Earliest Prints of our National Anthem*(London, 1902); W. H. Cummings, *'God Save the King' : The Origins and History of the National Anthem*(London, 1902); S. Bateman, *Our Illiterate National Anthem : A Jacobite Hymn and a Rebel Song*(London, 1911)을 참조하라. 합창의 경우에 대해서는 부록 〈표3〉을 참조하라.

(113) 이 두 번의 대관식 음악에 대한 완전한 설명을 위해서는 *Musical Times*, xliii(1902), pp. 387~8, 577~84; lii(1911), pp. 433~7. 또한 Sir A. C. Mackenzie, *A Musician's Narrative*(London, 1927), p. 155; C. L. Graves, *Hubert Parry : His Life and Work*, 2 vols.(London, 1926), ii, pp. 28~31, 56~7; W. H. Scott, *Edward German : An Intimate Biography*(London, 1932), pp. 152~4; p. M. Young, *Sir Arthur Sullivan*(London, 1971), pp. 248, 261; H. p. Greene, *Charles Villers Stanford* (London, 1935), pp. 223~4을 보라.

(114) Chadwick, *Victorian Church*, pp. 385~7; Rainbow, *Choral Revival in the Anglican Church*, pp. 286~9; W. Sinclair, *Memorials of St Paul's Cathedral*(London, 1909), pp. 411~12; Bridge, *Westminster Pilgrim*, pp. 65~77, 172~8, 182~6, 222~34.

(115) Sir D. Tovey and O. Parratt, *Walter Parratt: Master of the Music*(London, 1941), pp. 90~1, 96~102, 119. 패럿 또한 1882년부터 1924년까지 성 조지 성당의 오르간 연주자였고, 1897년 『빅토리아 여왕 폐하를 기리는 합창』이라는 악보집을 구성했는데, 여기에는 스탠포드, 브리지, 패리 및 엘가의 곡들이 수록되어 있었다.

(116) Chadwick, *Victorian Church*, p. 311.

(117) A. C. Benson, *The Life of Edward White Bensen, sometime Archbishop of Canterbury*(London, 1899), p. 133.

(118) G. K. A. Bell, *Randall Davidson : Archbishop of Canterbury*, 3rd. edn(London, 1952), pp. 118~19, 307~11, 351~7, 367~72, 608~11, 1300~1.

(119) Perkins, *Westminster Abbey : Its Worship and Ornament*, i, pp. 112, 187, 189; ii, pp. 16–17, 111; iii, pp. 163, 169, 179.

(120) 같은 책, ii, p. 111. 퍼킨스는 1899년부터 1958년까지 성구 보관인이었다.

(121) Perkins, *Coronation Book*, pp. 336~7.

(122) Professor Norman Cohn이 Professor Terence Ranger에게 보낸 편지를 참조하라. T. Ranger, 'The Invention of Tradition in Colonial Africa'(Past and Present Conference Paper, 1977), p. 85, n. 31에서 재인용.

(123) Hobsbawm, 'Inventing Traditions', p. 15.

(124) Battiscombe, *Queen Alexandra*, p. 174.

(125) *Illustrated London News*, 25 June 1887 ; Longford, *Victoria, R. I.*, p. 626.

(126) Ziegler, *Crown and People,* p. 23 ; Longford, *Victoria, R. I.*, pp. 685~91.

(127) Sir F. Ponsonby, *Recollections of Three Reigns*(London, 1951), pp. 32~3, 83~94, 271~2.

(128) P. Cunnington and S. Lucas, *Costume for Births, Marriages and Deaths*(London, 1971), p. 240.

(129) P. Fraser, *Lord Esher : A Political Biography*(London, 1973), pp. 68~71, 80~3.

(130) M. V. Brett and Oliver, Viscount Esher(eds.), *Journals and Letters of Reginald, Viscount Esher*, 4 vols.(London, 1934~1938), i, pp. 204~7, 214~17, 231~2, 274~87, 304, 322, 333, 337 ; iii, p. 5.

(131) Bodley, *Coronation of King Edward the Seventh*, p. 205.

(132) Lord Esher, *Cloud Capp'd Towers*(London, 1927), pp. 182~3.

(133) J. Elliott, *Fall of Eagles*(London, 1974), p. 137에서 재인용.

(134) Lee, *King Edward the Seventh*, ii, pp. 21~3.

(135) 같은 책, ii, p. 720.

(136) I. Parrott, *Elgar*(London,1971), pp. 7, 18, 65 ; P. M. Young, *Elgar, O. M. : A Study of a Musician*(London, 1955), pp. 79, 97, 222, 288.

(137) 엘가에 대한 이와 같은 해석으로는 A. J. Sheldon, *Edward Elgar*(London, 1932), pp. 16, 33, 48 ; C. Lambert, *Music Ho!*, 3rd edn(London, 1966), p. 240 ; D. M. McVeagh, *Edward Elgar : His Life and Music*(London, 1955), p. 181 ; B. Maine, *Elgar : His Life and*

Works(London, 1933), ii, pp. 196~7, 297~300을 보라.

(138) 이러한 해석을 가장 설득력 있게 제시한 것은 M. Kennedy, *Portrait of Elgar*(London, 1968), pp. 132~53, 202~9이다.

(139) May, *Commemorative Pottery*, pp. 73~4 ; D. Seekers, *Popular Staffordshire Pottery*(London, 1977) pp. 30~1.

(140) 공식 메달은 또한 왕립 조폐국—이것도 새로운 혁신이었다—에서 1887년, 1897년, 1902년, 그리고 1911년에 제작되었다. Redgers, *Coronation Souvenirs*, pp. 38~41 ; Edmundson, *Collecting Modern Commemorative Medals*, pp. 54~61 ; H. N. Cole, *Coronation and Commemoration Medals, 1887~1953*(Aldershot, 1953), p. 5 및 부록 〈표 2〉 참조.

(141) D. Cannadine, 'From "Feudal" Lords to Figureheads : Urban Landownership and Aristocratic Influence in Nineteenth-Century Towns', *Urban History Yearbook*, v(1978), pp. 26~7, 31~2 ; M. Sanderson, *The Universities and British Industry, 1850~1970*(London, 1972), p. 81.

(142) R. H. Hubbard, *Rideau Hall : An Illustrated History of Government House, Ottawa, from Victorian Times to the Present Day*(London, 1977), pp. 20~38.

(143) *Sir. I. de la Bere*, *The Queen's Orders of Chivalry*(London, 1964), pp. 129, 143, 144, 149, 168, 171, 177, 178 ; Perkins, *Westminster Abbey : Its Worship and Ornaments*, ii, p. 202.

(144) Nicolson, *King George the Fifth*, pp. 98~101, 218, 486~90, 597~601 ; E. Longford, *The Royal House of Windsor*(London, 1976), pp. 65, 91 ; R. Rhodes James(ed.), *Memoirs of a Conservative : J. C. C. Davidson's Memoirs and Papers, 1910~1937*(London, 1969), pp. 177~8.

(145) J. A. Thompson, 'Labour and the Modern British Monarchy', *South Atlantic Quarterly*, lxx (1971), p. 341에서 재인용.

(146) Wheeler-Bennett, *King George VI*, pp. 636~7, 649~50 ; Longford, *House of Windsor*, p. 91.

(147) J. A. Thompson and A. Mejia, Jr., *The Modern British Monarchy*(New York, 1971), p. 38.

(148) Longford, *House of Windsor*, p. 63.

(149) Thompson and Mejia, 앞의 책, pp. 73, 79.

(150) R. Lacey, *Majesty : Elizabeth II and the House of Windsor*(London, 1977), p. 109에서 재인용.

(151) 20세기 왕실에 대한 도상학으로는 R. Strong, 'The Royal Image', in Montgomery-Massingberd(ed.), *Burke's Guide to the British Monarchy*, p. 112를 참조하라.

(152) Ziegler, *Crown and People*, pp. 76~7.

(153) Wheeler-Bennett, *King George VI*, p. 160.

(154) Longford, *House of Windsor*, p. 91.

(155) Walker, *Daily Sketches*, pp. 13, 23, 126~7; Wynn Jones, *Cartoon History of the Monarchy*, pp. 132, 157~64, 174~9. 예외들도 물론 있었지만, 이는 외려 법칙을 증명하는 경향이 있었다. 1937년 「데일리 익스프레스(*Daily Express*)」의 톰 브라이버스(Tom Bribers) 기자는 '대부분의 신문에서 적절하다고 여기는 쉬쉬하는 듯한 경외심'에 맞서 대관식을 적대적인 어조로 보도했는데, 이는 독자들 사이에서 '일단의 격심한 분노'를 불러일으켰다고 한다. T. Driberg, *Ruling Passions* (New York, 1978), pp. 107~9를 참조하라. 이 시기에도 왕실을 기리는 전기문학이 감소하지 않고 계속되었다.

(156) Lacey, *Majesty*, p. 333 ; Jennings and Madge, *May the Twelfth*, p. 16.

(157) Ziegler, *Crown and People*, p. 31; Nicolson, *King George the Fifth*, pp. 670~1.

(158) A. Boyle, *Only the Wind Will Listen : Reith of the B.B.C.*(London, 1972), pp. 18, 161, 281.

(159) J. C. W. Reith, *Into the Wind*(London, 1949), pp. 94, 168~9, 221, 238~41, 279~82 ; A. Briggs, *The History of Broadcasting in the United Kingdom*, 4 vols. 간행중(Oxford and London, 1961~1979), i, pp. 290~1; ii, pp. 11, 81, 100~1, 112~13, 157, 266, 272, 396, 505.

(160) R. Rhodes James(ed.), *'Chips' : The Diaries of Sir Henry Channon*(London, 1967), p. 123.

(161) Jennings and Madge, *May the Twelfth*, pp. 112, 120.

(162) H. McCansland, *The English Carriage*(London, 1948), p. 85; C. Frost, *Coronation : June 2, 1953* (London, 1978), pp. 57~8.

(163) 같은 책, p. 39.

(164) H. Henson, *Retrospect of an Unimportant Life*, 3 vols.(London, 1942~1950), i, pp. 380~5 ; J. G. Lockhart, *Cosmo Gordon Lang*(London, 1949), pp. 408~23.

(165) Perkins, *Westminster Abbey : Its Services and Ornaments*, i, pp. 113~17, 193~4; ii, p. 207; iii, pp. 180~7; M. H. Fitzgerald, *A Memoir of Herbert E. Ryle*(London, 1928), pp. 290~2, 307~10 ; L. E. Tanner, *Recollections of a Westminster Antiquary*(London, 1969), pp. 65~8, 144~52.

(166) 1924년 이래의 역임자들은 다음과 같다. Sir Edward Elgar(1924~1934), Sir Walford Davies(1934~1941), Sir Arnold Bax(1941~1952), Sir Arthur Bliss(1953~1975), Malcolm Williamson(1975~). Blom, *Grove's Dictionary of Music and Musicians*, v, p. 627을 참조하라. 특정인에 대해서는 H. C. Coles, *Walford Davies : A Biography*(London, 1942), pp. 157~61를 참조하라.

(167) 조지 6세 및 엘리자베스 2세의 대관식에서 연주된 음악에 대해서는 *Musical Times*, 1xxviii (1937), pp. 320, 497 ; xciv (1953), pp. 305~6을 참조하라.

(168) I. Holst, *The Music of Gustav Holst*, 2nd edn(London, 1968), pp. 46, 162 ; C. Scott-Sutherland, *Arnold Bax*(London, 1973), pp. 181~2 ; S. Pakenham, *Ralph Vaughan Williams : A Discovery of his Music* (London, 1957), pp. 118, 164~5 ; F. Howes, *The Music of William Walton*, 2nd edn(London, 1974), pp. 119~21.

(169) Nicolson, *King George the Fifth*, p. 154.

(170) W. J. Passingham, *A History of the Coronation*(London, 1937), p. vii.

(171) Schramm, *History of the English Coronation*, pp. 104~5.

(172) Fried, *Planning the Eternal City*, pp. 31~3; E. R. Tannenbaum, *Fascism in Italy ; Society and Culture, 1922~1945*(London, 1973), p. 314; S. Kostof, 'The Emperor and the Duce: The Planning of *Piazzale Augusto Imperatore* in Rome', in Millon and Nochlin (eds.), *Art and Architecture in the Service of Politics*, pp. 270~325.

(173) A. Speer, *Inside the Third Reich*(New York, 1970), chaps. 5, 6, 10, 11 ; B. M. Lane, *Architecture and Politics in Germany, 1918~1945*(Cambridge, Mass., 1968), pp. 185~95 ; Barden, *Nuremberg Party Rallies*, ch. 6.

(174) M. F Parkins, *City Planning in Soviet Russia*(Chicago, 1953), pp. 33~43; A. Kopp, *Town and Revolution : Soviet Architecture and City Planning, 1917~1955*(London, 1970), pp. 219~26 ; J. E. Bowlt, 'Russian Sculpture and Lenin's Plan of Monumental Propaganda', in Millon and Nochlin (eds.), *Art and Architecture in the Service of Politics*, pp. 182~93.

(175) Reps, *Monumental Washington*, pp. 167, 170~4 ; Craig, *Federal Presence*, pp. 309~27.

(176) H. Clunn, *London Rebuilt, 1897~1927*(London, 1927), p. 10.

(177) J. P. Stern, *Hitler : The Führer and the People*(London, 1975), pp. 39, 82, 85~6, 88~91; Sir N. Henderson, *Failure of a Mission : Berlin, 1937~1939*(London, 1940), pp. 70~1; Barden, *Nuremberg Party Rallies*, pp. 113~20, 125, 133~4 ; S. Morley, '*A Talent to Amuse*' *: A Biography of Noel Coward* (Harmondsworth, 1974), p. 193.

(178) B. Malinowski, 'A Nation-wide Intelligence Service', in C. Madge and T. Harrison, *First Year's Work, 1937~1938*(London, 1938), p. 112.

(179) *New Statesman*, 25 Jan. 1936; K. Martin, 'The Evolution of Popular Monarchy', *Political Quarterly*, vii(1936), pp. 155~6.

(180) Wheeler-Bennett, *King George VI*, pp. 199, 215, 254, 302~4, 371~81; F. Donaldson, *Edward VIII*(London, 1976), chaps. 6~8.

(181) Malinowski, 'A Nation-Wide Intelligence Service', pp. 114~15.

(182) The Times, *Crown and Empire*(London, 1937), p. 184.

(183) Ziegler, *Crown and People*, p. 97.

(184) Frost, *Coronation*, p. 136.

(185) Battiscombe, *Queen Alexandra*, p. 302; Tanner, *Recollections of a Westminster Antiquary*, p. 67.

(186) Lacey, *Majesty*, p. 116.

(187) 같은 책, pp. 76~8 ; Nicolson, *King George the Fifth*, p. 92.

(188) J. Pope-Hennessy, *Queen Mary, 1867~1953*(London, 1959), pp. 519~20.

(189) Lacey, *Majesty*, p. 78 ; Wheeler-Bennett, *King George VI*, p. 151.

(190) Longford, *House of Windsor*, p. 94.

(191) D. Marquand, *Ramsay Macdonald*(London, 1977), p. 774.

(192) Nicolson, *King George the Fifth*, pp. 671~2.

(193) 이에 대한 가장 충실한 설명은 The Times, *Hail and Farewell : The Passing of King George the Fifth*(London, 1936)이다.

(194) Dimbleby, *Richard Dimbleby*, pp. 227~9 ; L. Miall(ed.), *Richard Dimbleby : Broadcaster* (London, 1966), pp. 75~6. 국왕의 서거에 대한 대중적인 반응에 대해서는 Ziegler,

Crown and People, pp. 84~96을 참조하라.

(195) Morris, *Farewell the Trumpets*, p. 498.

(196) Briggs, *History of Broadcasting*, iv, p. 470; Martin, *Crown and the Establishment*, p. 15. 조지 5세의 즉위 25주년 기념식에서부터 그의 손녀[엘리자베스 2세]의 대관식에 이르는 시기 동안의 모든 주요 왕실의례에 대한 최상의 설명은 헨리 채논 경의 것이다. Rhodes James, *'Chips'*, pp. 32~3, 54~7, 123~6, 464~5, 472~4, 275~7을 참조하라.

(197) Rodgers, *Commemorative Souvenirs*, pp. 38~43.

(198) 부록 〈표2〉 참조. 조지 5세의 즉위 기념식과 조지 6세의 대관식 때 모두 공식 메달이 왕립 조폐국에서 1887년 이래의 방식대로 제작되었다. 그러나 1953년에는 왕립 조폐국에서 제작한 공식 대관식 메달이 없이, 단지 왕관만 있었다. 다음과 같은 에드먼슨의 평은 시사하는 바가 있다. "수집가들은 공식 메달을 제작하지 않는 것을 전통의 심각한 단절이라고 주장했지만, 근대 시기에는 그 '전통'이 에드워드 7세의 대관식 이후에나 존재했다는 사실이 제기되었다." Edmundson, *Collecting Modern Commemorative Medals*, pp. 65~6.

(199) E.g., Coronation Planting Committee, *The Royal Record of Tree Planting, the Provision of Open Spaces, Recreation Grounds and Other Schemes Undertaken in the British Empire and Elsewhere, Especially in the United States of America, in Honour of the Coronation of His Majesty King George VI*(Cambridge, 1939).

(200) L. N. and M. Williams, *Commemorative Postage Stamps of Great Britain, 1890~1966*(London, 1967), pp. 9, 25~40; T. Todd, *A History of British Postage Stamps, 1660~1940*(London, 1941), pp. 211, 214, 215, 217; H. D. S. Haverbeck, *The Commemorative Stamps of the British Commonwealth* (London, 1955), pp. 89~94. 또한 부록 〈표 5〉 참조. 주목할 만한 것은 영국이 유럽과 해외 식민지 모두에 비해서 기념우표를 채택하는 데 더뎠다는 점이다. 대부분의 유럽 국가들에서 1890~1914년 이래 기념일이나 기념식들을 위한 특별 우표가 발행되었고, 식민지의 경우에 가령, 뉴펀들랜드는 조지 5세의 대관식을 기념하기 위한 특별 우표를 발행했다. Hobsbawm, 'Inventing Traditions', p. 19을 참조하라.

(201) Rose and Kavanagh, 'The Monarchy in Contemporary British Culture', p. 551.

(202) Sir Charles Petrie, *The Modern British Monarchy*(London, 1957), p. 215; Harris, *Long to*

Reign Over Us?, pp. 27, 55.

(203) Lacey, *Majesty*, p. 245 ; Ziegler, *Crown and People*, p. 198 ; A. Duncan, *The Reality of Monarchy* (London, 1970), p. 95.

(204) Harris, *Long to Reign Over Us?*, p. 137.

(205) Briggs, *Sound and Vision*, p. 471.

(206) Longford, *House of Windsor*, p. 196; Morris, *Farewell the Trumpets*, pp. 498~9.

(207) 같은 책, pp. 545~57; Dimbleby, *Richard Dimbleby*, pp. 370~5; B. Levin, *The Pendulum Years : Britain in the Sixties*(London, 1972) pp. 399~407 ; R. Crossman, *The Diaries of a Cabinet Minister*, 3 vols.(London, 1975~1977), i, pp. 141~3, 145.

(208) Ziegler, *Crown and People*, p. 84.

(209) Miall, *Richard Dimbleby*, p. 83.

(210) D. C. Cooper, 'Looking Back in Anger', in V. Bogdanor and R. Skidelsky(eds.). *The Age of Affluence, 1951~1964*(London, 1970), p. 260; Harris, *Long to Reign Over Us?*, pp. 18, 52.

(211) Briggs, *Sound and Vision*, pp. 457~73; Dimbleby, *Richard Dimbleby*, pp. 223~39.

(212) Lacey, *Majesty*, p. 208 ; Shils and Young, 'The Meaning of the Coronation'. p. 80.

(213) Ziegler, *Crown and People*, pp. 131~7.

(214) Miall, *Richard Dimbleby*, pp. 145~6, 157, 161, 167 ; Dimbleby, *Richard Dimbleby*, pp. 225~52, 326~30.

(215) 왕실의례의 텔레비전 보도에 대한 연구로는 R. Baker, 'Royal Occasions', in Mary Wilson 외, *The Queen : A Penguin Special*(Harmondsworth, 1977), pp. 105~27을 참조하라.

(216) *Daily Mirror*, 8 June 1977.

(217) Ziegler, *Crown and People*, p. 176.

(218) Hobsbawm, 'Inventing Traditions', pp. 1, 11.

4장

빅토리아 시대 인도에서 권위의 표상

버나드 S. 콘(Bernard S. Cohn)

04 빅토리아 시대 인도에서 권위의 표상

의례 구성에 내재한 문화적 모순들

19세기 중반경 인도 식민사회의 특징을 한 마디로 말한다면, 문화적인 면에서 영국적인 소수의 외래 지배집단과, 그들 영국인들이 효율적으로 통제한 2억 5,000만에 달하는 인도인들 사이의 뚜렷한 괴리라고 할 수 있다. 이 외래인들의 군사적 우월성은 1857년과 1858년에 북부 인도를 휩쓴, 인도 병사들과 민간인들이 일으킨 반란을 무자비하게 진압한 것에서 여실히 입증되었다. 이 군사행동에 뒤이은 20년 동안에, 인도 사회집단들을 적절하게 규제함과 동시에 그들이 영국 지배자들과 맺는 관계에 대한 특정한 이념과 가정들을 정당화하는 권위이론이 집성되었다. 개념적인 견지에서 처음에 '아웃사이더'로서 군림한 영국인들은, 1858년 8월 2일 인도 통치법을 통해 인도의 주권을 영국 군주정에 복속시킴으로써 '인사이더'가 되었다. 그리고 1858년 11월 8일에 공포된 법령으로 영국 군주정 및 그것의 인도 신민들과 인도의 토후들 사이에 설정된 새로운 관계가 영국의 인도 지배에서 주요 골격을 이루었다. 그 포고에서 빅토리아 여왕은 인도의 토후들에게 그들의 영토적 소유물에 대한 통제권은 물론이요, "그들의 권리와 존엄과 명예"가 존중될 것임을, 그리고 여왕이 "우리의 다른 모든 신민들에 대해서와 똑같은 의무감으로 우리 인도령의 토착민에 대해 책임이 있다"는 것을 보증했다. 그리하여 모든 인도 신민의 종교 관행은 여왕에 의해 보호받을 것이었다. 또 그들은 "동등하고 공정한 법의 보호"를 누릴 것이며, 그러한 법의 구상과 실행에서 "인도 고래의 권리와 용례, 관습들도 마땅히 존중받을 것이었다." 그런가 하면 여왕은 인도의 토후와 신민들에게 "인도의 평화산업"을 자극하고 "공공의 효용과 개발을 위한 작업들을 추진하며" 그들이 "오직 내부의 평화와 선정(善政)을 통해서만 가능할 사회적 진보를 향유할 수 있는" 일체의 조치들이 취해질 것임을 만방에 알렸다.[1)]

이 포고는 다음의 두 가지 주요한 가정에 근거한 것이었다. 우선 인도의 문화, 사회, 종교에 고유한 다양성이 존재한다는 점이다. 두 번째로 외국 지배자들에게는 이런 다양성에 내재한 통합성을 보호할 뿐만 아니라, 피지배민들에게 득이 될 사회적이고 물질적인 진보를 추진하는 방향으로 형평성 있는 정부 형태를 유지할 책임이 있다는 점이다.

이 포고는 어떤 점에서 두 개의 서로 다른, 심지어 모순되기까지 하는 지배이론들을 아우르는 문화적 진술처럼 보인다. 하나는 인도를 봉건적 질서로 유지하려는 이론이며, 다른 하나는 불가피하게 그런 봉건적 질서의 파괴로 이어지게 마련인 변화를 내다보는 이론이다. 영국의 지배에 관한 그런 이론들 각각은, 인도 사회학과 인도 사회의 개인 및 집단들에 대한 지배자들의 관계에 관한 특정한 이념들을 포괄했다. 인도가 만일 봉건적 양식으로 통치될 수밖에 없다면, 인도 귀족사회는 인정될 뿐만 아니라, 존재하지 않는다면 아예 창출되어야 마땅했다. 그렇게 인정되거나 창출된 귀족들은 필경 영국 여왕에 '충성스런 봉신'으로서의 역할을 담당할 것이었다. 그 반면에 인도가 영국인들에 의해 '근대적' 양식으로 통치될 수밖에 없다면, 새로운 종류의 시민적-공적 질서를 굽어보는 원리들이 발전되어야만 했다. 이런 견해를 지지한 사람들은 사회학적으로 공동체들과 그것들을 대표하는 개인들의 이해관계에 근거한 대의제적 정부양식을 선호했다.

그러나 봉건적 양식의 식민 정부를 옹호하는 사람이건, 아니면 대의제적 양식을 옹호하는 사람이건, 공히 인도의 과거와 현재에 대한 무수한 가정, 특히 인도에는 항시 군주제적 지배가 필요할 뿐만 아니라 바람직하다는 가정들을 공유했다. 이 두 가지 지배양식을 통해서, 봉신들로서건 아니면 공동체와 이해관계의 대표자들로서건, 비록 인도인들이 백인 지배자들과 관계를 맺게 되더라도 체제 전반에 대한 실질적인 결정권자는 어김없이 영국의 식민 지배자들이 될 것이었다. 영국의 지배자들은 인도인들이 그들 자신의 허약함으로 말미암아 자치권을 상실했고, 굳이 아리안 족의 침입으로까지 거슬러 올라갈 것도 없이, 이것은 선행한 인도의 제국 지배자들, 곧 무굴제국(Mughal)■에 대한 영국의 정복으로 대표되는, 일련의 '외국' 지배자들에 의한 인도의 종속으로 이어졌다고 가정했다. 요컨대 인도를 통치한 모든 영국인들은 인도인들에게 자치 능력이 결여되어 있음을 추호도 의심하지 않았다. 영국인들 사이에 쟁점이 있었다면, 그것은 인도인들의 무능력이 고유하고 영속적인 것인가, 아니면 적절한 보호감독만 있다면 스스로를 통치할 수도 있을 것인가 하는 문제였다. 이 지점에서 봉건제 이론은 대의제 이론 및 통치 역량의 진화 가능성을 아우를 수 있었는데, 왜냐 하면 이미 영국인들이 그들 자신의 역사 속에서 봉건적 단계를 경유했고, 따라서 분석적인 견지에서 보자면 인도의 현재는 곧 영국의 과거로 파악될 수 있었으니 말이다. 실로 영국의 정치체, 사회와 경제는 이미 그런 과거로부터 근대적인 형태로 진화한 바 있다. 그러니 이론적으로만 보자면 현재 인도의 봉건사회 역시 먼 미래에 근대사회로 진화할 수 있을 것이었다. 그런가 하면 정책적인 견지에서 볼 때, 지배집단의 성원들은 인도사회의 성격에 대한 일반적 합의와 인도에 대한 궁극적 목표의 성취라는 측면에서, 기성의 식민 지배제도에 의문을 제기함이 없이 영국의 인도 지배를 지지하는 지주와 토후, 농민, 혹은 도시에 살면서 서구식으로 교육받은 인도인들이 지닌 정치적 효용성을 아낌없이 내세울 수 있었다.

1860년대와 1870년대에 "일단 수립된 권위는 확고하고 유용한 과거를 필요로 한다"[2)]라는 관념이 확립되었다. 그런 필요로부터 인도인과 영국인 모두에 대표성을 부여하게 될 과거가 집성되었다. 이 과거는 영국적인 동시에 인도적인 구성요소를 지니게 되었음은 물

▪ 1526년부터 1857년까지 인도를 통치한 이슬람 제국. 시조 바부르가 델리를 탈취해 제국을 창건했다. 그 뒤를 이은 악바르가 영토를 크게 확장했다. 1857년 세포이 반란을 계기로 영국에 의해 멸망당했다.

론이요, 두 이해 당사자들의 관계에 대한 특정한 이론으로까지 발전했다. 여왕은 인도 및 대영제국 양자의 군주요, 두 사회 모두에서 권위의 중심이었다. 1858년 이후 인도의 영국 정부 수반은 이중의 칭호와 직급을 갖게 되었다. 그는 먼저 총독으로서 궁극적으로 의회에 대해 책임을 졌고, 다음으로는 '부왕(viceroy)'으로서 영국 군주정과 인도 토후들 및 인민들 사이의 관계를 대표했다.

1858년부터 인도의 초대 부왕이었던 캐닝 경(Lord Canning)은, 정치질서를 재확립하려는 시도의 일환으로, 틀림없이 여왕이 포고한 새로운 관계를 천명하는 데 기여할, 일련의 야심적인 북부 인도 시찰을 조직했다. 이 시찰의 주된 특징 가운데 하나가 수많은 인도의 토후와 호족 그리고 인도 및 영국 관리들과의 회합, 즉 알현들(durbars)이 있었다는 점이다. 이 알현들을 통해 1857년과 1858년의 폭동기간중 외국 지배자들에게 충성을 보인 인도인들에게 적절한 명예와 보상이 주어졌다. 이 알현에서 인도인들에게 라자(Raja), 나와브(Nawab), 라이 사히브(Rai Sahib), 라이 바하두르(Rai Bahadur), 칸 바하두르(Khan Bahadur)■■와 같은 칭호들이 인정되었고 특별 의복과 휘장들(*khelats*)이 수여되었으며, 특정한 특권과 일상 행정절차로부터의 면제권이 인정되었고, 폭동의 와중에서 유럽 인들을 보호하고 영국군에 군대와 물자를 조달하는 등 다양한 우

■■ '라자'는 인도의 토착 지배자, 즉 왕을 가리키는 힌두교식 명칭이고, '나와브'는 인도의 토착 지배자를 가리키는 이슬람식 명칭인데, 인도에서는 라자 아래의 지방 통치자를 말한다. '라이 사히브'는 북부 및 동부 인도의 힌두 유력자에게 라자가 부여한 칭호다. 여기서 'Sahib'는 유럽의 '영주'에 해당한다. '라이 바하두르'는 라이 사히브 상위의 호칭이다, 'Bahadur'는 '용맹한' 혹은 '영예로운'의 뜻으로서 주로 유럽의 후작이나 변경백에 해당하는 인도 귀족의 칭호다. 칸 바하두르는 몽고와 중앙 아시아 등지에서 부족 지도자를 칭하는 말이다.

호적 행동을 한 대가로 연금이나 토지를 하사하는 형태로 일련의 부상이 수여되었다. 그런 식의 알현은 무굴 황제들의 궁정의식에서 유래한 모델로 18세기 인도의 지배자였던 힌두 교도와 이슬람 교도들에 의해 이용되었고, 마침내 19세기 초 인도의 지배자로 행세한 잉글랜드 관리들과 함께 영국인들에 의해 채택되었다.

무굴 왕조의 알현에서 핵심 의식은 이른바 합체(incorporation)라는 행위였다. 그런 방식으로 명예로움을 얻은 개인은 반대급부로 나자르(*nazar*)라고 불린 황금주화들, 그리고/혹은 페쉬카쉬(*peshkash*)라고 불린 코끼리나 말, 보석, 기타 주요 귀중품들을 제공했다. 제공된 황금주화의 양이나 페쉬카쉬의 질과 양은 제공자의 관등과 지위에 따라 세밀하게 등급화되어 있었다. 그 대신 무굴 왕조는 케라트(*khelat*), 그러니까 좁게 정의하자면 망토, 터번, 숄, 다양한 터번의 장신구, 목걸이 및 기타 보석, 문장과 방패를 포함해 특별하게 구성된 의복 세트인 케라트를 수여했는데, 여기에 때로는 권위와 영주권의 지표로서 다양한 군장과 더불어 말과 코끼리가 포함되기도 했다. 그런 품목들의 수와 가치 역시 등급화되었음은 물론이다. 몇몇 휘장, 의복 그리고 북이나 기를 사용하는 것과 같은 특별한 권리는 지배가문의 성원들에게만 국한되어 인정되었다.

무굴 왕조와 다른 인도 지배자들 치하에서 이런 수여의식은 주는 사람과 받는 사람 사이에 특정한 관계를 구성했고, 따라서 단순히 재화와 귀중품의 교환으로만 이해되는 것이 아니었다. 케라트는 "연속성과 계승의 이념 … 그런 연속성은 옷을 입는 행위를 매개로 한, 영수자와 기증자의 신체 접촉이라는 육체적인 기반에 의거한다"[3]라는 점을 상징했다. 즉, 영수자는 옷을 입는 행위를 매개로 기증자의 신체에 합체된 것이다. F. W. 버클러(F. W. Buckler)에 따르면, 이런 합체는 왕이 "… 그의 지배를 공히 받아들이는 사람들 각각을 자신의 신체에 합체함으로써 … 그 자신이 육화된 지배체제"를 유지한다는 관념에 근거한 것이었다.[4] 그렇게 합체된 사람들은 왕의 종복이 되었을 뿐만 아니라 '눈의 주요 기능이 시각이고 귀가 청각의 영역에서 그렇듯이' 왕의 일부가 되었다. 또 신하가 제공한 황금주화들을 지칭하는 나자르(*nazar*)는 '맹세'를 뜻하는 아라비아어 및 페르시아 어에서 나온 말이다. 전형적인 형태로 보자면, 그것은 지배자의 주화로 제공되었는데, 이를 보면 신하들이 지배자가 부와 복지의 원천임을 인정했다는 것을 알 수 있다. 나자르를 제공하면 반대급부로 케라트 및 일부 합체행위가 제공되었다. 나자르의 기증자이자 케라트의 영수자〔즉, 왕의 신하〕 입장에서, 그런 것들은 복종과 충성의 맹세일 뿐만 아니라 케라트 수여자의 우월성을 인정하는 행위였다.

알현식에서는 사람과 물품 각각이 놓일 위치에 대해 세밀하게 규정된 규칙들이 있었다. 알현식의 공간 배치를 통해 지배자와의 관계가 확정되고 창출되며 표상되었다. 즉, 지배자나 그의 대리인과 가까울수록 지위가 높다는 것을 의미했다. 알현식에서 전통적으로 왕족들은 쿠션이나 약간 돌출된 좌단에 놓인 낮은 옥좌에 앉았다. 다른 모든 이들은 홀이나 천막에서 좌우 종대로 도열해 서 있었다. 다른 알현식에서는 횡대로 도열했고 난간으로 구분되기도 했는데, 어떤 경우든 서 있는 자리가 왕족들과 가까울수록 왕족의 권위를 더 많이 나누어 가짐을 의미했다. 각자는 알현식에 입장하자마자 통상 엎드리거나, 다양한 방식으로 손을 머리로 가져가 인사하는 것으로 지배자에게 경의를 표했다. 무굴 시기에 인사드리는 사람은 "자신의 머리(감각과 마음의 거처)를 왕실단에 선물로 바친다는 뜻으로 머리를 겸양의 손 위에 얹었다."[5] 만일 나자르나 페쉬카쉬를 제공하고 케라트나 그 밖의 다른 명예를 받는 경우라면, 그 사람은 왕족들이 증여 과정을 보고(보거나) 직접 접촉할 수 있도록 몇 걸음 앞으로 나와야 했다. 그리고 나서 관리나 지배자에 의해 옷이 입혀지고 기타 귀중품들을 수여받았다. 만일 말이나 코끼리가 선물로 주어지는 경우라면, 해당 동물들이 직접 홀 안으로 인도되기도 했다.

17세기와 18세기에 영국인들은 그런 행위들을 잘못 이해하기도 했다. 예컨대 그것들을 그 성격 및 기능상 경제적인 것으로 보았다. 영국인들은 나자르와 페쉬카쉬의 제공을 수혜에 대한 보상으로 이해해 그것을 교역행위와 관련된 '권리금(rights)'쯤으로 번역했다. 인도 지배자의 신하들의 경우, 그 권리금은 부와 지위의 원천인 특권을 형성했다. 그런가 하면 영국인들은 합체관계에서 주고받는 대상품목들—성포(聖布), 의복, 금은 주화, 동물, 무구, 보석, 기타 물품—을 교역체제의 일부를 이루는 효용재화들로 이해했다.

그러나 인도인들에게 대상품목들의 가치는 시장에서 결정되는 것이 아니라, 합체라는 의식행위에서 결정되는 것이었다. 무굴 황제의 손에서 직접 건네받았거나 수많은 사람들의 손을 거쳐 간 족보 있는 검의 경우, '시장' 가치를 뛰어넘는 막대한 가치를 지녔다. 케라트에서 핵심적 요소인 성포와 의복도 가보의 성격을 띠었다. 그것들은 보관된 채 세대에서 세대로 전해졌고, 특별한 경우에만 전시되었다. 그것들을 실제로 사용하거나 입는 경우는 없었다. 그런데도 영국인들은 그들 자신의 문화적 약호에 따라 나자르를 뇌물로, 페쉬카쉬를 공물로 그럴싸하게 번역했고, 거기에 직접적인 '응분의 보상'이라는 의미가 내포되어 있다고 가정한 것이다.

18세기 후반에는 동인도 회사(East India Company)■가 프랑스 경쟁자들과의 일련의 투쟁 끝에 벵갈(Bengal)■■의 나와브(1757), 아요디아(Awadh)■■■의 나와브 비지에르(Vizier) 및 무굴 황제(1764), 마이소르 왕국(Mysore)■■■■의 술탄 티푸(Tipu)(1799), 신디아(Scindhia) 치하의 마라타 인들(marathas)■■■■■을(1803) 차례로 제압하고 인도에서 군사적으로 가장 강력한 세력으로 떠올랐다. 18세기 인도 국가체제 '내부에서' 민족적 세력으로 등장한 그들의 입지는, 1765년에 무굴 황제에 의해 벵갈의 디완(Diwan, 주요 관직)으로 임명받고, 레이크 경(Lord Lake)이 무굴의 '수도'인 델리를 포위한 뒤 1803년에 무굴 황제의 '보호자' 역할을 신설하면서 확고해졌다. 그런데 영국인들은 무굴 왕조를 폐지하고 무굴제국을 계승하는 인도의 지배자로 자처하기보다는, 당시 총독이었던 웰슬리 경(Lord Wellesley)의 지시에 따라 무굴 왕조에 "일체의 경의와 존중과 배려를 보여주는 것"으로 만족했다.[6] 웰슬리 경과 다른 관리들

■ 영국의 동인도 회사는 1600년에 창립되어 프랑스와 겨루면서 1761년 플래시 전투를 고비로 인도 무역을 독점했다. 영국의 인도 식민화의 첨병 역할을 했다.

■■ 인도 북동부 지역.

■■■ 갠지스 강의 지류인 고그라 강변에 있다.

■■■■ 인도 남부의 지방 왕국. 1799년 '마이소르 전쟁'이라 불린 영국과의 접전에서 술탄이 전사했다.

■■■■■ 서부 데칸 지역의 힌두 공동체. 1674년에 통치자 시바지(Shivaji Bhonsle)는 '우주의 지배자'라는 호칭을 사용하고 힌두 왕국의 복고를 꿈꾸면서 무굴제국에 저항하기도 했다.

은 당시 동인도 회사를 자신들이 생각한 대로 무굴 황제의 '보호자'로 만듦으로써 자신들이 '무굴 왕조의 명목상의 권위를 소유'하게 되었다고 생각했다.[7] 영국인들은 '명목상의 권위'를 얻는 것이 매우 쓸모있다고 생각했는데, 왜냐 하면 유럽적인 견지에서 무굴 왕조는 "실질적인 권력도 지배도 권위도 갖지 못했지만 인도의 거의 모든 국가와 계급이 계속해서 그것의 명목상의 권위를 인정했기" 때문이다.[8] 여러 가지 점에서 대반란의 '원인들'을 다룬 표준적인 저작이라고 할 만한 『인도 폭동사』를 남긴 존 케이 경(Sir John Kaye)은, 1803년에서 1857년까지 동인도 회사와 무굴 왕조의 관계를 논평하면서, 무굴 왕조가 "연금 수령자, 구경거리, 꼭두각시가 됨"에 따라 하나의 '정치적 역설'이 나타났다고 했다. "무굴 황제는 왕이되 왕이 아니었고—어떤 것이되 아무 것도 아닌—현실인 동시에 허상이었다."[9]

동인도 회사가 1757년에 벵갈 지역에 대한 군사적 통제권을 얻은 후 회사의 영향력이 성장했고 회사 직원들은 막대한 부를 얻어 잉글랜드로 돌아오기 시작했다. 이러한 부와 영향력은 국내의 정치체제에서도 주요 변수가 되고 있었다. 동인도 회사와 왕권 및 의회의 관계라는 문제가 결정적인 정치 쟁점으로 떠올랐다. 즉, 1784년 인도법에서 타협이 이루어졌는데, 거기서 의회가 인도 통치의 궁극적인 책임을 지게 되었으나 그와 동시에 동인도 회사를 상업 활동과 회사가 지배하는 인도 영토 통치를 위한 도구로 채택했던 것이다. 의회와 회사 이사진은 또한 사적 교역행위를 점차 줄이다가 마침내 완전히 근절함으로써 임직원들의 사적 치부행위를 제한했을 뿐만 아니라, 나자르·케라트·페쉬카쉬를 일종의 뇌물로 못박음으로써 그것을 통해 토착 지배집단과 동인도 회사 임원들이 '합체'하는 행위를 명백한 '부패'로 규정하기 시작했다.

이런 '부패' 규정과 더불어 무굴 황제를 인도 정치질서의 상징적 중심으로 고수함으로써 새로운 정치적 역설이 나타났다. 영국의 왕권은 인도의 왕권이 아니었다. 인도의 영국인들은 영국 왕의 신민들이었으나, 인도인들은 그렇지 않았다. 인도인들에게는 무굴 왕조가 계속해서 '명예의 샘'으로 남았다. 잉글랜드 인들은 상징적 행위들로써 외국 지배자에 합체될 수 없었고, 더 중요하게는 상징적 수단들로써 인도인들을 자신들의 통치권에 합체시킬 수 없었을 것이다.

18세기 말에 와서 동인도 회사의 임원들이 인도의 정치질서에서 점차 조세, 법무, 입법 및 행정관으로서 기능하게 되자, 그들의 고용주들과 영국 의회는 회사 임원들이 인도식 의례에 참여함으로써 인도인들과 특정한 관계를 맺는 것을 금지시켰다. 그럼에도 동인도 회사의 임원들은 영국인들과 동맹을 맺은 속지 지배자들과의 관계에서, 종속민들과 추종자들의 눈에 실제적인 것으로 비치도록 충성관계를 상징화해야 한다는 점을 깨달았다. 그리하여 영국인들은 인도인들이 알현식이라고 인지할 만한 공식 회합에서 케라트를 선사하고 나자르 및 페쉬카쉬를 받는 관행을 개시했다.

영국인들은 19세기 전반부에 '인도의 지배자들'로서 계속해서 나자르와 페쉬카쉬를 받고 케라트를 증여하는 관행을 유지했다. 그러나 그런 의례들이 필요한 경우를 가급적 제한하고자 애썼다. 알현식은 예컨대 토후나 명사들이 캘커타에 있는 총독 관저를 방문한다거나, 총독과 장관들 그리고 판무관들과 하급 영국 관리들이 시찰을 갈 때에만 개최되었다. 케라트는 항상 관구장들이나 총독의 이름으로, 그리고 그들의 승인을 얻고서야 인정되었다. 인도인들이 나자르와 페쉬카쉬로 제공한 물품은 결코 그것을 받은 영국 관리들의 소유가 아니었다. 선사받은 물품들은 그에 관한 세밀한 내역서가 작성되었고, 선물의 영수와 지급을 위한 특별 국고인 토샤카나(Toshakhana)에 보관되었다. 인도인들과 달리 영국인들은 인도인들에게서 받은 물품을 재활용했는데, 한 인도인에게서 받은 것을 직접적으로 다른 인도인에게 주거나, 아니면 자기들이 받은 것을 캘커타의 경매시장에 내다팔아서 선물로 제공할 물품을 구입하는 데 필요한 자금을 확보했다. 영국인들은 항상 경제적인 견지에서 생각했다. 가령, 선물로 제공한 물품이나 현찰의 정확한 액수를 인도인들에게 일러줌으로써 그들이 준 것과 그들이 받은 것을 공평하게 만들려고 애썼다. 만일 어떤 사람이 나자르로 101루피를 제공한다면, 그는 자신의 케라트로 그에 상당하는 가치의 숄이나 토가를 받을 것이었다.

무굴 의례는 계속 보존된 것으로 보일지도 모르지만 그 의미는 상당히 변화했다. 인도의 지배자들 치하에서 합체의식이라 부르던 것은, 이제 왕족과 지배자의 일부가 된 선택된 친구 및 종복 사이의 신비스런 유대는 결여된 채, 다만 종속을 나타내는 의례로 전락했다. 영국 관리와 인도 신민 혹은 지배자들 사이의 관계는, 선물의 증여와 하사라는 형식을 일종의 '경제적 교환'으로 전환시킴으로써 계약적인 것으로 변모했다. 19세기 초반 영국인들은 자신들의 지배 영역을 확장해 나감에 따라 계약과 '선정(善政)'의 이념에 의거해 자신들의 권위를 구축해 나갔다. 그들은 용병대를 창설하면서 맺은 계약을 가리켜 은유적으로 '회사밥을 먹는다'라고 표현하기도 했다.

인도 병사들과 유럽 인 장교들 사이의 충성관계는 어디까지나 정규적인 봉급과 '공정한' 대우 그리고 토착 신앙과 관습에 간섭하지 않는다는 전제에 입각해 유지되는 것이었다. 만일 반란이 있었다면, 이는 병사들의 입장에서 가죽모자를 쓰거나 '검은 물'을 건너거나 아니면 식용 비계의 형태로 그들에게 금지된 돼지고기나 소고기를 먹도록 강요받는 경우처럼, 명시적이건 암묵적이건 '계약'이 위반되었다는 확신에서 비롯된 것이었다. 국가는 소유권이나 지대, 소득과 같은 유럽적 이념을 도입함으로써, 노동과 토지라는 기본적인 자원을 이용하는 과정에서 인도인들이 그들 사이에 맺게 되는 계약관계를 창출하고 보증하는 역할을 수행했다. 우주론적 개념들에 근거해 사회질서를 떠받치고 의례행위를 통해 정당한 질서를 유지하는 기능을 수행하던 지방 호족은 이제 '지주'로 변신했다. 또 통치 영역에 관한 한 내적인 자율성이 허용된 인도의 '왕들'도 '족장과 토후'의 지위로 전락했다. 영국인들은 일련의 협약을 통해 그들을 통제했는데, 이 협약으로 보자면, 전쟁 수행능력을 자발적으로 포기하는 조건으로 국가 간 경계를 보장하고 왕가와 그 후손들에 대한 동인도회사의 지원을 약속했다는 점에서 계약적이었을 뿐만 아니라, '선정을 실천했고' 잉글랜드 관리의 감독을 인정했다는 점에서 효율적이었다고 하겠다.

필자는 19세기 초반부에 모종의 불완전성과 모순이 인도의 문화적-상징적 구성에 내재해 있었다고 주장하고 싶다. '문화적-상징적 구성'이란 로널드 인든(Ronald Inden)을 인용하자면,

분류적 도식과 같은 어떤 것들, 사물이 어떻게 존재하는지에

대한 가정, 우주론, 세계관, 윤리체계, 법전, 정부 단위와 사회집단에 대한 규정, 이데올로기, 종교적 교의, 신화, 의식, 절차, 에티켓의 규칙들을 포괄한다.[10)]

문화적-상징적 구성 내부의 요소들은 단지 집적된 항목이나 사물의 더미에 불과한 것이 아니라, 그 요소들 간의 관계를 결정하고 그것의 가치를 구성하는 일정한 패턴에 따라 배치된다.

인도에서 통치권에 대한 토착이론은 지배자가 모든 사람 위에 군림할 뿐만 아니라 피치자들을 포용하기도 한 합체이념과 위계이론에 근거했다. 이로부터 동인도 회사의 인도인 신민들과 동맹국 지배자들 모두가 무굴 황제만이 인정할 수 있는 명예의 칭호를 고수하는 한, 무굴 황제는 비록 '연금 수령자'의 지위로 전락했을지라도 여전히 의미 있는 존재였다. 그리하여 영국령 인도에서도 사원의 쿠트바(khutba)■는 무굴 황제의 이름으로 집전되었고, 동인도 회사의 주화에도 1835년까지 그의 이름이 새겨졌으며, 많은 인도 국가들이 주화를 만들 때 1859년 내지 1860년까지 무굴 황제의 치세 연도를 새겨 넣었다. 영국인들은 무굴 황제를 영어로는 '델리의 왕'이라고 표기했지만 페르시아 어로 그를 언급하는 경우에는 계속해서 그의 황제 칭호 전체를 사용했다. 대영제국의 군주정이 인도의 군주정이 된 것은 1858년 이후의 일이므로 그 전까지 총독들은 메달과 칭호로써 인도인들을 추서하는 데 곤란을 겪었다. 그리하여 총독이 시찰을 떠나 인도 지배자들을 위해 알현식을 개최할 때에도 통상 한 번에 오직 한 명의 지배자만을 상대했다. 이는 알현식에서 총독에 마주서는 위치를 결정하는 경우, 한 족장을 다른 족장의 상위에 관등화하는 문제를 피할 요량이었다. 영국인들이 인도 지배자들을 존중하는 표시로 예포를 발사하는 관행을 정규화하려고 한 것은 1850년대에 들어서부터였다. 예포가 의미한 관등체제는 1867년이 되어서야 비로소 정착되었다. 한편, 새로운 질서를 상징화하거나 문화적-상징적 구성에 내재하는 모순과 공백을 제거하려는 과정에서 총독들은, 동인도 회사의 이사진 및 런던의 통제위원회 위원장의 비관론, 심지어 반대에 부딪쳐야 했다. 가령, 1828년부터 1835년까지 총독을 역임한 윌리엄 벤틴크 경(Lord William Bentinck)은 '제국'의 수도를 캘커타에서 다른 지역으로 옮길 필요성을 감지한 첫 번째 인물이었다. 그는 런던에 있는 실무자들에게 총독부 관저를 위한 '요충지의 필요성'을 제안했다.[11] 이와 관련해 그는 아그라를 '요충지'로 선정했는데, 이는 그가 아그라를 악바르 왕조(Akbar)▪▪의 수도로 믿었고, 악바르 왕조나 그 자신 모두 '제국의 보호'와 관련된 지배자들로서 당시와 현재의 정치적 조건들 사이에 거의 어떤 차이도 없다고 생각했기 때문이다.[12] 확실히 아그라는 총독의 '왕관'에 박힌 '가장 빛나는 보석'으로 보였다.[13] 왜냐 하면 "제국이 구원되든 사라지든 과거와 미래를 통틀어 영광스런 장면 한가운데에" 위치했기 때문이다.[14]

벤틴크가 1829년에 천도 가능성을 제기하자 이사회는, 그들의 지배는 단일한 독립적 주권의 지배가 아니며 인도는 "멀리 떨어진 해상세력〔즉, 영국〕에 의해 지배되고 있으므로 정부의 입지조건은 이

▪ 금요일 정오마다 사원에서 개최되는 이슬람의 주요 예배.
▪▪ 무굴 왕조의 시조 바부르의 뒤를 이어 열네 살의 악바르가 1556년에 왕위에 올랐는데, 그는 라자스탄의 힌두 세력을 이용해 정치적 영향력을 크게 확대했고 아그라를 건설했다.

같은 특별한 상황에 좌우된다는 것을 고려해야만 한다"■라고 분명히 못박음으로써 천도 계획을 사전에 차단했다. 그러나 이러한 해상적/중상주의적 과거야말로 벤틴크가 바꾸려고 한 것이었다. 그는 영국 지배의 특성이 '더 이상 상인과 주권자의 양립 불가능한 지배'[15]가 아니라 외려 제국 권력의 지배라고 믿었다. 또 1828년에서 1830년 사이에, 그러니까 동인도 회사가 의회에서 20년 특허장을 갱신하기에 앞서 회사 속지에 대한 정기 청문회가 열린 시기에 통제위원회 위원장을 역임한 엘른버러 경(Lord Ellenborough)은, 그 당시 수상이었던 웰링턴 공작(the duke of Wellington, 1769~1852)■■에게 인도 정부에 왕관을 씌울 것을 제안했다.[16] 이 제안은 공작에 의해 기각되었는데, 이는 엘른버러 경이 생각하기에 공작이 "런던의 상업적 이해관계를 소외시키지 않으려고" 했기 때문이다.[17]

동인도 회사의 군대가 1842년 아프간 인들에게 참패를 당한 뒤 인도 총독으로 부임한 엘른버러는, 자연히 인도에서 지배자로서 영국의 위신을 복구하려고 결심했다. 곧 아프가니스탄 침공을 지시했고, 이는 보복행위로서 가즈니와 카불의 약탈로 이어졌다. 엘른버러는 구자라트의 유명한 힌두 신전인 솜나트의 입구라고 생각된 것(Gates of Somnath, 그것은 일찍이 600년 전에 이슬람 교도들에 의해 약탈되어 더럽혀졌고 아프가니스탄으로 옮겨졌다)을 승전기념으로 인도에 반환해 구자라트에 신축된 신전에 가져다 놓음으로써 무슬림

■ 즉, 해상세력으로서 인도의 영국 정부는 여전히 바다에 가까운 캘커타를 수도로 유지해야 한다는 뜻이다.

■■ 영국의 군인이자 정치가. 나폴레옹의 프랑스군을 워털루에서 격파했으며 '철의 공작'으로 불렸다. 1832년에는 선거법 개혁을 둘러싸고 휘그파인 그레이 백작(Earl Grey)과 대립했다.

아프간 인들의 패배를 상징화할 수 있다고 판단했다. 그는 백단향 나무로 만들어진 그 입구를 마차에 실어 펀잡 시를 거쳐 델리로 옮기되, 호위대가 뒤를 따르며 적절한 기념식도 치르도록 지시했다. 엘른버러는 '인도의 모든 토후와 족장, 인민에게' 포고령을 발함으로써 자신의 의중을 부각시키려고 했다. 엘른버러의 포고에 따르면, 입구의 반환은 "여러분의 민족적 영광 가운데 가장 긍지를 가질 만한 기억이며 힌두 이외의 민족들에 대해 여러분이 행사하는 군사적 우월성의 증거"였다. 그는 계속해서 스스로를 '이해관계와 감정'에 있어서 인도인들 및 토후들과 동일시하고 '영웅적인 군대'는 '나의 조국과 제2의 조국에 불멸의 영예'를 투사했다고 언급하며, 그 자신이 '우리 두 조국의 행복'을 유지하고 증진하는 데 노력할 것임을 약속했다.[18] 그는 비슷한 기분으로 젊은 여왕 빅토리아에게 그 승리에 대해 "이제 제국적 권위의 기억이 … 영국 정부에 양도되었다"라고 하면서 이제 남은 일은 만일 "폐하가 명실공히 제국의 수반이 된다면" 인도의 토후들을 '여제(女帝)의 봉신'으로 만드는 일이라고 썼다.[19]

또 엘른버러는 아편전쟁 시기에 중국에서 복무한 동인도 회사 군대의 영국 및 인도 병사들을 추서하기 위해 특별 메달을 주조하기도 했다. 웰링턴 공작은 엘른버러가 그런 행위를 통해 왕좌의 대권을 남용하고 있다고 느꼈다.[20] 엘른버러의 행동과 솜나트 입구의 반환에 관련된 포고령은 잉글랜드뿐만 아니라 인도의 영국인들 사이에서도 격렬한 비판과 조롱의 대상이 되었다. 비록 인도의 영국인들이 수행할 제국적 역할을 상징적으로 표상하는 일에 지나치게 관심을 둔 것이 1844년에 엘른버러가 옷을 벗게 된 직접적인 원인은 아니라고 할지라도, 그것은 잉글랜드에서든 인도에서든 별 호응을 얻지 못한 인도-잉글랜드 관계에 대한 특정한 관점을 잘 보여준다.

19세기 초반부에 영국 당국이 특정한 의례를 구축함으로써 인도인의 눈에 권위를 표상하려고 한 다양한 노력들에서 상징적-문화적 구성을 정의하는 데 따르는 모순과 곤란을 추적해 볼 수 있다. 무굴식 용례를 계속해서 사용함으로써 관등과 호칭법, 무굴식 호칭을 사용할 지속적 권리, 인도인 및 영국인 장교 모두로부터 나자르를 받는 무굴의 관행, 그리고 인도 국가들에서 옥좌(masnad)의 계승과 관련해 케라트를 인정하고 사나드(sanad, 왕실 특허장)를 발행하는 문제를 둘러싸고 영국인 장교들과 인도인 신민들 사이에서 지루한 협상이 벌어지는 것과 같은 곤란이 지속적으로 야기되었다. 특히 사나드 관행을 두고 영국인들은 '사나드 매매'로 지칭하기도 했다.

갈등은 명사 및 엘리트들과 영국인 장교들 사이에서만 있었던 게 아니다. '신발 논쟁'으로 알려지게 된 갈등을 볼라치면, 동인도 회사의 중역회와 지부들의 일상적인 관행에까지 갈등이 파고든 것 같다. 인도의 영국인들은 인도 신민들과의 관계에서 일종의 환유적(換喩的) 논리를 따랐는데, 가령 영국인들 면전에서 인도인들이 신발을 신는 것을 지배자와 피치자 사이에 평등한 관계를 수립하려는 괘씸한 시도로 여겼다. 이로부터 인도인들은 영국인들이 그 자신만의 공간—그들의 집무실이나 가정—으로 규정한 곳에 들어갈 때면 어김없이 신발이나 샌들을 벗어야 했다. 다른 한편, 영국인들은 사원이나 신전을 포함해 인도인들의 거주 공간에 들어갈 때면 어김없이 신발을 신는다고 주장했다. 허용된 유일한 예외가 있다면, 그것은 총독의 접견, 응접실, 간담회나 무도회 등과 같은 서구적 양식의 의례들에서 인도인이 공식적으로 유럽식 의복을 착용한다면 잉글랜드 상전들의 면전에서 신발을 신어도 괜찮다는 정도였다.

영국인들은 공개 행사를 거행할 때 다양한 형태의 의례를 실험했다. 가령, 1824년 캘커타의 힌두 칼리지와 이슬람 칼리지 건물 정초식의 경우, '으레 눈길을 끄는 프리메이슨의 의식들'이 거행되었다.[21] 칼리지들은 대부분 민간 자원으로부터 기금을 끌어온 인도인들 및 유럽 인들로 구성된 공교육위원회의 찬조를 통해 설립되었다. 칼리지들의 목표는 인도인들에게 '도덕 및 자연과학의 기본 원리'를 가르치는 것이었다.[22] 캘커타의 몇몇 프리메이슨 지부 회원들은 고적대와 함께 각 지부 휘장 및 깃발 아래에서 캘커타 거리를 행진했으며, 건물이 지어질 터에서 회합을 개최했다.

> 컵과 자를 필두로 프리메이슨 단을 상징하는 소품들이 연단에 놓여졌다. … 브라더 브라이스 목사가 … 조물주 하나님에게 드리는 엄숙한 기도를 올렸다. … 인도인들이 그 인상적인 장면을 보려고 몰려드는 통에 식장은 물론, 사방 가옥 지붕마다 눈길이 닿는 곳이면 어디에나 인산인해의 장관을 볼 수 있었다.[23]

기도가 끝난 뒤에는 헌사가 새겨진 주화와 은접시들이 기석(基石)이 올려질 우묵한 구멍에 놓였다. 이윽고 기석이 놓였고 옥수수, 기름, 포도주로 도유되었다. 그리고 나서 지부장의 연설이 이어졌고, 행사는 결국 영국 국가 〈신이여 국왕을 보호하소서〉를 연주하는 것으로 대단원의 막을 내렸다. 여기서 의례만이 유럽적인 것은 아니었다. 그렇게 기념된 제도와 그 제도의 바탕이 되는 공적/시민적 이상 역시 유럽적인 것이었다. 이 두 칼리지가 제공하게 될 교육은 토착 교육제도들에서처럼 성스러운 지식을 전수하는 것과는 전혀 무관한 세속적 교육이 될 터였다. 비록 하나는 힌두 교도를 위해, 다른 하나는 이슬람 교도를 위해서 설립되었지만, 통상적인 관행에서처럼 특정한 힌두 및 이슬람 교도 집단에게만 입학이 허용된 것도 아니었다. 공개 복권으로 모은 기금의 활용은 물론이요, 유럽적 양식의 자선행위로 볼 수 있는 공개 기부 형식으로 기금을 적립했다는 사실로 말미암아, 그 행사는 당시로서는 아주 독특한 것은 아닐지라도 어지간히 색다른 것으로 비쳐졌다.

19세기의 첫 10년간은 영국인들이 인도와 유럽에서 거둔 승리, 총독과 군사 영웅들의 도착과 출발, 잉글랜드 왕의 서거와 즉위 및 왕족의 생일 등 다양한 경우에 거행된 축하행사들로 넘쳐났다. 이런 행사들의 용례, 그러니까 불꽃놀이와 군사 퍼레이드, 조명, 건배와 음악이 곁들여진 만찬, 기독교식 기도, 무엇보다 잦은 연설 등을 볼라치면, 그 행사들이 잉글랜드의 그것과 똑같다는 인상을 받게 된다. 그러나 인도인들은 그 기념식에 주연이 아닌 조연으로 참석했다. 가령, 그들은 퍼레이드를 벌이는 병사들이거나, 아니면 공개 석상에서 하인이나 청중들이었던 것이다.

사건에서 구조로—1857년 반란의 의미

영국령 인도의 문화적-상징적 구성에 내재한 모순들은 통상 인도 폭동으로 묘사되는 한 사건, 그러니까 무굴 황제 인신의 탈신성화로 귀결된 어느 사건, 다시 말해서 영국인들이 인도인들을 무력으로 진압한 잔혹한 권력 행사와 인도인들 고유의 불충한 특성에 대한

세포이 반란

영국군들에 의해 처형된 인도 병사들의 시체가 럭나우 시칸드라 바그(Sikandra Bagh) 앞마당에 매장되지 않은 채 버려져 있다.

영국적 특성의 우월성이라는 신화의 구축을 상징하는 1857년의 반란[즉, 세포이 반란]에서 해소되었다.

반란 진압 직후 열린 무굴 황제에 대한 재판으로, 지배의 규칙이 공식적으로 변형되기에 이르렀다.[24] 왕을 기소한다는 것은 그렇게 하는 사람들이 그것이 정의로운 행위이자 '왕이 내세운 지배의 요구를 공공연히 부정하는' 행위라고 믿는다는 것을 의미한다. 마이클 월저(Michael Walzer)에 따르면, 그 의미는 과거를 현재와 미래로부터 분리하고 새로운 종류의 정부가 거둔 승리를 천명하는 새로운

정치적 원리들을 구축하는 것이다.[25)]

무굴 황제에 대한 재판은 명백히 1858년의 인도 통치법 및 1858년 11월 1일의 여왕 포고령과 관련시켜 이해해야 한다. 황제에 대한 재판 및 사법적 유형(流刑), 그리고 무굴 지배의 종식과 더불어 기존 사회의 정치질서가 깡그리 탈신성화되었다. 의회 법령과 여왕 포고령은 이제 새로운 질서가 시작될 것임을 선포했다. 이 새로운 질서는 하나의 중심을 필요로 했는데, 그와 더불어 인도인들을 새로이 이 중심으로 포섭할 수 있는 수단은 물론이요, 인도에서 영국 당국의 권위를 표현하는 의례의 발전 역시 필요로 했다.

앵글로-인도의 문화체제에서 1857년과 1858년의 대반란은 결정적인 분수령으로 보일 수 있다. 1857년과 1858년의 사건들이 갖는 의미와 그 결과 잇따른 헌정적 변화들은 국내외 영국의 지배 엘리트들에게 점차 그들의 식민 지배이론을 교체하는 계기로 작용했다. 확실히 전쟁은 인도사회의 성격을 재규정하고 지배자와 피치자 사이의 필수적이고 적절한 관계를 수립하며 인도 통치의 목표를 재평가하는 것으로 이어졌는데, 이는 다시 그런 목표를 달성하는 데 필요한 제도적 배치의 지속적인 변화를 야기했다. 19세기 후반부에는 단순한 방문이건 의무 과정이건 어쨌거나 인도를 여행하는 잉글랜드인들을 위해 그 거대한 사건과 연루된 장소들—델리 리지(Delhi Ridge), 칸푸르의 메모리얼 웰(Memorial Well) 및 부활의 천사라는 거대한 대리석상으로 꾸며진 대정원, 럭나우 총독 대리 관저(Residency in Lucknow)■—을 방문하는 정규적인 대폭동 역사탐방(Mutiny pilgrimage)이 있었다. 무덤과 기념물들, 기념석들과 그 위에 새겨진 비문 그리고 유럽 풍 교회 벽면의 현판들은 의심할 여지없이 순교와 희생 그리고 그 죽음으로 인해 적어도 빅토리아 조의 잉글랜드 인들에게는 그들의 인도 지배를 성스러운 것으로 여기도록 만든, 궁극적인 군사적-군사외적 승리를 떠올리게 했다.

요컨대 대폭동은 1859년부터 20세기 초반까지 잉글랜드 인들에게 그들의 인도 지배를 정당화하는 중심적 가치—희생, 의무, 불굴의 의지—를 구현하고 표현하는 영웅 신화로 보였다. 무엇보다 그것은 적절하게 구축된 권위와 질서를 위협한 인도인들에 대한 영국인들의 궁극적 승리를 상징했다.

의례의 공식화와 표상—1877년의 제국회의

델리의 탈신성화와 1858년 반란의 최종 진압 이후 20년 동안에 영국령 인도의 상징적-문화적 구성이 완성되었다. 여기서 필자는 이러한 헌정의 구성요소들을 간략히 나열한 다음, 1877년의 제국회의라는 의례상의 일대 사건, 그러니까 빅토리아 여왕을 인도의 여제로 공식 선포한 행사에서 그런 구성요소들이 어떻게 표상되었는지를 살펴보는 것으로 만족할 것이다.

■ '델리 리지'는 1857년 폭동 당시 영국군의 진지가 있던 곳이다. 델리 구심지를 굽어보는 산등성이에 위치해 있다. 남쪽 사면에는 대폭동에 맞서 싸운 이들을 기념하는 조야한 고딕 양식의 폭동 기념탑이 있다. '메모리얼 웰'은 1857년 인도 폭동의 주동자들이 칸푸르에서 독립을 선포하고 영국 수비대가 일시적으로 궤멸당했을 때 학살당한 180여 명의 영국인 여성과 어린이들의 시신이 던져진 폭 9피트, 깊이 50피트의 우물이다. 빅토리아 조 영국인들의 공포심과 상상력을 사로잡은 역사적 장소라고 할 수 있다. 대정원은 1875년 대폭동의 희생자를 추모하기 위해 칸푸르에 건립된 고딕 양식의 교회 동편에 조성된 정원이다. 럭나우의 총독 대리 관저는 대폭동 당시 영국군과 반란군 사이에 치열한 공방전이 벌어졌던 곳이다. 양군이 주고받은 무수한 총격으로 건물이 심하게 파괴되었으나 남은 구조물은 대폭동을 기억하는 많은 방문객들의 발길을 끌었다. 주변의 무성한 풀밭과 정원은 피크닉 장소로 발전했다.

중심적인 정치적 사실은, 1858년에 동인도 회사의 지배가 명백히 종식되었다는 것과 대영제국의 군주정이 인도의 군주정으로 확립되었다는 것이다. 이런 사실들은 무굴제국의 최종적인 탈신성화와 짝을 이루는 것으로 보일 수 있다. 이제 영국 군주정이 영국과 인도 양자를 아우르게 되면서 인도에서 영국인들이 감수했던 처지의 모호함도 사라졌다. 그리하여 영국 왕권이 권위의 중심으로 이해되었음은 물론이요, 인도인이든 영국인이든 모든 신민을 단일한 위계로 편제할 수 있게 됨에 따라 하나의 사회질서가 구축되었다. 인도의 토후들은 이제 빅토리아 여왕의 '충실한 인도 봉신', 즉 여왕의 대리인들을 통해 여왕에게 복종하고 충성을 바치는 신하들이 되었다. 하나의 인신에 총독과 부왕을 동시에 구현한 인도의 지배자는 한 치의 애매모호함도 없이 인도에서 권위의 거처가 되었고, 모든 영국인들과 인도인들은, 그들이 보유한 관직의 측면에서든 다기한 지위 집단의 성원이라는 측면에서든, 그와의 관계 속에서 관등화되었다. 영국인들은 일반적인 위계론에 따라 인도에서 활동했는데, 그에 따르면 각 개인은 기성의 익히 알려진 기준들, 즉 귀속되거나 세습된 기준이나 업적과 관직에 따른 기준에 근거한 우위성에 따라 관등화될 수 있었다. 1876년에는 동맹을 맺은 토후들을 그들 지역의 다른 지배자들에 대한 관등 할당을 통해 지역별로 편제하는 조치가 취해지기도 했다. 그런 할당 과정에서 토후국의 크기, 소득의 규모, 그들이 동인도 회사의 동맹자가 된 시기, 가문의 역사, 무굴제국과 영국인들에 대한 충성행위와 관련된 신뢰도 등이 평가되었다. 그런 지표들을 통해 모든 지배자들의 관등이 결정되었음은 물론이다. 그리고 이 지위는 총독이나 지역 관구장들이 개최한 알현식이나, 부총독의 시찰 과정에서 드러났다. 그런가 하면 알현식에 참석하는 토후와 족장들을 위한 행동교범도 만들어졌다. 옷은 어떻게 입어야 하고, 지참할 수 있는 무구는 무엇이며, 영국 관리들을 만나게 될 부왕의 캠프에 얼마만큼의 종자와 사병들을 데려올 수 있는지, 예포는 몇 회나 발사해야 하는지, 알현 홀이나 텐트에 입장하는 시기는 언제이고 부왕이 그들을 영접하기 위해 일어나 앞으로 나와야 하는지, 그들이 부왕의 양탄자 위 어느 지점에 있을 때 부왕이 인사를 건네야 하는지, 그들은 어디에 앉아야 하는지, 그들이 제공할 수 있는 나자르의 상한은 어디까지이며, 그들이 부왕의 초청을 받을 자격이 있는지 등 실로 모든 것이 관등에 따라 결정되었다. 더욱이 부왕에 의해 그들의 관등 역시 높아지거나 낮아질 수 있었다. 부왕과 서신을 교환하는 경우의 인사문 서식이나 영국인들이 사용하는 인도식 칭호의 종류, 편지 말미에 사용하는 문구들도 어김없이 등급화되었는데, 당연하게도 그것은 인정과 승인의 표식들로 이해되었다.

이와 유사하게 영국 관리의 알현식 책자에는 영국의 직접 통치를 받는 인도인들이 통상 시별·군별·주별로 관등화되어 있었다. 한 군의 유지들은 소득, 토지 보유량, 가문의 선조, 영국 정부에 대한 충성도나 불충도에 따라 관등화되었다. 제국 정부나 주 정부의 인도인 관리와 직원들은 직급, 연공과 업적, 카스트와 공동체와 종교에 따른 계층 성분에 근거해 관등화되었다.

반란이 진압되고 잉글랜드 여왕이 인도의 '명예의 샘'으로 축성된 직후, 인도인들을 하나의 위계제로 편제할 요량으로 인도의 왕족 칭호체계에 대한 일제 조사가 진행되었다. 그리하여 하나의 체계가 조직되었을 뿐만 아니라, 칭호 보유자들은 영국인들이 부과한 기준에 따라 그 칭호가 정당하다는 것을 '입증'해야만 했다. 이로부터 오직 영국인 부왕만이 지방이나 주 관리들의 추천에 근거해 인도식 칭호를 인정할 수 있었다. 칭호를 부여할 때 참조한 것은 충성심을 증명하는 행위들, 정부에서의 지속적이고 장기적인 봉직, 학교와 병원을 대상으로 한 특별한 자선행위들, 특별 기금에의 기부와 농업 생산의 개선으로 이어진 '훌륭한' 자원 관리 등이었다. 인도식으로 부여된 칭호는 평생토록 유효했다. 몇몇 주요 가문의 경우 가문의 장자가 훌륭한 행위를 했다고 입증되면, 소정의 절차를 거쳐 다음 세대까지 예전의 칭호를 갱신할 수 있다는 전제도 있었다. 1870년대에 명예와 칭호는 새로운 정부질서의 명시적인 목표, 즉 '안정 속의 진보'에 긴밀하게 연결되어 있었다.

1861년에는 인도의 별(the Star of India)이라는 새로운 왕립 인도 기사단이 설립되기도 했다. 인도인 및 영국인 기사들로 이루어진 이 기사단은 처음에는 25명의 중추적인 인도 토후와 장로 그리고 두각을 나타내는 영국의 관리와 장교들로만 국한되었다. 그러다가 1866년에는 두 개의 하위 관등으로까지 문호를 개방해, 1877년경에 이르면 기사단에는 여왕에 의해 친히 서품된 약 100명의 기사 작위 보유자들이 있게 되었다. 기사 임관식이나 총회와 같은 중요한 유럽식 요소들이 영국인들이 인도에서 확립해 가고 있던 의례에 포함되었다. 토가나 망토, 깃, 여왕의 초상이 판각된 메달(인간의 초상을 착용하는 것은 이슬람 교도들에게는 저주받을 일이었다)과 보석으로 장식된 펜던트 등 기사단의 장식물 또한 유럽적임과 동시에 '봉건적'이었다. 임관식 역시 임명 사령장의 낭독과 휘장 수여, 신임 임관자가 군주나 그의 대리인 앞에 무릎을 꿇는 의식 등 유럽 양식에 따랐다.

그런 자격을 획득하는 과정에서 드러나는 계약적 국면, 그러니까 칭호 보유자가 사망하면 장식들을 반환해야 한다는 것 역시 인도인들에게는 내키지 않지만 그만큼 두드러져 보였다. 즉, 과거에 인도 지배자들로부터 수여받은 증여품들을 성물로 여겨 가보 전시실에 보관하거나 특별한 경우에만 사용했던 것과는 달리, 이제 그 증여품들을 반환해야 했던 것이다. 기사단의 정관에 따르면, 수령자들은 그 상속인들이 귀중품을 반환한다는 각서에 서명해야 했다. 그런가 하면 인도인들은 정관의 한 조항에 대해서만큼은 반발하기도 했는데, 이는 그것이 불충한 행동을 할 경우 기사 작위를 무효로 돌릴 수 있음을 조건화하고 있기 때문이었다. 기사 작위는 '훌륭한 봉사'에 대한 보상이 되었던 것이다.

영국 왕권과 인도의 관계는 왕가 성원들의 인도 시찰을 통해 부각되기 시작했다. 그 중 첫 번째가 1869년 에딘버러 공작의 그것이었고, 웨일스 공은 1875년에서 1876년에 걸쳐 6개월간 인도 시찰에 나서기도 했다. 왕실 시찰은 인도 토후 및 인도인들과 그들의 군주정 사이의 유대를 표상한다는 점에서 인도 국내에서 의미 있는 사실이었을 뿐만 아니라, 영국 언론에 상세히 소개될 정도로 영국 내에서도 중요한 사건이었다. 가령, 웨일스 공이 귀국하자마자 그가 받은 이국적이고 값비싼 선물들이 주요 잉글랜드 도시에서 전시되었다. 역설적이게도, 웨일스 공이 반대급부로 제공한 주요 선물 중 하나는 막스 뮐러(Max Müller)가 번역한 베다(Veda)■의 영역본이었다.

1860년에서 1877년에 이르는 시기에, 제국의 지배자들이 인도 문

■ 문자 그대로 '지식'이라는 뜻으로서, 현존하는 가장 오래 된 인도 제사문학의 집성이다.

명을 재해석하고 전유한다고 여겨질 만한 어떤 과정이 빠르게 확산되었다. 식민 지배는 직접 통제를 위한 제도들에 근거한 만큼이나 다양한 유형의 지식들에도 근거했다. 1784년 윌리엄 존스 경(Sir William Jones)과 다른 유럽 학자들에 의해 '벵갈 아시아 연구회'가 설립된 이래, 인도의 역사와 그것의 사상체계 그리고 그것의 종교적 신념과 관행 및 사회와 제도에 대한 지식이 지속적으로 축적되었다. 이렇게 축적된 지식의 대부분은 법원에서의 실제 경험이나 세입의 감정 및 징수 활동과 더불어 정보를 조직하고 분류하려는 잉글랜드식 충동의 결과였다. 이 시기 전반에 걸쳐 점점 더 많은 유럽 인들이, 자신들이 인도 문명의 독특성이라고 생각한 것들을 정의하게 되었다. 이런 정의에는 인도어와 인도문헌 연구에 필요한 기구의 발전도 포함되었는데, 그것은 유럽 인들뿐만 아니라 인도인 자신들에게도 인도의 사상 및 문학의 '고전'으로 간주된 것들을 표준화하고 권위 있는 것으로 만드는 효과가 있었다. 그런가 하면 교과서를 편찬하는 일이 장려되면서 인도인들은 종종 인도의 과거에 유럽식 이념들을 빌려와 유럽식으로 역사를 쓰기 시작했다. 1860년대에 들어서는 유럽 인들의 생각에 보존할 가치가 있거나 인도 '유산'의 일부로 기술할 만한 인도의 거대한 기념물들이 무엇인지를 결정하기 위한 고고학적 조사가 실시되었다. 인도가 인류의 실험실의 일부가 될 수 있도록 '인도의 민족체들(peoples)과 문화들'을 기술할 뿐만 아니라, 그것들을 논문집이나 화보집 그리고 각종 통계집에 게재함으로써 일반 관리들은 물론이요 사회과학자들도 이용할 수 있게끔 하는 것이 그런 조사 활동과 인종지학적 연구의 목표였다. 영국인들은 인도의 예술과 기예가 서구의 기술과 기계 제작품들에 직면해서 급격

허드슨 기병대의 영국 및 인도인 병사들(1858~1859)

히 쇠퇴하는 시기에 접어들었다고 판단하고, 그들의 예술과 기예를 수집하고 보존해서 박물관에 안치해야 한다고 믿었다. 여기에 덧붙여 인도인들에게 내용상으로는 인도적이지만 서구적 취향에도 맞는 각종의 조각품, 회화, 공예품들을 제작하는 방법을 가르치는 예술학교가 인도의 주요 도시에 설립되었다. 인도 건축가들도 '동양적' 장식의 모티프를 첨가한 유럽 양식의 건물들을 짓기 시작했다. 그런가 하면 제국 정부는 산스크리트 어, 페르시아 어, 아라비아 어, 기타 방언들로 쓰여진 수고들을 수집하고 보존하기 위해 다양한 위원회들을 발족했다. 그리하여 교육받은 인도인들은 점점 더 그들 자신의 문화를 유럽식 이념과 학문의 창을 통해 배우게 되었다. 영국의 지배자들도 점차 공식적이고 '객관적인' 의미에서 인도적인 것을 정의하기 시작했다. 인도인들은 인도인들처럼 보여야 했다. 가령, 1860년대 이전에는 유럽 인 장교들은 물론이요, 인도인 병사들도 서구적 양식의 복장을 갖추었다. 그러나 이제 인도인들은 물론 잉글랜드 인들도 무굴식이거나 인도식이라고 생각된 터번이나 허리띠, 혹은 가운이 포함된 군복을 입게 되었다. 그리고 빅토리아 여왕이 인도 여제로 등극함으로써 인도의 정치적 구성이 완결된 것을 기념하기 위해 인도와 인도의 생활, 사상, 사회학 및 역사에 대한 구체적이고 객관화된 전망이 총동원되었다.

1876년 왕실 칭호법

1876년 2월 8일, 빅토리아 여왕이 1861년에 남편이 사망한 이래 처음으로 의회를 개회했다.■ 자유당 반대파들로서는 매우 놀랍게도, 연설에서 그녀는 자신의 왕실 양식 및 칭호를 보완할 법안이 의회에 상정될 것이라고 밝혔다. 그녀는 당시 인도 시찰중이던 아들 웨일스 공이 '짐의 인도 신민들에 의해' '뜨거운 애정'으로 영접받았다는 점을 언급했다. 이로부터 그녀는 "그들이 짐의 통치 아래 행복을 누리고 있으며 짐의 왕좌에 충성스럽다"라는 점을 확신했고,[26)]

■ 빅토리아 여왕의 남편 앨버트 공은 독일 출신으로서 처음에는 영국민의 애정을 받지 못했다. 그러나 고결한 품성과 조언으로 여왕의 충실한 협력자가 되었다. 공이 마흔둘의 나이로 타계하자 여왕은 비탄에 잠겨 모든 국무에서 손을 뗐다. 그녀는 남편을 추모해 '로열 앨버트 홀'과 같은 대극장을 짓기도 했다.

따라서 지금이 왕실 양식 및 칭호를 보완할 절호의 시기라고 자평했던 것이다.

수상 디즈레일리(Disraeli)는 1876년 2월 17일의 연설에서 빅토리아를 인도의 여제로 선포하는 것과 관련된 1858년의 토론을 되새겼다. 1858년 당시에는 인도의 유동적인 상황으로 말미암아 빅토리아를 여제로 추대하는 일이 시기상조로 평가된 바 있었다. 그러나 디즈레일리는 계속하기를, 그 후 20년 동안 대영제국에서 인도에 대한 관심이 꾸준히 증대해 왔다며, 웨일스 공의 방문은 양국 사이의 상호적인 공감대를 자극했고, 아직 명확한 성격을 규명하지는 못했지만 제국의 칭호가 "인도 토후들에 대해서는 물론이요, 인도의 여러 민족들에게도 큰 만족을 줄" 것이라고 확신했다.[27] 필경 "우리가 인도제국과 연계를 유지하는 것은 이 나라 사람들에 의해 만장일치로 결정될 것"이었다.[28] 이 연설에서 디즈레일리는 특히 인도의 다양성을 강조했는데, 인도를 "다양한 종교, 풍습과 법률—그것들 중 몇몇은 틀림없이 고도로 문명화되고, 다른 많은 것들도 그렇게 시대에 뒤떨어지지 않은—, 다기한 민족체들과 인종들, 수많은 민족으로 이루어진 고대적인 나라"로 묘사했다. 이어서 "그리고 이 방대한 공동체는 여왕의 권위 아래 수많은 주권적 토후들에 의해 통치될 것인바, 그들 중 일부는 잉글랜드가 로마의 속주였던 시절에 자기들의 조상들로 채워졌었던 왕좌들을 점유한다"라고 했다.[29] 확실히 디즈레일리가 목청을 돋운 과장된 역사적 판타지는 훗날 제국회의에서 연출될 신화의 일부였다. 인도는 다양성이었다. 그러므로 인도는 제국 왕권이라는 통합적인 체제 아래 영국의 통치를 받지 못한다면 어떠한 응집된 공동체적 조화도 갖지 못할 것이었다.

그리하여 보수당이 법안을 방어한 주요 논지는 인도인들이 영국인들과는 다른 종류의 민족이라는 생각이었다. 인도인들은 거창한 문구들에 더욱 민감하며, "그들은 아주 사소한 차이에도 무지막지한 가치를 부여"하므로, 그들 특유의 동양적 상상력에 호소함으로써 그들을 더 잘 통치할 수 있을 것이었다.[30] 그리고 인도와 대영제국 사이의 헌정적 관계를 고려하면, 인도의 토후들은 사실상 봉신들이며 토후와 대영제국의 고권(高權) 사이에 존재하는 모호함도 영국 군주가 '황제'의 칭호를 갖게 되면 덜어지리라는 주장도 있었다. 비록 몇몇 인도 지배자들이 영어로 '프린스(Prince)'라고 지칭되기도 했지만, 인도어에서 그것은 왕의 칭호, 가령 마하라자(Maharaja)에 해당하는 것이었다. 어쨌든 제국적 칭호와 더불어 위계질서가 한 점의 의혹도 없이 명료해졌다. 더욱이 엘리자베스 여왕이 이미 제국 칭호를 사용한 바 있으며, 실제로 인도에서 캐닝(Canning)의 시대 이래 인도의 토후나 중앙 아시아의 아미르(Amirs)■와 같은 독립적 지배자들이 여왕을 칭할 때 이미 제국 칭호를 사용했다는 점 역시 지적되었다. 그런 주장은 계속 반복되어 영국인들이 무굴 인, 즉 모든 신분의 인도인들이 인정하는 왕권을 보유한 무굴 인의 계승자라는 주장으로까지 이어졌다. 보수당의 주장에 따르면, 영국은 무굴의 계승자였다. 이로부터 인도의 군주인 빅토리아 여왕을 여제로 선포하는 것은 정당할 뿐만 아니라 적절한 것이었다.

이윽고 왕실 칭호법이 통과되었고, 1876년 4월 27일 왕실의 윤허

■ 군사령관이나 최고 통치자를 뜻하는 아라비아 어. 영어의 '제독(admiral)'도 이 말에서 유래했다.

를 얻었다. 그리고 그런 과정에서 격렬한 논쟁과 그에 반대하는 언론 보도, 특히 인도 언론에 소개되어 서구식으로 교육받은 인도인들이 그 문제를 토론할 때 불거져 나온 반대 여론을 잠재울 필요가 생겼는데, 바로 이것이 제국회의를 기획한 동기의 하나였다. 세 명의 회의 기획자들, 즉 디즈레일리, 솔즈베리(Salisbury, 인도 장관), 리튼 경(Lord Lytton, 신임 부왕)은 제국회의가 인도인들에게 뿐만 아니라 국내 영국인들에게도 영향을 미칠 수 있는 방식으로 기획되어야 한다는 점을 깨닫게 되었다.

제국회의 기획자들의 의도

신임 부왕이자 총독으로 임명되어, 대사로 근무하던 포르투갈에서 귀국한 리튼 경은, 1876년 1월경 그 자신의 '인도에 대한 … 완전한 무지'를 극복하기 위해 많은 노력을 기울이기 시작했다. 이런 노력 가운데에는 2월에 인도인 참모들이나 인도 '전문가'로 공인된 런던의 인사들을 만나는 일도 포함되어 있었다. 그 중 가장 영향력 있었던 인물이 O. T. 번(O. T. Burne)으로, 그는 개인비서 자격으로 향후 리튼의 인도행에 동반했을 뿐만 아니라 리튼에 의해 제국회의 계획의 발안자로 간주되기도 했다.[31]

리튼은 "인도와 아프가니스탄 사이의 우호적이고 건전한 관계를 복구함과 동시에 인도의 제국 칭호를 선포하기 위해", 그러니까 번 자신이 썼듯이 "내가 특별한 지식을 갖고 있노라고 인정받는" 그 두 가지 모두를 위해, 번을 개인비서로 발탁했다.[32] 다른 대부분의 부왕들처럼 리튼 역시 인도에 대해, 좀더 중요하게는 식민 정부의 활동에 대해 거의 아무런 사전 지식도 없는 채로 인도에 도착했을 것이다. 당시 인도 통치체제(Raj) 내 고위 관리 대부분은 통상의 공직 관등, 즉 고도로 치밀한 정치적 계략 능력은 말할 것도 없이 20년에서 30년에 달하는 경력과 관료제 내부에서 잘 다져진 관계에 따라 승진하고 있었다. 그러니 부왕들은 잉글랜드의 정치적 지시에 따라 자신들의 계획과 정책을 실행해 나가는 과정에서 좌절감을 맛보곤 했고 이에 대해 강하게 불만을 토로했다. 이런 상황에서 부왕의 집무와 관료제를 연결한 것이 바로 개인비서였다. 지명, 승진, 배속, 서품 등 모든 문제들이 제일 먼저 그의 손을 거쳤다. 부왕들은 관료제 내부의 개인적 관계와 파벌에 대해 갖고 있는 개인비서의 지식과, 부왕권을 행정에 효율적으로 연계시키는 개인비서의 능력에 의존했다. 번은 20년간의 다양한 근무 경험을 토대로 인도 관리들과 폭넓게 안면을 트고 있었을 뿐만 아니라, 아일랜드와 런던에서의 근무 경험을 통해 국내의 주요 정치가들과도 친분을 쌓고 있었다.

제국회의의 기획은 리튼과 번이 1876년 4월 캘커타에 도착하자마자 비밀리에 추진되었다. 그리하여 인도의 토후 및 족장들과의 연락 업무를 도맡았던 인도 정부의 외무비서 T. H. 손튼(Thomas H. Thornton)과, 회의의 군사 부문을 기획할 임무를 맡았던 인도군 병참감 소장(훗날 육군 원수) 로버츠 경(Lord Roberts)이 포함된 위원회가 발족했다. 위원회에는 리튼의 군사자문 조지 콜리(George Colley) 대령과 최근에 신설된 비밀 경찰의 책임자로서 정치를 담당할 에드워드 브래드포드(Edward Bradford) 소령도 있었다.

위원장은 토머스 손튼이었는데, 그는 외무비서로 잠깐 활동하기 전에 이미 12년간 펀잡 주 정부의 비서로 있으면서 비서실의 다양한 부서에서 근무한 이력의 소유자였다. 병참 전문가로 명성이 자자했던 로버츠 소장은 델리의 회의장을 기획하는 임무를 맡았다.[33] 리튼 경은 로버츠의 업무 능력에 큰 감명을 받았다. 로버츠가 훗날 인도 및 잉글랜드에서 쌓게 될 경력의 핵심이 된, 아프가니스탄 영국군 사령관으로 발탁된 것도 이 회의를 기획하는 과정에서 보여준 업무 능력 때문이었다.[34]

위원회는 소수의 영향력 있는 정치무관집단, 즉 오랫동안 인도의 주요 궁정에서 사무관이나 대리공사로 근무한 사람들의 생각과 제안들을 기초로 기안을 짰다. 작업의 첫 단계에서 리튼이 "현지 토후들에 대해서 댈리만큼 잘 아는 사람이 없다는 것이 중론이다"[35]라고 썼을 때 거론된 소장 헨리 더모트 댈리 경(Sir Henry Dermot Daly) 역시 그런 집단의 일원이었던 것으로 보인다. 댈리는 족장들의 질시와 민감함 탓에 모든 주요 토후들과 알현식을 갖는 것은 불가능하다고 주장했다.[36] 정치 전문가 대부분이 지지한 견해에 따르면, "관등 우위의 문제를 필두로 틀림없이 각종의 자잘한 요구들이 불거져 나올 것이며, 질투와 분노는 물론이요, 그보다 훨씬 더 심각한 곤란들이 그로부터 야기될 것"이었다.[37] 리튼은 정치무관들을 은근슬쩍 무시함으로써, 그리고 델리의 회합을 알현식이라기보다는 '제국회의'라고 우김으로써 그들의 반대를 무마하려고 했다. 그리하여 특히 관등 우위의 문제가 불거지지 않기를, 그리고 토후들과의 방문을 주의 깊게 통제함으로써 다기한 영토적 요구를 둘러싼 토론을 피할 수 있기를 희망했다.[38]

1876년 7월 말경, 위원회는 예비 계획을 끝마쳤다. 계획안은 부왕의 자문회의에 올려졌고, 솔즈베리와 디즈레일리의 승인을 얻기 위해 초안이 런던으로 발송되었다. 이 단계에서 그리고 8월에 들어서면서 엄중한 보안이 유지되었는데, 이는 리튼이 그 계획을 너무 때 이르게 공고하면 계획안의 세부 사항들에 대해 인도 언론—유럽 언론이든 현지 언론이든—이 한바탕 법석을 떨지도 모르고, 왕실 칭호법에서 그랬던 것과 마찬가지로 '보기 흉한' 논쟁이 잇따르지나 않을까 걱정했기 때문이다.

리튼은 제국회의를 통해 큰 수확을 거둘 수 있기를 고대했다. 그는 그것이 명백히 "〔우리의〕 인도 신민들의 상상력과 전통에 따라 최고 권력의 영광과 동일시된 구래의 무굴 왕좌에 여왕의 권위를 얹어놓기!"를 희구했다.[39] 이로부터 회의를 캘커타가 아니라 무굴 왕조의 수도였던 델리에서 개최하는 것으로 결정했다. 그 당시 델리는 1857년 반란의 파괴적 여파로부터 회복되고 있던, 상대적으로 작은 도시였다. 도시 주민은 피정복민 취급을 받았다. 그리하여 제국회의에서 여왕의 편에서 공포된 '양보들' 중 하나가 '군사적인 이유'에서 공개 참배를 금지하기 위해 오랫동안 폐쇄되었던 지나트 울 무사지드(Zinat ul Musajid) 사원을 다시 열고, 1857년에 몰수된 찬디 초우크(Chandi chowk)의 파테푸리(Fatepuri) 사원을 델리의 이슬람 교도들에게 되돌려 주는 것이었다.[40]

또한 델리를 회의 장소로 선택함으로써 왕권을 캘커타나 뭄바이 같은 유력한 지역 중심지들과 연관시키는, 원치 않는 결과를 피할 수도 있었다. 델리는 비록 많은 수의 사람들이 모이기에는 다소 불편한 입지조건을 갖고 있었지만 어쨌든 다른 도시에 비해 상대적으로 내륙의 중심에 위치하고 있다는 장점도 갖추고 있었다. 게다가 회의 장소는 무굴적인 델리가 아니라 영국적인 델리와 연계되었는데, 선택된 장소는 곧 레드 포트(Red Fort) 앞의 널찍한 광장

(Maidan, 당시에는 철거되었고 오늘날에는 인도 정치적 의례의 중심지다)■이 아니라, 대폭동에서 영국의 위대한 승리의 무대였던 인구 희소 지대의 산등성이〔델리 리지〕 근처였던 것이다. 영국인들의 캠프는 산등성이에 위치했고 동쪽으로 자무나 강을 따라 아래로 죽 펼쳐졌다.

제국회의는 "인도제국의 … 안정을 위한 확고한 보증이 될 공감대와 우호적 동맹을 형성할 토착귀족"의 열성을 일깨우는 기회가 될 수 있었다.[41] 리튼은 이 '귀족'과 왕권 사이의 돈독한 유대를 발전시키는 데 심혈을 기울였다. 그는 인도가 단지 '선정'만으로, 즉 리오트(ryot, 농업가)의 조건을 개선하고 사법을 엄격하게 관리하며 관개사업에 막대한 돈을 쏟아붓는 것만으로는 유지될 수 없다고 믿었던 것이다.

회의의 중요한 주제는 인도인들의 고유한 특징이라고 가정된, 퍼레이드와 구경거리에 대한 유별난 집착과 귀족의 핵심적인 지위에 대한 것이었다. 리튼이 쓴 바에 따르면, 이는 대영제국에서도 역시 '여론'에 영향을 미쳤고 잉글랜드 보수당 정부의 지지기반이 되기도 했다. 리튼은 회의가 성황리에 끝나 언론에 잘 보도되고 인도의 토후 및 민족체들의 충성심을 보여주기만 한다면 왕실 칭호법이 얼마나 현명한 조치였는지를 입증할 수 있으리라고 기대했다.

리튼은 회의를 통해 인도 주재 영국인들의 공식·비공식 공동체

■ 레드 포트는 무굴 황제 샤 자한(Shah Jahan)이 수도를 아그라에서 델리로 옮기면서 시공되어 천도 후 9년 만인 1648년에 완공된 요새로, 붉은 사암과 대리석으로 축조되었다. 그 안에는 아름다운 궁전과 사원 등이 있다. 그 앞에는 프라가티 마이단(Pragati Maidan)이라는 광장이 있는데, 현재는 독립 기념일에 인도 총리가 연설하는 장소다.

들을 정부 지지세력으로 묶어내기를 원했다. 이런 기대는 그러나 회의를 통해 실현되지 못했다. 마드라스와 뭄바이의 관구장들은 회의를 개최하지 말라고 조언했고, 뭄바이 관구장은 한동안 참석조차 하지 않은 것으로 보인다. 그는 뭄바이에 기근이 들어 거기에 잔류할 수밖에 없노라고 했다. 즉, 회의에 참석하느라 중앙 정부나 의장실에 들어가는 비용을 차라리 기근을 구제하는 데 쓰는 게 낫다는 논리였다. 두 관구장 모두 회의에 참석하기 위해 수많은 참모진을 대동한 채 2주 동안이나 그들의 지방 정부를 비워두는 일이 얼마나 큰 혼란을 초래할지에 대해 볼멘소리로 불평을 늘어놓았다.

몇몇 유력한 영국 신문들을 포함해 공식·비공식의 수많은 인도 주재 영국인들도 회의를 '검둥이들'의 기를 세워주고 인도인들에게 지나친 관심을 베푸는 정책의 일환으로 이해했다. 이는 대부분의 양보와 수혜가 인도인들에게만 베풀어졌기 때문이다. 리튼의 기록에 의하면, 자신은 "불만요소로 이용될 수 있는 유럽 인들을 만족시키면서도 정복 인종보다 피정복민들을 더 이롭게 할지 모를 곤란 역시 피해야 한다는 실제적인 어려움"에 직면해 있었다.[42]

그 계획에 대한 런던과 인도에서의 반대가 너무도 강력했던 까닭에 리튼은 빅토리아 여왕에게 다음과 같이 썼다.

> 만일 잉글랜드 왕권이 위대하고 장엄한 인도제국을 상실하는 불운을 맞게 된다면, 이는 폐하의 토착 신민들의 이반 때문이 아니라 오히려 국내의 파벌주의와 … 절도 있고 충실하게 명령을 이행하면서 … 본국 정부에 협력할 의무를 지닌 폐하의 인도 정부(Indian Service) 관리들의 불충과 불복종 때문일 것입니다.[43]

식민지 사회학과 제국회의

분석적인 견지에서, 제국회의의 목표는 인도 사회학을 천명하고 강제하는 것이었다. 누구를 초대할 것인가는 영국 지배자들이 인도에 마땅한 사회질서에 관해 갖고 있던 이념들에 비추어 결정되었다. 비록 봉건 지배자 및 '자연귀족'으로서 토후들이 중시되기는 했지만 회의는 역시 다른 범주의 인도인들, 즉 '토착 향신', '지주', '출판인과 언론인' 그리고 다양한 종류의 '대표자'들을 포괄했다. 여기서 1870년대 영국의 인도 사회학이론에 내재하는 모순이 명백히 드러났다. 영국 지배집단의 몇몇 성원들은 인도를 역사적인 견지에서 지주, 족장, 농민으로 구성된 봉건사회로 파악했다. 다른 영국인들은 인도를 공동체들로 이루어진 과도적인 사회로 파악했다. 이런 공동체들은 힌두 교도, 이슬람 교도, 시크 교도, 기독교도, 무속신앙파 등과 같이 방대하고 다소 무정형적인 것들로 보일 수 있었다. 또한 공동체들은 벵갈 인이나 구자라트 인 등과 같이 어정쩡하게 지역적인 것일 수도 있었고, 브라만, 라지푸트, 바니야■ 등과 같이 카스트일 수도 있었는가 하면, 서구화된 인도인들처럼 교육적이고 직업적인 기준에 근거할 수도 있었다. 인도를 공동체들로 이루어진 사회로 본 영국 지배자들은, 공동체를 대변한다고 생각되거나 공동체의 대응을 주도하는 사람들, 즉 '대표자들'이 누군지를 확인함으로써 공

■ '브라만'은 인도 카스트 제도에서 꼭대기를 차지하는 승려계급이다. '라지푸트'는 현재 라자스탄 주를 중심으로 거주하고 있는 힌두 민족으로, 크샤트리아 카스트의 후예라고 주장하면서 이슬람에 맞서 역사적으로나 문화적으로 중요한 역할을 수행했다. '바니야'는 인도 카스트 제도에서 주로 상업에 종사한 계급으로, 구자라트 주를 중심으로 이른바 구자라트-바니야(Gujarati-Baniya)라는 인종을 이룬다.

동체들을 통제하려고 했다.

봉건이론에 따르면, 인도에는 '토착귀족'이 있었다. 리튼은 이러한 귀족을 정의하고 규제하기 위해 캘커타에 추밀원과 군사학교를 설립하려는 계획을 세웠다. 추밀원은 "사회정치적 기제를 완전히 자신의 통제 아래 두려고 한" 부왕에 의해 소집되는 순수한 자문기구가 될 것이었다.[44] 추밀원의 구성을 준비하면서 리튼이 의도한 바는, "토착 여론의 자문을 구하는 척하면서 토착민들을 옴짝달싹 못하게 묶어두고 부왕이 그들의 참여와 동의에서 나오는 모종의 권위를 확보할 수 있도록 하는" 것이었다.[45] 인도 추밀원 구성 계획은 즉각 헌정적인 문제들과 런던의 인도 평의회의 반대에 부딪쳤다. 그러한 기구를 설립하기 위해서는 의회의 법안이 필요했는데, 의회는 1876년 여름과 가을 내내 개회되지 못하고 있었다. 이후 제국회의에서 공식화된 결과는 20명의 '여제 자문단'을 임명하는 것인데, 그 목표는 "언제든 중요 사안에 대해 인도의 토후와 족장들의 자문과 조언을 구하고 그럼으로써 그들을 최고권에 결합시키는 것"이었다.[46]

캘커타의 군사학교는 런던에 있는 영국 군사학교에 해당하는 인도의 기관으로서, 사실상 인도에 '귀족사회(peerage)'를 구축하고 편제하려는 수단이었다. 그런데 인도식 칭호들이 19세기 초 이래 여전히 인도의 영국 지배자들에게 당혹스런 문제로 남아 있었다. 영국인들이 보기에 인도사회에는 그들에게 익숙한 것과 같은, 고색창연한 정통적 위계제나 어떤 보편적 칭호체계가 없었다. 비록 라자, 마하라자, 나와브나 바하두르와 같은 왕족 칭호들이 있기는 했으나, 그것들은 멋대로 사용된 것일 뿐 실질적으로 영토나 관직 혹은 위계적 지위 구별체계에 따라 엄격히 체계화된 것은 아니라고 여겨졌다.

군사학교의 설립과 보조를 맞추어, 문장이 든 덧옷을 입고 거대한 기를 든 90명의 주요 인도 토후와 족장을 제국회의에 참여시키는 안이 수립되었다. 이 기들은 유럽식인 방패모양으로 제작되었고, 문장 역시 특정한 왕가의 역사에서 유래한 문장학을 통해 도안되었다는 점에서 유럽적이었다. 문장에 표현된 '역사'에는 가문의 신화적 기원, 무굴 지배와 가문이 연관된 사건, 특히 인도의 토후와 족장들을 영국 지배에 얽매어 둘 만한 과거의 사건들이 포함되어 있었다.

한편, 제국회의에 참석한 인도 토후들 앞에 깃발들을 게양했다. 이 게양식은, 앞선 영국식 알현 관행에서 두드러졌던, 나자르(황금 주화)와 페쉬카쉬(주요 소유물)를 케라트(명예 토가)와 교환하는 구래의 무굴 관행을 대체한 것이었다. 이처럼 영국인들은 한때의 합체의식을 없애는 것으로 18세기 중반에 발원한 지배자와 피치자 사이의 관계를 재규정하는 과정을 완성했다. 그리하여 신하들을 황제의 인신에 합체시킴으로써 작동했던 한때의 권위체계는 이제 단선적인 위계질서를 표현하는 것이 되었고, 그럼으로써 비단으로 만들어진 기는 인도의 토후들이 빅토리아 여왕의 합법적인 신민이 되었음을 상징하게 되었다. 이제 인도의 토후들은 영국식 관등개념에 따라 영국의 기사로서 여제에게 복종할 뿐만 아니라 충절을 바쳐야 했다.

확실히 리튼은, 한때 인도에서 근무했고 지금은 인도 평의회 국무실에서 일하는 노련하지만 고지식한 관리들이 이런 게양식과 군사학교 설립을 '하찮고 어리석은' 짓거리로 본다는 점을 알고 있었다.[47] 리튼은 이런 반응이 크게 잘못된 것이라고 생각했다. 리튼은 "정치적으로 말하자면, 인도의 농민은 무기력한 대중이다. 만일 그들이 움직인다면, 이는 영국인 보호자에 대한 복종에서가 아니라 제 아무리 전제적일지라도 역시 토착의 족장과 토후들에 대한 복종에서일 것이다"[48]라고 쓰고 있다.

한편 '현지 여론'의 또다른 대표자가 될 만한 집단이 있다면, 이는 리튼이 다소 경멸섞인 어조로 '바부들(Baboos)'■이라고 불렀던 사람들이다. 그들은 "현지 언론에 준(準)선동교사적인 기사들"을 쓸 줄 알 뿐만 아니라, "그 자신의 입장에 고유한 사회적 변칙만을 대표하는" 집단이었다.[49] 그는 인도의 족장과 토후들을, 비단 고귀한 신분임을 넘어 인도의 영국 정부가 그들의 공모를 확보하고 활용해야 할 '강력한 귀족'이라고 느꼈다. 인도의 귀족은 대중에 대해 강력한 권위를 행사했을 뿐만 아니라 "사실이야 어떻든 상징이 발휘하는 영향력에 쉽게 감화"되었기에 적절하게 다루기만 한다면 쉽게 견인할 있는 집단으로 보였다.[50] 리튼은 계속해서 영국인들이 "권력을 조금도 포기하지 않고서 그들의 충성"을 얻을 수 있다고 생각했다.[51] 리튼은 이런 자신의 주장을 뒷받침하기 위해 아일랜드에서의 영국의 입장과 특히 그리스의 이오니아 인들, 그러니까 영국인들이 가져다 준 '선정'에 저항하지 않으면서, 리튼 자신의 말을 빌리자면, "약간의 그리스적 색채를 가미한 깃장식"을 통해 영국 통치의 이득에 열렬히 감화된 그리스의 경우를 예로 들었다. 그는 인도 귀족에 대한 자신의 논증을 강조하기 위해 "당신이 동쪽으로 가면 갈수록 약간의 깃장식이 갖는 중요성은 점점 더 커진다"라고 덧붙였다.[52]

■ '바부'란 원래 인도 특권층을 칭하는 말이지만, 영국인들은 이를 간교한 술책을 일삼는 자들을 가리키는 말로 사용했다.

1877년 인도 부왕으로 재직 당시 리튼 경(Edward Bulwer-Lytton)의 사진이다.

인도 식민 사회학의 작동—제국회의에 초대된 사람들

제국회의 기획자들에 따르면, 회의의 중앙 무대에는 델리에 온 63명의 토후 지배자들이 자리를 잡았다. 리튼은 그들을 가리켜 4,000만 인도인을 지배하고 프랑스, 잉글랜드, 이탈리아보다 더 방대한 영토를 보유한 사람들이라고 기술했다.[53] 회의에 참석한 족장 지배자들과 300명의 '직함을 가진 족장 및 토착 향신들'은 그의 눈에 '인도 귀족사회의 꽃'으로 보였다. 리튼 경은 다음과 같이 썼다.

그들 중에는 마드라스 관구에 속한 아르코트의 토후와 탄소르의 토후들이 있었다. 그런가 하면 마하라자 시르 자이 만갈 싱을 비롯해 몇몇 오우드의 타룩크다르들, 북서부 주에서 가장 유력한 가문의 대표자 40명과 델리의 구 왕족 자제들, 카불의 사도자이의 후손들과 신드의 알로라 족장들, 암리타르와 라호르 출신의 시크 사르다르들, 칸그라 구릉지의 라지푸트들, 하자라 변경에 있는 암브의 준독립적인 족장, 잠무와 차스메레의 마하라자의 기차편으로 참석한 치트랄과 야신의 사절들, 페샤와르 출신의 아랍인들, 고하트와 데라자트 출신의 파타 족장들, 데라 가지 칸 출신의 빌루치 톰두이스, 뭄바이의 유력 시민들, 중부 주들에서 온 곤드와 마흐라타, 아지메레 출신의 라지푸트들과 버마·중앙 인도·마이소르와 바로다의 원주민들도 있었다.[54]

이와 같은 이름, 칭호, 장소의 장황한 목록은 리튼과 잉글랜드 인들에게는 제국회의 자체의 구현이나 다름없었다. 이국적인 이름과 '야만적인' 칭호들, 무엇보다 현란한 의상과 외관의 다양성이 제국회의에 참가한 영국인들의 눈길을 끊임없이 잡아끌었다. 초대된 사람들 중에는 '구 오우드 왕'의 장자, 술탄 티푸의 손자, '델리의 구 왕가(무굴 황제의 가문)'의 성원들처럼 이제는 쫓겨난 수많은 인도 왕가의 대표자들이 있었다. 이처럼 예전의 대 지배가문들의 후손들을 참석시킴으로써 영국인들은 제국회의에 톡특한 '로마식 영광'의 취향을 가져다놓았다. 이처럼 인도 정복의 시기를 고스란히 보여주는 영국의 적과 동맹자의 후손들이 배석함으로써, 인도 역사에 대한 영국식 개념은 일종의 '살아 있는 박물관'으로 실현되기에 이르렀다. '지배자들'과 '구 지배자들'은 영국 정복자들이 18세기 말과 19

세기 초에 창조한 과거의 화석화된 구현체에 불과했다. 그런 '역사' 전체가 군주의 인신으로 표상된 영국의 권위를 선포하고 강화하며 영예롭게 하기 위해 델리에 모였던 것이다.[55]

제국회의의 개회사에서 과거와 현재의 접합이 선포되었다. 이 때 언급되기를, 초대된 사람들 중에는 "**과거의 모호함**과 현재의 번영을 동시에 품고 있는 토후와 족장과 명사들"이 있었다.[56] 제국 각지에서 운집한 인도인들은 물론이요, 국경을 건너온 일부 아시아 인들까지도 모두 다양한 방식으로 대영제국 지배의 필요성을 증언하는 사람들로 보였다. 여제를 대변하는 부왕은 '식민사회학'에 고유한, 거대한 다양성을 한데 뭉뚱그린 유일무이의 권위를 표상했다. 문자 그대로 신의 섭리와 가호를 받는 인도의 영국인 지배자들에 의해 비로소 제국의 통일성이 부과된 것으로 이해되었다. 다양성은 열흘간의 제국회의 내내 마련된 연설들에서 자주 언급되었다. 그리고 '민속의상'을 차려입은 인도인들과 프록 코트와 제복을 빼입은 영국인들이 함께 참석한 회의 전야의 연회에서, 리튼은 제국 칭호가 무슨 의미를 갖는지를 알려면 단지 '주위를 둘러보기'만 하면 된다고 선언했다. 그럼으로써 "거의 무한한 다양성을 간직한 인종들과 그들의 성격을 특징짓는 신조들로 이루어진 거주민들뿐만 아니라 그 전통에서도 역시 다종다기한" 제국을 이해할 수 있다는 것이었다.[57]

인도 식민사회학은 고정불변으로 관등화되고 편제된 것이 결코 아니었다. 분류체계는 인도의 시대와 지역에 따라 다변화된 복수적 기준들에 근거했다. 특히 그 저변에는 두 가지 종류의 기준이 깔려 있었다. 하나는 잉글랜드 통치자들이 믿기에 카스트나 인종, 종교처럼 '자연적인' 기준이었고, 다른 하나는 업적, 교육—두 가지 모두 서구적이면서 인도적인—, 공공사업에의 재정 지원, 잉글랜드 통치자들에 대한 충성심, 혈통과 족보로 이해된 가문의 역사와 같은 사회적 기준이었다. 잉글랜드 인들이 인도의 '자연귀족'이라고 생각한 것은 때때로 그 지위가 혈통(자연적 기준)보다는 행위(사회적 기준)에서 유래한 '토착 향신층'의 범주와 모순되기도 했다.

벵갈 정부가 '토착 향신층'의 자격으로 초대한 22명의 인도인 대부분은 비하르(Bihar)의 하트와(Hatwa)와 다르방가(Darbangha), 둠로안(Dumroan)과 같이 방대한 영지를 관장하는 대지주이거나, 아니면 산탈 '대반란'과 세포이 '폭동'기간중 영국 정부에 충성을 바친 몬기르(Monghyr)의 자이 만갈 싱(Jai Mangal Singh) 같은 사람들이었다.[58)]

'명사층 및 토착 향신층'으로 이루어진 마드라스 사절단을 이끈 사람들은 폐위된 두 명의 통치자 아르코트의 토후와 탄소르의 마지막 마하라자의 딸의 후손들이었다. 그리고 마드라스 관구의 대토지 소유자들 외에도 마드라스 입법 평의회의 인도인 구성원들과 두 명의 하위 관리도 공식적인 게스트로 참석했다. 그런가 하면 '명사층 및 토착 향신층'으로 이루어진 뭄바이 사절단은 그 구성에서 가장 이질적이었는데, 언뜻 보기에 대표할 만한 자격이 있는 이들로 잘 선택된 듯했다. 뭄바이 시는 두 명의 파르시 인(Parsis)■을 파견했는데, 그 중 한 명인 자메셋치 자집호이 경(Sir Jamesetji Jajeebhoy)은 당시 세습된 잉글랜드 기사 작위 보유자 가운데 유일한 인도인으로서 예전에 이미 잉글랜드 정부에 의해 뭄바이 파르시 공동체의 책임

■ 인도의 조로아스터 교도들을 뜻한다. 그 이름도 페르시아에서 인도로 왔다고 해서 붙여졌다.

자로 선포된 바 있었다. 그 밖에 '이슬람 공동체의 대의원'이라고 생각되는 유력한 상인, 뭄바이 최고 법정의 국선 변호사 및 기타 출세한 법조인들이 있었다. 다분히 코즈모폴리턴한 뭄바이 '공동체들'의 견지에서 볼 때, 두 명의 파르시 인과 두 명의 마라타 인, 기타 구자라트 인들과 이슬람 교도들이 있었다. 나머지 관구들로부터는 몇몇 대토지 소유자, 소규모 소송 법정의 판사, 대리 징세관, 데칸 칼리지의 수학 교수, 뭄바이 지방 정부의 동양어 통역관이 왔다.[59]

병참학과 설치 계획-캠프, 원형 극장, 장식적 모티프

1876년 9월 말경, 게스트의 명단이 작성되어 공식적인 초청장이 발송되었다. 이제 계획안은 실행안으로 바뀌어, 12월 하순에 델리에 모일 8만 4,000명을 웃도는 사람들을 수용하게 될 캠프장 마련을 위한 실제적인 회의 준비로 부산해졌다. 캠프는 델리 철도역을 기점으로 반경 5마일 안에 분산 배치되었다. 장소 준비를 위해 토지를 임대해 그 경작민들의 겨울 파종을 금지하면서 100개에 달하는 촌락을 철거했다. 그리고 몇몇 상가와 적절한 위생설비를 갖추면서 거리를 정비하고 상수 공급을 확보하는 등의 주요 작업들이 진행되었다. 19세기 인도인들의 대규모 모임에서는 언제나 그러했듯이, 영국인들은 전염병이 창궐할 가능성에 최대한의 주의를 기울였고, 따라서 광범위한 의료적 예방책이 강구되었다. 필요한 노동 인력은 주로 캠프가 들어서면서 농사를 짓지 못하게 된 인근 촌락의 농민들로 충원되었다. 캠프장 건설을 위한 실제적인 준비는 10월 15일에 로버츠 소장의 책임 아래 시작되었다.

회의에 참석할 인도의 지배자들에게는 자기 텐트와 설비품을 가져와야 한다고 통지했다. 그런가 하면 지배자들이 대동할 수천에 달하는 식솔과 가축을 운반하기 위해 철도 운행표를 새로 짜야 했다. 주인을 따를 종자 수에도 엄격한 제한을 두었다. 각 족장에게 허용된 식솔의 수는 예포의 발사 횟수에 근거했는데, 가령 17회 이상의 예포를 받게 될 족장의 경우는 500명까지, 15회는 400명, 11회는 300명, 9회는 200명 그리고 예포를 받지 못하는 '봉신'의 경우에는 100명까지 대동할 수 있었다.[60] 회의 기획자들의 추산에 따르면 인도의 지배자들과 그 수행원들은 총 2만 5,600명 정도가 될 것이었으나, 실제 행사가 끝난 후 추산한 것에 따르면 자신의 캠프장에 머문 인도인은 총 5만 741명이었고 직원·하인·수행원의 자격으로 제국 숙박지에 머문 인도인은 총 9,741명, 그리고 치안·우편·전신·제국 상가·방문의 목적으로 '부속 캠프'에 머문 인도인은 총 6,438명이었다.[61] 회의에 참석한 군대—그 수효가 어림잡아 1만 4,000명에 달했던—의 캠프들을 제외하면, 게스트들이 묵었던 델리 주변에 약 8,000개의 천막이 설치되었다. 전체적으로 봐서, 최소한 8만 4,000명이 회의에 참석했고, 그 중 1,169명만이 유럽 인이었다.

중앙의 제국 캠프는 델리 북동부를 끼고 대폭동 이전의 주둔지를 포함하는 평원지에 길이 1.5마일, 너비 0.5마일에 걸쳐 뻗어 있었다. 부왕 일행의 노천 캠프촌은 유럽 인이든 인도인이든 부왕이 영접하게 될 방문객들의 편의를 위해 주 간선로를 마주하고 있었다. 제국 회의의 공식 역사가인 휠러(Wheeler)는 부왕의 천막을 가리켜 흡사 '궁전'과도 같은 '노천 가옥'이자 '대천막'—거대한 알현 천막—이라고 기술했다.[62] 이 천막에서 부왕은 전체 행렬을 굽어볼 수 있는 높은 단상의 부왕좌에 앉아 회의를 주재했는데, 부왕좌 뒤로는 근엄한 얼굴로 성장(盛裝)한 빅토리아 여왕의 초상화가 걸려 있었고, 그 앞에는 제국의 인도 정부의 문장이 새겨진 거대한 부왕용 융단이 깔려 있었다. 그리고 부왕의 참모진과 새로이 선포된 여제 및 그녀의 부왕에게 충성을 맹세하기 위해 모일 족장의 주요 수행원들을 위한 좌석을 융단 위에 대략 반원모양으로 배치했다. 부왕의 천막을 빙 둘러 부왕 집사제복을 갖춰입고 암말과 야크의 꼬리털로 만든 솔을 든 기수단이 서 있었고, 좌석 뒤편 좌우로 유럽 및 인도 병사들이 도열해 있었다. 내부 전체 조명은 가스등으로 휘황찬란했다.

부왕의 오른쪽에는 뭄바이 관구장의 캠프가, 왼쪽에는 마드라스 관구장의 그것이 위치했다. 그 다음으로는 부관구장들의 캠프들이 배치되었다. 부왕과 마드라스 관구장의 캠프에 인접한 제국 캠프의 남동쪽 끄트머리에는 인도군 총사령관, 마드라스와 뭄바이 군단 사령관들의 캠프촌이 위치했다. 이 캠프들마다 별개의 출입구가 있었고, 거의 부왕의 캠프촌에 맞먹을 정도로 컸다. 부왕, 관구장, 부관구장의 캠프촌들 뒤편으로는 주요 고문단, 하이데라바드(Hyderabad) 대리공사, 중부 인도와 바로다(Baroda)와 라지푸타나(Rajputtana)의 총독 대리관들의 캠프촌들이 있었다. 여기는 평원지에 접한 곳이 아니었으므로 이 곳으로 가려면 캠프촌 사이로 뚫린 길을 통과해야 했다.

지역적으로 조직된 인도인 캠프촌은 평원지에서 1마일 내지 5마일의 거리를 두고 주변에 흩어져 있었다. 등성이 동쪽면 제국 캠프에서 가장 가까운 줌나 강 범람지에는 하이데라바드의 니잠(Nizam), 바로다의 가에크와르(Gaekwar), 마이소르의 마하라자의 캠프촌이 있었다. 이것들은 모두 '토착 인도인 특별 캠프촌'이었다.

제국 캠프 맞은편에는 부왕 캠프에서 가장 가까운 그왈리오르(Gwalior)의 마하라자 신디아의 캠프를 포함해 중부 인도의 족장들을 위한 캠프촌이 있었다. 그 남쪽으로 2.5마일 떨어져 뭄바이 북서주 및 중부주 족장들의 캠프촌이 있었고, 델리 시 서쪽 및 남쪽 외곽을 따라 펀잡 족장들을 위한 캠프촌이 위치했다. 그 중 카시미르(Kashmir)의 마하라자의 캠프가 제국 숙박지에서 2마일 거리, 즉 가장 가까웠다는 점에서 가장 우대받았다고 할 수 있다. 제국 캠프 남단 구르고안 가도(Gurgoan Road)를 따라 5마일 떨어진 곳에는 라지푸타나의 족장들을 위한 캠프촌이, 쿠투브 가도(Kootub Road)를 따라 5마일 반 떨어진 곳에는 오우드 탈루크다르(Oudh Talukdar)의 캠프촌이 있었다. 벵갈 및 마드라스의 명사들은 주 캠프장에서 1마일 반경 안에 있었다.

유럽 인을 위한 캠프촌과 인도인 캠프촌은 그 설계에서 무시할 수 없는 큰 차이가 있었다. 유럽 인 캠프촌은 직선로를 따라 양편에 깔끔한 열을 이루어 질서정연하게 배치되었고, 영국인들이 인도에 이식한 화초들이 잉글랜드 풍으로 정성껏 가꾸어져 있었다. 그런가 하면 사하란푸르와 델리에 있는 식물원에서 초목이 공급되었다. 그 반면에 인도인 캠프촌에는 각 지배자가 자기 방식대로 캠프를 배치할 수 있도록 공간만이 배정되었다. 유럽 인들의 눈에 인도인 캠프촌은 함부로 설치된 주방시설이나 통행을 방해할 정도로 뒤범벅이 된 사람과 동물과 마차의 난장으로 몹시 어지럽고 무질서해 보였다. 그럼에도 대부분의 유럽 인 관찰자들은 인도인 캠프들이 얼마나 활기차고 현란한지에 대해 입을 모아 보고하기도 했다.[63]

인도인들 역시 제국 캠프와 기타 다른 캠프의 차이를 모르지 않았다. 신디아의 데완(dewan, 총리)인 딘카르 라오 경(Sir Dinkar Rao)은 리튼의 한 부관에게 다음과 같이 말했다.

> 만일 누군가가 왜 잉글랜드 인들이 인도의 주인이고 또 반드시 그래야만 하는지를 알고자 한다면, 단지 프랙스태프 타워(Flagstaff Tower, 캠프촌 전체를 굽어볼 수 있는 고지점)에 올라가 이 장관의 캠프장을 내려다보는 것으로 충분할 겁니다. 그는 거기서 방법, 질서, 청결, 규율, 전체 조직의 완전함을 보게 될 거예요. 그는 곧장 어느 인종이 명령하고 지배할 자격을 갖추었는지 알아볼 겁니다.[64]

물론 딘카르 라오의 진술에는 심한 과장과 약간의 아부성 발언이 있다. 그럼에도 그것은 실제로 리튼과 그 협력자들 자신이 이해한 대로, 영국 지배의 성격을 표상하는 제국회의를 개최하면서 겨냥했던 주된 목표 중 하나에 닿아 있다. 그들이 겨냥한 목표란 틀림없이 그들 자신의 지배이론에서 캠프가 표상하는 것, 그러니까 이데올로기적인 형태로 전체 식민 통제체제의 일부가 된 질서와 규율이다.

원형 극장과 관등 우위의 문제

계획을 입안할 당시부터 인도 지배자들에 대한 좌석 배치가 제국회의의 성공 여부를 판가름할 단 하나의 가장 중요한 문제로 보였다. 우리가 이미 살폈듯이, 댈리와 같은 전문가들의 견해에 따를 때 알현식을 망쳐놓은 관등 우위의 문제를 피해 가야 했기 때문이다. 리튼은 용어를 제국회의로 바꿈으로써 그런 위험을 피할 수 있었다.

그는 제국회의가 "통상 그렇게 불리는 어떤 회합이든지 그 배치물이나 의식이라는 측면에서"[65] 알현식과 닮은 점이 없는데, 왜냐 하면 새로운 호칭을 선포하는 실제 의례가 "야영 천막 아래에서" 거행되는 게 아니라 "탁 트인 평지에서 거행되어 보통의 알현식에서 야기되는 관등 우위, 선물 교환 및 기타 애로 사항들로부터 벗어날 수 있기"[66] 때문이라고 주장했다. 회의 기획자들은 제국회의를 위한 좌석 배치에 대해 독특한 해결책을 제시했다. 즉, 토후들을 북쪽에서 남쪽으로 출신 지역별로 묶어 반원형의 특별 객석에 앉도록 한 것이다. 부왕은 연단 위 부왕좌에 단지 참모와 가족들만을 대동한 채 앉았다. 연단은 최소한 앞 열에서만큼은 모든 인도인들이 부왕의 인신으로부터 똑같은 거리를 유지할 수 있는 방식으로 마련되었다. 이로부터 누구도 다른 족장에 대한 우월성 문제를 놓고 왈가왈부할 수 없었다. 특별 객석은 좌석대 중앙의 특별석에 앉은 바로다의 가에크와르와 하이데라바드의 니잠, 그리고 마이소르의 마하라자를 제외하면 주나 기관별로 나뉘었다. 주요 구역마다 별개의 출입구가 있었고, 각 구역 단위에 대한 관등 우위가 상당히 잘 짜여 있었으므로 기획자들이 생각하기에 지역 간 관등 우위의 문제가 불거지지는 않을 것이었다. 그리고 각 출입구마다 딸린 통로가 있었고, 입장 시기도 미리 결정되어 있었다. 유럽 관리들은 인도인들 사이에 섞여 있었는데, 가령 펀잡의 부관구장은 펀잡의 토후 및 명사들과 함께, 라지푸타나의 대리 관구장과 여러 대리공사들은 그 지역 출신의 족장들과 자리를 함께 했다. 리튼은 다음과 같이 썼다.

족장들이 반대한 것은 그들 자신의 민족체별·주별로 앉는 것

1877년 델리의 제국회의

사진 왼편 연단이 놓인 부왕의 천막을 중심으로 800피트에 달하는 반원형의 대천막이 둘러쳐져 있다. 이 대천막에는 인도의 토후 및 족장들과 인도의 영국 정부의 고위 관리들을 위한 객석이 마련되어 있었다.

이라기보다는 알현식에서처럼 다른 주들의 집단과 뒤섞여 그들과 함께 분류되는 것이었다. 각 족장은 정해진 시각에 부왕을 영접하기 위해 독자적인 코끼리 행렬을 이루어 자신의 캠프에서 연단으로 향할 것이다.[67]

그리고 수행원 및 기타 방문객들을 위한 두 개의 거대한 특별 객석이 유력 인사들의 좌석에 마련된 대천막을 비스듬히 마주보는 자리에 배치되었다. 대다수 인도군과 토후의 사병들은 하인이나 다른 인도인들처럼 대천막을 마주보는 자리에 반원형의 열을 이루어 서 있었다. 또 대다수 코끼리와 말은 마부 및 '마호우트(mahouts, 기수들)'와 함께 구경꾼들 속에 뒤섞여 있었다.

기획자들은 이 행사의 독특함을 강조하기 위해 '빅토리아 풍 봉건예식(Victorian Feudal)'이라 이름 붙일 수도 있을 전반적인 기획의 모티프를 발전시켰다. 러저드 키플링(Rudyard Kipling, 1865~1936)■의 부친이며 라호르 예술학교(Lahore Art School)의 교장이자 비주류 전(前)라파엘로 복고론자(pre-Raphaelite)■■로서, 그 자신의 표현을 빌자면, '기념비적인 도예가'인 로크리지 키플링(Lockridge Kipling)이 회의의 제복과 장식 디자인을 책임졌다.

부왕의 거대한 연단은 대천막을 마주보도록 설치되었는데, 각 변의 길이가 40피트로 총 길이가 220피트인 육각형 모양이었고, 그 석조 기반도 10피트 높이였다. 부왕좌가 놓인 단상에 연결되는 널찍한 계단도 있었다. 연단 위에는 거대한 덮개가 설치되었고, 덮개를 지탱하는 버팀줄은 월계관, 제국 왕관, 독수리 모양의 괴수, 성 조지 십자가와 유니언 잭을 새겨넣은 깃발들로 꽃단장되었다. 덮개에는 인도의 연꽃과 더불어 영국의 장미, 토끼풀, 엉겅퀴 등이 수놓아진 장식띠들을 매달았다. 또한 버팀줄에는 아일랜드의 하프(Irish Harp), 스코틀랜드의 라이언 램펀트(Lion Rampant), 잉글랜드의 세 마리 사자(Three Lions)■■■가 새겨진 방패문양들도 걸렸다. 족장들과 정부 고위 관리들이 앉을 800피트에 달하는 반원형의 대천막은 제국의 황권을 상징하면서 천막을 지탱하는 역할도 하는 붓꽃이 그려진 금박의 창들로 장식되었다. 뒷자리에는 토후와 족장들의 문장이 새겨진 비단 깃발이 게양되었다. 그러나 모든 관찰자들이 감명을 받은 것은 아니었다. 토후들은 물론 그들의 새로운 여제를 위한 공동 선물로서 그 장관을 기록할 그림을 그리도록 위촉된 화가 밸 프린셉(Val Prinsep)은, 자기 생각에 형편없는 취향으로 꾸며진 전시에 아연실색하기도 했다. 그는 장소를 둘러보고 난 뒤 다음과 같이 썼다.

> 얼마나 끔찍한가! 내가 뭘 그려야 한단 말인가? 흉측함으로 따지자면 수정궁(Crystal Palace)■■■■에 필적한다. … [수정궁]은 그 구조물이 완전히 황금색과 붉은색과 푸른색과 흰색의 강철이다. … 부왕의 연단은 일종의 80피트 높이의 진홍색 신전이다. 그런 싸구려 장식이나 극악한 취향은 다른 데서는 찾아보기 어렵다.[68]

그는 계속해서 다음과 같이 썼다.

> 그것들은 장식 위에 장식을 무더기로 얹어놓고, 색상 위에 색상을 덧칠해 놓고 있다. [부왕의 연단]은 12일절 전야제 케이크

■ 인도의 정글과 해양을 주요 무대로 하는 작품들을 통해 대영제국의 애국주의와 식민주의를 고취한 문학가. 『정글북』으로 유명하다. 1907년 노벨 문학상을 수상했다.

■■ 전(前)라파엘로주의 운동은 라파엘로 이전의 초기 이탈리아 르네상스의 청신한 양식과 단순성으로 돌아가자는 운동으로, 한때 빅토리아 조 영국을 풍미한 사조다.

■■■ 장미는 잉글랜드의 상징화이고, 토끼풀은 아일랜드, 엉겅퀴는 스코틀랜드의 상징화다. 라이언 램펀트는 뒷다리로 서 있는 사자문양이고, 잉글랜드의 세 마리 사자는 말 그대로 사자 세 마리가 세 개의 층을 이루고 있는 문양이다.

■■■■ 1851년 영국 하이드파크에 건립된 만국 박람회용 건축물. 그 이름은 전통적인 재료인 돌 대신 철과 유리를 사용해 경쾌하고 투명한 느낌을 준다고 해서 붙여졌다.

상단의 모양처럼 생겼다. 자수 조각들이 돌 판때기나 금속 방패나 전투용 도끼 위에 덕지덕지 붙어 있다. 〔구조물 전체의〕 크기로 말하자면 흡사 거대한 서커스 천막처럼 무지막지한 외관을 보여주며, 거기에 장식들만이 붙어 있는 꼴이다.[69)]

제국회의

12월 23일, 제국회의의 주인공인 부왕 리튼 경을 맞이하기 위한 모든 준비가 끝났다. 8만 4,000명의 인도인과 유럽 인이 자신들의 캠프 여기저기서 여장을 풀고 통로를 배정받는 가운데 회의장이 북적거렸다. 회의는 2주간 지속될 것이었다. 그 목표는 빅토리아 여왕에게 '카이저-이-힌두(Kaiser-i-Hindu)'■로서의 제국 칭호를 부여하는 것이었다. 그 칭호는 라호르의 거번먼트 칼리지의 동양어 교수이자 학장인 G. W. 레이트너(G. W. Leitner)가 제안한 것이었다. 레이트너는 헝가리 태생의 동양학 연구자이자 언어학자이며, 크림전쟁 기간에는 영국군의 통역관으로 활동했다. 그는 콘스탄티노플, 말타, 런던의 킹스 칼리지에서 공부했고, 프라이버그 대학에서 박사학위를 받았으며, 1864년 라호르로 오기 전 런던의 킹스 칼리지에서 아라비아 어 및 투르크 어 강사, 아라비아 및 이슬람 법률 전공 교수로 활동했다.[70)] 레이트너는 '카이저'라는 용어가 인도 원주민들에게 잘 알려져 있다고 주장했는데, 일찍이 이슬람 작가들이 로마의 카이사르를 가리켜 그런 용어를 사용했을 뿐만 아니라 비잔티움 제국의 통치자들도 '카이저-이-룸(Kaiser-i-Rum)'■■으로 알려져 있었기 때문이다. 레이트너의 생각에, 인도의 영국 통치자가 처한 작금의 상황에서 그 용어는 로마의 '카이사르', 독일의 '카이저', 러시아의 '차르'와 같은 황제 칭호들을 산뜻하게 통합한다는 점에서 안성맞춤이었다. 인도의 맥락에서 그것은 독특할 뿐만 아니라 여제(empress)라는 호칭처럼 인도인들이 잘못 발음할 염려도 없고, 영국 지배를 '샤(Shah)', '파디샤(Padishah)' 혹은 '술탄(Sultan)'처럼 이미 시효 만료된 칭호들에 결부시키지도 않을 것이었다. 아무튼 그것은 힌두식이든 이슬람식이든 다른 칭호들과 공공연하게 연루되는 것을 피할 수 있었던 것이다.[71)]

리튼 경은, 그 자신이든 아니면 비서 번을 통해서든, 어쨌든 레이트너의 소책자를 읽고 난 뒤 1876년 7월 말 솔즈베리 경에게 제안하기를, "카이저-이-힌두"야말로 "동양인의 마음에 철두철미하게 친숙"하며 인도와 중앙 아시아에서 "제국 권위의 상징"으로서 "광범위하게 인정받고 있다"라고 했다. 이에 덧붙여 그 칭호는 산스크리트 어나 아라비아 어와 똑같이 "격조 있게" 들리며 "로마의 카이사르들 이래 그 어떤 왕권에 의해서도 닳아 버리거나 독점되지" 않았다는 장점을 갖고 있다고 했다. 리튼은 여왕의 인도식 칭호에 대한 최종 결정을 솔즈베리에게 넘겼다.[72)] 솔즈베리는 '카이저 이 힌두'라는 용어를 사용하는 데 동의했고, 곧이어 1876년 10월 7일자 「더 타임즈」의 지면에다가 이를 공식적으로 발표했다. 그 호칭은 동양학 연구자인 R. C. 콜드웰(R. C. Caldwell)과 같이 뛰어난 학자들로부터 모호하기 짝이 없는 것으로 비판받았다. 더블린 트리니티 칼리지의 아라비아 어 및 우르두 어 교수인 미르 아울라드 알리(Mir

▪ 힌두 교도들의 황제라는 뜻이다.

▪▪ 로마의 황제라는 뜻이다

Aulad Ali)는, 그것이 "부분적으로는 아랍 풍의 성장(盛裝)을 하고 부분적으로는 페르시아 풍의 남성용 의복을 차려입은, 인도식 터번을 쓴 유럽 숙녀의 모습"을 만들어낸다며 "터무니없다"고 생각했다.[73)]

리튼이 델리 역에 도착함으로써 회의가 공식적으로 시작되었다. 그는 아내와 젊은 두 딸 그리고 그의 공식 일행과 함께 열차에서 내려 운집한 인도 지배자들과 고위 정부 관리들에게 환영사를 건네고 인파와 활발하게 악수를 나눈 뒤, 대기하고 있던 코끼리 수송대에 오르기 위해 자리를 떴다.

리튼 경 부부는, 1년 전 웨일스 공의 방문에 맞춰 제작된 것으로 인도에서 가장 크다고 알려진 바나라스(Banaras)의 라자 소유의 코끼리 등에 얹힌 은빛 가마에 올라탔다.

기병대가 호위한 그 행렬은 델리 시를 가로질러 레드 포트로 이동했고, 자마 마스지드(Jama Masjid)를 돌아 산등성에 위치한 캠프장의 북서쪽으로 향했다. 행렬이 지나는 길에는 인도인들과 영국인들로 구성된 인도군 병사들이 도열해 있었는데, 그들 사이사이에는 '중세식' 갑옷과 인도식 무기를 갖춘 토후 부대들도 끼여 있었다. 리튼은 이 원주민 병사들이 "아주 놀랍고도 특출한 외관 … 기묘한 무기와 제복과 인물들이 어우러진 생생하고 다채로운 구경거리"를 제공한다고 평했다.[74)]

행렬이 도시를 가로질러 캠프촌으로 가는 데만도 꼬박 세 시간이 걸렸다. 부왕과 그의 일행 그리고 기타 영국 관리들이 지나갈 때 인도 토후들의 몇몇 수행원들은 공식 일행 뒤에 정렬했다. 그렇지만 대기하던 토후들이나 인도 명사들 중 누구도 그 행렬에 직접 참가하지 않았다. 처음부터 끝까지 그들의 역할이란 어디까지나 여제가 수여하는 찬조와 명예의 수혜자요, 인도 군주로서 여제를 대표하는 영국인들의 무대를 바라보는 관객의 지위에 국한된 것이었다.

리튼 경의 도착과 장엄한 입성에서 1877년 1월 1일 빅토리아의 여제 선포식에 이르는 주간은 리튼과 주요 족장들의 회견, 유명 방문객과 참가자들을 위해 베풀어진 다채로운 리셉션과 만찬으로 채워졌다. 리튼은 여러 토후들에 대한 답방까지 포함해 총 120회의 회견을 가졌고, 새로운 여제에 대한 청원과 충성 봉답문을 건네려는 몇몇 사절단을 영접했다.[75)]

이런 회합들 가운데서도 가장 중요한 것이 부왕의 리셉션 천막에서 개최되는 토후들과의 회합이었다. 토후는 자신의 몇몇 수행원을 대동한 채 지정된 시간에 모습을 드러낼 것이었다. 그의 지위에 따라 입성하자마자 부왕의 인사를 받은 뒤 부왕으로부터 비단으로 만들어진 큼직한 기에 화려하게 새겨진 '자신만의' 문장을 하사받을 것이었다. 인도 지배자들의 문장을 디자인한 사람은 벵갈의 관리이자 아마추어 문장학자인 로버트 테일러(Robert Taylor)였다. 테일러는 1869년 에딘버러 공작의 방문과 1876년 웨일스 공의 방문 때에도 인도 지배자들을 위한 문장을 디자인했었다. 리튼 경은 이제 테일러가 이미 도안한 문장들에 덧붙여 또다른 80개의 문장을 도안하기로 결정했다.

테일러의 도안품들은 다양한 지배가문들의 신화적인 기원들, 특정 (여)신과 가문의 동일화, 역사 속의 사건들, 영토의 지형학적 특성들에 대한 테일러 자신의 개념과 연관되기도 했고, 아니면 하나의 지배가문이나 가문 집단과 관련된 전래의 상징들이 통합되기도 했다. 라지푸트의 문장 대부분에는 라마 신에서 유래하는 그들의 혈통을 상징하기 위한 태양문양이 들어 있었다. 펀잡의 시크 족장들을 위한 깃발에는 모두 멧돼지가 그려져 있었다. 그런가 하면 도안품의 배경색은 지역별 족장집단을 구별하는 데 사용될 수 있었는데, 그것들 중 몇몇에도 특정 가문에 신성한 의미를 가진 특정한 나무나 초목이 그려져 있었다. 심지어 대폭동 사건들조차 영국인들에 대한 충성심을 알려주는 한, 도안에 이용될 수 있었다. 테일러의 상상력은 때때로 고갈된 것처럼 보이기도 한다. 1854년에 영국인들이 그간 다른 무수한 지배자가 거쳐 간 영토에 마하라자를 임명함으로써 형성된 완충국 카시미르는, 세 개의 히말라야 산맥을 표상하는 세 줄의 물결선과 카시미르 협곡의 아름다움을 표상하는 세 송이의 장미로 만족해야 했다. 문장은 가로, 세로 5피트의 큼직한 비단기에 로마식으로 장식되었다. 비단으로 만들어진 장기(長旗)로서 인도기는 새로운 봉건귀족이 지닐 무구로는 적합한 형태가 아니라고 생각되었기 때문이다.[76] 기와 문장 수여 외에도 중추적인 인도 지배자들에게는 목 주위에 리본이 달린 커다란 황금메달이 선사되었다. 그 하위의 족장들은 인도인이건 영국인이건 상관 없이 수백 명의 하위 관리 및 병사들처럼 은메달을 받았다.

기와 메달의 수여를 포함해 모든 것이 순조롭게 돌아간 것은 아니었다. 기는 놋쇠 장대와 거기에 부속된 장신구들 탓에 너무 무거워 다루기에 불편하고 힘든 것으로 드러났고, 그것으로 무엇을 해야 할지도 인도인들에게는 분명치 않았다. 고작 생각한 것이라야, 기를 코끼리 등에 고정시켜 행렬에 이용하는 것뿐이었다. 또한 우르두에서 자신의 인도 부대원들에게 일일이 은메달을 수여하던 한 영국군 장교의 경우, 부하들에게 그 메달이 갖는 의미를 전달하는 임무까지 떠맡지는 않았던 것 같다. 그는 부대원들에게 다음과 같이 연설했다. "돼지들이여(*suwars*, 그는 원래 병사들을 뜻하는 우르두 단어인 '*sowar*'를 말하려고 했다), 여제 폐하께서 여러분에게 목에 걸 고양이들(*billi*, 그는 원래 메달을 뜻하는 '*billa*'를 말하려고 했다)을 선사하셨다."[77] 여왕의 선물 수여로 케라트 증여가 대체되었고 황금주화인 나자르 선사는 없어져 버렸다. 여기서 중요한 사실은, 도안된 문장이 잘 보여주듯이, 주로 이용된 선물이 인도 지배자들의 과거에 대한 영국식 표상이었다는 점이다.

1877년 1월 1일 정오, 부왕이 원형 극장에 입성할 만반의 준비가 끝났다. 토후들과 기타 명사들은 모두 해당 구역에 앉아 있었고, 관객석 역시 가득 찼으며, 수천 명의 인도인 및 유럽 인 부대원들도 도열해 있었다. 부왕과 그의 아내를 포함한 소일행이 〈탄호이저 행진곡〉에 맞춰 원형 극장에 올랐다. 그들이 마차에서 내렸을 때 중세풍 의복을 갖춘 6명의 트럼펫 주자들이 팡파르를 울렸다. 다음으로 부왕이 국가(國歌) 연주에 맞춰 왕좌에 올랐다. 전 인도군에서 가장 키가 큰 잉글랜드 장교로 기술된 바 있는 의전감이, 앞으로 왕실 양식 및 칭호법에 '인도의 여제'라는 표현이 덧붙여질 것임을 선포하는 여왕의 포고문을 대독했다. 그리고 인도 정부의 외무비서인 T. H. 손튼이 번역한, 새로운 칭호 포고문의 번역문이 우르두 어로 낭독되었다. 그리고 나서 101회의 예포가 발사되었다. 운집한 부대원들 역시 축포(feux-de-joie)를 발사했다. 그러나 대포와 소총의 불뿜는 소리에 놀라 코끼리와 말들이 우르르 달아나는 불상사가 일어나는 바람에 많은 구경꾼들이 죽거나 다쳤고, 자욱한 먼지가 일어나머지 행사가 진행되는 내내 시야를 가렸다.

리튼은 주요 행사에서 부왕들이 행하는 통상적인 연설에서처럼 1858년 11월 1일의 포고문에서 고시한 여제의 약속, 그러니까 인도 토후들과 민족체들 편에서 평온하게 누릴 수 있는 "진보와 번영", "그들이 조상대대로 물려받은 명예"를 성취하고 "그들의 합법적인 이해관계"를 보호한다는 약속이 이행될 것임을 강조하는 연설을 했다.

그에 의하면, 인도에서 영국 권위의 역사적 기초는 '섭리'를 통해 창출되었는데, '섭리'가 왕권에 대해 "선량하고 위대한 주권자들의 지배를 대체하고 개선하도록" 위임했건만, 정작 그 계승자들은 "자신들의 지배령에서 내적 평화를 확보하는 데" 실패했다는 것이었다.

> 분쟁이 만성화되었고 무정부 상태가 끊임없이 되풀이되었다. 약자는 강자의 먹이였고, 강자는 자기 열정의 희생양이었다.

리튼은 계속해서 티무르(Tamerlane, 1336~1405)■ 가문 계승자들의 지배에도 불구하고 "동양의 진보는 실현되지 못했다", 이제 영국의 지배 아래에서야 비로소 급속한 진보와 "점진적인 번영"을 이끌어온 "제국 권력의 강력한 손아귀"로써 일체의 "신조들과 인종들"이 보호받고 인도받게 되었다고 말했다.

그리고 나서 제국의 헌정적 구성요소들을 위한 적절한 행동규범

■ 유럽 어로는 '절름발이 티무르(Temur the Lame)', 투르크 어로는 그냥 '티무르(Timur)'다. 그 가계가 칭기즈 칸에 연결되어 있다고 알려진 중앙 아시아의 정복자. 사마르칸드를 중심으로 거대한 티무르 제국을 건설했다.

을 언급했다. 먼저 '영국 행정관들과 왕권의 충직한 관리들'을 언급했는데, 여기서 그는 여제의 이름으로 그들에 대해 "제국의 선을 위해 쏟은 위대한 노고"와 "역사상 비길 데 없는 인내와 정력, 공적인 덕성과 자기 헌신"을 치하했다. 특히 전체 행정체제의 성패를 좌우하는 '구역 행정관들(district officers)'이 참을성 있게 지혜와 용기를 발휘해 준 점을 각별히 부각시켰다. 요컨대 여왕은 민간-군사 행정에 종사하는 모든 성원들에게 "그대들의 고귀한 성품을 유지하고 그대들의 종교가 가르치는 자비로운 계율을 실행하는" 능력에 대해 심심한 사의를 표했다. 리튼은 그들이 "이 나라에 존재하는 일체의 다른 신조들과 인종들에 대해 선정이 가져오는 이루 헤아릴 수 없는 은덕을 베풀고" 있다고 말했다. 비공식적인 인도의 유럽 인 공동체도 "그들의 사업과 산업, 사회적 정력, 시민적 덕성으로부터" 인도가 받은 은혜들에 대해 찬사를 받았다.

여제를 대표해 부왕은 제국의 토후와 족장들에 대해서도 정부가 "공격받고 위협받았을 때" 기꺼이 정부를 도와준 과거의 협력과 충성심을 치하하고, "여왕 폐하께서 자애롭게도 제국의 칭호를 기쁘게 받아들인 것은 모두 영국 왕권과 그 봉신 및 동맹자들을 통일하시기" 위함이었다고 말했다.

'인도 여제의 토착 신민들'은 부왕의 입에서 "이 제국의 안위를 위해 영원토록 필요한 것은 영국 관리들의 절대적인 감독과 지도"로서 이 관리들은 "서구의 예술과 과학과 문화를 동양에 자유롭게 전파할 요충로를 항상 구축"해야 할 것이라는 말을 들었다. 명백히 잉글랜드의 우월함이 천명되었음에도 불구하고, "그대들이 사는 나라의" 행정을 함께 책임질 '인도 토착민들'을 위한 자리가 있었음은 물론이다. 그럼에도 최고위 관직에 임명되는 일은 '지적인 자격'을 갖춘 사람들과 '출생, 관등 그리고 세습적인 영향력'을 통해 입증된 '자연적 지도자들', 즉 당시 제국회의에서 '창출되고' 있던 봉건귀족에 포함된 사람들에 국한되었다.

결국 부왕은 "여왕, 그대들의 여제"가 운집한 관객들에게 애정을 표한 전보 메시지를 낭독하는 것으로 연설을 끝맺었다. 여왕은 전보에서, "우리의 지배는 그대들의 행복을 증진하고" 그대들의 "번영과 복지를 개선할" 위대한 자유·형평·정의의 원칙들에 근거한다고 천명했다.[78)]

부왕의 연설이 끝나자 엄청난 박수갈채가 쏟아졌고, 갈채가 멈추자 마하라자 신디아가 일어나 우르두 어로 여왕에게 다음과 같은 답사를 건넸다.

> 샤 중의 샤, 파드샤여, 신의 가호가 있기를. 인도의 토후들도 폐하를 찬미하고 폐하의 후쿠마트(*hukumat*, 절대 복종의 명령권, 주권)가 영원하기를 기원하옵니다.[79)]

신디아에 이어 다른 지배자들이 감사를 표하고 충성을 맹세했다. 신디아의 진술은 비록 쓸데없는 것으로 보이기도 하고 '카이저-이-힌두'라는 적절한 칭호로 여제를 언급하지도 않았지만, 리튼은 이를 제국회의가 소기의 목적을 달성한 증거로 받아들였다.

회의 활동은 그 후로도 나흘간 계속되었다. 여기에는 사격시합, 때마침 어느 토후가 소유한 말이 우승한 왕실배(杯) 경마대회, 몇 번의 만찬과 리셉션, 여러 지역 및 민간단체들의 봉답문과 청원서 제출식 등이 포함되었다. 또한 인도의 예술과 기예를 보여주는 대규모 전시회가 조직되기도 했다. 행사는 토후군 파견대들이 뒤를 따르는 제국 군대의 행진으로 대단원의 막을 내렸다. 새로운 명예 호칭들이 기록된 긴 목록이 반포되었고, 몇몇 토후들은 더 많은 예포 발사 횟수를 갖게 되었으며, 12명의 유럽 인과 8명의 인도인이 '여제의 고문'이라는 칭호를 수여받았다. 그리고 이를 기리기 위해 '인도의 별'에 새로이 39명의 회원이 가입되었으며, 아주 많은 수의 새로운 인도식 칭호 보유자들이 창출되었다. 수천 명의 죄수가 석방되거나 감형을 받았고, 병사와 군무원들에게 포상으로 현금이 주어졌다. 공포식 당일에는 이를 기리기 위해 인도 전역에서 기념식이 거행되었다. 전체적으로 볼 때, 관구 수도들에 있는 모든 관청 및 군부대에서 지방의 구역 사령부들(tahsil headquarters)에 이르기까지, 대략 300회가 넘는 회합이 개최되었다. 지방 소도시들에서는 기념식 계획안이 통상 지방 인도인 관리들에 의해 기안되었는데, 여기에는 알현식과 산스크리트 어 및 기타 언어들로 쓰여진 시와 축문의 봉헌, 학생들의 퍼레이드와 학생들에 대한 간식 제공, 빈자들에 대한 음식 대접과 의복 기부 등이 포함되었고, 일반적으로 야간 불꽃놀이로 끝을 맺었다.

결론

역사가들은 1877년의 제국회의에 대해 그다지 큰 주의를 기울이지 않았다. 기껏해야 그것은 일종의 어리석은 행위, 즉 거대한 '타마샤(*tamasha*)', 혹은 별 실속없는 겉치레에 불과한 것으로 다뤄졌을 뿐이다. 그것은 인도 민족주의의 역사에서 인도 전역의 초기 민족주의 지도자들과 언론인들이 처음으로 같은 시간, 같은 장소에 모인 사건으로 주목되었을 뿐이며, 단순히 제국적 현실을 눈가림하기 위한 진열장에 불과한 것으로 무시되었다. 또한 그것은 기근의 시기에 막대한 양의 공금을 탕진해 버린 제국 지배자들의 무신경을 증언하는 사례로 간주되기도 한다.

회의가 계획되었을 당시와 그 직후에 회의는 영국 일간지들뿐만 아니라 인도어로 발행되는 언론 매체들로부터 적지 않은 비판을 감수해야 했다. 많은 사람들이 그것을 제국 축제를 겨냥한 엘른버러의 시도와 마찬가지로 어딘지 잉글랜드적이지 않을 뿐더러, 디즈레일리와 리튼의 엉뚱한 상상력이 발휘된 것으로 보았다.

그렇지만 그 후로도 오랫동안 많은 인도인들과 유럽 인들이 그 회의를 일종의 이정표로 언급했다. 그것은 공적 의례를 평가하는 굳건한 표준이 되었다. 그런데 그런 사건 자체는 한 번으로 끝난 게 아니라고들 한다. 즉, 1903년에 커즌 경(Lord Curzon, 1859~1925)■이 빅토리아 여왕이 인도의 여제로 선포된 바로 그 장소에서 그 아들 에드워드 7세의 인도 황제 선포식을 갖기 위해 델리에 제국 알현식을 조직하기도 했고, 1911년에는 조지 5세가 인도 황제의 왕관을 쓰기 위해 똑같은 장소에 나타나기도 했다. 왕성한 정력과 높은 지능의 소유자일 뿐만 아니라 그 자신의 인도 통치권에 대해 편집증적으로 집착했던 커즌은, '자신만의' 알현식을 계획하는 데만 꼬박 6개월을 소비했고, 항상 리튼이 밑그림을 그려놨던 형식들을 충실히 따르려고 안간힘을 썼다. 그가 그런 형식들에서 벗어났을 때, 그는

■ 영국의 정치가로서 1899년에서 1905년까지 인도의 총독을 역임했다.

1903년의 제국 알현식

1903년, 커즌 경의 주도로 델리에서 개최되었다. 이 자리에서 빅토리아 여왕의 뒤를 이은 에드워드 7세의 인도 황제 선포식이 거행되었다.

자신이 왜 그렇게 첨삭을 가했는지에 대해 상세하고 폭넓게 설명하지 않을 수 없다고 느꼈다. 아무튼 커즌은 제국 알현식을 제국회의보다 더 '인도적인' 것으로 만들기를 원했고, 이로부터 그 착상의 모티프는 제국회의처럼 '빅토리아 풍 봉건예식'이 아니라 '인도-사라센 양식'이라고 불릴 만한 어떤 것이 되었다. 그는 또한 직접적인 서

약행위를 하게 될 토후들의 편에서 그 행사 자체에 더 활발한 참여가 있기를 원했다. 그런 종류의 참여야말로 1911년의 제국 알현식의 중심이었는데, 그 때 알현식 자체가 거행되는 동안 실로 많은 주요 토후들이 기존 부왕의 연단을 대신해 원형 극장의 중앙을 차지한 이른바 '서약의 대천막'에서 개별적으로 황제 앞에 무릎을 꿇었던 것이다.

제국회의와 제국 알현식은 물론이요, 인도에 대한 영국의 권위를 표현하고 천명하며 강요하기 위해 창출된 의례가 갖는 의미와 결과는 무엇인가? 리튼과 그의 계승자들은 소기의 목적을 달성했는가? 오늘날 인도, 파키스탄, 방글라데시가 독립국임을 고려하면 어떤 측면에서 그것은 실패했다고 볼 수 있다. 제국의 지배가 영원하리라는 생각은, 1877년에서 1947년에 이르는 일련의 사건들을 빵과 고기를 둘러싼 다툼이나 아니면 인도 인민의 반제국주의 투쟁의 정점으로 바라보는 역사가들에게조차 절반은 잊혀진 호기심의 대상으로만 남아 있다.

그럼에도 필자는, 리튼과 그 협력자들의 의도와 의례의 집성 과정이 성공했는지 실패했는지를 판별하는 또다른 방식이 있다고 생각한다. 필자는 거의 배타적으로 영국식 권위의 구성과 그 표상들에만 초점을 맞추어 왔다. 그러나 인도인들이 특히 민족운동 초기에 그들 자신의 조직들을 통해 그들 자신의 공적인 정치적 용례를 발전시켰을 때, 그들은 어떤 용례를 사용했던가? 나는 그들이 실제 자신들의 전임, 곧 영국 지배자들이 채택했던 것과 똑같은 용례를 사용했다고 말하고 싶다. 전 인도 회의 평의회들(All India Congress Committes)■의 초창기 회합들은 그 행사나 주요 인물 및 그들의 연설을 보건대 알현식과 매우 흡사하다. 그들 역시 그런 수단을 통해 '진보적 통치'의 가치들을 달성하고 인도인들의 행복과 복지를 구하려고 한 것이다. 영국식 용례는 초기 국면의 민족주의 운동의 담론에 어휘를 마련해 주었다는 점에서 효과적이었다. 실제로 초기 민족주의자들은 자기들이 인도제국의 진정한 목표에 대해 영국 지배자들보다 훨씬 더 충실하다고 주장했다.

1920년과 1921년에 걸쳐 진행된 제1차 불복종운동■■은 민족주의 투쟁에서 간디를 결정적인 인물로 부각시킨 사건으로 간주된다. 그것은 불복종 및 수동적 저항이라는 형태의 새로운 용례를 처음으로 시험한 것이었다. 기본적으로 그것은 최초의 그럴듯하면서도 광범위한 방식으로 인도에서 영국의 권위를 거부한 사건이었다. 그 운동은 간디가, 인도인들이 예전의 제국 정부가 인정했던 일체의 명예와 상징을 되돌려 받아야 한다고 공포하는 것으로 시작되었다. 그럼으로써 간디는 정부의 제도가 아니라, 정부의 권능 곧 명예 창출을 통해 자신의 권위를 의미 있고 구속력 있는 것으로 만드는 정부의 그 권능을 공격했던 것이다.

간디가 민족주의 운동에 기여한 바 대부분은 근본적으로 상이한 형태의 권위이론에 근거해 새로운 행동규범을 창출하고 표상했다는 점과 관계가 있다. 이런 사실은 일련의 외부적 특징들에서 잘 드러났다. 가령, 인도인들은 더 이상 서구식 의복이나 제국 지배자들이 인정하는 '민속'의상이 아니라, 집에서 짠 단출한 농부복을 입었다.

■ 1885년에 창립된 인도 국민회의(Indian National Congress)의 하위 의사결정기구들이다.

■■ 1919년 인도 국민회의 연차대회에서 간디의 주도로 채택된 대 영국 수동적 저항운동. 납세, 취업, 상품 구매 거부와 같은 비폭력 투쟁에 기반했다.

간디가 메시지를 전한 곳은 알현식 같은 분위기를 물씬 풍기는 정치 집회가 아니라 공동 기도모임이었다. 그리고 인도인들의 성지순례도 간디의 행진이라는 형태로 정치에 도입되었고, '파이다트라'(*paidatra*, 정치가가 군중 사이에서 걸어가는 행위) 이념도 여전히 인도에서 정치적 의식의 일부로 남아 있다.

그렇지만 영국식 용례는 그렇게 쉽게 혹은 급속하게 사라지지 않고 여전히 다양한 형태로 살아 있는 듯하다. 역설적이게도, 1857년에 영국군 장교들이 포도주를 마시고 돼지고기를 먹는 것으로 무굴 궁전을 탈신성화하면서 제국이 시작되었다고들 하는 바로 그 곳에서, 제국의 종말이 분명해졌다. 그리하여 1947년 8월 14일 심야에 레드 포트에서 흥분에 들뜬 인도 군중이 지켜보는 가운데 유니언 잭이 내려가는 바로 그 순간에, 인도에서 권위가 영국인 부왕에게서 독립국 인도의 초대 수상에게로 이양되었음이 분명해진 것이다.

(1) 'Queen Victoria's Proclamation, 1 November 1858', in C. H. Phillips, H. L. Singh and B. N. Pandey(eds.), *The Evolution of India and Pakistan 1858~1947 : Select Documents*(London, 1962), pp. 10~11.

(2) J. H. Plumb, *The Death of the Past*(Boston, 1971), p. 41.

(3) F. W. Buckler, 'The Oriental Despot', *Anglican Theological Review*(1927~1928), p. 241.

(4) 같은 책, p. 239.

(5) Abu Al Fazl, *The Ain-i-Akbari*, H. Blochman 역, ed. D. C. Phillot, 2nd edn(Calcutta, 1927), clxvii.

(6) Wellesley to Lake, 27 July 1803, in Montgomery Martin(ed.), *The Despatches, Minutes and Correspondence of the Marquess of Wellesley During His Administration in India*(London, 1837), iii, p. 232.

(7) 같은 책, p. 208.

(8) Wellesley to the Court of Directors, 13 July 1804, in Martin, *Despatches*, iv, p. 153.

(9) John W. Kaye and George B. Malleson, *Kaye's and Malleson's History of the Indian Mutiny of 1857~1858*, 2nd edn(London, 1892), ii, p. 4.

(10) Ronald Inden, 'Cultural Symbolic Constitutions in Ancient India', mimeograph(1976), pp. 6~8.

(11) 'Bentinck Minute 2 January 1834', I.O.L.R., Board's Collection, 1551/62/250, p. 83.

(12) 같은 책, p. 94.

(13) John Rosselli, *Lord William Bentinck*(Berkeley, 1974), p. 192.

(14) 'Extract Political Letter to Bengal 3 July 1829', I.O.L.R., Board's Collection, 1370/54/508, p. 12.

(15) 'Bentinck to Ct Director, Minute, 2 January 1884', 같은 책, p. 83.

(16) Albert H. Imlah, *Lord Ellenborough : A Biography of Edward Law, Earl of Ellenborough, Governor General of India*(Cambridge, 1939), p. 41.

(17) 같은 책, p. 42.

(18) John William Kaye, *History of the War in Afghanistan*(London, 1851), ii, pp. 646~7.

(19) Lord Colchester(ed.), *The History of the Indian Administration of Lord Ellenborough*(London, n.d.), p. 64.

(20) 같은 책, pp. 324~38.

(21) A. C. Das Gupta(ed.), *The Days of John Company : Selections from The Calcutta Gazette, 1824~1832*(Calcutta, 1959), p. 23.

(22) 같은 책, p. 26.

(23) 같은 책, p. 3.

(24) Punjab Government Records : *Correspondence*, vii, pt 2, p. 39 ; H. L. O. Garrett, 'The Trial of Bahadur Shah II', *Journal of the Punjab University Historical Society*, i, pt 1(April, 1932), pp. 3~18 ; F. W. Buckler, 'Political Theory of the Indian Mutiny', *Transactions of the Royal Historical Society*, 4th ser., v(1922), pp. 71~100.

(25) Michael Walzer, *Regicide and Revolution*(Cambridge, 1974), p. 6.

(26) Hansard's *Parliamentary Debates*(3rd ser., ccxxvii, 1876), p. 4.

(27) 같은 책, p. 409.

(28) 같은 책, p. 410.

(29) 같은 책, p. 409.

(30) 같은 책, p. 1750.

(31) Lytton to Salisbury, 12 Aug. 1876, I.O.L.R., E218/518/1, p. 367.

(32) Major General Sir Owen Tudor Burne, *Memories*(London, 1907), p. 204, and *passim* for his career.

(33) Field-Marshal Lord Roberts of Kandahar, *Forty-one Years in India*(New York, 1900), ii, pp. 91~2.

(34) O. T. Burne, 'The Empress of India', *Asiatic Quarterly Review*, iii(1887), p. 22.

(35) Lytton to Salisbury, 11 May 1875, I.O.L.R., E218/518/1, p. 147.

(36) 같은 책, p. 149.

(37) L. A. 나이트(L. A. Knight)는 그의 논문 'The Royal Titles Act and India', *Historical Journal* xi, no. 3(1968), pp. 488~507에서 알현식에서 공공연히 불거져 나올 것이라

고 생각된 현행의 여러 영토에 대한 요구와 불만들을 상세하게 소개하고 있다. ; T. H. Thornton, *General Sir Richard Meade*(London, 1898), p. 310.

(38) Lytton to Salisbury, 11 May 1876, I.O.L.R., E218/518/1, p. 149.

(39) Lytton to Queen Victoria, 21 April 1876, I.O.L.R., E218/518/1.

(40) I.O.L.R., Political and Secret Letters from India, Jan. and Feb. 1877, no. 24, para. 20.

(41) Lytton to Queen Victoria, 4 May 1876, I.O.L.R., E218/518/1.

(42) Lytton to Salisbury, 30 Oct. 1876, 같은 책.

(43) Lytton to Queen Victoria, 15 Nov. 1876, 같은 책.

(44) Lytton to Salisbury, 30 July 1876, 같은 책, p. 318.

(45) 같은 책, p. 319.

(46) *Gazette of India*, Extraordinary, 1 Jan. 1877, p. 11.

(47) Lytton to Salisbury, 11 May 1876, I.O.L.R., E218/518/1, p. 149.

(48) 같은 책.

(49) 같은 책.

(50) 같은 책, p. 150.

(51) 같은 책.

(52) 같은 책.

(53) I.O.L.R., Political and Secret Letters from India, Feb. 1877, no. 24, para. 5.

(54) 같은 책.

(55) 초대된 주요 인물들에 관해서는 같은 책, encs. 1과 2를 보라.

(56) *Gazette of India*, Extraordinary, 18 Aug. 1876.

(57) I.O.L.R., Political and Secret Letters from India, Feb. 1877, no. 24, enc. 11, 'Speech of Lord Lytton at State Banquet'.

(58) I.O.L.R., Political and Secret Letters from India, Jan. and Feb. 1877, no. 24, enc. 2.

(59) 같은 책.

(60) I.O.L.R., Imperial Assemblage Proceedings 8, 15 Sept. 1876, Temple Papers, Euro. MSS. F86/166.

(61) 수치는 I.O.L.R., Political and Secret Letters from India, 6 Aug. 1877, no. 140, enc. 8에서 찾아볼 수 있다.

(62) J. Talboys Wheeler, *The History of the Imperial Assemblage at Delhi*(London, 1877), p. 47.

(63) Wheeler, 앞의 책, p. 47.

(64) Lady Betty Balfour, *The History of Lord Lytton's Administration, 1876~1880*(London, 1899), p. 123에서 인용.

(65) Lytton, 'Memorandum', I.O.L.R., Imperial Assemblage Proceedings 8, 15 Sept. 1876, Temple Papers, Euro. MSS. F86/166, para. 16.

(66) 같은 책.

(67) 같은 책, para. 18 ; 또한 Thornton, 앞의 책, ch. 21, 'Note on the Arrangement of the Imperial Assemblage'를 보라.

(68) Val C. Prinsep, *Imperial India : An Artist's Journal*(London, 1879), p. 20.

(69) 같은 책, p. 29.

(70) G. W. Leitner, *Kaiser-i-Hindu : The Only Appropriate Translation of the Title of the Empress of India*(Lahore, 1876), pp. 11~12.

(71) 같은 책, p. 9.

(72) Lytton to Salisbury, 30 July 1876, I.O.L.R., E218/515, pp. 321~2.

(73) *Athenaeum*, no. 2559 (11 Nov. 1876), pp. 624~5 ; no. 2561(25 Nov. 1876), pp. 688~9.

(74) Lytton to Queen Victoria, I.O.L.R., Letters Despatched to the Queen, 12 Dec. 1876 to 1 Jan. 1877, E218/515/2.

(75) Thornton, 앞의 책, p. 305.

(76) R. Taylor, *The Princely Armory Being a Display for the Arms of the Ruling Chiefs of India after their Banners as Prepared for the Imperial Assemblage held at Delhi on the First Day of January, 1877*, I.O.L.R. typescript ; and *Pioneer Mail,* 4 Nov. 1904(clipping bound with Taylor, *Princely Armory* in I.O.L.R.).

(77) Burne, *Memories*, pp. 42~3.

(78) *Gazette of India*, Extraordinary, 1 Jan. 1877, pp. 3~7.

(79) Thornton, 앞의 책, p. 310.

5장

식민지 아프리카에서 전통의 발명

테렌스 레인저(Terence Ranger)

05 식민지 아프리카에서 전통의 발명

서론

1870년대, 1880년대, 1890년대는 유럽의 만들어진 전통—종교제도적·교육적·군사적·공화주의적·군주제적인—이 만개한 시대였다. 그런가 하면 그 때는 유럽 인들이 아프리카로 돌진한 시대이기도 했다. 이 두 과정 사이에는 참으로 무궁무진하고 복잡한 관계들이 뒤얽혀 있다. 유럽에서 전통이 발명되는 데에는 제국의 개념이 중심적인 역할을 수행했지만, 아프리카의 제국들로 말하자면 시기적으로 너무 늦게 도래한 관계로 유럽의 만들어진 전통들의 원인이라기보다는 차라리 결과였다고 하겠다. 그럼에도 새로운 전통들이 일단 아프리카에 도입되자, 그것은 유럽적 형태의 제국이나 아시아적 형태의 제국 모두와 구별되는 독특한 성격을 띠게 되었다.

인도와는 대조적으로, 아프리카의 여러 지역은 백인 정착 식민지가 되었다. 이런 사정이 의미하는 바는, 백인 정착민들이 수적으로 압도적인 아프리카 인들에 직면해 그들의 자연스럽고 당연한 상전들(masters)로 자처해야 했다는 것이다. 백인 정착민들은 자기들의 역할을 규정하고 정당화할 뿐만 아니라, 때때로 아프리카 인들의 협력까지 얻어낼 수 있는 특정한 모델을 마련하기 위해 유럽의 만들어진 전통들을 끌어왔다. 그러므로 아프리카에서 만들어진 학교기구 일체와 전문적이고 군사적인 전통들은 유럽에서보다 훨씬 더 첨예하게 명령과 통제의 문제가 될 수밖에 없었다. 유럽에서 새로운 지배계급의 만들어진 전통들은 산업 노동자의 만들어진 전통들이나 농민의 만들어진 '민속' 전통들에 의해 어느 정도 견제당한 게 사실이다. 반면에 아프리카에서는 그 어떤 백인 농업가(agriculturalist)도 스스로를 농민으로 여기지 않았다. 남아프리카의 백인 광산 노동자들은 확실히 유럽식 직능조합주의(craft unionism)의 만들어진 의식들을 끌어왔지만, 그것들은 너무 배타적이었고 따라서 아프리카 인들을 노동자로 규정하는 것을 외려 방해했기에 오직 부분적으로만 유효했다.

다시 한 번 인도와는 대조적으로, 아프리카는 정복자들에게 토착의 제국적 국가나 기성의 중앙 집중화된 명예와 법령의 의례들을 제공하지 않았다. 오직 군주정의 차원에서만 아프리카와 유럽의 지배 체제가 손쉽게 연계될 수 있었다. 즉, 유럽의 식민지 개척자들이 생각하기에 아프리카에는 몇몇 초보적인 형태의 왕들이 있었다. 이로부터 영국인들은 영국이나 인도에서 그러했던 것보다 훨씬 더 광범위하게 아프리카에서 '제국적 군주정(Imperial Monarchy)'의 이념을 활용했다. 전지전능한 군주의 '신학'이 일단 아프리카 인들에게 도입되자, 그것은 제국 이데올로기의 거의 유일무이한 요소가 되었다. 독일인들에게도 역시 카이저(Kaiser)는 독일 지배의 독보적인 상징으로 남았다. 프랑스 인들은 아프리카 인들을 공화주의적 전통에 통합시키는 데 한층 난감해했다.

그러나 군주정의 이데올로기가 아무리 영국인들에게 유용했을지라도, 그것은 그 자체가 이론을 제공하거나 현지의 식민 지배구조를 정당화하는 데에는 충분치 않았다. 영국과 아프리카는 정치·사회·법률체제들 사이의 연관이 너무 희미했다. 영국의 행정 담당자들은 이제 아프리카 인들을 위한 아프리카의 전통을 발명하는 일에 착수했다. 확실히 영국인들 자신이 '전통'을 존중했던 탓에 자기들이 아프리카의 전통이라고 간주한 것들을 호의적인 눈으로 다룰 줄 알았다. 그들은 그런 전통들을 약호화하고(codify) 공표하는 일에 착수했고, 그럼으로써 유연한 관습을 경직된 규정으로 변형시켜 나갔다.

이 모든 것은 유럽 이념사의 일부이기도 하지만, 동시에 근대 아프리카 역사의 대부분이기도 하다. 역사가로서 식민주의 이전 아프리카의 특수성을 이해하려면 먼저 그런 복잡한 과정을 이해해야만 할 것이다. 많은 유럽의 아프리카 연구자들은 물론이요, 많은 아프리카 출신 학자들도 식민지에서 약호화된 아프리카의 '전통'이라는 허구적 모델에서 벗어나는 데 난감해한다. 그럼에도 그런 과정에 대한 연구는 역사 서술뿐만 아니라 역사 그 자체의 일부이기도 하다. 백인들은 유럽에서 이식된 만들어진 전통들을 통해 아프리카 인들에 대한 명령 모델을 갖게 되었다. 많은 아프리카 인들 역시 이를 통해 '근대적인' 행위 모델을 갖게 되었다. 아프리카 사회의 만들어진 전통들—유럽 인들이 발명했건, 그에 대응하는 과정에서 아프리카 인들이 발명했건—은 과거를 왜곡했지만 그 자체 현실이 되어 버렸다. 그런데 바로 그것들을 통해 식민시대의 무수한 지적 만남과 충돌이 표현되었던 것이다.

유럽의 만들어진 전통들과 아프리카 제국

19세기 유럽에서 만들어진 전통들은 아프리카에 매우 불균등하게 이전되었다. 1880년대와 1890년대에 많은 백인들이 광산에서 일하기 위해 유럽, 캐나다, 오스트레일리아를 떠나 남아프리카에 도착했다. 아프리카 인들도 어지간히 많은 수가 그런 노동 이주망에 편입되고 있었다. 그러나 유럽의 프롤레타리아적이거나 수공업적인 만들어진 노동의 전통들은 아프리카 노동자들이 수공업자나 노동자로 자기규정하는 데 도움을 주기는커녕, 노동 위계에서 그들이 차지하는 적절한 위치조차 지정해 주지 못했다. 백인 노동자들은 대신에 부활된 직능조합주의의 만들어진 전통들을 활용해 아프리카 인들을 배제했다. 일레인 카츠(Elaine Katz)는 남아프리카 백인 노동조합주의에 대한 연구에서, 백인 광산 노동자들이 어떻게 직능에 따른 지위를 내세웠는지 보여준다. 주로 영국인들과 오스트레일리아 인들이 지배한 조합은 '발파 허가증을 소유한 백인 지하작업 노동자들에 국한된 배타적 가입조건에 근거해 조직'되었다. 조합의 지도자들은 노동절 행렬들—바로 그런 맥락에서 엘리트의 지위를 공식적으로 천명한 노동자 연대의 의례들—에서 직능 기수대와 고적대의 뒤를 따를 자격이 누구에게 있는지와 관련해 종종 맥빠진 조건을 내세웠을 뿐이다.

그리하여 케이프 식민지(Cape Colony)■의 총리 존 X. 메리맨

(John X. Merriman)이 1908년에 언급했듯이, 유럽에서는 '하층계급'으로 간주된 바 있는 백인 노동자들이 "여기에 도착한 뒤 피부색에 따른 귀족적 지위를 발견하고 흡족해"했던 것이다.[1)]

또한 최근에 나온 아주 많은 문헌들을 토대로 할 때, 1880년대와 1890년대에 동부·중부·남부 아프리카 전역의 아프리카 인들이 농민으로 변신하고 있는 가운데 그들의 농업 잉여가 불평등한 교환이나 세금 혹은 지대계약으로 착취되었으며, 그들 자신은 기독교 선교단이 규정한 문화체제에서 종속적인 역할을 감수할 수밖에 없었음이 분명해 보인다.[2)] 그러나 아프리카의 농민들이, 유럽의 농민들이 한때 자본주의의 침입에 맞서 자위무기로 사용했던 만들어진 전통들로부터 무언가를 빌려올 여지는 거의 없었다고 해도 지나친 말이 아니다. 백인 농업가들은 아프리카 도처에서 농민과 구별되는 농장주들(gentlemen farmers)로 자처했다. 오직 몇몇 선교회를 통해서만 유럽 농민의 공식들이, 그나마 변형된 형태로 아프리카 인들에게 다가왔다.

농민 선교회에 가장 가까웠던 것이 바젤 선교단(Basel Mission)이다. 뷔르템베르크 경건주의의 산물인 바젤의 선교사들은 전(前)산업적 독일의 농민생활을 방어하는 과정에서 형성된 농촌사회의

▪ 18세기 후반 영국은 인도 무역의 중개지로 아프리카 최남단의 케이프타운을 점령하고, 1815에는 공식적으로 케이프 식민지로 만들었다. 그 후 내륙으로 확장하면서 트란스발 공화국(1852)과 오렌지 자유국(1854)을 건설했다. 이들 지역에서 금광이 발굴되면서 1867년에 오렌지 자유국은 영국령이 되었으며, 보어전쟁을 계기로 1902년에 양 공화국은 영국 식민지로 공식 편입되었다. 1910년에 이르러 이들 지역은 영연방의 남아프리카 연방으로 재편되었다. 오늘날 남아프리카 공화국의 전신이다.

모델을 아프리카에 도입했다. 그들은 산업도시의 위협에 맞서 이상적인 '기독교 촌락', 그러니까 '자연 생산품만을 사용하는 기술[과] 확대가족의 전(前)산업적 결합'에 기반해 재구성된 농촌의 '전통'을 선전했다. 그들이 옹호한 것은 '지방의 식품 생산과 공급 사이에 직접적인 관계가 있다는 점에서 전통적이라고 할 만한 사회경제적 장치'였다. 그들이 아프리카에 들어감으로써 독일의 농민 공동체라면 피할 수 있었을, 자유지를 얻으려는 본원적인 충동이 일어났다. 그들은 아프리카 인들에게 접근하는 과정에서 '촌락 단위의 선교 활동'을 전개했다. 이러한 경건주의 모델은, 독일에서는 과거의 훨씬 덜 유기적이고 덜 일관되었던 모습에서 거의 탈피하고 있었다. 그 반면에 아프리카에는 그 정도의 규모와 안정성을 갖춘 '촌락들'이 존재한 적이 없었다. 바젤 선교단의 촌락들은 아프리카의 경작민들에게 자신들의 가치를 보호할 수단을 제공했다기보다 외려 유럽의 권위주의적 통제와 경제적 혁신의 기제로 작동했던 것이다.[3)]

거의 어떤 선교회도 바젤 선교단처럼 명료하게 유럽의 농민적 영감을 표현하지 못했다. 그러나 많은 선교회들이 유럽의 교회제도가 농민적 영감에 대응하는 과정에서 형성된 많은 특징들을 아프리카로 가져왔다. 그리하여 잉글랜드 국교회는 계급적 기반이 점점 심화되어 가는 농촌사회에서 필연적으로 야기될 수밖에 없는 긴장에 대응하고자 '전통적인' 공동체 의례들을 발전시켰는데, 그런 가운데 추수제나 기원제와 같은 행사들이 아프리카에 소개되었다.[4)] 그런가 하면 로마 가톨릭 교회는 지방 농민들 사이에 미신적 성격이 강한 성지, 숭배, 순례와 같은 관행이 마구잡이로 확산되는 것에 대처하기 위해 대중적인 마리아 숭배를 공식화하고 그것을 순례 행렬이 몰려드는 성지 한복판에 안치시켰다.[5] 이제 아프리카에도 파티마(Fatima)와 루르드(Lourdes)■의 복제판들이 소개되었다. 그런 의례와 숭배의 중앙 집중화는 그것에 대응할 만한 어떤 대중적인 수준의 아프리카 기독교가 존재하기 이전에 도입된 것이다. 따라서 아프리카 농민들의 상상력을 자극하기는커녕 오히려 그것을 제한하는 기능을 수행했다.

유럽 노동자와 농민들의 만들어진 전통들이 아니라, 젠틀맨과 전문 직업인들의 만들어진 전통들이야말로, 아프리카의 백인들에게 아주 중요했을 뿐만 아니라 흑인들에게도 아주 큰 영향을 미친 것이었다. 그런 신-전통들(neo-traditions)은 두 가지 주된 이유에서 정말이지 중요했다. 1880년대와 1890년대경, 유럽에는 해외로 투자되기를 기다리는 신-전통주의적(neo-traditional) 성격의 잉여자본이 있었다. 그런가 하면 산업 민주주의의 확대 지배계급에서 활동할 사무인력이 과잉 생산되었다. 차남 이하의 자제들이나 출신이 좋은 고아들, 또 성직자의 자제들은 사립학교·군대·대학의 '전통들'을 경험했으나, 정작 영국의 행정적 위계에서는 확실한 승진의 기회를 보

■ 파티마(Fatima)는 1차 대전이 막바지에 이른 1917년 5월에서 10월까지 매월 13일에 성모 마리아가 발현했다는 포르투갈의 한 지방이다. 성모 마리아는 파티마의 시골 어린이들인 프란치스코, 히야친따, 루치아에게 발현해 "나는 생활을 개선하고, 죄로 인하여 우리 주님을 슬프게 하지 말며, 로사리오 기도를 드리도록 신자들에 권고하기 위해 왔다. 나는 이 곳에 나를 위한 성당을 원한다. 사람들이 그들의 태도를 개선한다면, 전쟁은 곧 끝날 것이다"라고 말했다. 그 밖에 루치아는 성모 마리아로부터 몇 가지 '비밀'도 들었는데, 마지막 비밀은 교황 요한 23세에게 맡겼다고 한다. 그 후 파티마는 가톨릭 교도들의 유명한 순례 성지가 되었다. 루르드(Lourdes)는 1858년 2월 11일부터 7월 16일까지 18회에 걸쳐 성모 마리아가 출현했다는 프랑스의 한 지방이다. 마사비엘르 동굴에서 14세의 시골 처녀 벨라뎃다에게 발현해 "나는 원죄 없는 잉태다"라고 했다. 발현한 장소에서 샘물이 솟았는데, 이 물은 질병을 치료하는 효능이 있다고 한다. 파티마와 함께 가톨릭의 대표적인 순례 성지 중 하나다.

장받지 못했다. 이런 그들이 군인, 사냥꾼, 교역상, 창고주, 중개인, 경찰, 선교사 등의 자격으로 아프리카에 왔던 것이다. 시간이 갈수록 그들은 현재 자기들이 하는 일이 영국에서라면 비천한 것으로 여겨질 듯한 일이며, 오직 제국의 건설이라는 마법을 통해서만 받아들여진 일이라는 점을 깨닫게 되었다. 그러므로 품위 있는 신-전통주의적 호칭에 점점 더 집착하기 시작했다.

두 번째 이유는 19세기 후반에 들어 아프리카에서 유럽 인들의 행위를 더욱 고상하고 반듯한 것으로 만들 필요가 절실해졌기 때문이다. 영국에서는 관료제·학교·군대·교회 심지어 상업에서 사무 전통들이 등장하면서 새로운 생활의 틀이 잡혀 갔던 반면에, 열대 아프리카에서 대부분의 유럽 인들의 생활이란 것은, 공식적이건 비공식적이건 늘 초라하고 궁상맞고 거칠고 비효율적이게 마련이었다. 그리하여 공식적인 식민 지배가 도래하면서 군대건 재정이건, 신-전통에 따라 부과된 확고한 지위를 통해서건, 아무튼 백인들을 신민들을 통제하는 확신에 찬 지배계급으로 만드는 일이 급박해졌다.

따라서 아프리카에서 군사적·행정적 업무가 지배적인 전통들과 관련되어 있다는 점을 분명하게 할 조치들이 취해졌다. 식민 행정은 그 초기에 새로이 편제된 효율적이고 영예로운 영국군 장교들을 많이 활용했다. 가령, 루가드(Lugard)는 나이지리아■에서 '신사다운' 행정을 펼치기 위해 그들에게 많이 의존했다. 루가드 부인은 니제르■■의 로코자에서 쓴 편지에서 진정한 신-전통 축제를 묘사했다. "대관식—처음으로 정교화된 '전통' 대관식—을 기념하기 위해,"

우리는 애국적인 열정에 들떠 탁자를 장미꽃으로 장식했습니다. … 그리고 우리는 악대가 〈신이여 국왕을 보호하소서〉를 연주하고 흑인 하인들과 주위의 열린 창문 근처에 운집한 이들이 '훌륭하신 왕이시여! 훌륭하신 왕이시여!'를 외치는 가운데, 왕의 건승을 위해 축배를 들었습니다. 저 자신으로 말하자면, 탁자를 내려다보던 중 한쪽 줄에서 멋지게 생긴 잉글랜드 신사의 얼굴을 발견하고서 어떤 생각이 뇌리를 스쳤습니다. 이 아프리카의 심장부에서 런던의 가장 세련된 장소에서도 만나기 힘들 정도로 멋진 20명의 잘 훈련된 잉글랜드 장교들을 한꺼번에 만찬에 불러낼 수 있다니, 이것이야말로 우리 제국에서만 가능한 현상이라는 생각 말입니다.[6)]

그 반면에 잉글랜드의 교육체제는 민간 식민 행정관들을 양성하기 시작했다. 해로우 교의 교장은 다음과 같이 선포했다.

> 잉글랜드의 교장이라면 자기 학생들의 미래를 내다볼 때 그들이 하늘 아래 가장 위대한 제국의 시민이 될 운명을 타고났다는 점을 결코 간과할 수 없을 것입니다. 그는 학생들에게 애국주의

■ 서부 아프리카 해안에 면한 지대. 17세기에 영국세력이 침투해 19세기에 단계적으로 영국의 식민지로 편입되었다. 1886년 영국 왕으로부터 특허장을 받은 '왕립 나이저 회사'가 이 지역을 관리하기도 했다. 1900년 1월부터 영국의 직접 통치가 시작되어 '남부 나이지리아 보호령'이 되었다. 1906년에는 나이저 회사가 관리하는 북부 역시 '북부 나이지리아 보호령'이 되어 프리드릭 루가드가 초대 판무관이 되었다. 1914년에 남부와 북부가 통합되어 공식적으로 '나이지리아 보호령 및 식민지'가 되었고, 1960년에 영연방의 일원으로 독립했다.

■■ 서부 아프리카 내륙 지대. 대부분이 사하라 사막지대이고 일부가 사바나다. 20세기 초 프랑스의 식민지가 되었다.

를 가르칠 것입니다. … 그는 학생들에게 그들의 나라와 인종이 떠맡은 신성한 사명에 대한 신념을 불어넣을 것입니다.[7]

식민업무를 위해 선발된 자들은 그런 노력이 성공적이었음을 입증하는 산증인들이었다. 식민 행정의 설계자 가운데 한 명인 랠프 퍼스 경(Sir Ralph Furse)은 '사립학교들에 관해' 다음과 같이 썼다.

그것들은 결정적으로 중요하다. 우리는 그것들 없이는 어떤 일도 처리할 수 없게 될 것이다. 잉글랜드에서 대학은 정신을 훈련시킨다. 그 반면에 사립학교는 품성을 기르고 리더십을 가르친다.[8]

그러나 대학 역시 고유한 역할을 수행했다. 곧,

식민지 구역 판무관(District Commissioner)은 다방면에서 자기 역할을 수행할 수 있는 사람이어야 했다. 문관제(Colonial Service)의 행정 분과에 투입되는 사람에게 필요한 자격을 갖추기 위해서는 공인된 대학에서 교양학부의 명예학위를 소지해야 했다. … 지원자가 훌륭한 학위와 더불어 몇 가지 체육 활동 경력을 가지고 있다면 더 바랄 나위가 없었다.[9]

이 모든 것들을 통해 마치 사립학교의 엄격한 상급생들이 하급생들을 대할 때처럼 그렇게 자기가 맡은 지역을 다룰 줄 아는 행정관들이 배출되었다. 하급생을 마음대로 부리는 데 필요한 별도의 전통을 발명해낼 필요도 거의 없이 말이나. 이와 관련해 우리는 남부 탕가니카■의 툰두루 지역 판무관에 대해 다음과 같은 정보를 듣게 된다.

> D는 매일 저녁 모자를 쓰고 산책을 나가는 습관이 있다. 해질 무렵 집에 가기 위해 방향을 틀면서 그는 주변의 아무 나무에나 모자를 걸어놓은 채 갈 길을 갔다. 그가 지나간 뒤 그 곳을 지나다가 모자가 걸려 있는 것을 처음 본 아프리카 인은, 자신이 비록 D보다 먼저 반대 방향으로 긴 여행을 떠나던 중이라도 통상 그 모자를 D의 집에 가져가 D의 하인들에게 건네주어야 했다. 만일 그가 모자를 무시해 버린다면, 그는 D의 첩보대에 의해 언제 붙들려 갈지 모른다는 불안에 떨어야 할 것이다.[10)]

그러나 아프리카에서 군인과 행정관의 품위를 확보하는 것만으로는 충분치 않았다. 다른 많은 백인 정착자들 역시, 실제적이든 잠재적이든, 신-전통주의적 지배체제의 상속자라고 믿겨질 필요가 있었다. 결국 몇몇 정착민 공동체가 성공적으로 발전해 영국 지배계급에 권위를 부여한 전통의 담지자 곧 사립학교의 복제판을 아프리카에 설립했다. 그리하여 1927년에,

> 윈체스터와 이튼의 공동 후원 아래, 상호교류가 가능한 교직원

■ 아프리카 동부 해안에 면한 고산지대. 북부의 킬리만자로 산, 서부의 빅토리아, 탕가니카, 니아사 호수로 유명하다. 19세기에 잔지바르 지역은 영국령이 되고 탕가니카 지역은 독일령이 되었다. 탕가니카는 1962년에 공식적으로 독립했으나, 1964년 이웃 잔지바르와 통합해 탄자니아 연합 공화국이 되었다.

> 단 및 가난한 백인 부모를 둔 학생들을 위한 장학금을 토대로 '케냐 사립학교'를 건설하기 위한 계획이 이튼 칼리지와 함께 논의되었다. 교장은 그 프로젝트에 대한 지원을 끌어낼 요량으로 영국을 여행한 뒤, '소년들이 끊임없이 모국의 위대한 학교들을 떠올릴 수 있고 학교를 방문하는 졸업생들이 똑같은 방식으로 모교를 기억할 수 있도록 모든 주요 사립학교에 그들 학교 건물사진을 우리에게 보여줄 것을' 요청하기로 했다.

마지막 작업으로, 학교 이름을 "뒤늦게 제국에 참여했음을 떠올리게 하는 명칭"으로서 조지 5세의 이름을 따서 지었다.[11] 그러나 무엇보다 중요한 변형이 일어난 것은 대체로 타인이 아프리카의 백인들을 규정하는 것은 물론이요, 백인들 자신이 스스로를 규정하는 방식에도 영향을 준 복잡한 재공식화 체제를 통해서였다.

이 과정은 두 가지 방식으로 작동했다. 재산을 노린 상류사회 성원들의 개입과 더불어 신-전통주의적 잉여자본이 아프리카에 투자되고 있다는 사실을 근거로, 논평자들은 백인 정착민들 사이에 신사다운 요인을 강조하는 것은 물론, 식민지 경험 자체가 품위 유지에 도움이 된다고 주장할 수 있었다. 가령, 브라이스 경(Lord Bryce)은 1890년대 중반 로디지아■의 "열대 황무지"에서 "뜻밖에도 상당수의 예의바르고 잘 배운 사람들을 만나고는" 크게 놀랐으며, 여기에 "식민지의 단순하지만 가혹한 상황들을 경험하면서 자연스레 그런 인성을 갖추게" 되었고 그러한 경험은 "진정한 인간의 능력을 배양하는 데 적합했다"라고 덧붙였다. 브라이스는 잉글랜드에 있을 때에는 다소 천박한 신-전통주의적 열정에 대해 탄식을 금치 못했으나,

이번에는 태도를 바꾸어 그런 열정을 묵인하게 되었다. 그는 남아프리카의 백인들이 '국기(國技)'인 크리켓에 보여준 열정에 깊은 인상을 받았다.

> 잉글랜드에서 운동경기에 대한 열정이 상식적인 수준을 이미 넘어 버렸고 지적인 쾌락을 위한 교육과 취향에도 심각한 해를 입혔다고 생각하는 사람조차도, 그런 기후 조건에서라면 크리켓에 심취하는 것이 정당하다고 여기게 될 것이다. … 우리의 동포들은 국기를 할 때 태양을 전혀 겁내지 않을 것이다. 그들은 틀림없이 잉글랜드에 있을 때만큼이나 아프리카에서도 잉글랜드 인들이다.[12)]

그렇게 품위를 확보하고 유지하는 과정과 함께 또다른 과정이 전개되었다. 바로 직업을 재규정하는 작업이었다. 그리하여 창고주나 투자가가 되는 일은 신사다운 것이 되었다. 로디지아나 케냐■■로 이주한 젊은 신사라면 언젠가 큰 영지를 일으켜 세울 수 있으리라는 꿈을 꿀 수 있겠지만, 초기에는 농장 창고를 경영하고 아프리카의

■ 남부 아프리카 내륙지대의 지명. 쇼나 족의 마쇼날란드와 은데벨레 족의 마타벨렐란드로 대별되는데, 탐험가 리빙스턴이 빅토리아 폭포를 발견한 1885년경에 영국과 본격적으로 접촉하게 되어 1891년 영국 보호령이 되었다. '로디지아'라는 이름은 1895년 영국 식민주의의 영웅 세실 로즈(Cecil Rhodes)의 이름을 딴 것이다. 1898년에 공식적으로 '남로디지아 식민지'가 되었다. 오늘날의 짐바브웨다.

■■ 아프리카 동부 해안에 면한 사막과 스텝의 나라. 19세기에 북부는 영국령, 남부는 독일령이 된 이래 1895년에 이르면 전 국토가 영국 보호령이 된다. 1963년에 독립해 이듬해 공화국을 선포했다.

농산물을 구매하는 것이 곡물을 직접 재배하는 것보다 더 수지맞는 장사였다. 어떤 경우든 영어를 하는 '농부들'은 토지에서 직접 일하는 게 아니라 일꾼을 부리는 데 필요한 신-전통주의적 권력을 행사하는 농장주들로 인정받았다. 그리하여 무엇보다 그들은 아프리카인—혹은 아프리카너(Afrikaner)■—이 가진 토지에 대한 지식에 의존했고, 교역을 통해 아프리카 농민 생산자들의 잉여를 뽑아냈다. 그럼으로써 그들은 극히 중요한 기능을 수행했는데, 초기 식민 경제의 노동력이 아프리카 인들이 생산한 식품에 완전히 의존했던 것이다. 이로부터 한동안 창고를 경영하거나 아프리카 인들로부터 곡물과 가축을 구매하는 것이 신사다운 일이 되었다.[13] 브라이스 경은 1896년 로디지아에서 만난 젊은 백인 창고주들이나 황금을 좇는 투자가들에게서 '교양 있고 사려 깊은 정신'을 발견했다. 그런 초창기의 분위기—그리고 신-전통주의적 품위의 고양—는 콜린 하딩(Colin Harding)의 자서전에서 두드러지게 나타난다. 하딩은 먼태큐트 가문(Montacute House)의 귀족 자제로서 주된 관심이 온통 사냥터의 모험에 쏠려 있던 젊은이였다. 그러나

> 아버지의 죽음으로 나 자신은 물론 내 집안의 어느 누구도 기대했던 것만큼 부유하지 않다는 불편한 사실을 깨닫게 되었다. … 나도 형제들도 직업이 없었고 자격증도 없었다.

그러나 '사냥은 인간에게 운명을 가르친다.' 1894년에 불라와요(Bulawayo)■■에 도착한 하딩은 거기서 '농사가 가망이 없'고 '자기 같은 부류의 사람들은 잘 팔리지도 않는'다는 사실을 깨닫는다. "경

험 많고 믿을 만한 창고주라야 겨우 제값을 할 수 있었을 것이다."
그러나 이 젊은 신사는 굴복하지 않았다. 하딩은 사냥터 시절부터 함께해 온 오랜 친구와 함께 황금을 좇는 일에 나섰다. 그는 곧 탄갱을 파는 일에 착수했다. "내가 갱을 파는 일에 거의, 아니 완전히 무지하다는 걸 친구에게 굳이 일러줄 필요는 없었다. 친구는 황금을 찾는 일이 여우를 찾는 일과 매우 흡사하다며 내 입을 틀어막아 버렸으니 말이다." 곧 하딩은 영국 남아프리카 치안대에 들어가 본격적으로 품위 있는 행정 경력을 쌓아가기 시작했다.[14)]

즉각 로디지아와 케냐에서 상당히 품위 있는 사회가 모습을 드러냈다. 아시아 인과 그리스 인 그리고 유대인들은 창고주 및 '광산주'로 활동했다. 그런가 하면 농장주들은 아프리카의 농민 생산물을 값싸게 매입하고 자신들 마음대로 노동력을 이용하기 위해 의도적으로 정치적 수단을 동원했다. 그리하여 M. G. 리들리(M. G. Redley)는 1차 대전 직후의 케냐 백인사회를 다음과 같이 묘사했다.

> 전후, 자본을 가진 영국 이민자들의 출신성분을 보면, 주로 '신상층 중간계급'이라고 불릴 만한 집단이었다. 제조업, 상업, 전문직에 종사하는 사람들이 가산(家産)을 축적해 나감으로써 빅토리아 사회의 계급적 구별은 모호해졌다. 게다가 품위 있는 사람으로 자처할 수 없었던 평범한 사람들도 사립학교 교육을 통해 근사한 배경을 가질 수 있었다. 전후 정착민들의 경우, 귀족 혈통보

▪ 남아프리카 태생의 백인, 특히 네덜란드계 보어 인을 지칭하는 말이다.

▪▪ 로디지아 인근 지명.

다는 오히려 농장주의 저택, 농가 별장, 인도군 장교용 식당이 근사한 배경으로 작용했다. … 그럼에도 품위는 정착민들이 그것으로써 긴밀한 일체감을 느끼고 강박적일 정도로 관심을 쏟은 일종의 생활양식이었다. … 영국사회에서 자신의 지위와 개성이 위협받는다고 느끼던 사람들에게 상층 중간계급으로 구성된 유럽의 정착촌은 최고의 동경 대상이었다.[15)]

리들리는 소규모로 분산되어 있는 백인 농촌사회를 하나로 묶어내는 데 신-전통들이 어떻게 기여했는지를 묘사한다. 이웃들은 정기적으로 열리는 팀 대항 경기들을 통해 확실하고 조직적인 방식으로 한데 모일 수 있었다. 또한 정착민들과 행정관들 모두가 그러한 경기들을 통해 친숙한 용례로써 서로에 대한 상징적인 항의의 표시를 할 수도 있었다. 리들리의 묘사에 따르면, 1907년 나이로비■에서 총독의 후원 아래 개최된 '자선 모금을 위한 가장(假裝) 축구경기'는,

주석 뚜껑과 적색 테이프로 만든 메달을 줄줄이 늘어뜨린 채 흡사 식민지 관리처럼 차려입은 정착민 주요 인사들에 의해 방해받았는데, 그들은 경기장 전체가 완전히 '금지구역'이 될 때까지 방역지대·숲·원주민 거주지·금렵지대의 경계를 표시하고 다녔던 것이다.[16)]

다른 한편, 케냐 사회의 유력자들은 수천 명에 달하는 소자영농

■ 케냐의 수도.

들(small yeomen)과 수공업자들을 데려옴으로써 케냐의 백인 정착민 인구를 늘리려고 했다. 그리고 그들은 케냐 사회를 '유산, 퇴역 군인에 대한 연금, 투자 소득 혹은 가족보험 등의 재원으로 육성된 사립학교'의 수중에 두려고 했다.

아프리카 인들을 통치 전통들에 묶어두기

케냐의 급진적 언론인 J. K. 로버트슨(J. K. Robertson)은 케냐의 백인들에 대해 몹시 비판적이었다. 그 이유는 그들이 생산적 산업의 발달을 가로막고 있다고 믿었기 때문이다. 그는 자신의 주장을 뒷받침하기 위해 가공의 정착민을 설정해서는 그의 전형적인 이력에 대해 다음과 같이 설명한다.

> 런던의 도매상점 직원 존 스미스(John Smith) 씨는 영국 동아프리카 회사의 어떤 부서에서 사무직을 찾는다. 존 스미서스-스미스(John Smithers-Smith) 씨는 열심히 책과 회계장부들을 읽는다. 이름이 좀 더 붙긴 했지만 존은 존이다. … 그는 이 새로운 귀족식 이중 명의가 아주 유용하다는 점을 깨달았다. … 존은 방탕한 생활을 한다. 그것은 이 나라의 관습이다. 그가 직접 돈을 지불하는 일은 거의 없다. … 그는 다만 외상전표들과 푸른 피를 가진 자기 조상에 대한 기상천외한 이야기들로 먹고 산다. 존은 그 땅에서는 명물이며, 나이로비 사교계를 주름잡는다.[17]

식민지 아프리카를 지배하기 위해 발명된 유럽의 전통들은, 더욱 일반적으로는 '자본주의적-변혁적' 윤리보다는 '봉건적-가부장적'

윤리에 충실한 군인, 행정관, 정착민들을 재생산하는 데 기여했다.

그러나 많은 점에서 이는 어지간히 헷갈리는 현상이었다. 그렇기는 해도 19세기 영국의 만들어진 전통들은 명백히 거대하고 복잡한 산업사회를 운영하기 위한 방식, 그러니까 변화를 관리하고 변화에 적응하기 위한 방식이었다. 아프리카에서도 역시 백인들은 변화의 중개자로 자처하는 데 필요한 권위와 자신감을 얻기 위해 그런 발명된 전통들을 아프리카로 끌어왔다. 더욱이 그런 전통들이 아프리카인들에게 적용되는 경우 19세기 유럽의 만들어진 전통들은 정확히 '근대화'의 매개체로 간주되었다.

유럽 인들은 아프리카의 사상과 행동을 변형하고 근대화하기 위해 다음의 두 가지 매우 직접적인 방식으로 자신들의 만들어진 전통들을 활용하려고 했다. 하나는, 몇몇 아프리카 인들이 식민지 아프리카의 지배계급의 성원이 될 자격이 있다는 생각을 받아들이면서 그런 아프리카 인들을 신-전통주의적 방식으로 훈육하는 것이었다. 두 번째—더 일반적인 경우—는, 지도자와 대중의 관계를 재규정하는 데 유럽의 만들어진 전통들이 기여할 수 있는 바를 노려 이를 활용하려는 시도였다. 가령, 군대의 전통은 장교와 사병 양자의 역할을, 농촌사회의 품위를 보여주는 대저택은 주인과 하인의 역할을, 사립학교의 전통은 상급생과 하급생의 역할을 규정했다. 이 모든 것은 자부심과 충성심으로 이루어진 공동의 틀 안에서 유럽 인들이 명령을 내리고 그 명령에 아프리카 인들이 따르는, 분명하게 정의된 위계사회를 창출해내기 위해 활용된 것들이다. 그리하여 유럽의 노동자와 농민들이 그들 자신을 위해 만들어낸 전통들은 식민시대 아프리카에서 그다지 큰 영향력을 행사하지 못했던 반면에, 종속관계에 기초해 만들어진 유럽의 전통들은 거기서 사실상 매우 각별한 영향력을 행사했던 것이다.

첫 번째 생각—몇몇 아프리카 인들이 영국의 신-전통들을 접함으로써 통치자로 변신할 수 있다는—을 가장 잘 예시하는 경우는 아마도 저 유명한 우간다■ 부도(Budo)의 킹스 칼리지일 것이다. 그에 대해서는 G. P. 맥그리거(G. P. McGregor)가 완벽하게 설명하고 있다. 그는 초등교육시설이 처음으로 진지하게 고려된 것은 영국의 경우에도 1870년대에 들어와서의 일이며, 이는 틀림없이 주민 대다수를 적절한 직업적·교육적 위계에 편입시키는 과정의 일환이었다는 점을 예리하게 지적했다. 이런 사실을 염두에 두고 볼 때, 19세기 말 부간다에서 초등학교가 확산된 사실을 통해 동일한 과정이 크게 지연됨없이 아프리카 제국에까지 확장되었음을 짐작할 수 있다. 그런 종류의 교육체제는 대다수의 부간다 농경민들에게는 충분히 적절한 것으로 보였다. 국교회 선교사들은 그러나 그것이 간다(Ganda) 귀족들에게만큼은 적합치 않다고 느꼈다.

> [터커 주교는 쓰기를] 여러 가지 점에서 농민의 자식들보다 더 열악한 상황에 처해 있던 상층계급의 자제들을 위해서는 거의 아무런 조치도 취해지지 않았다. 우리는 이 나라의 지배계급이 앞으로 그들의 백성들에게 훌륭한 영향력을 행사하고 그들에 대해 책임감을 가질 수 있게 하려면, 이 무지한 자제들을 최대한 건전한

■ 아프리카 중동부의 나라. 19세기에 부간다 왕국을 비롯해 몇몇 군소 왕국들이 지배했는데, 1894년 이래 영국과 보호령 협정을 맺었다. 1차 대전 이후에는 인근의 케냐 및 탕가니카와 함께 화폐 및 관세 통합을 통해 공동 영국 지배 아래에 들어갔다. 1962년에 독립했다.

노선에 입각해서 … 그러니까 부간다 인들이 이 나라의 행정적·상업적·산업적 삶에서 적절한 역할을 맡을 수 있도록 그들의 인성을 계발하기 위해 기숙학교에서 노동과 경기의 규율을 익히도록 … 교육하는 일이 무엇보다 시급하다고 절실히 느끼고 있다.[18)]

요컨대 부간다의 선교사들은 영국적 양식의 초등교육 위에 신-전통주의적 성격을 갖는 영국적 양식의 중등교육 구조를 얹어놓으려고 했다. 그들은 항상 자기들의 목표가 '우리 잉글랜드 사립학교의 방법을 아프리카의 무대에 적용'하는 것임을 명료하게 의식하고 있었다. 그들이 남다른 성공을 거두었다는 사실은 킹스 칼리지가 부간다 왕들의 대관령(戴冠嶺, Coronation Hill) 위에 건설되어 "이 세기의 대관식이 칼리지의 부속 예배당에서 거행되었다"라는 점에서 입증된다. "일부 전통 의식들이 여전히 남아 있음을 확인할 수 있지만", 그 예식은 "많은 부분 잉글랜드 대관식의 특징을 답습하고 있었다."[19)] 잉글랜드 사립학교의 기숙사 사훈(house spirit)도 급속히 뿌리내렸는가 하면, 터키관(Turkey House)의 간다 인들은 잉글랜드관, 남아프리카관, 오스트레일리아관과 보조를 맞출 요량으로 그 이름을 캐나다관(Canada House)으로 바꿔줄 것을 청원하기도 했다. 이는 터키가 명백히 '제국의 품격에는 맞지 않는' 것으로 보였기 때문이다. 역시 학생들의 요청으로 채택되었다고 전해지는 교훈(校訓)도 세실 로즈(Cecil Rhodes, 1853~1902)■의 유언, 즉 "할 일

■ 영국의 아프리카 식민지 정치가. 케이프 식민지의 총독을 역임했으며 전형적인 제국주의 정책을 추진했다.

은 많고 한 일은 적다"를 간다식으로 표현한 것이었다.

맥그리거는 학교가 설립되던 첫 해 간다 학생이 쓴 한 편지를 인용한다. 그를 통해 우리는 간다 인의 눈에 비친 그런 각별한 사회화 과정의 한 단면을 이해할 수 있다.

> 아침에 눈을 뜨자마자 맨 처음 침구를 반듯하게 개야 한다. 그렇게 하지 않는다면 유럽 인들이 방문할 때 그에 관한 평가나 견책이 따르게 된다. … 우리의 잔 앞면에는 사자가 새겨져 있다. 그것은 부도 학생임을 나타내는 표식이다. 그리고 누구도 방 안에서는 음식을 먹거나 커피를 마실 수 없다. 음식은 오직 베란다에서만 먹을 수 있다. 우리는 찬송가를 부르고 기도를 드린 뒤에 영어를 배운다. … 4시에 수업이 끝나면 밖으로 나가 11명씩 편을 갈라 축구를 하는데, 모두가 골키퍼·수비수·미드필더·공격수별로 정렬한다.[20)]

모든 사람들이 부도가 막연하기는 하지만 '애교심'이라고 할 만한 어떤 것을 창출하는 데 나름대로 성공했다는 점에 동의했다. 부도에는,

> 우리가 수세대에 걸쳐 시행착오를 거듭한 끝에 잉글랜드에 불어넣었던 것들, 즉 최상의 소속감·규율성·애향심(local patriotism)이 존재했다. 그리고 가장 특별한 것은 그것을 바로 아프리카의 정신으로 해석했다는 점이다.

필립 미첼 경(Sir Phillip Mitchell)의 생각에 따르면, 부도는 "여기서 거의 유일하게 영혼을 가진 장소"였다. 훗날 이주한 교사들은 "단지 항상 거기 있어 왔다는 이유 하나만으로 아무런 가치도 없는 전통들을 고수하려는 부도식의 습성"에 비판의 포문을 열 것이었다.[21)]

간다 지배계급을 영국 행정 관리들에게, 간다 군주정을 제국 정부에 그렇게도 강력하게 종속시킨 제국적 틀 안에서 그런 활동이 야기한 긴장이 무엇이건 간에, 선교사들이 부도에서 새로운 종류의 전통들을 성공리에 창출해냈다는 점에는 의심의 여지가 없다. 그런 전통들은 19세기에 잉글랜드가 성취해낸 것과 별반 다르지 않은 사회통합을 달성할 목적으로, 카바카(Kabaka)■와 기타 우간다 왕들의 역할을 점점 더 의식들로 포장하는 작업과 병행되었다. 가령, 칼리지의 빅토리아 여왕 즉위 50년제—"우리는 학장의 식탁에 〔간다의〕 네 왕을 초대했다"—는, 간다 지배계급 대부분이 이제 신성시되는 만들어진 전통들에 참여하고 있음을 상징적으로 보여주는 사건이었다.[22)] 그러나 부도의 실험은 일반적인 모델이 되지는 못할 것이었다. 영국인들 자신이 기존의 간다 족장들과 동맹을 맺은 것을 후회하고 있었고, 그들의 대리자들을 통해서는 진정한 근대적 변화가 가능하지 않으리라 믿게 되었던 것이다. 다시 말해서, 아프리카의 진정한 근대적 변화는 종속민들이 충성스럽게 받드는 유럽의 명령권자들을 통해서만 가능하리라는 것이었다.

■ 부간다 왕국의 최고 통치자의 칭호. 전임 카바카의 자손들 중에서 다양한 씨족장들에 의해 선출되었다.

다양한 전통들이 주민들을 종속시키는 데 이용될 수 있었다. 그 중 하나가 대저택의 위계 전통이었다. 아프리카의 유럽 인들이 투사한 자기 이미지의 일부는 흑인을 하인으로 부릴 수 있는 통상적인 권리에서 분명히 확인되는데, 심지어 남아프리카 광산에서 노동력의 위기가 절정에 달했을 때조차도 광산 노동자들보다 요하네스버그에서 가내 하인으로 고용된 흑인들이 더 많았던 것이다.[23] 1914년에 잔지바르의 주교 프랭크 웨스튼(Frank Weston)은 아프리카의 〔형제애를 강조하는〕 이슬람 공동체와 차별이 뚜렷한 기독교사회를 대비했다. 그는, 아프리카 인은 비록 기독교도라 할지라도 "거리에서 지나치는 유럽 인들과 동등하지 않았다. 그는 유럽 인들 밑에 있었다. 그들이 그를 친절하게 대할지는 모르겠다. 그는 아마도 그들 응접실의 시종이거나 집사일 것이다. … 그러나 문제가 형제애라면? 자, 그렇다면 여전히 형제애라는 말을 쓸 수는 없다"[24]라고 쓰고 있다. 식민지 아프리카에서는 '형제애'를 향한 그 어떤 충동도 있어본 적이 없다. 대다수 유럽 인들이 아프리카 인들과의 관계에서 선호한 이미지는 가부장적 주인과 충직한 하인의 이미지였다. 이는 산업적 고용관계에도 쉽사리 옮아갈 수 있는 그런 이미지였다. 남부 아프리카 전역에서 아프리카 인 피고용자들은 노동자로 규정되는 대신에 주인-하인 관계법을 통해 통제받고 훈련되었던 것이다.

그럼에도 극소수의 백인들은 영국의 하인 위계와 똑같은 '전통적인' 차림새를 보여주는 상당한 정도의 가내제도를 운용했다. 그러나 아프리카 인들을 종속시키기 위한 유럽의 신-전통들은 아프리카 군대를 재편하는 과정에서 더 정교하게 적용되었다. 그 과정에 대한 실배너스 쿠키(Sylvanus Cookey)의 매력적인 설명에 따르자면, 만들어진 군사적 전통을 처음으로 그리고 가장 창의적으로 다룬 이들은 바로 프랑스 인들이었다. 1850년대에 페드에르브(Faideherbe)는 기존의 무규율적인 징집병 부대를 해산하고, '매혹적인' 군복과 신식 무기, 코란을 통한 충성서약 그리고 프랑스적 전통의 군사적 영예를 가르치는 집중 훈련 코스를 통해 아프리카 지원병들을 유혹했다.

> 초창기부터 파리에서는 아프리카의 젊은이들 속에서 기율감을 배양하고 그들을 군사적으로 준비시키기 위한 수단으로, 원주민 병사들(*tirailleurs*)의 자식들에게도 아버지 것과 똑같은 군복과 모형 군사용품을 제공하라는 내용의 훈령을 하달하기도 했다.[25]

확실히 영국인들은 그런 정책을 따라하는 데 느렸다. 그러나 프랑스의 위협에 직면해서는 영국인들 역시 아프리카 인으로 구성된 부대들을 정규적으로 운용하기 시작했다. 루가드는 특유의 꼼꼼한 기질을 발휘해 '오합지졸' 나이지리아 징집병들을 규율잡힌 효율적인 전투병들로 변모시켰다. 그는 이내 자기 부대원들을 자랑스레 여기게 되었고, 당국도 황금 해안■과 북부 나이지리아의 군사작전에서 보여준 그들의 드높은 행위에 아낌없는 찬사를 보냈다. 군대의 전통은 부도의 정신만큼이나 급속히 구축되고 있었다. 루가드의 행정은 대개 군 장교들을 통해 이루어졌다. 동아프리카에서도 역시

■ 서아프리카 가나 부근의 해안지대. 15세기에 포르투갈 인들이 해변의 사금을 채취하면서 '황금 해안'으로 불리기 시작했다.

'이 초창기에 정부는 대개 성격상 군사적이었'는데, 조지 셰퍼슨(George Shepperson) 교수는 '민간 부문과 군사 부문 사이의 긴밀함'에 대해 다음과 같이 논평했다.

> … 유럽의 문화가 영국령 중앙 아프리카의 토착 거주민들에게 전달되는 데에는 유럽의 선교만큼이나 군대라는 통로가 주효했다.[26]

그런 방식으로 아프리카 인들을 유럽의 군사 전통 아래에 두는 일은 부도 정신의 경우에서와 똑같은 정도의 모호성과 성공도를 보여준다. 학교와 군대라는 두 가지 사회화 방식은 때때로 동시에 작동하기도 했는데, 카바카(Kabaka)였던 에드워드 무테사(Edward Mutesa)가 바로 그러한 경우다. 무테사는 아직 부도의 학생이었을 때 카바카의 위(位)에 올랐고, 학업을 마치기 위해 계속 부도에 머물렀다. 그래서 그의 대관식은 학교 예배당에서 엄숙하게 거행되었다. 그는 빅토리아 여왕 즉위 50년제를 주도하기도 했다. 그러나 역시 영국군의 전통 아래에 있었다.

> 그는 대학에 진학하자마자 케임브리지 학군단(Cambridge Officers' Corps)에 들어가 장교로 임관했다. … 그리고 나서 정식으로 군에 입대했는데, 첫 번째로 선택한 병과가 근위 보병대였다. … 무테사는 조지 6세가 개인적인 호의로 제안한 대로 대위로 임관했다. 무테사는 의식에 참여하기 위해 버킹엄 궁전으로 가기도 했다.[27]

알리 마즈루이(Ali A. Mazrui)는 카바카의 권력(Kabakaship)이 '앵글로-아프리카적 제도'가 되었고, 이는 무테사가 죽은 뒤 거행된 의식들에서 분명하게 드러난다고 언급한다. 무테사가 죽자 두 번의 장례식이 한 번은 런던에서, 다른 한 번은 캄팔라에서 거행되었는데, 두 번 다 완전한 군장(軍葬)으로 치러졌다.

> 1969년 런던에서 거행된 무테사의 첫 번째 하관식에서 장례 나팔소리가 울려 퍼졌다. 그 경우에 영국 근위 보병대가 하관을 위한 군례를 맡았다. 지금 〔캄팔라에서〕 근위 보병대는 단지 의식의 한 요소일 뿐이다. 우간다군이 군례를 맡았다. 그렇기는 하지만 1969년 런던의 나팔소리와 1971년 우간다 카수비 묘지의 나팔소리 사이를 가로지르는 담론의 세계는 사실상 공유된 세계였다.[28)]

그러나 무테사의 경우처럼 아프리카 인을 장교의 서열에 받아들이는 것은 드문 일이었다. 훨씬 더 일반적인 경우는, 우간다 대통령으로서 무테사의 뒤를 이은 이디 아민(Idi Amin) 같은 사람들을 배출해내는 것이었다. 마즈루이는 아민과 그의 '룸펜-밀리타리아트(lumpen-militariat)'■의 등장을 가리켜, 식민 정복 이래 중단된 식민시대 이전의 군사 전통이 부활한 것이라 했다. 그러나 사실, 아민의 경력은 식민지 군대를 통해 진행된 사회화의 출중한 사례를 제공한다. 마즈루이가 언급하고 있듯이, 1946년 아프리카 근위 소총대

■ 이 말은 자본주의의 주변부를 떠도는 최하층계급을 일컫는 '룸펜 프롤레타리아트(lumpenproletariat)' 라는 말과 '군사적(military)' 이라는 말을 합성한 조어다. 즉, 군사적 무법자들이나 부랑 무장대를 뜻한다.

이디 아민(Idi Amin, ?~2003)

우간다의 독재자. 영국 식민군 하사관 출신으로 1962년 우간다의 초대 대통령 밀튼 오보테(Milton Obote)의 측근으로 공포정치의 실무를 담당했다. 1971년 쿠데타로 집권해 잔혹한 독재정치를 폈으나, 1979년 탄자니아의 공격으로 쫓겨나 사우디아라비아로 망명했다.

(King's African Rifles)에 입대했을 때, 아민은 '식민지의 종속적 상황을 드러내는 일체의 징후들'을 보여주었다.

> … 7년 안에 그는 하사로 진급했고 영국인 상급자들의 호감을 살 만한 자질들을 보여주었다. 즉각적인 복종, 부대원으로서의 강한 자부심, 영국과 영국인들에 대한 존경심, 면도날처럼 빳빳하게 각이 잡힌 주름 때문에 쉭쉭 소리가 나는 군복, 검은 거울처럼 맨들거리는 부츠 등이 바로 그런 것들이었다.[29)]

잉글랜드 하사관과 사관의 맨들거리는 부츠는 아프리카 병사들에게 선망의 대상이었다. 키건(Keegan)이 보여주었듯이, 유럽의 군대들은 아프리카 대륙에서 만난 '전사' 인종들을 그들의 제복과 낭만적인 분위기로 마음껏 유혹했던 것이다. 그러나 정작 유럽 인들로 구성된 군대들은, 이것이 물론 아프리카 인들과의 만남의 결과는 아니었지만, 아프리카에서 그리 세련되고 낭만적이었던 것처럼 보이지 않는다. 실전 감각을 가진 비판가 베이든-파월(Baden-Powell)이 키플링적인(Kiplingesque) 밀림신화로부터 얻은 풍부한 자양분을 토대로 백인 젊은이들을 대상으로 한 현지적응훈련 프로그램으로서 매터벨(Matabele) 척후 능력■을 도입하면서, 오랫동안 남부 아프리카는 유럽 군대의 엄격함으로 훈련받은 젊은 아프리카 인들과 아프리카 오지 생존법(bush-craft)■■으로 훈련받은 젊은 백인들이 뒤섞여 있는 역설적인 무대가 되었다.[30]

영국인들이 의도했던 대로 아프리카 인들을 자신들의 신-전통의 복제판으로 만들어내는 작업은, 비단 집사업무나 부도와 같은 학교 혹은 군대 징집만으로 끝나지 않았다. 웨스튼 주교의 가설대로, 형제애를 추구하는 아프리카 흑인 기독교도는 매우 운이 좋을 경우 "타이피스트 업무를 배우는 것을 생각해 볼 수" 있었을 텐데,[31] 기실 선교 활동으로 교육받은 많은 아프리카 인들은 관료적 위계제에 하위 서열로 포섭되었다. 상의 주머니에 고무 도장과 연필이 가지런히 꽂혀 있는 것을 보면, 그가 사무직에 근무하는 아프리카 인임을 알 수 있었다. 아프리카의 댄스 협회들도 서로를 알아보기 위해 몰래 훔친 고무 도장을 이용했고, 군사 대형을 지어 완전히 획일적인(bureaucratic) 방식으로 춤을 추었다.[32] 그래엄 그린(Graham Greene)이 묘사한 대로, 서류 뭉치와 휘갈겨쓴 원고들로 동정 없는 세상을 바로잡아 보려고 애썼음에도 불구하고 미쳐 버린 배 위의 광인은, 다양한 형태의 식민지 관료제에 고유한 상상력—과연 그 무능함의 극화로서—에 바치는 헌사였다.■■■ 물론, 사제로서 기독교회 자체의 불완전한 형제애에 뛰어들었던 아프리카 흑인 기독교도들도, 19세기에 재발명된 유럽식 성직제도의 의례들을 이행하도록 훈련받았다.

이 모든 것들에 대해서 거칠게 시기 구분을 해 볼 수 있다. 유럽의 만들어진 전통들은 일련의 중첩되는 국면들을 거치는 가운데 비로소 아프리카 인들에게 의미 있는 것으로 부각되었다. 군사적 신-전통들은 위계 구분을 눈에 띄게 했을 뿐만 아니라 초기 식민주의가 작동하는 데 중심적인 역할을 했다는 점에서, 일차적이고도 강력한 영향력을 행사했다고 할 수 있다. 그것의 충격은—특히 동부 아프리카에서—1차 대전 중 군사작전들이 감행되면서 절정에 달했다. 그 이후, 특히 영국령 아프리카에서 군사적 존재는 중요성을 잃었다.[33] 다시 말해서 군사적 양식은 아프리카 인들을 선교나 관료제를 통해 국가와 사업의 영역에 고용하는 일과 비교해 볼 때 상대적으로 그 영향력을 상실했던 것이다. 그러나 영향력을 미친 순서나, 어떤 신-전통들이 종국에는 가장 큰 영향력을 행사했는가를 둘러싼 논쟁—아프리카의 왕들이 신-전통주의적 장신구들로 둘러싸인 채 여기저기서 행사한 지배력이 몇몇 신생 아프리카 국가에서 우세하다거나, 아니면 다른 국가에서는 관료적 엘리트가 승리를 거두었다거나, 그것도 아니면 마즈루이가 말한 대로 '룸펜-밀리타리아트'가 여전히

■ 매터벨은 현재 짐바브웨의 한 지방인 매터벨랜드에 살았던 아마은데벨레(amaNdebele) 인들— '긴 방패를 가진 사람들' —의 영국식 명칭이다. 그들은 1896년에 반란을 일으켰는데, 이 때 베이든-파월이 원주민들의 은신처를 찾아내고 정보를 수집하는 뛰어난 척후 능력으로 명성을 떨쳤다. 베이든-파월은 훗날 보이스카우트를 창설했다.

■■ 아프리카 특유의 혹독하고 야만적인 훈련방식이다.

■■■ 영국 소설가 그래엄 그린이 서아프리카를 무대로 쓴 소설 『사물의 핵심(*The Heart of the Matter*)』에 나오는 주인공 스코비를 가리키는 듯하다. 그 소설에서 아프리카의 경찰 관리인 스코비는 아내와 애인, 유럽의 문명과 아프리카의 환경, 선과 악 사이에서 절망적인 딜레마에 빠진 인물로 등장한다.

통제하고 있다는 등의 논쟁—은, 결국 이러한 신-전통주의적 사회화 과정들이 끼친 전반적인 효과를 평가하는 일에 비하면 확실히 사소해 보인다.

기실 그 효과는 매우 광범위했다. 유럽의 만들어진 전통들은 식민세계로 진입하는 과정에서 아프리카 인들에게 잘 규정된 일련의 준거점을 제공했다. 비록 거의 모든 경우가 인간관계 및 주종관계에서 종속적인 역할로 진입하는 것이기는 했지만 말이다. 아프리카 인들은 그 전통들을 통해 이러저러한 유럽의 신-전통주의적 행동양식을 받아들여 사회화되기 시작했다. 확실히 역사문헌을 보면, 부대의 병사가 되는 일이나 19세기 국교회 의식을 행하는 법을 배우는 일을 자랑스레 여기는 아프리카 인들로 빼곡하다. 그런 과정들은 종종 식민권력에 대한 심각한 도전으로 귀결되기도 했는데, 이는 사회화의 도구로서 신-전통들 자체에 잠복해 있는 위험이었다(부도의 학생들은 에드워드 무테사의 '근대화된' 대관식의 충성스런 찬양자에서 반란과 항의의 주역으로 바뀌었다. 이는 당국이 카바카를 '적절한' 왕으로 대우하지 않았기 때문이다). 이런 것은 마틴 채녹(Martin Channock)이 니야살랜드(Nyasaland)의 전통주의적 교사들을 대상으로, 훨씬 더 세밀하게는 존 일리프(John Iliffe)가 탕가니카를 대상으로 규명해낸 패턴이다.[34] 그것은 다양한 형태로 이른바 민족주의의 여러 요소들을 그 밑에 깔고 있다. 가령, 케네스 카운다(Kenneth Kaunda)■는 민족 지도자로 발돋움하는 데 도움이 될 만한 개인적 이데올로기를 추구하면서 아서 미의 소년소녀용 도서들■■에서 위안과 영감을 받았는데, 이것은 애처롭기는 하지만 적어도 놀라운 일은 아니다.[35]

이 시점에서 유럽의 만들어진 전통들을 통해 추진된 '근대화' 문제로 돌아오자면, 식민주의자들에게 만들어진 전통들이 갖는 장점과 한계는 명백했다. 그것들은 아프리카 인들을 상대적으로 특수한 범주들—원주민병(askari), 교사, 하인 등—로 구분하고 아프리카 노동자들을 초보적인 방식으로나마 전문화시키는 데 기여했다. 통치와 종속을 위한 신-전통들로 에워싸인 당시 상황에서, 산업사회에 고유한 요구, 그러니까 시간과 작업규율을 준수해야 한다는 분명한 요구들이 있었다. 가령, 부도에서 철저함을 넘어 집요하게 학생들에게 요구된 일과나, 규율 및 정확성의 원천이자 상징으로서의 연병장을 떠올리는 것으로 충분할 것이다. 한편, 아프리카 인들에게 도입된 만들어진 전통들은 생산보다는 통치를 위한 것이었다. 산업 노동자들이 '하인들'로 범주화되기도 했지만, 아주 오랫동안 진짜 가내 하인들은 산업 노동자들보다 훨씬 더 큰 위신을 누렸고 산업 노동자를 배제한 주인-하인 관계에 내포된 호혜성을 이용할 수 있었다. 산업 노동자들과 농민들은 스스로 카니발이나 무용대회에서 의상을 차려입는 경우를 제외하면, 결코 병사·교사·사무원의 명료하고 위신 있는 기념식들에 접근할 수 없었다.[36] 그리고 이미 살폈듯이, 아프리카 인들은 직능조합의 전통들로부터 특별히 배제당했

▪ 잠비아의 초대 대통령. 잠비아는 영국 보호령이었던 북로디지아를 전신으로 하는데, 1953년 소수 백인들을 중심으로 결성된 로디지아-니아살랜드 연방이 해체되면서 1964년 독립 공화국으로 발족했다. 카운다는 휴머니즘에 기초한 아프리카 사회주의를 내세우면서 비동맹주의를 표방했다.

▪▪ 아서 미(Arthur Mee, 1875~1941)는 영국의 저술가이자 언론인이다. 특히 그의 『아동 백과사전(*Children's Encycolpedia*)』은 '20세기의 경이로운 책'이라고 불릴 정도로 엄청난 성공을 거두었다.

다. 따라서 아프리카의 산업 노동자들은 그들의 조건에 맞는 의식과 행동양식을 스스로 찾아내지 않을 수 없었다.[37)]

이는 식민지 아프리카에서 비생산적인 부문에 고용된 아프리카 인들이 상대적으로 높은 위신을 누린 여러 이유 중 하나였다. 그와 동시에 비록 아프리카 인들을 종속시키기 위한 신-전통들이 특정한 종류의 전문화를 '유용하게' 규정하기 시작했을지라도, 그런 신-전통들은 주지하듯이 아프리카의 교사나 관료, 병사들로 하여금 근대적 변화를 위한 일련의 시도들에 저항하게 만듦으로써 훗날 전문화에 대한 지독히도 보수적인 개념규정만을 낳았던 것이다.

식민지 아프리카의 새로운 군주정 전통들

아프리카의 식민 정부들은 지속적인 군사력 행사를 통해 지배하기를 원치 않았다. 그런 그들에게는 종속을 위한 신-전통들로 훈련된 아프리카 인들보다 좀더 넓은 범위의 협력자들이 필요했다. 특히 농촌지역의 족장들(chiefs), 추장들(headmen), 원로들(elders)과의 협력이 필요했다. 이런 협력은 본질적으로 서로 이득을 주고받는 매우 실제적인 거래였다.[38)] 그러나 식민 지배자들이 느끼기에 백인과 흑인을 다 같이 묶어주고 협력의 실제 효과를 그럴듯하게 포장해 백인의 지배를 정당화해 줄 수 있는 공동의 제국 이데올로기가 없었다. 영국인들과 독일인들은 바로 제국적 군주정의 개념에서 이를 발견했다.

독일령 동아프리카에서 군주정의 중심적 역할에 대한 개념에는 두 가지 국면이 있었다. 한편으로 독일인들은 아프리카 인들이 왕권에 대한 초보적인 이념을 갖고 있다고 믿었고, 특히 아프리카 지배자들과 접촉하던 첫 단계에서 왕의 자격(kingliness)에 대해 아프리카 인들이 갖고 있던 기준들에 동조했을 뿐만 아니라, 그것들을 19세기 유럽의 기념비적 드라마의 무대 소품들로 치장할 만반의 채비를 갖추고 있었다. 그리하여 한 독일군 장교는, 1890년 카이저에게 자신이 카이저의 선물을 차가(Chagga)의 족장 린디(Rindi)에게 전했다고 하면서 다음과 같이 보고했다. "병사들이 무기를 전달하는 동안 저는 … 그의 어깨에 … 베를린 오페라 하우스에서 공수된 대관식 망토를 둘러주었고 그의 머리에는 니만(Albert Niemann, 1831~1917)■이 〈로엔그린(Lohengrin)〉을 불렀을 때 썼던 투구를 씌워주었습니다."[39] 다른 한편으로 독일인들은 1인 군주의 개인적 지배체제에 대한 아프리카 인들의 이념을 무한정 확장시키기만 한다면, 전능한 카이저 상(像)이 곧 독일의 제국적 권위로 화할 수 있으리라고 믿었다. 존 일리프는 우리에게 다음과 같이 말하고 있다.

> 매년 거행되는 카이저 탄신 기념일이야말로 독일의 지배를 고스란히 요약하고 있는 의식이다. 모든 지방 관청에서 원주민 병사들이 운집한 군중 앞에서 퍼레이드를 벌였다. 열병과 시범이 끝나면 독일 고위 관리가 황제의 덕을 칭송하고 카이저와 제국에 대한 만세삼창을 유도하면서 인파에게 일장연설을 늘어놓았다. 그리고 나서 원을 그리며 춤을 추는 사람들이 퍼레이드 거리를 뒤덮었다.[40]

■ 독일의 유명한 테너 가수다.

1889년 동아프리카(탄자니아)의 지방 관리들과 함께 한 독일군 장교들

그러나 군주정의 이데올로기를 가장 정교하게 이식한 사람들은 역시 영국인들이었다. 물론 영국의 왕권을 독일의 카이저가 행사하는 실질적인 권력에 비길 바는 아니었다. 그러나 실제로 영국의 왕/황제는 독일의 카이저보다 훨씬 더 신비로운 존재로 여겨졌다. 북부 로디지아의 주교 J. E. 하인(J. E. Hine)은 조지 5세의 대관식을 '거창한 종교의식행위'라고 느꼈다. 그는 그 의례의 실로 많은 국면들이 "너무도 연극적이어서 흡사 오페라의 한 장면을 떠올리게" 하며 거기에는 "그 행사를 위해 특별히 제작된 아주 많은 음악, 그러니까 멜로디가 없어 마냥 소음처럼 들리는 현대음악"이 있었다고 했다.

그러나,

전체적으로 대관식은 휘황찬란한 광경이었다. 그것은 현대적 삶과 20세기 정신의 때가 묻지 않은 중세 야외극의 단편도 아니었고, 잘 꾸며진 화려한 무대에서 상연되는 연극적인 장관도 아니었다. … 그것은 극도로 휘황찬란한 상징주의였으나, 그 모든 것들의 배후에는 하나의 현실이 존재하고 있었다. 즉, 주님의 기름 부음을 받은 자의 신성한 기름 부음, 성격상 거의 성찬식에 해당하는 행위에 뒤이어 한 사람의 머리 위에 모든 영국민은 물론이요, 잉글랜드 왕에게 충성을 맹세한 바다 건너 수많은 민족들을 다스리는 정부의 두렵지만 위엄 있는 책임감을 상징하는 왕관을 씌우는 절차가 있었다.[41]

북로디지아에서는 실권을 쥔 행정관이 모든 은고니(Ngoni) 족장과 그 부족민들을 대관일 축제를 위해 소집했다. '원주민 경찰' 고적대가 연주했고, 영국 국교회의 "책임자는 법복을 입고 게양된 국기 옆에서 그 행사를 위해 특별히 준비한 기도를 올렸다." 황홀경에 빠진 한 선교사가 그 날 저녁의 축하연에 대해 다음과 같이 보고했다.

계곡에는 4개의 거대한 화톳불이 지펴졌고, 그 주위로 수백 명에 달하는 거무스레한 원주민들이 껑충거리면서 춤을 추었다. 그 중 몇 사람은 발에 방울을 달았고, 거의 모든 사람이 투봉(投棒)을 지니고 있었다. … 유럽 인들은 방충망 안에서 반원을 이뤄 앉

> 아 있었는데, 그들과 불 사이에서 토착민들이 춤을 추었다. … 그리고 나서 경찰 고적대가 앞으로 나서 〈할레치 행진곡(The March of the Men of Harlech)〉과 〈기독교 병사들이여 전진하라(Onward Christian Soldiers)〉■를 비롯한 음악들을 연주하면서 우리의 흥을 돋우었다.[42]

기성 교회만이 종교적인 방향에서 군주정을 홍보한 것은 아니었다. 사실상 세속의 행정관들도 군주정의 담론을 널리 유포했다. 아프리카 청중들은 그들의 연설을 통해 거의 신성에 가까운—무엇이든 할 수 있고, 무엇이든 알고, 동시에 어디든 있는—전지전능한 왕이라는 개념을 접하게 되었다. 예컨대 소토(Sotho) 족에 대한 일련의 공식 연설에서는 왕이 그들의 상황을 알고 있다는 것, 그들의 복지에 대해 왕이 관심을 갖고 있다는 것, 실제 내각의 결정에 대해 왕이 책임진다는 것 등이 강조되었다. 1910년에 아서 코노트 공(Prince Arthur of Connaught)은 소토 족의 대족장에게, 새로운 왕 조지 5세가 "그대가 승하한 폐하 에드워드께 진언한 내용을 기억하고" 있으며, "폐하께서 바수톨랜드(Basutoland)가 남아프리카 연맹에 포함될 시기가 되었다고 결정하시면 그대가 폐하의 결정에 충성스럽게 따르리라는 것"을 알고 있노라고 말했다.[43] 그런가 하면 1915년에 벅스턴 경(Lord Buxton)은 그 대족장에게 "폐하께서는 바수토의 복지에 무관심한 적이 단 한 번도 없"으며, "왕께서 적들에

■ 〈할레치 행진곡〉은 웨일스 민요로서 현대 영어로 번역되어 군악으로 사용되었다. 〈기독교 병사들이여 전진하라〉는 세이빈 베어링-굴드가 요크셔의 축제에 맞춰 가사를 붙인 성가로서 역시 군악으로 사용되었다.

맞서 파견하신 위대한 군대"를 그들이 지지해 준 데 대해 치하하신다고 장담했다.[44] 또 1925년에 웨일스 공(Prince of Wales)은 소토족에게 "여러분이 나의 증조모 빅토리아 여왕에 대한 기억을 여전히 간직하고 있는 데 대해 흡족"하다고 말했다.

> … 여왕 폐하께서는 더 이상 우리 곁에 계시지 않지만 왕께서 여러분을 아버지처럼 돌봐주실 것입니다. 여러분은 왕께서 여러분을 인도하고 교육하라고 파견하신 장교들의 말을 잘 따라 여러분이 왕의 보호를 받을 자격이 있음을 스스로 보여야만 합니다.[45]

그리고 1927년에 식민지 장관인 에이머리 대령(Colonel Amery)은 소토 족에게 "나를 여기로 보내신 폐하께서는 비천하든 위대하든 폐하의 만백성 한 명 한 명에 대해서 아주 세심한 관심을 기울이고 계신다"라고 말했다.[46]

왕이 친히 소토 족에게 연설을 할 때—1910년의 왕실 메시지처럼—관리들은 왕의 말씀을 극히 가부장적인 어조로 옮겼다.

> 자식이 문제가 있으면 자식은 아비에게로 갈 것이고, 아비는 자식의 문제를 잘 들은 뒤에 무엇을 할지 결정할 것이다. 그 다음에 자식은 아비를 믿고 따라야 하는데, 왜냐 하면 그 자식은 대가족에서 단지 한 명의 구성원일 따름이지만 아비는 이미 더 큰 자식들의 문제를 해결하는 과정에서 아주 많은 경험을 쌓았을 뿐만 아니라, 어린 자식은 물론이요 전체 가족의 평화와 이익을 위해 가장 바람직한 것이 무엇인지 판단할 능력을 갖추고 있기 때문이

다. … 바수토 민족은 대영제국에 속한 만백성들 사이에서 보자면, 아주 어린 자식과 같다.[47]

이 모든 관점에서, 1925년 웨일스 공이 현지의 몇몇 선교사들을 모독했던 바수톨랜드를 상담차 방문했을 때, 옛 족장 조나단(Jonathan)이 큰 감사를 표한 것도 그리 놀랄 만한 일이 아니다.

> 오늘은 내게 경사스러운 날입니다. 오늘 나는 성경에 나오는 시므온이 조상들의 무덤에서 잠들기 전에 주 예수를 만나 기뻐했을 때처럼 기쁘기 한량없습니다.[48]

그 밖의 영국령 아프리카에서도 똑같은 수사학이 동원되었다. 어느 예리한 관찰자에 따르면,. 1920년대에 북부 로디지아에서 열린 총독 주재 족장회의는 "교육받지 못한 아프리카 신민들에게로 향하는 폐하의 자비로움을 (유치원 수준의 감각으로) 보여주는 수단으로 고안"되었다.[49] 확실히 총독은 자신의 권위와 지역 행정관들의 권위가 왕으로부터 직접 유래한 것임을 보여주는 데 열성이었다.

> 여기 있는 여러분 모두는 한 백성, 그러니까 잉글랜드 왕의 신민이다. 모든 신민이 한데 모여 평화롭게 사는 것이 폐하의 바람이다. … 총독들이 파견되었다는 것이 이를 증명하고 있다. … 리빙스턴(Livingston)■에서 살면서 거대한 나라를 다스리는 총독이

■ 당시 북로디지아의 수도. 탐험가 리빙스턴의 이름을 따 지어졌다.

> 항상 같은 장소에 있을 수는 없지만 그 대신 지역 판무관들이 … 총독과 왕을 대표하는데, 왕의 바람을 이행하는 것이 그들의 임무다.[50)]

식민지 행정관들은 군주정의 의례적 측면이야말로 이런 주장에 신빙성을 더하는 데 결정적으로 중요한 것이라고 간주했다. 가령, 1919년에 바수톨랜드 대족장이 유럽 순방길에 버킹엄 궁전뿐만이 아니라 바티칸도 방문할 수 있게 허가해 달라고 청원했을 때, 고등판무관은 그가 "바티칸의 화려한 장관과 영접에 지나친 인상을 받게 되어 교황이 왕보다 더 중요하다는 결론을 끌어낼지도 모른다!"라고 걱정했고, 따라서 방문은 금지되었다.[51)] 그런가 하면, 1925년에 웨일스 공이 남부 및 동부 아프리카를 방문했을 때, 공은 익히 알려진 대로 의식을 지독히도 싫어했지만 아프리카 대중 앞에 진홍색 예장차림으로 나서지 않을 바에야 그들 앞에 나타나지 않는 편이 차라리 낫다는 식민지 행정관들의 간언을 받아들였다. 결과는 대만족이었다. 「데일리 텔리그래프(*Daily Telegraph*)」지는 "공의 도착은 빛나는 사건이었다"라고 바수톨랜드로부터 타전했다. "그의 왕족다운 고귀함이 메달과 함께 번쩍거렸다. 침묵하는 거대 다수에게 깊은 인상을 심어준 장관이었다."[52)] 북부 로디지아의 솔웨지 준구역(Solwezi sub-district)으로부터는 웨일스 공과의 회의에 참석했던 두 족장이 "공과 만나는 기쁨을 표시하면서 흥분을 감추지 않았다"라는 보고가 도착했다.

> … 그들의 마음 깊숙이 박힌 것으로 보이는 두 개의 주된 인상

은 … 무엇보다 그 방문에 따른 화려한 장관과 의식인데, 카피짐팡가(Kapijimpanga)의 말을 빌리자면, '브와나(*Bwana*)■는 그 제복이 너무도 화려하게 빛나 우리는 그를 제대로 쳐다볼 수조차 없었을 정도'였다. 그리고 두 번째로는 그 족장들이 그 영토의 다른 모든 족장들과 우호적인 방식으로 만날 수 있었다는 사실로부터 유래했다.[53]

북부 로디지아의 행정 담당자들은 그 회의가 해당 영토에 사는 모든 백성들의 일체성을 극적으로 드러냈다고 자랑했는데, 그런 일체성은 그들 모두가 북부 로디지아 인들이나 아프리카 인들로서가 아니라 강력한 영국 왕의 신민들로 간주되었기에 확보될 수 있었던 것이다. 그런 배경을 고려하면, 북부 로디지아 정부가 1947년 왕의 방문에 때맞춰 아프리카 인들에게 다음과 같은 교서를 배포한 것은 오만함의 표시라기보다 차라리 기울어 가는 자신감의 표현이었다고 하겠다.

조지 왕은 세상에서 가장 위대한 왕이시다. 그는 아프리카의 족장과는 다르시다. 그는 당신 주변에 인파가 몰리는 것을 좋아하지 않으신다. 그는 당신의 신민들이 훌륭한 행위를 하는 것을 보고 싶어 하신다.[54]

■ 카피짐팡가는 솔웨지의 족장이고, 브와나는 주인님master의 토속어로, 여기서는 웨일스 공을 의미한다.

그러나 왕의 방문은 식민지 아프리카에서 필경 드문 일에 속했다. 따라서 틈틈이 지방적으로 발명된 의례들을 통해 국왕 숭배를 유지해야 했다. 사람들은 그런 의례들을 발전시키는 데 창의성을 발휘함으로써 출세가도를 달릴 수 있었다. 그 두드러진 예가 훗날 탕가니카의 총독이 된 에드워드 트위닝(Edward Twining)의 경력이었다. 트위닝의 전기작가에 따르면, 그의 어머니는 가족의 강요로 그녀보다 지위가 낮은 남자와 결혼하게 되었다. 사제인 아버지는 결코 신사라고 볼 수 없는 사람이었다. 트위닝은 군대에서 그다지 두각을 나타내지 못했고, 그가 식민지로 전근한 것도 제국 주변부 신사사회에서 두고두고 남게 될 방식으로 확고한 업적을 쌓기 위해서였다. 결국 트위닝은 업적을 쌓게 되었다. 그가 전통을 발명하는 데 전력투구함으로써 그런 경력을 쌓았다는 것은 매우 분명하다.

트위닝이 아직 우간다의 행정장교였을 때의 일이다. 트위닝은 잉글랜드 대관식에 관한 팸플릿을 작성해 출판했는데, 「더 타임스 리터러리 서플먼트(*The Times Literary Supplement*)」지가 그것에 대해, "고고학적인 정확성을 기대하고 참조할 만한 책은 아니"지만 그럼에도 "근대적인 관례(冠禮)의 발전을 착실하게 추적해 볼 수 있다는 점에서 더할 나위 없이 좋은" 책이라고 평했다. 이렇게 팸플릿에서 다른 사람들의 만들어진 전통에 헌사를 바친 뒤, 트위닝은 곧바로 1937년 즉위년을 검토함으로써 그 자신의 전통을 발명하는 일에 착수했다. 트위닝이 처음으로 관계(官界)의 주목을 받은 것도, 사실 기념비적인 창조성의 승리라고 할 만한 우간다의 1937년 축하연들을 성공적으로 조직하면서부터였다. 그에 대해서는 저자 자신이 다음과 같이 생생하게 묘사하고 있다.

저녁에 우리는 군악대의 연주와 불꽃놀이를 접목시켰다. 이는 나의 원맨쇼라 해도 좋을 만큼, 나 자신이 직접 발명해 그 두 아이템을 연습시켰으며, 전반적인 과정을 조직했고 관람석을 만들었고 티켓을 팔았다. … 총독은 도착하자마자 실제로는 작동하지 않는 단추를 눌러 꽃불을 쏘아올리는 시늉을 했는데, 이 꽃불은 이내 호수를 가로지르는 거대한 화톳불을 쏘아올렸고 이 화톳불은 다시 50개의 불꽃을 쏘아올렸다. 나팔수가 어둠 속에서 귀영나팔을 분 데 이어 40여 개의 스포트라이트가 쏟아졌고, 군악대가 북을 울리는 가운데 관객들이 행사를 즐기기 위해 자리를 잡았다. … 그런 뒤에 몇몇 학생들이 나와 장난감 병정 퍼레이드를 벌였다. 나는 도버(Dover)에 있는 요크 공작의 학교에서 이 특별한 것들을 빌려와 현지조건에 맞춰 응용했다. 소년들은 흰 바지와 붉은 상의에 챙 없는 흰 모자를 착용했고, 장교는 근위대용 검은 모피모자를 썼다. … 그런 가운데 군악 연주와 불꽃놀이가 계속되었다. 그리고 표범 가죽, 타조 깃털, 창과 방패로 꾸민 120명의 전사가 나와 출정무(出征舞)를 추었다. 그 다음에는 원주민 전사가 진정한 병사로 거듭나는 과정을 보여주는 '야만인에서 병사로'라는 순서가 이어졌다.

새로운 왕/황제의 육성을 들려주는 일이야말로 그 날 저녁의 경이롭고도 핵심적인 행사였다. 왕의 목소리는 숨겨진 확성기를 통해 운집한 군중에게 전달되었다. 그 다음 날에는 최고 법정에서 기념식이 있었는데, 여기에는 카바카, 판사들, 총독, 족장들과 주교들이 참석했다. 이것 "역시 나의 발명품으로, 가장 성스러운 의식으로 판명났다."[55]

그 외 트위닝의 다른 특출한 경력 역시 발명된 기념식에 대한 동일한 관심을 보여주었다. 그는 화려한 탕가니카 총독이었다. 마침내 그는 정부가 추서한 최초의 종신귀족—만들어진 전통의 가장 두드러진 사례—중 한 명이 되었는데, '담비 모피로 만들어진 중고 의상'[56]을 구입하기 위해 성 미카엘 및 성 요한 기사단 대십자가 망토를 팔아치우기도 했다.

트위닝의 사례가 보기 드물게 극단적인 경우이기는 하지만, 그런 의례들이 영국령 식민지 아프리카의 도처에서 상당히 중시되었던 것은 사실이다. 존 론스데일(John Lonsdale)은 '식민지 아프리카의 국가와 농민'에 대한 최근 논의에서, "아프리카 식민국가를 국가답게 만드는(statishness) 문제"를 알려면 "그 축제를 보면" 된다고 언급한다.

> 〔그는 다음과 같이 쓰고 있다〕 1935년 5월 6일, 제국 전역에서 조지 5세〔재위 1910~1936〕의 즉위 25주년 기념제들이 거행되었다. 심지어 서부 케냐 구릉지에 달랑 지역 사령부 하나 설치되어 있을 뿐인 작은 카카메가(Kakamega)에서조차 그러했다. … 경찰의 퍼레이드는 국가의 권력을 형상화했다. … 지역 판무관이 대독한 총독의 연설은 지배의 위엄을 선포했는데, 그 연설에 따르면 조지 왕은 주화의 이미지나 족장들의 메달에서 보이듯 가장 비천한 신민들의 곁에도 있었다. 그는 '가장 위대한 지배자이며 만백성을 사랑으로 보듬고 정의롭게 통치하기를 바라신다. 그는 항상 여러분의 복지에 온 관심을 쏟으신다'—그런가 하면 교사들과 농

민 여론의 주도자들은 왕의 공복들을 무시하고 하원에 불만사항을 청원함으로써 농민적 합법성(peasant legitimism)의 원칙들에 입각해서 행동했다. … 왕가는 이른바 농민-시민권(peasant citizenship)에서 물질적 개선의 문제와 긴밀하게 연관되어 있었다. 빅토리아 시대에는 '가죽과 담요를 제외하고는 아주 극소수의 사람들이나 의복을 갖추고 있었고 거의 어느 누구도 글을 읽을 줄 몰랐다. 그러나 이제 여러분은 철로와 신작로, 학교와 병원, 도시와 교역 중심지를 갖게 되었고, 이것들이 여러분에게 문명과 선정에 잇따른 발전의 기회를 제공해 줄 것이다.' 식민지의 개선은 농민적 **레크리에이션**과 연관되었다. 축제 행렬에는 으레 지방 보이스카우트의 모습이 보였다. … 지배자들은 카니발, 그러니까 사실상 농신제(農神祭, *saturnalia*)라고 할 수 있는 자리에서 신민들의 애정을 구하고자 했다. 아프리카 인들만을 위한 경기, 즉 미끄럼 장대 오르기, 줄다리기, 눈 가리고 축구공 차기가 있었다. 그런가 하면 인종 간 스포츠도 있었는데, 자전거 경주와 노새 경주(donkey derby), 심지어 원주민들은 그저 구경만 하는 유럽-인도 간 가장 축구시합(fancy dress soccer match)이 그런 것들이었다. 농민 **경제** 역시 동원되어, 달걀이나 동전, 밀가루를 이용한 경주가 있었다. … 농민 **문화** 역시 이용되었다. 곧 축제일은 교회의 예배와 함께 시작되었는데, 유럽 인들은 영국 국교회 예배의 고급 문화에 참여했고, 아프리카 인들에게는 가톨릭 축하연의 '하위 문화'가 할당되었다.[57]

영국 행정관들이 이 모든 것을 진지하게 취급했음은 분명한 사실이다. 가령, 탕가니카 총독으로서 에드워드 트위닝은 니에레레(Julius Kambarage Nyerere, 1922~1999)■의 탕가니카 아프리카 연맹과 협상하는 것을 거부했는데, 그 이유는 트위닝이 그들을 여왕에게 불충한 집단으로 여겼기 때문이다. 그러나 아프리카 인들이 그런 것들을 얼마만큼 진지한 것으로 취급했는지를 평가하기란 어렵다. 론스데일은 카카메가의 25주년 즉위 기념제를 '국가의 토착화'의 일부로 묘사하고는 지방 아프리카의 농민 지도자들이 얼마나 쉽게 영국인들이 부과한 전제들을 받아들이며 활동했는지를 보여준다. 즉, 북부 로디지아에서는 족장들이 총독을 통해 왕에게 총기류나 제복을 요구하고 그 대신 왕에게 표범의 가죽이나 엄니를 선물로 보냄으로써 공적인 '신학'에 동조했다. 아프리카의 댄스 협회들도 적절한 의식을 통해 왕이나 카이저를 대표로 추대했다. 천년왕국설의 설교자들도 청중들에게 조지 왕이 지금까지는 부패한 조언자들에게 홀렸지만 앞으로는 직접적인 통제권을 장악할 것이며 곧 황금시대로 인도할 것이라고 말했다.[58] 명백히 군주정의 상징이 상상력을 사로잡았다. 그것은 아마도 한동안 유럽 인들과 아프리카 협력자들 사이에서 모종의 이데올로기적 합의를 도출하는 데 기여했을 것이다. 앞으로 보게 되겠지만, 수많은 협력정치가 식민지 군주정에 대한 이론이 노정하는 한계 안에서 전개되었다. 그러나, 탕가니카에서 트위닝이 보여준 극도의 엄격함에도 불구하고, 식민지에서 군주정을 교묘하게 이용하고 전통을 발명해 가는 과정 전체는 수많은 실제 목표들을 이루는 데는 도움이 되기도 했지만, 궁극적으로는 반

■ 탄자니아의 초대 대통령. 재임 1964~1985.

(反)생산적인 것이 되었다. 트위닝은 전통을 제조하는 과정에서 그 특유의 천박함과 경솔함으로 인해 그 자신이 군주정과 귀족제 그리고 신-전통에 대해 가졌던 깊은 헌신성을 얄팍하게 눈가림하는 것에 그치고 말았다. 모름지기 전통을 발명해내는 일은 그것을 수정하고 그것을 유연하게 적용하는 일보다는 쉬운 법이다. 만들어진 전통은 무의식적으로 진화하는 관습과는 달리, 문구 하나하나에 따라 고지식하게 적용될 때에만 진지한 것으로 여겨질 수 있다. 부도에서 그렇게 칭송된 저 유명한 '정신(spirit)'이라는 것도 식민지 예식주의라는 앙상한 뼈대에 이식되자 시들해질 수밖에 없었다.

유럽의 신-전통을 이용하려는 아프리카 인들의 시도

19세기 유럽에서 전통의 발명이 수행한 기능 중 하나는, 발전을 거듭하는 여러 유형의 권위와 종속에 즉각적으로 인지가능한 상징적 형식을 부여하는 것이었다. 아프리카에서 그리고 과도하게 단순화된 식민 지배의 영향력 아래에서, 상징적인 진술들 그 자체는 점점 더 단순해지고 점점 더 명료해졌다. 새로운 식민사회의 아프리카 출신 관찰자들은, 유럽 인들이 군주정의 공적 의례들과 군사적 서열에 기반한 계급제 그리고 관료적 의례들에 부여한 의미를 거의 하나도 놓치지 않았다. 일부 아프리카 인들은 통치를 위해 고안된 신-전통에서 종속을 의미하는 부분을 털어내면서 그런 상징들을 교묘하게 조작해 보려고 했는데, 유럽 인들은 통상 그런 시도들이 하찮을 뿐만 아니라 형식과 현실을 혼동하고 있으며, 단지 의례 관행을 모방하는 것으로 권력이나 번영을 획득하는 게 가능하다는 잘못된 상상에 기초해 있다고 일침을 놓았다. 설령 백인들의 그런 주장이 사실일지라도, 형식을 과도하게 강조한 사람은 다름 아닌 식민지 백인 자신들이었다. 실로 그들 대부분이 부와 권력의 창조자라기보다는 그 수혜자였을 따름이다. 그들에게 신-전통의 관례와 상징들을 독점하는 게 중요한 일이었다면, 마찬가지로 아프리카 인들이 그것들을 전유하려고 한 것 역시 결코 어리석은 일이 아니었다.

아프리카 인들이 유럽의 만들어진 전통들을 끌어오는 데에는 일반적으로 네 가지 주된 방식이 있었던 것처럼 보인다. 물론 상대적으로 자율적인 방식으로, 그러니까 유럽 인들이 아프리카 인들에게 배정한 역할들을 받아들이지 않고서 말이다. 첫 번째 차원에서, 야심찬 아프리카 부르주아지는 유럽의 중간계급들을 규정하는 태도와 행동양식들에서 자신들의 그것을 끌어내려고 했다. 또다른 차원에서 많은 아프리카의 지배자들—과 그들의 추종자들—은 유럽식의 신-전통주의적 군주정의 칭호와 상징들을 사용함으로써 그들 자신의 권위를 표현할 권리를 행사하려고 고심했다. 그런가 하면 그런 유럽의 신-전통주의적 상징주의를 열성적으로 적용하는 사람들도 있었는데, 그들은 단순히 유럽 인들을 '흉내'내기보다는 식민권력의 현실을 폭로하고 격렬히 비판함으로써 다소 억지스럽게 변형시킨 상징주의를 천명하면서 자신들이 시대적 변화에 충분히 적응할 수 있음을 인상적으로 과시했다. 그러나 아프리카 인들 중에서도 스스로 뿌리뽑혔다고 느끼면서 새로운 사회를 형성하기 위한 새로운 방식들을 발견할 필요가 있었던 사람들이야말로 여러 면에서 유럽의 신-전통들을 가장 흥미롭게 활용한 사람들이었다.

브라이언 윌런(Brian Willan)은 1890년대에 선교교육을 받은 킴벌리(Kimberley) 아프리카 인들에 관한 자신의 저작에서, 영국 중간계급의 신-전통들을 전유하려는 아프리카 소 부르주아들의 열망을 극히 생생하게 설명하고 있다. 그는 "1890년대의 킴벌리(Kimberley)는 단연코 영국적인 장소였다. 사실 다이아몬드 시티(Diamond City)의 일상생활은 아마도 제국의 다른 어떤 곳만큼이나 분명하게 영국의 제국적 패권이 갖는 의미와 현실을 고스란히 표현하고 있었다"라고 쓰고 있다. 도시에는 "고용의 기회를 찾아서, 그리고 문자 해득력을 재산으로 삼아 기술을 활용하기 위해 킴벌리로 온 교육받은 아프리카 인들이 숫적으로 늘어가는 동시에 질적으로도 점차 균질화되어 가고" 있었다. 이 사람들에게는 19세기 영국의 자유주의적 세계—그러니까 보통법의 지배 아래에서의 자유와 평등, 안정적인 소유권과 기업적 활력이 보장되는 그런 세계—의 안정된 거류민이 되고 싶은 열망이 있었다. 동시에 그들은 19세기 후반의 영국 중간계급의 한결 '비합리적인' 만들어진 전통들을 습득함으로써 자신들의 시민권을 상징화하려고 애썼다.

그들은 왕권에 대한 충성심이라는 면에서 식민지 백인들을 능가했다. "그들의 가치와 신념을 극명하게 보여주는 … 특별히 중요하고도 널리 확산된 하나의 상징이 있다면, 바로 빅토리아 여왕의 초상이었다." 그들은 1897년에 그들 자신의 '진보적인' 성취는 물론이요, 영국 군주정을 자신들의 후원자로서 신뢰하고 있음을 극화한 일련의 연회와 연설을 통해 여왕의 즉위 60년제를 거행했다. 그들은 '교회, 클럽, 협회들을 통한 정규적인 활동망'을 구축했다. 무엇보다 스포츠에 열심이었다.

〔윌런은 다음과 같이 쓰고 있다〕 킴벌리의 아프리카 소 부르주

아지의 삶에서 스포츠는 중요한 것이었다. 그것은 서로간의 가일층 진전된 유대와 그들이 사는 사회의 지배적 가치를 전파하는 수단이었다. 테니스 경기는 블루 플랙 테니스 클럽이나 챔피언 론 테니스 클럽 혹은 컴 어게인 론 테니스 클럽 가운데 한 곳에서 열렸다. … 그럼에도 가장 인기 있는 종목은 크리켓과 럭비였는데, 이것들은 케이프 식민지에서 주도적인 스포츠였다. … 크리켓은 킴벌리의 아프리카 소 부르주아지가 정말이지 그들 자신을 위해 직접 만든 경기였다. 사실이 그렇다는 데 전혀 놀랄 필요가 없을 것이다. 요컨대 크리켓은 단순한 경기가 아니었다. 외려 그것은 영감을 발산하는 … 무수한 가치와 이상을 체현한 독특한 영국식 제도라고 할 만했다. 크리켓은 사회 훈련의 장이었다. 삶이 크리켓과 같다는 생각, 크리켓이 인성 계발에 큰 도움이 된다는 생각이 널리 받아들여졌다. 1893년에 한 작가는 『다이아몬드 필즈 어드버타이저(*Diamond Fields Advertiser*)』에서, '크리켓이라는 남성다운 운동을 통해 주의·집중·인내·결단을 배울 수 있다'라고 주장했다. 크리켓은 제국적 이념을 체현하고 전파했다.

킴벌리에는 두 개의 아프리카 클럽(각기 몇 개의 팀을 운영한)이 있었다. 바로 듀크 오브 웰링턴 크리켓 클럽과 … 에센트릭스 크리켓 클럽이었다. 그 이름도 의미심장한데, 둘 다 대영제국 건설에 기반이 된 특유의 자질들을 상징하고 있다.[59]

물론 백인들은 이 모든 것이 남아프리카 역사의 장기적인 흐름에서 볼 때, 제국적 이상을 너무나 진지하게 받아들인 것에 불과하다고 여겼다. 남아프리카에 크리켓을 하는 흑인 지배계급이 들어설 여지는 없었다. 아프리카의 크리켓은 결국 소멸했고, 훗날 근대 아프리카의 대중 스포츠인 프롤레타리아 축구(proletarian association football)▪가 그 자리를 대신했다. 다만 시에라리온(Sierra Leone)▪▪과 같은 예외적인 식민사회들에서만 크레올(Creole)▪▪▪ 사회가 사치스런 유럽식의 신-전통주의적 의례들을 통해 정기적으로 자신의 진정한 권력을 과시할 수 있었을 뿐이다.

한편, 중기(中期) 식민주의 시절 아프리카의 '부족' 지배자들은 도처에서 위협받고 있었던 탓에 눈에 띄는 신-전통주의적 군주정의 부속물들을 놓고 치열하게 경쟁하고 있었다. 초창기 식민지 행정관들은 아프리카의 지배자들을 왕으로 인정하고 린디(Rindi)와 같은 사람들에게 장식용 군주정(stage monarchy)의 소품을 선사하는 것으로 만족했다. 그러나 식민체제가 확립되어 감에 따라 아프리카 지배자들의 양해를 구해야 할 필요성이 줄어들면서 바람이 빠지기 시작했다. 한때, 영국 남아프리카 회사의 이사진은 북서부 로디지아 영토에 대한 권리를 내세우기 위해 바로츨랜드(Barotseland)의 레와니카(Lewanika)로부터 양해를 구하느라 애썼다. 당시 레와니카는 위대한 왕으로 묘사되었고, 영국 왕권의 위엄에 다가갈 수 있는 자격을 얻었다. 레와니카의 경력은 1902년 에드워드 7세의 대관식에 초청됨으로써 절정에 달했다. 잉글랜드 '사회'가 영예롭게 레와니카를 받아들인 것이다.

▪ 이 명칭은 영국의 전국 축구 협회(National Football Association)에서 유래했다.
▪▪ 서아프리카 남부의 나라. 18세기 후반부터 북미의 해방 노예들과 백인 매춘부들이 정착한 지역이라는 점에서 예외적이었다.
▪▪▪ 백인과 흑인의 혼혈.

그에게는 마음대로 쓸 수 있는 왕실 마차가 있었다. 도싯(Dorset)의 한 마을에서는 마을 사람들이 마차를 끌 수 있게 말들을 마차에서 풀기도 했다. 그는 애버콘 공작 부인과 같은 사람들에게서 티 파티에서 즐기는 단순한 게임들을 배우기도 했다.

그는 주위로부터 잉글랜드에서뿐만 아니라 고국으로 돌아간 뒤에도 쓸 수 있는 영국의 왕실의식 관행의 상징물들—사두마차, 정식 제독예복, 레알루이(Lealui)에 있는 자기 하인들을 위한 진홍색 외투들—을 구입하라고 종용받기도 했다. 이와 관련해 로지(Lozi)의 구 지배자는 "왕들이 한 자리에 모이면 화제가 궁한 적이 없었다"라고 확인했다.[60)]

그러나 조만간 구 지배자 세대는 왕권에서 배제될 것이었다. 북부 로디지아 행정 당국은 점차 확실한 입지를 구축해 가면서 레와니카의 권력을 거세해 나갔고, 그의 항의도 매몰차게 묵살했으며, 국왕 상징주의를 더욱 교묘하게 조작함으로써 예전에 그들에게 베풀었던 특전을 다시 거둬들였다. 가령, 고등 판무관과 행정관들이 로지의 왕실예법으로 영접받는 관례가 폐지되었다. 그런가 하면, 아예 레와니카 자신이 더 이상 '왕'으로 호칭되지 않았는데, 그런 호칭으로 말미암아 그가 다른 족장들에 비해 과도한 특권을 누릴 뿐만 아니라 망극하게도 제국 군주정의 위엄을 넘볼지 모른다고 여겨졌기 때문이다.[61)] 우간다의 안콜레(Ankole) 왕국에서도 그와 유사한 패턴이 엿보인다. 역시 거기서도 초창기에는 식민 당국이 안콜레 군주정을 지지했지만, 곧 "그 나라에서 활동하는 장교들이 아프리카 소국 지배자들에 대해 왕의 칭호를 사용하는 것을 내켜하지 않는" 반

발이 잇따랐다.[62)]

이 식민 중기(中期)에 아프리카의 '최고권자들(paramounts)'은 왕의 칭호를 얻고 영국의 대관식에 초대를 받아 왕관과 왕좌, 영국적 양식의 대관식과 즉위 기념제를 통해 자기들의 내적 권위를 극화시키려고 애썼다. 그런 가운데 가령, 안콜레의 오무가베(Omugabe)는 간신히 왕좌와 문장과 왕관을 얻을 수 있었다.[63)] 그런가 하면 레와니카의 계승자 예타(Yeta)는 특출한 왕의 지위를 굳히느라 여념이 없었다. 그에게는 약간의 이점이 있었다. 왕실 인사들이 북부 로디지아를 방문할 때마다 행정 당국은 빅토리아 폭포 외에 그들에게 보여줄 만한 근사한 장소를 물색하는 데 상당히 애를 먹었기 때문이다. 그들은 항상 로지에 의존했다. 가령, 1925년 총독은 웨일스 공을 위해 어떤 기념식이 어울릴지를 숙고하면서 "일반적으로 볼 때 이 족장들 중 어느 누구도 눈길을 확 잡아끌지 못한다"라고 토로했다. 그러나 그는 로지의 '수상 열병(aquatic display)'이 그나마 "토착 기념식들 중 상당히 현란한 축"에 든다고 하며 자위했다.[64)] 예타는 공을 영접하기 위해 자기 함대를 잠베지(Zambesi) 강 하구에 파견했으나, 연설을 통해 "왕실의 귀한 분을 고유한 환영식으로서 저희 집에 영접하는 일이 저희들로서는 큰 기쁨이 될 것"이라고 강조하는 데 신경을 썼다.[65)] 더욱이 로지에는 사무원이나 감독관들처럼 남부의 광산이나 도시에서 일하는 수천 명의 현지인들이 있었다. 이 '신인들(new men)'은 자기들의 최고권자가 '왕'의 칭호를 다시 얻을 수 있도록 기금을 모으고 청원서를 작성할 만반의 채비를 갖추고 있었다. 결국 바로츨랜드가 특별한 지위를 얻었다는 사실은 행정 당국이 지방적 차원의 '개혁들'을 단행하기 위해 예타와 협상하지 않을 수 없었음을 뜻한다.

예타는 이 모든 이점들을 누리는 가운데 치세 말에 이르면 눈에 보일 정도의 상징적 승리를 거두게 되었다. 그에게 1937년의 대관식에 참여해도 좋다는 결정이 내려진 것이다. 물론 심각한 장애물들이 있었다. 애초에 런던의 국무비서는 아프리카 지배자들을 배제한 가운데 초대 인사를 인도 토후들로까지만 한정하기로 결정했다. 북부 로디지아의 행정관들은 대관식이 오직 백인들에게만 의미 있는 신성한 관례라는 입장을 견지하고 있었다. 즉, 아프리카 인들은 이 지고의 신성함 속으로 들어올 수 없다는 것이었다. 대관식 예배는 "절대다수의 원주민들에게 아무 것도 전해 줄 게 없을 것이었다."[66] 그러나 예타는 자기가 가진 모든 이점을 이용했다. 그는 지방 정부 '개혁'에 양보를 하면서 초대장을 얻어냈다. 그의 남부 행차는 매우 성공적이었는데, 로지의 이민 노동자들이 예타의 항해를 위해 기부금을 내고자 철로에 운집했던 것이다. 예타는 로지의 왕실예법에 따라 어엿한 왕으로 대접받았고 의기양양하게 바로츨랜드로 돌아왔다. 거기서 로지의 진보적 인사들은 "대영제국이 수천, 수백만 가운데 극소수만이 누릴 수 있는 특권으로서 우리의 귀하신 분을 대관식에 초대하고 귀하신 분에게 웨스트민스터의 가장 좋은 자리 하나를 내줌으로써 바로츨랜드를 영예롭게 한 것에 대단히 만족"한다고 해 기쁨을 감추지 않았다.[67] 예타의 비서였던 고드윈 음비쿠시타(Godwin Mbikusita)는 1940년에 출판한 『예타 3세의 잉글랜드 방문기(*Yeta III's Visit to England*)』에 이러한 승리를 기록했다.

〔음비쿠시타는 다음과 같이 썼다〕 대관식은 지금까지 우리가 본

적도 없고, 두 번 다시 볼 수도 없을 가장 거대한 행사였다. 대관식 행렬을 보고 있노라면 내가 대관절 지상에 서 있는지, 꿈을 꾸고 있는지, 아니면 천국에 있는지도 분간할 수 없을 정도였다.

그러나 그는 예타가 한 사람의 왕으로서 다른 왕에게 예를 표하듯 조지 왕에게 서약했다는 점을 분명히 하고자 했다. 스와질랜드(Swaziland)의 소부자 2세(Sobhuza Ⅱ)가 예타에게 보낸 "그대가 … 아프리카 왕의 정신과 예법으로 조지 왕을 맞이하기를 바라며"라는 축전을 떠올리면서 말이다.[68)]

과연 한때 '왕'의 칭호를 향유했던 대족장들만이 이런 종류의 상징적 정치게임을 한 사람은 아니었다. 왕실의 신-전통에 의지하는 것은 1920년대와 1930년대를 가득 채운 위대한 발명의 기술 중 하나였다.[69)] 르로이 베일(Leroy Vail)은 다양한 종교와 사회제도를 보유한 툼부카 어 사용자들(Tumbuka-speakers)의 경우에 벌어진 일을 묘사한 적이 있다. 그러나 식민주의 아래에서 선교교육을 받은 일단의 아프리카 인들은 툼부카 지상주의를 창출해냈다. 1907년에 칠롱고지 곤드웨(Chilongozi Gondwe)가 족장으로 지명되어, 툼부카 인들의 마음속에 자신의 지위가 왕이라는 것을 각인시키기 위한 작업에 착수했다. 그는 매해 자신의 족장 계승 기념식을 거행했고, '왕'의 칭호를 사용하기 시작했다. 여기서 그는 선교 엘리트들의 열렬한 지지를 받았는데, 그들은 고대 툼부카 제국의 신화적인 역사를 창조해내기 시작했던 것이다. 르로이 베일은 다음과 같이 언급하고 있다.

예전에 〔선교〕학교에서 받았던 빅토리아식 교육의 성격을 고려하면, 잘 교육받은 엘리트가 전통적인 가치들과 족장 치하 사회의 위계서열을 받아들이는 일은 결코 놀라운 일이 아니다.

지역 판무관은 곤드웨의 영향력을 견제하려고 애썼다. "나는 〔그에게〕 왕을 참칭(僭稱)하지 말라고 경고했다." 그러나 1931년 칠롱고지 곤드웨가 죽자 모든 게 변했다. 식민지 행정 당국은 이제 간접통치정책을 선호했고, 따라서 전통의 발명자로서 엘리트에게 문호를 개방했다.

아프리카의 대신인 에드워드 보테 만다(Edward Bote Manda)는 칠롱고지의 아들 존 곤드웨를 새 족장으로 옹립하려고 했다. 만다는 영국의 대관식을 본따 '족장권에의 맹세'—"그대는 백성들을 올바르게 통치하는 길잡이로서 우리의 기독교를 보호하고 성경의 가르침에 충실하겠노라 엄숙히 맹세하는가?"—라는 절차를 포함한 정교한 즉위 관례를 기안했다. 이렇게 해서 툼부카 지상주의는 진보적인 기독교 군주정의 특성을 띠기 시작했다.[70)]

영국의 국왕 상징주의를 교묘하게 이용하려는 그런 시도들이 매우 복잡한 것이었음을 이해할 필요가 있다. 그런 시도들은, 족장들의 관점에서 볼 때는 대체로 지위를 재확인하는 것에 그치는 일이었지만, 선교교육을 받은 엘리트의 관점에서 볼 때는 주요하게 권위를 재규정하려는 시도이기도 했다. 음비쿠시타는 영국의 대관식에 대해 다음과 같이 썼다.

〔그것은〕 왕권과 민중의 위대한 협력을 보여주며, 민중이 비록

왕의 신민일지라도 왕 역시 그들의 신민임을 보여준다. … 잉글랜드에서 왕후가 왕의 대관식에 함께 한다는 것은 우리로서는 크게 놀랄 만한 일이다. 그것은 철회할 수 없는 결혼과 진정한 평생의 동반자 관계를 상징하는 징표다. 유럽 문명이 이 점을 제대로 평가하기까지 수세기가 걸렸다. 우리는 이 문명이 가르쳐준 교훈과 사례를 통해 우리 세대가 그런 깨달음을 얻게 되기를 바란다.

로지의 교사들은 예타의 대관식 방문이 "바로츨랜드의 교육받은 계급의 눈을 트이게" 하고, "잉글랜드에 존재하는 문명의 노선을 채택함으로써 나라를 앙양시키"리라는 희망을 피력했다.[71] 다시 한 번 아프리카에서 영국의 신-전통들이 근대적 변화의 원천으로 간주되었던 것이다.

그러나 궁극적으로 식민주의자들에게 국왕 상징에 집착하는 것에 한계가 있다는 것이 분명해졌듯이, 아프리카 인들에게 그 과실(果實)은 기껏해야 모호할 뿐이었다. 교육받은 아프리카 인들은 근대적인 변화를 촉진할 실질적인 권력으로 가는 길이 상대적으로 규모가 작은 아프리카 '왕국들'에게는 마련되어 있지 않음을 깨닫게 되었다. 그들은 부족적 전통들보다는 차라리 민족주의자들을 만들어내기 시작했다. 1947년에 조지 6세가 북부 로디지아를 방문했을 당시, 아프리카의 지식인들은 일련의 민족주의적 요지를 내포한 왕의 연설을 내보냄으로써 그 방문을 이용해 보려고 했다. 그런 경우들에 으레 따르게 마련이던 경외심은 단지 문헌에 대한 임의적인 검열을 통해서만 현상적으로 유지될 수 있었다. 당시 지식인들의 관심과, 1947년에 또다른 종류의 극히 현란한 기념식으로 스스로를 감싼 로지의 최고

권자의 관심 사이에 존재하는 차이가 백일하에 드러났다.[72)]

한편, 신-전통주의적 군주정으로 일부를 치장하는 데 성공을 거둔 아프리카의 지배자들은 역설적인 과정에 휘말리게 되었다. 도언보스(Doornbos)가 안콜레의 경우에서 아주 잘 보여주었듯이, 문제가 되는 과정은 유연하고 융통성 있는 군주정의 관습적 제도들로부터 '관료적 구조로 고착되고 점점 더 새로운 예식주의로 두껍게 덧칠된' 식민지 군주정으로의 이행이었다. 안콜레에서 그런 변화의 본질은, 오무가베를 '관료적 위계제의 도구'로 둔갑시킴과 동시에 '전통적 가치들을 민속 전승의 수준으로 격하시키는 것'이었다. 좀더 왕/황제답게 되려는 아프리카 지배자들의 욕망은, 그들이 점점 더 그들 사회의 정치적이거나 문화적인 중심이 되기보다는 의식상의 중심으로 남게 되면서, 실제로는 오무가베처럼 되는 것으로 끝이 났다. 도언보스의 책 제목이기도 한 '풍성한 왕보(王寶)'라는 말이 그 과정을 간결하게 요약하고 있다. 아무튼 쪼그라든 제국시대 이후의 영국에서도 그 기능을 여전히 유지했던 왕/황제의 기념식과는 달리, 아프리카 왕들의 기념식은 결국 중요한 어떤 것을 반영해 주지 못하는 것으로 판명났다. 안콜레의 왕권은 자잘한 반대에 부딪치지 않았음에도 폐지되고 말았는데, 지방 언론은 이를 좀더 공공연한 관료적 권위의 상징으로 이행하는 과정으로 여겨, '의장의 좌석이 왕좌를 대신하다'를 머릿기사로 뽑았다.[73)]

그러나 아프리카의 지배자들과 사제들만이 유럽의 만들어진 전통의 상징들을 교묘하게 이용하려고 했던 것은 아니다. 이민 노동자이건 하급 사무원이나 관리이건 간에, 식민지 경제를 경험하고 있던 그 밖의 많은 사람들 역시 그런 상징들을 움켜쥐었다. 이 두 집단 모두 새로운 식민사회에 적응하려고 했고, 위신의 원천으로서든 아니면 고상한 열정의 표시로서든 식민주의의 본질을 드러내는 데 이러저러한 유럽의 만들어진 전통들을 동원한 댄스 협회들에 참여함으로써 부분적으로 적응에 성공했다. 존 일리프는 1차 대전 직전 독일령 동아프리카에서 발전했던 해안 댄스 협회들을 묘사했다. 가령, 1911년에 '은고마 야 키후니(*ngoma ya kihuni*)'—불량배들의 댄스 협회, 그 이름은 '고지대 하류계급 이민자들'에 의해 발칙하게 선택된 것이다—가 카이저의 명예로운 이름으로 여러 종류의 춤을 창안했다. 그들은 독일 총검술을 모방해 기관총소리를 따서 이름을 지은 '봄(*Bom*)'이라는 춤을 추었다. 사무원들과 가내 하인들은 "항상 차파울린게(*chapaulinge*)라는 춤으로 카이저 탄신일을 기렸다." 댄스 협회들은 유럽적 양식의 저택에서 모이곤 했는데, 회원들은 차를 마셨고 "해산할 즈음에는 만세삼창을 했다."[74] 케냐의 해안가 도시들에는 아리노티(Arinoti) 고지대 이주자들과 마리니 스와힐리(Marini Swahili) 젊은이들 사이에서 유사한 계급 분열이 발생해 경쟁이 붙었다. 마리니 인들에게는 유복한 귀족 후원자들이 있었는데, 총독과 그 관리처럼 꾸민 자들이 인솔하는 행렬, 전함 진수, 예복을 갖춰입고서 선교에서 경례하는 제독의 퍼포먼스로써 평민 반대자들에 대한 우위를 과시했다. 그런가 하면 영광스럽게도 대 귀족가문의 위엄 있는 전통에 따라 예복으로 갈아입고 라무(Lamu)의 사진 앨범에서 이를 기리기도 했다.[75]

필자가 이미 다른 곳에서 주장했듯이, 그런 축제는 백인들을 단순히 흉내내는 것 이상이었다. 댄스 협회들은 구래의 협회들을 계승한 것들이었는데, 그 협회들은 어떤 때는 오만 풍을 취하고 다른 때는 인도양식을 채택하는 것으로 권력의 변동에 그럭저럭 맞춰 나가면서 수십 년, 혹은 수세기 동안 해안과 그 배후지의 변화하는 경험을 반영했다. 무엇보다 댄스 협회들은 매우 기민하게 유럽 식민사회 내부의 근본적인 분할을 포착해 이를 무용대회를 위한 기초로 이용했다. 공식적 식민주의 이전 프랑스 댄스 팀들은 독일 및 영국의 댄스 팀들에 맞서 춤을 추었다. 식민주의 아래에서 해상권력을 대표하는 팀들은 식민지 보병대를 대표하는 팀들에 맞서 춤을 추었다. 케냐에서 영국 왕권—킹기(Kingi)—에 충성을 맹세한 팀들은 잉글랜드 인들의 숙명적인 라이벌인 스코틀랜드 팀들에 맞서 춤을 추었다. 스코틀랜드 팀들은 킬트를 입고 백파이프를 불며 19세기 스코틀랜드 전통의 성공적인 발명을 기념하기 위해 몸바사(Mombasa) 거리를 가로질러 퍼레이드를 벌였다. 불행히도 웨일스 인들은 아프리카 제국에서 소수였고, 더구나 아프리카 무용대회에서는 드루이드 교도들(웨일스 인들)을 아예 찾아볼 수도 없었다![76]

그런 춤을 춘 사람들은 해안지방의 도시환경을 든든한 배경으로 삼거나 아니면 농촌에 되돌아갈 고향을 가진 사람들이었다. 그러나 의지할 배경이 없는 사람들도 있었는데, 그들로서는 식민 경험 자체를 비판적으로 반추해 봐야 할 뿐만 아니라 자신들의 삶 전체를 조직화하는 방법도 발견해낼 필요가 있었다. 그런 사람들에 대해서는 특히 군사적 양식의 유럽 전통이 유용했다. 그것은 특히 초기 식민주의시대에 언제라도 이용할 수 있는 가장 단순명료한 모델이었다. 그런 모델에 내포된 명료한 권위구분은 작업규율을 세우는 방법만큼이나 분명했다. 그것은 확실히 유럽의 초기 식민사회에서 가장 중요한 일부였고, 현행 공동체에 가장 완벽한 모델을 제공해 주는 것으로 보였다. 그처럼 당장이라도 사용할 수 있는 모델이었기에 유럽의 선교사들 역시 군사적 양식과 은유를 폭넓게 채택했다. 그들 대부분이 공식적인 식민지배가 확립되기 전에 초기 개종자들을 무장시키고 훈련시킨 사람들이거나, 아니면 식민 지배가 한창이던 시절 계속적으로 학생들을 훈련시켜 군악대로 조직한 사람들이었다.[77] 그러나 규율 자체는 백인들에 의해서만 강화된 것이 아니었다. 종종 아프리카 인들 스스로가 그것을 추구하기도 했다. 결국 그들 자신이 그것을 새로운 식민체제의 급박한 필요에 맞춰 나갔다. 공동체를 만들려고 했던 여러 아프리카 집단들에게는 새로운 사회적 상호작용과 위계 및 통제양식이 필요했다. 그리고 그런 목표들을 추구하면서 아프리카 인들은 군사적 양식을 활용할 수 있었다.

오고트(Ogot) 교수는 다음과 같은 흥미진진한 사례를 인용하고 있다. 윌리스 주교(Bishop Willis)는 1916년에 서부 케냐의 흩어져 있는 아프리카 개종자들을 방문한 적이 있었다.

〔주교는 다음과 같이 썼다〕 선교학교에서 어느 정도 교육을 받은 뒤 고향으로 돌아간 개종자들은 시야에서 사라지게 마련이다. 선교사가 다음 번에 만난 그는 이미 자진해서 소규모의 성경 낭독 회중의 책임을 맡고 있는 경우가 태반이며, 그런 모임으로부터 일정한 과정이 지나면 교리입문을 위한 소규모의 후보자집단이 출현한다. 그렇게 작업이 꾸준히 진척되어 가는 가운데 그런 집단 대부분은 적어도 초기 단계에서는 유럽 인들로부터 완전히 독립적으로 운영된다. 예컨대 일요일에 키수무(Kisumu)의 원주민 회중을 방문하는 사람은 카비론도(Kavirondo)를 제외하면 어

디에서도 보기 힘들 광경, 즉 제복을 차려입은 잘 훈련된 회중을 보게 될 것이다. 그들 모두는 아니지만 적어도 그들 중 수백 명은 깃과 등판이 짙은 파란색인 짧은 흰 셔츠를 입고 있을 것이다. 가슴에는 대충 C.M.K.라는 문자도 새겨져 있다. 그런가 하면 머리에는 흰 방패에 푸른 십자가를 새긴 붉은 터키모를 쓰고 있다. 더 가까이에서 보면, 하사관에서 대령에 이르기까지 계급을 나타내는 묘하게 생긴 단추와 줄무늬가 눈에 띌 것이다. 작고 붉은 단추가 어깨 위에 달려 있는데, 두 개는 중위, 세 개는 대위를 가리키는 식이다. 심지어 적십자 지부에도 교회 건물 밖에서는 고유한 장교단과 더불어 계급이 존재한다. 실제 모습은 천차만별이지만 처음부터 끝까지 기본 양상은 똑같다. 색깔도 다양하고 모자의 십자가 모양도 지역마다 다르지만, 어디서나 동일한 일반적 이념을 확인할 수 있다. 그런 조직에서 흥미로운 대목은 그것이 철저하게 원주민 기독교도 자신들의 이념이었다는 것이다. 그들은 자기들 고유의 제복을 디자인해서 직접 구매했다. 또한 백인의 지도나 간섭 없이 스스로 교육하고 조직했다. 이보다 더 분명하고 자연스런 독립성의 증거를 찾아내기는 어려울 것이다.[78]

아프리카의 유럽 인들과 '전통'

19세기 유럽의 만들어진 전통들은, 아프리카에 도입된 이래 유럽 인들과 일부 아프리카 인들을 '근대적인' 목표를 위해 결속시키는데 기여했다. 그러나 신-전통주의적 사상에 고유한 모호성도 아울러 존재했다. 이러저러한 신-전통들에 속하는 유럽 인들은 관습적인 것을 존중하는 사람들로 자처했다. 그들은 조상 전래의 권리라는 이념을 선호했고, 아프리카 족장이 소유한 칭호와 자신들의 전매특허인 신사 칭호를 즐겨 비교했다. 여기에는 심대한 오해가 따르곤 했다. 백인들은 유럽의 신-전통들을 아프리카의 관습과 비교하면서 전혀 차원이 다른 두 개를 비교하는 잘못을 저질렀던 것이다. 유럽의 만들어진 전통들은 전혀 유연하지 못한 것으로 드러났다. 그것들은 근대적 대관의례의 경우처럼 일련의 기록된 규칙 및 절차와 연관된 것들이었다. 만들어진 전통들이 유럽에서 재확인될 수 있었던 것도, 따지고 보면 그것들이 극도로 유동적인 시기에 부동성을 대표했기 때문이다. 그런데 유럽 인들은 아무런 거리낌없이 자기들의 전통이 가진 특성을 아프리카의 관습에 그대로 적용했다. 확실히 아프리카 사회는 근원적으로 보수적—조상 전래의 불변의 규칙들 안에서 살기 때문에, 변화의 부재에 기반한 이데올로기 안에서 살기 때문에, 분명하게 규정된 위계적 지위의 틀 안에서 살기 때문에—이라는 백인들의 주장에, 항상 아프리카는 후진적이라거나 아니면 근대화에 미온적이라고 지레 짐작할 의도가 깔려 있었던 것은 아니다. 종종 그런 주장에는, 상당한 오해는 있을망정, 오히려 그런 전통의 경이로운 가치들을 찬양하려는 의도가 깔려 있었다. 1920년대와 1930년대에 백인들이 아프리카에서 급속한 경제적 변형이 일어나서는 안 될 뿐만 아니라 대부분의 아프리카 인들이 농촌 공동체의 성원으로 남아 있어야만 한다는 점을 깨달았을 때, 혹은 몇몇 백인들이 이미 발생한 변화들이 초래한 결과에 거부감을 갖게 되었을 때 '전통적' 아프리카에 대한 이런 태도가 더욱 두드러졌다. 아프리카의 협력자들이 도입된 유럽의 전통들 안에서 자기 역할을 수행하게 되면서, 백인들의 눈에 그들은 여전히 아프리카 고유의 전통세계에 사는 것으로 가정된 '진정한' 아프리카 인들에 비해 덜 경이롭게 비춰지기 시작했다.

이런 접근법에는 식민시대 이전 아프리카의 현실에 대한 오해가 속속들이 스며들어 있었다. 식민시대 이전의 사회들은 확실히 관습과 연속성을 귀하게 여겼지만, 관습은 느슨하게 규정되었고 한없이 유연했다. 관습은 일체감을 유지하는 데 도움이 되었지만 동시에 너무도 자생적이고 자연스럽게 적용될 수 있어 그런 관습이 있다는 것조차 종종 잊어 버릴 지경이었다. 더욱이 '전통적' 아프리카의 특성이라고 이해된 자기완결적인 통합적 합의체제라는 것도 사실상 있어본 적이 거의 없었다. 19세기 식민시대 이전의 아프리카에 대한 최근의 거의 모든 연구가, 아프리카에 단일한 '부족적' 정체성이 존재했기는커녕 대부분의 아프리카 인들이 스스로를 이러저러한 족장의 신민으로, 이러저러한 종교적 숭배의 성원으로, 이러저러한 씨족의 일부로, 그것도 아니면 이러저러한 직업적 길드의 회원으로 규정하면서 다양한 복수의 정체성을 넘나들었다는 점을 이구동성으로 강조하고 있다. 이런 중첩된 결사와 교환의 망은 광범위한 지역에 걸쳐 있는 것이었다. 그렇다면 '부족적' 정치체와 그 내부의 권위적 위계제의 경계들은 아프리카 인들의 개념상의 범위들을 규정하지 않았다고 할 수 있다. 빔 반 빈스버겐(Wim van Binsbergen)은 아프리카를 연구하는 역사가들이 과거를 설명하는 유용한 개념으로 이른바 '퀘와(Chewa) 정체성'■이라는 것을 무비판적으로 수용하는

■ 여기서 퀘와란 말라위 지역에 살았던 아프리카 종족의 이름인데, 흔히 외지인이 '아프리카' 하면 떠올리는 다분히 호전적이고 야만적인 아프리카 부족을 표상한다.

것을 비판하면서 다음과 같이 언급한다.

> 근대 중앙 아프리카의 부족들은 식민시대 이전의 과거로부터 유래했다기보다 식민지 장교들과 아프리카 지식인들에 의해 오히려 식민시대에 창출되었다고 할 수 있다. … 역사가들은 주변 집단들이 꾸준하게 동화되고 또 이탈한 역사적 증거 앞에서, 이른바 퀘와 종족의 균질성을 규명해내지 못한다. … 그들은 식민시대에 정치 동학이 얼어붙으면서 나타난 연공체제(seniority system of rulers)와, 식민시대 이전의 경쟁적이고 변화하는 유동적인 권력 및 영향력의 불균형 사이에 존재하는 차이를 구분하지 못한다.[79)]

그렇다면 이와 관련해 19세기 아프리카의 특성을, 내적인 사회경제적 경쟁이 결여되고 원로들이 무소불위의 권위를 행사하며 모든 이—남녀노소를 불문하고—에게 일정한 경계를 가진 보호받는 사회 내부에 합당한 자리를 지정해 주는 관습이 통용되었다는 식으로 설명할 수는 없는 노릇이다. 경쟁, 운동, 유동성이야말로 대규모 집단만큼이나 소규모 공동체의 큰 특징이었으니 말이다. 그리하여 마셔 라이트(Marcia Wright)는 19세기 후반 탕가니카 호수 회랑지대의 사회 현실에 대한 재기 넘치는 설명에서, 경제적·정치적 경쟁이 결혼이나 확대 씨족관계를 통해 여성들에게 제공된 '관습적 안전망' 위에 중첩되어 있었음을 보여주었다. 여성들은 예전의 안전한 보호처에서 밖으로 끊임없이 떠밀려 나가고 있다고 느꼈으며, 스스로의 힘으로 끊임없이 새로운 보호처를 찾고자 애썼다. 물론 그 후에 그리고 20세기에, 관습적 안전망과 고정불변의 관계망들에 대한 교의들(dogmas)이 '우자마(*ujamaa*)'■ 양식의 연대성이라는 외관을 갖춘 사회들에서 발전한 것은 사실이다. 즉, '개인적인 활력과 의사결정권'이 '공식적인 구조적 요인들'보다 더 중요하게 19세기의 '급속한 변화'가 안정으로 가는 길을 터 준 것이다. 마셔 라이트가 언급하듯이,

> 1895년 이후에 식민 당국들이 재건기를 책임졌는데, 그 때의 화평이란 주민의 거주 이전의 부자유, 강화된 인종적 기준, 한층 엄격한 사회적 지위규정을 뜻하게 되었다.[80]

이로부터 탕가니카 회랑지대의 '관습'이란 과거의 것이 복고된 것이라기보다 차라리 발명된 것이라는 점이 분명해진다. 다른 곳에서도, 그러니까 19세기의 경쟁적 역동성이 젊은이들에게 경제적·사회적·정치적 영향력의 독립적인 기반을 닦을 수 있는 무수한 기회를 제공한 곳에서도, 식민주의를 통해 토지 할당·결혼 거래·정치적 직위에 대한 원로들의 통제권이 확립되어 있었던 것이다. 다시 말해서 소규모의 원로정(元老政, gerontocracy)들은 19세기가 아니라 20세기를 규정하는 특징이었던 것이다.

그와 같은 '주민의 거주 이전의 부자유, 강화된 인종적 기준, 한층 엄격한 사회적 지위규정'에 기반한 20세기적 과정 중 몇 가지는,

■ 영어의 '통일성(unity)'에 해당하는 스와힐리 어. 탄자니아의 초대 대통령 니에레레가 공동의 목표를 달성하기 위해 아프리카 인들을 한데 모으려고 만들어낸 개념이다. 일종의 협동조합운동으로 볼 수 있다.

식민시대의 경제적·정치적 변화, 즉 교역과 통신의 내적 패턴이 파열되고 영토적 경계가 획정되며 토지가 수탈되고 예비군제도가 확립되는 과정에 뒤따른, 필연적이면서도 예기치 않은 결과였다. 그러나 그런 과정 중 다른 몇 가지는 식민 당국들의 편에서 '전통'을 규정하고 강화함으로써 질서와 안전 그리고 공동체 의식을 '재확립'하려는 의식적인 결정의 결과이기도 했다. 가령, 행정관들은 처음 활동을 시작하면서는 통상 강탈을 일삼는 족장들에 맞서 착취당하는 평민들의 편에 서겠노라고 선포했으나, 사회통제라는 현안에 직면해 결국 '전통적인' 족장의 권위를 옹호하는 것으로 그치고 말았다.[81] 그런가 하면 처음 활동을 시작했을 때 선교사들은 통상 '기독교 촌락들'을 통해 개종자들의 의식을 바꾸고자 개종자들을 그들 사회로부터 당장에 분리시키려고 했건만, 결국은 '전통적인' 소규모 공동체의 가치들을 재확인하는 것으로 그쳤다. 모든 사람들이 19세기의 '비전통적인' 혼돈의 결과로 간주한 한없이 복잡한 상황을 말끔히 정돈해 간소화하려고 노력했다. 그리하여 사람들은 마땅히 그들 자신의 부족적 정체성으로 '복귀'해야 할 것이었다. 그런가 하면 인종성이 결사와 조직의 기초로 '복고'되어야 했다.[82] 새로운 엄격성, 부동성과 인종 분류가 유럽의 당장의 이해관계에 봉사한 것도 사실이지만, 백인들은 이를 완전히 '전통적인' 것으로, 따라서 정당한 것으로 보았다. 식민지 아프리카에서 영향력이 가장 큰 전통이 발명된 때는, 역설적이게도 유럽 인들 스스로가 조상 전래의 아프리카 관습을 존중한다고 믿었던 바로 그 때였다. 즉, 관습법, 관습적 토지권, 관습적 정치구조 등으로 불린 것들은 어김없이 식민시대의 약호화를 통해 발명된 것들이다.

여기서 요약하는 것이 가당찮기는 하지만 그런 과정에는 으레 인류학 및 역사 연구의 발전이 뒤따랐다. 여기서는 다만 흥미진진한 몇 가지 진술들을 통해 그것을 소개해 볼까 한다. 존 일리프는 식민지 탕가니카의 '부족 창출' 과정을 다음과 같이 묘사한다.

> 탕가니카에서는 부족의 개념이 간접 통치의 핵심에 있다. 독일 통치기에 행정관들은 일반적인 인종사상을 정교화하면서 모든 유럽 인이 하나의 민족에 속하듯이 모든 아프리카 인도 하나의 부족에 속한다고 믿었다. 그런 생각은 의심할 여지없이 구약성서, 타키투스와 카이사르, 지위에 기초한 부족사회와 계약에 기초한 근대사회에 대한 학문적 구별, 그리고 '야만적'이라는 훨씬 경멸섞인 단어보다는 '부족적'이라는 단어를 선호한 전후세대 인류학자들로부터 실로 많은 것을 빌려왔다. 부족들은 '공통의 언어를 사용하고 단일한 사회체제와 보통법 아래 삶을 영위하는' 문화적 단위들로 간주되었다. 부족의 정치적·사회적 체제들은 씨족에 의존했다. 부족 성원 자격은 세습적이었다. 다양한 부족들은 계보상으로 친인척관계로 얽혀 있었다. … 예외적으로 현지 사정에 밝은 관리들은, 그런 생각이 탕가니카의 만화경 같은 역사와는 거의 어떤 상관도 없는 일종의 고정관념일 뿐임을 알고 있었지만, 카메론(Cameron)과 그의 사도들이 '부족 단위를 취함으로써' 간접 통치체제를 구축한 것도 바로 그런 유동적인 지반 위에서였다. 그들은 권력을 지녔고, 정치지리학을 창조해냈던 것이다.[83]

엘리자베스 콜슨(Elizabeth Colson)도 이와 매우 유사한 방식으로 '관습적 토지법'의 진화를 묘사한다.

> 새로이 창출된 체제는 전통에 의지하는 것으로 묘사되었고, 그 정당성도 까마득한 과거의 관습에서 유래하는 것으로 간주되었다. 그 체제가 상당한 정도로 당대의 상황을 반영했을 뿐만 아니라 실제 식민 관리 및 아프리카 지도자들의 협력에서 기원했다는 점을 … 기꺼이 인정하는 사람은 없었다.

여기서 요점은 이른바 관습이, 기실 누가 새로운 권력 및 부의 우위를 점하고 있는가를 은폐했다는 점만이—왜냐 하면 이것이야말로 정확히 과거에 관습이 항상 수행할 수 있었던 것이기 때문에—아니다. 한층 더 중요한 것은, 관습법이라는 특정한 구성물들이 약호화되고 엄정화되어 미래의 변화에 대처하기 어렵게 되었다는 점이다. 콜슨에 따르면,

> 식민 관리들은 법원이 현재의 견해보다는 장구한 관습을 강화해 주기를 기대했다. 그리하여 식민 관리들은 현재의 결정이 얼마나 정당한 것인지를 평가하면서 아프리카의 관습법에 대한 극히 천편일률적인 생각을 동원했고, 그렇게 천편일률적인 생각이 '관습적인' 토지 보유체제에 통합되어 갔다.[84]

이와 유사하게 와이엇 맥가피(Wyatt MacGaffey)는, 바콩고(Bakongo) 인들이 어떻게 '헤쳐 모이기' '노예나 천민과 같은 종속

민들을 따돌림하기' '부채·자산·추문·불만들을 뒤섞기'와 같은 식민시대 이전의 상황으로부터, 공동체와 토지권에 대한 훨씬 더 정밀하고 정태적인 규정에 입각한 식민시대의 상황으로 진입했는가를 보여주었다.

> 전통의 진화 과정에서 시비를 가리는 시금석은, 아주 종종 주임판사가 관습적 사회에 대해 갖고 있던 개념이었다. 그런 개념은 궁극적으로 … 유럽 인들이 아프리카에 여전히 실재한다고 믿었던 프레스터 존(Prester John)■의 왕국에 대한 이미지에서 유래했다. … 법원 기록에는 법정 공방의 대상인 전통들이 마술적인 것으로부터 증거력이 있고 반박가능한 것으로 진화했다는 증거가 포함되어 있다. … 송사에서 패배한 전통들을 보유한 사람들은 1년이나 2년 뒤 더 나은 전통들을 들고 법정으로 돌아왔다.

여기서 다시 한 번 필자가 말하려는 요점은 '전통들'이 새로운 환경에 적응하기 위해 변화했다는 것이라기보다는, 외려 어떤 점에서 그것들이 더 이상 변화하지 않았다는 것에 있다. 공동체의 정체성 및 토지권과 연관된 '전통들'이 일단 법원에 기록되고 발명된 관습적 모델의 기준에 노출되고 나면, 고정불변하는 새로운 전통체가 창출되었다.

■ 아프리카에서 기독교 왕국을 지배한다는 전설상의 인물. 12세기 오토 폰 프라이징(Otto von Freising)의 연대기에 처음 등장한다. 많은 유럽 인들이 그와의 동맹을 통해 이슬람 세력을 축출해낼 수 있다고 믿었다. 그런 믿음이 '대항해'의 원동력이 되기도 했다.

그로부터 궁극적으로 새로운 것과 낡은 것의 종합이 이루어졌다. 이제 그것은 '관습'이라 불린다. 관습적 사회의 주된 특징은 1908년과 1921년 사이 발전된 조건에 조응하면서 1920년대에 현재의 모습을 갖추게 되었다.[85]

거의 비슷한 시기에 유럽 인들은 이른바 '전통'의 '비합리적'이고 의례적인 국면들에 더 많은 관심을 갖고 공감을 표하기 시작했다. 1917년에 한 영국 국교회 선교단의 신학자는 그 분야의 선교사들이 본격적으로 "흑인들이 전통사회와 맺는 관계를 이해하기" 위해 "그들의 종교적 이념과 관련된 정보를 수집"해야 할 때라고 주장했다. "20세기에 접어들면서 우리는 19세기에 그러했던 것처럼 더 이상 매듭을 끊어 버리는 것에 만족해서는 안 된다. 과학이 이미 그런 미신들을 끝장내 버렸다."[86] 1차 대전 이후에 동아프리카의 영국 국교회는 전투의 참혹함과 잇따른 불황의 충격을 경험한 농촌사회를 재건할 필요에 직면해서, 사회 안정에 기여했던 '전통적인' 의례적 국면들에 대해 인류학적 분석을 수행하기 시작했다. 그런 연구로부터 선교적인 '각색(adaptation)'으로 잘 알려진 정책이 나왔다. 그리고 그것의 가장 발전된 사례가 남동부 탕가니카의 마사시(Masasi) 관구의 기독교화된 입회식들이었다.[87] 일반적으로는 이런 종류의 사고와 실천으로부터—연속성과 안정을 위한 의례들을 강조하면서—까마득한 과거로부터 내려 온 '아프리카의 전통 종교'라는 개념이 출현했다. 이는 식민시대 이전 아프리카의 종교 형식들이 가진 다양성과 활력을 고려할 때 다소 부당한 개념이라고 하겠다.

만들어진 관습에 대한 아프리카 인들의 조작

물론 이 모든 것이 아프리카 인들의 참여없이 성취된 것은 아니었다. 존 일리프가 쓰고 있듯이,

> 영국인들은 탕가니카 인들이 부족들에 소속되어 있다는 그릇된 믿음을 갖고 있었다. 탕가니카 인들은 오히려 식민시대의 틀에 맞추기 위해 부족들을 창출했다. … 〔익히 알려진〕 새로운 정치지리학은 … 그것이 만일 아프리카 인들 사이에서 유사한 경향들과 일치하지 않을 경우에는 맥없이 허물어지고 말 터였다. 아프리카 인들 역시 당혹스러운 사회적 복잡성의 한가운데서 살아야 했는데, 그들은 씨족이라는 견지에서 그리고 만들어진 역사를 통해 그런 복잡성에 대처하고자 했다. 더욱이 아프리카 인들은 관리들이 능률적인 통치의 단위들을 원한 것과 마찬가지로 능률적인 행위의 단위들을 원했다. … 유럽 인들은 아프리카 인들이 부족들에 소속되어 있다고 믿었다. 그리고 아프리카 인들은 자기들이 소속될 부족들을 창출해냈다.[88]

우리는 앞에서 이미 툼부카 최고권의 경우에 아프리카의 지배자들과 선교교육을 받은 '근대화론자들'이 군주정의 상징들을 교묘하게 조작하려는 시도에서 어떻게 혼연일체가 되었는가를 살펴보았다. 일리프는 그와 유사한 동맹들이 어떻게 '부족적' 전통의 이념과 구조를 구축하는 데 기여했는지를 보여준다.

1925년 이후 20여 년간 탕가니카는 방대한 사회적 재조직화를

경험했다. 그 과정에서 유럽 인들과 아프리카 인들은 신화적 역사에 근거해 새로운 정치질서를 창출하는 데 혼연일체였다. … 한 장교는 〔간접 통치〕체제를 분석하면서 그런 과정을 지지한 주요 세력이 진보적인 족장들이었다고 결론지었다. … 그들이 간접 통치의 핵심 인물들이었다는 것은 분명하다. 그런 간접 통치의 주요한 이점은 기실 족장들이 가진 활력을 발산하게 한다는 것이었다. … 토착 행정을 통해 많은 지방 엘리트들이 고용되었다. … 심지어 토착 행정 내에 직위를 갖지 못한 교양계층도 일반적으로 세습적 권위를 인정받았다. … 반대급부로 많은 족장들은 교양계층의 자문을 환영했다.

계속해서 일리프는 '진보적인 전통주의'의 강령 아래 진보적인 족장들과 선교교육을 받은 아프리카의 교양계층이 혼연일체가 된 과정을 묘사한다.

훗날 민족주의자들이 민족 문화를 창출하려고 애쓰듯이, 근대적 부족들을 창출해낸 사람들도 부족 문화를 강조했다. 두 경우 모두에서 교양계층이 주도권을 쥐고 있었다. … 문제는 '(유럽 문화로부터) 가장 좋은 것을 빼내 그것을 우리가 가지고 있는 것과 섞어 묽게 만들고' 양자를 종합하는 것이었다. 그 과정에서 교양계층은 자연히 과거를 재구성하게 되었으며, 따라서 그들의 종합은 실제로는 완전히 창조나 다름없었다.[89]

아프리카의 지식인들이 '각색'이라는 선교이론과 주거니받거니했던 영역이 하나 있었다면, 그것은 바로 '전통 종교'의 발명이라는 영역이었다.

> 대부분의 아프리카 인들이 감히 자기들의 태도를 공식적으로 고려할 수 있게 된 것은, 1920년대에 선교사들이 아프리카의 종교를 주의 깊게 연구하면서부터였다. 지구아(Zigua)의 교사이자 문화적 부족중심론자인 미셸 키쿠르웨(Michel Kikurwe)는, 아프리카 전통사회의 황금시대를 마음속에 그렸다. … 새뮤얼 세호자(Samuel Sehoza)는 토착 종교의 믿음이 기독교를 예기(豫期)했다는 이념을 선도했다.

이 사람들도 선교사들과 마찬가지로 종교가 사회를 안정화하는 데 기여한다는 점을 강조했다.

> [키쿠르웨는 다음과 같이 썼다] 각 지역에서 남성들이건 여성들이건 서로 돕는 데 여념이 없었고, 자식들에게 똑같은 법률과 전통을 가르쳤다. 모든 족장이 자신의 종족민들을 돕고 그들을 기쁘게 만드는 데 최선의 노력을 경주했는가 하면, 거꾸로 종족민들 역시 그와 마찬가지였다. 그들 모두가 무엇이 합법적이고 불법적인 것인지를 알았고, 천국에 전능한 하나님이 계신다고 알고 있었다.[90]

그런 전통의 발명자들이 어떤 개인적인 이득을 취했는지를 살피는 것은 어렵지 않다. 최고권자의 오른팔로 출세가도를 달리던 교사나 대신들이야말로 권력의 실세였다. '전통 종교'의 모델을 안정된 식민시대 이전 공동체의 주된 이데올로기로 구성한 아프리카의 성직자들도, '각색된' 기독교를 수단 삼아 근대 아프리카 사회에서 마찬가지의 권리를 주장하고 있었다.[91] 그럼에도 일리프는 다음과 같이 결론짓는다.

> 냉소를 보내는 것은 잘못된 태도일 것이다. 니야퀴사(Nyakyusa) 부족을 창출해내려는 시도는 본질적으로 40년 뒤 탕가니카 민족을 창출해내려는 유사한 시도만큼이나 솔직하고 건설적인 것이었다. 둘 다 근대세계에서 사람들이 잘 살 수 있는 사회를 구축하려는 노력이었을 따름이다.[92]

그러나 아프리카의 만들어진 전통에는 여전히 모호한 점이 있었다. 그것이 아무리 '진보적인 전통주의자들'에 의해 새로운 이념과 제도를 도입하는 데 활용되었다고 해도—툼부카 최고권자 치하에서 도입된 의무교육처럼—약호화된 전통은 부득이하게 그것이 고착되던 시절 그것을 보유한 이익집단들에게 유리한 방향으로 경직되게 마련이었다. 그런 이익집단들은 통제권을 확인하거나 증대시킴으로써 약호화되고 경화된 관습을 교묘하게 조작했다. 그런 일은 특히 네 가지 방향에서 일어났다. 비록 넷으로만 국한할 수는 없지만 말이다.

원로들은 도전하는 젊은이들로부터 농촌의 생산수단에 대한 자신들의 지배권을 방어하기 위해 '전통'에 호소하는 경향이 있었다. 남성들은 농촌지역의 생산에서 여성들의 역할이 증대함에 따라 경제적 자산으로서의 여성들에 대한 남성의 통제권이 약화되지 않도록 '전통'에 호소하는 경향이 있었다. 다양한 인종적·사회적 집단들을 포함하는 정치체의 최고 족장들과 지배귀족들 역시 신민에 대한 통제권을 유지하거나 확대하기 위해 '전통'에 호소했다. 그런가 하면 원주민들도 자기들 사이에 정착한 이주자들이 정치적·경제적인 권리를 확보하지 못하도록 '전통'에 호소했다.

젊은이들에 맞선 원로들의 '전통' 활용

식민시대에 농촌의 관습이 경화되면서 식민시대 이전의 상황과는 매우 다른 또 하나의 상황이 조성되었다. 식민지 관습으로 둘러쳐진 폐쇄적 지방사회가 식민시대 이전 인간과 이념의 운동을 대체했다. 식민 당국들로서는 지역 간 상호작용을 제한하고 그럼으로써 아프리카 인들의 역할로 초점을 확대하지 못하게 하는 일이 중요했다. 이런 이유로 말미암아 식민 당국들은 지방적인 수준에서 협력자들을 옹호하고 그들의 지배권을 승인할 만반의 채비를 갖추고 있었다. 그러나 동시에 식민 열강들은 이 농촌사회들에서 노동력을 수탈하고자 했다. 그리하여 젊은이들이 식민시대 이전의 여행 범위보다 훨씬 더 광범위한 고용처들로 유입되고 있었다. 이 젊은이들은 먼 도시 경제에서 단번에 노동자가 되는 것과 동시에 엄격하게 규정된 폐쇄적 사회에서 공인된 시민이 되어야 했다.

이런 상황에서 수많은 긴장이 조성되었다. 이주자들이 고향에 돌아왔을 때, 그들이 본 것은 원로들에 의해 엄격하게 통제되는 사회였다. 그런가 하면 원로들은 이주자들의 새로운 기술과 자금력에 불안해했다. 원로들은 토지와 여성에 대한 통제권은 물론이요, 그로부터 자연히 후견제에 대한 통제권까지 보장하는 관습적이고도 규범적인 권리들이 자신들에게 있음을 강조했다. 맥가피는 다음과 같은 견지에서 식민시대 바콩고 촌락을 묘사한다.

> 한 남성은 대략 마흔 살까지, 혹은 그보다 더 오랫동안 청년으로 남는다. … 원로들이 그를 마음대로 부리는데, 그들은 종종 명령조로 그를 대한다. 젊은이들은 원로들을 질시하고 헐뜯는다. 젊은이들의 지위는 피후견자의 그것과 다름없다. … 원로들이 피부양자들에게 행사하는 통제권은 일상적인 공무에 대한 독점권에 근거한다.

이런 관리 독점권은 대개 토지와 자원에 대한 권리 요구가 기반하고 있는 '전통적' 지식에 대한 원로들의 통제권에 근거한다. 맥가피는 '똑똑한 젊은이들'이 토지 청문회를 쫓아다니면서 '부지런히 메모하고' 그럼으로써 원로들의 독점권을 위협할 때 그들이 맞부딪치게 되는 '원로들의 반대'를 기록하고 있다.[93)]

그런 전통의 조작에 대한 젊은이들의 반응은 대략 두 가지였다. 핵심적인 반응은 원로들과 그들의 지방적인, 그러나 식민시대에 만들어진 전통의 영역을 포위해서 고립시키는 것이었다. 이런 일은 이러저러한 유럽의 신-전통들을 채택함으로써 가능했다. 그리하여 고향에 돌아온 이주자들은 종종 교리문답자로—선교단이 인정하건 말건—자처했고, 새로운 조직원리에 따라 자신들의 촌락을 건설했다. 이와 관련해 우리는 서부 케냐의 제복을 차려입은 회중을 떠올릴 수 있을 것이다. 그럼에도 이런 방식은 유럽 교회와 유럽 국가가 마땅히 관습에 따라야 한다고 본격적으로 주장하기 이전인 초기 식민시대에나 잘 통했다. 맥가피가 연구한 촌락의 경우 현실의 출구를 찾지 못한 젊은이들은 어김없이 환상의 출구에서 피난처를 찾았다.

> 당시 젊은이들에게 다소나마 위안거리가 된 것은 디켐베(Dikembe)라 불린, 미혼 남성을 대상으로 한 사교 클럽이었다. … 디켐베 문화란 구세대의 진지한 마술적-종교적 믿음과 원리에 도전하고 그것을 희화화하는 흥미로운 문화로서, 반-사회(anti-society)의 맹아들을 포함하고 있다. … 독신자 오두막의 문에는 고딕체로 '사랑궁(Palais d'Amour)'이라고 새겨져 있었다. … 디켐베 문화는 이른바 '빌풍(*billisme*)'이라는 것인데, 그 영웅들은 프랑스와 미국의 로맨틱 영화에 나오는 배우들로, '빌풍'이라는 명칭도 '산타페의 보안관이자 사랑의 척도'인 버팔로 빌(Buffalo Bill)에서 따온 것이다.[94]

이런 가벼운 부조리성은, 비록 백인들이 묵인하기는 했지만, 유럽적 환상에 내재하는 전복적인 효과를 통해 '관습'을 침식하려는 진지한 시도를 깔고 있다.

민족주의 정당이 발흥하기 이전의 식민시대 젊은이들에게는 또 다른 경로도 열려 있었다. 이 경로는 전통적인 것에 잠재한 더욱 역동적이고 변혁적인 국면들에 호소함으로써 원로들의 경화된 '관습'을 포위해 고립시키는 것이었다. 최근의 논평자들은 식민시대에 악마로부터 해방된 사회를 약속하면서 점차 매우 광범위하게 전개된 마법추방운동을 그와 같은 방향에서 살펴왔다. 맥가피는 자신이 고찰한 바콩고 촌락에서 원로들이 마술인지 아닌지를 가려내는 독점권을 행사함으로 말미암아 얼마나 거대한 불만이 야기되었는지, 그리고 그것이 어떻게 마법을 퇴치하는 임무를 맡은 '선지자'의 도래로 이어졌는지를 묘사한다. 이는 원로들의 강력한 사회 통제방식을 박탈해 버릴 것이었다. 그 결과는 '원로들의 일시적인 마비'였다. 로이 윌리스(Roy Willis)는 1950년대 탕가니카 남서부 농촌의 젊은이들이 전(前)사회적 황금시대의 관행에 호소해 만들어진 관습을 고립시키는 일련의 마법추방운동들을 활용함으로써 어떻게 토지와 지방의 '일상적인 공무'에 대한 원로들의 통제권을 혁파하려고 애썼는지 보여주었다.[95]

그런 주장을 뒷받침하는 다른 여러 분석들 중에서 필자는 특별히 유력한 하나의 분석을 인용하는 것으로 만족하려고 한다. 아직 출판되지는 않았지만 남부 및 중부 아프리카에서 전개된 잘 알려진 파수대(Watch Tower)■라는 종파운동이 바로 그것이다. 솔토 크로스(Sholto Cross)는 다음과 같이 결론짓고 있다.

> 개척지 아프리카의 세 개의 광산 벨트가 … 그 운동의 중심적인 무대인데, 이주 노동자가 그 운동의 주요 기수였다. … 그 지역들에 존재했던 이주체제를 통해 … 아프리카 인들이 그들의 부족 문화에 따라 구획될 수 있는 시기가 확장되었다. … 그러나 동시에 노동 유동성을 증대시키기 위해 고안된 정책들이 이런 부족

■ '여호와의 증인'의 간행물이자 그 자체가 교파명이다. 1884년 미국의 찰스 테이즈 러셀(Charles Taze Russell)에 의해 공식 출범했다. '여호와의 증인'이라는 명칭은 1931년에야 비로소 공식적으로 사용되기 시작했다.

문화의 경제적 기반을 침식해 들어가기도 했다. … 산업지역에서의 변화율은 농촌 배후지에서의 그것을 훌쩍 뛰어넘었으나, 이주노동자들은 계속해서 도시와 농촌이라는 두 세계를 넘나들었다. … 파수대운동의 영향력이 미치는 촌락들은 고향으로 돌아오는 이주자에 대해 일련의 수칙들을 부과함으로써 증식되었다. 관습적 권위체들은 도시적 가치를 강조하는 생활양식에 익숙한 새로운 사람들을 질시로 대했다. … 농촌 파수대운동에서 여성과 젊은이들이 우세했다는 사실은 경제적 간극이 다른 형태의 차이점들에 의해 강화되었음을 입증한다. … 천년왕국적인 성격의 파수대운동〔이 약속한〕의 미래지향적인 열렬한 해방의 이념들은 관습적 권위 그 자체가 주요한 공격 대상이 되었음을 보여준다.[96)]

여성들에 맞선 남성들의 '전통'의 활용

드니즈 폴므(Denise Paulme)의 『열대 아프리카의 여성들(*Women of Tropical Africa*)』은, 비록 억압받는 아프리카 여성에 대한 유럽의 판에 박힌 이미지를 반박하는 데 역점을 두고 있기는 하지만, 그럼에도 다음의 두 가지를 매우 명료하게 밝혀냈다. 첫째는, 식민주의 아래에서 양성관계를 규제하는 관습적 제도들이 실질적으로 붕괴했다는 점인데, 여기서 주의할 것은 거의 항상 여성들에게 경제적으로 불리한 방향으로 붕괴했다는 점이다. 둘째로, 남성들이 끊임없이 '전통'에 호소했다는 점이다. 안느 로랑탱(Anne Laurentin)은 그 책의 한 장에서 "좋았던 옛 시절을 기억하는 일에는 으레 옛 남성들의 역할에 대한 향수에 젖은 회한이 뒤따랐다"라고 단언했다.

… 젊은이건 노인이건 그들 사이에는 근원적으로 반여성주의적 정신이 공히 존재했다. 이는 여성들이 한 세기 전의 의존상태로 돌아가기를 거부하리라는 점을 알아차리게 되면서 갖게 된 무력감에서 나왔다. 나이든 사람들은 출산율 저하를 빌미로 여성들에게 비난을 퍼부었다.[97]

필자의 생각에, 로랑탱은 점증하는 여성의 독립성에 대한 불만과 실제 현실을 혼동하고 있는 듯하다. 원로들은 젊은이들이 전통을 무시한다고 불평함으로써 지방 대소사에 대한 자신들의 통제권을 재확인했다. 그런가 하면 남성들은 여성들이 전통을 무시한다고 불평함으로써 변화하는 사회경제적 체제에 대한 자신들의 통제권을 재확인했다.

아프리카 여성들에 대한 더욱 최근의 논문집이 그 점을 명료하게 보여준다. 캐롤라인 이페카-몰러(Caroline Ifeka-Moller)는, 새롭게 발명된 관습이 기반하고 있는 아프리카의 '전통'에 대한 식민시대의 기록들이 단연코 남성 정보 수집가들의 손에서 나온 것이 확실하므로 '토착 여성의 신념'은 기록될 수 없었다는 점을 우리에게 일깨워준다. 그리하여 '남성들의 사회 지배권, 즉 종교적 신념과 정치조직에 대한 그들의 통제권'은 식민시대 이전에서보다 식민시대의 만들어진 전통들에서 훨씬 더 분명하게 표현되었다. 간접 통치에 대한 인종지학자들의 저작이건, 아니면 종교적 각색에 대한 선교이론가들의 저작이건—선교교육을 받은 아프리카 지식인들의 경우도 물론이다—, 여성들의 전통에 대해서는 그다지 많은 주의를 기울이지 않았다.[98] 게다가 아프리카 남성들은 관습이 일단 명확히 규정되기만

하면 여성들에게 그 '관습'을 부과하기 위해 서슴없이 식민 당국에 의지할 태세가 되어 있었다. 남부 로디지아에서 그리고 기타 산업 노동 이주지대에서, 관리들은 남성 '전통주의자들'의 끊임없는 불평을 취합해 여성들에게 간통죄를 뒤집어 씌웠고 남성들의 결혼에 대한 가부장적 통제권을 강화했다.[99] 한편, 남성 이주자들이 부재한 곳에서 여성들은 농촌 생산에서 점점 더 광범위한 역할을 수행하고 있었다.

다시 한 번, 여성들은 남성 지배적 관습에 맞설 수 있는 그들 나름의 가능한 수단 두 가지를 가졌다. 그들은 선교회의 기독교와 그것이 가르치는 여성의 권리와 의무에 대한 개념에 귀의하거나, 아니면 아프리카 문화 내부에 존재하는 반명제들을 활용할 수 있었다. 때때로 여성들은 여성 입회식들을 발전시키려고 애쓰기도 했는데, 이 입회식들은 과거 소집단 내부에서 남성들이 의례를 통해 행사한 영향력에 균형을 맞춰주는 역할을 수행했다. 그런가 하면 그들은 만들어진 전통에 따라 구획화된 사회의 제약에 도전하기 위해 20세기적 형태의 지역 숭배모임과 소규모의 선지자운동을 끌어오려 애쓰기도 했다.

최근 한두 개의 연구가 그러한 여성 주도권의 문제를 탐구하려고 했다. 리처드 스튜어트(Richard Stuart)는 미출판 논문에서 퀘와 족 여성들이 어떻게 선교회의 수입품, 즉 '어머니 연맹'을 활용했는가를 보여주었다.

> 19세기 말까지 동중부 아프리카의 퀘와 족 내부에서는 남성의 공적 영역과 그에 못지않게 중요한 여성의 영역 간에 균형 있는

발전이 이루어졌다. [이 과정은] 아프리카에 대한 유럽의 침입이 라는 충격은 물론이요, 기독교와 상업 및 문명의 효과들로 말미 암아 중단되었다. 이는 퀘와 사회의 역사적 기반을 잠식했고, 여성들에게는 부정된 새로운 형태의 부와 권력에 접근할 수 있는 가능성을 남성들에게 부여했다. 식민시기 신-전통주의자들은 남성과 여성 사이에 존재하는 그런 불균형을 온존시켜 온정주의적이고 개인주의적인 기반 위에서 사회를 재건하려고 했다. 그런 과정에 맞서면서 여성들이 자기 입장에서 소규모 사회로부터 대규모 사회로의 변형에 대처하려는 하나의 시도가 어머니 연맹, 즉 '음핑고 와 아마이(*Mpingo wa Amai*)'와 같은 영국 국교회 계통의 여성조직을 통해 이루어지게 되었다. 이 조직은 1930년대 초 도입되자마자 즉각적인 호응을 얻었는데, 이는 퀘와 족 여성들이 변화된 상황 속에서 그들의 온전한 역사적 역할과 제도를 재규정하고 새롭게 제기된 문제들에 대처하는 데 도움을 주었기 때문이다. 그리하여 그것은 여성들의 지위를 유지하는 데 적잖이 성공을 거두었다.[100)]

셰릴린 영(Sherilyn Young)의 '출산과 기근' 역시 대안적인 전략에 대한 연구다. 남부 모잠비크의 사례에 대한 그녀의 설명을 요약하자면 이렇다.

20세기에 식민지 강제 노동이 트송가(Tsonga)와 쿼피(Chopi)족의 노동력을 고갈시켜 가는 가운데 이주 노동을 대체했다. 기존의 농지들에서 대규모 농장이 형성되었다. 1908년과 1922년 사이에 기근과 환경재앙이 잇따라 발생하면서 노동력이라는 수출품에 절대적으로 의존하게 되었다. 1920년대 농업의 부활은 곧 남부 모잠비크의 캐슈 및 땅콩의 태반을 생산하는 여성 농민의 부활이나 다름없었다. … 2차 대전〔기에〕 강제 노동체제가 복고되었을 때, 여성들은 남성 감독의 감시를 받으며 1주일에 4일을 환금작물, 그 중에서도 특히 면화를 생산해야 했다. 그런 변화들에 여성들이 적응했다는 점은 여성들이 주도하는 심령 숭배의식들이 증가한 것에서 잘 알 수 있다. 요컨대 남부 모잠비크 사회는 지방의 여성 농민과 이주한 남성 준-프롤레타리아트 사이에서 흥미로운 특색을 보여주면서 살아 남게 된다.[101]

신민과 이민자들을 겨냥한 '전통'의 조작

'전통'에 호소하는 것은 물론이요, 새로운 식민지 관습에서 명쾌하게 설명된 관계들에 의지하는 또다른 두 가지 방식은 더욱 직접적이다. 이언 린든(Ian Linden)은 니야살랜드의 은고니 족장들이 퀘와 족 신민에 대한 통제권을 행사하기 위해 어떻게 행정관들 및 선교사들과 식민 동맹을 활용하려고 했는지를 묘사했다. 그러기 위해 그들은 규율 있고 건강한 '은고니 문화'와 타락하고 부도덕한 '퀘와 문화'라는 개념—빈스버겐이 19세기에 관한 한 그릇된 것이라고 비판하는 그 개념—을 어렴풋하게나마 그려냈다. 그들은 은고니 문화가 유럽 인들이 아프리카로 오기 전부터 이미 지배적이었고, 이제 퀘와 족의 '금수만도 못한' 관행들에 맞서 마땅히 옹호되어야 한다고 주장했다. 그들은 과거에는 훨씬 불명료했던 권력망을 강화하기 위해 유럽 인들이 명료한 지위 서열제를 선호한다는 점을 교묘하게 이용했다. 은고니 족 역시 그들대로 유럽의 군사적 양식을 취사선택함으로써 규율과 군사적 용맹에 기초한 그들 자신의 '전통'을 보강할 수 있었다.

또다른 니야살랜드의 사례는 원주민들이 이민자들에 대한 통제권을 유지하기 위해 '전통'을 활용한 경우다. 매슈 스코플리어즈(Matthew Schoffeleers)는, 라워셔 계곡(Lower Shire Valley)의 망간자(Mang'anja) 족이 모잠비크 출신 이민자들의 절대적인 수적 우세에도 불구하고 어떻게 족장제나 토지 할당 등과 같은 통제권을 유지할 수 있었는지를 보여주었다. 그들은 식민시대 이전 족장제의 '전통들'과 지방의 토속적 숭배 '전통들'에 동시에 호소함으로써 그럴 수 있었다. 사실 그 계곡의 19세기 역사는 극도로 유동적인 역사의 한 장이었다. 즉, 잘 무장한 모험가들이 와서 망간자 족에게 자신들의 것을 강요했다. 가령, 토속 숭배 사당들이 파괴되었다. 사람들이 자기 정체성을 확인하는 데에도 급격한 변화가 있었는데, 그들은 위신의 균형이 변화하는 것에 따라 이러저러한 인종적 꼬리표를 이용했다. 무장한 모험가들의 권력을 파괴해 망간자 족장들을 복고시키고 실제로 망간자의 정체성을 발명하도록 자극한 것은, 다름 아닌 식민시대의 화평이었다. 여기에는 약호화된 식민지 관습과 더불어 망간자 족장들의 토지 할당권이 필수 항목으로 간주되었다. 그리하여 20세기에 망간자 족은 과거에 가져본 적 없는 전통의 이름으로 우위를 누렸다.[102)]

결론

아프리카의 정치가들과 문화적 민족주의자들에게는 물론이요,

역사가들에게도 식민시대 전통의 발명으로부터 유래하는 두 가지 모호한 유산이 남았다. 하나는, 유럽 자체에서는 대개 사라졌지만 아프리카의 몇몇 지역에서는 그 지배계급의 문화에 여전히 영향력을 행사하고 있는, 유럽에서 이식된 일군의 만들어진 전통들이다. 은구기 와 티옹고(Ngugi wa Thiong'o)■는 『옥중 일기(*Prison Diary*)』에서 당대 케냐 엘리트에 대해 다음과 같이 꾸밈없이 쓰고 있다.

> 예전 정착 식민지의 수많은 매판 부르주아지는 자신들이 행운아라고 생각한다. 그들은 제국주의적 부르주아지의 문화를 알고 베끼기 위해 여행을 하거나 해외에서 살아야 할 필요가 없다. 그들은 그 모든 것을 메트로폴리스의 문화를 대표하는 식민 정착자들로부터 배우지 않았는가? 구 식민체제의 태내에서 양육된 그들은 지방 유럽 인들을 신사다운 세련됨과 숙녀다운 우아함의 알파와 오메가로 바라보면서 극단적인 매판 부르주아지로 성장해 갔다. 계급 유동성에 대한 공공연한 인종적 장벽으로 보호받으면서 유럽 신사의 행동거지―외투 옷깃에 장식한 장미꽃봉오리모양의 핀, 가슴 주머니에 꽂힌 얼룩 하나 없는 새하얀 손수건, 연미복, 중절모, 금줄이 달린 주머니 시계―는 더 이상 꿈과 소망의 영역에만 존재하는 것이 아니었다. … 구 정착지에서 발행된 신문들에서 가장 인기 있는 기사들은 … 사회면 기사들이었다. … 그런데 이 기사들은 이제 윤기가 잘잘 흐르는 부르주아 월간지들에

■ 케냐의 소설가.

실린다. … 정착자들은 골프와 폴로를 즐겼고, 경마대회에 가거나 붉은 외투와 승마바지를 입고서 왕실배 사냥대회에 참석했다. … 흑인 모방자들도 이제 똑같은 것에 더 큰 열성을 갖고 임한다. 골프와 말이 어느 새 '민족적인' 제도들이 되어 버렸다.[103)]

은구기(Ngugi) 식의 비난을 받지 않아도 좋을 법한 다른 신생 국가들은, 본서에서 에릭 홉스봄이 19세기 유럽에 대해 기술한 바 있는 국가(國歌), 국기(國旗), 국민대회들로 그들 자신의 국민주권을 표명한다. 아프리카 국민들은, 새로운 다인종적 영토국가들을 대표한다는 점에서, 스코틀랜드나 웨일스의 낭만주의자들이 했던 것보다는 훨씬 덜한 정도로 과거의 '민족 문화들'을 발명하는 과정에 휘말렸다.

두 번째의 모호한 유산은 아프리카의 '전통' 문화유산이다. 즉, 식민지 행정관들, 선교사들, '진보적 전통주의자들', 원로들과 인류학자들에 의해 발명된, 경화된 '전통'의 총체가 바로 그것이다. 은구기처럼 부르주아 엘리트 문화를 공박하는 사람들은 그 대신 또다른 종류의 식민시대 발명품들을 껴안아야 하는 역설적인 위험에 직면하게 마련이다. 은구기 자신은 식민주의에 대한 케냐의 대중 저항 전통을 껴안음으로써 그런 곤란을 해결한다. 본 장이 주장하듯이, 젊은이들이건 여성들이건 이민자들이건—은구기가 공감을 표한 피착취집단들—모두 약호화된 식민지 관습의 엄격함 아래 발전을 거듭하는 과정에서, 토착 문화 내부 어딘가에 뒤섞여 존재하는 연속성과 혁신의 지속적인 활력을 때때로 공급받을 수 있었다.

역사가들로 말하자면, 그들에게는 적어도 이중의 과제가 있다.

그들은 관리나 여러 인류학자들이 기록한 아프리카의 관습이 아프리카의 과거에 대한 일종의 안내자라는 환상에서 벗어나야 한다. 그와 동시에 그들은 일체의 만들어진 전통들이 20세기 아프리카 역사와 어떤 관계가 있는지를 평가하고, 여기서 그려본 밑그림보다 더 설득력 있는 설명을 제공하기 위해 노력할 필요가 있다.

▪ 5장의 주석

(1) Elaine N. Katz, *A Trade Union Aristocracy*, African Studies Institute Communication, no. 3(Univ. of the Witwatersrand, Johannesburg, 1976).

(2) '농민화'에 대한 두 가지의 가장 최근의 설명을 위해서는 Robin Palmer and Neil Parsons(eds.), *The Roots of Rural Poverty*(London, 1978) ; Colin Bundy, *The Rise and Fall of the South African Peasantry*(London, 1979)를 보라.

(3) Paul Jenkins, 'Towards a Definition of the Pietism of Wurtemburg as a Misssionary Movement', African Studies Association of the United Kingdom, Conference on Whites in Africa(Oxford, Sept. 1978).

(4) James Obelkevich, *Religion and Rural Society : South Lindsey, 1825~1875*(Oxford, 1976).

(5) Alphonse Dumont, 'La Religion-Anthropologie Religieuse', in Jacques Le Goff and Pierre Nora(eds.), *Faire de l'Histoire, Nouvelles Approches*(Paris, 1974), ii, pp. 107~36.

(6) Margery Perham, *Lugard : The Years of Authority*(London, 1960), p. 80.

(7) Cynthia Behrman, 'The Mythology of British Imperialism, 1890~1914'(Univ. of Boston doctoral dissertation, 1965), p. 47에서 인용.

(8) Sir Ralph Furse, R. Heussler, *Yesterday's Rulers : The Making of the British Colonial Service*(London, 1963), p. 82에서 재인용. 또한 D. C. Coleman, 'Gentlemen and Players', *Economic History Review*, xxvi(Feb. 1973)을 보라.

(9) E. K. Lumley, *Forgotten Mandate : A British District Officer in Tanganyika*(London, 1976), p. 10.

(10) 같은 책, p. 55.

(11) M. G. Redley, 'The Politics of a Predicament : The White Community in Kenya, 1918~1932'(Univ. of Cambridge doctoral dissertation, 1976), pp. 124, 125.

(12) James Bryce, *Impressions of South Africa*(London, 1897), pp. 232, 384~5.

(13) 로디지아의 백인들이 아프리카 인들의 식품 생산에 얼마나 의존했는지를 알려면 Palmer, 'The Agricultural History of Southern Rhodesia', in Palmer and Parsons

(eds.), *The Roots of Rural Poverty*를 보라.

(14) Colin Harding, *Far Bugles*(London, 1933), p. 22.

(15) M. G. Redley, 앞의 논문, p. 9.

(16) M. G. Redley, 앞의 논문, p. 39.

(17) Roger van Zwannenberg, 'Robertson and the *Kenya Critic*', in K. King and A. I. Salim(eds.), *Kenyan Historical Biographies*(Nairobi, 1971), pp. 145~6.

(18) G. P. McGregor, *Kings College, Budo : The First Sixty Years*(London, 1967), pp. 6, 16.

(19) 같은 책, pp. 35~6.

(20) 같은 책, pp. 17~18.

(21) 같은 책, pp. 54, 117, 124.

(22) 같은 책, p. 136.

(23) Charles van Onselen, 'The Witches of Suburbia : Domestic Service on the Witwatersrand, 1890~1914'(미출판 원고).

(24) Frank Weston, 'Islam in Zanzibar Diocese', *Central Africa*, xxxii, no. 380(Aug. 1914).

(25) S. J. Cookey, 'Origins and pre-1914 Character of the Colonial Armies in West Africa' (Univ. of California, Los Angeles, colloquium paper, 1972).

(26) George Shepperson, 'The Military History of British Central Africa : A Review Article', *Rhodes-Livingstone Journal*, no. 26(Dec. 1959), pp. 23~33.

(27) Ali A. Mazrui, *Soldiers and Kinsmen in Uganda : The Making of a Military Ethnocracy* (London, 1975), p. 173.

(28) 같은 책, pp. 177, 190, 191.

(29) 같은 책, pp. 206~7.

(30) 아프리카에서 보이스카우트 부대를 창설하고, 그로부터 아프리카 인들을 배제하려는 과정이 보여주는 모호성에 대해서는 Terence Ranger, 'Making Northern Rhodesia Imperial : Variations on a Royal Theme, 1924~1938', *African Affairs*, lxxix, no. 316 (July 1980)을 보라.

(31) Weston, 'Islam in Zanzibar Diocese', p. 200.

(32) Terence Ranger, *Dance and Society in Eastern Africa*(London, 1975).

(33) Tony Clayton, 'Concepts of Power and Force in Colonial Africa, 1919~1939', Institute

of Commonwealth Studies seminar(Univ. of London, Oct. 1978).

(34) Martin Channock, 'Ambiguities in the Malawian Political Tradition', *African Affairs*, lxxiv, no. 296(July 1975); John Iliffe, *A Modern History of Tanganyika*(Cambridge, 1979).

(35) Kenneth Kaunda, *Zambia Shall be free*(London, 1962), p. 31.

(36) Ranger, *Dance and Society in Eastern Africa*.

(37) 아프리카 노동자의 의식에 관한 최근 문헌에 대한 토론을 위해서는 Peter Gutkind, Jean Copans and Robin Cohen, *African Labour History*(London, 1978), introduction ; John Higginson, 'African Mine Workers at the Union Minière du Haut Katanga', American Historical Association(Dec. 1979)을 보라.

(38) 이런 협력 거래에 대한 최근의 설명을 위해서는 Ronald Robinson, 'European Imperialism and Indigenous Reactions in British West Africa, 1890~1914', in H. L. Wesseling(ed.), *Expansion and Reaction : Essays in European Expansion and Reactions in Asia and Africa*(Leiden, 1978)을 보라.

(39) Iliffe, *A Modern History of Tanganyika*, p. 100.

(40) 같은 책, pp. 237~8.

(41) J. E. Hine, 'The Coronation of King George Ⅴ', *Central Africa*, xxix, no. 344(Aug. 1911), pp. 200~1.

(42) A. G. De La P., 'How the Angoni kept Coronation Day', *Central Africa*, xxx, no. 345 (Sept. 1911), pp. 242~3.

(43) Prince Arthur of Connaught, reply to Address, 9 Oct. 1910, file S3/28/2/2, National Archives, Lesotho, Maseru.

(44) Lord Buxton, reply to Address, Apr. 1915, S3/28/2/3, Maseru.

(45) Prince of Wales, reply to Address, 28 May 1925, S3/28/1/9, Maseru.

(46) Colonel Amery, reply to Address, Aug. 1927, S3/28/1/12, Maseru.

(47) 'The King's Message', Oct. 1910, S3/28/2/2, Maseru.

(48) Chief Jonathan's speech, 28 May 1925, S3/28/1/9, Maseru.

(49) Winfrid Tapson, *Old Timer*(Capetown, 1957), p. 65.

(50) Governor Sir James Maxwell, speech at Ndola Indaba, 6 July 1928, file ZA1/9/59/1, National Archives, Zambia, Lusaka.

(51) High commissioner, cable to secretary of state, 19 May 1919, S3/28/2/4, Maseru.

(52) *Daily Telegraph*, 30 May 1925, 'Picturesque Scenes'.

(53) Annual Report, native commissioner, Solwezi sub-district, 1925, ZA7/1/9/2, Lusaka.

(54) 'Northern Rhodesia. The Royal Visit. 11 April 1947. Details of the Programme and Broadcasting Arrangements', P3/13/2/1, Lusaka.

(55) Darrell Bates, *A Gust of Plumes : A Biography of Lord Twining of Godalming and Tanganyika* (London, 1972), pp. 102~5.

(56) 같은 책, p. 286.

(57) John Lonsdale, 'State and Peasantry in Colonial Africa', in Raphael Samuel(ed.), *People's History and Socialist Theory*(London, 1981), pp. 113~14.

(58) 제국 이데올로기의 허장성세를 직접 떠올리게 하는 하나의 흥미로운 변종으로, 1923년 6월 불라와요(Bulawayo)의 한 예배에서 파수대(Watch Tower)의 선교사 쿤가(Kunga)가 행한 연설을 들 수 있다. 그 내용은 다음과 같다. "조지 5세는 잉글랜드 인들에게 진실을 말하지만, 이 나라 사람들은 왕명에 따르지 않고서 그들 자신의 법을 만든다. 1912년에 왕은 원주민들도 보고 그들을 위해 법도 바꾸려고 로디지아에 오시려고 했다. 그러나 남부 로디지아의 백인들이 그에게 메시지를 보내 이 나라에 전염병이 만연하니 오지 말라고 했다." File N3/5/8, National Archives, Rhodesia, Salisbury.

(59) Brian Willan, 'An African in Kimberley : Sol. T. Plaatje, 1894~1898', Conference on Class Formation, Culture and Consciousness : the Making of Modern South Africa(Jan. 1980), pp. 3, 5, 14~15.

(60) Henry Rangeley to 'Dear Mr Cohen', March 1938, Historical Manuscripts 20, RA1/1/1, Lusaka ; G. Caplan, *The Elites of Barotseland, 1878~1969*(California, 1970).

(61) M. R. Doornbos, *Regalia Galore : The Decline and Collapse of Ankole Kingship*(Nairobi, 1975).

(62) 같은 책.

(63) 같은 책.

(64) Sir Herbert Stanley to Sir Geoffrey Thomas, 7 July 1925, P3/13/3/8, Lusaka.

(65) Address of Yeta III, 18 June 1925, RC/453, Lusaka.

(66) Minute on secretary of state to governor, 6 Feb. 1937, sec. 1/1792, Lusaka.

(67) 예타의 잉글랜드 방문에 대해서는 file sec. 2/364, ii, Lusaka를 보라.

(68) Godwin Mbikusita, *Yeta III's Visit to England* (Lusaka, 1940).

(69) Terence Ranger, 'Traditional Societies and Western Colonialism', Conference on Traditional Societies and Colonialism(Berlin, June 1979)은 'Kolonialismus in Ost-Und Zentral Afrika', J. H. Grevemeyer(ed.), *Traditionale Gesellschaften und europäischer Kolonialismus*(Frankfurt, 1981)로 출판되었다.

(70) Leroy Vail, 'Ethnicity, Language and National Unity'(Univ. of Zambia seminar paper, 1978). 베일 박사는 현재 남아프리카의 인종성과 정치경제에 대한 책을 편집하고 있다.

(71) Mbikusita, 앞의 책, pp. 56, 63~4, 145.

(72) File sec. 3/234, Lusaka는 연설문 원본과 검열본 모두를 포함하고 있다.

(73) *Uganda Argus*, 28 Sept. 1967.

(74) Iliffe, *A Modern History of Tanganyika*, pp. 238~9.

(75) Ranger, *Dance and Society in Eastern Africa*.

(76) 같은 책.

(77) Terence Ranger, 'The European Military Mode and the Societies of Eastern Africa' (Univ. of California, Los Angeles, colloquium paper, 1972).

(78) F. B. Welbourn and B. A. Ogot, *A Place to Feel at Home*(London, 1966), pp. 24~5.

(79) Review of S. J. Ntara, *History of the Chewa*, ed. Harry Langworthy, by W. M. J. Van Binsbergen, *African Social Research*(June 1976), pp. 73~5.

(80) Marcia Wright, 'Women in Peril', *African Social Research*(Dec. 1975), p. 803.

(81) Henry Meebelo, *Reaction to Colonialism*(Manchester, 1971).

(82) Terence Ranger, 'European Attitudes and African Realities : The Rise and Fall of the Matola Chiefs of South-East Tanzania', *Journal of African History*, xx, no. 1(1979), pp. 69~82.

(83) John Iliffe, *A Modern History of Tanganyika*, pp. 323~4.

(84) Elizabeth Colson, 'The Impact of the Colonial Period on the Definition of Land Rights', in Victor Turner(ed.), *Colonialism in Africa*(Cambridge, 1971), iii, pp. 221~51.

(85) Wyatt MacGaffey, *Custom and Government in the Lower Congo*(California, 1970), pp. 207~8.

(86) 'The Study of African Religion', *Central Africa*, xxxv, no. 419(Nov. 1917), p. 261.

(87) Terence Ranger, 'Missionary Adaptation and African Religious Institutions', in Terence Ranger and Isaria Kimambo(eds.), *The Historical Study of African Religion*(London, 1972), pp. 221~51.

(88) Iliffe, 앞의 책, p. 324.

(89) 같은 책, pp. 327~9, 334.

(90) 같은 책, pp. 335~6.

(91) Ranger, 'Missionary Adaptation and African Religious Institutions'.

(92) Iliffe, 앞의 책, pp. 324~5.

(93) MacGaffey, 앞의 책, pp. 208, 222~3.

(94) 같은 책, pp. 223~4.

(95) Roy Willis, 'Kamcape : An Anti-Sorcery Movement in South-West Tanzania', *Africa*, xxxi, no. 1(1968).

(96) Sholto Cross, 'The Watch Tower Movement in South Central Africa, 1908~1945' (Univ. of Oxford doctoral thesis, 1973), pp. 431~8.

(97) Anne Laurentin, 'Nzakara Women', in Denise Paulme(ed.), *Women of Tropical Africa*(California, 1963), pp. 431~8.

(98) Caroline Ifeka-Moller, 'Female Militancy and Colonial Revolt', in S. Ardener(ed.), *Perceiving Women*(London, 1975).

(99) Eileen Byrne, 'African Marriage in Southern Rhodesia, 1890~1940'(Univ. of Manchester B. A. research thesis, 1979).

(100) Richard Stuart, 'Mpingo wa Amai-the Mothers' Union in Nyasaland'(미출판 원고).

(101) Sherilyn Young, 'Fertility and Famine : Women's Agricultural History in Southern Mozambique', in Palmer and Parsons(eds.), *Roots of Rural Poverty*.

(102) Ian Linden, 'Chewa Initiation Rites and Nyau Societies', in Terence Ranger and John Weller(eds.), *Themes in the Christian History of Central Africa*(London, 1975) ; Matthew Schoffeleers, 'The History and Political Role of the Mbona Cult among the Mang'anja', in Ranger and Kimambo(eds.), *The Historical Study of African Religion*.

(103) Ngugi wa Thiong' o, *Detained : A Writer's Prison Diary*(London, 1981), pp. 58~9.

6장

대량 생산되는 전통들: 유럽, 1870~1914

06 대량 생산되는 전통들 : 유럽, 1870~1914

I

전통이 일반적으로 어떻게 발명되는지를 알게 되면, 그런 전통들이 1차 대전 이전 3,40년간에 각별히 분주하게 등장했음을 쉽사리 깨닫게 된다. 물론 양적인 비교를 할 도리가 없으니, 다른 시기에 비해 그 시기에 '훨씬 더 분주하게' 등장했다고 말하는 게 일단 망설여질지도 모르겠다. 그럼에도 수많은 나라들에서 다양한 목적으로 전통들을 창출하는 데 열심이었고, 바로 그런 전통의 대량 산출이 본장에서 살펴볼 주제다.

공식적인 측면에서든 비공식적인 측면에서든, 이 시기에 전통이 대량 산출되었음은 엄연한 사실이다. 공식적인—우리는 이를 느슨하게 '정치적'이라고 규정할 수 있을 것이다—측면에서는 일차적으로 국가나 아니면 조직된 사회정치운동들을 통해서, 비공식적인—

우리는 이를 느슨하게 '사회적'이라고 규정할 수 있을 것이다—측면에서는 주로 공식적으로 조직되지 않은 사회집단이나 아니면 클럽 혹은 동문회처럼 사실상 정치적인 기능을 가질 수도 있지만 아무튼 그 목표가 특별히 정치적이거나 정치적인 의도를 가진 것은 아닌 사회집단들을 통해서 그런 과정이 전개되었다. 이런 구별은 원칙이라기보다는 편의에 따른 것이다.

19세기에 전통이 창출되는 두 가지 주요한 형태에 관심을 둘 필요가 있는데, 두 가지 모두 어김없이 그 시기의 심원하고 급속한 사회 변형을 반영하고 있다. 상대적으로 새롭거나 혹은 예로부터 있기는 했지만 최근 들어 극적인 변형을 겪게 된 사회집단들, 환경들, 사회적 맥락으로 말미암아, 사회 통합과 정체성을 확인하거나 표현하고 사회관계들을 구조화할 새로운 장치들이 필요해졌다. 그와 동시에 사회가 변화하고 있었으므로, 국가와 사회정치적인 위계들에 근거한 전통적인 형태의 지배양식은 그 존립이 한결 어려워지거나 아예 불가능하게 되었다. 그러므로 충성의 유대를 통제하거나 확립할 새로운 방법들이 필요해졌다. 정치라는 게 원래 그렇지만, 잇따른 '정치적' 전통의 발명은 더욱 의식적이고 의도적인 과정이었다고 하겠다. 왜냐 하면 그런 전통 대부분이 정치적 목적이 개입된 제도들을 통해 발명되었기 때문이다. 그렇기는 해도 의식적인 발명은 공중이 맞추려는 주파수에 방송이 전파를 내보내는 데 성공하는 정도만큼, 꼭 그만큼 성공을 거두었다고 말해도 무방할 것이다. 달리 말해서, 점증하는 공무원집단과 공교육을 받는 학생대중의 의식 및 생활 전반을 지배하게 된 새로운 공휴일·의례·영웅·상징들은, 진정한 대중적 호응을 얻지 못한다면 일반 시민들을 동원할 수 없을 터였다. 가령, 독일제국은 황제 빌헬름 1세를 대중적으로 인기 있는 독일 건국의 아버지로 치장하려는 노력에서는 물론이요, 그의 생일을 진정한 전국적 연례행사로 바꾸는 데서도 성공하지 못했다(하기야 한때 그를 '빌헬름 대제'로 칭하려는 시도가 있었다는 걸 지금 누가 기억이라도 할 수 있겠는가?). 그나마 당국의 장려로 1902년까지 그를 기리는 327개의 기념물들이 건조되기는 했으나, 이는 비스마르크가 사망한 1898년 한 해에만도 470개의 지방 자치체들이 '비스마르크 탑(Bismarck Column)'을 세우려고 했다는 것과 좋은 대조를 이룬다.[1)]

그럼에도, 적어도 전통을 발명할 필요가 있었던 나라들에서는 다름 아닌 국가가 전통의 발명에 공존하는 공식적인 차원과 비공식적인 차원, 관제적인 차원과 민간적인 차원, 정치적인 차원과 사회적인 차원을 서로 연계시켰다. 밑으로부터 봤을 때, 국가는 점차 신민이자 시민으로서의 인간의 생활을 결정하는 중대 행위들이 벌어지게 될 가장 광범위한 무대였다. 기실 국가는 점차 '시민적 신분'이라는 존재를 합법화했을 뿐만 아니라 아예 그것을 정의했다. 물론 국가가 그런 종류의 유일한 무대는 아니었을지 모르지만, 시민생활에서 차지하는 국가라는 존재, 그것이 시민생활에 부과하는 한계들과 그것이 시민생활에 대해 정례화시킨 규제적 개입은 궁극적으로 결정적인 역할을 수행했다. 선진국들에서는 '민족 경제', 곧 국가 영토나 그 하위 영토에 의해 규정된 국가 영역이 경제 발전의 기본 단위였다. 국가의 경계 안에서, 혹은 국가의 정책 속에서 일어난 변화는 시민들에게 실질적이고도 지속적인 물질적 결과물들을 가져다주었다. 국가 안에서 일어나는 행정과 법률의 표준화, 그 중에서도 특히 공교육은 사람들을 특정한 나라의 시민들로 변형시켰다. 너무도 적절한 어느 책의 제목을 빌려 말하자면, '농부들에서 프랑스 인들로' 변형시켰던 것이다.[2] 국가는, 그것이 공식적으로 인정받는 한에서 시민적 집단행위의 틀이었다. 정부나 정책에 압력을 가하고 그것들을 변화시키는 것이 국내 정치의 주된 목표였다는 것은 분명하며, 점차 보통 사람들까지 거기에 참여할 자격을 얻게 되었다. 기실 새로운 19세기적 의미에서 정치란 본질적으로 민족 차원의 정치였다. 실질적인 견지에서 이제 사회('시민사회')와 그것이 작동한 무대로서의 국가는 점차 뗄래야 뗄 수 없는 관계를 맺게 되었다.

그리하여 사회 내부의 계급들, 그 중에서도 특히 노동계급이 민족 차원의 정치운동들이나 조직('정당')들을 통해서 스스로의 정체성을 구하는 게 자연스러운 일이었고, 그런 운동들이나 조직들이 본질적으로 민족이라는 틀거리 안에서 활동하는 것 또한 마찬가지로 자연스러운 일이 되었다.[3] 그런가 하면 사회 전체, 혹은 '대중'을 대표하려고 한 운동들이 본질적으로 독립적이거나 적어도 자율적인 국가의 존재를 전제할 수밖에 없었다는 것도 그리 놀라운 일이 아니다. 요컨대 국가, 민족, 사회는 서로 수렴되고 있었다.

이와 똑같은 이유로 공식적인 지배자들이나 지배집단들의 전망이라는 견지, 즉 위에서 봤을 때, 국가가 어떻게 신민들이나 성원들의 복종과 충성과 협력을 확보하고 유지할 것인가, 혹은 어떻게 해야만 그들의 눈에 정당하게 비칠 것인가라는 유례 없는 문제들이 제기되었다. 국가가 개인으로서(혹은 최대한 가족의 대표자로서)의 신민 또는 시민들과 직접적으로 영향을 주고받게 되는 정규적인 관계들이 점점 더 핵심적인 문제로 떠올랐다는 바로 그 사실로 말미암아, 한때 사회적 종속관계를 폭넓게 떠받쳤던 낡은 장치들은 취약해지는 경향이 있었다. 과거에는 한 통치자 아래에서 상대적인 자율성을 누렸던 집합체나 법인체, 그러나 역시 자기의 구성원들을 통제하면서 정상에 버티고 있는 더 높은 권위에 잇닿아 있는 권위의 피라미드가 사회 위계들을 성층화했고, 그런 구조에서 각 계층은 합당한 자리를 온전히 차지할 수 있었다. 어쨌거나 계급이 관등을 대체하는 것과 같은 종류의 사회적 변형들로 말미암아, 그런 낡은 구조는 침식되었다. 국가와 지배자가 직면한 문제들이 더 첨예하게 제기된 경우는 명백히 신민들이 시민, 즉 제도적인 차원에서 마땅히 존중받아야 할 정치행위—비등한 예로 선거의 경우—의 주체로 변형된 경우였다. 그런 문제들이 한층 더 첨예해진 경우도 있었는데, 말하자면 대중으로서 시민의 정치운동이 정치적이거나 사회적인 지배체제의 정당성에 의도적으로 도전했을 때, 혹은 상위에 군림하는 몇몇 다른 인간집단체—가장 일반적으로 계급, 교회, 민족체—에 한계를 설정함으로써 국가질서와 양립할 수 없음을 위협적으로 시위할 때가 바로 그런 경우였다.

그런 문제들을 가장 쉽게 다룰 수 있었던 경우는, 사회구조가 최소한으로 변화된 곳, 늘 불가해한 신성이 인간종족 사이에 풀어놓은 힘들만이 인간의 운명을 좌우하는 곳, 그리고 위계에 기초한 우월성과 성층화되고 다형적이며 상대적으로 자율적인 종속관계에 기초한 고대적인 방식들이 여전히 뿌리 깊게 존속하는 곳에서였다. 가령, 지방색을 넘어서는 어떤 것이 남부 이탈리아의 농민들을 동원할 수 있었다면, 그 어떤 것은 아마도 교회와 왕이었을 것이다. 과연 19세기 보수주의자들은 농민의 전통주의(물론 영주들이 농민들과 똑같은 신념과 인종에 속하는 한, 농민들이 영주라는 실질적인 존재에 도전한 사례는 그리 많지 않다. 그렇기는 해도 이를 수동성과 혼동해서는 안 될 것이다)를 신민의 이상적인 정치행위의 모델로서 끊임없이 찬양했다. 불행히도 이런 모델이 작동한 국가들은 정의상 '후진적'이고 따라서 취약한 국가들이었고, 그 국가들을 '근대화'하려는 어떤 시도도 당시로서는 성공할 가망이 별로 없어 보였다. 낡은 사회적 종속관계를 존속시키는 '근대화'(아마도 잘 취사선택한 전통의 발명과 더불어)가 이론적으로 불가능한 것은 아니었지만, 일본의 경우를 제외하면 실제로 그런 식의 근대화가 성공한 사례를 떠올리기란 쉽지 않다. 그리고 전통적인 질서에 기초해 사회적 유대들을 갱신하려는 그런 시도들은, 실제로는 사회 위계를 해체하는 것을 뜻했다고 말할 수 있다. 거꾸로 말하자면, 그런 시도들은 의도했건 의도하지 않았건 간에 점차 새로운 종류의 국가를 대표하게 된 중앙의 통치자와 신민들 사이의 직접적인 유대를 강화하는 것을 뜻했다. 그리하여 〈신이여 국왕을 보호하소서〉는 (때때로 상징적인 방식으로) 점차 '신께서 지주님들과 그들의 친지들에게 은총을 베푸시며 우리가 적절한 자리에 있도록 인도하실 지어다'라는 기도문보다 더 효과적인 정치적 훈령이 되었다. 영국 군주정에 대한 본서의 한 장[3장]은 그런 과정의 한 단면을 잘 밝혀내고 있다. 비록 합스부르크(Habsburg)■나 로마노프(Romanov)■■와 같이 참으로 유서 깊은 정통 왕조들이, 단지 신민으로서 대중의 복종을 이끌어내는 것뿐만 아니라 잠재적

■ 오스트리아를 중심으로 500년 넘게 유럽에 군림한 황실 가문이다.

■■ 1613년부터 1917년까지 러시아를 통치한 왕가다.

시민으로서 그들의 충성을 확보하기 위해 어떤 시도를 했는지 연구하는 게 절실하기는 하지만 말이다. 우리는 그들이 결국 실패했다고 알고 있지만, 과연 그들의 실패가 미리 예정된 결과였다고 말할 수 있을까?

거꾸로 그런 문제들을 다루기가 가장 힘든 경우는 완전히 새로운 국가이거나, 통치자들이 기성의 정치적 복종과 충성의 유대를 효율적으로 이용할 수 없었던 경우, 그리고 국가의 정당성(혹은 국가가 대표한 사회질서의 정당성)이 더 이상 효과적으로 인정받지 못하는 경우에서였다. 1870년에서 1914년 사이에 때마침 예외적으로 소수의 '신생 국가들'이 있었다. 아메리카 대륙의 공화국들뿐만 아니라 대부분의 유럽 국가들도 이미 그 당시 기본적인 관제적 제도·상징·관행들을 받아들인 바 있는데, 곧 아시아에서 몽골도 1912년에 중국으로부터 일종의 독립이라는 것을 쟁취했을 때 아주 올바르게도 그런 것들을 참신하고 필수적인 것으로 여기게 되었다. 그 국가들은 수도(首都), 국기(國旗), 국가(國歌), 군복과 군장을 갖추는 데 있어 대개 영국식 모델에 기초했는데, 특히 (1740년까지 거슬러 올라가는) 영국의 국가가 아마도 최초의 국가였을 것이며, 프랑스 인들이 가진 것 중에서 보자면 삼색기가 가장 일반적인 모방의 대상이었다. 몇몇 신생 국가와 체제들은 프랑스 제3공화정처럼 초기 프랑스 공화주의적 상징주의라는 보고(寶庫)로 거슬러 올라가거나, 그것도 아니면 비스마르크 시대 독일제국처럼 중간계급들 사이에서 인기 있었던 자유주의적 민족주의의 신화와 상징 그리고 1860년대만 하더라도 비스마르크 시대 독일 인구의 거의 절반을 차지했던 프로이센 군주정의 왕조적 연속성과 더불어 초기 독일제국의 위엄에 호소할 수 있었다. 주요 국가 가운데 이탈리아만이 그런 문제를 해결하는 데 처음부터 난감해했는데, 다젤리오(Massimo d'Azeglio, 1798~1866)■는 이를 다음과 같은 구문으로 요약했다. "이탈리아를 만들었다. 이제 이탈리아 인들을 만들어야 할 차례다." 사보이아 왕국(kingdom of Savoy)■■의 전통은 이탈리아 북서부 끄트머리를 넘어서면 하등의 정치적 의미도 갖지 못했고, 교회마저 신생 이탈리아에 반대했다. 신생 이탈리아 왕국이 '이탈리아 인 만들기'에 아무리 열성적이었다고 해도, 어쩔 수 없이 떠밀리기 전까지는 전체 인구의 1,2퍼센트 이상에 투표권을 부여하는 데 확실히 미지근한 태도를 보였다는 것도 그리 놀라운 일이 아니다.

물론 신생 국가들과 체제들의 정당성을 성공적으로 확립하는 일은 상대적으로 드문 일이기는 했다. 그러나 대중정치의 도전에 직면해서 자신의 정당성을 천명하는 일은 그렇지가 않았다. 앞에서도 주목했듯이, 그런 도전으로는 종교(주로 로마 가톨릭)나 계급 의식(사회민주주의) 그리고 민족주의, 그것도 아니라면 최소한 외국인 혐오주의를 통해서라도, 독자적으로든 손을 잡고서든, 때로는 연합하고 때로는 경합하는 정치적 대중 동원이 대표적이었다. 정치적으로 볼 때 그런 도전들은 투표행위에서 가장 눈에 띄게 표출되었는데, 우리가 살피는 시기로 국한하자면, 그 때까지 주로 퇴행적인 지연전술을 구사하던 반대자들에 맞서는 과정에서 대중 선거권이라는 존재 또는 대중 선거권을 위한 투쟁과 긴밀하게 연관되어 있었다. 1914년

■ 피에몬테 출신의 19세기 이탈리아 온건파 정치가.
■■ 이탈리아 피에몬테에 근거를 둔 왕국. 사르데냐 왕국이라고도 한다. 19세기 이탈리아 통일의 견인차였다.

경 남성 보편선거권까지는 아니더라도 어지간히 확대된 선거권이 오스트레일리아(1901), 오스트리아(1907), 벨기에(1894), 덴마크(1849), 핀란드(1905), 프랑스(1875), 독일(1871), 이탈리아(1913), 노르웨이(1898), 스웨덴(1907), 스위스(1848~1879), 영국(1867~1884), 미국 등지에서 채택되었다. 비록 이를 정치적 민주주의라고 부르기에는 어딘지 미흡하지만 말이다. 그렇지만 헌법이 민주주의적이지 않은 경우에조차도 유권자 대중이 존재한다는 사실 그 자체로 말미암아 그들의 충성을 확보하는 문제가 극적으로 제기되었다. 가령, 독일제국에서 제국의회가 별다른 권력을 행사하지 못했다고 해서 사회민주당의 득표수가 꾸준히 증가했다는 사실이 통치자들에게 덜 염려스러운 일로 된 것은 아니었으니 말이다.

그러므로 1870년에서 1914년 사이 관제 전통들의 발명을 지배한 것은, 선거 민주주의의 광범위한 확산과 그에 따른 대중정치의 출현이었다고 할 수 있다. 그 문제가 특히 절박하게 제기된 이유는, 당시에는 자유주의적 입헌제도들과 자유주의 이데올로기에 기초한 모델이 지배적이었기 때문이다. 물론 자유주의적 입헌제도들은 선거 민주주의에 맞서 전혀 이론적 장벽이 되지 못했고 기껏해야 경험적 장벽이 되었을 뿐이다. 기실 시민권이 조만간 전체 시민—적어도 남성 시민—에게 확대되리라고 예상하지 못하는 자유주의자는 거의 없었을 것이다. 그런가 하면 자유주의 이데올로기는 제도화된 집합체에 맞서 개인을, 인간적 연줄에 맞서 시장의 거래('금전적 연계')를, 관등에 따른 위계에 맞서 계급을, 공동사회(*Gemeinschaft*)에 맞서 이익사회(*Gesellschaft*)를 전반적으로 옹호함으로써 가장 현란한 경제적 승리와 사회적 변형을 달성했다. 그렇다면 자유주의 이데올로기는 이전 사회들에서 당연한 것으로 간주되었던 사회적 유대와 권위의 연줄을 제공하는 데 전반적으로 실패한 것은 물론, 아예 그것들을 성공적으로 해체시켜 나갔던 것이다. 대중이 정치의 외곽에 머무는 한, 혹은 자유주의적 부르주아지를 따를 준비가 되어 있는 한, 이는 그다지 큰 정치적 곤경을 야기하지 않았다. 그렇지만 1870년대 이후로 대중이 정치에 개입하게 되면서 그들이 자기 주인들을 잘 따르지 않는다는 것이 점점 더 명백해졌다.

그러므로 1870년대 이후, 그러니까 대중정치가 출현하게 되면서부터 통치자들과 중간계급 관찰자들은 사회조직과 사회질서를 유지하는 데 '비합리적' 요소들이 얼마나 중요한가를 새삼 확인하게 되었다. 그래엄 월리스(Graham Wallas)는 『인간의 정치적 본성(*Human Nature in Politics*)』(1908)에서 다음과 같이 고찰할 것이었다. "인간의 본성이 어떻게 작동하는지를 면밀히 검토함으로써 자신의 정치적 사고를 전개하는 사람이라면 누구나 인류의 지성을 과대평가하는 경향을 극복하려고 노력해야만 한다."[4] 새로운 세대의 사상가들은 아무 문제 없이 그런 경향을 극복했다. 그들은 개인의 심리—자네(Janet), 윌리엄 제임스(William James), 프로이트(Freud)—와 사회심리학—르 봉(Le Bon), 타르드(Tarde), 트로터(Trotter)—에 존재하는 비합리적인 요소들을 재발견했는데, 그들이 그런 결론에 도달한 것은 바로 원시인들, 그러니까 그들의 관행이 더 이상 근대인의 유아적 특색을 간직한 것처럼 보이지 않는 원시인들—뒤르켕(Durkheim)은 오스트레일리아 원주민들의 관례 속에서 모든 종교의 원초적 요소들을 보지 않았던가?[5]—이나 혹은 이상적인 인간 이성의 전형적 요새라고 할 만한 고전기 헬레니즘—프레이저(Frazer), 콘포드(Cornford)[6]—에 대한 인류학적 연구를 통해서였다. 이제 인간집단들을 한데 뭉치게 하는 것은 적어도 개별 구성원들의 합리적인 계산이 아니라는 점이 인정됨으로써 정치와 사회에 대한 지적 연구가 변형되었다.

본고에서 단지 경제학자들만이 동참하지 않은 그런 고전적 자유주의로부터의 지적 퇴각이라는 특정한 경향을 대강이나마 분석할 여유는 없다.[7] 그런 경향과 대중정치의 경험 사이에 존재하는 연관으로 말하자면, 과연 버크(Edmund Burke, 1727~1797)■가 말한 대로, 돌이킬 수 없이 "삶의 우아한 외피와 … 권력을 품위 있게 만들고 복종을 자유롭게 하는 즐거운 환상을 … 갈기갈기 찢어 버린"[8] 부르주아지가 마침내 영원히 사회혁명의 그늘(파리 코뮌)에서 정치적 민주주의를 통해 지배할 수밖에 없다는 것을 생생하게 느꼈던 나라에서 특히 분명해 보인다. 여기서 탈 코뮌 세대로서 텐느(Hippolyte-Adolphe Taine, 1828~1893)■■가 그 어떤 것에도 공감을 표하지 않으면서 그랬듯이, 고대적인 사회적 결속, 교회와 군주정이 소멸한 것에 아쉬움을 표하는 것만으로는 충분치 않았다.[9] 그뿐만 아니라 군주제론자들이 원했듯이—모라스(Charles Maurras, 1868~1952)■■■의 경우에서처럼 정작 그들 자신이 전통적인 경건과 믿음의 훌륭한 광고 모델은 아니었다—가톨릭 국왕을 복고하는 것도 실질적인 해결책이 되지 못했다. 요컨대 그런 대안들을 뛰어넘

■ 영국의 보수적 정치사상가. 『프랑스 혁명에 대한 반성』에서 대혁명을 보수주의의 관점에서 비판적으로 고찰한 것으로 유명하다.

■■ 19세기 프랑스의 사상가이자 역사가. 파리 코뮌 이후 강한 민족주의적 성향을 보였다.

■■■ 프랑스 극우 운동단체인 '악숑 프랑세즈'의 지도자.

는 새로운 '시민 종교'가 구성되어야만 했다. 그런 필요야말로 뒤르켕 사회학, 그러니까 헌신적인 비사회주의적 공화주의자가 수행한 작업의 핵심이었다. 그렇지만 그런 필요를 실제로 제도화한 사람들은, 아주 실천적인 정치가이기는 해도 그다지 뛰어난 사상가는 아닌 사람들이었다.

프랑스 제3공화정의 지배자들이 사회 안정을 위해 새로운 전통들을 발명하는 일에 주로 의존했다고 주장하는 것은 어리석을 것이다. 외려 그들은 선거로 선출된 소수에 항구적인 권리가 있고, 과잉 대표된 촌락과 소도시들이야말로 사회혁명을 추구하는 프롤레타리아트와 혁명적 열정에 휩싸인 파리지앵들을 선거에서 항구적으로 제압할 수 있으며, 군(郡, arrondissements)을 적절히 연결하는 도로망을 갖추고 농산물 가격을 보장하며 거의 항상 낮은 세금을 유지함으로써만이 공화국의 농촌 투표자들이 프랑스 혁명에 대해 가진 진정한 열정과 금전적 이해관계에 대해 가진 증오를 일반적으로 덜어낼 수 있다는, 엄연한 정치적 사실에 의존했다. 급진 사회당의 한 대표자도, 선거 유세에서 1789년—아니, 1793년—의 정신에 호소하고 공화국을 찬미하면서 절정에 이른 분위기에서 자신의 랑그독 선거구의 포도 경작민들의 이해관계에 충실할 것임을 다짐할 때 자신이 무엇을 하고 있는지를 잘 알고 있었다.[10]

그럼에도 불구하고 만일 전통의 발명이 공화국을 유지하는 데 본질적인 역할을 수행했다고 한다면, 이는 그것이 사회주의와 우파 둘 다에 맞서 공화국을 수호하는 데 기여했기 때문이다. 제3공화정은 의도적으로 혁명 전통을 품음으로써 사회혁명가들(대부분의 사회주의자들과 같은)을 길들이거나 그들(아나코-생디칼리스트들과 같은)

을 고립시켰다. 그 다음으로 제3공화정은 공화국과 과거의 혁명을 옹호하는 가운데 우파를 민족의 항구적인 소수파로 만들어 버린 계급 공동전선을 폄으로써 이제 좌파 내 다수의 잠재적 반대자들까지 동원할 수 있게 되었다. 기실 제3공화정식 정치학 교과서라고 할 만한 『클로슈메를(Clochemerle)』■에서도 명백히 확인되듯이, 우파는 일종의 반면교사의 역할을 했다고 하겠는데, 과연 선량한 공화주의자들이 우파에 맞서 하나로 동원될 수 있었던 것이다. 물론 사회주의 노동당이 중심이 된 운동은 부르주아적 공화국에 편입되는 데에 어지간히 저항했다. 이로부터 공화국의 제도화에 맞서 매년 '연맹병들의 벽(Mur des Fédérés)'■■에서 파리 코뮌 기념식을 거행하는 관례가 확립되었다(1880). 그런가 하면 이로부터 드레퓌스 사건이 전개되는 동안, 특히 부르주아 정부에 사회주의자들이 참여(밀레랑)하는 문제를 놓고 논쟁들이 벌어진 시기에, 전통적이기는 하지만 이제는 관제 국가(國歌)가 되어 버린 〈라 마르세예즈(La Marseillaise)〉를 〈인터내셔널가(Internationale)〉■■■로 대체하려는 시도가 나오기

■ 1934년에 나온 가브리엘 슈발리에(Gabriel Chevalier)의 소설을 가리키는 듯하다. 보졸레 지방의 작은 도시 클로슈메를의 시장은 시의 진보와 개선을 상징할 야심찬 프로젝트를 꾸민다. 그것은 다름 아닌 공중 변소를 설치하는 일이었는데, 공교롭게도 그 위치가 성당 옆이었다. 보수적인 교권론자들이 보기에는 참으로 불경한 일이 아닐 수 없었다. 이에 주민들은 골육상쟁의 갈등에 빠지게 된다. 요컨대 '클로슈메를'이란 사소하지만 예민하며 가시돋힌 문제, 해결하기 불가능한 문제를 뜻한다.

■■ '코뮌 전사들의 벽'이라고도 불린다. 정부군의 총공세에 결사항전한 코뮈나르들은 파리의 동쪽 끝인 페르-라-셰즈로 밀리게 되었다. 결국 총탄이 떨어진 최후의 코뮈나르 147명이 이 벽 앞에서 생포되었으나 그 자리에서 전원이 즉결 총살되었다.

■■■ 〈라 마르세예즈〉는 프랑스 혁명기에 의용병들에 의해 불리어졌다가 프랑스 국가가 된 노래이고, 〈인터내셔널가〉는 국제 사회주의 노동운동을 대표하는 노래다.

1871년 파리 코뮌

1871년 파리 코뮌 당시 연맹병들의 벽 앞에서 총살당하는 코뮈나르들의 모습을 묘사한 마네(Edouard Manet, 1832~1883)의 그림이다.

도 했다.[11] 다시금 급진 자코뱅 전통의 공화주의자들이, 관제 상징주의의 틀 안에서이기는 하지만, 온건하고 지배적인 상징주의들과 계속해서 분명한 거리를 두었다. 1875년에서 1914년에 이르는 시기에 주로 공화국 자체의 기념물들을 만들려는 고유한 열정을 연구한 아귈롱(Agulhon)은, 상대적으로 더 급진적인 자치체들에서 '마리안느(Marianne)'■가 최소한 한쪽 가슴을 드러낸 반면에 좀더 온건한 곳에서는 우아한 옷을 차려입고 있다는 점을 예리하게 지적한다.[12] 그렇지만 기본적으로 변함없는 사실은, 공화국의 이미지 형성과 상징주의와 전통들을 통제한 사람들이 다름 아닌 극좌파연하는 중앙파, 그러니까 문자 그대로 '겉은 빨갛지만 정작 속을 들여다보면 하얀 무 같은, 그러면서 항상 안락한 삶을 영위하는' 급진 사회주의자들이었다는 점이다. 일단 그들이 더 이상 공화국의 운명을 좌우하지 못하게 되었을 때—인민전선 시절 이후로—제3공화정도 끝이 났다.

1860년대 후반부터 온건한 공화주의적 부르주아지가 주요 정치 현안의 본질('왼쪽에는 더 이상 적이 없다')이 무엇인지 깨닫게 되고, 공화국의 권력을 굳건하게 거머쥐자마자 문제 해결에 나섰다는 분명한 증거가 있다.[13] 이와 관련해 전통의 발명이라는 견지에서, 특별히 의미심장한 세 가지의 주요한 혁신들이 있었다. 첫 번째는, 혁명적·공화주의적 원리들의 색채가 가미되고 사제의 세속적 등가물이라고 할 수 있는 초등 교사들(instituteurs)—그들이 대체로 빈곤했음을 고려하면 사제라기보다는 차라리 탁발 수도승의 세속적 등가물이라고 해야 더 알맞을—을 통해 진척된, 교회의 세속적 등가물이라고 할 만한 초등교육의 발전이었다.[14] 이것이 초기 제3공화정의 의도적인 구성물이었고 프랑스 정부가 문자 그대로 중앙 집중화되어 있음을 고려하면, 농부들을 프랑스 인들로 변형시킬 뿐만 아니라 모든 프랑스 인들을 선량한 공화주의자들로 변형시킨다는 교범의 내용이 변할 여지가 없었다는 것은 분명하다. 사실 공화국 안에서 그리고 공화국에 의해 진행된 프랑스 혁명 그 자체의 '제도화'는

■ 프랑스 공화국을 상징하는 자유의 여성상.

지금까지 어느 정도 상세하게 연구되어 왔다.[15)]

두 번째는 공적 의례들의 발명이었다.[16)] 그 중 가장 중요한 것으로 꼽을 수 있는 것이 바로 그 기원이 정확히 1880년으로 거슬러 올라가는 바스티유 함락 기념제■다. 이 기념제는 매해 프랑스 인들을 1789년의 국민들로 확인하면서 각종 민·관(民官) 시위와 대중축제—불꽃놀이와 거리 댄스—를 결합시켰는데, 남녀노소를 불문하고 모든 프랑스 인들이 거기에 참여할 수 있었다. 비록 그런 과정에서 더욱 전투적이고 대중적인 시위가 벌어질 가능성이 있었고 이를 실제로 피하기도 힘들었지만, 일반적인 추세는 혁명의 유산이 국가 권력의 과시와 시민적 향응의 표현으로 변질되는 것이었다. 또 그보다는 지속적이지 못했지만, 비정규적으로 개최된 만국 박람회 또한 공화국이 그토록 강조해 마지않던 번영, 기술 진보—에펠탑—와 세계적 식민 정복에 정당성을 부여하는 일종의 공적 기념식이었다.[17)]

세 번째는 이미 주목한 바 있는 공공 기념물들의 대량 생산이었다. 제3공화정이—다른 나라들과는 달리—프랑스가 이미 폭넓게 공급한 바 있는 거대한 공공 건축물—비록 대박람회 개최로 파리에 그런 건물들이 남아 있었음에도 불구하고—이나 우람한 동상을 건설하는 일에 그다지 호의적이지 않았다고 생각할 수도 있다. 실제로 프랑스식의 '동상 수집광(statuomania)'[18)]은 주로 민주주의적인 특질을 보이는데, 이는 1차 대전 이후 세워질 전쟁 기념물의 민주주의적 성격을 예견하게 한다. 그것은 도시 및 농촌 코뮌 전역에 두 가지

■ 프랑스 혁명 당시 1789년 7월 14일 바스티유 감옥이 함락된 사건에서 유래했다.

지역 코뮌청의 마리안느상과 삼색기

종류로 확산되었다. 하나는 공화국 자체의 이미지(이제 보편적으로 친숙한 마리안느의 형태로)였고, 다른 하나는 애향심을 고취할 목적으로 과거 및 현재의 유명 인사들로 엄선된, 위엄 있게 수염을 기른 민간인들의 동상이었다. 기실 공화주의적 기념물들을 건조하는 일이 장려되기는 했지만, 그런 사업을 발의하고 그에 따르는 비용을 부담하는 일은 어디까지나 지방적인 차원에서 이루어졌다.

이런 시장을 노린 기업가들은 재정상태가 가장 열악한 코뮌까지 포함해서 각 공화국 코뮌의 실정에 맞게 여러 크기의 아담한 마리안느 흉상부터 시작해서 다양한 용적의 전신상을 거쳐 아주 야심만만한 시민들이 마리안느의 발을 감싸는 형태로 갖가지 초석들과 상징적이거나 영웅적인 분위기를 물씬 풍기는 각종 장식물들이 달려 있는 것에 이르기까지, 실로 무수한 형태의 동상들을 제조했다.[19] 파리의 공화국 광장(Place de la République)과 국민 광장(Place de la Nation)■에서 볼 수 있는 풍요로운 조화야말로 그런 동상의 결정판이다. 그런 기념물들은 공화국의 풀뿌리들—특히 농촌의 요새들—을 더듬어 올라가는데, 이것들은 확실히 투표자들과 국민 사이에 눈에 띄게 존재하는 연관들을 상징하는 것으로 간주할 수 있다.

내친 김에 제3공화정의 '만들어진' 관제 전통들이 가진 또다른 특질들도 간략히 살펴볼 필요가 있다. 지방이 배출한 유명 인사나 지방의 정치적 선언물들을 기리는 형태를 제외하면, 그런 전통들은 대개 역사와 동떨어져 있었다. 그렇게 된 이유는 부분적으로 1789년 이전의 역사(아마도 '우리들의 골 족 조상들'의 경우는 제외하고)가 교회와 군주정을 떠올리게 할 뿐만 아니라, 부분적으로 1789년 이후의 역사도 통합보다는 분열을 보여주었기 때문이다. 즉, 프랑스 혁명사 서술이 잘 보여주고 있듯이, 공화주의의 다양한 분파—차라리 공화주의의 순도(純度)라고 하는 게 더 나을—는 혁명 신전(revolutionary pantheon)에 저마다의 영웅들과 악당들을 모셔놓고 있었던 것이다. 그리하여 정당 간의 차이가 로베스피에르(Robespierre), 미라보(Mirabeau) 혹은 당통(Danton)■■의 동상에 고스란히 표현되었다. 그러므로 프랑스 공화국은 미국이나 라틴 아메리카 국가들과는 달리 건국의 아버지를 숭배하는 전통에서 한 걸음 물러나 있었다고 하겠다. 프랑스 인들은 외려 일반적인 상징을 선호했는데, 1914년 이후로도 오랫동안 민족적 과거를 암시하는 주제들을 우표에 사용하는 것조차 꺼려할 정도였다. (영국과 스칸디나비아 국가들을 제외한) 대부분의 유럽 국가들이 1890년대 중반 이래 그런 방법이 호소력을 가진다는 점을 알아차렸음에도 불구하고 프랑스의 사정은 마찬가지였다. 실제 동원된 상징들은 매우 적었다. 즉, 삼색기(모든 결혼식이나 기타 의례들에 참석한 시장이 두른 어깨띠에서 가장 보편화되고 민주화된), 공화국의 이니셜(RF)과 구호(자유, 평등, 우애), 〈라 마르세예즈〉, 그리고 공화국과 자유 그 자체의 상징이 바로 그것들인데, 바로 그런 것들 속에서 제2제정 말기에 비로소 마리안느가 구체적인 형체를 갖추게 된 것으로 보인다. 그런데 우리는 공적인 차원에서 제3공화정이 제1공화정■■■을 그렇게도 특별하게 수놓았던 발명된 의례들, 가령 '자유의 나무', 이성의 여신들과 특별한 축제들로부터는 별다른 감흥을 받지 않았다는 점을 지적할 수 있겠다. 정말이지 7월 14일을 제외하고는 어떠한 공적인 국경일도 없었음은 물론이요, (20세기의 대중체제들과 다른 것은 물론이요, 과연 미국과도 달리) 그 어떤 민간의 공식적인 동원이나 행렬이나 행진도 없었다. 다만 국가권력을 진부하게 과시하는 여러 형태—군복, 퍼레이드, 군악대, 국기 등과 같은—의 단순한 '공화국

■ 공화국 광장과 국민 광장 둘다 파리 북동부에 위치한 광장. 화려한 마리안느의 동상이 있다.

■■ 로베스피에르(Maximilien Robespierre, 1758~1794)는 프랑스 혁명기 산악파의 거두로 제1공화정과 공포정치를 주도했다. 테르미도르의 반동으로 단두대에서 처형당했다. 미라보(Comte de Mirabeau, 1749~1791)는 혁명기 입헌 왕정의 옹호자다. 격렬한 웅변으로 국민의회의 위기를 극복한 것으로 유명하다. 당통(Georges Jacques Danton, 1759~1794)은 로베스피에르와 마찬가지로 프랑스 혁명기 산악파의 지도자였지만, 공포정치의 완화를 요구하게 되면서 결국 부패 혐의로 로베스피에르에 의해 처형당했다.

■■■ 대혁명기인 1792년 민중봉기를 계기로 왕권이 폐지되고 국민공회가 들어서면서 '하나의 불가분한 공화국'이 공표되었다. 1795년 테르미도르의 반동으로 몰락했다.

화'만이 있었을 따름이다.

독일 제2제정은 프랑스의 경우와 흥미로운 대조를 이루는데, 특별히 프랑스 공화국의 만들어진 전통에 내포된 일반적 주제 중 일부가 거기서도 확인되기 때문이다. 독일이 직면한 주요한 정치 문제는 두 가지였다. 하나는 누구도 가져본 적이 없는 비스마르크식(프로이센 중심의 소독일적인) 통일에 대해 어떻게 역사적 정당성을 부여할 것인가였고, 다른 하나는 비스마르크식이 아닌 다른 해결책을 선호한 민주적 유권자 대부분(대독일주의자들, 반 프로이센 당파들, 가톨릭 교도들, 그리고 무엇보다 사회민주주의자들)을 어떻게 다룰 것인가 하는 문제였다. 비스마르크 자신은 개인적으로 프로이센을 상징하는 검은색과 흰색에 그가 통합시키기를 원했던 민족주의와 자유주의를 상징하는 검은색-붉은색-황금색을 섞어 결합한 삼색기를 고안해낸 것(1866)을 제외하면 상징주의에 별다른 관심을 기울이지 않은 것처럼 보인다. 독일제국의 검은색-흰색-붉은색의 국기(國旗)에는 그 어떤 역사적 선례도 없었다.[20] 정치 안정을 위한 그의 묘책은, 다양한 종류의 반대파들 사이에 존재하는 잠재적 분열을 활용하고, 정치적 민주주의가 정부의 의사결정에 조금도 영향을 미치지 못하도록 가능한 한 그것을 배제하기 위해 (압도적으로 자유주의적인) 부르주아지의 강령이 프로이센의 군주정과 군대와 귀족의 지배권을 위험에 빠뜨리지 않는 한 그 강령을 실천함으로써 부르조아지의 지지를 이끌어내는 것이었다. 물론 더 이상 분열될 수 없는, 명백히 화해 불가능한 집단들—주로 가톨릭 교도들과 라살레(Ferdinand Lassale, 1825~1864)■ 이후의 사회민주주의자들—은 그에게 상당한 골칫거리로 남았다. 사실로 말하자면, 비스마르크는 그 양대 세력과의 정면 대결에서 패하고 말았다. 그런 점에서 비스마르크가 보여준 구식의 보수적 합리주의는, 정치조작기술이라는 측면에서 제아무리 출중했다고 해도, 명사 위주의 정치와 구별되는 정치적 민주주의가 제기한 곤란들을 결코 만족스럽게 해결하지 못했다는 인상을 받게 된다.

그러므로 독일제국에서 전통의 발명은 무엇보다 빌헬름 2세의 재위기[1888~1918]와 관련된다. 목표는 다음 두 가지였다. 하나는 독일 제2제정과 제1제정■■ 사이의 연속성을 확립하는 것, 좀더 일반화하자면 새로운 제국을 독일 국민들의 세속적인 민족적 영감이 구현된 것으로 여기도록 만드는 일이고, 다른 하나는 1871년 새로운 제국의 건설을 주도한 프로이센과 나머지 독일을 연결하는 특정한 역사적 경험들을 강조하는 것이었다. 이 두 가지는 곧 프로이센의 역사와 독일의 역사를 통합할 필요로 이어졌는데, 애국적인 제국 역사가들(주로 트라이치케Treitschke)이 한동안 그런 필요에 충실히 복무했다. 그런 목표들을 달성하는 방식에 으레 따르게 마련인 주된 곤란이란, 첫째로 독일 민족의 신성로마제국의 역사(독일 제1제정)를 19세기식 민족주의적 틀에 끼워맞추기 어려웠다는 점과, 둘째로 그것의 역사를 통해 1871년의 대단원의 통일이 역사적으로 불가피한 것이었다거나 적어도 불가피해 보이는 것이었음을 입증할 수 없었다는 점이다. 그것은 오직 다음 두 가지 고안물을 통해서만 근대

■ 1863년 라이프치히에서 전 독일 노동자동맹을 결성했고, 이듬해 결투로 사망했다. 1875년 고타에서 전 독일 노동자동맹과 사회민주주의 노동자당이 연합함으로써 사회민주당이 출범했다.

■■ 독일 제1제정은 신성로마제국(962~1808)을 뜻하며, 제2제정은 1871년 독일의 통일과 함께 시작되었다.

민족주의에 연결될 수 있었다. 하나는 민족의 주적■ 개념인데, 독일인들은 바로 그런 적들에 맞서 자신들의 정체성을 규정해 왔고 하나의 국가로서 통일성을 확보하기 위해 투쟁해 왔다는 것이다. 다른 하나는 정복 개념 혹은 문화적·정치적·군사적 우월성의 개념인데, 다른 여러 국가들의 영역, 그러니까 주로 중부 및 동부 유럽에 흩어져 있던 독일 민족이 바로 이 개념을 통해 단일한 대독일 국가 안에서 하나로 통일될 권리를 갖는다고 주장할 수 있었다. 이 중 두 번째의 정복 및 우월성의 개념은, 비록 프로이센 왕국 자체가—그 이름이 암시하듯이—역사적으로 볼 때 대체로 신성로마제국령 바깥의 슬라브 지역과 발트 해 지역으로 팽창함으로써 건설되기는 했지만, 비스마르크의 제국인 '소독일'이 특별히 강조하려고 했던 바는 아니었다.

건축물과 기념물들은 독일사를 새롭게 해석하는, 혹은 1848년 이전의 독일 민족주의가 가진 구식의 낭만적인 '만들어진 전통'과 새로운 체제를 융합하는 가장 두드러진 형태였다. 그렇게 융합이 성공한 곳에서 상징들이 가장 큰 위력을 발휘했다. 그리하여 대중적 독일 체육인운동, 1860년대까지의 자유주의적인 대독일주의자들, 1866년 이후의 비스마르크주의자들(프로이센 중심의 소독일적 통일의 옹호자들)과 궁극적으로 범게르만주의자들과 반유태주의자들은, 그 영감이 결코 관제적이라고 할 수 없는 세 개의 기념물 건립을 염두에 두었다. 즉, 토이토부르크 숲의 아르미니우스(Arminius the Cheruscan)■■ 기념물(그 중 많은 부분이 이미 1838년에서 1846년 사이에 건설되었고, 1875년에 개관했다)이 하나이고, 1871년 독일 통일을 기념하기 위해 라인 강변에 세운 니더발트(Niederwald) 기념물

(1877~1883)이 다른 하나이며, 라이프치히 전투 100주년 기념물이 남은 하나인데, 마지막 것은 '라이프치히에서 싸운 민족들을 기리는 기념물 건립을 위한 독일 애국연맹'에 의해 1894년에 시공되어 1913년에 완성되었다. 다른 한편, 빌헬름 1세 기념물을 키프호이저(Kyffhäuser) 산, 그러니까 민중신화에 따르면 프리드리히 바르바롯사(Frederick Barbarossa)■■■가 다시 출현할 것이라고 고지된 바로 그 장소로 옮겨 기념물을 민족적 상징으로 삼자는 제안은 아무런 호응도 얻지 못한 것처럼 보이며, 라인 강 좌안에 대한 프랑스의 권리 주장에 맞서는 과정에서 빌헬름 1세와 독일에 바치는 기념물을 라인 강과 모젤 강의 합류 지점('도이체스 엑크Deutsches Eck')■■■■에 건설하자는 제안에는 어떤 특별한 반응도 없었던 것으로 보인다.[21]

그런 변칙적인 현상들을 한켠에 밀어두고 나면, 당시 석조 건축과 동상 제작이 독일 전역에서 넘쳐났고, 그런 가운데 적당히 유순하고 실력 있는 건축가들과 조각가들이 큰 돈을 벌었다는 사실을 알게 된다.[22] 1890년대만 해도 그렇게 건설되거나 건설이 계획된 것들 중에서 우리가 언급할 만한 것들로는, 정교한 역사적 이미지로

■ 가령, 사회민주주의자들이나 유태인들이 그렇게 지목되었다.

■■ 기원후 9년 바루스가 이끄는 로마 군단을 토이토부르크에서 격파한 게르만 족(체루스커 부족)의 지도자.

■■■ 빌헬름 1세는 프로이센의 왕(재위 1861~1888)이자 초대 독일 황제(재위 1871~1888)다. 바르바롯사란 프리드리히 1세의 별명으로 '붉은 수염'을 뜻한다. 프리드리히 1세는 슈타우펜 왕조의 신성로마제국의 황제(재위 1152~1190)로서 '제국의 영광'을 상징하는 인물이다. 그의 '바르바롯사 신화'는 독일이 극도의 정치 혼란과 사회 분열에 휩싸일 때마다 등장하곤 했다.

■■■■ 말 그대로 '독일의 모퉁이'라는 뜻이다.

외관을 꾸민 신 제국의회 건물(1884~1894), 이미 언급한 키프호이저 기념물(1890~1896), 명백히 공식적인 건국의 아버지로 추앙된 빌헬름 1세 민족 기념물(1890~1897), 포르타 베스트팔리카(Porta Westfalica)의 빌헬름 1세 기념물(1892), '도이체스 엑크'의 빌헬름 1세 기념물(1894~1897), 베를린 '개선로'(Siegesallee)■에 있는 호엔촐러른 군주들의 특별 사당(1896~1901), 독일 도시들(1894년 도르트문트, 1894년 비스바덴, 1898년 프렌츨라우, 1903년 함부르크, 1901년 할레)에 건설된 다양한 빌헬름 1세의 동상들, 그리고 조금 나중에는 민족주의자들에게 가일층 진실한 찬미의 대상이 된 일련의 비스마르크 기념물들이 있다.[23] 이런 기념물들 중 하나가 완공되었을 때 처음으로 역사적 주제들이 독일제국의 우표에 사용되기도 했다(1899).

석조 건축과 동상 제작이 꾸준했다는 사실과 관련해 다음의 두 가지를 언급할 필요가 있다. 첫 번째는 민족적 상징의 선택과 관련이 있는데, 특히 두 가지가 많이 애용되었다. 하나는 어중간하지만 적당히 군사적인 의미를 내포한 '게르마니아(Germania)'■■로서, 그녀는 조각 분야에서 그다지 두드러진 비중을 차지하지는 못했다. 비록 특정한 단일 왕조의 이미지가 여전히 전체로서 독일을 상징화할 수 없었기에 처음부터 우표에는 널리 쓰였지만 말이다. 다른 하나는 실제로 비스마르크 기념물을 보완하면서 등장한 '독일인 미헬(Deutsche Michel)'이다. 그는 한 지역이나 국가로서가 아니라 '민중'으로서 민족을 교묘하게 대표했다. 그를 통해 점차 19세기 만화작가들의 통속적인 정치 언어가 활성화되었고, (존 불John Bull과 염소수염 양키goateed Yankee처럼,■■■ 그러나 프랑스 공화국의 이미지인 마리안느와는 달리) 민족 구성원들 자신의 시각에서 민족적 캐릭터를 표현하는 데 의도적으로 이용되었다. 그런 캐릭터들의 기원과 초기 역사는 그늘에 가려져 있다. 그러나 대체로 보아 국가(國歌)처럼 그것들도 18세기 영국에서 처음으로 출현했다는 것이 거의 정설이다.[24] '독일인 미헬'에서 중요한 점은 그의 이미지가 교활한 외국인들에 너무 잘 휘둘리는 순진함과 단순함을 강조할 뿐만 아니라, 외국인들의 괘씸한 속임수와 극악무도한 정복에 끝내는 분기탱천할 때 엄청난 육체적 힘을 모아낸다는 사실이다. 그렇다면 '미헬'은 본질적으로 외국 혐오 이미지였던 것으로 보인다.

두 번째는 비스마르크식 독일 통일이 갖는 결정적인 의미를 새로운 제국의 시민들이 공동으로 보유하는 유일한 역사적 경험으로 치장하는 것과 관련이 있다. 그럴 수 있었던 것은 독일과 독일 통일에 대한 초창기의 개념 파악이 특정한 하나의 방식으로, 기껏 달라봤자 '대독일적인' 방식으로 이뤄졌기 때문이다. 그리고 이런 경험 지평에서 중심적이었던 것이 바로 보불전쟁(Franco-Prussian War, 1870~1871)■■■■이었다. 독일이 (짧은) '민족적' 전통을 보유하는 한, 그것은 다음 3개의 이름들에서 상징화될 수밖에 없었다. 즉, 비스마르크, 빌헬름 1세, 그리고 스당(Sedan)■■■■■이 바로 그것들이다.

그 점은 (주요하게는 빌헬름 2세 치하에서) 발명된 의례와 의식들

■ 빌헬름 2세의 명령으로 티어가르텐에 건설된 700미터 길이의 가도.

■■ 독일을 상징하는 여신. 군신의 모습을 하고 있다. 프랑스의 '마리안느'에 해당된다.

■■■ 존 불은 영국인의 통속적인 이미지이고, 염소수염 양키는 미국인의 통속적인 이미지다.

■■■■ 이 전쟁에서 프랑스가 패하면서 파리 코뮌이 수립되고 그 연장선에서 프로이센 주도의 독일 통일이 완결되었다. 1871년 1월 18일, 프랑스 베르사유에서 독일제국이 선포되었다.

■■■■■ 보불전쟁에서 프로이센이 프랑스에 맞서 대승을 거두 전투.

에서 명료하게 예증된다. 가령, 1895년 8월에서 1896년 3월까지 치러진 보불전쟁 25주년 기념식에는, 제국(황제) 이념(*Kaiseridee*)의 발전과 호엔촐러른 왕조의 성격 등에 기초한 당시 전쟁의 주요 전투에 대한 폭넓은 추모제들, 황제 탄신 기념제들, 황태자 초상화의 공식적인 전달식, 보불전쟁에 대한 영상물과 공식 연설들이 포함되어 있는 것은 물론이요, 어느 김나지움 연혁에 실린 연대기에 이르기까지, 의식이 자그마치 열 가지나 포함되어 있었다.[25]

그런 의례들 중 하나를 좀더 상세히 들여다보면 그것들의 성격이 어떤지 밝혀낼 수 있을 것이다. 소년들은 부모나 친구들이 지켜보는 가운데 〈라인 강의 수비(Wacht am Rhein)〉(공교롭게도 프로이센 국가도 아니요 독일 국가도 아니지만 프랑스 인들에 대한 적대감을 고스란히 드러내는 '민족 가요')를 부르면서 학교 운동장을 행진했다.[26] 그들은 각 학급별로 돈을 모아 구입한 오크 잎으로 장식된 깃발을 든 각 학급 대표자들을 마주해서 열을 지었다(오크는 튜튼-게르만 민속과 민족주의 및 군사적 가치들과 연결되어 있었는데, 오크 잎은 히틀러 치하에서도 군대 최고 훈장을 장식하고 있었음을 기억할 필요가 있다. 라틴 인들에게 월계수가 있었다면 게르만 인들에게는 오크가 있었던 것이다). 반장은 이 깃발들을 교장에게 건네주었고, 교장은 자기 차례에 고(故) 빌헬름 1세의 영광스런 날들에 대해 일장 연설을 늘어놓는 가운데 절대 군주와 황후를 위한 세 번의 환호성을 유도했다. 그리고 나서 소년들은 깃발 아래에서 행진했다. 그렇지만 합창과 더불어 '제국의 오크(*Kaisereiche*)'를 식수(植樹)하기 전에 교장의 또다른 연설이 이어졌다. 마지막 순서는 그루네발트(Grunewald)로 소풍을 나가는 것이었다. 이 모든 식순은 기실 이틀 후에 있을 실질적인 '스당의 날' 기념식과, 종교단체와 민간단체의 여러 행사 집회에 의해 오랫동안 중단되었던 개학식에 선행하는 행사들이었을 따름이다.[27] 같은 해에는 또 제국 법령으로 보불전쟁 25주년을 맞아 '개선로' 건설 계획이 선포되기도 했는데, 확실히 보불전쟁은 비록 '군주들의 부름에 따른 것'이기는 했지만 '외국의 침입을 물리치고 영광스런 승리를 통해 조국의 통일과 제국의 복고를 성취'하기 위해 독일인들이 '한 마음으로' 떨쳐 일어난 사건으로 제시되었다.[28] 여기서 기억해 둘 만한 것은 '개선로'가 거리낌없이 브란덴부르크 변경백(Margraves of Brandenburg)▪ 시절로까지 거슬러 올라가 호엔촐러른 군주들을 표상했다는 점이다.

프랑스와 독일 양국의 혁신들을 비교해 보면 시사하는 바가 많다. 둘다 새로운 체제가 건국되는 계기들로서, 가령 프랑스는 이론의 여지가 별로 없는 명백한 일화(바스티유 함락)를 통해 프랑스 혁명을, 그 반면에 독일은 보불전쟁을 강조했다. 독일제국이 역사적 회고에 정도 이상으로 집착했다면, 프랑스 공화국은 혁명이라는 역사적 준거점을 제외하면 정도 이상으로 역사적 회고를 꺼렸다. 대혁명이 프랑스 국민과 그 애국주의의 존재와 성격과 한계들을 규정했기 때문이다. 그러니 공화국은 마리안느·삼색기·〈라 마르세예즈〉 등과 같은 몇 가지 분명한 상징들을 통해, 또 이따금씩 자유·평등·우애라는 분명한 이론적 혜택을 (최하층 시민들에게까지도) 베푸는 가운데 정교화된 다분히 이데올로기적인 해석으로 그런 상징들을

▪ 1157년 알브레흐트 1세가 처음으로 브란덴부르크 변경백으로 불리었다. 프로이센의 기원.

보완하면서, 프랑스 국민과 그 애국주의를 시민들에게 주입하는 것으로 충분할 수 있었다. 그 반면에 1871년 이전의 '독일인'은 어떤 정치적 규정이나 통일성도 갖지 못했을 뿐만 아니라 그것이 새로운 제국(독일인의 많은 부분을 배제해 버린)과 맺는 관계도 모호했다. 그러니 상징적이건 이데올로기적이건 일체화 과정은 더욱 복잡했을 뿐더러—호엔촐러른 왕조와 군대 그리고 국가의 역할을 제외하면—정교한 맛도 떨어졌다. 이로부터 신화와 민속(독일 오크, 황제 프리드리히 바르바롯사)으로 시작해서 뻔한 유형의 조야한 만화를 거쳐 민족의 주적을 규명함으로써 민족을 정의하려는 시도에 이르기까지, 준거점도 가지가지였다. 다른 많은 해방된 '민족'의 경우에 그렇듯이, '독일'을 가장 쉽게 정의하는 방법은 무엇보다 그것이 무엇에 적대했는가를 알아내는 것이었다.

바로 그 점이 독일제국의 '만들어진 전통들'에 내재하는 명백한 틈새를 설명해 줄 것이다. 가령, 사회민주주의자들과의 타협 노력이 실패로 돌아간 것이 극명한 사례다. 빌헬름 2세가 처음에 '사회 문제에 정통한 황제(social emperor)'로 자처했을 뿐만 아니라 사민당을 금지하는 비스마르크 고유의 정책과도 분명한 거리를 두었음은 사실이다. 그렇지만 사회주의 운동을 반민족 운동('조국 없는 무리')으로 간주하려는 충동은 뿌리치기 어려울 정도로 강력했고, 따라서 사회주의자들은 예컨대 합스부르크 제국에서 그러했던 것보다 더 체계적으로 국가업무에서 배제되어 갔다(특별법을 통한 고위 교육직에서의 배제까지 포함해서). 의심할 여지없이 황제의 정치적 두통거리 가운데 적어도 두 가지는 상당히 완화되었다. 독일의 위대함이라는 수사뿐만 아니라 군사적 영광과 권력을 통해 이제는 원래의 자유주의적이거나 민주주의적인 성격을 탈각한 '대독일주의자들'이나 범게르만주의자들이 무장해제된 것이다. 만일 그들이 자기들의 목적을 달성하려고 한다면 이제 그것은 오직 새로운 제국을 통해서만 가능할 것이었으며, 그렇지 않으면 아무 것도 이룰 수 없을 것이었다. 가톨릭 교도들 역시 그들에 맞서 전개되던 비스마르크의 캠페인(문화 투쟁)이 결국 끝났다는 사실에서 분명해지듯이, 더 이상 심각한 문제들을 야기하지 않았다. 그러나 독일 사회민주주의자들만큼은 제국 내에서 다수파의 지위로 약진했음에도 불구하고, 그리고 그런 약진이 적어도 대세로 보였음에도 불구하고, 당대의 다른 나라들과 비교할 때 정부로부터 매우 강경하게 탄압받는 정치세력으로 남았다.

물론, 그렇듯 안팎으로 광범위한 적들을 규정함으로써 자기를 규정하는 민족의 경우에 그런 사태가 완전히 뜻밖의 일만은 아니었다.[29] 설상가상으로, 정의상 반민주주의적인 군사 엘리트가 중간계급을 지배계급의 지위로 동화시키는 데 강력한 매개자가 되었다. 독일제국은 사회민주주의자들과 그보다는 덜하지만 유태인들을 내부의 적들로 선택함으로써 그들을 완전히 이용할 수 없게 되었지만, 거기에 따르는 부수적인 이점을 누리기도 했다. 즉, 자본주의적 자유주의(유태인)와 프롤레타리아적 사회주의(사회민주당) 모두에 대항하는 데마고그적 호소력을 제공함으로써 그 두 가지 모두에 의해 위협받는다고 느끼던 하층 중간계급과 수공업 장인들, 농민들 거대 다수를 '민족'이라는 기치 아래 동원할 수 있었던 것이다.

역설적이게도, 가장 민주주의적이자 영토상으로나 헌정상으로나 가장 분명하게 규정된 민족 가운데 하나가, 몇몇 측면에서 제국 독일과 유사한 민족 정체성의 문제에 직면했다. 즉, 미국은 남북 분리가 해소된 뒤 출생이 아니라 이민을 통해 미국인이 된 비동질적인 대중—우리 시대까지도 거의 통제할 수 없는 유입—을 어떻게 동화시킬 것인가 하는 정치적 문제에 직면했던 것이다. 미국인들은 만들어져야 했다. 우리가 살피는 시기 미국의 만들어진 전통들은 무엇보다 그런 목표의 성취를 겨냥해 고안된 것들이다. 한편으로 이민자들은 민족의 역사를 기념하는 의례들—혁명과 건국의 아버지들(7월 4일) 및 프로테스탄트적 앵글로-색슨 전통(추수 감사절)—을 있는 그대로 받아들이도록 종용받았는데, 그것들은 이제 공적·사적인 휴일이나 명절이 되었다.[30] (거꾸로 '민족'은 강력한 동화력을 자랑하는 지방 자치와 국가 정치의 기제를 통해 이민자들의 집단 의식—성 패트릭의 날, 나중에는 콜럼버스의 날—을 미국적 생활조직으로 흡수했다.) 다른 한편으로는 교육체제가 1880년대 이후로 일상적인 학교 조례에 확산된 성조기 경배와 같은 고안물을 통해 정치적 사회화를 위한 도구로 변형되었다.[31] 선택—영어를 배우고 시민권을 따려는 결정—의 행위로서 미국주의의 개념과 특정한 신념·행위·행동양식의 선택은 그에 상응하는 '비-미국주의(un-Americanism)' 개념을 필연적으로 수반했다. 속지적으로 민족성을 규정하는 나라들에는 비애국적인 잉글랜드 인들이나 프랑스 인들이 있게 마련이지만, '거류 외인들(*metèques*)'■로 규정되지 않는 한 잉글랜드 인이나 프랑스 인으로서의 그들의 지위는 흔들림없는 것이었다. 그렇지만 독

■ 고대 아테네에서 노예 및 여성과 더불어 참정권을 갖지 못했던 집단. 여기서는 '외국인들' 내지 '이방인들'을 뜻한다.

일에서처럼 미국에서도 '비-미국인'이거나 '조국 없는' 사람은 민족의 성원으로서 자기들이 처한 실질적인 지위에 의구심을 품었다.

이로부터 충분히 예상할 수 있듯이, 민족 공동체에 소속되어 있으나 석연치 않은 지위를 가진 성원들 중에서도 가장 크고 가장 눈에 띄는 부분이 바로 노동계급이었다. 즉, 미국에서 그들은 실제로 외국인들로 분류될 수 있었기에 한결 석연치 않은 지위로 전락했다. 새로운 이민자들 대부분이 곧 노동자들이었으니 말이다. 거꾸로 말하자면, 최소한 1860년대 이래로 실제로 대도시에서 일하는 노동자들 대다수는 외국 태생이었던 것으로 보인다. 최소한 1870년대까지 거슬러 올라가 그 흔적을 추적해 볼 수 있는 '비-미국주의' 개념이[32] 이방인들에 대한 토박이들의 반응에서 나오는 것인지, 아니면 외국 태생의 노동자들에 대한 앵글로-색슨 프로테스탄트들의 반응에서 나오는 것인지는 불확실하다. 어쨌든 선량한 미국인은 일체의 공식·비공식 의례들을 격식에 맞게 수행함으로써, 또 관례상으로건 제도상으로건 선량한 미국인들의 특성으로 확립된 일체의 신념들을 확인함으로써 제나름의 미국주의를 주장할 수 있었는데, 그러는 가운데 내부의 적이 만들어졌다.

이하에서 우리는 해당 시기 다른 나라들에서 국가 전통들의 발명이 어떠했는지를 다소 간략하게 다루어 볼 작정이다. 많은 군주제 국가들이 명백한 이유로 스스로를 왕권에 연결시키는 경향이 있었고, 그 시기에 지금은 친숙해진 공적 관계의 여러 관례들이 왕국이나 제국의 의례들에 기반해 시작되었다. 이런 과정은 희년제(禧年祭, jubilee)나 기념제들을 편리하게 발견—외려 발명이라고 말하는 게 좋을—함으로써 크게 촉진되었다. 그것들의 새로움은 실제로

『새 영어사전』에 잘 언급되어 있다.[33)] 기념제들이 어느 정도의 선전 효과를 가졌는지는, 〈표1〉이 보여주듯이, 화폐 다음으로 공적 이미지를 가장 보편적으로 표현하는 형식이랄 수 있는 우표를 처음으로 발행할 때 거기에 기념제들의 역사적이거나 유사 역사적인 이미지들을 자주 사용하곤 했다는 사실에서 잘 드러난다.

1887년의 빅토리아 여왕 희년제(즉위 50주년제)는 10년 후에 다시 거행될 정도로 아주 성공적이었는데, 이것은 영국과 다른 나라들

〈표1〉 1914년 이전 역사우표들의 첫 발행[34)]

나라	첫 우표	첫 역사우표	희년제 혹은 특별한 행사(경우)
오스트리아-헝가리	1850	1908	프란츠 요제프 60주년제
벨기에	1849	1914	전쟁(적십자)
불가리아	1879	1901	반란 기념제
독일	1872	1899	기념관 제막식
그리스	1861	1896	올림픽
이탈리아	1862	1910~1911	기념제들
네덜란드	1852	1906	데 루이터(De Ruyter) 300주년제
포르투갈	1852	1894	항해왕 엔리케 탄생 500주년제
루마니아	1865	1906	통치 40주년제
러시아	1858	1905, 1913	전시 구호, 300주년제
세르비아	1866	1904	왕조 100주년제
스페인	1850	1905	『돈키호테』 300주년제
스위스	1850	1907	–

에서 잇따랐던 왕국이나 제국의 행사에도 영감을 주었다고 장담할 수 있다. 심지어 가장 전통주의적인 왕조들—1908년 합스부르크 왕조와 1913년 로마노프 왕조—도 이런 형태의 선전에 장점이 많다는 것을 깨달았다. 따라서 전통적인 왕국의례들이 주로 고관대작들(grandees)의 위계에서 통치자가 지니는 신성함과 차지하는 위치를 상징하도록 고안되었던 반면에, 이번 것들은 고관대작들이 아니라 공중(public)을 겨냥해서 거행되었다는 점에 그 새로움이 있다. 프랑스 혁명 이후로 모든 군주정은 조만간 '프랑스의 왕'에 상당하는 각국 왕의 지위에서 '프랑스 인들의 왕'에 상당하는 새로운 지위로 변화하는 법, 다시 말해서 가장 비천한 자까지를 포함하는 모든 신민의 집합체와 직접적인 관계를 설정하는 법을 배워야 했다. 비록 '부르주아 군주정'(루이 필립■이 선구자인)이라는 장식적인 옵션도 이용가능하긴 했으나, 이는 저자세를 유지하려고 하는 소국들—네덜란드, 스칸디나비아—의 왕들만이 채택한 것으로 보인다. 물론 가장 신성하게 축성된 통치자들—특히 황제 프란츠 요제프(Franz Joseph)■■—가운데 몇몇도 절제 있게 생활하는 근면한 관리의 역할로 스스로를 치장했던 것처럼 보이기는 하지만 말이다.

기술적인 측면에서만 보자면, 군주정을 실질적인 통치자를 강화하려는 목적에서 정치적으로 활용하는 경우(합스부르크, 로마노프, 심지어 인도제국의 경우에서처럼)와 의회제 국가에서 왕실 수반의 상징적 역할을 확립할 목적에서 정치적으로 활용하는 경우 사이에는

■ Louis Philippe, 프랑스의 왕. 재위 1830~1848. 그의 '7월 왕정'은 1830년 7월 혁명의 결과 수립되었다. 그 시기에 상층 부르주아지의 지배가 공고해졌다.

■■ 오스트리아의 황제이자 헝가리의 왕. 재위 1848~1916.

어떤 중요한 차이도 없었다. 둘다 왕조의 조상들을 통해서건 아니건 왕실의 인물을 이용하는 것에 의존했거나, 그것이 아니면 관제 주입식 교육에 동원된, 싫어도 어쩔 수 없이 들어야 하는 청중들을 대상으로 다각적인 선전 활동을 전개하고 그들의 광범위한 참여를 유도하는 과정에서 정교화된 각종 의례적인 행사들에 의존했다. 그런가 하면 둘다 통치자가 민족 또는 민족들의 통일성의 구심점, 나아가 조국의 위대함과 영광 그리고 그 과거 전체와 변화무쌍한 현재와의 연속성을 상징하는 대표자가 되었다. 그렇지만 그런 혁신들은 영국처럼 왕실 의례주의가 대중 민주주의의 위험에 대한 필수적인 균형추로 부활한 곳에서 한층 더 의도적이고 체계적이었을 것이다. 배저트(Walter Bagehot, 1826~1877)■는 이미 제2차 선거법 개혁 시절에 정치적 복종은 물론이요, '효율적인' 것과 구별되는 '위엄 있는' 헌정의 부속품들이 갖는 가치를 인정한 바 있다. 노년의 디즈레일리(Benjamin Disraeli)도 젊었을 때와는 달리 '왕좌와 왕좌의 점유자에 대한 경외'를 '권력과 영향력을 위한 전능한 도구'로 이용할 줄 알았고, 빅토리아 통치 말기에 이르면 그런 장치가 갖는 본질을 잘 이해하고 있었다. J. E. C. 보들리(J. E .C. Bodley)는 에드워드 7세의 대관식과 관련해 다음과 같이 썼다.

열정적이면서도 실리에 밝은 민족들이 자기들 제국의 영광을 두드러지게 하기 위해 고대의 관례(冠禮)를 이용하고, 자유로운 민주주의가 세습 왕권을 자기 인종의 세계적인 지배권의 상징으

■ 영국의 경제학자이자 언론인.

로 인식하는 것은, 단순한 겉치레가 아니라 고도의 역사적인 이해관계를 대표하는 사건이다.[35)]

영광과 위대함, 부와 권력은 충성과 충성을 표현하는 의례들을 통해 가난한 사람들도 상징적으로 공유하는 어떤 것이 되었다. 요컨대 권력이 거대할수록 부르주아적 군주정이라는 대안은 그 매력이 떨어졌다고 말할 수 있겠다. 그리고 우리는 1870년에서 1914년 사이에—프랑스와 스위스를 제외하면—유럽에서는 군주정이 보편적인 국가 형태로 남아 있었다는 사실을 기억해야 한다.

Ⅱ

우리가 살피는 시기에 만들어진 가장 보편적인 정치 전통들은 국가를 통해 성취된 것들이다. 그럼에도 국가로부터 분리되기를 요구하거나, 심지어 국가에 대안적인 지위를 요구하는 조직된 대중운동들이 등장하면서 그와 유사한 발전들이 잇따랐다. 그런 운동들 가운데 몇 가지, 특히 정치적 가톨릭주의와 다양한 종류의 민족주의는 보통은 신화적인 과거를 포함하는 의례와 기념식과 신화의 중요성을 날카롭게 의식하고 있었다. 그런데 만들어진 전통들의 중요성이 한층 두드러지는 때는 만들어진 전통들이 합리주의적인 운동들, 그러니까 어느 편이냐 하면 만들어진 전통들에 다소간 적대적일 뿐만 아니라 기성의 상징적이고 의례적인 장비를 결여한 운동들 사이에서 등장했을 때였다. 그러니 만들어진 전통들이 출현하는 과정을 연구하는 가장 좋은 방법은 바로 그런 경우들, 가령 사회주의적 노동운동들(합리주의적 운동의 표본으로서)의 출현 과정을 보는 것이라고 하겠다.

그런 운동들이 보유한 국제적 차원의 주요 의례라고 할 수 있는 노동절(May day, 1890)은 놀라울 정도로 짧은 기간에 자생적으로 진화했다. 그것은 처음에 단발성의 1일 파업 및 8시간 노동제를 위한 시위로 고안되었는데, 몇 년간 미국에서 그와 같은 요구를 내거는 과정에서 그 날짜가 정해졌다. 유럽에서 이 날짜가 선택된 것은 확실히 실용적인 이유에서였다. 그것이 미국에서는 아마도 어떤 의례상의 중요성도 갖지 못했던 것 같은데, 거기서 '노동절(Labour Day)'은 이미 여름이 끝나는 무렵에 고정된 바 있다. 그것이 '이사의 날(Moving Day)', 그러니까 뉴욕과 펜실베니아에서 고용계약이 끝나는 전통적인 날짜에 따라 정해졌다는 설이 꽤 유력해 보인다.[36) 전통 유럽의 농촌지역에서도 확인되는 계약기간처럼, 그것은 원래 상징적으로 정해진 전(前)산업적인 연간 노동주기의 일부를 구성한 것이지만, 뜻밖에도 산업 프롤레타리아트와 연결되었던 것이다. 새로운 노동당과 사회주의 인터내셔널은 그 어떤 특별한 형태의 시위도 구상한 바 없었다. 노동자들의 축제라는 개념은 그 조직체의 원년(1889) 결의에 언급되지 않았을 뿐만 아니라, 이데올로기적인 이유로 다양한 혁명투사들에 의해 실질적으로 거부되기까지 했다.

반 게네프(Van Gennep)가 주장하듯이, 프랑스 노동운동의 반교권주의적 경향으로 말미암아 노동절에 전통적인 민속 관행들을 도입하는 것이 많은 반대에 부딪쳤음에도 불구하고, 고대적인 전통에서 유래하는 상징주의로 그렇게도 두텁게 덧칠된 날짜가 선택되었다는 사실은 참으로 시사하는 바가 크다.[37) 그 행사는 처음부터 의례적이고 상징적인 요소들을 끌어와 흡수했다. 무엇보다 유사 종교적이거나 신비적인 기념행사('노동제Maifeier')로서 '휴일(holiday)'이라는 말이 갖는 두 가지 의미를 내포하고 있었다. (엥겔스Friedrich Engels는 그 날을 '시위'로 언급한 이래 1893년부터는 '축제Feier'라는 용어를 사용한다.[38] 아들러Victor Adler■는 1892년 이후부터 오스트리아에서, 반더벨데는 1893년 이후 벨기에에서 그런 요소를 식별해낸다.) 안드레아 코스타(Andrea Costa, 1851~1910)■■는 이탈리아에 대해 그런 의미를 다음과 같이 간결하게 표현했다(1893). "가톨릭 교도에게 부활절이 있듯이, 노동자도 그 자신만의 부활절을 갖게 될 것이다."[39] 한결 드물기는 하지만 강림제에 대한 비유들도 빠지지 않았다. 그리하여 기묘하게 뒤섞인 '노동절 예배(May Day Sermon)'가 1898년 샤를르루아(벨기에)를 필두로 '지상의 모든 프롤레타리아여, 단결하라' 및 '서로 사랑하라'와 같은 공동제사(題辭)들을 내걸고 부활했다.[40]

당초부터 만국 노동운동의 유일한 상징이라고 할 만한 적기(Red flag)가 게양되었으나, 몇몇 나라들에서는 꽃이 그런 역할을 대신했다. 오스트리아에서는 카네이션, 독일에서는 붉은 (종이) 장미, 프랑스에서는 예쁜 찔레꽃과 양귀비꽃 그리고 재생의 상징인 산사나무꽃이 점차 확산되었고, 1900년대 중반 이후로는 비정치성을 연상시키는 은방울꽃이 그 자리를 차지했다. 사회주의 문헌에 등장하는 노동절 찬양시들로 미루어 판단하건대, 그런 경우와 자연스레 연결되었을 이런 꽃들이 의미하는 말에 대해서는 알려진 바가 거의 없으

■ 1852~1918, 오스트리아의 사회민주주의자다.

■■ 이탈리아의 사회주의자. 최초의 사회주의자 의원을 역임했다.

나, 확실히 그것은 노동절의 기조, 즉 재생·생장·희망·기쁨의 순간을 의미했다(우리는 1891년 푸르미스에서 열린 노동절 기념 총사냥 대회와 관련해 산사나무 꽃가지를 든 소녀를 떠올리게 된다).[41] 그와 마찬가지로 노동절은 1890년대 새로운 사회주의적 도상학(圖像學)이 발전하는 데 크게 기여했는데, 어김없이 투쟁을 강조하기는 했지만 더 밝은 미래에 대한 희망과 자신감 그리고 그에 다가서고 있다는 생각—종종 식물 생장의 은유로 표현된—이 우세했다.[42]

공교롭게도 5월 1일 노동절은 노동운동 및 사회주의 운동이 수많은 나라에서 예외적으로 성장하고 팽창하던 시기에 시작되었다. 그리고 상대적으로 암울한 정치적 분위기에서 확립된 것이 아니라는 점도 길조였을 것이다. 뜻밖에도 그것과 연관된 유서 깊은 봄의 상징주의는 1890년대 초의 그런 분위기에 완전히 들어맞았다.

그리하여 노동절은 아주 비중이 큰 연간축제 및 관례로 급속하게 변형되었다. 그렇게 매해 되풀이된 것은 일반 조직원들의 요구를 충족시키기 위함이었다. 그와 함께 그 날이 본래 가졌던 정치적 내용—8시간 노동제에 대한 요구—도 부득이하게 방기되어, 해당 연도에 민족적 노동운동의 관심사가 된 슬로건들이나, 더욱 일반적으로는, 특기할 만한 것은 없지만 노동계급이 엄연히 존재한다는 주장, 그리고 여러 라틴 국가들에서는 '시카고 순교자들'(Chicago Martyrs)■에 대한 추모가 그 자리를 대신했다. 원래의 요소들 가운데 남아 있던 것이라고는 노동절 시위가 보여준 국제주의가 전부였다. 그나마도 의식적이기보다는 자생적이었다. 극단적인 경우로, 1917년 러시아의 혁명가들은 다른 세계와 같은 날에 노동절을 기념하기 위해 자기들 달력을 바꿀 정도였다. 그리고 사실상 하나의 계급으로서 노동자들의 공식 퍼레이드가 그 의례의 핵심을 구성했다. 여러 논평자들이 주목했듯이, 그것은 여러 급진적·혁명적인 기념제들 사이에서조차 산업 노동계급만을 위한 유일한 휴일이었다. 비록—최소한 영국에서—특정한 산업 노동자 공동체들이 이미 스스로들을 노동운동의 일부로 여기는 일반적인 집단 표현들을 발명해내는 조짐을 보여주기는 했지만 말이다(더햄 광부들의 잔치는 1871년에 처음 열렸다).[43] 또한 노동절 행사는 그런 기념식들이 으레 그렇듯이 그 자체 유쾌한 가족행사였거나 혹은 가족행사가 되었다. 고답적인 정치 시위들은 꼭 그와 같지는 않았다(이탈리아 공산주의 계열의 일간지 「우니타(*Unità*)」가 조직한 전국축제들과 같은, 후일의 '만들어진 전통들'에서도 그런 성격을 여전히 관찰할 수 있다). 그것은 다른 모든 것들과 마찬가지로 노동계급 의식의 기본 요소로서 운동에 대한 충성을 확인하는 일에 공적·사적인 잔치와 유흥을 결합시키는 것이었다. 웅변—그런 날들에 연설은 길면 길수록 좋았는데, 왜냐 하면 훌륭한 연설은 영감을 줄 뿐만 아니라 여흥도 제공했기 때문이다—과 깃발, 배지, 슬로건 등이 총동원되었다. 가장 중요하게는 노동계급의 권력 그 자체를 천명함으로써 노동계급의 존재를 천명했다. 바로

■ 1886년 5월 4일, 시카고 헤이마켓 광장(Haymarket Square)의 비극적 사건의 희생자들. 1886년 5월 1일을 기해 미국에서 8시간 노동제를 위한 전국적 파업이 시작되었다. 5월 4일 밤 헤이마켓에서 전날 시위 도중 죽은 노동자들에 대한 항의 집회가 열렸고, 경찰에 폭탄이 투척되어 몇 명이 사망하는 사건이 발생했다. 이 사건의 잇따른 여파로 노동조직들이 탄압받고 8시간 노동일 운동이 붕괴했다. 사건의 주모자로 몰린 앨버트 파슨즈(Albert Parsons)를 비롯한 8명의 노동운동 지도자들 중 7명은 사형선고를 받았고 1명은 15년형을 받았다. 결국 4명은 교수형에 처해졌고 1명은 감옥에서 자살했으며, 사형선고를 받은 나머지 2명은 종신형으로 감형되었다. 1893년에 여전히 투옥중이던 3명은 사면되었다. 이 사건은 노동절이 세계적으로 확산되는 계기가 되었다.

일터에 나가지 않음으로써 말이다.

그렇지만 역설적이게도, 노동절이 성공을 거둠에 따라 그 자체는 오히려 노동운동의 구체적인 일상 활동들로부터 멀어져 가는 경향을 보였다. 그런 경향은 사회주의적 영감이 정치적 현실주의와 노동조합의 계산보다 우세한 곳에서 가장 심했는데, 가령 영국과 독일에서[44] 정당과 조합은 연중 5월 첫 날의 1일 파업보다는 매월 첫 번째 일요일에 시위를 조직하는 것을 더 선호했다. 오스트리아 노동자들의 분위기에 예민했던 빅터 아들러는 카우츠키(Karl Kautsky, 1854~1938)■의 조언에도 불구하고 시위를 가미한 파업이 낫다고 고집했고,[45] 그런 분위기에서 오스트리아 노동절은 결국 유별난 힘과 반향을 얻게 되었다. 그렇다면, 우리가 이미 보았듯이, 노동절은 노동운동의 지도자들에 의해 공식적으로 발명되었다기보다는 차라리 그들의 추종자들의 주도권을 바탕으로 지도자들에 의해 받아들여지고 제도화된 것이라고 할 수 있겠다.

새로운 전통이 가진 힘은 적들에 의해 명백히 그 진가를 인정받았다. 가령 히틀러는, 상징주의에 대한 자신만의 남다른 감각으로, 노동자들의 깃발을 물들인 붉은색만이 아니라 1933년에 노동절을 '민족 노동의 날'이라는 관치 공휴일로 바꾸어 노동절까지 포용함으로써 프롤레타리아 결사들의 세력을 약화시키는 것이 바람직하다고 생각했다.[46] 내친 김에 말하자면, 우리는 지금 그것이 유럽 경제공동체(E.E.C.)에서 공식적으로 지정한 노동 휴일이 되었음을 알고

■ 독일의 사회민주주의자이자 마르크스주의 사상가. 제2인터내셔널의 '교황'으로 불릴 정도로 영향력이 컸다.

있다.

노동절과 그와 유사한 노동 의례들은 '정치적' 전통들과 '사회적' 전통들의 중간쯤에 위치한다. 즉, 미래에 체제와 국가가 될 수 있는—사실상 그것을 목표로 하는—대중조직들과 정당들이 연루되었다는 점에서 '정치적'이었고, 계급이 그 조직들과 불가분의 관계를 맺고 있던 한 그것들이 독자적인 계급으로서 자기 존재에 대한 노동자들의 의식을 진실하게 표현했다는 점에서 '사회적'이었다. 많은 경우에—오스트리아 사회민주주의나 영국 광부들에서처럼—계급과 조직이 불가분의 관계를 맺게 되었지만, 그렇다고 양자가 동일한 것이었다고는 말할 수 없다. '운동'은 자기 나름의 고유한 전통들, 즉 반드시 투표자들과 추종자들까지는 아니더라도 지도자와 투사들에 의해 공유된 전통들을 발전시켰던 반면에, 계급은 거꾸로 조직운동들과는 독립적이거나 심지어 행동주의자들의 눈에 석연찮아 보이기까지 하는 제나름의 고유한 '만들어진 전통들'을 발전시켰다. 이 두 가지 모두는 명백히 우리 시대의 산물로 간략하게나마 둘러볼 필요가 있는 주제다. 전자의 사례는—주로 영국에서, 그러나 역시 다른 나라들에서도 확인되는—계급 표시로서 의복의 출현이다. 두 번째 사례는 대중 스포츠와 관련되어 있다.

영국 구 산업지대(특히 북동부)의 전통적인 남성 노동계급 문화를 품위 있게 풍자한 코믹 연재만화가, 그 제목과 상징으로 실직중인 영국 프롤레타리아 계급의 구성원임을 사실적으로 표시하는 머리 덮개를 선택했다는 것은 결코 우연이 아니다. 바로 '앤디 캡(Andy Capp)'이 그것이다. 이와 유사하게 계급과 모자를 등치시키는 일은 프랑스에서도 어느 정도 있었고,[47] 독일의 몇몇 지역에서도 그러했을 가능성이 있다. 도상학적 증거에 기초해 말하자면, 영국에서는 적어도 1890년대 이전까지는 프롤레타리아와 모자를 동일시하는 일이 일반화되지는 않은 듯한데, 에드워드 치세 말기에 이르러—축구경기장이나 대중집회장을 떠나는 군중들을 촬영한 사진으로 미루어 알 수 있듯이—프롤레타리아 계급 표시로서의 모자의 정체성이 완전하게 확립되었다. 프롤레타리아 모자가 등장하면서 자연히 그것에 대한 연대기 작가도 나왔다. 추측컨대 연대기 작가는 모자의 역사가 대중 스포츠의 발전사와 연관되어 있다는 점을 알았을 것이다. 왜냐 하면, 그런 종류의 특별한 머리 덮개가 처음에는 상층 및 중간계급들 사이에서 스포츠 웨어로 등장했기 때문이다. 그 기원이야 어떻든, 그것은 노동계급의 특색 있는 소품이 되었다. 그렇게 된 연유는 다른 계급의 성원들이나 그런 지위를 꿈꾸었던 사람들이 프롤레타리아들과 뒤섞이는 것을 원치 않았을 뿐더러, 육체 노동자들도 다른 무수한 패션 중에서 자기들의 머리에 덮어쓸 것을 선택하는 일에 (아주 큰 공식 행사의 경우를 제외하고) 그다지 신경을 쓰지 않았기 때문이다. 케어 하디(Keir Hardie, 1856~1915)■가 일종의 항의의 표시로 모자를 뒤집어쓰고 의회에 들어간 일(1892)은 모자가 계급을 확인하는 요소로서 인정받았음을 뜻한다.[48] 대중도 그에 대해 모르지 않았다고 말하는 게 불합리한 것은 아니다. 다소 그늘에 가려진 방식으로 그들은 19세기의 마지막 수십 년간, 그리고 20세기의 첫 10년간에 당시 서서히 구체화되고 있던 '노동계급 문화'의 특징적인 징후의 일부로서 매우 급속하게 모자를 착용하는 습관을

■ 영국의 노동운동 지도자. 1893년에 독립노동당을 창당해 그 당수가 되었다.

앤디 캡

1957년 레그 스마이드(Reg Smythe)가 「데일리 미러(*Daily Mirror*)」 지에 처음 연재한 이래 유럽 전역에서 선풍적인 인기를 끈 영국의 연재만화. 앤디의 트레이드 마크는 영국 노동계급을 상징하는 '천 모자(cloth cap)'다. 독일에서는 빌리 바커(Willi Wakker), 프랑스에서는 앙드레 샤포(Andre Chapeau), 이탈리아에서는 안젤로 카펠로(Angelo Capello)로 알려졌다.

받아들였으니 말이다.

다른 나라의 프롤레타리아 의상과 관련해서도 그에 상당하는 역사를 더 연구할 필요가 있겠다. 여기서는 다만 그것이 갖는 정치적 함의들만 이해해 보고자 한다. 비록 우리가 다루는 1914년 이전 시기는 아니지만, 확실히 전간기에 한 목격자는 1933년 베를린에서 거행된 첫 번째 국가사회주의의 (관제) 노동절 퍼레이드를 다음과 같이 기억하고 있다.

> 노동자들은 … 남루하긴 하지만 깨끗이 세탁한 옷을 입었고,

당시 그가 노동계급의 성원임을 알아볼 수 있는 선원모자를 썼다. 이 모자들은 대부분 검게 옻칠된 얇은 끈으로 장식되어 있었으나, 때때로 죔쇠가 부착된 가죽끈으로 대체되기도 했다. 사회민주당원들과 공산당원들은 그런 형태의 끈이 달린 모자를 썼고, 국가사회주의당원들은 가운데가 갈라진 다른 형태의 모자를 썼다. 그런 작은 차이가 갑자기 눈에 들어왔다. 그런데 전에 비해 많은 노동자들이 가운데가 갈라진 끈이 달린 모자를 썼다는 하찮은 사실은, 곧 그들이 (국가사회주의자들과의) 전투에서 패배했음을 보여주는 결정적인 메시지나 다름없었다.[49]

이와 같은 노동자와 모자의 정치적 연관에 해당하는 게 전간기 프랑스에서도 있었는데('작업복 바지'),■ 1914년 이전의 역사를 보려면 연구를 기다려야 할 형편이다.

프롤레타리아 대중의 열광의 대상으로 스포츠, 그 중에서도 특히 축구가 선택된 사정은 의복의 경우처럼 많은 부분 그늘에 가려져 있지만, 축구가 의복처럼 급속하게 확산되었음에는 의심의 여지가 없다.[50] 여기서 우리는 축구가 확산된 시기를 쉽게 확인할 수 있다. 1870년대 중반과 1880년대 중반 혹은 후반 사이의 초창기에 축구는 현재의 우리에게도 친숙한 일체의 제도적이고 의례적인 특성들을 갖추었다. 즉, 프로 축구, 리그 제, 우승컵, 프롤레타리아의 승리를 시위하기 위해 광신도들이 매년 컵을 들고 수도 순례에 나서기, 토요일 시합에 정기적으로 참관하기, '서포터즈'와 그들의 문화, 보통

■ la salopette, 노동자들이 주로 입는 가슴받이 바지.

산업도시나 광역도시에서 응원하는 팀을 반씩 갈라 경쟁하기(맨체스터 시티와 맨체스터 유나이티드, 노츠 카운티와 노츠 포레스트, 리버풀과 에버튼) 등이 바로 그런 것들이다. 더욱이 지역적·지방적 차원에서 프롤레타리아적인 기반을 갖고 있는 다른 스포츠들—남웨일스의 럭비 연맹[51]이나 북잉글랜드 일부 지역의 크리켓처럼—과는 달리, 축구는 지방적이면서 동시에 전국적인 규모로 진행되었다. 그러니 잉글랜드에서건 스코틀랜드에서건 남성 노동자 둘만 모이면 으레 그 날의 경기를 대화주제로 삼을 만큼 공동의 관심사가 되었고, 골을 넣은 몇몇 선수들은 모든 이들의 화제의 초점이 되었다.

우리가 살피는 시기—축구가 다른 나라들의 도시 산업 문화들 속으로 깊숙이 침투하기 이전[52]—의 축구 문화가 가진 성격에 대해서 우리는 아직 제대로 이해하지 못하고 있다. 그 반면에 축구 문화의 사회경제적 구조와 관련해서는 상대적으로 많이 알려진 편이다. 원래 축구는 사립학교 출신 중간계급들에 의해 동호인(아마추어) 스포츠 및 인성 계발 스포츠로서 발전했는데, 급속히(1885년경) 프롤레타리아화되고 따라서 프로화되었다. 상징적인 분기점—계급 적대라는 차원에서 볼 때—은, 1883년 결승전에서 올드 에토니언즈(Old Etonians)가 볼튼 올림픽(Bolton Olympic)에게 패했을 때였다. 프로화가 진행되면서, 전국적 차원의 엘리트 계층에서 충원된 박애주의자들이나 도덕론자들이 축구 클럽의 경영권을 지방 사업가나 기타 유지들의 수중에 넘기면서 철수했다. 새로운 주인공들은 더 높은 임금 수준과 퇴직하기 전에 횡재할 기회(수익사업 시합들), 무엇보다 명성을 날릴 기회에 이끌려 축구산업으로 유인된 압도적으로 프롤레타리아적인 노동력의 사용자들로서, 산업 자본주의에 고유한

계급관계를 기묘하게 희화화시켰다. 영국 프로 축구의 구조는 확실히 귀족이나 중간계급이 참가하는 스포츠(크리켓)나 그들이 통제하는 스포츠(경마) 혹은 통속적인 오락사업, 그러니까 빈민 스포츠의 모델로서 노동계급의 운명에서 벗어날 수단이 되었던 스포츠(권투)에서 진행된 프로화와는 달랐다.[53)]

대개의 경우 축구 선수들은 미숙련공들보다는 숙련공들 중에서 충원된 것으로 보이는데,[54)] 아마도 이 점이 권투와 다른 점이었다. 확실히 권투 선수들은 특정한 환경, 즉 대도시 빈민가에서처럼 아무것에도 구애받지 않고 생계를 위해 자신을 팔 수 있는 환경이나, 아니면 광산에서처럼 남성성에 기반한 직업 문화가 존재하는 환경에서 충원되었던 것이다. 비록 도시적이고 노동계급적이라는 것이 축구 관련 대중의 전매특허였을지라도,[55)] 연령별 혹은 사회적 출신별로 그 구성이 정확히 어떠했는지는 여전히 오리무중이다. '서포터즈들의 문화'와 그 관행들이 어떻게 발전했는지도 모호하다. 그런가 하면 전형적인 축구광들이 (전형적인 경마 애호가들과 달리) 직접 공을 차는 아마추어 선수인지 아니면 한때라도 선수생활을 한 사람들이었는지 그 범위 또한 불투명하다. 다른 한편, 순진하게도 예수 그리스도와 케어 하디, 허더스필드 유나이티드 팀에 동시에 열중한 어느 노동투사의 출처 불명의 확언대로, 조직운동이 노동계급 의식의 몇몇 비정치적인 국면들에 대해서처럼 축구에 대해서도 별다른 집단적 열정을 보여주지 않았다는 것은 분명하다. 기실 중부 유럽의 사회민주주의와 달리, 영국의 노동운동은 진보적인 사상과 연관되었음이 분명해 보이는 1890년대의 사이클 클럽들을 어느 정도 예외로 하면, 그 자신의 독자적인 스포츠 조직들을 발전시키지 못했던

것이다.[56)]

우리가 비록 영국의 대중 스포츠에 대해서는 거의 아는 바가 없지만, 대륙의 그것에 대해서는 상대적으로 더 많은 것을 알고 있다. 영국에서 이식된 대륙의 그 스포츠는 본고장에서보다 훨씬 더 오랫동안 중간계급적 성격을 유지한 것으로 보인다. 그렇기는 해도 축구가 노동계급에 호소력을 가졌다는 점, 서민적(프로적) 축구가 중간계급적(아마추어적) 축구를 대신했다는 점, 그리고 축구 클럽과 도시를 동일시하는 대중이 등장했다는 점은 영국과 흡사해 보인다.[57)] 그렇다면, 레슬링(비록 많은 인기를 누렸지만 독일 체육운동에서 볼 때 의심쩍게 보인)처럼 옥외 스포츠라기보다는 쇼 비즈니스에 가까운 경기들을 논외로 하면, 주요한 예외는 사이클이다. 대륙에서 사이클은 거의 유일한 근대적 대중 스포츠였을 텐데, 가령 대도시들에 '벨로드롬들(velodromes)'이 건설되었고—1913년 이전까지 베를린 한 도시에만도 4개가 건설되었다—1903년에 '투르 드 프랑스(Tour de France)'가 제도화되었다는 것이 이를 증명한다. 적어도 독일에서는 주요 프로 사이클 선수 대부분이 노동자들이었던 것으로 보인다.[58)] 프로 선수권 대회는 프랑스의 경우 1881년부터, 스위스와 이탈리아의 경우 1892년부터, 벨기에의 경우는 1894년부터 존재했다. 확실히 제조업자들의 강력한 상업적 관심과 기타 광고 효과에 대한 관심 덕에 이 스포츠의 인기가 치솟았다는 점에는 의심의 여지가 없다.[59)]

Ⅲ

민족적 중간계급 엘리트라는 계급적 존재와 중간계급이라 불릴 만한 계층을 더욱 광범위하게 확보하는 작업은 확실히 어려운 문제였고, 그것은 산업화 도상에 있는 국가들에서 중간계급의 지위를 요구하는 직업군과 그런 직업을 얻고자 하는 사람들의 수가 급속히 증가하던 시점에 어지간히 절박한 문제가 아닐 수 없었다. 그런 계급의 구성원이 되는 데 필요한 기준은 출생, 토지 소유권, 육체 노동 혹은 임금 수령액처럼 그렇게 간단하지가 않았다. 사회적으로 공인된 소유와 소득의 하한선이 의심할 여지없이 그런 기준에 필수적으로 따르는 조건들이었지만, 그것만으로는 충분치가 않았다. 더욱이 그런 계급에는 본질적으로 각 계층이 그 하위층을 깔보는 경향과 더불어 일정한 부와 영향력을 행사하는 사람들(혹은 가족들)이 포함되었다. 계급 간 경계의 유동성 역시 사회적 구분의 기준을 명시하는 것을 유난히 어렵게 만들었다. 중간계급들이 단연 사회적 유동성과 개인적 출세의 거처였으므로 거기로 들어가는 입구를 닫아 버릴 수는 없는 노릇이었다.

이 문제에는 이중의 측면들이 있었다. 우선, 안정적인 지방 공동체에서 주체적인 계급 성원을 결정할 수 있게 했던 상대적으로 확실한 기준들이 침식되어 이제 혈통, 친족, 계층 간 결혼, 지방 사업망, 사적 차원의 사교와 정치가 더 이상 확실한 지침을 제공할 수 없게 되었다면, 그렇다면 대관절 어떻게 상층 중간계급(프랑스의 경우는 '상층 부르주아지 *haute bourgeoisie*', 독일의 경우는 '대시민층 *Grossbürgertum*')이라는 진정한 민족적 엘리트를 정의하고 분리시킬 것인가? 다음으로, 중간계급 엘리트에도 그렇다고 '대중'에도 속하지 않는 상대적으로 광범위한 사람들에게 어떻게 정체성과 존재감을 심어줄 것인가? 이 문제는 적어도 한 영국 관찰자가 육체 노동자들과 더불어 '공립학교' 세계에 속하는 사람들로 확실하게 분류한, '하층 중간계급'이라는 명백히 열등한 소 부르주아지 신분에도 속하지 않는 사람들에 대해서도 마찬가지였다.[60] 영국의 상황을 관찰한 한 프랑스 인이 주장했듯이, '본질적으로 사회적 상승 국면에 있는 가족들로 이루어진' 집단이라는 분류, 혹은 어느 영국인이 그랬듯이, 주민 중에서 한결 분명하게 알아볼 수 있는 대중과 '상위 10퍼센트'를 추출하고 남는 집단이라는 분류 이외의 무엇으로써 그런 애매모호한 사람들을 정의할 수 있을 것인가?[61] 이로부터 파생된 또 다른 문제가 그런 질문을 더욱 복잡하게 만든다. 즉, 점차 사회적으로 해방된 중간계급 여성이 스스로의 힘으로 공적 무대의 주연 배우로 등장한 것이다. 1897년과 1907년 사이에 프랑스의 리세들(lycees, 고등학교)에서, 남학생의 수는 아주 근소하게 증가한 데 비해 여학생의 수는 170퍼센트나 증가했으니 말이다.

예전에 귀족 지배계급을 정의한 기준과 제도들이 상층 중간계급 혹은 '상층 부르주아지'에게 분명한 모델을 제공했다. 이제 그것들을 확대하고 응용해야 했다. 이상적인 것은 새로운 구성요소들이 더 이상 새로운 것으로 간주되지 않는 방식으로 두 계급을 융합시키는 것이었다. 가령, 노팅햄(Nottingham)의 은행가 가문이 왕족과의 결혼을 통해 몇 세대에 걸쳐 그런 융합의 이상을 실현하는 게 어지간히 가능했던 영국에서조차 그런 이상이 완벽하게 실현되기란 불가능했지만 말이다. 어쨌든 그런 동화 노력이 가능했던 것은, (그것이 제도적으로 보장된 한에 있어서) 한 프랑스 관찰자가 영국의 경우에 주목했듯이, 이미 확고하게 뿌리내린 나중 세대의 상층 부르주아들이 이제 스스로를 1세대와 확실하게 구별하게 되었다는 사정이 작용한 탓이다.[62] 1세대 금권가들은 정말이지 굉장한 부를 짧은 시간에 취득함으로써 이제 귀족적 공간으로 진입할 수 있게 되었는데, 부르주아 국가들에서 이 공간은 칭호와 혈통뿐만 아니라 적당히 방탕한 생활양식을 꾸려가는 데 필요한 충분한 금전에도 좌우되었다.[63] 과연 에드워드 시대 영국에서 금권가들은 그런 기회들을 숨가쁘게 포착했다.[64] 그렇지만 개별적인 동화는 오직 극소수에게나 가능한 일이었다.

그럼에도 혈통이라는 귀족적 기준 그 자체는 상대적으로 광범위한 새로운 상층 중간계급 엘리트를 정의하는 데에도 응용될 수 있었다. 그리하여 1890년대 미국에서는 족보에 대한 열기가 뜨겁게 달아오르기도 했다. 그것은 무엇보다 여성적인 관심사였다. 가령, '미국혁명의 딸들(Daughters of the American Revolution)'■이 결성되어 번창했던 반면에, 그보다 약간 먼저 결성된 '미국혁명의 아들들(Sons of the American Revolution)'■■은 시들해졌다. 비록 D.A.R.〔미국혁명의 딸들〕이 겉으로 내건 목표는 토박이 백인 프로테스탄트 미국인들을 새로운 이민자 대중과 구별하는 것이었지만, 사실상의 목표는 백인 중간계급에서 배타적인 상층을 확립하는 것이었다. D.A.R.은 대부분 '뼈대 있는' 돈이 모여 있는 요지들—코네티컷, 뉴욕, 펜실베니아—에서, 그러나 역시 시카고의 졸부들 사이에서도 인기가 있어 1900년이면 그 회원이 3만이 넘었다.[65] 그와 같은 조직은 전국적인 연결망을 갖는다는 점에서, 일정한 가문집단을 (『사교계 명사 인명록(*Social Register*)』 등에 이름을 올리는 방식으로) 유사 귀족 엘리트의 자리에 앉히는 식의 훨씬 더 제한적인 다른 시도들과 달랐다. 그리하여 배타성이 덜했던 D.A.R.은 엘리트주의적인 『사교계 명사 인명록』보다 유연하게 오마하(Omaha)와 같은 도시에서도 마땅한 회원을 끌어들이려고 했다. 족보를 얻으려고 했던 중간계급의 역사에 대해서는 여전히 더 연구할 필요가 있겠지만, 우리가 살피는 시기에 그것을 추구하는 과정에서 미국인들이 보여준 집요한 노력은 아마도 상당히 예외적인 경우였을 것이다.

그보다 훨씬 중요한 것은 몇몇 측면에서 아마추어 스포츠로 보완된 학교교육이었다. 앵글로 색슨 국가들에서 양자는 특히 긴밀하게 연관되었다. 그렇게 된 원인은, 학교교육이 애당초 인격적 관계를 결여한 개인이나 가족을 사회적으로 비교할 수 있는 편리한 수단은 물론이요 전국적인 차원에서 볼 때도 공동의 행위와 가치의 패턴을 확립하게 할 만한 수단을 제공했을 뿐만 아니라, 서로 엇비슷한 제도의 결과물들을 서로 연결시키는 일련의 망과 간접적이기는 하지만 '동창생'이나 '졸업생'처럼 세대와 세대를 안정적이고 지속적으로 연결할 강력한 끈을 제도화했기 때문이다. 더 나아가 그것은 일정한 한계에도 불구하고 상당히 공유된 방식으로 사회화된 상층 중간계급 엘리트를 확대할 가능성도 제공했다. 기실 19세기에는 이전 시기보다 훨씬 더, 교육이 사회적 성층화를 결정하는 가장 편리하고도 가장 보편적인 기준이 되었다. 비록 그렇게 된 시점은 전반적으로 불투명하지만 말이다. 오로지 초등교육만을 받은 사람은 어쩔 수

▪ 1890년 10월 11일 캐롤라인 해리슨(Caroline Harrison) 등을 중심으로 결성된 미국 여성 협회. 그 목표는 미국 독립의 기억을 보존하고 애국주의를 고취하며 여성 및 아동의 복지를 위해 자원봉사를 실천하는 것이다.

▪▪ 1889년 4월 30일 조지 워싱턴 취임 100주년을 기념해 결성된 미국 애국주의 협회. 미국 독립혁명에 관련된 직계 자손들로 구성된 일종의 공제회의 성격을 가졌다.

없이 하층 신분에 속하는 사람으로 분류되었다. 대체로 열네 살에서 열여섯 살 사이에 중등교육을 받아야만 공인된 중간계급으로 인정받을 수 있었다. 몇몇 형태의 엄격한 직업 훈련의 경우를 제외하면, 고등교육을 받은 사람은 상층 중간계급과 기타 엘리트의 자격을 충분히 갖춘 것으로 인정받았다. 그에 발맞춰 십대의 아들을 사업의 세계로 내보내거나 대학교육을 시키지 않는 것과 같은 전통적인 부르주아-기업가적 관행이 그 기반을 상실하게 되었다. 그런 사정은 독일에서도 마찬가지였다. 즉, 1867년까지만 해도 14개의 라인란트 산업도시들 가운데 13개가 산업가들이건 그 자식들이건 대학교육제도를 이용하지 않았음을 근거로 본(Bonn) 대학의 15주년 개교 기념일에 기부금 내기를 거절했던 것이,[66] 1890년대에 들면서는 '소유 시민층(*Besitzbürgertum*)' 가문 출신 본 대학생의 비율이 23퍼센트에서 40퍼센트를 약간 밑돌 정도로 성장했고 그와 동시에 전통적인 '교양 시민층(*Bildungsbürgertum*)' 출신 대학생은 42퍼센트에서 31퍼센트로 그 비율이 감소했던 것이다.[67] 그런 사정은 영국 역시 다르지 않았다. 비록 1890년대 프랑스 관찰자들이 열여섯을 넘어 학교교육을 받는 영국인들이 여전히 드물다는 사실에 놀라워하기는 했지만 말이다.[68] 이 주제에 대해 체계적인 연구가 거의 이루어지지 않았음에도 불구하고, 프랑스 인들이 놀라워했던 그런 경향은 '상층 중간계급'에는 더 이상 해당되지 않는 일인 것만은 분명하다.

중등교육은 이처럼 중간계급의 성원 자격을 정하는 데 광범위한 기준을 제공했다. 그러나 너무나 광범위했던 탓에 당시 급속도로 성장하고 있기는 했지만 숫적으로는 여전히 소수인 엘리트들, 그러니까 지배계급으로 부르건 '기득권 세력'으로 부르건 아무튼 국정 전반을 경영하는 엘리트들을 정의하고 선택하는 데에는 부적절했다. 20세기 이전에는 어떤 전국적 차원의 중등교육체제도 존재해 본 적이 없는 영국에서도, '사립학교'에 부속된 특수목적학교가 중등교육 내에서 형성되어야만 했다. 그것들은 1860년대에 공식적으로 인가되었는데, 당시 공인된 학교만도 아홉에 이를 정도로 확대되었고(학생 수가 1860년에는 2,741명이던 것이 1906년에 이르면 4,553명으로 증가했다), 엘리트 학교에 속하는 것으로 인정받는 학교들이 거기에 덧붙여짐으로써 꾸준히 성장했다. 1868년 이전에는 고작해야 24개교만이 그런 지위를 내세울 수 있었던 데 비해, 하니(Honey)의 추산에 따르면, 1902년경이면 가장 '짧은 목록'에서는 64개교가, 가장 '긴 목록'으로 보자면 104개교에 덧붙여 다소 애매모호한 지위를 가진 60개교가 그런 반열에 들게 되었다.[69]

우리가 살피는 시기에 대학들도 팽창했는데, 이는 학교가 신설되었기 때문이라기보다 입학생 수가 폭증한 탓이었다. 그러나 이런 성장은 상당히 극적이어서 적어도 독일에서는 졸업생들이 너무 많이 배출되는 게 아니냐는 심각한 우려가 제기되기도 했다. 1870년대 중반에서 1880년대 중반에 이르는 시기에 대학생 수는 독일·오스트리아·프랑스·노르웨이에서는 대략 갑절로, 벨기에·덴마크에서는 갑절 이상으로 증가했다.[70] 미국에서의 팽창은 훨씬 더 볼 만했다. 1913년경 이 나라에서는 인구 1,000명당 대학생 수가 38.6명으로서, 통상의 대륙 수치인 9명~11.5명(영국과 이탈리아의 경우는 8명 미만)과 좋은 대조를 이룬다.[71] 이제 이처럼 광범위해진 학생증 소지자들 중에서 실질적인 엘리트를 가려내는 게 현실적인 문제로 대두되었다.

가장 넓은 의미에서 그런 작업은 제도화를 통해 추진되었다. (1889년에 출판된) 『사립학교 연감(*Public Schools Yearbook*)』에 따라 똑같지는 않지만 최소한 엇비슷한 것들 중에 전국적이거나 국제적인 공동체로서 이른바 학장회의에 참석하는 회원학교들이 정해졌다. 그런가 하면 베어드(Baird)의 『미국 칼리지 동문회들(*American College Fraternities*)』(1879년과 1914년 사이의 제7판) 역시 '그리스 문자 동문회들(Greek Letter Fraternities)'■을 통해 비슷한 작업을 수행했는데, 여기에 회원으로 포함된다 함은 곧 미국 대학생들 중 엘리트에 속함을 뜻했다. 하지만 그렇게 분류된 학교제도들을 모방하려는 경향 탓에 진정한 '상층 중간계급'이나 엘리트들과 그들과 구분되는 나머지 집단 사이에 구분선을 그을 필요가 생겼다.[72] 그런 동기가 순전히 속물적인 것만은 아니었다. 성장하는 민족적 엘리트 역시 정말이지 효율적인 상호 연락망을 구축할 필요를 절감하고 있었기 때문이다.

당시 발전하고 있던 '동창생' 또는 '동기생'과 같은 제도가 갖는 의미가 바로 여기에 있다고 장담할 수 있다. 즉, 그런 제도 없이는 '동창생 연결망' 자체가 존재할 수 없었다. 영국에서 '동창생 만찬'은 1870년대에 출발한 것으로 보이는데, '동창생 협회들'도 대략 같은 시기에, 특히 1890년대 '모교 넥타이(old School tie)'의 발명에 뒤이어 우후죽순처럼 결성되었다.[73] 기실 아들을 아버지의 모교에 보내는 것은 19세기 말에 가서야 비로소 일반화된 것으로 보인다. 가령, 당시에는 아놀드(Arnold)가 교장으로 있던 럭비(Rugby) 교의 졸업생들 중 단지 5퍼센트만이 아들을 럭비 교에 보냈다.[74] 미국에서 '동창회'는 1870년대에 "다른 방식으로는 서로를 알기 힘든 교양

인들의 서클을 형성하면서" 결성되기 시작했고,[75] 그렇게 좀 뒤에는 동창생들로부터 재정 지원을 받은 칼리지들에서 동문회관들이 공들여 건축되기 시작했다. 동창생들은 이런 식으로 자신들의 부와 세대 간 연계뿐만 아니라—독일 '학우회(Korps)'에서 유사하게 발전했듯이[76]—젊은 세대에 대한 자신들의 영향력을 과시했다. 그리하여 베타 테타 피(Beta Theta Pi)■■의 경우 1889년에는 16개의 동문회 지부를 거느리고 있었지만, 1913년이 되면 110개를 거느렸다. 그런가 하면 1889년에는 오직 하나의 동문회관만이 있었지만(비록 당시에 몇 개가 더 건설중에 있기는 했지만), 1913년이 되면 그 수가 47개로 늘었다. 피 델타 테타(Phi Delta Theta)■■■는 1876년에 첫 번째 동문회를 가졌는데, 1913년경이면 그 수가 100개에 달할 정도로 급성장했다.

그런 세대 간 연결망은 미국과 독일에서 의식적인 역할을 수행했다. 이는 양국 모두에서 그것의 초기 역할이라는 게 공적 업무에 인력을 공급하는 일이었음이 분명하기 때문일 것이다. 1870년대에 그런 종류의 엘리트 동문회였던 '코젠 학우회(Kösener Korps)'에서 활약한 '동문들(Alte Herren)' 중에는 장관이 18명, 공무원이 835명, 법조인이 648명, 자치체 관리가 127명, 군인이 130명, 의료인이 651명(이들 중 10퍼센트는 관리), 중등 교사 및 대학 교수가 435명, 그리

■ 이름과 배지에 그리스 문자를 넣은 미국의 엘리트 동문회 연합을 뜻한다. '베타 테타 피' 등이 여기에 속한다.

■■ 1839년 마이애미 대학생들을 중심으로 결성된 미국의 동문회 연합. 여기서 베타, 테타 피는 모두 그리스 문자다.

■■■ 1840년에 결성된 미국의 동문회 연합이다.

고 변호사가 331명이 있었다. 이는 257명의 '지주', 241명의 은행가와 기업 이사 및 상인, 76명의 기술전문직 종사자 및 27명의 과학 계통 전문직 종사자, 그리고 37명의 '예술가 및 편집자'를 수적으로 훨씬 능가하는 것이었다.[77] 초창기 미국의 칼리지 동문회들 역시 그런 유명 동문들을 추켜세웠다(베타 테타 피는 1889년에 9명의 상원의원, 40명의 하원의원, 6명의 대사와 15명의 주지사를 배출한 것을 자랑했다). 그렇기는 해도 〈표2〉가 보여주듯, 그런 직종의 유명세는 경제적이고 정치적인 발전으로 말미암아 점차 가라앉았고, 1900년대에 들면 그 대신 자본가들이 집중 조명을 받았다. 그리고 사실상 1913년에 J. P. 모건(J. P. Morgan)과 휘트니(Whitney)를 필두로 18명의 유명 뉴욕 은행가, 9명의 보스턴 출신 유력한 사업가, 3명의 스탠더드 오일(Standard Oil)의 중역, 심지어 외딴 미네소타의 제임스 N.

〈표2〉 델타 카파 입실론(다트머스)의 동창생들[78]

구분 \ 연도	1850년대	1890년대
관계 및 법조계	21	21
의료계	3	17
종교계	6	10
교육계	8	12
사업계	8	27
언론계 및 지성계	1	10
기타	3	5
합계	50	102

힐(James N. Hill)과 웨어휴저(Weyerhaeuser)와 같은 인물은 물론이요, 캐보트 로지(Henry Cabot Lodge, 1902~1985)와 시어도어 루즈벨트(Theodore Roosevelt, 1858~1919)■와 같은 걸출한 정치인들을 배출한 델타 카파 입실론(Delta Kappa Epsilon)■■과 같은 단체는 확실히 가공할 사업 마피아였음에 틀림없다.

영국에서는 중등학교 및 칼리지에 의해 창출되고 족벌체제, 사업적 사교계 그리고 클럽들을 통해 강화된 비공식적 연결망들이 공식적인 동문회들보다 더 효율적이었다고 말해도 무방할 정도다. 가령, 2차 대전기에 활약한 블레츨리(Bletchley)의 암호해독부서와 특수작전대(SOE)■■■와 같은 기구들의 기록을 보면 그런 비공식적 연결망들이 얼마나 효율적이었는지를 알 수 있다.[79] 공식적인 동문회들도 굳이 엘리트 기구—1887년에 독일 대학생의 8퍼센트, 1914년에 5퍼센트를 차지한 독일의 '학우회'와 같은[80]—로 시야를 좁히지만 않는다면, 사회적 '인지도(recognizability)'를 함양하는 일반적 기준을 제공하는 데 폭넓게 기여했다고 주장할 수 있겠다. '그리스 문자 동문회'—1890년대 말부터 우후죽순처럼 결성된 직업별 동문회들까지도[81]—의 회원이라면 누구라도, 그리고 몇 가지 색상이 조합

■ 캐보트 로지는 보스턴 출신의 정치가로, 공화당 상원의원과 국제연합 상주대표 및 베트남 대사 등을 역임했다. 루즈벨트는 뉴욕 출신의 정치가로, 1901년에 제26대 미국 대통령으로 당선되었고 1904년에 재당선되었다. 재임 1901~1909.

■■ 1844년 예일 대학을 모태로 결성된 동문회 연합.

■■■ 블레츨리의 암호해독부서는 1939년에 런던에서 북서쪽으로 50마일 가량 떨어진 버킹햄셔의 녹지에 창설된 특수 암호해독부서로서, 통상 블레츨리 파크(Bletchley Park)로 알려져 있다. 독일의 '에니그마'를 해독한 것으로 유명하다. SOE(Special Operation Executive)는 1940년 독일이 프랑스를 침공한 이후 창설된 영국의 방첩대다. 그것의 역할은 독일 점령군에 수동적·능동적으로 저항하도록 현지 피점령민들을 독려하고 조직하는 일이었다.

된 사선무늬의 넥타이를 소유한 사람이라면 누구라도 그런 목적에 기여했다.

그럼에도, 이론상 개방적이고 팽창적인 체제를 성층화하기 위한 결정적인 비공식적 장치는 받아들일 만한 사회적 파트너를 스스로 선택하는 기제였다. 이는 무엇보다 사회적인 차원에서 일정한 자격을 갖춘 맞수들과의 공식적 경쟁체제로 변형된, 고대적인 귀족식 스포츠를 추구해 나감으로써 가능했다. 과연 어떤 학교들이 기꺼이 서로 경기를 벌이려고 했는지를 연구해 보는 것이야말로 '사립학교 공동체'를 발견하기 위해 동원할 수 있는 최선의 기준이라고 하겠다.[82] 미국의 예를 들자면, 적어도 북동부에서만큼은 그 기원으로 봐서 기본적으로 칼리지 스포츠인 미식축구시합을 하게 될 칼리지들의 대진표를 통해 미국의 엘리트 대학들('아이비 리그')을 알아볼 수 있었다는 사실은 의미심장하다. 또한 옥스퍼드 대학 대 케임브리지 대학의 정기전이 기본적으로 1870년 이후에, 특히 1890년과 1914년 사이에(〈표3〉을 보라) 발전했다는 사실도 우연이 아니다. 이런 사회적 기준은 독일에서도 특별하게 존중되었다.

대학의 젊은이들을 나머지 사회와 구분되는 특별한 사회집단('신분 *Stand*')으로 부각시키는 특성은 바로 '만족스런 자격(Satisfaktionfähigkeit, 결투 상대로 받아들일 만함)', 다시 말해서 사회적으로 정의된 특정한 신분의 체통(*Standesehre*)이다.[83]

그 밖의 곳에서 그런 사회적 구분은 명목상의 개방적 체제 속에서 사실상 은폐되었다.

〈표3〉 연도별 옥스퍼드-케임브리지 정기전 종목들[84)]

연도	새로 채택된 경기종목 수	새로 채택된 종목
1860년 이전	4	크리켓, 조정, 라켓, 옥내 테니스
1860년대	4	육상, 사격, 당구, 장애물 경마
1870년대	4	골프, 축구, 럭비, 폴로
1880년대	2	크로스-컨트리, 테니스
1890년대	5	권투, 하키, 스케이트, 수영, 수상 폴로
1900~1913	8	체조, 아이스 하키, 라크로스, 오토바이 경주, 줄다리기, 펜싱, 자동차 경주, 산악 오토바이 경주(이들 중 몇몇은 후에 폐지됨.)

이상의 사실들로부터 우리는 우리 시대에 가장 중요한 새로운 사회적 관행 중 하나로 관심을 돌리게 된다. 스포츠가 그것이다. 상층 및 중간계급 스포츠의 사회사는 여전히 더 연구할 필요가 있지만,[85)] 그와 관련해 다음 세 가지 사실만큼은 언급할 수 있다. 첫째, 19세기의 마지막 30년간에 민족적일 뿐만 아니라 심지어 국제적인 규모에서 구래의 스포츠가 확산되고 새로운 스포츠가 발명되며 대부분의 많은 스포츠가 제도화됨으로써 결정적인 변형이 이루어졌음이 완연하다. 둘째, 그런 제도화를 통해 (다소 비아냥조로 말하자면) 정치 분야에서 공공 건축과 동상 건립 붐에 비견될 만한 스포츠를 위한 일종의 진열창은 물론이요, 성장하는 '중간계급들'에게 자신의 생활양식을 부과할 수 있게끔 지금까지는 귀족과 부유한 부르주아지에 국한되었던 활동들을 더욱 확산시키기 위한 기제가 마련되었다. 그것

이 1914년 이전 유럽 대륙에서 여전히 꽤 제한된 엘리트에게만 국한되어 있었다는 사실은 또다른 문제다. 셋째, 스포츠는 여느 때 같으면 유기적인 사회적·경제적 연계를 결여할 수도 있는, 동등한 사회적 지위에 있는 사람들을 한데 모으는 기제를 제공했는가 하면, 나아가 부르주아 여성들에게도 새로운 역할을 제공한 듯하다.

대체로 중간계급들 속에서 특성화된 스포츠에서는 세 가지 요인들이 모두 확인된다. 테니스는 1873년 영국에서 발명되었고, 전미 선수권 대회가 생기기 4년 전이자 프랑스 전국 선수권 대회가 생기기 14년 전인 1877년에 영국에서 전형적인 전국 선수권 대회(윔블던)가 발족했다. 또한 1900년경에는 국가 대항 토너먼트(데이비스컵)도 생겼다. 중간계급들의 이목을 끌게 될 또다른 스포츠인 골프처럼 테니스도 팀워크에 기반한 종목이 아니었고, 테니스 클럽들도—어지간히 유지비를 많이 먹는, 어지간히 비싼 부동산들을 종종 경영하면서— '연맹들(leagues)'로 연결되지 않았으며, 잠재적이거나 실제적인 사회적 만남의 중심지로 기능하지도 못했다. 한편 골프가 본질적으로 남성들(궁극적으로는 남성 사업가들)만을 위한 것이었다면, 테니스는 양성의 젊은 중간계급을 위한 것이었다. 더욱이 남성 경기에 뒤이어 급속히 여성 경기가 생겼다는 점도 의미심장하다. 윔블던에 여자 단식이 처음 도입된 것은 남자 단식이 도입된 지 7년 후였고, 미국 선수권 및 프랑스 선수권 대회에는 6년 만에 도입되었다.[86] 그러므로 거의 처음으로 스포츠가 상층 및 중간계급 출신의 고상한 여성들에게, 아내로서 딸로서 어머니로서 결혼 상대자로서 혹은 기타 가정 안팎에서 남성의 부속물로서가 아니라, 그야말로 독립적인 한 인간 개인으로 대접받을 만한 역할을 제공한 셈이다.

여성 해방에서 스포츠가 차지하는 역할은 흡사 중간계급의 여행과 휴일에 대한 그것의 관계가 그러하듯, 지금까지 통상 인정되어 온 것 이상의 관심을 기울일 만한 주제다.[87)]

스포츠의 제도화가 그 세기의 마지막 몇십 년간에 이루어졌다는 사실은 너무도 명백해서 굳이 사료를 뒤적일 필요가 없을 정도다. 영국에서도 1870년대 이전에는 그런 제도화가 거의 이루어진 적이 없었고—축구 컵 연합은 1871년으로, 크리켓 군(郡)선수권 대회는 1873년으로 거슬러 올라간다—그 이후에야 몇몇 새로운 스포츠가 발명되거나(테니스, 배드민턴, 하키, 수상 폴로 등), 사실상 전국적 규모로 도입되거나(골프) 체계화되었다(권투). 유럽의 다른 지역에서는 대개 아놀드 박사의 찬미자인 쿠베르탱 남작■처럼, 영국 상층계급의 교육체제에서 영향을 받은 사람들이 영국으로부터 사회적 가치들과 생활양식들을 의식적으로 이식함으로써 근대적 형태의 스포츠가 정착했다.[88)] 여기서 중요한 것은, 실질적으로 제도화되는 데에는 더 긴 시간이 소요되기도 했지만, 아무튼 그런 이식이 꽤나 빠르게 진행되었다는 점이다.

그렇다면 중간계급 스포츠는 전통의 발명에 내재하는 두 가지 요소, 즉 정치적인 것과 사회적인 것을 결합시켰다고 하겠다. 중간계급 스포츠는 한편으로, 보통 관제적이지는 않았지만, 대륙의 낡은 귀족적-군사적 모델을 보완하고 그것과 경합하거나 그것을 대체하려고 하면서, 그리고 그런 과정에서 자연스레 지방의 상층 및 중간

■ 아놀드 박사(Dr. Thomas Arnold, 1795~1842)는 럭비 교의 교장이자 옥스퍼드 대학의 근대사 교수로, 영국 사립학교의 이념과 체계가 발전하는 데 큰 공헌을 했다. 쿠베르탱 남작(Baron Pierre de Coubertin, 1863~1937)은 근대 올림픽의 창시자다.

계급들의 보수주의적이거나 자유주의적인 요소들과 어우러져, 영국식 모델에 입각해 지배 엘리트를 형성하려는 의식적인 노력을 대표했다.[89] 다른 한편으로는 상층 및 중간계급 스포츠의 기준으로 아마추어리즘을 체계적으로 강조함으로써 대중에 대한 계급 구분선을 그으려는 좀더 자생적인 노력을 대표했다(주로 테니스, 축구 리그에 맞서는 것으로서 럭비 연맹, 올림픽 경기에서처럼). 그럼에도 그것은 또한 새로운 부르주아적 여가 활동의 특정한 패턴과 생활양식—양성적일 뿐만 아니라 준도시적이거나 탈도시적인[90]—은 물론이요, 집단 회원제의 기준을 유연하고 확장성 있는 것으로 발전시키려는 시도를 대표했다.

대중 스포츠와 중간계급 스포츠 모두 정치적인 전통들의 발명과 사회적인 전통들의 발명을 결합시켰는데, 이는 그러나 또다른 방식, 그러니까 민족적 일체화와 인위적인 공동체를 위한 매개물을 제공함으로써 그러했다. 이는 그 자체 새로운 것은 아니다. 왜냐 하면, 대중의 신체운동이 오랫동안 자유주의적-민족주의적 운동들(독일의 '투르너Turner'와 체코의 '소콜스Sokols'■)이나 민족적 일체화(스위스의 소총 사격)에 깊이 관련되어 있었기 때문이다. 사실 독일에서 대중 스포츠는, 일반적으로는 민족주의적 토대 위에, 더 특별히는 반영국적 토대 위에 서 있던 독일 체육운동의 저항력으로 말미암아 그 진보가 더딜 수밖에 없었다.[91] 민족주의는 스포츠의 발흥과 함께 민족적으로 특정한 스포츠를 선택하거나 발명함으로써 새로운 표현

■ 투르너는 19세기 독일 정치에 지대한 역할을 한 체조동맹인데, 통상 'Turnvereine'로 알려져 있다. 스콜스는 19세기 체코 민족주의를 고취한 체육 협회로 문자 그대로는 '매'를 뜻한다.

을 얻게 되었다. 가령, 잉글랜드식 축구와 구분되는 웨일스의 럭비, 아일랜드에서의 게일식 축구(1884)가 그런 경우들인데, 후자는 대략 20년 후가 되면 진정한 대중적 지지를 얻게 될 것이었다.[92] 그러나 신체운동들이 민족주의 운동의 일부로서 민족주의와 결부되었다는 사실이 여전히 중요함에도 불구하고—벵갈의 경우처럼[93]—이는 이제 살펴볼 다른 두 가지 현상들에 비해서는 확실히 중요성이 떨어진다.

그 첫 번째 것은, 모든 잉글랜드의 축구 문화나, 더 직접적으로는 사이클 선수들의 투르 드 프랑스(1903)와 그에 뒤이은 지로 디탈리아(Giro d'Italia, 1909)와 같은 스포츠 제도들의 경우처럼, 지방적이고 지역적인 차이들과는 무관하게 민족국가 안의 모든 거주민들을 한데 묶는 유대를 구체적으로 과시하는 것이다. 이런 현상들은 자생적으로건 상업적인 기제를 통해서건 아무튼 꾸준히 진화해 나가면서 한층 중요성을 더해갔다. 두 번째 것은 즉각 민족 스포츠 경기를 보완한 국제 스포츠 경기였는데, 이는 1896년 올림픽이 부활한 데서 그 전형을 얻게 되었다. 오늘날 우리는 그런 경기들에 민족적 일체감을 대리만족시키려는 의도가 있다는 것을 너무나 잘 알고 있지만, 기실 중요한 것은 그것들이 1914년 이전 시기에 아주 희미하지만 근대적인 성격을 띠기 시작했다는 점이다. 초창기의 '국제적' 경기들은 지역 간 경기들이 그러했던 것처럼 민족이나 제국의 통일성을 강조하는 데 기여했다. 영국의 국제시합들—보통 선구적인—은 영국 제도(諸島)의 각 민족들(축구의 경우 1870년대 브리튼 섬의 민족들, 아일랜드는 1880년대에 여기 포함되었다)이나 대영제국의 다양한 부분들을 겨루게 했다(1877년에 시작된 시범경기들). 영국 제도

투르 드 프랑스

'투르 드 프랑스'와 '지로 디탈리아'는 각각 프랑스와 이탈리아의 사이클 경기다. 그 이름에서 분명하듯이 모두 '전국 일주'의 의미를 지니고 있다.

밖에서 벌어진 첫 번째 국제 축구시합(1902)에서 맞붙은 상대는 오스트리아와 헝가리였다.

아주 극소수의 경우를 예외로 하면 국제 스포츠에서는 아마추어리즘—다시 말해서 중간계급 스포츠—이 지배적이었다. 이는 축구의 경우에도 마찬가지여서 국제 축구연맹(F.I.F.A.)이 1904년 그 종목, 즉 축구에 대해 대중적 지지가 거의 없던 나라들(프랑스, 벨기에, 덴마크, 네덜란드, 스페인, 스웨덴, 스위스)을 중심으로 결성되었다. 올림픽이 이 종목의 주요한 국제 무대로 남았다. 그런 만큼 외국과의 경기를 통해 이렇게 민족적 일체감을 확보하는 것은 적어도 우리가 살피는 시기에서만큼은 일차적으로 중간계급적 현상이었던 것처럼 보인다.

이 점은 그 자체 의미심장한 사실일 수 있다. 왜냐 하면, 우리가 이미 살폈듯이, 가장 넓은 의미로의 중간계급들은 주체적인 집단적 일체성을 느끼는 데 특별히 어려움을 겪었기 때문이다. 이는 그들이, 예컨대 옥스퍼드나 케임브리지를 나온 사람 대부분을 묶어주는 전국적 규모의 클럽에서 사실상의 회원 자격을 정할 정도로 충분히 작은 소수파도 아니었을 뿐더러, 노동자들처럼 공동의 운명과 잠재적 연대성으로 충분히 묶여 있지도 않았기 때문이다.[94] 중간계급들은, 부정적인 측면에서 보자면, 분리된 거주지에서 살았음은 말할 것도 없거니와 '고상한' 생활양식과 가치들, 또 스포츠의 아마추어리즘을 엄격하게 고수함으로써 스스로와 하위층을 분리시키는 것이 쉽다고 느꼈다. 긍정적인 측면에서 보자면, 중간계급들은 외부적 상징들을 통해 소속감을 확립하는 게 더 한층 쉽다고 느꼈던 것으로 보이는데, 그런 상징들 중에서도 특히 민족주의적 상징들(애국주의나 제국주의)이 아마도 가장 중요했다고 말할 수 있겠다. 그런가 하면 새롭게 올라서고 있던 중간계급으로서는 자신들을 애국주의의 중핵 계급으로 집단적으로 규정하는 것을 가장 쉽게 느꼈을 법하다고도 말할 수 있다.

이런 주장은 추론일 뿐이다. 본 장은 더 이상 그 문제를 세심하게 추적하는 자리가 아니다. 다만 이 시점에서 다음과 같은 사실을 지적할 수는 있겠다. 즉, 남아프리카 전쟁시[95] 영국 화이트 칼라 계층에 애국주의가 호소력이 있었다는 것, 그리고 1880년대 이후 독일에서—압도적으로 중간계급적이지만 엘리트적 구성을 갖지는 않는—우익 민족주의 대중조직들의 역할, 특히 (독일어권) 대학생들—

많은 유럽 국가들에서 민족주의에 깊이 물들은 대표적인 중간계급 계층[96]—에게 쇠너러(Schönerer)의 민족주의가 호소력이 있었다는 점에서 언뜻 보더라도 그런 주장을 뒷받침하는 증거가 있다는 사실 말이다. 그렇게 기반을 얻은 민족주의는 압도적으로 정치적 우파와 동일시되었다. 1890년대에 본디 자유주의적-민족주의자들인 독일 체육가들은 새로운 검은색-하얀색-붉은색의 삼색기를 채택하기 위해 낡은 색깔들을 내팽개쳐 버렸다. 1898년에는 6,501개의 '체조동맹(*Turnervereine*)' 가운데 100개만이 여전히 낡은 검은색-붉은색-황금색의 삼색기를 고수하고 있었다.[97]

분명한 것은 민족주의가 민족 교회, 왕가나 기타 통합적 전통들, 혹은 집단적 자기 표현, 새로운 세속 종교를 통해 사회 통합의 대용물이 되었다는 점이며, 나아가 그런 통합양식을 가장 필요로 했던 계급은 바로 성장하는 새로운 중간계급, 혹은 적어도 다른 형태의 통합력을 뚜렷이 결여했던 광범위한 중간대중이었다는 점이다. 바로 이 지점에서 다시 한 번 말하거니와 정치적 전통들의 발명이 사회적인 전통들의 발명과 일치하게 된다.

Ⅳ

1870년에서 1914년에 이르는 시기에 서구 나라들에서 '만들어진 전통들'이 만개한 과정을 살피는 일은 상대적으로 쉽다. 본 장에 그런 혁신의 사례들이 풍부하게 담겨 있다. 바로 모교의 색깔을 표시하는 넥타이와 왕가의 희년제, 바스티유 함락 기념제와 미국혁명의 딸들, 노동절, 〈인터내셔널가(歌)〉와 올림픽 경기로부터 민중적 관례로서 컵 파이널과 투르 드 프랑스, 그리고 미국의 국기(國旗) 경배의 제도화에 이르기까지 모든 것이 그런 사례들이다. 아울러 그런 혁신들이 만개한 배후의 정치 발전과 사회 변형 역시 토론해 보았다. 비록 사회 변형에 대한 토론이 정치 발전에 대한 그것보다 좀더 간략하고 추론적이기는 했지만 말이다. 그렇게 된 것은 불행히도 그런 혁신들을 공식적으로 제도화할 위치에 있는 사람들의 동기와 의도, 나아가 그 결과들을 사료에서 찾아내는 게 풀뿌리에서 자생적으로 자라난 새로운 관행들을 추적하는 일보다 쉽기 때문이다. 20세기 후반의 이와 유사한 문제들을 다루려는 미래의 영국 역사가들도 오토바이에 눈에 띄게 개성적인 번호판을 다는(종종 큰 돈을 들여) 새로운 관행들보다는, 말하자면 마운트배튼 백작(Earl Mountbatten) 암살 사건이 초래한 의례상의 결과들을 분석하는 게 좀더 쉬울 것이다. 어쨌든, 본서의 목표가 상대적으로 새로운 주제를 연구해 보시라고 제안하는 것 이상이 아니므로 본서에서 가설을 넘어 어떤 확실한 방식으로 그 주제를 다룬 것입네 하는 것은 주제넘은 짓일 테다.

그럼에도 우리가 살피는 시기에 '전통의 발명'에 존재하는 세 가지 국면들에 대해서는 짤막하게라도 결론 삼아 논평할 필요가 있다.

첫 번째 것은 내구성을 입증한 그 시대의 새로운 관행들과 그렇지 못한 관행들이 엄연하게 구별된다는 사실이다. 돌이켜보건대, 1차 대전(1914~1918)을 전후한 시기에 상징적 담론 언어들 사이에 뚜렷한 분할선이 존재하는 것처럼 보인다. 가령, 군복의 경우 한때 화려한 가극양식으로 불렸던 기풍이 무미건조한 산문양식에 자리를 내주었다. 전간기 대중운동의 발명된 제복들 또한, 군복처럼 작전상의 위장이 필요하지 않았건만, 파시스트와 국가사회주의자들의 검은색이나 갈색 셔츠처럼 밝은 색을 삼가면서 우중충한 색조를 선호했다.[98] 1870년에서 1914년 사이에 의례행사에 쓰일 가장복 역시 남성들을 위해 발명되었음은 의심할 여지가 없다. 물론 학위 가운과 학위모처럼 같은 유형과 바라건대 같은 지위를 표시하는 새로운 제도들에까지 구식 스타일을 적용한 경우를 제외하면 그런 사례들이 뇌리에 잘 떠오르지 않기는 하지만 말이다. 확실히 구식 의상들은 여전했다. 그런 측면에서 이 시대가 과거로부터 누적되어 온 자본의 토대 위에서 살아갔다는 강렬한 인상을 받게 된다. 그렇기는 해도 다른 측면에서 낡은 용례가 특정한 열정과 함께 발전했다는 것 또한 명백한 사실이다.

동상 및 풍유적으로 장식된 상징적인 공공 건축물에 대한 열광에 관해서는 이미 언급한 바 있고, 1870년과 1914년 사이에 그것이 절정에 달했다는 것도 거의 확실하다. 그렇지만 그런 상징적 담론의 용례는 전간기에 급작스럽게 쇠퇴할 것이었다. 그런 예외적인 유행은 오늘날 '아르 누보(art nouveau)'라 불리는 또다른 종류의 상징주의의 분출만큼이나 단명한 것으로 입증되었다. 공공의 목표를 겨냥해서 전통적인 풍유와 상징주의를 대량으로 적용하는 일은 물론이요, 주로 사적이거나 반(半)사적인 목표를 겨냥했기에 사소하거나 유약하다고 볼 수 있지만 어쨌든 단선적이지는 않은 상징주의의 새롭고 불확실한 언어를 즉석에서 제조하는 일도, 당시 제기된 사회적 요구에 일시적으로 부응하기는 했지만 지속성을 갖지는 못한 것으로 보인다. 우리가 추측할 수 있는 것은 다만 그 이유들에 대해서인데, 여기는 그런 문제를 토의할 자리가 아니다.

다른 한편으로, 상징적인 공적 담론의 또다른 용례인 무대장치 역시 더 강한 내구성을 입증했다고 말할 수 있겠다. 공적 의식, 퍼레이드와 의례화된 대중집회는 새로운 것이 아니었다. 그렇지만 우리가 살피는 시기에 그런 것들이 공식·비공식의 목표들을 위해 확대되었다는 것(대중시위나 축구시합, 기타 등등)은 상당히 흥미롭다. 이와 관련한 몇몇 사례들에 대해서는 언급한 바 있다. 게다가 이미 독일 민족주의가 의식적으로 추구한 바 있는 공식적인 의례 공간을 조성하는 일도, 여태껏 그런 일에 별다른 관심을 보이지 않던 나라들—에드워드 시대의 런던을 생각해 보라—에서조차 체계적으로 전개되었던 것으로 보인다. 따라서 우리는 그 시기에 옥외건 옥내건 스포츠 경기장과 같은, 실질적으로 새로운 구경거리와 사실상의 대중 의례들을 치르기 위한 새로운 건축물들이 발명되었다는 점을 무심히 지나쳐서도 안 될 것이다.[99] 웸블리 결승전에 국왕이 참석하는 일(1914년부터), 혹은 전간기 각 나라의 대중운동이 베를린의 스포츠 궁(Sportspalast)■이나 파리의 벨로드롬 디베(Vélodrome d'Hiver)■■와 같은 건축물들을 이용한 것을 보면, 향후 파시스트 체제들이 체계적으로 배양하게 될 공적 대중 의례를 위한 공식적 공간(1918년 이후의 붉은 광장Red Square)이 발전할 것도 예견할 수 있다. 우리는 지나가면서 다음과 같은 사실에 주목해 볼 수도 있다. 즉, 낡은 공적 상징주의의 언어가 소진되면서 등장한 그런 공적 의례를 위한 새로운 장치들이 19세기 풍의 빈의 링슈트라세(Ringstrasse)나 로마의 비토리오 에마누엘레 기념물(Victor

■ 1910년에 건설된 베를린의 동계 경기장. 그러나 전시장, 세미나 홀이나 콘서트 홀로 주로 이용된다. 1933년 이후에는 나치의 정치 집회가 열리기도 했다.

■■ 파리의 동계 경기장. 1942년 1만 3,000명의 프랑스 유태인들이 여기로 집결되어 강제수용소로 압송된 사건으로 유명하다.

Emmanuel monument)의 풍유적인 장식보다는 단순성과 웅장함을 강조했다는 사실이다.[100] 이는 우리 시대에 이미 예견된 경향이다.[101]

그러므로 공적 생활의 무대에서 강조점이 신문 만평이나 테피스트리처럼 '읽혀질' 수 있는 정교하고 다양한 무대장식을 갖춘 디자인에서 배우 자신의 움직임으로 옮겨졌다고 할 수 있다. 가령, 군사 퍼레이드나 왕실 퍼레이드에서처럼 지켜보는 관중을 전제하면서 소수의 배우들이 연출하는 의례의 경우나, 혹은 당대의 정치적 대중운동(노동절 시위와 같은)과 대규모 대중 스포츠 행사에서 예기되었듯이 배우들과 공중이 뒤섞이는 경우를 들 수 있다. 그런 것들은 1914년 이후에 훨씬 더 발전해 나갈 경향들이었다. 굳이 그런 공적 의례화 형태에 대해 더 상세하게 추론해 보지 않아도 그것을 낡은 전통의 몰락과 정치의 민주화에 연결시키는 일이 불합리해 보이지는 않는다.

우리가 살피는 시기의 발명된 전통이 보여주는 두 번째 국면은, 국가나 '민족'처럼 계급을 가로지르는 더 광범위한 집합체들의 성원과는 구별되는 특정한 사회계급이나 계층과 동일시된 관행과 관련이 있다. 그런 몇몇 관행은 공식적으로 계급 의식을 나타내는 표시—노동자들 사이에서는 노동절 관행, (사실상 부유한) 농민들 사이에서는 '전통적인' 농민의상의 부활이나 발명—로 고안되었지만, 더 많은 수의 관행들이 이론상 그렇게 동일시될 수는 없고, 사실로 말하자면 그런 관행 가운데 많은 것들이 원래 상위 사회계층에서 시작된 관행들을 응용하고 특화시키거나 전유한 것들이었다. 스포츠가 그 명백한 사례다. 위로부터 봤을 때 여기서 계급 구분선은 다음

세 가지 방식으로 그어지게 되었다. 하나는 통치제도에 대한 귀족적이거나 중간계급적인 통제권을 유지함으로써 그러했고, 다른 하나는 사회적인 배제나, 더 일반적으로는, 비용이 많이 들거나 희소한 필수 자본 설비(옥내 테니스장이나 조류 사냥터)를 통해서 그러했다. 그러나 무엇보다 상층 계층 사이에서 스포츠의 기준이 된 아마추어리즘과 하층 도시 노동자계급 사이에서의 논리적인 귀결로서 프로화를 엄격하게 분리시킴으로써 그런 계급 구분선이 그어지게 된 것이다.[102] 서민층 사이에서 계급적 스포츠가 그와 같은 구분선을 의식적으로 지워가면서 발전한 경우는 극히 드물었다. 그런 일이 벌어진 경우라면, 이는 통상 상층계급의 운동을 인수해서 그 전임자들을 몰아낸 뒤 새로운 사회적 기반 위에서 특정한 일련의 관행들을 발전시킴으로써 가능했을 테다(축구 문화의 경우).

중간계급 특유의 속물 근성과 노동계급 엘리트 사이에 존재하는 부르주아적 자기 계발 및 성취의 가치들이 지닌 힘을 고려하면, 그렇게 사회적으로 하향 여과된—귀족에서 부르주아지로, 부르주아지에서 노동계급으로—관행들은 우리가 살피는 시기에 아마도 스포츠는 물론이고 더 일반적으로는 의식주 문화에서 우세했을 것이다.[103] 그런 관행들은 물론 변형되었지만, 역사적 흔적은 눈에 띄게 남아 있다. 정반대의 움직임도 없었던 것은 아니지만, 우리가 살피는 시기에는 사소했던 것으로 보인다. 즉, 소수파(귀족, 지식인, 이단아)도 몇몇 도시의 서민적 하위 문화와 행위—뮤직 홀 예술과 같은—에 매료되기는 했지만, 그들이 그렇게 하층계급 사이에서나 아니면 대중 관객을 위해 발전된 문화적 관행에 본격적으로 동화된 것은 훨씬 나중의 일이었다. 물론 그런 동화 과정을 보여주는 몇몇 징후들이

1914년 이전에도 눈에 들어오기는 한다. 이는 주로 유흥 문화, 특히 점증하는 여성 해방과 연결될 수 있는 사교춤을 통해서였다. 래그타임(ragtime)■이나 탱고의 유행이 바로 그런 사례들이다. 그럼에도 우리가 살피는 시기의 문화적 발명들을 조사하는 연구라면 그 어떤 것이든, 반드시 상위 사회계급으로부터 유래하는 모델에 전혀 빚지지 않은 채 야생초처럼 피어난 하층계급의 하위 문화(sub-culture) 및 관행들의 발전에 주목하지 않을 수 없는데, 이는 확실히 도시화와 대량 이민의 부산물일 것이다. 가령, 부에노스 아이레스의 탱고 문화가 그런 사례다.[104] 그런 것들이 전통의 발명을 둘러싼 토론에 얼마나 깊이 연루되어 있는지에 대해서는 논의할 여지가 많다.

마지막 국면은 '발명'과 '자생적 확산', 계획과 성장 사이의 관계다. 이는 근대적 대중사회의 관찰자들을 끊임없이 당혹스럽게 만드는 주제이기도 하다. '만들어진 전통들'에는 중요한 사회적·정치적 기능들이 있는데, 만일 그런 기능들이 없다면 아마도 '만들어진 전통들'은 나타나지도 않았거니와 확립되지도 못했을 것이다. 그렇지만 그것들은 얼마만큼 조작될 수 있었는가? 조작을 위해 그런 전통들을 사용하고 실제 발명해내려는 의도가 있었음은 분명하다. 정치에서든 그보다 먼저 (자본주의 사회에서) 사업에서든, 그러했던 것처럼 보인다.

사실이 그런 만큼 그와 같은 조작이 존재하며 그에 맞서야 한다고 주장하는 음모이론의 신봉자들은 그 나름대로 그럴듯한 증거를 갖추고 있다. 하지만 그런 조작들이 가장 성공적이었던 때는 특정

■ 재즈의 일종.

집단의 절실한—물론 항상 분명하게 이해된 것은 아니지만—필요를 충족시켜주는 관행들을 이용했을 때라는 점 역시 분명해 보인다. 가령, 독일 제2제정의 정치를 단지 위로부터만 이해할 수는 없는 것이다. 지금까지 말한 것에 비추어 볼 때, 우리가 다루는 시기에 있었던 모든 사건들에서 민족주의는 그것을 조작해서 이득을 취하려고 하는 자들의 통제권에서 어느 정도 벗어나 있었다.[105] 대개의 경우 대중 오락에서 취향과 패션이 어느 순간 갑자기 '창출될' 수 있는 여지는 매우 협소하다. 그것들은 이용되거나 창출되기 전에 먼저 발견되어야 한다. 그리고 그것들을 돌이켜 재발견하는 일이 역사가의 몫이다. 물론 변화하는 역사적 상황에 처한 변화하는 사회의 견지에서 왜 그런 필요들이 절실해졌는지를 이해하려고 하는 일까지 포함해서 말이다.

▪ 6장의 주석

(1) G. L. Mosse, 'Caesarism, Circuses and Movements', *Journal of Contemporary History*, vi, no. 2 (1971), pp. 167~82 ; G. L. Mosse, *The Nationalisation of the Masses : Political Symbolism and Mass Movements in Germany from the Napoleonic Wars through the 3rd Reich*(New York, 1975) ; T. Nipperdey, 'Nationalidee und Nationaldenkmal in Deutschland im 19. Jahrhundert', *Historische Zeitschrift*(June 1968), pp. 529~85, 특히 각주 543번과 579번을 보라.

(2) Eugen Weber, *Peasants into Frenchmen : The Modernization of Rural France, 1870~1914*(Stanford, 1976).

(3) 이 점은 결과적으로 1914년 제2인터내셔널에 소속된 사회주의 정당들에서 잘 확인되었는데, 그 정당들은 본질적으로 그 범위에서 국제적이라고 주장했을 뿐만 아니라 실제로도 공식적으로 단순히 세계 운동의 민족 지부임을 자처했던 것이다. ('노동자 인터내셔널의 프랑스 지부')

(4) Graham Wallas, *Human Nature in Politics*(London, 1908), p. 21.

(5) Emile Durkheim, *The Elementary Forms of the Religious Life*(London, 1976), 첫 번째 불어판은 1912년에 출판되었다.

(6) J. G. Frazer, *The Golden Bough*, 3rd edn(London, 1907~1930) ; F. M. Cornford, *From Religion to Philosophy : A Study of the Origins of Western Speculation*(London, 1912).

(7) 경제학자들이 그런 경향에 동참하지 않을 수 있었던 것은 아마도 그들이 합리적으로 이윤을 극대화하는 행위로 규정될 수 없는 일체의 행위를 자기들의 시야에서 제외할 수 있었기 때문이다. 그러나 그 대가로—1870년대 이후에—그들의 주제는 상당히 협소해졌다.

(8) Edmund Burke, *Reflections on the Revolution in France*, Everyman edn, p. 74.

(9) J. P. Mayer, *Political Thought in France from the Revolution to the 5th Republic*(London, 1961), pp. 84~8.

(10) Jean Touchard, *La Gauche en France depuis 1900*(Paris, 1977), p. 50.

(11) Maurice Dommanget, *Eugène Pottier, Membre de la Commune et Chantre de l' Internationale*(Paris, 1971), ch. 3.

(12) M. Agulhon, 'Esquisse pour une Archéologie de la République ; l'Allégorie Civique Féminine', *Annales ESC*, xxviii(1973), pp. 5~34 ; M. Agulhon, *Marianne au Combat : l' Imagerie et la Symbolique Républicaines de 1789 à 1880*(Paris, 1979).

(13) Sanford H. Elwitt, *The Making of the 3rd Republic : Class and Politics in France, 1868~1884*(Baton Rouge, 1975)

(14) Georges Duveau, *Les Instituteurs*(Paris, 1957) ; J. Ozouf(ed.), *Nous les Maîtres d' Ecole : Autobiographies d'Instituteurs de la Belle Epoque*(Paris, 1967).

(15) Alice Gérard, *La Révolution Française : Mythes et Interprétations, 1789~1970*(Paris, 1970), ch. 4.

(16) Charles Rearick, 'Festivals in Modern France : The Experience of the 3rd Republic', *Journal of Contemporary History*, xii, no. 3(July 1977), pp. 435~60 ; Rosemonde Sanson, *Les 14 Juillet, Fête et Conscience Nationale, 1789~1975* (Paris, 1976), 이 책의 참고 문헌도 보라.

(17) 1889년에 개최된 박람회의 정치적 의도들에 대해서는 Debora L. Silverman, 'The 1889 Exhibition : The Crisis of Bourgeois Individualism', *Oppositions, A Journal for Ideas and Criticism in Architecture*(Spring, 1977), pp. 71~91을 참고하라.

(18) M. Agulhon, 'La Statuomanie et l' Histoire', *Ethnologie Française*, nos. 3~4(1978), pp. 3~4.

(19) Agulhon, 'Esquisse pour une Archéologie'.

(20) Whitney Smith, *Flags through the Ages* (New York, 1975), pp. 116~18. 민족주의를 상징하는 검은색, 붉은색, 황금색은 나폴레옹 시대 이후 전개된 학생운동에서 출현한 것으로 보이지만, 그것이 민족운동의 기치가 된 것은 1848년의 일이었다. 그런데 바이마르 공화국에 대한 저항으로 말미암아 이 국기는 당기—사실 사회민주당의 민병대가 그것을 자기들의 명칭('Reichsbanner')으로 취했다—로 전락해 버린다. 비록 반공화주의적 우파가 제국기를 고수하는 사람들과 국가사회주의당[나치당]의 깃발을 채택하려는 사람들 사이에서 분열을 면치 못했지만 말이다. 국가사회주의당은 삼색기가 19세기식 자유주의를 떠올리게 하는 탓에 과거와의 근본적인 단절을 충분히 보여

주지 못한다고 하여 전통적인 삼색 디자인을 포기한 바 있다. 그럼에도 불구하고 지금까지 사회주의 및 노동운동의 유일한 상징이었던 붉은색이 강조되면서 비스마르크 제국의 기본 색상(검은색, 흰색, 붉은색)으로 유지되었다. 연방공화국〔서독〕과 민주공화국〔동독〕 모두 1848년의 색상으로 돌아갔는데, 전자는 거기에 아무 것도 덧붙이지 않았던 반면에 후자는 공산주의 및 소비에트의 망치와 낫이라는 기본 모델에서 적절한 상징을 취했다.

(21) Hans-Georg John, *Politik und Turnen : die deutsche Turnerschaft als nationale Bewegung im deutschen Kaiserreich von 1871~1914*(Ahrensberg bei Hamburg, 1976), pp. 41ff.

(22) "운명의 여신은 그가 자기 분수에 넘치게도 청동과 돌로 만들어진 거대한 기념물들 속에서, 그리고 이미지와 지나치게 현란한 정념의 언어로 빌헬름 2세의 제국 이념을 찬미하게 될 기념비적 조각가가 되리라고 정했다." Ulrich Thieme and Felix Becker, *Allgemeines Lexikon der bildenden Künstler von der Antike bis zur Gegenwart*(Leipzig, 1907~50), iii, p. 185. 또한 Begas, Schilling, Schmitz 항목들을 보라.

(23) John, 앞의 책, Nipperdey, 'Nationalidee', pp. 577ff.

(24) J. Surel, 'La Première Image de John Bull, Bourgeois Radical, Anglais Loyaliste(1779~1815)', *Le Mouvement Social*, cvi(Jan-Mar. 1979), pp. 65~84 ; Herbert M. Atherton, *Political Prints in the Age of Hogarth*(Oxford, 1974), pp. 97~100.

(25) Heinz Stallmann, *Das Prinz-Heinrichs-Gymnasium zu Schöneberg, 1890~1945. Geschichte einer Schule*(Berlin, n. d. [1965]).

(26) 정말이지 관제 독일 국가(國歌)라는 것은 없었다. 국가가 될 만한 후보가 셋 있기는 했다. 〈승리의 계관으로 폐하 만세(Heil Dir Im Siegerkranz)〉(영국 국가 〈신이여 국왕을 보호하소서〉의 음율을 그대로 딴)는 셋 중에서 프로이센 황제와 가장 밀접하게 연계되면서도 민족 감홍을 가장 덜 자극했다. 〈라인 강의 수비〉와 〈가장 뛰어난 독일(Deutschland Über Alles)〉이 1914년까지 경합했으나, 점차 팽창주의적 제국정책에 좀더 적합했던 '독일'이 단지 프랑스 혐오 정서만을 가진 '수비'에 대해 우세를 보였다. 1890년경 독일 체육교사들 사이에서는 전자가 후자에 비해 두 배나 더 많이 애용되었다. 비록 그들의 운동이 '수비'를 대중적으로 보급하는 데 일익을 담당했다고 할 수 있을 만큼 '수비'에 열심이었지만 말이다. John, 앞의 책, pp. 38~9.

(27) Stallmann, 앞의 책, pp. 16~19.

(28) R. E. Hardt, *Dir Beine der Hohenzollern*(E. Berlin, 1968).

(29) H. -U. Wehler, *Das deutsche Kaiserreich 1871~1918*(Göttingen, 1973), pp. 107~10.

(30) 이런 명절들의 역사는 아직 제대로 쓰여진 것이 없으나, 그것들이 19세기 마지막 2/3 시기에 민족적 규모로 제도화된 것만큼은 분명해 보인다. G. W. Douglas, *American Book of Days*(New York, 1937) ; Elizabeth Hough Sechrist, *Red Letter Days : A Book of Holiday Customs*(Philadelphia, 1940).

(31) R. Firth, *Symbols, Public and Private*(London, 1973), pp. 358~9 ; W. E. Davies, *Patriotism on Parade : The Story of Veterans and Hereditary Organisations in America 1783~1900*(Cambridge, Mass., 1955), pp. 218~22 ; Douglas, 앞의 책, pp. 326~7.

(32) 필자(에릭 홉스봄)는 이런 고찰과 관련해 허버트 거트먼(Herbert Gutman) 교수에게 빚을 졌다.

(33) '희년제'는 성서적 의미를 제외하자면 예전에는 단순히 50주년제를 뜻했다. 19세기 말 이전에는 50년이 채 안 되는 기념제는 고사하고, 단일한 것이든 복합적인 것이든, 100주년제조차 공적으로 기념되었다는 증거가 없다. 『새 영어사전(*New English Dictionary*)』(1901)의 '희년제' 항목을 보면, "빅토리아 여왕의 치세기인 1887년과 1897년의 두 번의 '희년제들'과 1900년 스위스에서 거행된 우편연합의 희년제 및 기타 기념식들과 관련해 19세기의 마지막 20년간에 특별히 '자주' 거행되었다"라고 쓰여 있다. v, p. 615.

(34) 출처는 *Stamps of the World 1972 : A Stanley Gibbons Catalogue*(London, 1972)다.

(35) J. E. C. Bodley, *The Coronation of Edward VII : A Chapter of European and Imperial History*(London, 1903), pp. 153, 201.

(36) Maurice Dommanget, *Histoire du Premier Mai*(Paris, 1953), pp. 36~7.

(37) A. Van Gennep, *Manuel de Folklore Français I*, iv, *Les Cérémonies Périodiques Cycliques et Saisonnières*, 2 : Cycle de Mai(Paris, 1949), p. 1719.

(38) Engels to Sorge 17 May 1893, in *Briefe und Auszüge aus Briefen an F. A. Sorge u. A.*(Stuttgart, 1906), p. 397. 또한 Vitor Adler, *Aufsätze, Reden und Briefe*(Vienna, 1922), i, p. 69를 보라.

(39) Dommanget, 앞의 책, p. 343.

(40) E. Vandervelde and J. Destrée, *Le Socialisme en Belgique*(Paris, 1903), pp. 417~18.

(41) Maxime Leroy, *La Coutûme Ouvrière*(Paris, 1913), i, p. 246.

(42) E. J. Hobsbawm, 'Man and Woman in Socialist Iconography', *History Workshop*, vi(Autumn 1978), pp. 121~38 ; A. Rossel, *Premier Mai. Quatre-Vingt-Dix ans de Luttes Populaires dans le Monde* (Paris, 1977).

(43) Edward Welbourne, *The Miners' Unions of Northumberland and Durham*(Cambridge, 1923), p. 155 ; John Wilson, *A History of the Durham Miners' Association 1870~1904*(Durham, 1907), pp. 31, 34, 59 ; W. A. Moyes, *The Banner Book*(Gateshead, 1974). 이런 연간 시위들은 1866년 요크셔에서 유래한 것으로 보인다.

(44) Carl Schorske, *German Social Democracy, 1905~1917 : The Development of the Great Schism*(New York, 1965 edn), pp. 91~7.

(45) M. Ermers, *Victor Adler : Aufstieg u. Grösse einer sozialistischen Partei*(Vienna and Leipzig, 1932), p. 195.

(46) Helmut Hartwig, 'Plaketten zum 1. Mai 1934~1939', *Aesthetik und Kommunikation*, vii, no. 26 (1976), pp. 56~9.

(47) 1872년 런던에서 쥘 발레스(Jules Vallès)는 경멸적인 투로 관찰하기를, 계급 의식적인 파리 사람들과는 달리 "여기서 노동자는 심지어 작업모와 작업복조차 착용하지 않는다"라고 했다. Paul Martinez, *The French Communard Refugees in Britain, 1871~1880*(Univ. of Sussex Ph.D. thesis, 1981), p. 341.

(48) 하디 자신의 사슴 사냥꾼 모자는 결국 만국 공통의 머리 덮개 '앤디 캡'으로 가는 과도기를 대표했다.

(49) Stephan Hermlin, *Abendlicht* (Leipzig, 1979), p. 92.

(50) Tony Mason, *Association Football and English Society, 1863~1915*(Brighton, 1980).

(51) David B. Smith and Gareth W. Williams, *Field of Praise : Official History of the Welsh Rugby Union, 1881~1981*(Cardiff, 1981)을 참고하라.

(52) 축구를 해외로 선구적으로 보급한 것은 영국계 이주자들과 영국인이 경영하는 지방 공장 소속 팀들이었다. 1914년까지 대륙의 몇몇 대도시들과 산업도시들에서 어느 정도 축구가 자연스레 정착한 것이 분명해 보이기는 하지만, 여전히 대중 스포츠가 되지는 못했다.

(53) W. F. Mandle, 'The Professional Cricketer in England in the Nineteenth Century',

Labour History(Journal of the Australian Society for the Study of Labour History), xxiii(Nov. 1972), pp. 1~16; Wray Vamplew, *The Turf : A Social and Economic History of Horse Racing*(London, 1976).

(54) Mason, 앞의 책, pp. 90~3.

(55) Mason, 앞의 책, pp. 153~6.

(56) 즉시 클래리언 사이클 클럽들(Clarion Cycling Clubs)이 뇌리에 떠오른다. 뿐만 아니라 지방의 급진적 밀매꾼이자 노동운동 행동가이며 교구회 자문이었던 한 인물에 의해 결성된 오드비 사이클 클럽들(Oadby Cycling Clubs)도 있다. 이 스포츠의 성격—영국에서 전형적으로 청년 아마추어들이 중심이 된—은 프롤레타리아 대중 스포츠와 상당히 달랐다. David Prynn, 'The Clarion Clubs, Rambling and Holiday Associations in Britain since the 1890s', *Journal of Contemporary History*, xi, nos. 2 and 3(July 1976), pp. 65~77; anon., 'The Clarion Fellowship', *Marx Memorial Library Quarterly Bulletin*, lxxvii(Jan.-Mar. 1976), pp. 6~9; James Hawker, *A Victorian Poacher*, ed. G. Christian(London, 1961), pp. 25~6.

(57) 독일 루르 지역의 클럽인 샬케 04(Schalke 04)의 경우 1904~1913년에 확인 가능한 44명의 회원 중 35명이, 1914~1924년에는 88명 중 73명이, 1924~1934년에는 122명 중 91명이 광부, 노동자 혹은 수공업자였다. Siegfried Gehrmann, 'Fussball in einer Industrieregion', in J. Reulecke and W. Weber(eds.), *Familie, Fabrik, Feierabend*(Wuppertal, 1978), pp. 377~98.

(58) Annemarie Lange, *Das Wilhelminische Berlin*(E. Berlin, 1967), ch. 13, 특히 pp. 561~2를 보라.

(59) Dino Spatazza Moncada, *Storia del Ciclismo dai Primi Passi ad Oggi*(Parma, n. d.).

(60) W. R. Lawson, *John Bull and his Schools : A Book for parents, Ratepayers and Men of Business*(Edinburgh and London, 1908), p. 39.

(61) Paul Descamps, *L'Education dans les Ecoles Anglaises*, Bib. de la Science Sociale(Paris, Jan. 1911), p. 25; Lawson, 앞의 책, p. 24.

(62) Descamps, 앞의 책, pp. 11, 67.

(63) 같은 책, p. 11.

(64) Jamie Camplin, *The Rise of the Plutocrats : Wealth and Power in Edwardian England*(London,

1978).

(65) Davies, *Patriotism on Parade*, pp. 47, 77.

(66) E. J. Hobsbawm, *The Age of Capital*(London, 1977), p. 59에서 인용. F. Zunkel, 'Industriebürgertum in Westdeutschland', in H. U. Wehler(ed.), *Moderne deutsche Sozialgeschichte* (Cologne and Berlin, 1966), p. 323.

(67) K. H. Jarausch, 'The Social Transformation of the University : The Case of Prussia 1865~1915', *Journal of Social History*, xii, no. 4(1979), p. 625.

(68) Max Leclerc, *L'Education des Classes Moyennes et Dirigeantes en Angleterre*(Paris, 1894), pp. 133, 144 ; P. Bureau, 'Mon Séjour dans une Petite Ville d'Angleterre', *La Science Sociale(suivant la Méthode de F. Le Play)*, 5th yr, ix(1890), p. 70. 또한 Patrick Joyce, *Work, Society and Politics : The Culture of the Factory in Later Victorian England*(Brighton, 1980), pp. 29~34를 참조하라.

(69) J. R. de S. Honey, *Tom Brown's Universe : The Development of the Victorian Public School*(London, 1977), p. 273.

(70) J. Conrad, 'Die Frequenzverhältnisse der Universitäten der hauptsächlichsten Kulturländer auf dem Europäischen Kontinent', *Jahrbücher f. N. Ök u. Statistik*, 3rd series, i(1891), pp. 376~94.

(71) Joseph Ben-David, 'Professions in the Class System of Present-Day Societies', *Current Sociology*, xii, no. 3(1963~1964), pp. 63~4.

(72) "잉글랜드 인들, 특히 사회적 계단을 상승해 올라가는 잉글랜드 인들의 일반적인 속물 근성의 결과, 중간계급들의 교육은 비록 시간과 돈을 덜 들이기는 했지만 상층 중간계급의 그것을 모델로 하는 경향이 있었다." Descamps, *L'Education dans les Ecoles Anglaises*, p. 67. 그런 현상이 순전히 영국적인 것만은 분명 아니었다.

(73) *The Book of Public School, Old Boys, University, Navy, Army, Air Force and Club Ties*, intro. by James Laver(London, 1968), p. 31 ; 또한 Honey, 앞의 책을 보라.

(74) Honey, 앞의 책, p. 153.

(75) W. Raimond Baird, *American College Fraternities : A Descriptive Analysis of the Society System of the Colleges of the US with a Detailed Account of each Fraternity*, 4th end(New York, 1890), pp. 20~1.

(76) Bernard Oudin, *Les Corporations Allemandes d'Etudiants*(Paris, 1962), p. 19 ; Detlef Grieswelle, 'Die Soziologie der Kösener Korps 1870~1914', in *Student und Hochschule im 19 Jahrhundert : Studien und Materialien*(Göttingen, 1975).

(77) Grieswelle, 앞의 책, p. 357.

(78) *Delta Kappa Epsilon Catalog* (1910).

(79) R. Lewin, *Ultra Goes to War*(London, 1980 edn), pp. 55~6.

(80) Grieswelle, 앞의 책, pp. 349~53.

(81) 1914년에 베어드는 1890년에는 언급되지 않았던 41개 동문회의 목록을 작성한다. 그것들 중 28개가 1900년 이후에 결성되었고, 10개만이 1890년 이전에 창립되었는데, 그 중 28개는 변호사, 의사, 엔지니어, 치과의사 및 기타 전문 직종으로만 국한된 것들이었다.

(82) Honey, 앞의 책, pp. 253ff.

(83) Günter Botzert, *Sozialer Wandel der studentischen Korporationen*(Münster, 1971), p. 123.

(84) Royal Insurance Company, *Record of Sports*, 9th edn(1914)에서 추려냈다.

(85) 상당히 의미 있는 자료를 위해서는 Carl Diem, *Weltgeschichte des Sports und der leibeserziehung* (Stuttgart, 1960) ; Kl. C. Wildt, *Daten zur Sportgeschichte. Teil 2. Europa von 1750 bis 1894*(Schorndorf bei Stuttgart, 1972)를 보라.

(86) *Encyclopaedia of Sports*(S. Brunswick and New York, 1969 edn): Lawn Tennis.

(87) 초기에 테니스 클럽을 '중간계급 출신 아들 딸들의 반란의 일부'로 파악하는 것에 대해서는 T. H. S. Escott, *Social Transformations of the Victorian Age*(London, 1897), pp. 195~6, 444를 보라. 또한 R. C. K. Ensor, *England 1870~1914*(Oxford, 1936), pp. 165~6를 보라.

(88) Pierre de Coubertin, *L'Ecole en Angleterre*(Paris, 1888) ; Diem, 앞의 책, pp. 1130f.

(89) Marcel Spivak, 'Le Développement de l'Education Physique et du Sport Français de 1852 à 1914', *Revue d'Histoire Moderne et Contemporaine*, xxiv(1977), pp. 28~48 ; D. Lejeune, 'Histoire Sociale et Alpinisme en France, XIX-XXs.', 같은 책, xxv(1978), pp. 111~28.

(90) 이는 구 귀족 및 군대의 스포츠와 옥외 여흥의 패턴과는 구별되어야 한다. 비록 그것들이 때때로 새로운 스포츠들이나 스포츠 양식에 침투했을지라도 말이다.

(91) John, 앞의 책, p. 107ff.

(92) W. F. Mandle, 'Sport as Politics. The Gaelic Athletic Association 1884~1916', in R. Cashman and M. McKernan(eds.), *Sport in History*(Queensland U.P., St Lucia, 1979).

(93) John Rosselli, 'The Self-Image of Effeteness : Physical Education and Nationalism in 19th Century Bengal', *Past and Present*, 86(1980), pp. 121~48.

(94) 그래서 언어에 의해 그런 사회적 구별이 허용되는 나라들에서 개인적 친밀도뿐만 아니라 사회적 형제애의 상징이라고 할 수 있는 2인칭 단수가 사회 신분에 따라 상호적으로 어떻게 사용되는지를 살피는 일이 흥미롭다. 상층계급들에서 그것은 주로 학우들끼리(가령 프랑스의 폴리테크닉 출신들처럼 동기생들의 경우) 혹은 같은 기수의 장교들끼리 사용되는 경우가 많다. 노동자들은 서로 전혀 알지 못하는 경우에도 2인칭 단수를 습관적으로 사용한다. Leo Uhen, *Gruppenbewusstsein und informelle Gruppenbildung bei deutschen Arbeitern im Jahrhundert der Industrialisierung*(Berlin, 1964), pp. 106~7. 노동운동은 동료들 사이에서 호칭을 제도화시켰다('친애하는 형제님 Dear Sir and Brother').

(95) Richard Price, *An Imperial War and the British Working-Class : Working-Class Attitudes and Reactions to the Boer War, 1899~1902*(London, 1972), pp. 72~3.

(96) 독일에서 엘리트 대학 학우회가 비록 반유태주의의 원리를 사실상 응용했음에도 불구하고 비엘리트 결사들과는 달리, 그것에 저항했다는 사실은 특기할 만하다(Grieswelle, 앞의 책, p. 353). 이와 유사하게 반유태주의가 독일 체육운동에 덧씌워진 것은 그 운동에 대한 민족자유당 지도부의 저항에 맞서면서 밑으로부터 압력을 받으면서부터였다(John, 앞의 책, p. 65).

(97) John, 앞의 책, p. 37.

(98) 그런 제복들 중에서 가장 밝은 것은 사회주의 청년운동들의 푸른 셔츠와 붉은 넥타이였던 것으로 보인다. 필자는 붉은색, 오렌지색, 혹은 노란색 셔츠나 다채로운 색깔의 의례 의복에 대해서는 전혀 들어본 적이 없다.

(99) *Wasmuth's Lexikon der Baukunst*(Berlin, 1932), iv: 'Stadthalle'; W. Scharau-Wils, *Gebäude und Gelände für Gymnastik, Spiel und Sport*(Berlin, 1925); D. R. Knight, *The Exhibitions : Great White City, Shepherds Bush*(London, 1978)를 참조하라.

(100) Carl Schorske, *Fin de Siècle Vienna : Politics and Culture*(New York, 1980), ch. 2.

(101) Alastair Service, *Edwardian Architecture : A Handbook to Building Design in Britain 1890~1914* (London, 1977).

(102) 프로화는 어느 정도의 직업적 전문화와 '시장', 즉 농촌에 정착한 주민 사이에서 약간이라도 이용될 수 있는 '시장'을 전제로 한다. 프로 스포츠 선수들은 거기서 상층계급의 하인들이거나 공급자들(기수나 등반 안내인의 경우)이거나 아니면 상층계급의 아마추어 대회들의 조연들(크리켓 선수의 경우)이었다. 경기에서 상층계급이 잡은 것과 하층계급이 잡은 것을 구별하는 것은, 비록 밀매꾼들이 그런 벌이로 먹고살기는 했지만, 경제적인 측면이 아니라 법적인 측면이었다. 이는 경기법(Game Laws)에서 잘 표현되었다.

(103) 1960년까지 독일에서는 스포츠와 프로테스탄티즘에서 확인되는 베버적 연관이 꾸준히 고찰되었다. G. Luschen, 'The Interdependence of Sport and Culture', in M. Hart(ed.), *Sport in the Sociocultural Process*(Dubuque, 1976).

(104) Blas Matamoro, *La Ciudad del Tango*(*Tango Histórico y Sociedad*)(Buenos Aires, 1969)를 참조하라.

(105) Geoffrey Eley, *Re-shaping the German Right*(Yale U.P., London and New Haven, 1980).

[ㄱ]

[ㄴ]

[ㄷ]

[ㄹ]

[ㅁ]

[ㅂ]

[ㅅ]

[ㅇ]

[ㅈ]

[ㅊ]

[ㅋ]

[ㅌ]

[ㅍ]

[ㅎ]

[ㄱ]

[ㄴ]

[ㄷ]

[ㄹ]

[ㅁ]

[ㅂ]

[ㅅ]

[ㅇ]

[ㅈ]

[ㅊ]

[ㅋ]

[ㅌ]

[ㅍ]

[ㅎ]

만들어진 전통

1판 1쇄 발행일 2004년 7월 12일
1판 16쇄 발행일 2023년 7월 17일

지은이 에릭 홉스봄 외
옮긴이 박지향 장문석

발행인 김학원
발행처 (주)휴머니스트출판그룹
출판등록 제313-2007-000007호(2007년 1월 5일)
주소 (03991) 서울시 마포구 동교로23길 76(연남동)
전화 02-335-4422 **팩스** 02-334-3427
저자·독자 서비스 humanist@humanistbooks.com
홈페이지 www.humanistbooks.com
유튜브 youtube.com/user/humanistma **포스트** post.naver.com/hmcv
페이스북 facebook.com/hmcv2001 **인스타그램** @humanist_insta

편집주간 황서현 **편집** 이재민 신영숙 **디자인** 이준용
조판 SL기획 **용지** 화인페이퍼 **인쇄** 청아디앤피 **제본** 민성사

ISBN 978-89-5862-008-2 03900